IMPORT AND EXPORT TRADE PRACTICE RESEARCH: STRATEGY, SKILL AND RISK PREVENTION

进出口贸易实务研究

——策略、技巧、风险防范

李秀芳　刘娟　王策　　著

天津大学出版社
TIANJIN UNIVERSITY PRESS

内容提要

本书共分为九篇，第一篇和第二篇主要包括开发新市场、寻找客户及客户关系维护的策略和技巧；第三篇到第九篇分别从概括阐述出口交易的策略与技巧、合同的订立与执行中的风险及防范，到详细论述贸易术语的选择、运输及保险、报关、国际结算、单证以及进口等七个方面的策略、技巧和风险防范。而进出口交易中的各种风险及防范在全书中占有非常重要的位置。因此本书对外贸企业开发新市场、维护客户关系、提高工作效率、避免进出口交易中的失误和风险损失具有重要意义。同时本书也是高校国际经济与贸易专业、国际商务专业、国际金融专业的本科生、研究生在国际贸易实务领域深入学习和研究的极好书籍。

图书在版编目(CIP)数据

进出口贸易实务研究:策略、技巧、风险防范/李秀芳，刘娟，王策著. —天津:天津大学出版社，2013.6
ISBN 978-7-5618-4747-3

Ⅰ.①进… Ⅱ.①李… ②刘… ③王… Ⅲ.①进出口贸易-贸易实务 Ⅳ.①F740.4

中国版本图书馆 CIP 数据核字(2013)第 179246 号

出版发行　天津大学出版社
出 版 人　杨欢
地　　址　天津市卫津路 92 号天津大学内(邮编:300072)
电　　话　发行部:022-27403647
网　　址　publish.tju.edu.cn
印　　刷　天津泰宇印务有限公司
经　　销　全国各地新华书店
开　　本　185mm×260mm
印　　张　25
字　　数　625 千
版　　次　2013 年 6 月第 1 版
印　　次　2013 年 6 月第 1 次
定　　价　45.00 元

序　言

自《进出口实战1》及《进出口实战2》两书陆续出版后，受到广大读者、尤其是业内人士一致好评，认为这两本书不仅从结构上一改已有同类专业书籍的格式，令人有耳目一新之感，而且在内容上也深入浅出，选用国内外最新资料，全书便于理解，易于掌握和运用。

根据当前国际贸易形势并结合我国对外贸易具体情况，作者再接再厉，笔耕不辍，又撰写了《进出口贸易实务研究——策略、技巧、风险防范》一书，近期将与广大读者见面。

笔者认为，本书具有以下特点。

一、《进出口实战1》和《进出口实战2》以讲授进出口业务的基础知识和基本技能为主，而本书《进出口贸易实务研究——策略、技巧、风险防范》则对进出口业务作更加深入细致的阐述，且不少内容是当前所急需和较新的。如书中第一章专门讲授海外市场拓展的意义、作用和方法，把重点放在非洲、中东及东盟等新的或较新市场上。这些知识，对于从事进出口业务的企业或本专业的学生，无疑是非常及时和必要的。

二、为配合外贸转型和积极发展客户，本书提出一些新的思路和办法。当前我国对外贸易的主要任务之一，就是要不断进行改革，提高出口商品的档次，把多年来扮演“加工生产”的角色转化为“创造”角色。把“中国制造”的附加值低、科技含量低、售价低且不拥有知识产权的出口商品，提升到“中国创造”的附加值高、科技含量高、售价合理且拥有知识产权的出口商品。本书对此也提出一些新的思路，同时，书中结合在外贸发展中遇到的瓶颈问题——客户，把它作为一个重点问题来探讨，如第二章介绍外贸新手应如何寻找新客户，第五章讲述如何维护、管理国外新老客户，内容详细、具体，易于掌握。

三、针对当前国际贸易环境日趋复杂、不确定因素增加和风险增多的情况，全书在贸易术语、装运、外汇、结算、单据及签订合同等近十章中均增加防范风险的内容。

作者根据进口业务在我国对外贸易所占的重要位置，在本书中用三章篇幅分别对进口各个环节及风险防范作较详细阐述，弥补了一些外贸书籍中涉及进口业务知识过少及过于简单的不足。

目前，一些外经贸企业员工纷纷反映市场上进出口业务方面的书籍虽然不少，但缺乏得心应手、能解决实际问题的业务工具书籍。一些外贸院校的师生除了掌握本专业的一些基本理论外，更加急需大量新的、容易理解和便于操作的资料来充实教学内容，以解决学生专业目标不明确、到工作岗位后还需费一定人力物力来进行培训的状况。《进出口贸易实务研究——策略、技巧、风险防范》对上述存在问题分别增添了大量内容加以充实。这样，就可以在一定程度上缓解上述的问题。

《进出口贸易实务研究——策略、技巧、风险防范》共分九篇二十八章，涉及进出口贸易面较广、较深，可以说既源于《进出口实战1》及《进出口实战2》，但又超过这两书，使得三本书形成一套环环相扣而又相互独立的对外贸易业务丛书，这套丛书的编写方法、结构具有与其他丛书不同的鲜明特点。作者不辞辛苦，在完成本职工作的基础上，抓紧一切可利用的时间，撰写出《进出口贸易实务研究——策略、技巧、风险防范》，为我国对外贸易深化改革添砖加瓦，这种精神实属难能可贵。

相信本书定会受到广大读者欢迎。

陈国武
天津财经大学 国际经济贸易系教授、名誉博士生导师
国务院颁发的政府特殊津贴获得者
全国外贸业务员考试认证中心专家
2013年4月

前　言

近些年来，一大批中小型外贸企业陆续在我国涌现，其中的外贸工作人员大都只是熟悉外贸操作流程，而对于进出口贸易中的策略、技巧以及风险防范却了解甚少。并且，市面上关于进出口贸易的书籍大多是介绍进出口贸易实务的基础知识和操作知识，而研究进出口贸易实务中的策略、技巧、风险防范的书籍则很少。针对这种情况，作者凭借多年来对进出口贸易实务的深入研究以及在外贸企业广泛搜集的资料，总结出了外贸实务中的策略及技巧，尤其是书中关于风险防范的全面总结，为中小型外贸企业从业人员提供了非常有价值的参考，也成为各高校国际经济与贸易专业的本科生及研究生在国际贸易实务领域深入学习和研究的极好书籍。

本书具有以下特点：

1. 在选题方面，本书着重对进出口贸易中的策略、技巧以及风险防范进行了深入研究，弥补了外贸实务研究书籍中的缺失；

2. 在内容方面，本书关于如何开拓海外市场的策略分析是非常新颖的，对于欲开拓新市场的中小外贸企业具有重要的参考价值，而本书对在外贸各个环节的风险防范的深入研究也是非常实用的，尤其是金融危机以后，进出口贸易中的风险防范对于外贸企业尤其重要；

3. 在资料及数据的选取方面，本书选取的均为最新的资料和数据，力图使本书能够向读者传达最及时的信息，解决最切实的问题；

4. 本书不再局限于对基础理论知识以及简单的实务操作的介绍，更多的是对问题进行更加深层次的研究和剖析，使读者能够对进出口贸易进行更进一步的学习和研究。

本书共分为九篇，第一篇着重讲了开发新市场和寻找客户的策略和技巧，其中对于海外新市场的开发策略是比较新颖和实用的。第二篇讲了客户关系维护的策略技巧，其内容全面详细，并且有很强的使用价值。第三篇到第九篇中都涉及了风险防范的内容，分别从进出口合同的签订、贸易术语、运输及保险、报关、国际结算、单证以及进口等七个方面进行了详细的阐述，由此可见风险防范策略在全书中占有非常重要的位置，也可以看出风险防范在进出口贸易中的重要性。

本书作者均为天津财经大学国际经济贸易系的教师和硕士研究生。具体写作分工情况：李秀芳负责第七章、第九～十章、第十二章、第十四～十五章、第十七～十八章、第二十二～二十三章、第二十五章、第二十七章，刘娟负责第一～六章，王策负责第十九章，韦拉负责第二十章，任楠楠负责第十一章，蔡金娜负责第二十一章，方梦铭负责第二十四章，刘宇负责第八章，李宏英负责第二十六章和二十八章，杜文龙负责第十六章，赵静文负责第十三章。

本书在写作过程中得到了天津纽莱克进出口有限公司总经理张辉，伟明（天津）国际贸易有限公司副总经理张志强、赵莉云、业务员董爱莉，上海和明航运服务有限公司天津分公司李山君以及在天津从事货运代理工作的李媛等同志的大力支持和帮助，在此衷心表示感谢！最后，尤其要感谢国际贸易实务专家陈国武教授为本书所提的修改意见和建议，研究生曹圆圆等为本书的完成做了很多具体的、基础性的工作，耗费了许多精力和宝贵的时间，在此深表谢意。

作　者

2013 年 4 月

目　录

第一篇

开发新市场和寻找客户的实战策略和技巧

第一章 新兴海外市场拓展规划与实施

受2008年美国金融危机的不利影响以及之后欧债危机、美元危机的负面刺激，欧美国家经济转入缓慢增长态势，传统的欧美出口市场因此受到严重冲击。与此同时，新兴经济体和发展中国家经济走势良好，在为全球经济增长作出贡献的同时，也成为我国外贸出口的新兴增长点。

1. 中东市场

(1) 中东市场介绍

中东市场通常指环绕波斯湾和阿拉伯海的9个国家和周边阿拉伯国家，总人口数达到5亿~7亿，人均年收入从3万~4万美元（阿联酋、科威特等）到4 000~6 000美元（伊朗、伊拉克、也门等）不等。这些阿拉伯国家的轻工、日用、电子、服装等产品基本依赖进口，产品的价格多为中低要求，档次不是非常高。往来中东80%以上的货物都要经过迪拜进行中转，同时辐射到非洲大部分国家，辐射人口数达到13亿。迪拜作为中东地区主要港口，加之优厚的免税政策和自由的贸易经济，使之已经成为转口非洲和周边海湾国家最大的贸易批发市场，贸易覆盖人口数13亿，近似中国的总人口数量；同时，这里还云集了非洲30多个国家的客商，常年从迪拜采购日用、轻工、电器、服装等货物。经迪拜口岸进口的货物约75%转口非洲市场，20%转口周边海湾国家，其余5%直接在阿联酋消费。中国作为世界第一轻工、电器、服装等产品大国，以绝对优势占据着整个中东市场。

(2) 中东市场商机所在

尽管欧美市场是目前世界上最发达、最成熟的市场，但欧美市场竞争激烈，商品也趋于饱和；加上高进口关税及贸易壁垒的限制，使得后来者或实力较差的中小企业很难进入。相比之下，中东和非洲市场则是充满商机、前景良好的热点市场。

- 中东市场对产品档次要求不是非常高，也没有严格的质量和行业协会的认证要求，定购数量通常比较大，只要注意买方信用证条款和提前做好客户信誉调查，就可以安全结汇。
- 中东国家的整体购买力略高于一般亚洲国家的水平，产品在地区之间的差价基本保持在6%~30%之间不等，非常有利于外贸经验不足的中国企业开拓海外市场：进入中东市场后，可以不断地调整产品结构和质量要求；同时积累大量的出口经验，为日后打开欧美市场做好准备。
- 阿联酋年贸易额约800亿美元，由于自然资源的匮乏，除石油、天然气外的其他产品，从工业用原料、设备到民用生活物品均依赖进口，故阿政府一直实行开放的自由贸易政策：没有贸易壁垒，无外汇管制及其管理机构，从得到授权的银行可以无限制地获得外汇，没有征收公司或企业的利润税和营业税的规定，没有所得税、增值税、消费税和中间环节的各种税收，利润可以自由汇出。除烟、酒等极个别商品外，其他大部分商品只是象征性征收1% ~4%的关税。

◆ 我国出口阿联酋的主要产品为轻工、纺织、机电和家用电器。由于国内厂家对阿市场重视程度不够，使得出口产品质量有所下降，直接影响到价格。

(3) 中东商人的从商习惯

◆ 中东市场是一个以订货和现货为主的贸易市场：现货贸易通常是以连锁店的形式进行，连锁店的利润率在20% ~30%左右；订货贸易的利润率一般在6% ~10%之间不等。中东客户通常为看样订货，多方询问价格，一个询价单如果在3 ~5个工作日没有报价结果，该报价单就自行作废。

◆ 现货贸易和订货贸易中的买卖双方基本上都会在一个平等公正的前提下进行货物交易。信用证多半会从如汇丰、花旗等世界著名大银行开出。

◆ 交易是否达成主要取决于产品价格和质量及供货公司的信誉等级，不存在国内特殊复杂的人事关系。

(4) 中国供应商如何拓展中东市场

1）对产品准确定位

如果发现某些产品不适应市场需求，要尽快调整或更换。受经济环境影响，中东客商每一分钟都在努力寻找物美价廉的产品，要准备好不同档次的产品供买家选择；中东客商对产品的需求在设计和风格上都是以当地的文化、习俗为背景的，供应商最好多收集一些市场反馈的信息，以加深对中东市场的了解，提供适销对路的产品；旺季来临之前要协助买家作好备货的准备，也要作好处理紧急订单的准备。

2）销售代理问题

选择销售代理的时候，尤其是针对那些要求独家代理的买家，应事前充分调查其资信与经济实力。因为中东的小买家很多，对于畅销的产品大家都想去垄断货源。再加上目前外界还不太可能直接进入中东市场，选择适当的销售代理非常重要，如果供应商对当地情况不是很了解，容易在选择代理商问题上作出错误决定。

3）寻找客户的途径

最初的商品出口基本上都是依靠中东市场当地的进口商。但当业务量扩大到一定规模后，需要采用更为多元化的方式拓展市场，如通过参加展会可以使客商对产品有更为直观的了解；当供货渠道基本稳定下来后，参加展会的比例可以有所下降；还可以通过官方的、行业的或企业的专业期刊或产品目录及网站寻找客源。需要特别指出的是，虽然目前中东地区的信息产业不是很发达，但不少买家都开始学会利用互联网进行商务活动。用于中东市场推广的当地搜索引擎（阿拉伯语）及B2B网站推荐如下：

➢ www. google. ae 谷歌阿拉伯语版本，中东搜索引擎排名第一，每天将近有两千万的阿拉伯语网民在线访问；

➢ arabic. arabia. msn. com 微软 Bing 同样也有阿拉伯语系，在中东排名第三；

- www. masrawy. com 总部设在阿根廷，访问者主要来自埃及、沙特、科威特等中东地区；
- www. parseek. com 总部位于伊朗，是伊朗当地本土最大的搜索引擎（如同中国的百度）；
- www. egypt. com 有阿拉伯语和英语版本，访问者主要来自埃及、沙特、美国、科威特、巴基斯坦等中东地区；
- www. me360. net 是中国面向中东市场的贸易平台，可以发布公司产品信息；
- www. tradekey. com 是中东最大的 B2B 网站，注册买家超过 50 万，遍及全球 182 个国家，买家群体主要分布地区：欧洲、美洲、中东、东南亚。

2. 南美市场

(1) 南美市场介绍

南美洲的资源、人均收入等状况远远好于非洲。受传统经贸格局的制约，南美市场一直处于中国外贸主要目标国之外。随着传统外贸市场需求疲软的影响，加之金砖四国概念的提出、中国与巴西经贸关系的不断强化，南美市场正逐渐成为中国外贸发展的新增长点。巴西、阿根廷是南美洲最大的两个国家，但是最大的贸易集散地却在巴西、阿根廷边境处的巴拉圭的东方市。东方市地处巴西、阿根廷边境，是连接南美各国的交通要道，因其贸易量仅次于香港、迈阿密之后，而使得这个人口不足 10 万的内陆小城名扬海外。自由经济下的东方市，各种费用成本十分低廉，东方市也成为著名的避税地。

- 南美洲地广人稀，资源丰富，人口约 7 亿~8 亿；
- 南美大陆语言主要为西班牙语、葡萄牙语；
- 南美洲目前区域性组织南方共同市场发挥作用，成员国之间互免关税；
- 南美洲主要经济大国为巴西、阿根廷；
- 南美和中国之间经贸关系远远落后于亚洲、北美、欧洲和澳洲；
- 南美标准采用欧美标准；
- 南美贫富悬殊，近一半的财富集中于 10% 的人手中；
- 人均国民生产总值阿根廷 10 000 美元、巴西 4 630 美元、巴拉圭 3 650 美元、智利 2 077 美元。

(2) 开发南美市场的要点

1）语言是突破口

智利、巴西等南美国家能讲英语的国家极少，所以想在南美做生意，西班牙语和葡萄牙语是必修科目。在与南美客人第一次联系的时候，第一封开发信最好使用当地的官方语言，最好注明：如果可能的话，希望以后都用英语交流。

2）沟通的重点

智利人喜欢耐用的东西，所以只要你能让对方相信你的产品质量好，能使用很长时间，一般客户是不会跟你计较价格上的差异的，重点就是让他们觉得你的产品是耐用的。

3）利用电话黄页

智利国家比较小，所以很少有大的进口商人，通常以家庭企业为多。如果能找到智利、阿根廷或玻利维亚的电话黄页，几乎可以在上面找到你想要的所有商家的资料，因为只要在智利注册超过一年的正规公司就一定可以在黄页上找到相关信息。

4）电话联系

如果南美的客户能说英语，可以打电话问候一下。最好先别说工作，简单的问候就可以；如果对方有意向，他会直接跟你说。需要注意的是，南美国家和中国的时差是12个小时左右，所以中国时间晚上10点打电话给南美客户比较好，那时候对方应该刚吃完早饭，进办公室，开始工作。

5）要有耐心

南美国家的工作效率低得让人头疼，经常会出现被约好的客户放鸽子的情况。在南美人看来，约会迟到或爽约并不是什么大不了的事，所以如果想和南美人做生意，耐心最重要，不要以为他们几天不回信就是没下文了，其实很有可能是赶上他们的节日了。与南美人谈判，更需要为漫长的谈判程序留出足够的时间，同时在最初报价时也要留足余地，谈判过程将漫长而艰难，因为南美人普遍擅长讨价还价，对此，我们更要保持耐心。

6）付款信誉

总体来讲，智利人的信誉还是较好的，大多数进口商偏爱采用L/C。开立信用证时，银行会依据信用额度收取程度不等（200%～50%）的保证金，因此不需要担心付款问题；但是通常付款周期比较长，要在发货后20～30天才可以收汇，这主要是银行在处理信用证时花费时间过长造成的。接受智利银行开来的信用证时一定要做好充分的准备：智利信用证条款很多，经常是2～4页居多；而且有时候是西班牙文，在信用证审核及修改方面造成一定的困难。巴西人也喜欢使用L/C付款，在给中国出口商付款的时候，老客户易拖延，新客户如果采用信用证收款，最好要求预付部分定金。

7）产品需求多样性

作为金砖四国的一员，巴西拥有拉美最为完善的产业体系，经济实力居拉美首位。需要注意的是，巴西产业基础较雄厚，与中国产业有很多重合的地方，中巴贸易互补性不大。因此，在进军南美市场的时候，要尤其留意自己的产品在巴西是否生产以及竞争对手的情况，准确定位自己的产品优势，找到产品在巴西的差异性。提前做好市场调研，学会使用拉美市场的多样性。

（3）开发南美市场的注意事项

- 防范汇率风险：巴西实行浮动汇率制，对中国出口产品价格有直接影响。
- 智利产地证是FORMF，不是普通的C/O，在当地商检局办理，FORMF是出口智利的“金质证书”。
- 巴西要求所有进口商品必须办理进口许可证，分自动进口许可证和非自动进口许可证。
- 目前阿根廷海关对鞋类进口实施人工非自动许可方式。
- 中国对乌拉圭出口的很多产品属于高关税范畴。
- 提供一个类似eBay的网站（http：//www. mercadolivre. com. br/）便于了解巴西市场产品的零售价。

（4）进入南美市场的基本程序

- 基本调研：对当地市场上同类产品相关情况进行了解及预测市场趋势。

- 样品进入：样品和同类产品的比较以及当地经销商和消费者对样品的评价。
- 信息反馈：根据当地市场情况和反馈信息提出产品规格和包装等要求。
- 产品调整：根据市场反馈进行产品的相关调整。
- 更新包装：根据当地包装语言的要求进行设计及制作外包装。
- 小量试销：大规模市场投放前的市场实验并获取最终决策。
- 选择合适的代理。

3. 俄罗斯市场

（1）俄罗斯市场介绍

2011 年数据显示，中俄双边贸易总值为 792.4 亿美元，较同期增长 42.7%，俄罗斯已跃居中国第 8 大贸易伙伴国之列。中俄双边贸易特点如下：

- 一般贸易方式占主导，其次是加工贸易和边境小额贸易方式；
- 私营企业进出口量居首位，其次是国有企业和外资企业的对俄进出口；
- 黑龙江、北京、浙江、广东位列进出口前四位；
- 机电产品出口持续增长，服装及衣着附件、鞋类和纺织纱线织物及制品等传统劳动密集型产品、钢材出口也保持较好态势。

（2）俄罗斯市场商机无限

1）俄罗斯经济形势持续复苏

国际金融危机过后，俄罗斯政府为确保经济复苏势头，继续实施鼓励汽车消费、加大固定资产投资等经济刺激政策，加之国际原油、矿砂等资源性商品价格大幅上涨，俄罗斯经济持续复苏，许多领域都得以恢复到经济危机前的水平，为中国扩大出口提供了一定的需求市场。

2）中俄两国共推双边经贸发展

2011 年是《中华人民共和国俄罗斯联邦睦邻友好合作条约》签署 10 周年的重要年份。2011 年 6 月，中俄元首莫斯科会晤时，又将两国关系提升为“全面战略协作伙伴关系”，并宣布“在 2015 年前将中俄贸易额提高到 1 000 亿美元，到 2020 年把两国贸易额提升到 2 000 亿美元”的目标。2011 年 10 月 11 日，中俄总理第 16 次定期会晤时，时任总理的普京带领 160 多名工商界领袖组成豪华代表团访华，两国政府共同签署了《中俄政府间关于经济现代化领域合作备忘录》。双方经贸合作逐步从较低级的能源、木材等“资源交易”向技术型为主的产品开发和创新经济转型。中俄高层往来对双边贸易的发展起到推动作用。

3）人民币对卢布挂牌交易对两国贸易产生积极影响

中俄两国从 2010 年年末开始使用人民币和卢布本币结算，两国货币也在各自外汇市场挂牌交易，这在一定程度上降低了两国企业的交易成本，有助于在当前美元汇率频繁波动的情况下规避汇率风险，同时将大大地刺激双方企业间相互投资的积极性，有效地促进两国贸易的快速发展。

4）俄罗斯入世对中俄经贸关系的影响

经过 18 年的艰苦谈判，2011 年 12 月 16 日，俄罗斯正式加入世贸组织。俄罗斯向世贸组织作出承诺，同意大规模重整经济，包括降低进口关税，限制出口关税，扩大外资在俄罗斯服务和金融市场的开放力度，确保所有法律、法规及与贸易相关的投资措施协议符合WTO的规定。俄罗斯市场会更加开放，近三分之一的商品进口关税在入世后立即降低，总体关税水平将会从10%降至7.8%，这将使中国的工业制品和农产品进入俄罗斯市场更加便利，将为中俄经贸合作进一步发展提供更加有利的条件，使中俄经贸合作的空间更加广阔。但是与此同时，俄罗斯入世后，其市场的开放不仅面对中国，还将面向其他WTO成员国，市场竞争将更为激烈，中国企业会面临更大的竞争压力。

(3) 出口俄罗斯注意事项

◆ 确保对方付款及时。除非是基于双方长期合作关系，否则要求对方先付款，至少要预付货款75%以上。
◆ 如果海运到俄罗斯的东方港和海参崴，由于时间较短，一般采用电放提单；如果运输到莫斯科和圣彼得堡等，则可以适当采用其他的结算方式。
◆ 货物到港后一定要做到“两催”：一催买家付款，二催收货人提货。否则货物到港或站后，由于没有人提货，海关可能把货扣押，为此还需要缴纳高昂的费用。此外，还要特别注意：买家有可能通过关系无单放货。
◆ 对于双方合作时间较长、信誉度良好的客户，采用的结算方式一般T/T，通常是前T/T30%、后T/T70%。
◆ 俄方海关有时候存在腐败现象，应该有所警惕。
◆ 俄罗斯客户为了少交进口税，一般都是采取低报关的形式，对此应提早作准备。
◆ 鉴于俄罗斯人一贯拖拉的作风，催款工作非常重要，不管是预付款，还是提货、收取尾款。

4. 非洲市场

随着经济全球化的日趋明显和中国出口市场多元化战略的实施，全球任何一个地方都可以为中国企业带来丰厚的利润。非洲曾被称为“边缘化的大陆”，近些年来发展也尤为迅猛，特别是2010南非世界杯让全球的焦点都聚焦到了非洲。中国企业早期涉足非洲市场的很多都已经收入颇丰，但是还有很多外贸企业因为对非洲商业、风俗习惯、政府政策等因素不甚了解而仍处于观望状态。

(1) 非洲市场介绍

非洲国家主要包括：南非、埃及、苏丹、利比亚、突尼斯、阿尔及利亚、摩洛哥、埃塞俄比亚、厄立特里亚、索马里、吉布提、肯尼亚、坦桑尼亚、乌干达、卢旺达、赞比亚、安哥拉、津巴布韦、马拉维、莫桑比克、博茨瓦纳、纳米比亚、塞内加尔、几内亚等。

1）东部非洲

东部非洲的经济发展水平在非洲各大地区中是最低的。中国的轻纺产品、日用消费品比较适合东部非洲人的需求，中国的机电产品、农机具、化工产品也比较适合东部非洲各国的工农业发展水平，市场前景广阔。

2）西部非洲

西部非洲的经济发展水平在非洲属中等层次。目前西部非洲大多数人的消费购物观念仍属于实用型，追求实惠和经济耐用，对商品的品牌、式样、包装不甚讲究；而属于享受型的销售人群为数不多，仅限于少数高薪者和大的私人业主。因此，高档商品的市场容量有限，价廉物美的中国商品深受西部非洲人欢迎。

3）南部非洲

南部非洲市场上，到处可以看到中国商品。在一些超市连锁店中，有不少商品虽然改换了当地的品牌和包装，但也是在中国或当地中国人开办的工厂里生产的。中国商品不仅在南部非洲国家的首都和大城市随处可见，而且在一些中小城镇也有较高的市场份额。

4）北部非洲

北部非洲是非洲最富庶的地区，原因在于该地区拥有丰富的自然资源，每年能生产和出口大量原油，可以保持相当数额的外汇收入。除苏丹外，北部非洲其他5国人均国内生产总值都超过1 000美元。

5）中部非洲

中部非洲消费市场不大，但消费水平高低悬殊，从而形成了多层次的消费市场。在中非，既有服务于国际机构、各国使馆、外国投资者和当地富人需要的高消费市场，又有适应多数穷人需要的低消费市场。

（2）非洲进出口贸易主要特征

1）非洲各国进出口贸易发展不平衡

由于非洲各国经济发展不平衡，它们各自的进出口贸易规模也有很大的差异。从进口市场看，少数几个非洲大国占据了非洲总进口额的很大份额。南非、埃及、阿尔及利亚、摩洛哥、突尼斯、利比里亚、尼日利亚、利比亚、留尼旺9个国家约占全非洲地区进口量的80%；其他44个非洲国家约占非洲总进口量的20%。

2）非洲进出口商品结构仍然受单一经济结构的制约

独立以来，大多数非洲国家的进出口商品结构仍然没有很大的变化。出口主要是农业和矿产的初级产品，进口大部分仍是制成品。非洲广大消费者一般喜欢物美价廉的中低档商品，一些高档商品也有一定的销路。随着非洲国家重视工农业的发展，机械、成套设备和交通运输工具等生产资料的进口逐渐增多。

3）非洲转口贸易活跃

非洲地区沿海国家，很多港口设施较好，交通发达，运输方便；而内陆国家则没有出海口，势必形成从沿海向内陆转口的格局，尤其西非、南非转口贸易频繁。例如，西非的多哥是一个面积只有5.6万平方千米、人口350万的国家，长期实行对外开放政策，贸易环境宽松，一般商品无进口许可证，转口费用较低，加之洛美港设有本国和邻近国家的保税仓库，所以洛美商贾云集，转口贸易盛行，转口额占进口额的70%～80%以上。

（3）开拓非洲市场注意事项

1）准确分析市场

非洲虽然资源丰富，但是工业基础却很薄弱。相比之下，南非的机电工业算是发展较好的，但仍然欠缺完整性，配套性也较差。南非的很多机电产品都有待进口，其机电产品进口占总进口额的50%，而中国出口到南非的机电产品仅占其进口额的2%。肯尼亚在非洲也是个实力雄厚的国家，南非和肯尼亚都有非常强的辐射功能，南非经济比较发达，市场比较开放；而肯尼亚是东非共同体国家，向肯尼亚出口可以带动向乌干达和坦桑尼亚出口。

2）适应当地结算方式

出口商要敢于放款、放账。在肯尼亚等非洲国家，习惯于一手交钱、一手交货，很少有信用证之类的结算方式。出口商一定要适应这种交易方式，否则很难开拓非洲市场。

3）适当选择加工贸易

在非洲国家建立装配厂，发展进料加工有很大的市场发展空间。国内许多企业，如辰光公司、海信集团等已陆续在肯尼亚、津巴布韦、南非等市场取得了不错的业绩。

4）注重产品质量

要充分考虑当地气候、公路、环境等诸多因素对产品质量的影响，有些产品在进入非洲市场之前还须进行改进。但总体来看，机电产品几乎不需调整结构就可直接进入非洲市场，中国机电产品在非洲市场都很畅销。

5）结合援外承包工程

开拓非洲市场，一定要和援外、承包工程结合起来。例如，修路使用的搅拌机、挖掘机、压路机等，不但可以提供设备，还可以派出义务工作人员帮助维护，这是开拓非洲市场的一种捷径。在援外项目中通常30%～70%都是设备，因此可以先行采用免费设备试用，建立良好的信誉后再行开拓市场；或者是以中非合资（合作）的形式开发，目前较成功的项目都是和援外项目结合起来的。整体而言，非洲对中国并不十分了解，更谈不上信任，所以必须有实物的展示、有完善的售后服务，才能赢得非洲市场。

（4）中国与南非经贸往来注意事项

近些年来，中国与南非的经贸往来日益频繁，经贸关系发展迅速，虽然两国之间的贸易结构具有较强的互补性，但是双方贸易中存在的问题也不容忽视。

1）中国出口南非的部分产品质量不高

一些中国公司认为南非经济比较落后，常将低档产品，甚至假冒伪劣商品销往南非，严重损害了中国产品在南非的形象和声誉。

2）恶性竞争扰乱当地市场

目前，中国出口南非的产品主要为轻纺、鞋类、家电类等轻工产品。很多中国企业为抢占南非市场，竞相低价销售，不仅损害了中国企业形象，也扰乱了当地市场秩序，更为南非政府对中国产品提起反倾销调查提供了借口。

3）南非是非洲地区对中国出口产品提起反倾销最多的国家

近年来，南非共对中国产品发起数十起反倾销调查案件，其中，纺织品、金属制品是南非对华反倾销的重点。许多产品由此被征收高额反倾销税，迫使中国多种产品退出南非市场。在大多数案件中，中国企业应诉不积极，使得南非对中国产品反倾销调查立案率几乎百分之百，严重阻碍了中国产品对南非的出口。

4）对南非国家颁布相关法规认识不足

自2008年和2009年，南非颁布了一系列涉及技术标准和产品安全的法规，包括《电信设备及电气电子设备的技术标准》《关于食品中菌类产生毒素限量法规的第R. 512号修正案》《在南非销售的菜籽油、苹果和梨的等级、包装和标志的法规草案》《咖啡法规草案》《单端荧光灯强制规范提案》《涉及所有瓶装水的法规的修订草案》等，中国企业应对这些法规的内容及进展给予及时关注，避免造成不必要的损失。

5. 东盟市场

(1) 东盟市场介绍

东盟市场包括10个东南亚国家，其中新加坡、马来西亚、泰国、印尼、菲律宾、文莱这六个国家之间，99%的产品贸易关税为零，一体化程度比较高；东盟四个新的成员国越南、老挝、缅甸、柬埔寨，99%的产品贸易关税在5%以下。东盟一体化程度越来越高，预计到2015年建成东盟共同体。2010年1月1日起，中国-东盟自由贸易区建成，中国和东盟开始进入零关税时期。这为中国产品进入东盟市场提供了更为便捷的贸易通道。

(2) 开发东盟市场注意事项

◆ 关注中国与东盟相互开放市场时间表。目前，中国和东盟92%的产品关税为零（对原有的东盟6国成员已实现零关税），其余8%的产品还需缴纳关税。

◆ 外贸人员需要熟悉原产地证书的填写（货物出口前填写），不但可以节省关税，还有助于降低营销成本。

◆ 东盟十国产业结构、产业规划、振兴体制各有不同，因此，中国企业开发东盟市场时制定差异化的市场开发策略十分必要；同时还需注重诚信和质量，避免中国企业、产品间的恶性竞争，从长计议开发市场。

◆ 充分利用中国和东盟国家20个大使馆的作用，尤其是在选择合作伙伴和寻找贸易渠道方面。东盟国家均为新兴国家，也是经济转型国家，政府力量比较重要且不容忽视。很多实例都表明：充分利用使馆资源来开发东盟市场，能起到事半功倍的效果。

◆ 东南亚各国商会的作用非常巨大。充分利用其广阔的社会网络及信息资源为你推荐合作伙伴，一般来说是比较可靠的。目前，中国企业开发东盟市场，欠缺的是比较有影响的、可靠的经销商、贸易商、投资合作伙伴，因此可靠性非常重要；同时，还要考虑对方是否在东盟国家当地有广阔的产品经销能力。印尼、新加坡、马来西亚、泰国都有不少实力雄厚的商会，充分利用这些商会的关系网络，是中国企业开发东盟市场的有效途径之一。

◆ 东南亚地区有许多著名的华商，不管是在新加坡、马来西亚、泰国、菲律宾还是印尼，这些华商在东南亚各国经济中间起着非常重要的作用，甚至有些华商对该国经济发展起着支柱性的作用。充分挖掘利用这些华商经济，对于中国企业开发东盟市场意义重大。

(3) 提高中国企业的FTA（自由贸易区）利用率①

FTA（Free Trade Area，自由贸易区）被视为促进货物贸易、服务贸易和投资便利化的重要手段，同时也是推动经济增长的动力之一。然而，就目前情况来看，中国企业对FTA的使用率远远低于预期水平。以中国-东盟FTA为例，两国的相关货物贸易协议已经实施多年，特别是从2010年1月1日开始，92%的商品都已实现零关税，这无疑对于从事中国东盟双边贸易的企业而言是非常有好处的。但研究数据显示：虽然企业对FTA的认知水平和利用水平较2008年均有不同程度的提高，但是总体水平仍然不高，从调查结果来看，只有半数企业了解关于FTA相关优惠措施。整体而言，中国企业FTA的利用率偏低，相比北美自由贸易区高达80%左右的特惠利用率欧盟普惠制（GSP）50%的特惠利用率，以及科托努协定（CPS）90%的特惠利用率，中国-东盟FTA的利用率确实低了很多，而中国与其他国家地区签署的FTA利用率则更低。这一结果无疑会使真正应该收益的企业蒙受巨大损失。究其原因，很大程度上与原产地规则密切相关。

1）原产地规则（ROO）认识不清

对企业而言，最为棘手的问题就在于原产地规则内容复杂，获取原产地证书更会增加额外成本。不同的FTA采用不同体系和标准（包括CTC、VC、SP等）；即便是同样的产品，由于生产加工地点不同，在不同的FTA项下也会被区别对待；产品达到区域价值成分标准（VC）比较容易，但证明材料却异常烦琐，而且还会涉及不同程度的累积方式；税号改变标准（CTC）比较简便，但大多数商品可能达不到税号改变的要求，因此由于不同的产品规则安排，区域市场变得支离破碎，这也大大减少了来自区域市场规模扩大的好处；另外，ROO复杂或相互矛盾的一些规定也增加了企业业务成本增加等问题。上述问题的出现与经济一体化原则的设想背道而驰，同时也使得很多潜在的受益方无法享受贸易自由化带来的便利与收益。

2）有效解决途径

中国在面对后金融危机时代，尤其是面对欧美市场需求低迷的环境下，如何帮助本国企业进一步降低成本，提高效率具有更重要的意义。针对ROO标准导致的成本问题，中国可以采取例如与签定FTA的国家先行签署贸易便利化协议，即启动单一窗口，相互承认标准，统一原产地规则等。在便利化方面，也可以考虑在更大的范围，如亚太（APEC）区域内规范和统一原产地规则标准。由此看来，今后一段时期内，在东亚乃至亚洲内部，更多地完善和深化FTA的合作机制将是各国合作的最优选择。

---

① 刘娟，王荣艳，王学成：《中国东亚区域合作战略调整——基于后金融危机时代的思考》，载《国际贸易》，2011（2）。

第二章
外贸新手寻找国外客户的策略与技巧

在全球经济一体化的今天，对外贸易的发展程度已成为衡量一个国家经济发展水平的重要指标。而对于每个外贸行业专业人员来说，如今在买方市场的形势下，如何在最短的时间内找到或发掘出适合的、有价值的客户，就成为整个外贸流程中最重要的环节。寻求客户的渠道有很多种，从原来的参加海外展会、联系对外贸易推广公司，发展到现今的电子商务和直接的网络搜索以及各种形式和规模的国外买家采购配对会（matching conference），直至在国外设立分公司直接寻求市场等。其多样性和现代化，都为外贸行业提供了更为便捷的方式和更为广阔的发展空间。

1. 通过朋友找客户

通过朋友找客户的方法作为最原始的渠道之一，就如同好多人还会通过朋友介绍来认识未来的恋人一样，仍在发挥着不可小觑的作用。那么为什么有些业务员常津津乐道，并热衷于通过朋友介绍寻找客户呢？其优势在哪里？还是拿上面的比喻来说吧。据相关调查显示，即使在社会已发展到开放的今天，人们的交际范围得以迅速扩大的情况下，通过熟人、朋友介绍两个人最终成为配偶的成功率仍达到30%，而我们现代人似乎最认同的同学乃至同事等关系发展成功的也不过是在这一比例。究其原因，无论是客户还是恋人，通过熟人、朋友介绍认识，总会比对完全陌生、一无所知的人多一些信任，对其背景会有一定的了解，可以有针对性地抓住重点，有利于进一步发展。而且朋友也必定是经过思考，在分析具有可能性的前提下，才会向当事人引荐或推介。对外贸人员来说，通过这种方式在很多时候可以很快达到正面拜访或直接洽谈业务的阶段，从而避免将很多时间和精力浪费在盲目搜索、猜测和试探上面。那又如何着手，怎样才能通过朋友找到客户呢？关键点就是通过朋友达到对有价值信息的搜集并应用。前提是要保证你的工作背景信息已提前为朋友所了解。具体怎样去做，却并没有固定的模式或公式去套用，倒是可以说其准备和实行都颇有些“功夫在诗外”的意味。

这里所说的朋友是广义概念的，但不是绝对的广义，其界定就是可以信任，需要有一定的信用基础，大致可以分为三类：直接的朋友圈；间接的朋友关系，甚至原来陌生的同行（需先确定其为非竞争人员）；与其互相欣赏尊重的不冲突的相关行业内的关系人员。但无论是上面提到的哪一种朋友关系，如果想既可以获得或者继续保持一份淳厚的友谊，又能够在可能的情况下把朋友关系应用起来，让其为我们提供有效信息并协助达到目标，都需要做好一定的基础工作才行。

首先，必须保证和朋友有经常性的真诚的沟通和交流。这一点其实是我们作为他人合格的朋友应该做到的事情，感情上讲绝对比单纯的工作需要来得更高尚、更合情理。但是有很多人还是会找出很多的诸如太忙、身不由己之类的借口。作为具有自然人和社会人双重身份的我们，要知道做不到这一点，不仅是对自己个人情感需求的忽视和对朋友的冷漠，从经济角度讲，更是将一份曾有过投入的感情投资撤销，而没有投资就能得到回报的情况毕竟是少数。现代发达的电子网络科技使人们在工作之外的更多的时间坐在电脑或电视旁，感叹世界成了“地球村”，使“天涯成咫尺”，却很少意识到它也同时让你和你的朋友没了见面，少了电话，变为“咫尺成天涯”。直到有一天突然觉得他和自己的业务有某种联系再去找人家，就很难做了。更有甚者长时间不关心朋友，连朋友做哪方面工作都不清楚，明明可能很便捷的一条路就被自己给切断了，再通过别人提醒去找他，恐怕只会落得“功利”的骂名。不论任何人多么想证明自己的大公无私，他最关注的还是自己，就比如拿出一张集体照，他首先看的一定是自己一样。所以，如果我们想赢得友谊并互助成功，就一定要对别人真挚地关切，高兴他的高兴，担忧他的担忧。这是与我们的所得成正比的。

其次，个人专业素质和态度同样非常重要。在专业素质上，应有扎实的基础和丰富的背景经验作支撑。在心理上保持充分的自信去面对朋友（包括其公司专业人士）或者其引荐的潜在客户，并且需要对潜在客户有较强的专业判断能力。而在个人态度上，则要表现出适度的谦虚。老子说：“江海所以能成百谷王者，以其善下之，故能为百谷王。”没有多少客户会在客观条件都满足的情况下，对一位彬彬有礼的绅士供应商摇头。

再次，要保证对朋友的尊重和互利。不要总是对对方谈论自己想要什么，因为别人，即使是你的朋友，也不一定对你所要的感兴趣。反过来就可以想到，其实他人和你一样，往往只对他们所要的感兴趣。这就应该考虑到对方所需，去激发他的欲望并引导他怎样去获得并且达到最高的效率。请不要误解是让你简单地用物质层面的东西去引诱你的朋友，这往往会被你真正的朋友所蔑视或唾弃。这也是我们通过朋友找客户与通过其他渠道和其他人来实现目标的重要不同之处。马斯洛关于人有自我实现的需要的理论就说，每个人都存在巨大潜力，而且人人都想发挥出这种潜力，这也是人性。从人的这种趋向来说，潜意识中人应该都是有些自负和个人英雄主义的。所以说在通过朋友找客户时，也一定要从对方角度出发，考虑到对方的心理需求和利益，不能让朋友因为帮助你而使其在心理上或现实中遭遇困难或损失，更不能不合情理地强人所难。无论结果如何，都要真诚地对其帮助表达赞赏和感激，并让他在此过程中感觉到自我实现。哈佛著名心理学家 William James 也曾说：“人类本质中最殷切的需求是：渴望得到他人的肯定。”尊重和互利是外贸过程中一条基本但非常重要的原则，对象是与其有关联的朋友时尤其如此。

做好以上几点，再加上善于将事情进行关联的能力和主动的沟通及行动，很多时候通过朋友找客户的过程也很可能就转变为让朋友有客户信息就能想到你。

2. 通过展（览）会找客户

参加展（览）会有助于企业迅速打开市场、了解行业市场的动态，帮助企业在较短时间内树立在行业内的影响力。如果在某次展（览）会中办得有特色，还会给买家、同行、媒体、科研机构留下一定程度的印象。虽然参加展（览）会是迄今为止最有效的出口营销方法之一，效果却因参展人员的策划能力和经验的不同而有所差异。

(1) 如何选择展(览)会

优先选择参加国内的国际性著名行业展(览)会和综合展(览)会，其次选择参加国外的行业展(览)会。对于国外的行业展(览)会首先要考虑是否与企业的目标市场相一致，要么举办国是企业的目标市场，同时该展(览)会是该国行业内最专业的展(览)会；要么展(览)会的行业影响力、国际性很强。这里介绍一些评估展(览)会的专业性、国际性、影响力的小技巧。

- 通过查看该展(览)会网站、去信询问了解展(览)会举办次数(次数多，知道的人多，影响越大)，有无本行业著名厂家(国际巨头)参加过或可能去参加，再从其网站上查看展馆照片等相关信息介绍；
- 询问自己的客户是否知道该展(览)会、参加与否，并听取相关建议；
- 评估该展(览)会与本公司产品的紧密结合程度，结合度越高，行业买家越多；
- 识别该展(览)会是否拥有UFI标志，国际展览联盟－UFI (http://www.ufinet.org/)是一个评估展览会主办者所提供设施质量的组织。

(2) 如何查找展(览)会资讯

以下为四个常用网址，可供选择：

- 全球会展网 http://fair.mofcom.gov.cn/；
- 中国商品网 http://ccn.mofcom.gov.cn/；
- 国贸资讯网 www.intertrade.com.cn/；
- 阿里的展览资讯库 http://tradeshow.alibaba.com/。

(3) 成功参与展(览)会的标准

- 收集大量的潜在客户名片并和客户作有效交流；
- 对客户询问作简要记录，并且针对不同客户作出“很重要”“重要”“待定”“一般”的标记，或采用其他类似标记方法；
- 与同行相比，在展览设计、产品陈列和演示、人员表现等企业形象方面表现突出。

(4) 展(览)会前如何邀请新老客户

- 写一封正式的邀请函，信函中注明展(览)会的时间、地点、名称、我方的展位号；如果将在展(览)会上推出新产品或服务，也应在函中预先告知。通常在展出前一个半月时间左右，发函给潜在客户，邀请他们参加；当然也可以请展(览)会举办方发函邀请。老客户可以打电话或发电子邮件邀请。
- 展(览)会开始前2~3星期，致电客户确认是否参加，然后在展前一星期发电子邮件提醒客户参加。
- 整理出即将来展位访问的客户名单，并作适当准备如赠送小礼物等。

(5) 如何选择展位

- 展位大小根据公司预算；
- 最佳位置通常是人流必经之地；
- 参展经验丰富的企业，可选择空地特装；
- 好的展位往往比较紧俏，需提前一年左右的时间预定。

(6) 如何展后跟进

- 建议每个展日结束，立即召开当日展（览）会总结会议，标记当日重点客户；
- 根据现场收集的客户名片和与客户沟通的记录，将客户分类归档。可按公司以往的习惯分类方法，或按重要性程度，或按买家类型如终端用户、进口贸易商、分销商、批发商、零售商；
- 给每位到展位前访问的客户发感谢函（沟通较多的重要客户可除外）；
- 争取客户工作，回答客户的问题，明确客户的需求等。

(7) 展（览）会业务人员注意事项

- ◆ 不要坐着。展（览）会期间坐在展位上，给人留下的印象是：你不想被人打扰。
- ◆ 不要看书。通常只有二到三秒钟的时间引起对方的注意，吸引他停下来。如果业务人员只顾看报纸或杂志，是不会引起人注意的。
- ◆ 不要在展（览）会上吃喝。那样会显得粗俗、邋遢和漠不关心，而且通常在吃东西的时候潜在客户不会前来打扰。
- ◆ 不要打电话。每多用一分钟打电话，就会同潜在客户少谈一分钟。
- ◆ 不要与其他展位的人交谈。尽量少与参展同伴或临近展位的员工交谈。应该找潜在客户谈，而不是与朋友聊天。
- ◆ 不要以貌取人。展（览）会上唯一要注重仪表的是参展单位的工作人员，客户都会按自己的意愿尽量穿着随便些，如牛仔裤、运动衫、便裤，什么样的都有。不要因为客户穿着随意就低眼看人。
- ◆ 不要聚群。如果与两个或更多参展伙伴或其他非潜在客户一起谈论，那就是聚群。在参观者眼中，走近一群陌生人总令人心里发虚。展位上应创造一个温馨、开放、吸引人的氛围。
- ◆ 要满腔热情。常言说得好，表现得热情，就会变得热情，反之亦然。如果一副不耐烦的样子，就会变得不耐烦，而且讨人嫌。热情洋溢，无坚不摧，十分有感染力，要热情宣传自己的企业和产品。
- ◆ 要善用潜在客户的名字。人们都喜欢别人喊自己的名字。努力记住潜在客户的名字，在谈话中不时提到，会让他感到自己很重要。大胆些，直接看着参观者胸前的名牌，大声念出他的名字。遇到难读的名字就问。如果是个极不寻常的名字，也许就是你同潜在客户建立关系最得手的敲门砖。
- ◆ 要指定专人接待媒体。媒体也许会到你的展位找新闻，一定要安排专人作为你的企业与媒体的联系人，这样就可确保对自己企业的宣传始终保持一致口径。

3. 通过 Google 找客户

- ◆ 很多国家的买家都用一些公共邮箱系统，如印度的 rediff. com，如果连同“@”标志和你要找的商品名称写到 Google 搜索栏，幸运的话你会找到很多买家，少的也能有一两个。例如：要找手机的印度买家，在 Google 搜索栏内输入@ rediff. com mobile. 就可以了。类似这样的公共邮箱还有很多，在实践中还需要外贸业务人员的不断总结。常用的有：

- 印度的@vsnl. com；
- 巴基斯坦的@cyber. net. pk；
- 阿曼的@omantel. net. om；
- 意大利的@libero. it；
- 南非的@webmail. co. za；
- 新西兰的@xtra. co. nz；
- 新加坡的@pacific. net. sg；
- 此外还有更为常用的@yahoo. com，@hotmail. com，@aol. com，@gmail. com。

◆ 任何商品都有名牌企业，尤其是世界五百强。一般五百强或是名牌企业都会把它们在世界各地的分销商写在自己的网站上，据此你便可以直接搜索其分销商（Distributor）或经销商（Dealer）等。

◆ 一般的买家也会在一些商务网站注册。把目标公司名称或邮箱输入Google，一般会显示其在哪些网站注册过，顺势打开这些网站，于是你会惊奇地发现许多大鱼正等着你。

◆ 一般每个国家都会有本国的著名搜索引擎。这时你要搜索各国语言以获取描述你所卖的产品的单词，然后输入搜索后，你会发现很多大买家，如德国的Fireball. de.。各国本地搜索引擎+多国语言翻译软件+当地语言关键词=可以找到任何你想要的。

◆ 一般每个国家的公司名称后缀都不一样，如中国企业习惯用Co.，Ltd.；美国企业习惯用INC、LLC等；意大利企业习惯用S. R. L；西班牙企业习惯用S. P. A。如果把产品名称或产品属于哪个大范围名称输入，一般也会出现闪光客户。

◆ 搜索本行业的展（览）会。当然这里指的不是很出名的展（览）会，因为出名的大家都知道，都已经去抢了。要搜索地区性的，如在欧洲很有名，但并没影响到世界，这样的展（览）会也有很多大买家。方法是输入产品大类名称，再加上show或是fair等词。找到相应的网站后，一般都会有展商列表，直接复制粘贴到Google搜索栏内，接着找邮箱；如果碰巧有展商自己把邮箱放上去，那就省事多了。

◆ 各国的黄页商务网，一般来讲外贸业务人员是比较熟悉的，但是关键是要挑精品，排除垃圾黄页。在黄页里找到客户之后，再应用上述方法，把客户公司名称放到Google再搜索，又会出现很多惊喜。如http：//www. yellowpages. biz. pk/是很不错的巴基斯坦黄页，有实在客户，打开后点击business catalogue，进入后输入产品名称搜索，会出来很多客户信息，要耐心地一个一个去点击查询，有很多有邮箱；当然没邮箱的也可把公司名称输入Google再进行搜索。常见的黄页还包括：

- www. yellowpages. com. au；
- www. kellysearch. com；
- www. kompass. com；
- www. yell. com；
- www. hispavista. com 西班牙；
- www. arabo. com 阿拉伯；
- www. eniro. se 瑞典；
- www. superpages. com 美国；
- www. goldenpages. be 比利时。

◆ 如果有的网站只有提交表单而没有邮箱，也没有关系，只要输入www. xxx. com

email. 就会出来；如果不行的话，尝试直接输入 xxxx. com email 搜索，会出现更多相关信息。

- 关键词。一个产品可能会套用很多关键词，例如产品 projector（投影仪），它属于 AV（视频）系列，又可称之为 electronics（电子产品），还可以归为 home cinema（家庭影院）或 home theatre（家庭剧院）。如果用不同的关键词搜索就可以出现许多不同公司；如果在关键词后再加上公司后缀，如中国的是 Co., Ltd.，德国的是 gmbh 等等，又可以找到许多公司信息；或者直接输入 av. com（这个行业很多公司都习惯用 av. com 结尾做网站），会找到许多包含 av. com 的公司信息。
- 直接登陆 www. google. de、www. google. uk 等网站，登陆不同国家的网站再进行搜索，结果更精确。
- 在 Google 搜索引擎里搜索。产品名称 + importers；产品名称 + distributors；产品名称 + wholesaler；产品名称 + buyer；产品名称 + supplier。
- Google 上面的绝招，很简单！mp3 trade email - capacitor - trade - email，意为：mp3，贸易，邮件；而"-电容-贸易-邮件"就是不包括电容、贸易、邮件；即需要三者同时出现才会被搜索出来，这样结果就会很精简，一般出现的都是相关的东西，不会出现新闻或一些你不希望搜索到的信息。如果想出口到美国，可以加上 USA。需要说明的是："-"最好不要超过三个。

4. 免费在 Google 上做广告找客户

当企业大把大把往 Google 或百度上烧钱打广告时可否想过其实 Google 与百度是可以免费做广告的呢！Google 与百度会定期对一些内容规范且对客户有用的信息进行收录，一旦收录后就有机会被搜索到。以次类推，这样就可以在不花钱的情况下找到客户。你可能会觉得很遥远，其实只要遵守以下几条规范就可以较好地被 Google 及百度收录。

（1）良好的标题及内容

如果在百度上搜索"阿里巴巴"时，便可以看到"阿里巴巴 全球领先的网上贸易市场"这个标题，下面有一段该网站的描述："阿里巴巴是全球国际贸易领域内领先、活跃的网上交易市场和商人社区，全球首家拥有超过 800 万网商的电子商务网站，遍布 220 个国家和地区，成为全球商人销售产品、拓展市场及网络推广的首选网站。"很显然，此标题就是阿里巴巴首页的标题，文字描述就是首页的文字。聪明的商家一定想到：如果将公司命名为"辅料批发网"，那么在本站发贴时利用该标题，客户就可以通过"辅料批发网"这个关键字找到该公司。

（2）不要发重复内容的贴

Google 和百度一直致力于将最好的内容呈现给用户，所有人都不希望在搜索某个词时跑出来一大堆内容完全一样的网页。所以，如果一直发相同内容的贴子的后果是：轻则会被 Google 或百度过滤；重则被 Google 或百度永远封杀，因为它会认为存在舞弊行为。一旦企业产品或公司名称遭到封杀，那损失就太大了。

（3）经常更新发贴内容

、所有的用户都想在 Google 和百度上搜索到最新最好的内容，所以搜索引擎也一直在往这个方向努力，它们尤其喜欢经常发布新内容的网站，并且会将新内容排在前列。人人都知道排名对于广告来说是多么重要，一个首页排名通常都可以卖几千或几万元，而采用不断更新发贴内容方式将为企业节省大量广告费用。

(4) 非技术性的优化

大家都想通过网络认识朋友或做生意，虽然互联网拉近了你我的距离，但是大家彼此间难以相互信任。因而在网上的一言一行就尤为重要，因为大家只能借此了解你所代表的企业产品或服务。如果你随随便便发个贴出售某个产品，产品描述不清晰又有错别字，版面不工整，这种情况多半会让人认为你是骗子。很显然大家都可以信任百度或 Google，我们当中很多人根本都没见过这两个公司，那为什么我们会信任它？因为它们处处都透露出严谨的气息，有大公司的风范。想要更多人信任你，从现在开始认真对待每一贴吧！

5. 利用专业的信息名录服务商找客户

国际上比较知名的专业信息名录服务商有 Thomas register 和 Kompass（康帕斯），Thomas register 是以美国信息为主的工商企业名录公司；而 Kompass 则是一家植根欧洲、面向世界的名录信息提供商，除在北美市场上无法和 Thomas register 竞争外，在北美之外 Kompass 罕有对手。Kompass 的特点是对一些新兴的工业国家，如泰国、南非、巴西等国的信息收集相对更为完整。Kompass 对于外贸从业人员来说是十分值得推荐的。

(1) Kompass（康帕斯）简介

康帕斯数据库全面深入 1 800 个行业、53 000 个产品和服务类别项下 80 个成员国（地区），在 70 多个国家设有分支机构并出版工商企业信息。康帕斯创立并拥有的独立知识产权的工业和产品分类系统（World File）是被联合国确认的国际标准工业分类系统。1997 年联合国贸易网点组织推荐康帕斯工商数据为世界贸易网点进行电子商务一级认证基础工商信息。康帕斯数据库包含 220 多万家公司，尽可能登陆全球每个参与企业间商务（business to business）的公司。基本登陆是免费的，这样使大多数符合要求的企业能被列在其中。由于康帕斯面向专业买家，买家在标准的企业间交易条件下与制造商、代理商或分销商直接进行交易，因此康帕斯不包含零售商。康帕斯信息系统的核心是以业务为基础的产品和服务的分类，它覆盖生产、制造、建筑工程、进出口、运输、批发、直至商业服务等行业，拥有 26 种语言的界面，有强大的国际信息体系网站、光盘、书刊。康帕斯也可与展览会相配合，如通过康帕斯找到目标准确的潜在客户，提前与客户有良好的沟通，通知他自己参展的消息、时间、展位，邀请他在展会上见面，在全球同质化产品中脱颖而出，取得事半功倍的效果。

(2) 如何应用康帕斯进行搜索

首先打开康帕斯的网页 www. kompass. com（可选择自己熟悉的语言），可以看到上面是快速检索区，下面“类别总览”中是按照产品所属行业分类的产品列表。如果是有明确目标地查找某种产品，可以在快速检索区输入一个描述产品或者服务的词，例如“空调”，然后按“回车”键或者点击“搜索”键搜索。搜索引擎将扫描并显示与“空调”相关的列表，每个类别都有指示其所包含的公司数（在括号内）。点击这个数字可查看相关的公司列表，最后点击公司名称，该公司资料就会被显示出来。

如果只想查找某个国家的公司信息，可选择国家搜索。例如查询中东地区与空调相关的企业，在快速检索区输入“空调”、在“地区”下拉列表里选择“中东”，然后点击搜索即可出现相关分类列表。试着点击第一个空调相关的分类“空调设备，用于机动车［25 家公司］”，点击后即可进入相关的公司名称列表。然后试着点击第一个公司名称“Alex Original Ltd”，则进入该公司信息页面：左上角是公司名称、地址及联系电话、传真、网址等；下面是“负责人”的信息，点击后是公司具体负责人姓名；“产品和服务”点击后是公司的产品经营范围。

一般性的免费查询的信息是有限的，大多数信息只对付费客户开放。若所需主题词未搜索到相应信息，建议改用相关词，最好是英式英语说法，或用“Overview of the categories 引导式搜索”。

查找进口商/出口商、制造商/分销商/服务商，方法一是用“产品与服务”主题词搜索，然后在康帕斯类别后限定进口商 I/出口商 E、制造商 P/分销商 D/服务商 S，点击“a href = javascript：Verif Saisie（）”View marked 查看打钩的“搜索到限定的公司名单”；方法二是进入“Advanced search（高级搜索）”，限定进口商/出口商、制造商/分销商/服务商后，再进行搜索。

康帕斯项下的搜索方式可以概括为以下几种。

◆ 按产品和服务名称搜索：在“搜索文本”下面的空格处输入关键词，在“地区”下拉列表里选择地区，点击“搜索”，即出现相关的产品名称；后面括号里注明公司数量，点击进入，即可看到公司名称列表；点击公司名称即可进入信息资料页面。康帕斯分类系统覆盖各种工商行业，包含53 000 种产品和服务条目。（注：在此处只能输入产品和服务名称，否则会查不到相关信息。如果输入的关键词没有在产品分类中查到任何结果，系统会在公司资料的业务描述里自动进行扩大搜索。用多个主题词搜索须在主题词之间用“与”隔开，如果没有任何查找结果，系统也会进行扩大搜索。）

◆ 按公司名称查找：在搜索区输入公司名称，在“地区”下拉列表里选择地区，点击“搜索”即可出现相关公司名称。

◆ 按商标名称查找：在搜索区输入商标名称，在“地区”下拉列表里选择地区，点击“搜索”即可出现相关公司名称。

◆ 按负责人姓名搜索：在搜索区输入负责人姓名，在“地区”下拉列表里选择地区，点击“搜索”即可出现相关公司名称。

◆ 按地区搜索：在“地区”下面选择一个搜索路径进行搜索地区，即可出现该地区的分类产品目录。

◆ 浏览康帕斯分类系统：点击主页左侧的“查看分类”，选择地区；点击行业大类（如“石油和天然气”、“橡胶和塑料”等）；点击产品种类（如“焦油和沥青制品”、“轮胎修补材料”等）；将看到多个产品和服务种类（如“沥青乳液”、“轮胎修补用品”、“内胎轮胎用品”等），选择感兴趣的产品和服务，然后点击查看公司简介。

◆ 高级搜索：提供更为详细的搜索，获得更为海量的信息，但是这种方式是收费的。可以通过地区、公司信息（包括公司介绍、联系方式、营业额、所属行业协会等）、业务范围（公司类型或公司经营领域），财务数据等来查询信息资料。

(3) 应用康帕斯注意问题

首先，通过康帕斯信息系统了解目标市场和特定行业的概况，应做到心中有数，同时还需结合其他信息资源印证、深化、扩大对目标市场与全局的认识。切忌在对上述问题心中无数的情况下，利用查到的线索直接大规模发盘或发出推广函电。据调查：70%以上的国外采购商，特别是欧洲采购商，每年最多只选择3到4家潜在供应商。因而在对目标市场仅是模糊认识的情况下，大规模发出推广函电对潜在买方来说无异于发出骚扰性垃圾邮件，推广效果不好。其道理很简单：即使遍地都是金，盲人骑瞎马也是捡不到。何况国际市场并非遍地是金，而是淘金机遇与风险陷阱并存。

其次，重新认识上下游产品客户，扩大潜在客户搜索面。世界上不存在买方汇聚的数据库/网站，只有供应商/制造商汇聚的数据库/网站。因为人类采购活动的本质便是四处寻找，不可守株待兔，而销售活动则可以相对集中于某处以方便购买。为此，必须注意以下几点。

◆ 搜索范围锁定在自己产品的用户。使用康帕斯数据寻找潜在客户要注意搜索自己产品的下游用户或最终用户，而不是去搜索自己产品分类项下的企业。因为康帕斯产品分类所涵盖的企业基本是该产品的/服务的提供商/制造商，并非该产品的买家。处理好这点，不但可以扩大自己的潜在客户搜索面与客户群，还可以筛分出自己产品的最终用户并可能推动产品直接售予最终用户而避免过多的中间环节。

◆ 同类产品的销售商不一定是自己产品的销售商。在康帕斯的企业资料标注中有：D = Distributor（分销商），但这并不意味着该分销商就一定会接受其专销产品的其他发盘。相反，这些在某产品分类项下的分销商，绝大部分是专销自己接受的某企业的产品或其自产商品，包括贴牌产品。因此，如果认为这些分销商是经销/专销自己同类产品，所以就可能成为自己公司产品的买方，那就大错特错了。其实这些分销商中的绝大多数是卖方，正是竞争对手。

◆ 明确国外产品销售链条，找准买主。国外消费品进口各国情况不尽相同，但多数是如下的销售链条：

  ➢ 各种各类进口商/专营商专门/综合进口各种商品（这是我国出口企业应主要开发的客户群）；

  ➢ 各种国内分销/中央，集中采购机构从进口商处买进进口商品（这不是我国出口企业应主要开发的客户群，但在某些情况下可成为向国外进口商推荐、转告、介绍我方产品的渠道，而且此群体有助于我们了解某些产品的潜在销售量）；

  ➢ 各种独立或从属于国外大分销/批发商的零售网点（这些基本不是我国出口企业应开发的客户）。

第三，营销函电要有针对性地度身定制，尽量少用通函。此外，要提及潜在客户在康帕斯系统上的广告，以拉近关系，并以客户需求为切入点，因此事先必须多方摸清客户需求。对情况把握不准的客户，可先发出试探性函电并采取多种方式了解、印证其情况，然后再发正式产品推广函电。事实证明开拓国际市场的推广函电重在目标准确与函电质量，并非在数量，尤其对发达国家的客户来说更是如此。

6. 搜索行业协会找客户

◆ 选用国际性排名比较靠前的搜索引擎。

◆ 在搜索栏里输入协会英文名称。

协会常用的单词：association、alliances、bureau、council、institute、society。

常用的协会搜索名称：

➢ Association of the wall and ceiling industry 天花板行业协会；

➢ Insulation material industry association 绝热材料行业协会；

➢ European aluminium foil association 欧洲铝箔协会；

➢ International sanitary supply association 国际卫浴产品供应协会；

➢ Class fiber association of Japan 日本玻纤协会；

➢ Ceramic tiles distributors association 陶瓷销售商协会。

搜索到如上协会网站后，点击“member”，通常显示为 3 个部门：“manufacture”、“contractor”、“dealer”，可以有针对性地进行进一步查找。

◆ 注意协会网站的链接。网站的链接会提供更大的信息量。例如：找到西部建材协会(western building material association）的网站，关于这个行会的成员名单可以通过点击 Links 来实现，在链接里不仅会找到成员名单，而且还有相关的行业协会和网站(related industry site)，里面会有更多的信息可供选择。

7. 从竞争对手处找客户

在外贸领域，其实有种快速找客户的方法，那就是直接寻找竞争对手的客户。怎么进行呢，秘籍如下。

首先，寻找本行业内国外著名的品牌，可以按地区和国家分别进行。然后可按以下方法寻找客户。

◆ 直接搜索该品牌，可以引出很多相关的终端卖家，因为是全球或者地区名牌，所以他们的销售商很多，这些搜索出来的卖家都可以成为你的潜在客户。

◆ 直接找到该企业网站，联系他们。因为很多名牌大多是在中国做 OEM 贴牌生产，公司做的只是设计，生产通常是外包给中国大陆或者中国台湾的工厂。如日本的家电品牌，大多都是采用贴牌生产。

◆ 查看该企业网站有没有列出其分销点，如果有，这些分销点自然也就是你的客户了。

其次，还有一些挖掘竞争对手客户的方法，虽然有一些难度，但是可以从多方面进行优势整合。

◆ 产品定位。要么你的产品质量占绝对优势；要么价格绝对低廉，如果两个都不占优势，可以考虑从其他角度入手。

◆ 人际关系。这主要看在竞争对手的客户中有没有说话分量较重的朋友或者熟人，有的话可以凭借朋友或熟人的关系引荐部分客户；如果没有，则要想办法与他们成为朋友。(也可以把这个方法反过来用，即从底层的实际使用者身上着手，让使用者向管理者反映、推荐使用你们的品牌产品。)

◆ 很多产品不可能100%没有缺陷，抓住竞争对手的产品缺陷问题，趁机从竞争对手处抢占客户。

8. 利用B2B网站找客户

很多做网上贸易的人发掘客户，很普遍的一招就是上各大网站跟搜索引擎去寻找那些求购信息，找到客户后再给客户发去邮件询问。这样做往往很少能够得到非常有价值的信息，而且很被动。因为既然普遍的做法是这样，当然客户会收到很多同行的邮件，面对一大堆的邮件，你的邮件很可能就直接被当成了垃圾邮件；就算得到了客户的回复，一笔业务做下来，在如此激烈竞争的环境下，利润也不会很高。怎样才能让更多的人了解到企业的产品或服务呢？这是很多卖家最急于解决的问题；而另一方面，很多买家也在寻找着卖家，跟卖家寻找买家是同一个道理。此时，B2B网站可以极大地解决供求双方信息不对称的问题，并成为业务人员获取客户的有效途径之一。

◆ 可以肯定的是电子商务已经成为一种趋势，所以每一个行业内想做电子商务的企业都需要选好适宜的B2B平台，只选对的而不一定选贵的。这里推荐几个：
 - 汽车配件和纺织面料类的文笔天天网 www. ttnet. net；
 - 轻工业产品阿里巴巴 www. alibaba. com；
 - 家具类的中国家具网 http：//cn. furniture-in-china. com；
 - 电子类的环球资源网 www. globalsources. com；
 - 化工类的中国化工网 china. chemnet. com。

◆ 使用电子商务B2B平台需要一定的耐心和技巧。B2B网站只是一个网络工具，不可能今天做了，明天就会有订单和询盘，所以需要耐心。此外操作人员需要不断学习和研究各种技巧，基本的排名技术和搜索技巧都要了解一些。

◆ 注重信息数量和质量。一条连基本产品介绍和图片都没有的信息很难引起买家的购买兴趣，如果想要你的网络营销有成效，无非就是两个字："勤劳"。当你的信息像海啸一样一浪接着一浪的时候，很难有打不到的买家。

◆ 熟练掌握产品知识和留下手机号码，很多买家习惯直接找本人谈生意，所以手机号码是必不可少的。

◆ 做内销的时候，不要仅仅停留在用QQ介绍产品，当介绍到一定程度时，就需要电话联系了。这时，你的热情会感染到对方，基本上这笔单子也就搞定了，这就是适时主动出击。

◆ 做阿里巴巴，www. ttnet. net 等B2B不一定会有效果，但是不做一定没有效果。通过B2B只是慢慢建立自己的品牌效应，所以切不可把B2B当作是订单工具，这样反而会局限在那里。

◆ 利用B2B网站进行信息发布时还需要注意以下几点：
 - 发布信息时一定要保证每个产品一条独立的供应标题；
 - 标题一定要简明扼要（这样容易被搜索引擎收录）；
 - 关键词最好要配中英文对照（国外也有华人）；
 - 尽可能多发布信息，有的网站收费（免费能发少量），但是大部分都免费发信息；

➢ 坚持发布3个月肯定会有收获，每天注册30个B2B网址+每个网址发布独立标题供应信息5条以上+90天，坚持3个月之后（由于网络不像电视、报纸广告，过后就消失），只要信息覆盖到一定程度，就会在网络上延续很久，经常更新一下就能排在前面，概率就更高了。

9. 利用行业杂志找客户

行业杂志顾名思义就是针对于某一行业的技术发展、革新形式、问题、需求、客户等为主题的期刊。以期、卷、号或年、月为序，定期或不定期连续出版的印刷读物。与大众杂志或一般时尚杂志相比，行业杂志的影响仅限于行业从业人士。行业杂志主要以建立资讯服务和沟通平台为存在目的，通过广告的传递、内容的采辑、沟通媒介等功能服务于行业进步及企业发展。

(1) 外贸人员必须了解行业杂志特征

1）专业性强

外贸行业杂志主要是针对外贸的某一行业进行深入的解剖，包括技术、产品、资历、发展、市场状况、生产能力等一系列信息的传达。读者须具备一定的专业知识。

2）针对性强

外贸行业杂志的读者较为固定，局限于从事本行业的技术人员、经营管理人员、市场开发人员，发行于本行业的特定客户群体。

3）目标直接

购买行业杂志的人员一般是具备本行业知识，或与本行业有密切联系的相关人员。其目的性较强，具备直接的产品需求标准。

4）覆盖面广

杂志的发行虽然局限于本行业，但范围可以很广泛，乃至全国及全世界。例如美国的《时代》杂志，发行量在2008年是340万册，一直是娱乐业的风向标，发行至全球各地，并且具备网络杂志生产的能力，《时代》杂志上的一则信息，全世界的娱乐行业皆可看到。

(2) 外贸人员如何应用行业杂志

◆ 行业杂志通过发表和刊登文章为企业提供技术指导、新技术分享以及操作问题的交流平台，为企业技术革新奠定基础。外贸人员可以通过行业杂志了解国外先进技术，减小与同行的技术差距，以技术革新适应市场的需求。

◆ 行业杂志提供的市场资讯部分，通过不同类型的文章展示行业优秀企业的风采，分享优秀的市场开拓和企业管理经验，提供最新热点的市场分析，为企业把握市场动态、探讨市场焦点问题、寻求解决方案提供信息支持。

◆ 行业杂志中经常刊登客户采购信息，为企业带来丰厚的客户资源。企业的产品需求方，也可以借助杂志迅速找到最合适自己的企业和产品，并可以清晰地把握供应方（行业企业）的企业状况、行业动态、技术动向等信息。同时，双方还可以通过杂志一些栏目的编辑设置进行生产、采购以及管理等方面的交流，增进彼此了解。外贸人员应充分利用行业杂志为企业与国外客户提供的沟通交流平台。

第三章
外贸人员接待国外客户的礼仪与技巧

外贸人员在日常商务接洽工作中要格外重视各国不同的商务礼仪及国际惯例，要彬彬有礼、待人接物恰如其分，在展现本企业良好形象的同时给予国外客户充分的尊重与亲切感。此外，外贸人员在接待特定的海外客户对象及具体的接待过程中还需要具备一定的技巧性和灵活性，以利于海外客户接待工作的顺利展开。

1. 针对不同类型客户的沟通技巧

美国著名的销售大师剀比特说："每个人讲话的力量都是巨大的，它能把不可能变成可能，把不利变成有利。"不同的人有不同的乐于接受的方式，所以要想使自己被别人接受，就必须先了解对方乐于接受什么样的方式，针对其不同特点，采取不同的话术，研究并熟悉它们，努力扩大应对范围，优化应对方法。

（1）优柔寡断的客户

这种人遇事没有主见，往往消极被动，难以作出决定。面对这种人时，业务人员就要牢牢掌握主动权，充满自信地运用推销话术，不断向他作出积极性的建议，多多运用肯定性用语，当然不能忘记强调你是从他的立场来考虑的。这样直到促使他作出决定，或在不知不觉中替他作出决定。作为专业的外销员，你可以这样说："犹豫带来的损失要远远超过想象之中的。如果你不想买，什么好处也得不到，对吗？但如果你想买，这些好处你都能得到。（继续扼要说明产品的好处）——你想要什么？是想要这些好处，还是什么也不想得到？"

（2）忠厚老实的客户

这种人你说什么，他都点头说好，甚至会加以附和。在你没开口之前，他会在心中设置拒绝的界限。虽然他仍然无法松懈自己，但是最后还是会购买。和这样的客户打交道，最要紧的是让他点头说"好"，在不知不觉中完成交易。

（3）沉默寡言的客户

这种人出言谨慎，一问三不知，反应冷漠，外表严肃。业务人员除介绍商品之外还要亲切、诚恳，想办法拉拢感情，了解其工作、家庭、子女以及拉家常了解客户的真正需要。需要特别注意的是，不要强迫他说话，应该顺着他的性格，轻声说话，并且提一些容易回答的问题来问他。总之，一定要让他认为你所说的、所做的一切都是为了他。整体而言，这类客户老成持重，从容不迫，对业务人员的宣传劝说之词虽然认真倾听，但反应冷淡，不轻易谈出自己的想法。一般来说，业务人员应该避免讲得太多，尽量使对方有讲话的机会和体验，要表现出诚实、稳重，特别注意讲话的态度、方式和表情，争取良好的第一印象。好好把握与这种人的关系，因为这种沉默寡言的客户反而会成为忠实的客户。

（4）令人讨厌的客户

有些人的确令人难以忍受，他好像只会讲带有敌意的话，似乎他生活的唯一乐趣就是挖苦他人，贬低他人，否定他人。这种人无疑是最令人头疼的对手。这种人虽然令人伤脑，但不应该忘记他也有和别人一样的想要某种东西的愿望。这种人往往是由于难以证明自己，所以他希望得到肯定的愿望尤其强烈，对这种人还是可以对症下药的，关键是自己在这种人面前不能卑下，必须在肯定自己高贵尊严的基础上给他以适当的肯定。

（5）先入为主的客户

他在刚和你见面的时候就可能说："我只看看，不想买。"这种人作风比较干脆，在他与你接洽之前，他已经想好了问些什么，回答什么。因此，在这种状态之下，他能和你很自在地交谈。事实上，这种类型的客户是容易成交的典型。虽然他一开始就持否定的态度，但是对交易而言，这种心理抗拒是微弱的，精彩的商品说明很容易奏效。和他们打交道，对于先前的抵抗语言，你不必理会，因为那并不是真心话。只要你以热忱态度接近他，便很容易成交。此外，你可以告诉他一个优惠价格，他一定会接受。开始时的否定态度正表明，只要条件允许，他一定有购买的意愿。

（6）知识渊博的客户

知识渊博的人是最容易面对的客户，也是最容易让销售受益的客户。面对这种客户，应该抓住机会多注意聆听对方谈话，这样可以吸收各种有用的知识及信息。业务人员在客气而小心聆听的同时，还应给以自然真诚的赞许。这种人往往宽宏、明智，要说服他们只要抓住要点，不需要太多的话，也不需要用太多的心思，仅此就很容易达成交易。

（7）顽固的客户

对于那些随和、好说话、不太顽固的客户，业务人员应当用诚恳的语气和他们谈话，只要话说在他们心坎上，觉得适合他们的需要，他们一般是没有多大问题的。对于那些顽固的客户，则要装出一种漫不经心的样子，用漠不关心地谈论生意的口气与他们进行销售说明，谈论生意上的别的趣事。客户会被你这种方式吸引，产生好奇感，这样你再说买你产品的人是有条件的，你的不关心说明客户不符合条件，往往客户为了表示自己符合条件，就会执著地买你的商品。

（8）强烈好奇的客户

这种类型的客户对购买根本不存在抗拒，不过他想了解商品的特性以及其他一切有关的信息。只要时间许可，他愿意听你的商品说明，态度认真有礼，只要你能引发他的购买动机，就很容易成交。你必须主动热情地为他解说商品，使他乐于接受。同时，你还可以告诉他你们现在正在打折，所有商品都以特价优惠，这样他们就会很高兴掏钱购买了。

（9）温和有礼的客户

能遇到这种类型的客户，实在是幸运。他拘谨而有礼貌，他不会对你有偏见，而且还对业务人员充满敬意，他会对你说："销售是一种了不起的工作。"这种人不会撒谎，对你说的话他会认真地听。但你的态度如果过于强硬，他也不会买账。他不喜欢别人拍马屁，因此还是要和他实在一点，诚心相待为上策。对待这种人，你一定要有"你一定购买我的商品"的自信。你应该详细地向他说明商品的优点，而且要彬彬有礼，显示出自己的专业能力。

(10) 爱讨价还价的客户

有些人对讨价还价好像有特殊的癖好，即便是一碗面、一斤菜也非要讨价还价一番不可。这种人往往乐此不疲，所以对这种抱有金钱哲学的人有必要满足一下他的自尊心，在口头上可以作一点适当小小的妥协，比如可以这样对他说："我可是从来没有这么低的价钱卖过的啊。"或者："没有办法啊，碰上你，只好最便宜卖了。"这样使他觉得比较便宜，又证明他砍价的本事，他是乐于接受的。

(11) 自以为是的客户

总是认为自己比你懂得多，他会这么说："我和你们老板是好朋友"、"你们公司的业务，我非常清楚"。当你介绍产品的时候，他还经常打断你"这我早就知道了"。这种人喜欢夸大自己，表现欲极强，但也明白他肤浅的知识和专业销售员不能比，所以有时会自己下台阶："是啊，你说得不错啊。"面对这种客户，你必须表现出卓越的专业知识，让他知道你是有备而来的。你可以在交谈中，模仿他的语气，或者附和他的看法，让他觉得受到重视。之后，在他沾沾自喜的时候进行商品说明。不过不要说得太细，稍作保留，让他产生困惑，然后告诉他："先生，我想您对这件商品的优点已经有所了解，你需要多少呢?"应付这种客户，你还可以这样讲："先生，我们的商品，并不是随便向什么人都推销的，您知道吗?"此时，不论你向客户说什么，客户都会开始对你发生兴趣的。

(12) 性子慢的客户

有些人就是急不得，如果他没有充分了解每件事，你就不能指望他作出任何决定。对于这种人，必须来个"因材施教"，千万不要和他争辩，同时尽量避免向他施加压力。进行商品说明时，态度要沉着，言辞要诚恳，而且要观察他的困扰处，以一种朋友般的关怀对待他，等到他完全心平气和时，再以一般的方法与他商谈。如："您的问题真是切中要害，我也有过这种想法，不过要很好地解决这个问题，我们还是得多多交换意见。"

(13) 擅长交际的客户

擅长交际的客户，长处在于热情及幽默。他们能迅速、容易地适应一个变化的局面，不管话题是什么，总有话可讲，而且常以令人感兴趣的方式把话讲出来。其弱点是优点的延伸，有时表现过甚，被视为矫揉造作，不注意细节，对任何单调事情或必须单独做的事情都容易感到厌烦。对待这样的客户要赞成其想法、意见，不要催促讨论，也不要争论；协商细节，书面归纳双方商定的事情。在向他们推销的时候，拟定的内容要能激发他们的兴趣，让他们有时间讲话，坦率地提出新话题，研究他们的目标与需求。用与他们目标有关的经历或例证来提出你的解决办法，书面确定细节，清楚而且直截了当。

(14) 颐指气使的客户

颐指气使者有直截了当和迅速完成任务的能力，但固执，对别人冷淡和不关心。业务人员在和这种客户相处时要拥护其目标和目的，保持关心，井然有序。如果你不同意，要与他们辩论事实，不要辩论个人好恶。为了影响决定，提供获得成功的各种可选择的行动及可能性，要做到精确、有效，严格遵守时间，有条理。在向他们推销的时候有计划、有准备、要中肯；会谈时迅速点明主旨、击中要点，保持条理性；研究他们的目标和目的，想达到什么，目前情况如何变化；提出解决办法，要明确说明与其目标特别有关的结果与好处；成交要提供两三种方案供其选择；销售后，证实你所提的建议确实提供了预期的利润。在接待他们的时候，特别注意以下几点："触动"——向他们提供选择自由，清楚说明达到他们目标的可能性，他们喜欢赢得羡慕；"赞扬"——赞扬他们的成就；"咨询"——坚持事实，通过谈论期望的结果和谈论他们关心的事情，把他们的话引出来。要记住，他们重视任务的程度比重视关系的程度大得多。因此与感情相比，他们更加注意事情。

(15) 侃侃而谈的客户

侃侃而谈者热情，有与其他人建立合作关系的能力，做事情过于谨慎。他们是极好的合作者，愿意听从对方建议。但他们过分注重关系，对其他人的情感和需要敏感，以致影响工作的顺利完成。在推销过程中，要维护他们的感情，表明个人兴趣；准确地阐明目的，当你不同意时，谈论个人的意见与好恶；以不拘礼节而缓缓的方式继续进行，显示你在"积极"倾听；向他们提供保证。在向他们推销的时候注重发展信任和友谊，不但研究技术和业务上的需要，而且研究他们在思想和感情上的需要；坚持定期保持联系。在接待他们的时候，特别注意以下几点："触动"——向他们说明如何有利于他们的关系和加强他们的地位；"赞扬"——赞扬别人对他们的看法以及他们与人相处融洽的能力；"咨询"——用充分的时间了解他们的感情，可通过提问和倾听的技巧把他们的话引出来。例如："我听你的意思是这样讲的——你是这个意思吗?"务必为他们创造一个不令人感到威胁的环境。

2. 外贸人员接听国外客户电话的礼仪与技巧

在实际业务中，大部分外贸人员的英语水平并不是很高，或者说不是"科班"出身，又或者是虽然拥有英语考级证书（如四、六级证书），但是口语听力能力仍然较差。这类外贸人员通常在刚接触外贸工作时能阅读并回复邮件，但是却害怕接到老外电话。例如，很多外贸业务员都有一些类似的经历，即老外打电话过来听不太懂他在讲什么，自己当然也没有适当的话应对，电话讲完后还不知道对方是谁。如此一来，一方面是让老外觉得你不够专业或说英语不够好，对你公司形象产生一定负面影响；另一方面是很可能错失一个交易机会。所以很多外贸人员常抱着求佛的心态，希望老外能通过往来邮件进行联系。但是应接国外客户电话的事情还是时有发生的，为了避免自己在接电话的过程中"出丑"，必要的礼仪及技巧还是需要掌握的。

(1) 外贸人员接听国外客户电话的礼仪及技巧

◆ 在看到有"+19"开头的电话时，第一时间准备好纸和笔，方便记录。
◆ 接听后，礼貌性问候"hello"，然后通常对方会首先说他要找谁，当你听到你的名字时，就说"This is ××× speaking"（礼节性问候，表示出亲切友好，同时确认对方没有找错人）。
◆ 接下来对方会连续性地讲他要讲的话，这个时候很可能你没有思想准备或者尚未进入状态。那么你最好引导他按照你的提问方式来回答，而不是叙述。你可以等他讲完一句时马上插话进去说：“Excuse me，who is that speaking?（不好意思，您是哪位?)”，他会回答你名字，这时需要你马上记下来，然后问他“Where are you from，please?（您是哪里?)”，以便知道他是哪国人。然后再接着问他“What is the matter with you?（您有什么事?)”，他会说关于哪方面的。

◆ 通常打电话过来的都是最近和你电邮联系的客户，极少是新客户。如果对方报出的名字和国家能使你立即想起对方是谁，那么赶紧查找邮箱，你就能马上知道他在讲哪方面的事情；如果实在想不起来，那就听他讲一下是关于哪些方面的，如果听得不太清楚，就重复他的话给他听，对方会对你所重复的内容表示出“yes”或“no”，然后你再继续提问。

◆ 如果你能听懂对方所说内容，并且了解所提及的业务，那么可以与之继续电话沟通；如果你还是听不太懂对方的意思表达，可以说“I understand what you said，but could you send an email to me to confirm，please?（我了解您讲的，但是请再发一封邮件确认一下。)”然后问他是否知道邮箱地址，不知道你就告诉他，请他发过来。切记：不要听不懂时就直接说“No，I don't know。（我不知道。)”或是其他否定的词；你可以采取先听对方讲话，然后要求他发邮件的方式。目的是通过邮件更加清楚对方的意思表达，同时避免客户流失。

◆ 如果通过国名及人名没有找到相关邮件，可以向他询问是否先前发过邮件给你“Have you sent the email to me before?（您之前给我发过邮件吗?)”，然后注意听对方回答是“yes”还是“no”。这是为方便查找，即使当时没找到，现在找到他的邮件也不迟，回复时不要忘记加上一句“thank you for your calling（感谢您的回复)”。当然，最后还要说上一句“Glad to speak with you，good bye（很高兴与您通话，再见)”。最后是礼节性的了。

(2) 外贸新人接听国外客户电话时需注意的问题

◆ 不要心里有负担，认为自己英语不好，从而没办法认真听对方讲话。尽量听，能听懂一个算一个，就算全听不懂也没关系（就当没人知道这通电话吧)!

◆ 语速很重要，最好一个词一个词吐出来。这样做的目的是，一方面方便对方接听；另一方面也使对方会有意识地将语速放慢。

◆ 上述提及的应接电话中所使用的词汇都很简单，平时多注意练习这些常用的词汇，争取发音准确。推荐选用 SKYPE（网络语音沟通工具）练习，买个耳麦，找几个愿意聊天的老外在线聊。一方面可以了解对方是否能听懂你的讲话内容，另一方面可以熟能生巧。

◆ 推荐使用 OUTLOOK 收发邮件，按国家或按人名进行分类，方便接听电话时查找相关邮件信息。

◆ 熟练掌握以下接听电话时的常用用语：

➢ Hello，this is Claire speaking.（您好，我是克莱尔。)

➢ Who is that speaking?（您是哪位?)

➢ Where are you from?（您是哪里?)

➢ What's the matter with you? Can I help you?（您有什么事? 我能帮您做什么?)

➢ Who are you looking for? Oh, he/she is out, I'm his/her colleague. Can you call in later? Or you can leave a telephone number. I will tell/inform him/her to call you promptly as soon as/when he/she is back.（您找谁？他（她）出去了，我是他（她）同事，您能过一会再来电话吗？或是您可以留下电话号码，他一回来，我会通知他（她）及时与您联系。）
➢ Excuse me; I don't understand what you have said. I didn't here clearly.（不好意思，我不太理解您所说的意思。）
➢ Would you speak again please?（您能否再重复说一遍？）
➢ Have you sent me an email before? Could you send the email to me please?（您之前电邮过我吗？能否给我发电邮？）
➢ Thank you for calling. Glad to speak to you.（谢谢您的答复，高兴与您通话。）
➢ Hope I have helped you. You are welcome. Bye-bye.（不客气，希望对您有帮助，再见。）

3. 电子商务邮件往来礼仪与技巧

目前，在与海外客户的沟通中，电子邮件（email）无疑是速度最快和最方便的。对于那些经常跟海外客户联系的业务人员来说，一定要掌握必要的邮件沟通礼仪及技巧。不能因为在邮件往来过程中缺乏应有的礼仪从而导致销售损失，激怒客户……甚至更糟的情况。系统总结与海外客户邮件往来中的相关礼仪及技巧如下。

◆ 与不认识或不熟悉的人通信时，要使用正式的语气，尽可能使用适当的称呼和敬语。知道姓氏的最好多用几个“Mr.”，如“Dear Mr. Harris”；对于那些不清楚性别的可以用“Dear sir or madam”统一来表示；对于那些已经很熟悉的，可以用“Dear friend”来称呼对方。需要注意的是，虽然“friend”比生硬的“Mr.”给人的感觉好些，似乎彼此之间的距离拉近了很多，但是一般多用于非正式的场合。
◆ 使用简单易懂的“subject（主题）”以准确传达所发送的电子邮件的要点。千万不要发送无“subject”的邮件，或者随便找一个以前的邮件直接回复。以前的邮件是针对以前的某一件事情，邮件历史和主题都和现在的事情无关，因而用这样的邮件直接回复会导致对方一头雾水，无法快速辨认。此外，还会显示你很随便，或者对客户不是很重视。如果邮件主题不知道具体写些什么内容，可以直接写上客户公司名称/自己公司名称。
◆ 对于邮件的字体，中文的 Windows 系统一般默认为宋体，但是如果用宋体显示英文的话，其效果不是很好。建议尝试选择“Verdana”或者“Arial”的英文字体，这两种字体可以使得英文文字显示得比较圆润；字体大小一般设置为 9 号字体或者 10 号字体（或者是小四），以便于对方清楚阅读。
◆ 在邮件发送之前，务必要确认所写英文邮件有没有拼写错误。推荐使用 Outlook 作为收发邮件的客户端软件，因为它有一个很实用的功能，就是拼写和语法检查功能：对于错误的拼写或者语法，软件会以红色波浪线来表示，只要点鼠标右键，便会显示正确的拼写，直接选择正确的就可以了。对于那种“WEB”格式的邮件，可以在“word”里将邮件写好，然后使用“word”自带的拼写检查功能来修正拼写错误；再返回到“WEB”写新的邮件，复制加粘贴就可以了。发送带有错误的文字拼写的邮件，常常会是一件糟糕的事情，至少收件人的感觉会很差。此外，在邮件发送之前，还有一项需要确认的事情，就是确认该发送的附件是否添加进去，这是最容易被忽略的，同时也是最为关键的。

◆ 收到合法发件人（而非垃圾邮件发送者）的电子邮件时，即使无法立即提供一个完整的答复，也务必在24小时内向发件人确认收到邮件。如果无法保证24小时内给予对方确认的话，建议使用邮件自动回复功能。

◆ 关于邮件的签名也是一个很重要的方面。签名一般包括人名、部门、公司名称、联系方式等。切忌什么都不写，或者仅使用中文名称（除非客户认识中文），否则给对方的感觉很糟糕。因为由于字体编码的原因，世界各地的文字编码目前尚不统一，因此可以在本地正常显示的中文汉字，在国外的电脑上就很可能会显示乱码或者一些奇形怪状的字符，导致客户不知道你是谁，来自什么国家的什么公司，如果恰巧是一些需要紧急处理的事情，往往得不偿失。

◆ 邮件的发件人不要用中文名称。如“伊之密公司张三<Zhangsan@ yizumi-group. com >”，如上述原因所示，很可能显示乱码或者怪字符。

◆ 关于邮件的抄送问题。如果邮件抄送给第二个人，或者抄送给两个人以上（可能是客户的同事或者主管、经理），那么你在回复邮件的时候需要按“reply all”（全部回复），而不要只回复发邮件的那个人。客户发送邮件抄送的目的是希望多个人了解目前相关事情的进展情况，因此，你有义务回复全部的人。此外，还需要注意的是，跟此事有关的人员要全部抄送到，避免出现“你知道了，别人不知道，又发同样内容的邮件过去”的情形。

◆ 回复客户邮件的时候，不要把历史记录删除，否则客户记不清楚或者不知道先前发生的事情和交流的内容；也不要随意改变邮件的主题，一件事情，一个产品的邮件要保持一个邮件主题，直到最后邮件往来结束为止。

◆ 不要使用晦涩难懂的缩写。发送邮件不同于发送手机短信，避免使用如“hv：have”、“m/s：machine”等缩写，以免对方产生误解。此外，世界各地的英文表达是有很大差异的，因此也不要使用俚语。

◆ 重要的内容可以使用“bold”粗体加粗或者使用大写，或者使用其他不同颜色的字体来表示。建议使用红色字体突出重要的内容。

◆ 不要全部使用大写字母编写邮件正文。如“THANK YOU FOR YOUR EMAIL DATED JULY 17，2008。”，因为平时看惯了小写字母，突然间再看全部都是大写的，会让人感觉很别扭，而且反应也很慢。

◆ 如果邮件中涉及内容比较复杂、繁多，可以采用“1.”“2.”“3.”……数字编号加以注明。邮件内容表达要简洁、直接、明确，不要把很多事情写在一段文字中，那样会显得非常冗长，没有条理性。对于涉及技术层面的内容，更要条理清楚，一定要按照“1.”“2.”“3.”……的顺序来标明。

◆ 不要使用过多的感叹号。在一个邮件中如果使用过多的感叹号，其效果和一个都不用是一样的。此外还需要注意的是，每一段文字后都需要空一行，便于对方阅读。

◆ 关于附件的问题。在发送附件之前，首先，一定要确认自己的电脑是否携带木马或者其他病毒。试想一下，带有电脑病毒的邮件发送出去，客户接收后会是什么样的反应。其次，一般不要直接发送“exe”格式的可执行文件。如果文件比较多的话，建议使用“winrar”或者“winzip”压缩一下，推荐使用“zip”格式的压缩包。因为对方电脑即使没有安装解压缩软件，“Windows XP”或者“vista”系统也都提供相应支持。对于技术性的图纸，建议使用“dwg”格式（Auto CAD 软件标准格式）。如果要发给国外客户的图纸资料，由于对方不一定安装 Auto CAD 软件，可能会涉及格式转化问题，推荐转化为“jpeg”图片格式，或者是“pdf”格式。推荐使用“pdf”格式的原因，除此格式在国外比较流行外，还因为此文件格式中的很多注释、图片、公式等内容都是矢量显示的，即使放大很多倍，也不会失真；特别是对于一些图纸的标注尺寸，可以看得很清楚，从而可以保证客户端电脑一定可以打开相应文件，而且不容易出现错误。

◆ 正式的邮件尽量不要群发。专注一份邮件，这样才显得更为正式，千万不要为了节省时间和精力，大量群发邮件，结果搞得大家都糊里糊涂的，一些认识的、不认识的人都在里面。

4. 国外客户工作时间和外贸邮件发送时间

（1）外贸邮件发送时间

外贸邮件发送时间最好应该是赶在国外客户工作的时间段内，那么具体是在什么时候呢？表1-1的建议可供参考。

表1-1　国外客户一般时间安排表

国外客户时间安排	国外客户工作（休息）状态	处理邮件状态
上午9点	刚上班，忙于处理昨天遗留下来的工作	没有时间查收邮件
上午10点半到11点半	繁忙工作中的茶歇时间	有时间回复邮件
上午11点半到12点	与同事闲聊、午饭时间	没有时间回复邮件
下午12点到1点半	午休时间	有可能会查收邮件
下午1点半到3点半	处理工作或是外出	没有时间查收邮件
下午4点到5点半	结束一天工作	查收及回复邮件

（2）国外客户上班时间

外贸人员应熟悉国外客户的上班时间（以上午8:00为准），对应在中国的时间见表1-2。

表1-2　国外客户上班时间（上午8:00）与中国时间表对照

亚洲国家	欧洲国家	北美国家	非洲国家
Bahrain 巴林 13:00	Albania 阿尔巴尼亚 15:00	USA 美国 21:00	Algeria 阿尔及利亚 15:00
Burma 缅甸 9:30	Andorra 安道尔 16:00	Canada 加拿大 21:00	Angola 安哥拉 15:00
D. P. R. Korea 朝鲜 7:00	Austria 奥地利 15:00	**拉美国家**	Burundi 布隆迪 14:00

（续）

亚洲国家	欧洲国家	北美国家	非洲国家
India 印度 11:00	Belgium 比利时 15:00	Belize 伯利兹 22:00	Cameroon 喀麦隆 15:00
Indonesia 印度尼西亚 9:00	Bulgaria 保加利亚 14:00	Brazil 巴西 19:00	Chad 乍得 15:00
Iran 伊朗 13:30	Cyprus 塞浦路斯 14:00	Chile 智利 20:00	Congo 刚果 15:00
Iraq 伊拉克 13:00	Czech 捷克 15:00	Cuba 古巴 21:00	Egypt 埃及 14:00
Israel 以色列 14:00	Denmark 丹麦 15:00	Guatemala 危地马拉 22:00	Guinea 几内亚 16:00
Japan 日本 7:00	Dominica 多米尼加 21:00	Guyana 圭亚那 19:00	Kenya 肯尼亚 13:00
Jordan 约旦 14:00	Finland 芬兰 14:00	Haiti 海地 21:00	Liberia 利比里亚 16:00
Kuwait 科威特 13:00	France 法国 15:00	Honduras 洪都拉斯 22:00	Libya 利比亚 14:00
Laos 老挝 9:00	Germany 德国 15:00	Jamaica 牙买加 20:00	Madagascar 马达加斯加 13:00
Lebanon 黎巴嫩 14:00	Greece 希腊 14:00	Mexico 墨西哥 22:00	Mali 马里 16:00
Malaysia 马来西亚 8:00	Hungary 匈牙利 15:00	Panama 巴拿马 21:00	Mauritius 毛里求斯 12:00
Maldives 马尔代夫 10:30	Iceland 冰岛 5:00	Peru 秘鲁 21:00	Morocco 摩洛哥 14:00
Nauru 瑙鲁 4:00	Ireland 爱尔兰 16:00	Uruguay 乌拉圭 19:00	Niger 尼日尔 16:00
Nepal 尼泊尔 11：00	Italy 意大利 15:00	**南美国家**	Nigeria 尼日利亚 15:00
Oman 阿曼 12:00	Liechtenstein 列支敦士登 15:00	Argentina 阿根廷 19:00	Senegal 塞内加尔 16:00
Pakistan 巴基斯坦 11:00	Luxemburg 卢森堡 15:00	Bolivia 玻利维亚 20:00	Somali 索马里 13:00
Philippines 菲律宾 8:00	Malta 马尔他 15:00	Chile 智利 20:00	Sudan 苏丹 14:00
Qatar 卡塔尔 13:00	Monaco 摩纳哥 14:00	Colombia 哥伦比亚 21:00	Tanzania 坦桑尼亚 13:00
Saudi Arabia 沙特阿拉伯 13:00	Netherlands Holland 荷兰 15:00	Ecuador 厄瓜多尔 21:00	Togo 多哥 16:00
Singapore 新加坡 8:30	Norway 挪威 15:00	Venezuela 委内瑞拉 21:00	Tunisia 突尼斯 15:00
South Korea 韩国 7:00	Poland 波兰 15:00	**澳洲国家**	Zaire 扎伊尔 15:00
Srilanka 斯里兰卡 11:00	Portugal 葡萄牙 16:00	Australia 澳大利亚 6:00	Zambia 赞比亚 14:00
Syria 叙利亚 14：00	Romania 罗马尼亚 14:00	Togo 汤加 3:00	Zimbabwe 津巴布韦 14:00

（续）

（续）

亚洲国家	欧洲国家	北美国家	非洲国家
Thailand 泰国 9:00	Slovakia 斯洛伐克 15:00	Nauru 瑙鲁 4:00	
Yemen 也门 13:00	Spain 西班牙 15:00		
Turkey 土耳其 14:00	Sweden 瑞典 15:00		
U. A. E 阿联酋 13:00	U. K. 英国 16:00		
Vietnam 越南 9:00	Vatican 梵蒂冈 15:00		
	Yugoslavia 南斯拉夫 15:00		

5. 款待国外客户的礼仪与技巧

由于文化和生活习惯的不同，在款待国外客户时，需要与国内客户区别开来。

◆ 国外客户前来拜访时，可以带他到会议室或者展厅里面就座，不妨询问："Can I bring you something to drink?（您想喝点什么?）"或者简单点："coffee or tea?（咖啡还是茶?）"。一般来说，很多国外客户在中国的时间安排比较紧，早餐都吃得比较仓促，而有的餐厅早上是没有咖啡供应的，这点对于他们来说是很难受的（程度不亚于我们早上起来没有刷牙就去上班的感觉）。如果在正式谈生意之前可以给他们提供一杯咖啡的话，不但有助提神，而且还会使他们觉得心情超好。需要注意的是，并不是所有的外国人都喜欢速溶咖啡，就像我们也不是很多人喜欢饮茶包泡的茶一样。如果国外客户提出喝水的话，瓶装的矿泉水是最好的选择。

◆ 会议室里与其放水果，不如放点小糖果（薄荷糖或者咖啡糖，小包装的巧克力也不错）。通常来讲，很多外国客户都喜欢甜食，而在中国的饮食不习惯也会导致他们比较容易有饥饿感，这个时候小糖果就起到补充热量的作用了。

◆ 餐厅的选择不一定要豪华，但是一定要看起来洁净。出国工作，身体非常重要。如果因为拉肚子而影响工作的话，这些国外客户的中国之行就得不偿失了。

◆ 菜式的选择也很重要，点菜之前一定要问："Do you have anything that you don't like?（有没有什么你是不吃的?）"或者"what's your religion？（请问你的信仰）"。这些问题其实很关键，很多有信仰的人，都是有忌讳的。

◆ 甜点。如果准备了甜食，应放到最后再上；如果没有的话，可以用水果拼盘加以替代。

◆ 饮料。对于大多数国外客户来说，中国啤酒的酒精含量（度数）比他们国内的要高得多。因此，如果饭后还有工作的话，不妨选择一些度数略低的啤酒，如青岛啤酒，口感也比较适合他们。如果对方不饮酒，可以选择可口可乐，或者是100%纯果汁。需要注意的是：无论合适与否，都不要强迫对方饮用白酒，国内的白酒对于他们来讲属于烈性酒（国外的白酒大部分是10度左右的白葡萄酒）；不要对国外客户进行劝酒，他说能喝一杯，就给他一杯，两杯就两杯。

第四章
与国外客户进行商务谈判的礼仪与技巧

不同国家的历史传承及文化特质形成了各自民族特有的性格特征及行事风格。在涉外商务交往过程中，任何国家或民族不可能具有完全相同的谈判风格，因此，在与国外客户进行商务谈判时，需要充分重视文化的差异性；了解、掌握与不同国家客户商务谈判中应具备的礼仪及技巧，有助于涉外商务谈判的顺利进行及良好谈判结果的达成。

1. 与英国客户进行商务谈判的礼仪与技巧

英国人的绅士气派是全世界人民都知道的，因为绅士，所以谦虚。但是在他们心中，民族的自负感不亚于其他民族。那么和英国人谈判要注意哪些方面呢？

(1) 谈判时要给英国客户留下良好印象

- 英国人特别讲究绅士风度，善于与人交往，讲究交际礼仪。这不仅仅是英国人对自己要求，对谈判对手的修养与风度亦非常看重。
- 不要认为英国人思想开放自由，恰恰相反，英国的等级观念森严，深入人心。所以英国人进行谈判时常常要求谈判对手能够和自己相匹配。但这不代表谈判对手人员身份越高越好，而是指谈判双方身份对等，否则谈判很难顺利进行。
- 给英国客户留下积极认真的印象。在谈判前要做好充分的准备，不仅仅对于产品，还要涉及与其相关的诸多方面。因为英国人谈判比较灵活，对建设性意见反应积极，如果事先准备不够充分，事后往往会延迟交货或付款。

(2) 英国人谈判桌上的禁忌

- 不要涉及政事和历史，特别是英国以及欧洲本土事务；称谓英国领导人时一定要讲全称，比如英国女王的正确称谓是大不列颠及北爱尔兰联合王国女王。
- 不要自顾自地一直讲个不停。因为英国人是不会主动打断正在进行的谈话的，但是当他被迫倾听时，会失去兴趣；就算依然显得彬彬有礼，但其实内心已经不想取得合作。
- 最好使用英式英语与其谈判，或者带上标准的英式英语翻译，切忌出现美式英语的发音。
- 一定要有耐心。英国人一般态度强硬，而且就算他们事先没有充足的准备，也还往往是固执己见。所以一次谈判不成，可以安排多次谈判，千万不能操之过急。

(3) 和英国人谈判的技巧

- 争取主动权，控制好谈判时间。因为英国人是不会加班加点完成谈判任务的。

◆ 替英国客户做好谈判前的准备，在谈判时注意从他们的角度出发给予引导。
◆ 要用好迂回战术，凡事不能正面冲突。
◆ 一定要签定严格细致的索赔条款。因为英国人商业管理素质不高，如果出现商业纠纷，可以以此获得一笔数额不小的赔偿金。

2. 与美国客户进行商务谈判的礼仪与技巧

美国人的性格特点常常被归纳为：外露、坦率、真挚、热情、自信、滔滔不绝，追求物质上的实际利益。那么和美国人谈判要注意哪些方面呢？

◆ 与美国人做生意，“是”和“否”必须分辨清楚，这是一条基本原则。例如，当无法接受对方提出的条款时，必须明白地告诉对方不能接受；而不能含糊其辞，使对方存有希望。如果为了不想失去与美国客户继续谈判的机会，而装着有意接受的样子而含糊作答，或者采取暂时口头答应，而实际行动上迟迟不作回答，都会导致纠纷的产生。
◆ 一旦发生纠纷，要注意谈判的态度，必须诚恳、认真，绝对不要笑。因为在美国人看来，出现了纠纷而争论时，双方的心情都很恶劣，笑容必定是装出来的，这就会使得对方更为生气，甚至认为你已经自认理亏了。
◆ 与美国人谈判，绝对不要指名批评某人。指责客户公司中某人的缺点，或把以前与某人有过摩擦的事作为话题，或把处于竞争关系的公司的缺点抖搂出来进行贬抑等，都是绝对不可以的。这是因为美国人谈到第三者时，都会顾及避免损伤第三方的人格。这点务必牢记于心，否则是会被美国人蔑视的。
◆ 美国人对商品的包装和装潢比较讲究。这是因为在美国，包装与装潢对商品的销路具有重要的影响，只有新奇的且符合国际潮流的包装与装潢，才能刺激消费者的购买欲，从而扩大销售量。在美国，一些日用品花费在包装装潢上的费用占到商品成本的很大比例。

3. 与德国客户进行商务谈判的礼仪与技巧

德国人以他们独特的方式成为现代欧洲的典型代表。德国人也常常被认为是欧洲最老练的商人。德国人纪律性强、谨慎、保守、注意细枝末节、说话简单明了。那么和德国人谈判要注意哪些方面呢？

◆ 德国人对个人关系是很严肃的，因此不要和他们称兄道弟，最好称呼“先生”、“夫人”或“小姐”。
◆ 谈判时的穿着尽量避免轻松随便，有可能的话，在所有场合都穿西装。
◆ 谈判时切忌迟到。如果你在商业谈判中迟到，那么德国人对你的不信任感就会表露无遗，因此一定要准时到达。
◆ 谈判之前一定要作好充分准备，切勿仓促上阵。准备的内容包括：己方公司的资信情况，所提建议是否反映出这种资信，以及所要购买或销售产品的有关专业资料等。我方谈判者应当掌握产品和合同细节的全面知识，所提建议应当具体切实，给人以条理清晰、富有权威性和可行性的良好形象，以促成谈判的成功。由于德国的企业融资大都依靠银行，因此，在资金问题上，他们特别小心，不愿冒风险；德国人只对有把握的项目投资，采用稳妥的融资手段，从而安全地获取收益。

◆ 德国人希望建立长期合作关系，而不希望做一锤子买卖，因此和他们交易，你要考虑到是否能提供一些德国当地没有的东西，而且不会使其经济利益受到损害。但是也不要以为德国人会轻易地购买具有独特价值的产品，即使这种产品他们急需，可能渴望购买；但绝不会露形于色，在他们采取的谈判方式上，你绝对看不出这一点。

◆ 德国人非常擅长商业谈判，他们一旦决定购买就会想尽办法迫使你让步。德国谈判者经常在签订合同之前的最后时刻让你降低价格。因此，你要有所提防，或者作出最后让步。德国人擅长讨价还价，并非因为具有争强好胜的个性，而是出于对工作的一丝不苟和严肃认真。

◆ 德国人常在讨论产品价格以前向对方的技术人员和客户了解产品情况。如有可能还要让你的产品作实际演示，他们会经常提到潜在竞争。如果你想打入德国市场，一定要在各个方面都干得十分出色：为了保住市场，你必须保持技术的领先性和质量的高标准，否则就会被德国竞争者予以仿造和改进。

◆ 德国人讲究合同条款，包括：按交货日期准时交货，严格的索赔条款，担保产品使用期，还要求提供某种信贷，以便在对方违反担保时，他们可以得到补偿。只要你的产品符合合同上的条款，就不用担心付款问题，德国人对商业事务极其小心谨慎，井井有条，是可以信赖的合作伙伴。

4. 与法国客户进行商务谈判的礼仪与技巧

法国人似乎天生就充满着人情味。据说，在还没有成为朋友之前，他们是不会跟一个人做大宗生意的。他们非常珍惜人际关系，但绝不会把交际同贸易联系起来。无论是在自己家里招待或者是在饭店里请客，他们都不会把这看作交易的延伸。那么和法国人谈判要注意哪些方面呢？

◆ 法国人似乎不像德国人那样细致谨慎，法国人在谈妥大约50%的条款时，就会在合同上签字。不过，昨天才签的合同，明天他就可能会要求变更。他们的想法是："既然要点已经谈妥了，细节的事以后再说也无妨。"这种行为看来是不守信用，不过根据专家的研究，这也是法国人的一种人情味。

◆ 同法国人谈判时不能只顾谈业务问题，否则会被嘲笑为是个枯燥乏味之人。除非在最后做决定时可以一本正经，在其他的时间里，多谈一些关于社会新闻或文化等方面的话题往往受到欢迎。

◆ 法国人的谈判立场非常坚定，他们都具有戴高乐式的依靠坚定的以"不"字谋取利益的高超本领。

◆ 法国人对自己的语言有一种很强的优越感，往往要求用法语作为谈判语言，即使他们英语讲得很好，也是如此，而且在这一点上很少让步。因此，专家指出，如果一个法国人在谈判中对你使用英语，那么这可能是你争取到的最大让步。至于为什么这样，原因有很多，也可能是法国人爱国的一种表现，更有可能是说法语会使他们减少由语言不通产生的误会。

◆ 法国人明显偏爱横向谈判。就是说，他们喜欢先为谈判协定勾画出一个大致的轮廓，然后再达成原则协定，最后再确定协定中的各项内容。所以，法国人不像德国人那样在签订协议之前认真、仔细地审核所有具体细节。法国人的做法是，签署交易的大概内容，如果协定执行起来对他们有利，他们会若无其事；如果协议对他们不利，他们也会毁约，并要求修改或重新签署。

◆ 法国人大都重视个人的力量，很少有集体决策的情况。这是由于他们组织机构明确、简单，实行个人负责制，个人权力很大。在商务谈判中，也多是由个人决策负责，所以谈判效率也较高。即使是专业性很强的洽商，他们也能一个人独当几面。

◆ 法国人严格区分工作时间与休息时间，这与日本人相比有极大的反差。在法国，八月是度假的季节，全国上下各行各业的职员都休假，这时候你想做生意是徒劳的。如果在七月谈的生意，八月份也不会有结果。

◆ 和法国人建立友好关系，需要作出长时间的努力。如果你和法国公司建立了多年的友好关系，互惠互利，并且未发生纠纷，那么你会发现他们是容易共事的伙伴。他们会热忱地与你交往，以美酒佳肴招待你，使过去的不愉快烟消云散。

◆ 法国人很重视坚守原则，就算这个生意能让他赚到一大笔钱，但是也不能够说服他违背原来传统的做生意的方式。

◆ 法国的男士和女士都穿戴极为讲究，这可能会令人大为惊奇。你谈生意时穿的最好的衣服，在法国同行所穿的衣服面前也很可能相形见绌，因此，在会谈时要尽可能穿最好的衣服。

5. 与意大利客户进行商务谈判的礼仪与技巧

意大利人的谈判风格及礼仪传统等与其他欧洲国家有很大的区别，那么和意大利人谈判要注意哪些方面呢？

◆ 意大利商人崇尚时髦，衣冠楚楚，坐在设备豪华的办公室里；他们也讲究饮食，重视家庭。

◆ 意大利人重视商人个人的作用，国家意识淡薄。

◆ 意大利由于历史和传统的原因，社会性格较内向，不主动与外国的风俗习惯看齐。

◆ 意大利商人在处理商务时不动感情，作出决策慢。如果对方给他们作出决策的期限，他们会迅速拍板定案，这显示了他们应付危机的能力，或许他们已胸有成竹。

◆ 意大利人喜欢争论。如果允许，他们会争论不休，在价格方面，他们更是寸步不让。但他们对产品质量及交货日期等不太关注，意大利人力争少付款。

◆ 在意大利从事商务，要考虑其政治因素。

◆ 意大利商业交往中具有决定作用的是代表公司的个人。意大利商人个人交往比其他国家商人更有自主权。

◆ 意大利商人的缺点就是不遵守约定时间，甚至不打招呼即不赴约。他们工作不讲效率。

6. 与日本客户进行商务谈判的礼仪与技巧

日本人的日常礼仪和商业习惯都很有特点，既区别于欧美国家，又与亚洲各国有所不同。那么和日本人谈判要注意哪些方面呢？

(1) 非事务性接触阶段

- 商务谈判之初，通常5~10分钟的寒暄后便可进入谈判主题，而对日本人来说这种方式则是不太合适的。
- 名片可以交换也可不交换。当两方总裁相见时，并不需要名片，但最好准备好日文名片以备交换使用。
- 带点小礼物是必要的，像印有本公司标志的铅笔、领带及其他装饰品，但象征关系恶化的裁纸刀、剪彩刀是不合适的。礼物互换通常只用来表示心意，过于贵重的礼物是不合适的。
- 在欢迎仪式后表达双方将来真诚合作的愿望是必要的，要注意这种表达必须是间接和暗示的。如："我们很高兴，将来能对贵公司有所支持"、"我们以自己产品的高质量而自豪，希望你们能分享"、"贵公司和我公司很明显在某些方面有着共同目标"。
- 当日方企业高层人事来访时，应感谢对方的到来，并接送到宾馆。最初的会谈最好在客厅举行，而不应在办公室。还需注意的是，日方高层并不是讨价还价的对象，因为这不是他们的职能所在。

(2) 事务性信息交流阶段

1) 表达信息

首先，日本人陈述问题的方式类似于中国旧叙事诗的三段式：情景介绍—详细描写—道出主旨，经过很长时间的说明，才能表达出自己的最终目的。其次是提出问题的次数，日本人会不断地重复问问题，甚至许多人会询问同一个问题，这点通常会使中方人员很不适应。但日本人的这种行为方式并不代表他不信任你，而是与日本人的集体决策相关。对此，我方要有耐心并准备足够信息，但也要适时地采取措施控制他们的提问。如"我昨天已和某某先生谈了这个问题，不过我再重复一遍……"或者"这是我以前讲过的同一个问题，但我再重述一下"；还可以记录下对方提及的问题，以便与日方分享；通常来讲，对于重复的问题，第二次回答时花10分钟，第三次回答只需花1分钟，当第四次被问及时，合适的反应是沉默或转移话题。

2) 获得信息

当日方人员反复问你问题时，会暴露出更多信息给你。当你从会谈纪要上看到日方6次询问送货日程，只有两次询问服务合同，那么便可以获悉他们更为看重送货时间。但从日方获取的信息还需要仔细认真地推敲。如果你问日本人有关你的报价时，他们会说："噢，看起来很好"，但很可能他们内心认为这个价格很糟。

3) 建立非正式交流渠道

与日方交往时，需要建立非正式的交流渠道，而这种非正式的交流渠道须由较低级行政人员去完成，这也是谈判团队里要有低级行政人员的原因之一。下面举例说明非正式交流的重要。一家美国大公司寻求和一家日本小公司合作，谈判在主管人员之间没有取得结果，虽然日方主管在许多方面表现出兴趣，但似乎仍犹豫不决，美方决定采取“等等看”的战略。但6个月后什么也没发生，过后，美方公司的低层行政人员受到日方低层行政人员的邀请，一杯茶后，日方解释了推迟的原因：“我有一些事要告诉你，但我的老板却不便对你的老板讲。”于是他讲出了价格和公司更名的问题。其实，这些问题如果早些提出，问题也就早解决了，但是日方认为在谈判桌上向一个高地位的买者提出反对是不合适的。

(3) 劝说和辩论阶段

和日方谈判时，可适当采用下述劝说技巧。

- 多问问题。多问问题会使对方对自己的回答有所怀疑，也使你在某个问题上要作出让步前获得最佳回答及明白真正原因。
- 重述你的立场、需要和愿望。
- 使用其他主动技巧。如承诺：“如果对方能在7月1日前送货，我们将立即签订下一个订单。”或者建议：“如果你方仍采用原公司名称就不会失去老顾客。”或者赞扬：“谈判进展顺利，得益于你方的支持”等。
- 如果仍不满意日方的回答，试着沉默，给他们思考和改变立场的机会。但日本人是善于利用沉默的专家，如果你感到难以利用沉默，至少你要提防日本人常常利用到这一点。
- 如果上述4步仍不能迫使对方让步，可以尝试改变话题或者要求休息以通过非正式途径解决问题。
- 侵略性的技巧，如威胁：“如果你方坚持此条款，我方将寻找另外的合作者。”或者警告：“如果我们不能达成协议，也没有公司会对你方计划感兴趣”等。需要注意的是：此类技巧应用在最危急的时候或者特殊环境下，如最好通过非正式渠道和尽可能用间接方式表达，与其说“如贵公司仍不能降价，我方将寻找另外的供应商”，不如说“贵公司降低价格将有助于避免我们不得不寻找另外的机会”。或者选择明显对自己有利的场合进行上述表达。但是，即使在此两种情形下，使用威胁还是将会破坏长期利益。
- 如果上述技巧仍无法使日方让步，建议给他们充分的时间去考虑以便达成一致。由于日本人很少立即作出让步，此时采取“让事情挂一挂”的策略是很必要的。
- 尝试让介绍人或调解人参与。但要记住第三者的参与将只起一次作用。
- 最后，如果仍行不通，有必要让两公司的行政主管聚集一起，以期待更好合作。但是如果这次行动失败，特别是过去有过威胁方法的运用，那就意味着谈判最终破裂。

(4) 让步和签约阶段

和日本人谈判，往往会出现有进展的信号，即更高级的行政人员被邀参加讨论。讨论的问题专注于某些方面，或是对某些问题的“柔化”。如“让我们花时间研究一下”，如果我方谈判人员能及时抓住这些信号，谈判进行将会游刃有余。谈判中的部分让步和阶段让步对日本人来说作用不大，他们着眼于整个问题的解决。对此，更为稳妥的方法是一直到所有议题和利益均讨论过后再作出让步，此时，哪怕一个很小的让步都将有助于彼此关系的建立。

在结束谈判之前，有三点问题需要特别注意（对我方来说可能很不习惯，但是对日方来说很正常）：

- 日方谈判人员容易打断一方谈话；
- 在谈判中途，日方人员会自由进入或离开会场；
- 当你正和一群日本人讨论时，发现一个人，很可能是主管人员闭着眼听。

7. 与韩国客户进行商务谈判的礼仪与技巧

中韩两国的经贸往来日益频繁，尤其是我国的东北三省以及山东、江苏、上海等地与韩国的经贸关系更加密切。为了便于在中韩经贸交往过程中处于有利地位，下述几点商务谈判礼仪与技巧是很值得借鉴的。

- 以恭敬代替对抗。韩国商人懂礼貌、有修养、面子观念也极强，因此在与他们的交往过程中，无论发生什么情况，都要注意不使他们当场丢面子。不仅如此，在许多场合还应恰如其分地赞美他们国家的一些优越之处，诸如经济发展的迅速、国民生活的富足、社会秩序的稳定等。而这样做的结果，往往是促使谈判进行事半功倍。
- 愉快地接受宴请并适当地予以答谢。韩国商人常会邀请你共进午餐或是晚餐，这时无论时间多紧，你都应愉快地接受邀请。席间，你还应了解到韩国人一般都较爱喝酒，如果你擅长饮酒，往往也能加速商务谈判的成功。当然，宴请之后，你也应在适当的时间予以答谢。答谢的方式，或是设宴，或是赠送小礼物，或是邀请他们打高尔夫球。
- 耐心化解语言困难。虽说韩国长期以来与美国交往密切，但是他们的英语水平却并不高。因此，在与韩国商人进行商务谈判时，我方应尽量化解语言上的障碍；如果条件允许的话，会谈后，双方还可以回过头来重新复议一下会谈条款，这样往往也会加速商务会谈的成功。
- 发展良好的个人关系。在与韩国商人打交道的过程中，发展良好的个人关系也是一个重要环节。商务交往中，双方虽说签订了合同，但韩国商人看重的往往不是合同本身，而是合同本身所包含的相互间的良好的个人关系。因此，只要适时抓住他们重友情的这一个“情”字，生意不难做成。
- 正式而有益的名片交换。小小一张名片，在韩国人的眼里意义却很重大。因为从名片中，他们会得知你的权力以及你所承担的责任，据此，他们会作出相应的决断与决策。
- 选择合适的商务中间人。韩国商人不喜欢别人毛遂自荐，也不喜欢与陌生人打交道。因此，商务交往中，寻找一位合适的中间人便显得尤为必要。另外，在选择中间人这一点上也需慎重，如果这位中间人稳重、谦和且又深受对方敬重的话，那么韩国商人往往就会爱屋及乌，与你做生意时他们便会很有诚意。
- 避免过分地抬高自己。韩国商人有耐心，讲信誉，对敏感问题及细节问题考虑良久，并喜欢集体作出决定。因此，在与韩国商人的交往过程中，过分地抬高与表现自己，往往会弄巧成拙。

8. 与中东客户进行商务谈判的礼仪与技巧

中东商人有着特殊的宗教信仰和行事风格，那么和中东商人谈判要注意哪些方面呢？

(1)“这是真主的旨意”

大多数中东商人经常说的几句话是：“这是真主的旨意”、“等明天”、“对不起”。这虽然是对中东商人不太负责的玩笑话，但也多少反映出中东商人在商务谈判中的特点：办事习惯拖延、不爽快。对于他们不大赞成的想法或做法不给予正面回绝，却喜欢“明日复明日”地软磨硬泡。对于这种“难缠”的客户，如果在谈判中不充分掌握他们的心理并争得主动权，很容易被其牵着鼻子走，从而使自己的利益有所损失。如何确保在商务谈判中不被中东商人牵着鼻子走，应注意以下三个方面：

- 保证己方的业务实力，在保持产品质量的同时确保自己不过分依赖某个客户；
- 了解市场并对自己的品质有信心，不需要刻意降低价格去迎合客户；
- 以诚待人，避免相互欺骗。

(2) 有影响力的印巴裔中东客商

中东商人中最具影响力的是印巴裔的中东客商，他们熟悉当地市场和流通渠道，对市场信息特别敏感。但同时，和他们顺利做成一笔交易也很不容易，因为这些人都特别“耐磨、难缠”。总结起来，这类中东客商一般都具有以下一些共同特点。

1）实力雄厚

他们代表的大多是一些资金雄厚的公司，采购的产品可能销售到几个不同的国家或地区，因此有能力给出量大的长期订单。

2）斤斤计较

中东客户很爱贪小便宜，在价格上有时会为了几分钱而纠缠不休，并会为此采取一些小手段，如威胁你说不做了，以中止谈判迫使你降价，告诉你市场上其他人卖的都比你的便宜，有些人甚至会不嫌麻烦地做一份假价格单传真给你，等等。

3）经营老道

有时中东商人会对产品质量要求相对宽松一些，但绝对不能将中东市场想象为一个落后闭塞的地方。因为这些商人进货经验相当丰富，对质量的判断一般都很准确且迅速，对中国市场的供货状况比较了解，知道高质量产品和低质量产品的大致价位，也知道该去哪里找货源。这样的商人知道如何在质量上挑毛病，谈判时也容易掌握主动。

(3) 应对中东商人“压价”的技巧

如果中东商人几次来找你“砍价”，恰恰证明你的产品是有市场的。对于他们的“压价”，你也不必花费太多时间，可以尝试以下几种方式对其回应。

- 中国产品占中东市场流通产品中的较大份额，不少中东客商在香港都设有办事处。对于这样的中东客商，可坚持报给他一个 FOB 价格，并称这是自己的成本美元底价，让他难以再在运费价等问题上做文章。
- 碰上死缠滥打的客户，谈判难以继续时，就直接报出一个自己的底价，然后主动停止谈判，告诉对方做不做由他。这种情况下，通常对方都会自己再找上门来。

◆ 坚持自己目前的价格，告诉他按照目前的订货量只能报这样的价格；等他的订单数量做大时，再给他一个更为优惠的价格。

◆ 判断中东客人购货的真实意图。中东商人“压价”的原因，可能是因为诚心想买货；也可能只是拿了一家的价格再去压另一家。因此充分了解中东客人的真实购货意图是很重要的。如何判断其购货诚意呢？可以试探其对市场的了解程度，是一般性的中间商还是这种产品的批发商。例如，可以请他介绍一下当地市场有哪些同类产品比较好卖，型号和价位如何。专门经营这种产品的中东客商一般对供应商的情况了解得比较清楚，往往不会一味地“压价”。对产品本身及市场有充分认识的中东商人，对供货方的其他中东买家的情况也很了解，有诚意的客商甚至会很坦诚地告知供货方他的价位和市场上同类产品价格的差价。

（4）谨防中东商人拖欠货款

印巴裔的中东客商大多代表着资金雄厚的大公司，因此，在付款条件上，有一半的中东客户愿意采用信用证付款；约30%的客户会选择电汇；约20%的客户选择托收方式付款。虽然以过往的收款记录来看，尚未发生过收不回款项的情况。但是也需要提防下述情形的出现：开始的几笔交易收款很顺利，这时你的中东客商可能忽然提出降价，理由是产品在市场上不好卖。你如果不同意降价，他就会趁机提出要你先行放单的要求，并说他因为货不好卖而资金周转不灵，也被他自己的客户拖欠了货款等等。这种情况下，如果你对他的背景还不是特别了解，千万不要贸然放单，否则很容易造成对方拖欠货款。

（5）确保客源

在保证双方互利的同时，也需要保证自己在中东市场上的客源。通常情况下，不要只接受一个中东客户的订单，因为长时间只接受一个中东客户的订单，很容易被其垄断产品销路，也容易被对方控制，甚至遭遇无理降价要求。

9. 与俄罗斯客户进行商务谈判的礼仪与技巧

跳舞是俄罗斯民族的传统，在俄罗斯，几乎每个周末都会举行舞会。在此种民族文化熏陶下，形成了独特的俄罗斯人的性格及谈判风格。那么和俄罗斯人谈判要注意哪些方面呢？

◆ 俄罗斯商人喜欢喝酒、抽烟、跳舞。跳舞是俄罗斯民族的传统，一般每个周末都举行舞会。以前主要跳民族舞和交际舞，而现在的青年人对民族舞已经不感兴趣，大多学跳西方舞，经常在花园中的空地或马路边的小广场上，在吉他或手风琴等简单乐器的伴奏下跳起来。投其所好将有助于与俄罗斯商人拉近距离，有助于商务谈判的顺利进行。

◆ 俄罗斯人注重仪表，爱好打扮。有的女子平日也要描眉、涂口红、抹胭脂。近年来又盛行起男人留长发，女人戴假发、耳环、手镯。每逢有较大的节日庆典或谈判活动等，衣服一定熨平，胡子要刮净。在公共场所比较注意举止，从不将手插在口袋里或袖筒里。天热时也不轻易脱下外衣。因此，在与俄罗斯商人进行商务谈判时，在着装、仪表、谈吐方面应特别注意。

◆ 俄罗斯人受官僚主义办事拖拉作风的影响较大，做事断断续续，大大增加了谈判的难度。俄罗斯商人绝不会让自己的工作节奏适应对方的时间表。通常很少见到俄罗斯的办事人员急急忙忙奔回自己的办公室，向上级呈送一份有关谈判的详细报告，除非对方供应的商品正好是俄罗斯人极想要的商品。在谈判期间，如果向俄罗斯商人发邮件或传真，征求他们的意见或反映，往往得不到及时回应。

◆ 俄罗斯商人非常精通传统的以少换多的交易之道。在价格谈判阶段，无论对方的开盘报价多么低，他们也绝对不会相信，更不会接受对方的第一次所报价格。俄罗斯商人会千方百计迫使对方降低价格，为了达到这一目的，他们会使劲玩弄"降价求量"的把戏，即他们会说："我们第一次向你订货，你的开价低一些，以后你就会源源不断地接到订单"，而事实上并非如此。因此，无论如何不要为未来的交易而降低现在的价格。

◆ 一旦俄罗斯商人得到了较低的价格，他们就会盼望、要求价格永远保持在低水平上。有时他们也会使用"欲擒故纵"这样最古老的计谋，如"我们没有办法同你做生意，因为你的价格和你的竞争者们相比实在太高了，跟他们做生意，我们现在都快达成协议了"，此外，还会使用其他惯用的招数，如大声喊叫、敲桌子、甚至拂袖而去，等等。对此，最好的办法就是不为所动，牢牢把握住自己的价格防线。

10. 与非洲客户进行商务谈判的礼仪与技巧

非洲商人素来以善于经商著称，也十分精于商务谈判，既会讨价还价，也能妥协让步。那么和非洲商人谈判要注意哪些方面呢？

◆ 在与非洲客户进行商务谈判之前需要先摸清楚对方的底细，如：对方的业务范围、经济实力、信誉程度等。如果得知己方与对方的实力相差悬殊，那么在谈判过程中通常是很难达到预期目标的；如果己方实力与对方相当，甚至超过对方，便可以满怀信心地同对方进行谈判。

◆ 进行谈判时须遵循互惠的原则。通常情况下，人们在商务谈判时往往从自身利益出发，以期获得最大限额的经济利益。但是如果持这种心态与非洲商人进行谈判，往往会造成谈判破裂，最终不欢而散。因此，在与非洲商人进行商务谈判时，应当本着最终谈判的结果能够为双方带来好处和实惠的原则，谈判的双方最后都应当是胜利者。

◆ 与非洲商人进行商务谈判时，应适当掌握妥协的策略，切不可抱有"我胜你败"、"坚持到底就是胜利"的想法与做法，而应当采取在不损害己方根本利益的原则下，向对方作出适当的妥协与让步，最后达成双方都能接受的双赢协议。

◆ 要想同非洲商人进行商务谈判并取得成功，还需要注意选派素质优秀的谈判人员，选择合适的谈判时间和广泛收集所在国的政治、经济、市场等诸多方面的信息。中方参加谈判的人员要具有易于与他人沟通感情的外向型性格，举止文明，言谈幽默，反应机智，态度热情，处事灵活，遇难要忍耐，特别是谈判过程中出现棘手问题时要有敏锐的洞察能力和机智的应变能力。

◆ 谈判时间的选择同样对能否取得成功至关重要。要避免对方活动繁忙时与其谈判，不要选择周末或者节假日与对方谈判，不要选择对方身体不适时与其谈判。要通过多方了解掌握对方的最后谈判期限，注意保守己方最后的谈判期限秘密等。要选择最佳时机亮出自己的价格底线，切切不要因为对方盛情款待就过早泄露自己的谈判天机。

第二篇

维护客户关系的实战策略与技巧

第五章
外贸人员维护客户关系的策略与技巧

美国十大营销高手、原IBM营销副总裁罗杰斯曾经说过，“获取订单是最容易的一步，而销售的真正关键所在是产品卖给客户之后”，即所谓真正的销售始于售后，采取有效办法增进与客户的关系是创造再销售的不二法门。因此，对于外贸人员来讲，寻找客户、联系客户、获取订单之后，还需要花费更多的心思增进与客户的关系，以达到维护客户的目的。

1. 外贸新手跟进客户的策略与技巧

很多外贸新手在经历过寻找客户、联系客户、获取订单之后，以为交易成功便无事可做，只待静候客户的下一个订单。但事实情况远非如此，如果只是一味地守株待兔，常常会出现一些问题，如：客户长时间不下订单，久而久之，这个客户就流失了，以后也无法再联系上；或是客户突然间下订单，工厂来不及安排生产，结果手忙脚乱，产品质量及服务都会有所影响，甚至出现错误，进一步给客户形成不专业的印象，影响后续订单的获取。由此可见，适时跟进客户并与客户保持密切的联系是非常必要的。当然，针对不同类型的客户（需求），外贸人员采取主动跟进和保持联系的方法也有所不同。下面简单介绍两种不同类型客户的跟进策略与技巧。

(1) 工厂采购

工厂开始采购原材料或是零部件、半成品时，通常都会有非常明确的目的，即为了自身公司的利益使用你们的产品。工厂采购有一个非常重要的特点，即采购非常有计划性（这一点客户并不一定会跟你说，需要你在不断的订单中总结规律）；当对方的生产稳定之后，随之而来的便是采购计划的稳定性。所以，不要在获得一两个订单之后就沾沾自喜，还需要通过跟工厂的密切联系找出其采购规律，进而在每年年初、月初可以充分地安排好生产计划。以化工产品为例：正规的工厂每年都会作出相应的生产计划，业务人员需要在每年的年初跟采购、技术、财务人员一起讨论他们的计划。这个计划内容虽然不一定很准确，但是大致的采购数量应掌握好，每年采购一次或是两次。此外，工厂也不会太避讳跟你谈竞争对手的情况，只要你服务专业、产品质量有保障，工厂一般会长期持久地从你方采购。

跟进工厂采购客户时应注意与工厂各部门人员保持密切联系（联系的人越多越好），但在联系的过程中需要有所区别，如在发邮件时需要注意抄送的对象。之所以这样做的原因在于：

➢ 有利于深入了解客户全方位的信息；

- 跟技术人员探讨研发工作，有利于新产品的推荐；
- 与财务人员保持密切联系，有助于了解客户的财务状况，在收汇方面也能及时得到反馈。

(2) 经销商采购

经销商采购相对比较灵活，他们选择的余地更大，因为他们会联系到很多国内的供货商（竞争对手）的信息，因此在价格、付款条件等方面也会比较苛刻。经销商一般公司规模不大（通常就十几个人），但都是比较难应对的客户，不回邮件、不接电话的事情时有发生。与经销商成交之后，紧跟的事情就是需要协助经销商开发当地市场。具体措施如下：如果你在同一地区与若干个经销商成交，那么可以通过网络搜索或是其他方法，找出当地规模较大或是实力突出的优秀经销商；然后再通过各种找客户的方法，寻找出当地有可能使用（购买）你的产品的客户（消费者），将其交给经销商去拓展市场。例如，某外贸业务员与一南非客户联系多时，该业务员每周都会将网络搜索到的当地生产商情况、相关产品的应用领域、资讯及潜在客户等相关信息发给南非客户，协助南非客户开发当地市场，结果使得南非客户的月采购额达到30多万美金。

简言之，无论是跟进或是维护工厂客户还是经销商客户，都是一门学问，需要你很长时间的经验积累与摸索。每个客户的特点、个性都会有所不同，更何况是全球各个地方的呢？因此，只有让客户充分依赖你，充分信任你，你才真正拥有了这个客户，而不仅仅高兴当下的一单。

2. 维护老客户的策略与技巧

企业的客户来源主要分为两部分：一类是新客户，即通过一系列营销手段吸引潜在客户初次购买产品；另一类是老客户，即已经购买过企业的产品，经企业加以维护愿意连续购买产品的客户。新客户开发时，首先要对其进行大规模的市场调查，了解客户各个方面的感受，然后对调查结果进行总结分析，根据分析结果制定相应的营销规划。上述每一个环节都需要大量的财力、物力和人力支持，这样一来，单位产品成本大幅度提高，企业盈利相对就会减少。而对于原有老客户，让他们进行再次购买则不需要上述环节，但是如何让老客户继续进行交易，让他们对自己的产品保持足够的信心和好感？企业就必须引入关系营销中的老客户维护策略，真正认识到老客户是企业最重要的无形财产之一。

(1) 维护老客户的必要性

在企业营销活动中，有相当一部分企业只重视吸引新客户，而忽视保持现有客户，使企业将管理重心置于售前和售中，造成售后服务中存在的诸多问题得不到及时有效的解决，从而使现有客户大量流失。企业为保持销售额，则必须不断补充“新客户”，如此循环反复，这就是所谓的“漏斗原理”。企业可以在一周内失去100个客户，而同时又得到另外100个客户，从表面看来销售业绩没有受到任何影响，而实际上为争取这些新客户所花费的宣传、促销等成本显然要比维护老客户昂贵得多，从企业投资回报角度考虑是非常不经济的。因此，以“漏斗”原理作为制定企业营销策略的指导思想，只适用于以传统的生产观念、产品观念和推销观念为主导的时代；而在当前买方市场主导情况下，产品同质化程度越来越高，同时，由于科学技术的发展，产品本身的生命周期也是越来越短，很多企业推出的营销策略和手段也大同小异，消费者已变得相当理智，所以对客户进行维护和售后服务管理已显得非常必要。

1）维护老客户可使企业的竞争优势长久

企业60%以上的交易来自于老客户的再度购买。维护老客户比只注重市场占有率和发展规模经济对提升企业效益更为明显。

2）维护老客户可使企业成本大幅度降低

发展一位新客户的投入是巩固一位老客户的5倍。进行一次个人推销访问的费用，远远高于一般性顾客维护的相对低廉的费用，因此，确保老顾客的再次购买，是降低销售成本和节省时间的最好方法。

3）维护老客户有利于发展新客户

在商品琳琅满目、品种繁多的情况下，老客户的推销作用不可低估。因为对于一个有购买意向的消费者来说，在购买产品前往往需要进行大量的信息资料收集，其中听取亲友、同事或其他人亲身经历后的推荐往往比企业作出的介绍要更加为购买者所相信。客户的口碑效应在于：1个满意的客户会引发8笔潜在的生意，其中至少有1笔生意成交；1个不满意的客户则会影响25个人的购买意向。

4）维护老客户有利于获取更多的客户份额

企业着眼于和客户发展长期的互惠互利合作关系，可以提高相当一部分现有客户对企业的忠诚度；忠诚的客户愿意更多地购买企业的产品和服务，而忠诚客户的消费支出往往是随意消费支出的2~4倍。

（2）维护老客户的有效途径与方法

1）明确客户需求，细分客户，积极满足客户需求

- 提供更多优惠措施，如数量折扣、赠品、更长期的赊销等；经常与客户沟通交流，保持良好融洽的关系及和睦的气氛。
- 特殊客户特殊对待。根据80/20原则，公司利润的80%是由20%的客户创造的，并不是所有客户对企业都具有同样的价值，有些客户带来较高的利润率；有些客户对企业具有更长期的战略意义。美国哈佛商业杂志发表的一篇研究报告指出，多次光顾的客户比初次登门的客户可为企业多带来20%~85%的利润。所以，善于经营的企业要根据客户本身的价值和利润率来细分客户，并密切关注高价值的客户，保证他们可以获得应得的特殊服务和待遇，使他们成为企业的忠诚客户。
- 提供系统化解决方案。不仅仅停留在向客户销售产品层面上，更要主动为他们量身定做适合的系统化解决方案；更广泛地关心和支持顾客发展；增强客户的购买力，扩大其购买规模；或者和客户共同探讨新的消费途径和消费方式，创造和推动新的消费需求。

2）建立客户数据库与客户建立良好关系

在信息时代，客户通过Internet等各种便捷的渠道可以获得更多更详细的产品和服务信息，使得客户更加聪明、强大，更加不能容忍被动的推销方式。因此，与客户的感情交流是企业用来维系客户关系的重要方式：日常拜访、节日问候、婚庆喜事、生日时一句真诚祝福、一束鲜花，都会使客户深为感动。交易结束并不意味着客户关系的结束，在售后还须与客户保持联系，以确保他们的满足持续下去。由于客户更愿意和与他们类似的人交往，他们希望与企业的关系超过简单的买卖关系，因此企业需要快速地和每一个客户建立良好的互动关系，为客户提供个性化的服务，使客户在购买过程中获得产品以外的良好心理体验。

3）深入与客户进行沟通，防止出现误解

客户需求不能得到切实有效的满足往往是导致企业客户流失的最关键因素。一方面，企业应及时将企业经营战略与策略的变化信息传递给客户，便于客户工作的顺利开展；同时，把客户对企业产品、服务及其他方面的意见、建议收集上来，将其融入企业各项工作的改进之中。这样行事既可以使老客户知晓企业的经营意图，又可以有效调整企业的营销策略以适应客户需求的变化。另一方面，善于倾听客户的意见和建议，建立相应的投诉和售后服务沟通渠道，鼓励不满顾客提出意见，及时处理顾客不满；并且从尊重和理解客户的角度出发，站在顾客的立场去思考问题，采用积极、热情和及时的态度；同时，还要及时跟进了解客户，采取积极有效的补救措施。大量实践表明，由于欠缺对客户的关怀，2/3 的客户会选择离开其供应商。

4）培养忠实的员工，不断培训业务人员

忠实的员工才能够带来忠实的顾客。一位推销专家深刻地指出：失败的推销员常常是从找到新客户来取代老客户的角度考虑问题；成功的推销员则是从保持现有客户并且扩充新客户，使销售额越来越多、销售业绩越来越好的角度考虑问题。对于新客户的销售只是锦上添花，没有老客户做稳固的基础，对新客户的销售也只能是对所失去的老客户的抵补，总的销售量不会增加。对员工尤其是业务人员就维护老客户方面进行定期的培训及相应的考核工作是很必要的。

（3）维护老客户的策略与技巧

1）制造客户离开的障碍

一个保留和维护老客户的有效办法就是制造客户离开的障碍，使客户不能轻易跑去购买竞争对手的产品。因此，从企业自身角度出发，要不断创新，改进技术手段和管理方式，提高客户的转移成本和门槛；从客户心理因素出发，企业要努力和客户保持亲密关系，让客户在情感上忠诚于企业，对企业形象、价值观和产品产生依赖和习惯的心理，与企业建立长久合作的关系。

2）注重品牌建设

品牌层次与客户参与度之间存在一种正比关系：企业品牌在客户心目中的层次和地位越低，客户参与企业的愿望也相对较弱；而企业品牌在客户心目中的层次和地位越高，甚至客户认为这个品牌关系到自己的切身利益，那么这个客户就越愿意参与这个企业的各种活动。企业与客户的关系越紧密，特别是当客户将品牌视为一种精神品牌，这种参与度可以达到最高境界。因此，要求企业必须改变以往的单向灌输式信息传播方式，而尽量与客户进行沟通和互动，让客户参与其中，才能建立起长期稳定的客户感情和友谊。

3. 跟进难缠客户的策略与技巧

生意场上，避免不了与各种类型的客户打交道，当然也包括难缠的客户。难缠客户，通常对交易价格、服务、付款方式、违约责任、责任权利义务及各种细节都非常严肃、认真、挑剔。业务人员和这类客户打交道，往往需要耗费大量人力、物力、财力、时间和精力，但结果往往是“竹篮打水一场空”。为了避免上述问题出现，业务人员在与难缠客户接触时，必要的策略与技巧还是需要掌握的。

（1）跟进难缠客户的必要性

1）难缠客户也是“客户”

企业对每个客户都需要重视和跟踪，而不能以这个客户是否难缠来评判这个客户是否应该“放弃”；当然，在实际跟踪过程中，对于不同类型的客户，业务人员需要采取不同的跟踪策略。

2）提升企业口碑效应

企业与难缠客户保持正常的接触和跟踪，有助于提升企业口碑效应（能与如此难缠的客户打交道的企业一定实力不俗）；反之，如果企业总是轻易放弃难缠客户，那么也会在市场上引发这样一种认识，即这个企业没有实力，这么多的客户都不敢接触，无法满足客户的正常需求。

3）增强员工自信心

企业与难缠客户保持正常的接触和跟踪，有利于增强员工自信心。员工会从内心深处相信企业的实力，增强员工对企业的自豪感和向心力。

4）完善企业产品，增强企业市场竞争力

难缠客户提出的一系列“苛刻”条款和要求，其中往往蕴含着丰富的知识，代表着很多客户普遍关心但又疏忽的真实需求，也真实地反映了企业产品和服务的不足。企业通过与难缠客户的接触和跟踪，逐步改善、完善企业产品，将大大增强企业的市场竞争力。从某种意义上来说，难缠客户就是企业的“免费市场调研者”。

（2）跟进难缠客户的策略与技巧

1）保持跟踪距离

对待难缠客户，绝对不能跟进得太近或太紧。难缠客户，本质上就是特别严谨、认真、挑剔的客户。他的时间可能会非常充裕，即使在他很急切需要采购某个产品时，他也会表现出非常强势的姿态，始终抱着“我手上有钱，随处可以找到企业能够提供我所需要的产品”的态度，绝对不会立即下订单。如果业务人员跟进得太紧，客户可能会误认为企业产品不好销，或是企业利润空间还非常大，因而，会得寸进尺，对交易要求更加苛刻。

简言之，对于难缠客户不能操之过急，甚至可以人为地放缓跟踪的力度。例如，对于正常客户，一个星期跟踪一次；对于难缠客户，就可以一两个月跟踪一次。难缠客户非常有主见，绝对不会因为业务人员跟踪频率高、跟踪服务到位，就会立即签订合同。业务人员抱着平淡的心态去跟踪难缠客户，保持必要的距离跟踪，往往效果会更好些。

2）低价策略诱惑

绝大部分难缠客户，对于交易价格和付款方式都会特别在意。因此，在跟进难缠客户时，有一种方法是可以尝试的：采取低价策略“诱惑”客户。即拿出一些“资源”来诱惑客户，让客户对企业的产品或服务“欲罢不能”。服务条款、付款方式、违约责任等合同条款对于供方的意义和作用更大，不能轻言放弃，否则会将供方置于极端不利的位置，后期隐患和风险很大；相对而言，价格方面可做适当让步，以充分利用难缠客户对价格敏感的这一特征。简言之，选择低价策略将更有利于与难缠客户打交道。

3）合同条款坚决不让步

对难缠客户需要明确的是，标准合同是没有修改余地的。除非合同中有明显的不公平条款，那么双方协商可以适当调整，其他的服务条款，坚决不做让步。难缠客户通常非常挑剔，从不急于签订合同；也不会对任何企业有明显的偏重或存在所谓的“品牌忠诚度”，纯粹就是凭借自己的喜好来做决定。因此，如果业务人员稍微有放宽合同条款的倾向，对方立即会“顺杆子上爬”，不断提出更加苛刻的交易条件，并且没完没了，但最后，多数情况下仍然无法获得难缠客户的订单。因而，对待难缠客户，切记合同条款不让步。

4）不要全力跟进难缠客户

对待难缠客户，永远不要全力跟进。难缠客户的要求非常之多，对此，业务人员仅需要表明一种姿态、一种底气，证明己方有实力、有能力满足各种类型客户需求即可。但同时，不要急于或是迫使自己与难缠客户签约，尤其是签订一些“显失公平”的合同。业务人员只需要将难缠客户作为免费市场信息和客户需求信息的反馈者，仅此而已。不要全力跟进难缠客户，否则难缠客户会以为自己是“非常重要”的客户。

4. 大客户管理规划与实施

（1）维护大客户的必要性

大客户是一个相对的概念，是指为公司创造相对较大的效益或对企业经营重要性影响相对较大的客户。维护大客户对于企业生存及发展具有不可估量的重要意义。

- 大客户是企业实现生存、发展及获取利润的重要保障。
- 大客户通常是规模大、技术管理水平高，具有行业影响力的客户，代表着行业的技术发展方向，对提高企业的管理水平和技术实力有着巨大的推动作用。大客户自身管理规范，对供方产品质量要求严格，有助于供方不断提高产品和技术创新能力。
- 大客户对供方产品的推荐对企业拓宽市场渠道有着巨大的推进作用。由于大客户业内影响力大，如果大客户对产品使用效果满意，自然会成为企业产品品牌的推荐者，而且大客户的推荐比起企业自身的推销更有说服力。

（2）大客户管理存在问题

客户是市场稀缺资源，也是企业利润源泉。做好客户管理，是企业经营管理工作中最重要的内容之一，而做好对大客户的管理和服务工作，无异于所有工作中的重中之重。但就众多企业的大客户管理工作而言，仍然存在一些问题，严重制约企业对于大客户资源的利用效率。

1）意识不强

现实中的很多企业并没有强化对大客户的关注，究其原因是各层次的销售工作人员对大客户的重要性认识不足、意识不强所致。营销部门工作效率较低、效果不理想，与忽视对大客户管理和服务工作直接相关。

2）对象不明

很多企业对自身的客户资源没有一个系统的分类，哪些是重点、哪些是培养对象、哪些是警惕对象、哪些是淘汰对象，尚不清楚。由于没有重点与不重点之分，营销部门无论在人员安排、费用支配、还是各种业务计划（如售后的服务计划、走访计划等）的落实上都大打折扣。

3）方法不当

很多企业在大客户管理工作中，尚未建立一整套系统、完善的管理方法、程序和要求，缺少一套行之有效的考核机制，导致大客户管理工作严重滞后。

（3）大客户管理规划与实施

1）建立大客户评价标准和定期评判机制

实施大客户管理，首先要清楚哪些是大客户，什么样的客户是大客户。这就需要建立大客户的评价标准和定期评判机制。大客户评价标准，是用以解决什么样的客户属于大客户的问题。企业应结合多年的销售管理经验，综合考虑客户的合同量、单价、销售收入、回款率、利润水平、质量损失以及客户行业影响力、商业信誉等因素，制定具有可操作性的量化评价标准，而后确定大客户，形成大客户名单。由于市场不断变化，客户也在不断发生变化，不同时期客户的评价结果可能也会发生变化：有些大客户可能退步、降低重要性等级，从而被排除在名单之外；有些非大客户在富有成效的营销工作以及自身的良性发展双重作用下，可能被推荐进入大客户名单。为了保证名单对销售工作的指导意义，企业应建立大客户定期评判机制，比如，每年对所有客户进行一次重要性评级，保证名单与市场变化同步，使名单的指导性、有效性更强。

2）组建大客户业务档案

加强对大客户的管理，最基础的工作也是必不可少的工作，便是建立大客户业务档案。通过认真持续、长期的跟踪、调查和总结，对大客户的产量规模、产品结构、生产线状况、发展规划、主要业务人员和决策人员情况、同行业内大客户的市场份额等信息有一个系统的掌握，并建立一整套规范的档案资料。大客户档案是企业重要的商业秘密和无形资产，对企业在商战中的科学决策以及赢得市场主动权有着非常重要的意义。如果没有这样一套系统的档案，企业的商业信息在很大程度上就有可能被一个人或少数几个人所掌握，容易在企业主要销售管理人员、业务人员发生变更或外流情况下，导致大量业务和市场信息也随之流失，使企业陷入业务风险，减少或失去已有市场。

3）建立大客户走访和跟踪服务机制

所谓的“跑业务”，就是指要接触客户，缩短与客户的距离，与客户进行有效的互动。这就要求企业建立一种科学完善的大客户走访和跟踪服务机制，通过走访和跟踪服务机制的运转，来推进客户关系的发展，拓宽合作范围，加深合作层次，最终实现企业间的良好战略合作，成为共赢、互信的战略伙伴。大客户走访和跟踪服务机制的建立，要注意从以下三个层面共同推进。

- 领导层面的走访机制。建立公司级领导的客户走访机制，本身就体现了对大客户的重点对待。供需双方领导的会面与沟通，可以就双方合作中的重大问题达成共识，从而在更长远和更广泛的层面推动供需双方的合作，对企业发展具有战略性意义。
- 技术层面的走访和服务机制。企业向客户提供的产品，对客户的生产或消费有着重要的影响。企业向客户提供合格的产品，并不是业务活动的终结。产品在用户处的使用效果，既影响到本次业务合作的圆满程度，又影响到下次能否实现业务延续。所以，建立技术走访和服务机制，既可以及时发现和解决产品使用过程中发生的问题，又可以收集客户使用信息和潜在要求，促进企业自身的产品质量的改善，有利于下次向客户提供更优良的产品。同时，通过技术交流还可以夯实供需双方技术层面的合作基础，增进互信。

◆ 建立业务层面的走访和服务机制。业务工作是企业合作中最大的交流平台和基础性工作，业务人员是促进供需双方合作的催化剂。加强对大客户的业务走访和服务，可以加强双方了解，拉近感情，及时处理琐碎问题，畅通办事渠道，推进业务发展。

4）制定针对大客户的销售策略

大客户与一般客户对企业重要性的不同，决定了二者在销售策略上应有所区别，这种区别应能保证大客户资源的稳定和发展。

◆ 对于合同量大、回款良好的大客户，可以适度地给予一定的价格优惠。
◆ 对于价格较高、合同稳定的客户，可以在货款回收上适度放宽。
◆ 对于合作良好，无质量异议损失的客户，可以适当地增加销售费用，增加走访次数。
◆ 业务人员的销售费用提成比例也可以根据客户的情况有所区别，大客户的提成比例要有别于一般客户，要在企业掌握主动权和调动业务人员积极性两个方面寻求平衡，达到最佳效果。

简言之，为弥补在大客户管理方面的不足，企业有必要对销售政策进行系统的修改和完善。只有建立一套科学合理的管理方法，才能保护好大客户这一宝贵资源，稳固企业经营基础，使之不至于流失或萎缩。

第六章
客户关系管理与 E-CRM 应用规划及实施

客户关系管理（Customer Relationship Management，CRM）的内涵是：企业利用信息技术和互联网技术实现对客户的整合营销，是以客户为核心的企业营销的技术实现和管理实现。尽管互联网的应用为 E-CRM 提供了更加广阔的发展空间，但成功的 E-CRM 实施不仅仅需要适宜的、完美的项目规划，全面评价企业 E-CRM 项目实施绩效，识别企业 E-CRM 应用中的优劣势，同样有助于企业 E-CRM 项目成功实施。

1. 客户关系管理概述

客户关系管理（CRM）概念引入中国已有数年，其字面意思是客户关系管理，但其深层的内涵却有许多的解释。

（1）客户关系管理的不同内涵

最早提出客户关系管理概念的 Gartner Group 认为：所谓的客户关系管理就是为企业提供全方位的管理视角；赋予企业更完善的客户交流能力，提高最大化客户收益率。沿袭此种解释，后续学者及业内人士又不断对其内涵进行拓展并给予新的诠释。

◆ CRM 是一项营销策略，通过选择和管理客户已达到企业长期利益最大化。CRM 需要用以客户为中心的营销哲学和文化来支持有效的市场推广、营销和服务过程。企业只要具备了合适的领导、策略和文化，应用 CRM 便可促成具有效益的客户关系管理。

◆ CRM 是关于发展和推广营销策略和技术支持，以填补企业在获取、增长和保留客户方面目前和潜在的缺口。CRM 借此可以改善企业的资产回报，这里的资产是指客户和潜在客户基础。

◆ CRM 是信息行业用语，指有助于企业有组织地管理客户关系的方法、软件以至互联网设施。譬如说，企业建造一个客户数据库用以充分描述客户信息。企业管理层、营业员、服务供应人员甚至客户均可获得相关信息，提供合乎客户需要的产品和服务，提示客户服务要求并可获知客户选购哪些产品或服务。

◆ CRM 是一种基于 Internet 的应用系统。它通过对企业业务流程的重组来整合用户信息资源，以更有效的方法来管理客户关系，在企业内部实现信息和资源的共享，从而降低企业运营成本，为客户提供更经济、快捷、周到的产品和服务，保持和吸引更多的客户，以求最终达到企业利润最大化的目的。

◆ CRM 是一项综合的 IT 技术，也是一种新的运作模式。它源于“以客户为中心”的新型商业模式，是一种旨在改善企业与客户关系的新型管理机制，是一项企业经营战略，企业据此赢得客户，并且留住客户，让客户满意。通过技术手段增强客户关系，并进而创造价值，最终提高利润增长的上限和底线，是客户关系管理的焦点问题。当然，CRM 系统是否能够真正发挥其应用的功效，还取决于企业是否真正理解"以客户为中心"的 CRM 理念，这一理念是否贯彻到企业的业务流程中，是否真正提高用户满意度等。

- CRM 是企业为提高核心竞争力，达到竞争制胜、快速成长的目的，树立以客户为中心的发展战略，并在此基础上展开的包括判断、选择、争取、发展和保持客户所需的全部商业过程；是企业以客户关系为重点，通过开展系统化的客户研究，通过优化企业组织体系和业务流程，提高客户满意度和忠诚度，提高企业效率和利润水平的工作实践；也是企业在不断改进与客户关系的全部业务流程，最终实现电子化、自动化运营目标的过程中，所创造并使用的先进信息技术、软硬件和优化管理方法、解决方案的总和。
- CRM 是通过对客户详细资料的深入分析，提高客户满意度，从而提高企业竞争力的一种手段。客户关系是指围绕客户生命周期发生、发展的信息归集。客户关系管理核心是客户价值管理，通过"一对一"营销原则，满足不同价值客户的个性化需求，提高客户忠诚度和保有率，实现客户价值持续贡献，从而全面提升企业盈利能力。
- 简言之，CRM 不仅是一个软件，它是方法论、软件和 IT 能力的综合，是一种商业策略。在国内，当一个企业开始关注客户关系管理时，往往伴随着业务流程的调整：通过引入先进的营销管理理念、可借鉴的流程制度以及自动化工具，实现企业整体战略目标。客户关系管理的工具一般简称为 CRM 软件，实施起来有一定的风险，超过半数的企业在系统实施一段时间之后将软件束之高阁。从软件关注的重点内容划分，CRM 软件分为操作型、分析型两大类，当然也有两者并重的。操作型更加关注业务流程、信息记录，提供便捷的操作和人性化的界面；分析型往往基于大量的企业日常数据，对数据进行挖掘分析，找出客户、产品、服务的特征，从而修正企业的产品策略、市场策略。

（2）客户关系管理的核心内容：客户关怀

最早发展客户关系管理的国家是美国，在 20 世纪 80 年代初期便有所谓的"接触管理（contact management）"，用以专门收集客户与公司联系的所有信息。到 20 世纪 90 年代则演变成包括电话服务中心支持资料分析的客户关怀（customer care）。

1）客户是企业重要资产

在传统的管理理念以及现行的财务制度中，只有厂房、设备、现金、股票、债券等属于企业资产。随着科技的发展，技术、人才也逐渐被视为企业资产，对技术以及人才随之加以百般重视。然而，这种划分资产的理念，仍是一种闭环式的，而非开放式的。无论是传统的固定资产和流动资产论，还是新出现的人才和技术资产论，都是企业能够得以实现价值的部分条件，而不是完全条件，其缺少的部分就是产品实现其价值的最后阶段，同时也是最重要的阶段，在这个阶段的主导者就是客户。在以产品为中心的商业模式向以客户为中心的商业模式转变的情况下，众多的企业开始将客户视为其重要的资产，不断地采取多种方式对企业的客户实施关怀，以提高客户对本企业的满意程度和忠诚度。越来越多的企业提出了这样的理念，如："想客户之所想"、"客户就是上帝"、"客户利益至高无上"、"客户永远是对的"等。

2）客户关怀是CRM核心

最初，企业向客户提供售后服务是作为对其特定产品的一种支持。原因在于这部分产品需要定期进行修理和维护，如家用电器，电脑产品、汽车等。这种售后服务基本上被客户认为是产品自身的一个组成部分，如果没有这样的售后服务，客户根本就不会购买企业的产品。因而，那些在售后服务方面表现良好的公司其市场销售业绩也会处于上升的趋势；反之，那些不注重售后服务的公司其市场销售则处于不利的地位。随着售后服务理念的不断延伸及拓展，客户关怀也逐渐贯穿市场营销的各个环节。客户关怀包括如下四个方面：

- 客户服务，向客户提供产品信息和服务建议等；
- 产品质量，产品质量应符合有关标准、适合客户使用、保证安全可靠；
- 服务质量，客户与企业接触过程中的体验；
- 售后服务，售后查询、投诉以及维护和修理等。

客户关怀的关注度在交易的不同阶段应有所区别，并努力营造出友好、激励、高效的氛围。对客户关怀意义最大的四个实际营销变量分别是：

- 产品和服务（这是客户关怀的核心内容）；
- 沟通方式；
- 销售激励；
- 公共关系。

CRM软件中的客户关怀模块充分将有关的营销变量纳入其中，使得客户关怀这个非常抽象的问题能够通过一系列相关指标进行测量，便于企业及时调整客户关怀策略，从而使客户对企业产生更高的满意度和忠诚度。

3）客户关怀的目标：增强客户满意度与忠诚度

国际权威机构的研究报告曾得出如下结论："把客户满意度提高五个百分点，其结果是企业利润将增长一倍"；"一个非常满意的客户购买意愿比一个满意客户的购买意愿通常高出六倍"；"2/3的客户离开供应商是因为供应商对他们的关怀不够"；"93%的企业CEO认为客户关系管理是企业成功和获取竞争能力的最重要因素"。如同企业产品有生命周期一样，客户同样也是有生命周期的。客户的保持周期越长久，企业的相对投资回报就越高，从而给企业带来的利润就会越大。由此可见保留客户非常重要。保留什么样的客户以及如何保留客户则成为企业需要面对的重要课题。

2. 电子商务环境下的客户关系管理：E-CRM

（1）E-CRM新特征

客户关系管理（customer relationship management，CRM）是一个不断加强与客户交流，不断了解客户需求，并不断对产品及服务进行改进和提高以满足客户需求的连续过程。其内含是企业利用信息技术和互联网技术实现对客户的整合营销，是以客户为核心的企业营销的技术实现和管理实现。近些年来CRM的迅速流行很大程度上归功于IT技术的进步，尤其是互联网技术的发展；如果没有以互联网为核心的技术进步推动，CRM实施将会遇到更大的阻力，可以说，互联网是CRM应用实施的加速器。这些具体应用包括数据挖掘、数据仓库、呼叫中心（call center）、基于浏览器的个性化服务系统等，这些技术随着CRM的应用而飞速发展，并为客户提供多种交流渠道及平台，更加便利客户的沟通交流。概括电子商务环境下客户关系管理（E-CRM）新特征如下：

- 集中企业内部分散的各种客户数据，形成正确、完整、统一的客户信息并为各部门所共享；
- 客户能得到来自企业任何一个部门的一致信息；
- 企业内部信息处理是高度集成的，客户可选择多种方式，如：电子邮件、电话、传真等与企业联系并都能得到满意的答复；
- 客户与企业往来的各种信息都能在对方的数据库中得到体现，因此能最大限度地满足客户的个性化需求；
- 企业可以充分利用客户关系管理系统，准确判断客户的需求特性，以便有针对性地开展客户服务，提高客户忠诚度。

（2）电子商务对客户关系管理应用系统的要求

先进的客户关系管理应用系统必须借助Internet工具和平台，实现与各种客户关系、渠道关系的发生同步化、精确化，符合并支持电子商务的发展战略，最终成为电子商务实现的基本推动力量。Internet和电子商务对客户关系管理应用系统的要求包括以下方面。

1）客户信息同步化

企业在客户关系管理中，实现对客户完整、实时交互信息的同步传递、共享，便利企业各部门间系统化、同步化运转，从而实现一个连贯的、掌握客户关系全程的客户关系管理大系统。提高客户信息系统的同步性，必然要求客户关系管理应用系统在支持传统的客户沟通渠道或支持基于网络的客户沟通渠道方面既有所侧重又相互兼容，使来自面向客户的整个渠道及功能模块的沟通应用达到同步化。

2）Internet在客户关系管理系统中的中心位置

在Internet环境下，客户拥有更多的选择主动权。Internet将交流和达成交易的权力更多地移向客户一端，企业不得不给予客户对双方关系的更多控制权。Internet观念和技术必须处于客户关系管理系统的中心，只有真正基于Internet平台的客户关系管理产品，才能够支持企业全面电子化运营的需要。

3）支持与开发电子商务

客户关系管理系统中包含的整套电子化解决方案，需要能够支持电子商务的销售，如B2B和B2C交易；需要满足企业开展个性化营销及网络店面创建的需求。因此，客户关系管理应用系统不仅要提供电子商务的对接口，还要全面支持和开发电子商务。

（3）电子商务环境下客户关系管理的应用实施

1）高层管理者对客户关系管理的理解与支持是必要前提

获取企业高层管理者支持与承诺的方法，可以是先争取管理者对项目有相当的参与程度，进而使之能够对项目实施有一定认识和理解。高层管理者对E-CRM项目实施的支持、理解与承诺是项目成功的关键因素之一。E-CRM系统实施所影响到的部门高层领导应成为项目的发起人或参与人，E-CRM系统的实现目标、业务范围等信息应当经由他们传递给相关部门和人员，只有这样才能保证 E-CRM 系统的顺利实施。

2）E-CRM 系统的应用实施需要远景规划和近期目标相结合

企业管理者在制定远景规划和近期目标时，既要考虑企业内部的现状和技术条件及实际管理水平，又要看到外部市场对企业的要求与挑战。只有明确实施 E-CRM 系统的目标，才能制定出适合企业自身的 E-CRM 远景规划和近期实现目标。

3）通过业务来驱动 E-CRM 项目实施

E-CRM 系统是为了建立一套以客户为中心的销售服务体系，因此 E-CRM 系统的实施应当是以业务过程为驱动的。IT 技术只是为 E-CRM 系统的实现提供技术可能性，但 E-CRM 真正的驱动力应来自于业务本身。要在软件提供的先进技术与企业目前的运作流程间找到平衡点，尽可能地在应用中保留企业流程的特点和优势。

4）建立项目实施小组

项目组成员由企业内部成员和外部的实施伙伴共同组成。内部人员主要是企业高层领导、相关实施部门的业务骨干和 IT 技术人员。业务骨干要求他们真正熟悉企业目前的运作，并对流程具备一定的发言权和权威性。

5）有目的、有步骤地实施业务调整

项目的实施会使业务流程发生变化，同时也会影响到人员岗位和职责变化，甚至引起部分组织结构的调整。因此需要考虑对业务用户的各种培训以及为配合新流程的相应外部管理规定制定等内容，这些内容都可以列入调整管理的范围之中。

综上所述，客户关系管理是一种旨在改善企业与客户之间关系的新型管理机制，它要求企业更了解现存和潜在客户，并有效实施客户关系管理。在电子商务发展时代，实施客户关系管理是企业保持旺盛生命力的强劲动力，只有客户关系管理的成功，才有电子商务的成功，也只有这样，才有企业持续、快速、健康的发展。

3. 外贸企业 E-CRM 应用实施

E-CRM 系统是最近几年 IT 行业与外贸行业谈论最多的话题之一。信息技术及互联网的应用普及给予 CRM 系统更多发展空间，E-CRM 系统也越来越多地受到企业关注。目前，很多外贸企业都已经把关注的重点从产品国际市场份额转向有价值的客户份额上来。

（1）外贸企业 E-CRM 应用的紧迫性

对于数以万计的中国外贸企业而言，在销售收入屡创新高的同时，也面临着日益激烈的全球化竞争。一贯处于观念领先的外贸行业对信息化管理的需求也日趋迫切，如果外贸企业不能充分利用先进的信息技术从事经营管理，就无法立足于竞争激烈的国际市场。当前，外贸企业对于信息化系统的应用及管理已经不再满足于早期的以外贸单证制作为主的数据收集和整理，而是需要更加完备的订单获取处理及售后服务在内前后台解决方案，“开源甚于节流”，以产品为中心转向以客户为中心的企业战略规划，正成为外贸企业 E-CRM 应用的重要驱动力。

在实践中，传统方式下外贸企业管理客户信息，处理业务流程中的诸多弊端正严重制约外贸企业经营管理的高效性，从而使外贸企业推进 E-CRM 系统应用成为首要解决问题之一。

◆ 大量往来邮件无法有效整理及分析，询价和报价历史信息没有统一管理，仅靠 outlook 无法做到按客户、联系人或是按项目、报价、合同、服务请求等分别归档，严重浪费客户资源。
◆ 通过展会、外贸推介会获取的大量询盘和客户资料缺乏有效和持续的跟踪和挖掘，造成商机流失。
◆ 业务人员每天将大量时间用于处理单据等繁冗工作，历史数据不便于业务人员检索和调用，日常操作还仅停留在手工操作，无法使业务人员的价值最大化。
◆ 业务逐年增长，报价、订单流程通过电子邮件发送，却缺乏有效合理的内部控制手段，业务风险不言而喻。
◆ 历史沉淀下的很多有用销售数据却无法成为企业决策参考信息，无法为下一年的产品开发和经营方向制定提供参考。
◆ 业务人员流失造成客户资源流失和新老员工交接工作的低效，宝贵的销售经验无法在企业内部有效传递及共享。
◆ 对于纯粹的外贸企业而言，还会涉及供应商产品、历史报价、历史合同、交往记录、服务记录等综合管理工作无法展开。

（2）外贸企业巧用契机推行 E-CRM 管理

对于外贸企业而言，E-CRM 不仅是一套软件产品，更是一种先进的经营管理理念。在这个基于 Internet 技术的世界里，电子商务的经营模式正改变着人们的日常生活方式和企业的经营管理模式；E-CRM 应用在彻底改变企业与客户、供应商之间关系的同时，也为企业带来了更为激烈的竞争环境。尤其在当前受欧美经济低迷的不利影响，中国外贸企业出口环境不容乐观的情况下，一些外向型企业中的优秀者，正在以金融危机为契机，利用比较空余的时间，强力推行 E-CRM 管理实施，提升外向型营销管理水平。

为何外贸企业在经营效益不好的时候，反而会花费不菲的投入来推行 E-CRM 呢？究其原因，可以总结如下：一方面原因是外贸效益好的时候，订单非常多，员工忙于日常业务，管理者即便想要从事管理改革，也常因业务人员以忙于应对客户为由，而无法实施；另一方面原因是外贸领域非常依赖于销售人员的个人能力，企业管理者也难过于强制，但当出口环境不利之时，反而给外贸企业提供了一个契机，可以有时间和精力优化企业内部流程，推行 E-CRM 系统以固化业务流程。

总结以往外贸企业经验，传统的营销体系下容易产生如下问题。

◆ 过分依赖销售人员的个人能力，销售人员的去留往往会对业务带来很大的影响，企业对销售人员的过分依赖反而会伤害到企业的营销体系。
◆ 客户资料完全掌握在销售人员个人手中，客户的喜好、联系方式、沟通记录等资料均在销售人员手中，一旦销售人员离职或调职，业务很难衔接，容易导致客户流失。
◆ 忽略对客户的精细化管理。
◆ 缺乏对潜在客户的管理。
◆ 缺乏对休眠客户的管理。
◆ 缺乏对客户的价值分析。

对于上述问题，一般的外贸企业管理者都有不同程度的体会。有效地解决上述问题，则需要通过建立 E-CRM 系统来规范业务流程，将营销过程系统化，从而将客户沟通过程积累到企业层面，降低销售人员变动对企业外贸业务的影响。与此同时，也要意识到企业推行 E-CRM 过程必然会遇到种种阻碍，订单应接不暇的情况下也常会掩盖许多管理问题，导致上述问题并不突出，企业管理者也难以重视。然而，在当前情况下，欧美经济低迷使得中国外贸出口市场疲软之时，外贸企业的业务量较少，却也为推行 E-CRM 管理提供了难得的契机。

◆ 相对充裕的空闲时间。由于生意不好，外贸销售部门自然空闲时间较多，可以有大量时间进行管理优化，推行 E-CRM 需要销售人员花费时间来配合调研、培训、数据导入等。

◆ 管理问题凸显。为何很多客户只下一次订单，之后就不再合作？为何有些订单不赚钱可一直还在接单？有哪些客户是企业不能丢失的？在外贸企业订单量短缺之时，这些原本不被企业管理者关注的问题就越发显得重要。凸现的管理问题，自然会引导外贸企业规范营销体系，E-CRM 则成为必然选择。

◆ 销售领导转移焦点的需要。优秀的销售领导者都知道一个原则：业绩不好的时候要让老板看到希望。因此当企业订单短缺之时，不少销售管理者在业绩无法及时改善的情况下，期望通过管理流程的优化来体现这段时间的自身价值。

◆ 销售人员相对配合。生意不好，工作难找，这个时候，平时牛气冲天的外贸销售，自然也在态度上会老实很多，愿意在管理上进行配合，推行 E-CRM 管理。

当前，中国外贸出口行情下行的态势，却为外贸企业创造了一个非常适宜的完善经营管理的环境。优秀的外贸企业，不是在削减成本，而是借机加大投入，推行 E-CRM，加强培训，淡季扎马步，在旺季到来之前锻炼好企业的营销肌体。等待外贸大环境好转之时，一马当先，获取领先地位。

(3) 外贸企业 E-CRM 应用中存在问题

理论上讲，实施 E-CRM，有助于外贸企业建立科学规范的销售管理流程，全面管理客户整体营销过程，将客户知识积累到企业 E-CRM 营销平台之上，针对客户数据进行挖掘，提升客户满意度，提高单个客户的销售产出，提升企业整体赢利水平。但在实践中，虽然已有很多外贸企业花巨资于 CRM 系统上，然而很多企业在实施的过程中并没有享受到高新技术和科学管理理念预期应得的收益；相反，企业投资不仅没有回报甚至成为企业的一项累赘。外贸企业在实施 E-CRM 过程中究竟出现哪些问题，如何改进，从而让 CRM 真正发挥其高效便捷管理客户的效力？这成为企业管理者深入思考的问题。

1）信息资源整合能力不够

外贸企业在实施 E-CRM 过程中存在的一个突出问题是无法有效整合整个客户关系管理系统内外部的相关信息，仅仅把它作为一个销售自动化及客户呼叫的系统，也就是将客户关系管理系统错误地认为是企业销售部门处理日常销售及客户意见反馈的系统，忽视了 CRM 中最为重要的一个作用，即有效分析客户的现实购买行为及潜在购买愿望，而这些数据正是企业制订其销售计划、销售策略的重要数据资源。

2）CRM 选型困难

随着市场竞争形势日益严峻，越来越多的外贸企业认识到 CRM 系统的重要性，但是当其计划投资于客户关系管理时却常常出现问题。国外企业 CRM 系统追求大而全，其庞大的系统实施工程对于变化灵活的中小外贸企业来说亦很不适合；很多 CRM 系统功能在中小外贸企业实施过程中处于闲置状态，造成不必要的资源浪费。对此，外贸企业在选择 CRM 系统及模块时应该有所侧重，不仅需要适应外贸企业的管理结构，还需考虑实际业务需要，选择适合自身发展的 CRM 系统软件。目前，国外 CRM 系统软件以 SAP、Oracle 为代表，国内多以开亚软件、森亚软件为代表。国内、外 CRM 软件都各有其优缺点，外贸企业应谨慎选择。

3）缺乏战略性眼光

外贸企业实施 CRM 的过程中常由于目光短浅、盲目追求短期利益最大化，结果未能给企业带来现实利益，而致使其重要性得到怀疑，企业由此会逐渐忽视其作用，导致 CRM 实施出现夭折，随之给企业带来巨大损失。企业缺乏战略性眼光使得 CRM 在普及化道路上处处受阻，并成为企业实施 CRM 存在高失败率的主要原因之一。

4）缺乏与 CRM 相匹配的企业内部环境

外贸企业片面将客户关系管理视为软件化的过程，也就是单纯将其理解为购买相应的软件。在实施过程中缺乏正确的引导以及人员合理安排，致使 CRM 系统仅仅成为企业的一项摆设，难以发挥其有效作用。客户关系管理系统是一种利用高新技术的管理思想和管理方法，如果没有站到战略高度理解它，并且积极创造与之相匹配的企业内部环境的话，CRM 也就只能成为企业的一项负担。

（4）外贸企业 E-CRM 应用解决方案

E-CRM 应用解决方案主要功能是帮助外贸企业解决业务难题、简化工作流程，更重要的是将“客户为中心”的经营理念深深植入每个销售人员的心中，提升整个销售团队的综合素质。目前，软件公司提供的外贸企业 E-CRM 应用解决方案各有特色、不一而同，外贸企业应针对自身经营管理特点及业务发展需求，有针对性地进行选择。通常来说，外贸企业 E-CRM 应用解决方案应包括如下内容。

- 客户信息管理：完整的客户信息管理可以将客户基本信息完整记录，并且可以根据业务扩展需求，随时添加客户信息。
- 客户分类管理：实现分门别类地对不同客户进行有效管理，将最终客户、分销商、潜在客户等信息进行完整记录。
- 邮件群发功能：实现不同部门及相关人员的邮件收发同步。
- 业务人员管理：业务人员的活动安排、日历、事件、任务等同步互动。
- 销售管理：从询盘客户开始，对销售阶段实时分析，准确预测未来销售情况，对客户需求深入了解，感知客户发出的关键信号，并及时反馈相关信息。
- 样品管理：支持样品的申请，审批处理流程的制定；记录样品跟踪、回收、反馈等信息；实现样品自动与客户关联，适时反映客户样品发送情况。
- 报价管理：工厂原始报价、出口报价预算单、报价单管理。
- 订单管理：与报价单一样，支持多种模版格式的订单输出打印。
- 产品管理：产品分类、产品价格手册、产品导入。
- 知识库管理：文档管理、文件夹管理、解决方案管理。
- 进销存管理：进货采购管理、采购付款、仓库、库存、调拨单、盘点单、入库、出库、退货等。
- 款项与发货：订单签定后的业务环节，应收款记录和发货安排与到货情况。

◆ 报表分析：高度灵活的报表开发引擎，提供企业需要的各种制作报表工具。

(5) 外贸企业 E-CRM 应用绩效评价

成功的 E-CRM 系统应用与实施对外贸企业而言，其显著性作用表现在以下几个方面。

◆ 提升工作效率：提高外贸业务处理流程的自动化程度，实现企业内部信息共享，提高企业员工工作能力，促进企业内部资源高效运转。

◆ 提升市场份额：通过科学的数据分析，对市场活动进行规划、评估，并进行全方位透视，及时把握新的市场机会，占领更多的市场份额。

◆ 提升客户满意度：保留客户，减少客户流失，通过客户投诉管理和客户关怀细节的实施，提升客户满意度；进一步了解客户关系，根据客户需求进行交易，了解如何对客户进行纵向和横向销售，记录获取的客户信息；帮助企业保留更多的老客户，并更好地吸引新客户。

◆ 为管理者提供有利的决策依据：基于销售发货的数据整理，企业管理者依据此类分析报表可以准确分析销售量，并制定相应的销售决策。

依据上述内容如何客观全面地量化 E-CRM 应用实施效果对外贸企业的积极作用呢？这一问题关系到企业 E-CRM 应用的绩效评价问题，同时也关系到企业相应的决策制定问题。

1）E-CRM 绩效评价的重要性①

近些年来，为了系统评价企业信息化投资是否取得相应回报，对企业 IT 应用和 IS 项目实施绩效测量也愈发变得重要（Hasan and Tibbits，2000）。但在其具体操作过程中却面临一个困境，即 IT 投资水平虽然与企业收益相关联，但却并不直接与产能或是利润率相关，也即所谓的“生产力悖论”（Martinsons 等，1999）。在 E-CRM 项目实施效果的评价中自然也存在上述问题。对此，Coltman and Dolnicar（2004）认为，E-CRM 应用效果问题在营销领域和 IT 项目研究中都是一个亟待解决的问题，由于 E-CRM 投资与绩效之间尚不存在强相关性，这也常被解读为一项 E-CRM 的投资规模不仅且也远非最终决定其项目实施成功的条件；相关研究反而应转向绩效评价体系的构建，追踪及改善相应 E-CRM 项目活动及应用拓展等。Pan and Lee（2003）指出，发展和应用标准度量体系检测及改善 E-CRM 系统是非常必要的，在项目总体资源整合方面尤为突出。Bull（2003）也提及 E-CRM 是一个复杂且综合性的系统工程，有效的领导、充沛的资源、完善的目标及系统的评价成为其成功实施的关键。E-CRM绩效评价体系成为学者关注的另一个原因还在于，Hamill and Stevenson（2002）曾提及 Gartner Group 作出的惊人预测，即 E-CRM 项目中 65% 都是失败的，而这一数字还有望增加至 85%。此后，Zablah et al.（2004）的研究也指出，企业全球化与 E-CRM 应用密切相关；而同时，大量的研究报告也显示 CRM 项目失败的普遍性。在此背景下，更多的相关研究聚焦于 E-CRM 项目实施的绩效评价问题。

2）基于 BSC 思想的企业 E-CRM 绩效评价方法

现有文献中涉及 E-CRM 绩效评价的方法及内容包括：Chang et al.（2005）倾向于采用 TOE（技术-组织-环境）的研究框架，并将技术层面和管理支持层面作为重点考量的内容。Karakostas et al.（2005）将评价内容集中于成本有效性、ROI（投资收益率）、后期实施效果、功能性及兼容性四个方面。Kellen（2002）曾系统总结过前人对于 CRM 绩效评价的重

① 李秀芳，刘娟：《基于 BSC 思想的企 E-CRM 应用绩效评价探讨》，载《现代财经》，2012（6）。

点，并将研究内容归为品牌建立与提升、客户价值、客户运营方面的数据收集等几个方面，并指出，BSC 方法是企业 E-CRM 应用绩效评价研究中最为常用的方法之一。

BSC（Balanced Score Card）平衡计分卡思想是由 Kaplan 和 Norton（1992）首次提出的，BSC 起源于战略管理，而后一直侧重于对企业绩效进行整体评价。作为绩效量测系统，BSC 最大的贡献在于指出应该如何全面、平衡地选择评价指标。BSC 理论项下设财务、客户、内部流程、创新与学习等 4 个维度来衡量企业业绩，这 4 个维度之间相互驱动的因果关系使企业短期和长期目标之间、财务和非财务指标之间、主要指标和次要指标之间、内部和外部绩效观点之间建立了平衡（参见表 6-1）。

表 6-1：BSC 思想下企业绩效评价体系构建

	绩效评价体系构建	绩效评价维度含义
BSC 思想下企业绩效评价体系构建	1. 客户维度	客户如何看待企业
	2. 企业内部业务流程维度	企业运营优势所在
	3. 创新与学习维度	企业是否持续提高和创造价值
	4. 财务维度	企业如何对股东负责

BSC 这种全面性的特质使得其非常适合于 IT/IS 及电子商务项目的绩效度量，也正是源于这个原因，很多相关研究中都采用了 BSC 思想进行绩效度量，除了采用该思想最初的维度设计之外，还有些研究进行了相应的维度调整或是增加。如 Hasan and Tibbits（2000）对 IS 和电子商务应用绩效的度量中，包含了商业价值、终端用户、内部流程、应用意愿、人力和 IT 资本五个维度。Martinsons 等（1999）测量 IS 绩效时，则调整为用户导向、商业价值、内部流程、应用意愿四个维度。Grembergen and Amelinckx（2002）测度电子商务应用绩效时，则将其调整为客户导向、运营优势、商业贡献和未来导向四个维度。考虑到测量维度设计的灵活性并兼具整合性的特征，应用 BSC 度量 IT/IS 及电子商务项目绩效已很普遍。那么，在一个更为具体的层面，应用此法评价 E-CRM 项目应用绩效也很自然。

Kaplan and Norton（2001）曾指出，BSC 的优势在于充分考量了两种不同类型的指标，即引导指标（lead indicators）和滞后指标（lag indicators）：滞后指标通常是指财务指标，用以评价已发生的行为结果；而引导指标是与企业长期战略相关联的，其更加倾向于未来导向的绩效度量，重视无形资产的评价，如牢固的客户关系、创新型产品或服务、高质量的运营模式等。而 BSC 在指标选取方面的此种综合性考量对 E-CRM 绩效评价体系的构建将更具意义，Seggie et al.（2007）比较其他评价体系后认为 BSC 包含的前瞻性指标十分适用于 CRM 绩效的评价。而 BSC 框架下，基于多种维度的度量方法也已被广泛应用于 CRM 项目的实施效果度量之中：Zablah et al.（2004）将 CRM 成功的指标概括为应用资源获取和维护客户有效性、客户关系的质量、交叉销售机会、客户共享的获取等；Chang（2007）将这些成功指标归类为组织绩效、客户关系质量提升、组织学习、商业流程再造；Kim and Kim（2007）则基于组织绩效、客户维度、流程维度、基础设施维度四个方面构建了 CRM 绩效评价体系。

3）外贸企业 E-CRM 应用绩效评价体系构建

充分借鉴并综合相关文献研究成果，基于 BSC 思想的企业 E-CRM 应用绩效评价体系构建如下（参见表 6-2），可供外贸企业评价 E-CRM 应用绩效参考之用。

表 6-2 基于 BSC 思想的企业 E-CRM 应用绩效评价体系指标选取及其解释

目标层 A	准则层 B	指标层 X	指标解释
BSC 思想下企业 E-CRM 应用绩效评价	客户关系 B1	客户获取能力 X11	企业在争取新客户时获得成功部分的比例
		客户维护能力 X12	现有客户群中未发生客户流失的比率
		客户满意度 X13	客户对企业所提供的产品或服务的满意程度
		客户忠诚度 X14	客户对企业所提供产品或服务的依赖和偏好程度
	企业内部业务流程 B2	企业信息技术应用能力 X21	企业内部信息技术应用提升及改善
		在线帮助及支持服务能力 X22	在线帮助及支持服务的质量提升及多样性增加
		业务运营可靠性 X23	企业整体业务运营可靠性的增加及改善
		在线业务管理能力 X24	企业对于在线业务管理能力的提升及改善
	创新与学习 B3	市场信息反馈能力 X31	企业市场信息的收集、获取能力
		客户信息分析能力 X32	对客户偏好、购买行为、需求的了解度
		新产品或服务推广能力 X33	客户对企业新产品或服务的接受及认可能力
		新产品或服务销售比率 X34	客户对企业新产品或服务的购买量占同期企业总销售量的比率
	财务 B4	运营成本 X41	E-CRM 项下，企业对现有业务流程进行完善及维护所需成本
		营销费用 X42	企业用于营销、客户关系维护等相关费用
		销售利润 X43	企业 E-CEM 实施所带来的产品或服务销售利润
		业务成长 X44	企业 E-CRM 实施所带来的企业整体业务成长（增加）

4）外贸企业 E-CRM 应用绩效现状

笔者通过对七家中小型外贸企业采取实地调研的方式，对其电子商务环境下的客户关系管理应用及实施效果方面进行深入系统的分析，并在 BSC 理论框架下对其 E-CRM 应用绩效进行了实证检验。检验结果显示如下。

- 整体而言，中小型外贸企业 E-CRM 应用及实施效果评价水平属于中等偏上，表明其在 E-CRM 应用的充分性、深入性及综合利用方面仍有很大的开发及提升空间。
- 绩效评价效果最好的是 E-CRM 在海外市场反映（学习）及创新方面的应用，已达到较高水平，这在一定层面上反映出目前中小型外贸企业应用电子商务和客户关系管理开拓海外市场的成果显著，应用（第三方）电子商务平台获取、分析海外市场信息，满足海外客户多样性需求，为海外客户提供定制化服务，已经成为中小型外贸企业 E-CRM 应用的主要内容，而电子商务作为中小型外贸企业海外营销的首选平台已经取得了很好的业界反映。
- 绩效评价效果位列第二、三位的依次是企业内部业务流程和海外客户关系维度，两者评价效果均处于中等偏上水平，已接近较高水平，且均高于 E-CRM 应用绩效评价的总体评价值。此结果一方面表明 E-CRM 作为信息技术应用于企业日常经营的新兴商务模式，极大地提高了企业整体的资源利用效率，信息化操作系统实施在标准化企业业务流程的同时，还有助于部门间信息整合。尤其是针对中小型外贸企业，在涉外经营环节多、业务复杂度高，而又受制于企业资源局限的情况下，E-CRM 可以在一定程度上解决上述问题。另一方面，海外客户关系管理用以海外客户的获取及客户关系的维护，在海外客户满意度增加及忠诚度增强方面也取得了不错的效果，但整体而言，E-CRM 应用绩效在海外客户关系维度下的评价水平不高，很大程度上受到我国目前中小型外贸企业客户关系管理意识不强、管理理念落后的制约，随着电子商务应用的系统化及深入化，电子商务环境下的客户关系管理（E-CRM）将成为中小企业海外拓展过程中重要的应用内容之一。

◆ 绩效评价效果排在最后的是财务指标维度，虽然也处于中等水平，但是明显低于 E-CRM应用绩效评价的总体评价值。中小型外贸企业 E-CRM 应用绩效在财务指标维度项下的评价水平较低，很大程度上是由于电子商务平台上信息更加充分、市场更加透明、竞争也更加激烈，而许多中小型外贸企业出口产品同质化的现象非常普遍，这在一定程度上严重制约在信息不对称条件下企业获取高额利润的可行性。电子商务条件下，中小型外贸企业交易额增加，利润率降低的情况相当普遍，反映在财务指标上绩效评价水平较低也属自然。

简言之，全球化及信息化背景下，电子商务已然成为中小型企业优先选择的营销平台及运营模式，《“十二五”中小企业成长规划》中也已明确提及中小企业信息化推进工程，加快信息技术在中小企业核心业务环节的普及推广和深化应用，包括资源计划管理（ERP）、供应链管理（SCM）、客户关系管理（CRM）以及物流配送信息化等，以提高企业创新能力、管理水平和竞争力。而中小型外贸企业作为国内较早一批应用电子商务的实践者，在充分享受 E-CRM 应用为企业带来绩效提升的同时，如何更好地提升企业 E-CRM 应用绩效水平，如何发挥 E-CRM 在海外拓展过程中的积极作用，将成为相关企业决策者及政策制定者关注的问题。

第三篇

出口交易实战中的
策略、技巧及风险防范综述

第七章 出口交易实战中的谈判策略与技巧

出口贸易谈判是出口货物贸易过程中必不可少的一个环节，是签订买卖合同的必经阶段，同时也是一项政策性、策略性、技术性和专业性很强的工作。出口谈判策略与技巧的运用，关系到交易能否达成，而出口贸易谈判的结果，又决定着合同条款的具体内容，从而确定出口方的权利和义务。因此，提高实战中的谈判策略和技巧，对谈判过程中出口交易的顺利达成、保证出口方权益、争取更多利益，显得尤为重要。

1. 询盘策略与语言组织技巧

(1) 询盘的概念及相关解释

询盘（Inquiry）也叫询价，是指交易的一方准备购买或出售某种商品，向对方询问买卖该商品的有关交易条件。询盘的内容可涉及价格、规格、品质、数量、包装、装运以及索取样品等，而多数只是询问价格。所以，业务上常把询盘称作询价。询盘不是每笔交易必经的程序，如交易双方彼此都了解情况，不需要向对方探询成交条件或交易的可能性，则不必使用询盘，可直接向对方发盘。询盘可采用口头或书面形式。

(2) 询盘的分类

1）买方询盘

买方询盘是买方主动发出的向国外厂商询购所需货物的函电，也称为“邀请发盘”。例如：“对海尔牌型号 234 号彩电有兴趣，请发盘。”在实际业务中，询盘一般多由买方向卖方发出。

买方询盘过程中应注意的问题如下。

- ◆ 对多数大路货商品，应同时向不同地区、国家和厂商分别询盘，以了解国际市场行情，争取最佳贸易条件。
- ◆ 对规格复杂或项目繁多的商品，不仅要询问价格，而且要求对方告知详细规格、数量等，以免往返磋商，浪费时间。
- ◆ 询盘对发出人虽无法律约束力，但要尽量避免询盘而无购买诚意的做法，否则容易丧失信誉。
- ◆ 对垄断性较强的商品，应提出较多品种，要求对方一一报价，以防对方趁机抬价。

2）卖方询盘

卖方询盘是卖方向买方发出的征询其购买意见的函电，也称为“邀请递盘”。例如：“可供山东大花生 500 t，请递盘。”

卖方对国外客户发出询盘大多是在市场处于动荡变化及供求关系反常的情况下，探听市场虚实，选择成交时机，主动寻找有利的交易条件。

(3) 询盘的法律地位

询盘在估计商务法律中又称作要约邀请，其主要目的在于邀请对方发盘，本身不构成发盘，属于当事人订立合同的准备行为，所以询盘对双方都不具有法律上的约束力。买方发出询盘后，没有必须购买货物的责任；卖方发出询盘后，也没有必须出售货物的义务。

(4) 使客户回复询盘的策略及语言组织技巧

当出口的商品处于买方市场时，卖方需通过网络开发潜在的客户，一般卖方会发出很多询盘，但是回复率很低，下面介绍一些方法可以有效地提高询盘回复率。

1) 分析询盘

针对客户的每条询盘，需分析以下内容。

- ◆ 客户：客户来自哪个国家，客户的公司属于什么类型（进口商、生产商、佣金商、批发商，或其他）。有没有网站（从客户的 E-mail 地址的后缀中往往可以获取网站信息，但需要鉴别是客户网站，还是 E-mail 提供商）。
- ◆ 产品：产品的描述是否清晰完整，对于询价产品我们通常需要了解产品名称、产品规格，包括尺码、材料类型、材料克重、颜色等；产品的包装要求；有无 LOGO（商标）印刷，客户每次可以订购的数量以及一段时间内总的订量，有无安全标准或环保标准的要求。
- ◆ 价格条款：要了解客户要什么样的价格条款。在客户没有明确要求的情况下，我们通常可以报 FOB 价。如果客户要求 CIF 或 CFR，则应该知道目的港，并向货代查询相关的运费。
- ◆ 付款方式：如果是 T/T 付款，按照公司的相关规定先付多少比率的定金，余款凭提单副本付款，收到货款后放单。如有客户提出要做 L/C，则需考虑在报价上增加 2% 的银行费用。

2) 回复询盘

对于新客户的询盘的回复要注重对公司的规模、产品质量和服务质量的介绍，多用礼貌性的用语和情感上的交流。而对老客户询盘的回复通常相当简洁，直截了当，没有必要过分礼貌。如果供货商能够满足来信者的要求，他的回复将主要包括以下几点。

- ◆ 接受询盘后应尽快给予答复。
- ◆ 询盘不具有法律效力，也不是交易磋商的必经步骤，但它往往是一笔交易成功的起点。因此，无论买方还是卖方都应该积极答复所收到的询盘，以表示对对方的尊重。
- ◆ 感谢询盘者的询盘。
- ◆ 提供所有要求的信息，说明附件、样品、商品目录和其他的东西将分开邮寄。
- ◆ 提供额外信息，并不一定是顾客要求的，但只要它是相关的信息。比如你可以介绍一下当前与你合作的客户群，并且可以宣传一下网站上客户的满意评语。
- ◆ 善于向客户提出问题而不只是回答客户的问题。比如你的目标市场、你对品质的要求、你的目标价格等。
- ◆ 结尾时写上一两句鼓励客户订购的话，向其保证良好的服务。

当和客户进行邮件沟通后，最好还要进行电话沟通，因为这是效率最高的沟通方式。任何一个人都希望被别人关注和重视，而客户更需要我们最大的关注，能够以电话和客户沟通，会让客户觉得你的公司是值得信任的、有激情的。如果你做到了专业并保持这样的工作态度，那么你会更容易成功。

2. 报盘策略与语言组织技巧

(1) 报价过程中应考虑的因素

1）是否先报价

先报价的有利之处在于它对谈判的进行具有较大的影响。先报价实际上等于为谈判划定了一个框架或基准线，最终谈判结果会在这个范围内达成。先报价的弊端在于对方会依据我方报价及时调整原定计划，获得本来得不到的好处。另一方面，先报价后，对方会在随后的谈判过程中，采取一切手段，集中力量攻击我方的报价，迫使我方一步步降价，而并不透露他们肯出多高的价格。总之，先报价利弊共存，是否应先报价需视具体情况而定。

2）报价的上下限

成交价格的高低并不能由一方随心所欲地决定，而是受供求和竞争以及谈判对手的状况等方面因素制约。谈判者在报价时不仅要考虑按此报价所能获得的利益，还要考虑报价能够被对方成功接受的可能性。从卖方来讲，报价的下限是产品成本，上限是买方的购买力。

3）报价的起点

在基本掌握市场行情及其走势的基础上，谈判人员即可参照近期成本价格，结合己方的经营意图，拟定出价格的掌握幅度，确定一个大致的报价范围。

◆ 报价的高低往往对最终成交水平有实质性影响，即开盘报价高，最终成交价也就比较高。卖方的报价关乎卖方所获得利益的大小，因而越高越好。
◆ 报价越高，则卖方为自己留下的让步余地就越大，使己方在谈判中更富有弹性，便于掌握成交时机。
◆ “一分钱，一分货”，报价的高低影响着买方对卖方提供的商品或服务的印象和评价。

4）如何对报价进行解释

◆ 对报价不要主动作任何解释或说明，因为不管己方报价多高或多低，对方总是会提出质疑。
◆ 报价后，对方会要求对报价作出解释。价格解释应遵循的原则是：不问不答，有问必答，避虚就实，能言不书。

5）报价前充分准备

◆ 认真分析客户的购买意愿，了解他们的真正需求。比如，有些客户将低价格作为最重要的因素，那么一开始就报给他接近你的底线的价格，那么赢得订单的可能性就大。
◆ 作好市场跟踪调研，清楚市场的最新动态。由于市场信息透明度高，市场价格变化更加迅速，因此，出口商必须依据最新的行情报出价格，买卖才有成交的可能。

6）“个性报价”及“技巧”

◆ 如果是大客户，客户的购买力较强，可适当将价格报高一点，反之偏低。

◆ 如果客户对此产品和价格非常熟悉，建议采用“对比法”突出自己产品的优点、同行的缺点。价格接近底价，从一开始就留住客户。

◆ 如果客户性格比较直爽，不喜欢兜圈子讨价还价，最好一开始就亮出自己的底牌，以免报出高价一下子把客人吓跑。

◆ 如果客户对产品不是很熟悉，要热情地介绍该产品用途及优点，价格可报高一点。

◆ 如果有些客户对价格特别敏感，分厘必争，而客人又看中了你的产品，一定要有足够的耐心，跟客人打一场“心理战”。

（2）报价的方法

在外贸商谈中，同样的产品价格，外贸业务员如能采取一定策略，就能将因价格问题发生僵局的商谈，由危转安，或可将由于价格较高影响订货的用户变成愉快地接受此价格而达成交易。下面介绍几种报价方法。

1）切片报价

例如，在英国，当你向售货员询问好的咖啡价格时，营业员则会告诉你“50 便士可买四分之一镑”，而不说“每镑咖啡两英镑”。这里，两英镑“切片”后成了一个小单位价，可使人有一种价廉的感觉。又如，一公斤西洋参 8 000 多元，在报价时，应说每克 0. 80 元，这样，即使不能保证成交，客户也决不会立马掉头就走。

2）比较报价

此种报价方法可从两方面进行：一方面可将产品的价格与客户日常开销进行比较；另一方面可以将企业的产品与另一种价格高的产品进行比较，这样相比之下就显得自己的产品价格便宜了。

3）拆细报价

用此法的关键是，将价格与产品使用寿命周期结合起来，拆细计算出单位时间的用度和其对应支出，以表明产品的价格并不算贵。

4）抵消报价

对产品的高价，可先将其构成要素一一列出，再与其可能抵消的价格因素相比较，这样高价也就看起来成为低价了。例如，一位推销员将一台设备报价为 8 000 元，客户认为太贵。这位推销员说：“该设备一台生产成本 6 200 元，附设零配件 500 元，获金牌加价 300 元，送货上门运输费 200 元，所以盈利只有 800 元，销售利税率仅为 10%，如果后面三项不计算，每台价格只有 7 000 元，比其他同类设备还要便宜。”所以采用抵消法报价，更能显示出企业产品在价格上的优势。

5）负正报价

经销人员在报价时，要讲究说话技巧，例如对同一产品的价格可以用两种方式讲：一种是“价格虽然高一点，但产品质量很过硬”；另一种是“产品质量的确很过硬，只是价钱稍高一点”。这两种方式用词基本相同，却会使用户产生截然不同的感受。第一种方式是将重点放在产品的质量好上，所以价格才贵，用户产生产品质量好的印象，就坚定了用户的购买欲望；相反，第二种方式是将重点放在价高上，用户产生一种望而生畏的感觉，这样就削弱了客户的购买欲望。

总之，不一定靠低价来换取订单，只要能灵活运用报价技巧，同样可以用最好的价格来获取更多的订单。

（3）报价的策略

1）报价时机策略

一般来说，下面两种情况不适合马上报价。

◆ 对方还没有充分了解该商品为他带来的实际利益。

◆ 在谈判开始的时候对方就询问价格。

2）报价表达策略

报价无论采取口头还是书面方式，一定要注意不采用“大概”“大约”“估计”一类含糊其辞的语言，表达必须十分肯定、干脆。一方面，能够给对方留下我方是认真而诚实的好印象，产生信任感；另一方面，让对方能够准确地了解我方的期望，感觉没有任何可以商量的余地。

3）报价差别策略

谈判中由于各种条件不一样，报价要根据具体的情况报不同的价格，目的是让对方感觉得到了优惠，心理上有同意感。例如：对新客户，为开拓新市场，可给予适当让价；旺季较淡季，价格可适当提高等。

4）报价对比策略

报价对比可以从多方面进行。例如：将本企业商品的价格与另一可比商品的价格进行对比，以突出相同使用价值的不同价格；将本企业商品及其附加各种利益后的价格与可比商品不附加各种利益的价格进行对比，以突出不同使用价值的不同价格；将本企业商品的价格与竞争者同一商品的价格进行对比，以突出相同商品的不同价格。

5）报价细分策略

这种报价策略主要是为了迎合买方的求廉心理，将商品的计量单位细分化，然后按照最小的计量单位报价，如茶叶按两报价而不是按斤报价；或是对产品的各个组成部分进行报价，如把电脑的各部件分开报价。采用这种报价策略，能使买方对商品价格产生心理上的便宜感，或不被大数目的总价吓倒，容易为买方所接受。报价分割策略在商品或项目价格构成复杂时也有利于表明己方报价的清晰度，增加对方的认同感。

（4）报价的语言组织技巧

1）报价时机的技巧

在销售技巧中，报价的时机非常重要。一般要把握“不问不报价，问了也要等适合的时机才报价”的原则。这是因为，在销售中不进行前期有效的产品介绍，当客户还没有被打动，没有产生强烈的购买欲望的时候，如果贸然报价，必然会导致客户感觉到痛苦而拒绝。因此，当客户没有问及价格的时候，说明他一定是没有强烈的购买欲望，此时，销售技巧和话术上一定不要报价，推销员要深化产品的介绍工作，当客户有了强烈的购买意愿后才报价。

当客户询问价格的时候，销售人员要进行仔细的判断再作出反应。一种可能是客户已经有了强烈的购买欲望，此时，销售人员要及时报价，及时成交，以免客户产生厌烦心理；另一种可能是客户并没有强烈的购买意愿，只是随意地询问价格。此时，推销员要用销售话术进行拖延报价，比如说“很高兴您对价格感兴趣，请您稍等，我马上就要介绍到产品的价格”，或者说“您问的价格，要看您所选择的款式，下面我给您介绍一下产品的款式”，力争在报价前将推销的前期铺垫工作做透。

2）保护性报价的技巧和话术

保护性报价法的销售技巧和话术，是为了避免价格对客户心理上产生强烈的冲击，在报价的时候，在价格的两边加上一句产品利益、优惠，甚至无关的话来吸引客户的注意力。比如：“这是一级品，价格是 100 元，免收运费”，“这是最上等的蘑菇，价格是 200 元，节日优惠给您省了 80 元。”

3）缩小报价的销售技巧和话术

这种报价的销售技巧和话术，是将大的整体的报价按照单位、时间等分割开来，让价格显得比较小，让客户容易接受。比如一吨水泥 2 000 元，可以报价成“这种水泥每袋 15 元”。比如“购买这种产品可以使用一年，相当于每天花一包烟的价格”。尽管这样的报价最终的结果是一样的，但客户的心理感受却不同。

4）折扣和优惠报价的销售技巧和话术

在报价中，还经常涉及优惠或折扣的报价技巧。如何让折扣或优惠显得最大，也是一种艺术。比如，1 000 优惠 100 元，和打 9 折，都是一回事，但客户的心理感受不同。对于大的价格报具体优惠的钱数，显得比较多，比如一万元报便宜 10%，客户觉得很少，但如果报便宜 1 000 元，客户会觉得便宜很多。而对于小的价格，则可以报折数显得比较多，比如 100 元便宜 30 元觉得不多，但说打 7 折则显得很多。

（5）英语报价的技巧

报价是有很多技巧的，语气、表达的不同，做成生意的结果可能就不一样。下面是两个报价的小技巧。

1）It is a condition of this letter that the name of this bank will not be disclosed in the event of our report being passed on to your clients.（本函有一个条件，即在把我们的报告转交你们的客户时，请勿泄露本行的名称。）

这段话是出自银行对某项咨询的回复信函。此类复信一般包括三部分：

◆ 陈述事实；
◆ 表示意见；
◆ 提醒对方所提供的资料是绝密的。

本句中的 it 是形式主语，其主语是 that…从句。
其他表达方式如下。

◆ Please note that this information is furnished without any responsibility on our part and should be held strictly confidential.（请注意，我们对所提供的信息不负任何责任，请严格保密。）

◆ Please note that the information is furnished at your request without any responsibility whatsoever on the part of this bank or on any of its officers.（请注意，本信息按您要求提供，

这家银行或其他任何人不负任何责任。）

◆ May we ask that you treat this information as strictly confidential without responsibility on our part.（请把信息严格保密，我方不承担责任。）

2）Should you be prepared to reduce your limit by, say 10%, we might come to terms.（如果你方愿意减价，譬如说减10%，也许能达成交易。）

这句话是在讨价还价中常用到的句子。在双方的谈判中，价格是一个很重要的环节，婉转地提出自己的意见可以使自己处于主动地位。

say 10% 是 let us say 10% 的简化。

be prepared to… 准备做……事，例如：We are not prepared to change the terms.（我们不准备改变条款。）

limit 是限度（在外贸业务中有时用来指价格，即价格限度），例如：Your limit is too high to permit business.

come to terms 达成交易。类似说法有 come to business，close a bargain，close a deal，等等。

3. 还盘策略与语言组织技巧

（1）还盘的策略

1）先发制人，想讨价欲说还休

在业务洽谈之前，可以向对方言明，我方的供货价格已经“定死”，并且因为种种原因不能下调，希望对方能理解。把“丑话说在先”，堵住客户讨价还价之口，使之想还价却不能还价，收到一种先发制人效果。

在商场、专卖店以及其他的一些营业场所，经常会有这样一些告示性的标语：“平价销售，还价免言”。如果有人在购物时想还价，其营业员会很礼貌地指出：“对不起，我们这里不还价”。这样，轻松地避免了与客户讨价还价的一场口舌之战。

除了像这样以表明经营规则来防止客户讨价还价之外，还可以参考下面两种先发制人的方法：一是向客户说明影响价格定制的因素，比如原料配方独特、加工工艺先进、广告促销有力等，表明“高价”原因，让客户感知确实是一分钱一分货，物超所值；二是表明运作这一品种自己同样没有赚钱，完全是看在与某某厂家多年的老关系上方接下这笔业务，希望这次客户也能帮帮忙，照顾照顾，并向他表明一定会在以后其他品种的合作上加以弥补。

当然，实施这种“先发制人”的办法必须有一个前提，那就是产品本身过硬，很时兴，很走俏，销势很好，不会因为价格高低而直接影响到顾客的最终购买。否则，会拒客户于千里之外。

2）察言观色，审时度势报价

要想有效地规避客户的讨价还价，巧妙地报价十分关键。这里就涉及客户的分类、报价的方式、时间、地点的选择等一系列的问题。

◆ 分清客户类型，针对性报价。对那一些漫无目的、不知价格行情的客户，可高报价，留出一定的砍价空间；对不知具体某一品种的价格情况，但知该行业销售各环节定价规律的客户，应适度报价，高低适度在情在理；而对那些知道具体价格并能从其他渠道购买到同一品种的客户，则应在不亏本的前提下，尽量放低价格，留住客户。

总而言之，就是针对不同类型的客户，报不同的价格，"到什么山上喝什么歌"。

◆ 讲究报价方式。在报价方式上，我们应注意以下三点。

➢ 报最小单位的价格。例如啤酒报价，通常报1瓶的价格（1.5元），却不报1件的价格（36元），正是这个道理。因为整件报价不易换算成单价，而且整件价目大，一时之间会给人留下高价的印象。

➢ 报出平均时间单位内相应的价格。比如：曲美（一种减肥药）一盒285元，很多人会嫌其售价太高，这时，我们可以跟其细算一下，一盒30粒，可服30天，平均每天只需花9.5元；和同类产品平均每天要十几元相比，还是划算。不报整数价，多报一些几百几十几元几角几分的价格，尽量少报几百几十这样的价格，一来价格越具体，越容易让顾客相信定价的精确性；二来我们可以在客户讨价还价的过程中，将零头作为一个讨还的筹码，"让利"给对方。

➢ 除此之外，让客户先行报出可以承受的进货价，也不失为一个好的探价报价方法。

3）因时因地因人报价

向处于不同时间的客户报不同的价格。客户正忙得不可开交时，可以报一模糊价格，让他对该品种有大概的价格印象，详细情况可另行约定时间商议。客户有明确的购买意向时，我们应抓住时机报出具体的价格，让其对产品价格有一较为具体的了解。在同行业务人员较多、竞争激烈时，不宜报价。此时报价，客户繁忙记不住，却让留心的竞争对手掌握了我们的价格，成为其攻击我们的一个突破口。

在恰当的地点报价。报价是一种比较严肃的事情，应选择在办公室等比较正规的场所进行报价，要不然会给客户一种随随便便、草草了事的感觉。再则，在办公室以外的地方，谈报价等工作上的事情，占用私人时间容易引起客户反感。

把握好向谁报价。价格往往是商业交往中比较敏感的话题，对实行招标、议标的项目来说，价格更是一个秘密，所以在报价时要找准关键人，逢一般人"且说三分话"，遇业务一把手才可"全抛一片心"。向做不了主的人报价，只能是徒劳无益，甚至使结果适得其反。

4）多重报价，掌握价格主动权

多重报价的含义，就是给客户三种选择方案，而不是只有一种。如果只提供一种方案，客户就会本能地想着还价。而如果从低到高给出三种方案的报价，客户的注意力便会从"我要还价"转移到"哪种方案更合适"上。客户会开始思考，"第三种方案价格太高，第一种提供的价值又不够充足，还是第二种最合适"。

多重报价的注意事项如下。

◆ 客户可能会要求用最低的报价买最高报价的方案，并且诱使分项列出每一项的单价。千万不要这样！这样就给了客户逐项还价的机会。

◆ 另外，客户也可能要求把第二种方案的价格下调。这种情况下，学会交换是很必要的。要么从方案中去掉一些对客户来说不太重要的项目；要么让客户提供一些对你有用的东西作为交换，比如将你介绍给公司的其他部门。不管怎样，谈判的原则是：除非可以交换，不然不轻易降价。

◆ 最后，降价反而会让客户不悦。如果轻易地降低价格，会让客户觉得你的报价有很大的水分，减少对你的信任与尊重。而如果采用交换的方式，你既不会损失自己的利益，又会让客户更相信你。

多重报价最大的好处，就在于将销售人员与客户从对立的两方转化到同一阵营中来。当你提供多重选择方案时，客户感觉到自己是在主动地作选择，而不是被动地与你展开价格拉锯战，因此谈判起来就会更合作。

5）突出优势，物超所值此处求

与客户的讨价还价，其实是一种说服的艺术。在“游说”的过程中，必须把握一点：那就是必须“王婆卖瓜自卖自夸”，突出产品以及与产品销售相关的所有优势，让顾客由衷地产生一种“仅此一家，别无分店”、“花这种钱值得”的感觉，否则，结果将是说而不服。

◆ 突出产品本身的优势，比如说，产品有一流的加工制造工艺水平，质量有保障；有确切的疗效，使用少量即可收到良好的效果；有独特的卖点，市场空白面大，同类产品少，竞争力强；有适宜的零售价格，消费者很容易或很乐意接受产品，虽然薄利但可以多销等等。

◆ 突出得力的后续支持。主要表明产品的相关广告宣传攻势强，从中央到地方的各大媒体均有所覆盖；促销政策到位，礼品配送及时；分销政策健全，能有效地控制分销市场，做到不乱区域，不乱价格等。

◆ 突出周全的配套服务项目，比如建立了免费咨询服务、送货上门、安装调试、终身保修等一套比较完善的售后服务机制。

6）巧问妙答，讨讨还还细周旋

一般来说，顾客问价主要源于两个目的：第一，他是真心想买，问价以得一个还价的价格基数；第二，他可买可不买，借询问之机以了解有关该品种的价格行情，也就是“探虚实”。此外，还有一种情况，那就是有一些老客户为了拒绝或终止继续合作，也会以讨价还价为借口，讨还出一个我们根本无法承受的价格。

◆ 首先，应该明察秋毫，留意顾客所提的每个要求，抓住要害，加以分析，快速地作出判断；明确顾客询价问价以及讨价还价的真正目的，决定自己该不该对他报价，报什么价。

◆ 其次，开展一些摸底调查工作，弄明白其以前的进货渠道及价格折扣率，了解顾客能接受多大利润空间的供货价格，针对性地报出既有讨还的余地、又对客户有一定吸引力的价格。

◆ 再次，即使自己非常清楚自己现在所执行的供货价格确实要高出其他供应商的供货价格，也不能立即向顾客答应降价供货，这时可以自己不知详情为借口，对其承诺等向公司或相关领导请示后再予以答复。如果立即降价供货，会让顾客产生一种被欺骗的感觉：“你明明可以以更低价格销售，给我们供货时却偏偏如此高价。”如此一来，会影响到前期货款的结算和后期的进一步合作。

总之，面对客户的讨价还价，在“不亏老本、不失市场、不丢客户”这一原则下灵活掌握，只要不让客户讨还出一个“放血价”、“跳楼价”，害得自己“大甩卖”就行了。另外，还要说明一点：经过一番激烈讨还，价格一旦“敲定”，必须马上签订协议将其“套牢”，不给对方一丝的反悔和变卦的机会。

（2）还盘的语言组织技巧

基本上90%的客户会有还价的要求，怎么面对客户的还价，以下为接招总结。当然在具体的业务操作中还要具体问题具体分析。

1）以退为进

这个价格我们也能做，但是如果按这个价格做的话，质量会有所下降，请客户考虑。

Example:

We can also accept price at USD 200. However , the quality will be lower than the one I have introduced to you at price USD 220. Please considerate it !

Besides , I would like to tell you that we can even accept the price lower than USD 200. It is another model × ×. The offer of this model is USD 175. Only adjudge from the appearance, they are very similar. But they are completely of quality. The difference between the two model are listed as following:

The price difference is USD 20 and we can supply you one year guarantee. So could you tell me what you and your customers should pay the super quality ? what is the result of the 20/360 = ?

The reason why I have not introduce the products priced USD 175 originally is that I think the quality is the heart of the products. If your customer would like to do business with you is not depend on the price , just depend on the quality。If you can search a products of high quality , they will do not care too much about the price.

（我们也能接受 200 美金的价格。但是质量会比我向您推荐的 220 美金的商品低。请考虑！

此外，我想告诉您，我们甚至可以接受比 200 美金更低的价格，那是另一个型号 × ×。这个型号的价格是 175 美金。从外表来看，他们很像，但是有价格优势。这两个型号的区别如下：两种商品价格相差 20 美金，我们有一年保质期。如果你和你的客户买好质量的产品，20/360 是多少呢？

一开始我没有介绍 175 美元的产品，那是因为质量是产品的核心。如果你的客户想和你做生意是不只看价格，而是质量，如果你找到高质量的产品，他们不在乎价格。）

具体来说，“以退为进”可以分为以下四步进行。

第一步，明确告诉客户我们也能做这个价格，但质量会有所不同。

第二步，如果可能，推荐类似但价格比较低的产品。如果可能，要比客户的目标价格低，至少是要等于。

第三步，让他自己考虑选择哪一个产品。将两个产品的不同之处罗列出来。可以将差价除以产品的保质期限，那样会得到一个很小的数字，记住，这个数字让客户自己算，他会觉得和你在几个美分上计较很可笑。

第四步，解释一下为什么以前没有把那个低价格的产品介绍给他，尽量让客户感觉你是在为他的长期生意着想。

适用度：上述基本上对所有的客户都适用。

2）刺激法

我们正在和你们国家的最大的该产品的进口商合作，我们给他的也是这个价格。

Example:

Dear sir, we have already carefully considerated your counter-proposal. However, I am very regret that I can not accept your price. Actually, we have already exported many containers to × ×. We have very good cooperation ship with × × company, which is one of the biggest importer of ×

× products.

Now, this company import around × containers from us every month. You are our new customer, and your trial order is not very big. However, you share the same price with this company.

I have enclosed the B/L copy of this company's order, please kindly check.

So we hope that you can accept our last offer. I have enclosed the P/I for your confirmation again. Please kindly keep us informed if you have paid deposit payment, so that we can arrange production asap.

（你好，我们已经仔细考虑你的建议。然而很遗憾，我不能接受你的价格。实际上，我们已经向××出口了很多集装箱。我们与××公司有很好的合作关系，这家公司是××产品的最大进口商之一。

现在，这家公司每月从我公司进口×集装箱。你是我们的新客户，并且订单不大。但是，我们给您与这家公司一样的价格。

我已经附上这家公司订单的提单复印件，请查收。

所以我们希望你能接受我们的最终价格。我已经附上形式发票，请再次确认。如果你已经付了订金，请通知我，以便我能尽快安排生产。）

具体来说，“刺激法”可以包括以下四个步骤。

第一步，明确告诉客户我们不能接受这个价格。

第二步，我们给某某公司的也是这个价格（确认该公司确实比较大，至少要比还价的这家公司大）。他已经买了很多货了。而你是第一次买，量也并不大（潜台词：我给你这个价格已经够对得起你了，你就别还了）。

第三步，为使对方相信可以将该国大公司的提单 copy 件、合同 copy 件，或者是 oem 的话，产品照片放在附件中。

第四步，将合同附上要求确认。

适用度：该市场上已经有比较大的客户，有一定的局限。

3）哭穷

原材料上涨，退税降低，利润本身已经很低了。

Example:

Dear friend, we have already carefully considerated your counter-proposal. However, I am very regret that I can not accept your price.

Actually, I have already given you the best offer, it leave us with only the smallest of margins.

As you known , now the market is very competitive. The raw material of the ×× products has been increased, I think you have already heard from other suppliers. The drawback of the ×× products will be 11% instead original 13%. So the fact is not that we do not make concession, but our government don't let us give you concession again.

We hope that you can understand our situation clearly and accept our best offer.

（亲爱的朋友，我们已经仔细考虑你的建议。但是很遗憾，我不能接受你的价格。

实际上，我已经给了你很低价格，我们只有很小的利润。

众所周知，现在市场竞争激烈，××产品的原材料费用增加，我想你也从其他供应商那听到了。××产品的出口退税由原来的13%下降到11%。事实上，不是我们不让步，而是我们的政府不让我们让步。

我希望你能理解我们的处境并接受我们的报价。)

具体来说,“哭穷”可以分为以下三步进行:

第一步,明确告诉客户我们不能接受这个价格;

第二步,分析原因;

第三步,希望接受我们的最后报价。

适用度:价格确实已经是不能再降了,有一定的局限。

4. 双赢商务谈判技巧

谈判是双方或双方以上为了消除分歧、改变关系、取得一致、谋取共同利益的社会交往活动,也是双方都致力于说服对方接受其要求时所运用的一种交换意见的技能,目的是要达成对双方都有利的协议。从本质上说,谈判就是交换,是利益的交换。

(1) 商务谈判的含义和特征

商务谈判是买卖双方为实现商品的交易而就交易条件进行的磋商活动。

一般而言,商务谈判的主要特征有以下三点:

- 以经济利益作为谈判的目的;
- 以价格作为谈判的核心;
- 以利润作为谈判成功的关键。

在商务谈判的过程中,应当遵循的原则有以下四点:

- 平等互利原则;
- 诚信合作原则;
- 时效性原则;
- 合法性原则。

谈判并不是一场战争,为了消灭对方;也并不是一场比赛,非要决出胜负。谈判是双方互惠互利的游戏,通过努力是可以达到双赢的最佳效果的。而创造双赢的关键总结起来有以下四点:

- 要转变陈旧观念;
- 要消除合作障碍;
- 要兼顾对方利益;
- 必须提供多种选择。

(2) 商务谈判前的准备技巧

在谈判前应尽可能充分地了解对方的实力、目标、意图和双方可退让的幅度。只有做好充分准备,才能胸有成竹地坐在谈判桌前,与对方就共同感兴趣的事情讨价还价。商务谈判的成败,谈判者地位的强弱,往往取决于其中一方对信息资料的掌握程度。掌握信息资料越多,越有助于制定谈判策略,在谈判中越容易驾驭谈判的进程。

1) 收集信息

信息的收集是商务谈判中很重要的一项准备工作。值得注意的是,这里的信息收集并不仅仅指对谈判对方企业的信息收集，还包括对己方企业本次谈判中涉及的信息的收集。首先要了解对方的底牌是什么，对方的谈判策略又是什么。谈判是双方心理素质的较量，也是谈判技巧、专业知识与信息收集的较量，谈判过程充满了变数和陷阱，因此，只有知己知彼，才能够百战不殆。漫长的谈判需要更为漫长的准备工作，其中信息的收集是谈判前重要的一项工作，往往决定了谈判的结果。

① 本企业信息的收集

在了解对手前要对自身状况有清晰的认识，这是你日后制定谈判策略和计划的基础。自身的信息比较容易收集，但要注意一定是有关谈判的关键信息。首先要对本企业总体成本状况及单项产品成本进行深入的了解，因为价格永远是谈判的焦点，只有在熟悉产品成本的基础上才能够制定出有效的价格策略，设计出最佳报价与最低所能承受的价格底线。同行业相关产品的价格体系也是前期调查的重点，你要比谈判对手更加了解本行业的价格现状和走势，因为你的对手在谈判中一定会用其他企业的产品的价格来压低你的报价，唯有胸有成竹才能以不变应万变。

商务谈判并不全是由谈判代表单枪匹马完成的，较为重要的谈判是由多位代表共同完成的。谈判团队由不同领域的专家组建而成，一般包括营销、财务、技术、法律等专业人员。你如果是谈判小组的负责人，就必须对每一位小组成员进行全方面的了解，比如性格的了解、思维方式的了解、心理素质的了解、专业知识的了解等等。小组成员的选择必须非常严格，除了掌握必要的专业知识外，还要懂得一定的谈判知识以及具备良好的沟通能力，并且每一位成员都应该具备独当一面的能力。既然是团队，相互间的配合就要非常默契，在谈判期间经常会实施不同的策略和战术，应该达到一个眼神或者一个动作就能相互理解的程度。默契的合作没有捷径可言，只有不断地磨合与演练才能成为一支出色的谈判团队。

② 谈判对手信息的收集

谈判对手的信息同样是由企业和谈判代表两方面组成。企业信息主要偏重于企业背景、企业规模、资金情况、信誉等级、经营状况及经营战略等方面资料的收集，与谈判相关的信息也需要详细调查，比如，销售政策、销售组织、价格政策、行业地位、市场份额。谈判代表个人资料包括企业职位、授权范围、职业背景、谈判风格及性格爱好。作为企业的谈判代表，在日常的工作和生活中应该时刻关注相关行业信息的演变并持续进行系统性的收集，其中同行企业和潜在合作者的信息尤为重要。谈判对手信息的收集不是一日之功，只有日积月累、坚持不懈才会有最终的收获，任何一次谈判的日程安排都是紧凑的，临阵磨枪只会使你失去先机。

预估对方在谈判中的各项指标：

- 对方的谈判策略和最期望达到的利益以及能接受的底线；
- 对方的第一、第二替代方案分别是什么；
- 对方可能作出哪些让步，幅度有多大；
- 哪些是绝不会妥协的原则性问题；
- 如果在某一问题上分歧过大，导致谈判被迫终止，这时对方的压力有多大，会对他们产生何种影响，双方在谈判前一定会结合本企业的需要制定出谈判的期限，谈判期限越短的一方压力就越大，让步的幅度也会随之增大，很多时候在谈判结束前往往会出现一些重要让步，所以如果你在前期调查对方的谈判期限，会在谈判的过程中占据优势地位。在谈判桌上也可以摸清出对方的期限，你可以通过对方的言谈举止以及谈判的速度来判断。通常你要掩饰本方的谈判期限，避免对方对此施加压力，在本方拥有谈判的绝对优势时，也会向对方公开自己的最后期限，以增加对方的压力，这是一种有效的谈判策略。

③ 信息收集的途径

- 从对方员工中收集；
- 从对方合作伙伴中收集；
- 从文献资料中收集；
- 通过市场调查收集；
- 通过电子网络收集；
- 通过行业协会收集；
- 通过工商/税务部门收集。

2）制订谈判方案

商务谈判方案是指企业最高决策层或上级领导就本次谈判的内容所拟定的谈判主体目标、准则、具体要求和规定。谈判方案可根据谈判的规模、重要程度的不同而定。内容可多可少，可简可繁，可以是书面形式的，也可以是口头交代。

商务谈判方案的内容具体包括以下几个方面：

- 确定主题——谈什么；
- 确定目标——最高、最低和可接受目标；
- 确定人员——对方及我方，应尽量要求对方主要人员参加；
- 确定人数——人多力量大；
- 确定时间——选择最佳时间；
- 确定地点——主场有利；
- 确定价格底线——亏本生意不做；
- 确定交易条件——付款方式、保证期长短。

（3）商务谈判进程的控制技巧

1）开局策略

在商务谈判中，谈判开局的好坏会直接影响谈判的顺利进行，如果在开局能控制得好，那么，就已经获得谈判的优势。谈判开局中经常用到的策略有以下几种。

- 保留式开局策略。在谈判开始时，对谈判对手提出的关键性问题不做彻底的、确切的回答，而是有所保留，从而给对手造成神秘感，以吸引对手步入谈判。
- 一致式开局策略。一致式开局策略的目的在于创造取得谈判成功的条件。
- 坦诚式开局策略。坦诚式开局策略有时也可用于谈判力弱的一方。当我方的谈判力明显不如对方，并为双方所共知时，坦率地表明己方的弱点，让对方加以考虑，更表明己方对谈判的真诚，同时也表明对谈判的信心和能力。

谈判开局的方式主要分为以下几种：

- 开门见山法——直截了当，提高效率；
- 陈述介绍法——主动陈述，赢得好感；

➢ 业务回顾法——回顾以往合作（好/中/差）；
➢ 提问沟通法——了解对方，争取主动；
➢ 适度赞誉法——润滑关系，拉近距离；
➢ 风趣幽默法——调节气氛，活跃话题。

2）报价与还价策略

① 报价的方式
➢ 低价报价的方式——电梯行业；
➢ 高价报价的方式——饮料行业；
➢ 加法报价的方式——IT 行业；
➢ 除法报价的方式——房地产（销售/租赁）。

② 报价的策略与技巧
➢ 报价要坚决——不主动暗示可以还价；
➢ 报价要高开——不主动低价显示友好；
➢ 报价要耐心——不指望对方立即接受。

③ 还价的策略和要领
➢ 重视二次报价——以示诚意；
➢ 还价次数——三次为佳；
➢ 还价方式——先松后紧；
➢ 还价幅度——逐步减小。

④ 还价的策略和技巧
➢ 推卸责任法；
➢ 哭穷法；
➢ 巧用电话法。

3）让步策略

① 让步要遵循的原则
➢ 没有让步就没有谈判；
➢ 不主动让步；
➢ 不率先让步；
➢ 让步以利益交换为前提。

② 让步的技巧
➢ 让步的实践——不宜过早或过晚；
➢ 让步的幅度——官大则大、官小则小；
➢ 让步的暗示——可标明是个人行为。

4）僵局化解

① 化解僵局的策略
➢ 间接处理策略——先肯定、后否定；
➢ 直接处理策略——说服、例证、反问；

➢ 回避策略——暂时避开当前主题；
➢ 拖延策略——等待最佳时机再谈。

② 化解僵局的技巧
➢ 改变谈判环境；
➢ 更换谈判人员；
➢ 重定谈判时间；
➢ 场外寻求调停；
➢ 寻找中间调解；
➢ 提供多种方案；
➢ 提高谈判级别；
➢ 适当妥协让步。

③ 化解僵局的禁忌
➢ 情绪激动与对方争执；
➢ 迫于压力作出原则性让步；
➢ 玩弄花招，欺骗对方。

5）谈判中的沟通艺术

① 沟通中无声语言的运用
➢ 首语——认同式的点头表示对对方的肯定，否定式的摇头比直接说“不”更委婉；
➢ 眼神——眼神的交流显示自信及对对方的尊重；
➢ 表情——微笑显得友好，严肃表示认真，尴尬让人感到你很为难；
➢ 手势——配合语言，加强说服力；
➢ 肢体——后仰表示傲慢与拒绝，前倾表示倾听与尊重；
➢ 道具——茶杯、烟缸、文件、资料皆为有用工具；
➢ 空间——公共交往空间大于1.5米，社会交往空间1.0~1.5米，私人交往空间0.5~1.0米，亲密交往空间0~0.5米。

② 沟通中的注意事项
➢ 沟通中的倾听——抓住要点，准备回应；
➢ 沟通中的语言——思路清晰，表达婉转；
➢ 沟通中的提问——开放与关闭的方式；
➢ 沟通中的答复——少用“不”，多用“如果”；
➢ 沟通中的说服——寻求共同点为跳板；
➢ 沟通中的沉默——回避要害，避免冲突；
➢ 沟通中的禁忌——对以往问题纠缠不清。

（4）商务谈判的收场技巧

1）比较结束法

➢ 有利的比较结束法，即置对方以很高地位的成交法；
➢ 不利的比较结束法，这是根据对方的不利状况而设法成交的方法。

2）**优待结束法**

- 让利促使双方签约，让利给对方，如采用回扣、减价以及附赠品等方法；
- 试用促使对方签约，提议订购一笔少量廉价的样品，或者无偿试用。

3）**利益结束法**

- ◆ 突出利益损失，促使对方作出决定。对方如果不尽早购入他们所需的产品，他们会错过目前这一时期的所有利益。同不利的比较结束法。
- ◆ 强调产品的好处，促使对方作出决定。高度概括有利于成交的一切因素，同有利的比较结束法。
- ◆ 满足对方的特殊要求，促使对方作出决定。

4）**渐进结束法**

- ◆ 分阶段决定。双方把讨论的问题分为几个部分，一个阶段解决一部分问题，最后阶段解决了最后一部分问题，谈判也就结束了。
- ◆ 四步骤程序法。第一，尽量总结和强调双方看法的一致点；第二，引导对方同意本方的观点，从而达到看法一致；第三，把所有尚待解决的问题和有争议的问题搁置一边，暂不讨论；第四，与对方一起商定讨论办法及怎样阐明一些重大问题，对方如有不同的看法，可在最后讨论。
- ◆ 促使双方在重大原则问题上作出决定。一些辅助事项以及确切的说明和精确的计算等，由下面的人进行讨论，高级人员则洽谈那些简短、实际、集中的原则性问题。如果整个商务谈判的内容较为复杂，谈判者就最好分成两步走。
- ◆ 力争让对方作出部分决定。

5）**提问结束法**

在最后阶段采用这种方法，可以试探出马上签约的可能性。不仅可以在困境中得到订单，而且还可以排除一切误解，有针对性地解决问题。例如，“这种洗衣机对用户来说是值得的，你说对吗?”“那最好马上展出这种洗衣机，与广大消费者见面，并尽快销售出去，你说呢?”对这种检查性质的问题，对方的反应可能有三种回答：肯定的、未置可否的和否定的回答。

6）**必然成交结束法**

- ◆ 自信必然成交。有产品及交易条件正符合对方要求的信念，谈判者乐观、自信。具体方法要因具体情况而定。
- ◆ 着眼于未来的成交法。诱导对方放眼未来，向对方描述购买和使用产品后的情况。这一方法的特点是，绕过成交这一问题，去谈成交以后的事情。

7）**趁热打铁结束法**

在第一次谈判高潮时，对方作出决定的可能性最大，洽谈的要点也最清楚。不能总是把成交机会留给明天，必须抓住可以成交的瞬间，趁热打铁，避免唠叨太多，运用带有检查性质的提问，判断出对方作出决定的时机是否成熟。如果错过了一次结束的机会，下一次就千万不要再错过。

8）**歼灭战结束法**

将力量集中在说服对方接受某一对他作出决定有重大影响的问题上，没有必要对其他问题作长篇大论的介绍和解释，抓住主要矛盾打歼灭战，随着一两个重要问题的解决达到了预期的目的，谈判马上就要结束了。

9）推延决定结束法

如果对方确实有原因不能马上作出决定，应立即建议对方推迟作出决定，而不应错误地极力施压，这样做可以使双方真正建立起一种信任的关系。如果对方确实需要与公司讨论和分析有关的事宜，就应该充分尊重，但不要让他们的讨论或研究与你无关，应主动与对方保持联系。具体做法：向对方提供一些有价值的资料，然后再由自己亲自取回；把产品留给对方试用，或者为其试装。

第八章 合同订立及执行过程中的风险与防范综述

国际贸易合同在国内又被称为外贸合同或者进出口贸易合同，是指营业地处不同国家或地区的当事人就商品买卖所发生的权利和义务关系所达成的书面协议。签约是贸易运作中十分重要的一环，既是商务谈判工作的结束，又标志着合同履行的开始；合同条款的各项规定不仅直接关系到合同能否顺利履行，还直接影响到最终经济利益的获得。因此，了解并掌握合同的订立和执行过程中的风险及其防范，有助于降低可能遭受的损失，更好地维护经济利益。

1. 合同订立过程中隐含的风险及相应的风险规避

由于合同条款在订立的过程中容易出现内容不够准确、操作不够规范等问题，其隐含的风险也就随之产生。下面就合同订立中可能涉及的风险及规避给予简要介绍。

1）谈判

谈判是合同签订的首要环节，是找到双方利益最大化的共同点。在国际贸易中，谈判者的素质不足会给谈判结果造成不必要的损失。从根本上说，各种状况的技术风险都是因为人员素质欠佳造成的。无论是谈判人员作风方面的不足，还是知识经验、策略技巧方面的失误，都极可能造成谈判陷入僵局乃至败局的结果。

如何规避这一人为风险，在这里提出以下三点建议。

- 提高商务谈判人员的素质。在开展国际贸易商务活动中，由于涉外谈判责任重大，谈判人员素质始终是谈判能否成功的重要因素，尤其是当双方合作的客观条件良好、共同利益较为一致时，谈判人员的素质高低往往起决定性作用。最终选定的谈判人员，应有较强的自我控制能力，敢于负责，不慕虚荣，同时知识面广，谦虚好学，洞察力强，信息渠道多，处事严谨且不失灵活。
- 请教专家，主动征询。纵使一个谈判人员的知识面再广也难免有缺漏，特别是某些专业方面的问题，也有可能缺乏全面的把握与了解。聘请专家顾问常常是商务谈判取得成功必不可少的条件。选择合作伙伴之前就应该主动征询专家的意见，有助于避免因伙伴选择不当而造成的风险损失。
- 审时度势，当机立断。实际情况变化莫测，难以捉摸，这就要求谈判人员具备良好的心理素质和充分的谈判准备，在某些重要且具体的方面必须相当谨慎，细致推敲，但总体上不能过于拘泥细节，一旦条件基本成熟则应当机立断，以免错失良机。

2）口头合同

在贸易实践中，经常有贸易往来的进出口方为了简单省事，不习惯签订正式合同或者只订立口头合同。这种方式的确简便易行，对保证交易迅速达成起到了一定的积极作用，但是因为缺乏以文字依据为基础的具体合同条款，一旦发生贸易纠纷，当事人往往举证困难，不容易分清责任，很容易造成不必要的损失。因此，再熟悉的贸易伙伴，为了保障双方的经济利益，也应当与其签订正式合同，规避风险。

3）价格

在国际贸易实践中，价格风险主要体现在以下两个方面。

◆ 非固定价格。在货物贸易中，固定价格相对比较稳定、风险较小，而非固定价格（“活价”）风险较大，主要包括暂定价格、具体价格待定和固定与非固定混合价格三种类别。在非固定价格中出现的风险有许多种情况，比如：定价为“国际市场价格”，问题是以哪个交易所的报价为准？如何确定？“平均价”统计的范围多大，依何种方法计算等。由于定价中存在多种因素，没有统一的规定存在，在订约时应当以具体情况作出确定的约定，使定价的依据没有歧义，尽可能排除不确定因素。

◆ 溢短装定价。为了保证交货的顺利进行，合同一般允许在品质和数量中有一定的机动幅度，如采用“溢短装”规定等。如果忽略了多交付部分货物的定价，也容易产生实际价款损失的风险。因此应当明确规定货物单价与数量的关系，以及“溢短装”的许可比例和范围，发生“溢短装”时的计算方法等。

4）数量

货物数量是国际货物贸易买卖合同的重要条款之一，因货物数量发生争议的情况也是较为常见的。首先，数量条款中涉及的数量单位和计量方法因国别或地区存在差异，如棉花通常以“包”为单位，但每包重量在各国解释中有所不同，美国为480 克，埃及为730 克，而巴西为396. 8 克。如果当事人在订约时概念表述上稍有疏忽而造成混淆不一，履行时必然有引起争议的风险。因此，合同中应当对数量条款中的计量单位和计量方法作出明确定义和统一规定，以便于合同的执行，避免发生合同数量上的风险。其次，关于“溢短装”条款，也容易引起数量与合同不符的争议。因此在规定该条款时应该注意几个问题：ⓐ 机动幅度大小应合理适当；ⓑ 规定“溢短装”数量的计量方法；ⓒ 根据实际情况规定机动幅度由哪方选择。

5）品质

由于国际贸易的商品种类繁多，即使是同一商品，在品质方面也可能因自然条件、技术、工艺水平和原材料等因素的影响而存在着种种差别，如果品质条款签订不全面，则非常容易导致出口贸易的风险。

货物品质条款中存在的风险主要包括：由于表示品质的方法不明确导致交货时产生违约；品质条款规定过于严格或者过于模糊，缺乏科学性引发贸易欺诈；由于不了解进口国的有关质量法令的规定，导致产品无法进入市场。

为尽可能规避风险，应注意以下几点。

◆ 正确运用各种表示品质的方法。如在寄售、拍卖和展卖业务中，一般采用看货买卖的方式表示品质；能用科学的指标说明其质量的商品，适用于凭规格、等级或者标准买卖；难以规格化和标准化的商品，如工艺品、土特产品，一般采用凭样品买卖的方式；除此之外，凭说明书和图样、商标或品牌以及产地名称买卖都是明确表示品质的方法。

◆ 品质条款的订立应科学合理，用词简单具体，切忌使用“大约”、“左右”、“合理误差”等含糊的字眼，以免引发纠纷。同时，要从生产实际出发，防止把品质条款定得过高或过低，给生产或交货造成困难。
◆ 对某些商品可以进行相对灵活的规定。如交货品质与样品大体相等或其他类似条款，恰当使用良好平均品质等品质表示方法，适当地采用品质公差和品质机动幅度条款等。

6）包装

商品的包装对保护商品品质完好和数量完整起到了重要作用，适当的包装不仅有利于商品的储存、保管、计数、防盗和销售，也有助于提高厂商的市场竞争力。如包装方式未按照合同约定或未采用通用方式，货物可被认作与合同不符，买方可以根据实际情况要求卖方承担相应的违约责任。同时近年来，许多国家对市场上销售商品的包装和标签管理方面的要求越来越严，不仅容量或净重要标明公制或英制，还要注明配方、来源国、使用说明等，如果不了解这些规定，极容易发生产品无法进口或者进口但无法投入市场的风险。

针对商品包装条款风险的防范，需要注意以下几点。

◆ 考虑商品的特点和不同运输方式的要求。由于商品的特性、形状和使用的运输方式不同，对包装的要求也不尽相同，因此，在约定包装材料、包装方式、包装规格和包装标志时，必须从商品储运和销售过程中的实际需要出发，使约定的包装科学、合理，并达到安全、适用和适销的要求。
◆ 认真了解客户对于包装的要求，尤其是一些特殊要求，在给工厂或供应商下订单时，在生产清单上对于产品的细节要求一定要明确，尤其是客户有特殊要求的必须注明。另外，在生产前将生产样品给客户确认也是防止损失的一个很好的措施。
◆ 对包装条款中的包装材料、包装方式、包装标识和包装费用等四项内容，应该明确具体，不宜做笼统规定。例如一般不宜采用“海运包装”和“习惯包装”之类的术语，因为此类术语含义模糊，无统一解释，容易引发争议。
◆ 需考虑进口国家对包装的有关法令规定，如对运输包装和销售包装等，如果违反进口国关于包装材料或规格的要求，则可能导致无法入关甚至遭到相应的处罚。

7）贸易术语

在进出口贸易活动中，不同贸易术语相对于买卖双方的风险点划分各有不同，风险点相同的贸易术语带给双方的风险大小也可能各不相同。因此，根据交易的具体情况，审慎、合理地选择国际贸易术语，可以有效地防范和降低贸易术语本身的局限性，规避利用贸易术语欺诈所带来的风险。

目前，在我国进口贸易业务的实际操作中，主要使用的贸易术语是 FOB、FCA、CIF 和 CIP 这四种，通过对贸易术语的了解可知，作为进口商选择 D 组贸易术语理论上风险相对最小，而选择 E 组术语则风险最大。因此，在签订合同时尽量采用 D 组贸易术语，比如 DDU，这样如果在目的港交货前所发生的风险以及由风险所带来的相关费用的支出将由卖方承担。但是在实际操作中，卖方不会轻易提高自己的风险而采用 D 组术语。在卖方不愿接受 D 组术语的时候则应该采用 F 组，尽可能避免采用风险最大的 E 组。

而出口企业在选择贸易术语的时候，首先要清楚地了解各种贸易术语的具体解释和风险转移的界限，结合贸易的现实情况，如市场情况、谈判力量对比、商品性质、运输条件等，争取采用卖方承担货物损失风险相对较小的 E、F、C 组术语，尽量避免采用 D 组术语。同时，在保险公司承保范围内，积极投保，把风险转嫁给保险公司，这是有效避免货物损失风险的一种手段。如采用 CIF 术语的时候，卖方可以针对装上船之前的货物损失风险，尤其是卖方所在地距离装运港比较远的情况。如果进口方允许，卖方也可以考虑改变 CIF 贸易术语，改用诸如 FCA、CPT 或 CIP，这样货物风险可在货交第一承运人的时候就转移，减少了货物损失的风险。

8）支付方式

在现有的支付方式中，基本的有三种：汇款、托收、信用证。另外，还有一些延伸的结算方式，如银行保函、备用信用证等。在实务中，还出现了一些比较新的结算方法，如电汇中加入第三方（船方）来控制风险，不同的支付方式对于贸易双方而言，在贸易结算中的风险及经营中的资金负担各不相同。

汇款是产生最早、使用最简单的结算方式，也是其他各种结算方式的基础。按货物、货款的运送及支付顺序不同，汇款方式在国际贸易实务中有两种运用方式，即预付货款和货到付款。其中，预付货款对于出口商而言较为有利，既可以降低货物出售的风险，同时减轻了资金负担；货到付款则对于进口商较为有利，既可以降低资金风险，也能先收货后筹款，相当于得到一笔融资。如付款的期限较长，甚至可以将货物售出后，用所售收入支付款项。因此，用汇款方式进行结算，风险承担和资金负担在买卖双方之间不均衡。结算的风险和资金压力完全由一方承担，另一方则相对有利。

托收是指由卖方开立汇票，委托银行通过其海外分支行或代理行，向国外债务人收取货款的一种结算方式。对于出口商来说，通过控制货权单据来控制货物，不付款或承兑就不会交单，一般不会遭受“货银两空”的损失，比赊销安全。对于进口商来说，只要付款或承兑，马上就能取得单据，从而得到货物的所有权，比预付货款方式安全。

信用证支付方式是国际贸易中主要的支付方式，它的产生为身处异地的交易伙伴提供了一种快捷方便的贸易结算方式，但同时也为利用此结算方式进行贸易欺诈提供了可能性。受益人实施的欺诈是国际贸易中案发率最高、最容易得逞的一类信用证欺诈，此种欺诈主要表现为以下几种情况，如欺诈者不履行交货义务，通过伪造信用证项下所要求的全套单据骗取货款；欺诈者在单据中作欺骗性陈述；受益人与承运人共同欺诈等。

对于信用证欺诈的风险防范，我国进口企业应做好以下几点：ⓐ 对出口商进行自信调查，切记要慎重选择客户；ⓑ 交易线路清晰，尽量减少中间商介入，以减少风险；ⓒ 卖方亲自验货并监督装船，对于数量金额大的交易，买方可以自己租船运输，另外，还可以在买卖合同的运输条款中规定由买方指定船公司、船名；ⓓ 学会鉴别单据的真伪；ⓔ 进口业务中尽量使用 FOB 术语，由我方自己办理运输和保险；ⓕ 尽量采用远期支付方式，及时调查货物航程与行踪，作为银行也应当加强开证环节的审核，明确自身的义务，选择资信良好的银行作为业务伙伴。

2. 合同执行过程中的风险及相应的风险规避

除了合同条款内容所隐含的风险，在合同的签订到合同的执行过程中也会存在风险，如审证、改证、运输、报检、报关、提单、制单、收汇、结汇等。下面就这些方面给予简要的介绍。

1）审证

信用证是依据合同开立的，信用证内容应该与合同条款一致。但在实践中，由于种种因素，如工作的疏忽、电文传递的错误、贸易习惯的不同，或进口商蓄意欺诈以达到不良目的等，往往会出现开立的信用证条款与合同规定不符。因此，合同、单据与信用证不相符的风险决定了多方当事人审证的必要性，以下是对出口方应该重点审查的事项予以说明。

- ◆ 对信用证金额与货币的审查。信用证金额应与合同金额相一致，如合同定有溢短装条款，信用证金额应包括溢短部分的金额。其中金额中单价与总价要填写正确，大小写并用，来证所采用的货币应与合同规定的相一致。
- ◆ 对商品的品质、规格、数量、包装等条款的审查。证中有关商品货名、规格、数量、包装、单价等项内容必须和合同规定的相符，特别是要注意有无另外的特殊条款，应结合合同内容认真研究，作出能否接受或是否修改的决策。
- ◆ 对信用证规定的装运期、有效期和到期地点的审查。装运期必须与合同规定一致，信用证有效期一般应与装运期有一定的合理间隔，关于信用证的到期地点，通常要求在中国境内到期。
- ◆ 对单据的审查。对于来证中要求提供的单据种类和份数及填制方法等，要进行仔细审核，如发现有不正常的规定，应慎重对待。
- ◆ 最后，对其他特殊条款的审查，如指定船籍、船龄等条款，或不准在某个港口转船等，一般不应轻易接受，但也可酌情灵活掌握。

2）改证

信用证经过全面审核后，如发现有问题，应及时通知国外客户通过开证行进行修改。改证时一般应掌握以下几点。

- ◆ 一份信用证如有几处需要修改，应集中一次通知开证人办理修改，避免一改再改，既增加双方的费用又浪费时间，而且还会造成不良影响。
- ◆ 修改信用证的要求一般应用电讯通知开证人，同时应规定一个修改书的到达时限。
- ◆ 对收到的信用证修改通知书应认真进行审核，如发现修改内容有误或我方不能同意的，出口企业有权拒绝接受。实务中应及时将拒绝修改的通知送交通知行，以免影响合同的顺利履行。
- ◆ 根据 UCP600 规定，一份信用证的修改通知书的内容要么全部接受，要么全部拒绝，不能接受其中一部分而拒绝另一部分。
- ◆ 信用证修改通知书必须由原通知行转递或通知，如由开证人或开证行直接寄给出口企业的应提请原证通知行证实。

3）运输

① 承运人的无正本提单放货

按照主要海运国家的法律及我国法律规定，承运人应在目的港向提单持有人交付货物。近年来，我国出口企业却屡遭无单放货之害，使得出口商货款两失，对企业和国家造成巨大损失。这类型案件的共同点在于，外国进口商通过在贸易合同中约定 FOB 价格条款，掌握租船订舱权，指定境外货代安排运输，再由境外货代委托国内货代具体向实际承运人订舱、出运货物，并由境外货代作为无船承运人签发 house 提单给托运人（即国内出口商）。外国进口商凭实际承运人签发的海运提单在国外提货，这样就避开了付款赎单的环节。案发后，国内出口商往往找不到无船承运人来应诉，而实际承运人由于凭海运提单交货，不承担责任。

② 无单放货风险的规避措施

出口企业应采取有效措施规避无单放货给出口企业造成的损失，原对外贸易经济合作部的《关于规避无单放货风险的通知》至今仍有一定的参考价值。

关于规避无单放货风险的通知

随着我国航运市场的不断开放，境外货运代理也纷纷在华设立代表处，为贸易商指定境外货代安排运输提供了条件。据不少外贸企业反映，近年来在国际贸易中，进口商使用FOB条款并指定境外货代安排运输的情况与日俱增，目前FOB条款的贸易合同已达60%～70%。有些指定货代心存不善，与进口商串通一气。搞无单放货，使我出口企业货款两空。也曾发现进口商特意设置货代来国内进行骗货的案例。

为规避无单放货的风险，保护我国外贸企业的利益，请各地外经贸委（厅、局）通知各外贸企业务必注意以下几点。

一、外贸企业在签订出口合同时，应尽量签订CIF或CFR条款，力拒FOB条款，避免外商指定境外货代安排运输。

二、如外商坚持FOB条款并指定船公司和货代安排运输，可接受指定的船公司，但不能接受未经外经贸部批准在华经营国际货运代理业务的货代企业或境外货代代表处安排运输，并向外商解释，任何未经批准在华经营货代业务并签发提单的行为是非法的。

三、如外商仍坚持指定境外货代，为不影响出口，必须严格按程序操作，即指定境外货代的提单必须委托经我部批准的货运代理企业签发并掌握货物的控制权，同时由代理签发提单的货代企业出具保函，承诺货到目的港后须凭信用证项下银行流转的正本提单放货，否则要承担无单放货的赔偿责任。

四、目前，我国尚未出台国际货运代理提单管理办法。因此，外贸公司不要轻易接受货代提单，尤其是外商指定的境外货代提单。如接受指定货代提单，货物的控制权就始终掌握在境外货代手中，实际承运人无法控制货权，只能听从货代的指令。一旦指定的境外货代与收货人串通在一起搞无单放货，就会使出口商的货、款全落空。

五、各外贸公司要加强内部管理，要警惕公司内部业务员或离岗业务员与境外货代或进口商串通一气进行骗货。

对外贸易经济合作部

2000年12月5日

【案例】

江门市金益五金贸易有限公司（下称金益公司）与多米尼加共和国某公司签订了一份售货合同，约定由金益公司向该公司出口一批电话机。2000年4月13日，通过以色列以星轮船有限公司（下称以星公司）在香港的代理人，金益公司与以星公司签订了海上货物运输合同。根据该合同约定，以星公司负责将金益公司这批货物用集装箱从香港运往多米尼加共和国首都圣多名各。以星公司并向金益公司签发了全套正本记名提单一式三份，记名的收货人是该批电话机的买方。

然而，该批货物运抵目的港后，在金益公司仍持有全套正本提单的情况下，货物却被人提走，使金益公司失去对这批货物的控制权，最终导致无法收回货款。

金益公司在收不到货款、手中握有全套正本提单却不知货物下落的情况下，向广州海事法院提起无正本提单放货侵权诉讼，要求以星公司赔偿货款损失64万元人民币及利息损失。

·审理·

广州海事法院经审理，认为以星公司按照目的港所在国有关规定，向港务局交货，主观上没有过错，而且是履行交货义务的必要步骤。广州海事法院对这起涉外无正本提单放货纠纷案作出一审判决：驳回原告金益公司对被告以星公司的诉讼请求。

·评析·

提单在国际贸易中的重要性是不言而喻的。由于提单具有物权凭证的法律功能，出口方可以通过控制提单来有效控制和支配提单项下的货物的物权，以确保收取货款，这一点不论是通过信用证方式、凭单付款方式，还是放单前电汇的方式进行收款都是极为重要的。但是对于记名提单，这种做法却并非万无一失，而且正面临着越来越大的挑战。

入世后我国司法界出现的一个现象，就是国内法院适用外国法律进行判决的情况越来越不再是什么新鲜事了。根据《民法通则》，“涉外合同的当事人可以选择处理合同争议所适用的法律，法律另有规定的除外”。由于许多提单的背面条款都约定使用外国法律，因此可以预见，在提单纠纷中适用外国法律进行审判的情况也会越来越多。这就引发了另外一个值得进出口企业高度重视的问题，那就是，各国法律对于记名提单的法律性质的规定是很不一样的。

本案是一宗国际海上货物运输合同纠纷，在这个个案中，中方当事人的确是遭受了损失，但这缘于他们对贸易对手国的法律缺乏必要的了解，其败诉的原因应引起我们深思。按照惯例，提单是承运人据以交付货物的单证，提单代表着提单项下货物的物权，谁合法持有提单，谁就有权向承运人提取货物。此时，全套正本提单并没有流转出去，仍在金益公司手里。

但是在本案中，没有提单却可以照样提货。原来，多米尼加共和国对进口货物的交付问题有其特殊的法律规定：境内港口进口货物由港务局直接交付，海运承运人无权也不负责货物的交付，多米尼加共和国港务局及海关有权在收货人未交正本提单的情况下交付货物。以星公司也称，这批货物已交给圣多名各港口。

以星公司在答辩中称，本案提单的签发地是香港，货物交付地是多米尼加。货物的交付应适用交货地国的法律。而根据本案交货地多米尼加共和国的法律规定，以星公司不应承担对原告损失的赔偿责任。

以星公司为证明自己的观点，向广州海事法院提供了多米尼加共和国有关由港口交货的法律规定的具体内容，且这些证据均载有多米尼加共和国公证机构公证、以色列驻多米尼加共和国大使馆认证、我国驻以色列大使馆转认证的印章和签字。

广州海事法院经审理认为，以星公司按照目的港所在国有关法律的规定，向港务局交货，主观上没有过错，而且是履行交货义务的必要步骤。所以，金益公司要求以星公司赔偿损失的请求缺乏法律依据，法院不予支持。据此，根据多米尼加共和国有关法律规定，该法院判决驳回金益公司的诉讼请求。

4）报检

出口报检的风险主要来源于两方面：一是检验标准和检验方法，二是出口商检报告。

检验检疫机构对进出口商品实施检验，首先必须明确检验标准，然后严格按照检验标准进行检验，对商品是否符合要求给出结论。商品检验检疫有很多种标准，如生产国标准、进口国标准、国际通用标准以及买卖双方协议的标准等。检验标准的不同，可能导致检验结果不一致。为了避免争议，进出口双方有必要就合适的检验标准作出明确的规定。而检验方法是指对进出口商品的质量、数量、包装等进行检验的做法，包括抽样的数量及方法等。有些商品，用不同的检验方法也可能会得到不同的检验结果，因此在必要时，合同中也应对检验方法作出明确的规定。

针对检验标准和方法的风险防范措施，提出了三方面的注意事项。

- 合理并明确地约定合同的质量、数量、包装等条款，为进出口商品检验提供必要的依据；
- 重视合同中关于检验标准的约定；
- 了解进口方有关商品检验标准的规定，避免产生不必要的损失。

出口商检报告在国际货物买卖中是具有法律约束力和经济效用的重要证明文件。对于出口方来说，获得经商检机构检验合格而出具的商检报告，不但是其出口货物顺利通关和收汇的必要证件，更是其在进口方提出货物品质异议和索赔时与之进行交涉的重要证明。在出口报检时，为了避免日后的争议和纠纷，应该注意避免以下一些风险的发生：

- 未将商品及时交规定的检验机构进行检验检疫，致使货物交付后，出口收汇受到影响，或与进口方发生货物品质纠纷；
- 检验机构出具的检验报告与合同或信用证规定不符；
- 检验证书过期，致使检验无效；
- 检验结论与事实不符，导致检验报告不能作为货物品质的认定依据。

针对出口商检报告的风险防范措施，给出了五点建议：

- 属法定检验检疫的商品或合同要求检验检疫的商品，一定要及时进行检验检疫；
- 检验必须由双方在合同中约定的商检机构进行，商检证书应由该机构出具；
- 报检员严格按照合同和信用证规定填表和申报；
- 在检验检疫证书规定的有效期内发运货物；
- 商检机构应切实履行职责。

5）报关

整个出口报关过程中，对企业来说最容易出现问题的环节就是申报阶段。申报时可能出现的主要问题有：

- 未在海关规定的申报时限内申报，以致延误装运，甚至违约；
- 出口报关单证未能及时备齐，或出现单单不符、单证不符等问题，降低了通关速度，影响到出口装运；
- 报关单填写不规范、不准确，除增加了企业通关时间外，还可能给企业增加不必要的费用或造成损失。

为了避免上述问题的出现，出口企业应做好以下几方面工作。

- ◆ 在海关规定的申报时限和申报地点如实地进行申报，如果在规定的期限之前没有向海关申报，海关可以拒绝接受通关申报，这样就会延误货物的装运，甚至导致违反合同。
- ◆ 及时备妥报关单证。具体应该注意以下三点：ⓐ 单据应尽早寄至代理报关单位，以便整理审核；ⓑ 单据的内容必须齐全；ⓒ 各种单据的内容必须相互符合，做到单单相符，单证相符。
- ◆ 准确无误地填写出口货物报关单。
- ◆ 在规定时限内缴纳税费，既可避免不必要的资金损失，也可以保证通关的顺利进行。

◆ 特殊情况下向海关申请担保放行。

6）提单

根据国际航运管理，承运人必须在目的港凭正本提单交付货物。然而，实践中由于流转环节多、速度慢，而运输速度则随着科技的进步越来越快，特别是短途运输所需时间较短，往往出现货物已经到达目的港，然而提单尚未到收货人之手的情况，致使收货人无法在货物到港后凭正本提单将货物及时提走，这既影响了承运人和收货人的经济效益，又使大量货物滞留港口，增加港口压力。为了解决上述困难，避免给有关方面造成经济损失，航运实践中出现了以正本提单以外的其他单证连同保函提货的做法，目前这种提货方式已普遍存在，但也带来了隐患，为提货人对承运人进行欺诈提供了可能。

具体来说，提单中的风险包括两种。第一种是提单类型选择不当。目前我部分出口企业认为凡海运提单均代表货权属物权凭证，这是极其错误的，出口商忽视了提单抬头对提单性质的影响，盲目采用记名提单，失去了对货权的控制，使进口商不付款赎单就提取了货物，自己钱货两空。第二种是无提单提货。这种提货方式虽然保证了承运人和收货人的经济利益，缓解了港口压力，但是也存在以下风险：一是提货人不是收货人而是冒充收货人骗取货物；二是提货人本是该批货物的买主，但由于提货人提取货物后没有到银行付款赎单，造成卖方或银行收不到货款。

针对提单风险的防范与补救，这里给出了五点建议。

◆ 加强宏观层面上的国际贸易运输风险管理，主要是通过一些法律制度或者成立一些专门机构来形成一套防范机制以减少风险的发生。比如在中国，国际贸易促进委员会下属的海事仲裁委员会成立了防止国际海事欺诈委员会，研究和分析国际海事欺诈。
◆ 选择资信良好的船公司。在现代国际贸易海上运输中，有很多风险都与船公司有关，尤其是一些欺诈风险。当船方是一家注册资本很低、资产很少的船公司时，它很有可能采取赖账或是破产的办法实施欺诈，受害的还是卖方。
◆ 做好交易伙伴的资信调查。这主要是针对欺诈风险的。掌握和了解客户的资信情况是防止上当受骗的最根本措施。资信调查一般包含公司的资本状况、公司组成人员的情况、公司的盈利亏损情况、公司的业务内容等。
◆ 积极做好投保工作。国际贸易货物运输风险种类繁多，防不胜防，在投保过程中应该注意以下几点：首先对风险发生的几率有一个比较准确的估计；其次对因风险造成的损失估计也要有一个比较准确的计算方法。只有这样才能准确把握投保的险别和投保金额。
◆ 重视单据。“国际贸易单证化”的基本特点已使单据在国际贸易中的作用越来越重要。我出口企业在实务中要始终掌握货权，就必须采用物权单据。如果进口商利用本国对提单的特殊规定而提前提货，出口方在与对方签订合同之前，未全面了解运输单据在实践中的应用，会导致财货两空。

7）制单

缮制正确的结汇单据，是出口商在以信用证为支付方式的出口交易中，及时安全收取货款的前提保证。在出口业务中，国际结算所涉及的单据种类繁多，不同的收款方式、不同地区、不同的商品，对结汇单证的单据要求会有所不同，一旦出现单证不符的情况，将会影响到出口企业的收汇、结汇，并带来不必要的经济损失。

因此在制单过程中，应遵循以下几点基本要求以规避风险。

- ◆“四个一致”，即信用证与合同一致，单据与信用证一致，单据与单据一致，单据与货物一致。如其中有一项不够准确，即使一字之差，也可以成为银行及其委托人拒绝付款的理由。
- ◆ 单据必须完整，即信用证规定的各项单据必须齐全，不可缺少，单据的种类、每种单据的份数和单据本身的必要项目都必须完整。
- ◆ 处理单证要及时。单证之间的时间差必须符合进出口程序，单证本身的时限不可逾越，单证的处理原则力求赶先不拖后，早出运、早交货、早结算，提高效率。

8）**收汇**

近年来进出口业务中的风险账甚至坏账不断增加，不仅造成了利息损失，也给外贸企业的持续发展造成了严重影响。其中，出口收汇不利就是原因之一。

收汇风险主要包括以下几个方面。

- ◆ 管理风险。如生产厂误工，造成晚交货；产品规格与合同规定的有出入；产品质量差，以次充好；产品“缺斤少两”，超出规定误差等。
- ◆ 结算风险。如发货前付款，其风险在于假设发生一些意外变化如市场价格剧烈变动，买方可能不要货或付款大打折扣。
- ◆ 发货后付款风险。发货后付款风险更大，即使采用属于银行信用的相对较安全的信用证收汇方式，同样存在收汇风险：如果买方信誉不好，可以通过指示开证行恶意挑剔单据的不符点等来拒付货款，或与船务公司勾结，不付款就可能取得提单提货。
- ◆ 延期付款风险。延期付款方式是一种远期商业付款方式，买方等待货物到港进行查验后或货物销售后再支付货款。其风险在于：一旦市场变化，销路不畅，买方就可能少付或拒付。
- ◆ 单证不符造成的收汇风险。虽然规定了以信用证方式结汇，并且按时保质出货，但出货之后，交议付行的单据没有做到单单相符、单证相符，一是使信用证失去了应有的保护作用，买方借此拒付货款；二是即使买方同意付款，但却要支付不符点扣款和通信等费用，收汇时间推迟，大大增加了出口成本。
- ◆ 信用证规定的陷阱条款所造成的风险。某些信用证规定，商检合格证是议付的主要单据之一，信用证规定运输单据出具后 7 个工作日内在国外到期等，这类条款议付行及受益人都无法保证做到，出口企业如不认真审证，买方就很可能故意验货不符，拖延付款或拒付。

关于收汇风险的防范措施，给出以下几点建议：

- ➢ 重视对进口商及进口国的资信调查；
- ➢ 尽量争取有利的结算方式和条件；
- ➢ 加大对信用证的审核力度，警惕信用证诈骗；
- ➢ 注意结算货币的选择和期限搭配；
- ➢ 灵活使用远期结汇、掉期等金融工具；
- ➢ 充分利用银行的贸易金融产品规避风险。

第九章 进出口信用风险及其防范策略与技巧

本章分四个部分对进出口信用风险及其防范策略进行讨论。第一部分主要介绍进出口信用风险的概念、表现形式及原因。第二部分简要介绍了当前世界主要国家和区域的信用风险情况；第三部分针对进出口信用风险的防范，介绍了进出口信用保险业务和健全企业信用体系等风险规避的措施；第四部分从实践中总结出口收汇经验，归纳具体的收汇风险防范技巧。

1. 进出口信用风险

进出口信用风险是指企业在进出口贸易活动中，债务人获取商业或货币信用后，由于经济或政治因素不能按期按量偿还负债的风险，在会计上反映为应收账款坏账。对于出口企业而言，信用风险是最主要且难以驾驭的风险，是伴随着国际贸易的产生由来已久的一大难题。

一般说来，出口信用风险具体表现为三个方面：一是进口商拒绝支付货款，这其中又包括三种可能性，即进口商不具有支付能力，有支付能力但是不愿履行合同以及蓄意诈骗骗取货物；二是进口商延期支付货款；三是进口商要求折价支付货款。无论是哪一种形式都严重影响了出口企业的财务状况和经济效益。

造成我国企业信用风险的原因有很多，既有外部原因，又有出口企业的内部原因。归纳起来主要原因有以下四方面。

- ◆ 国家风险不断增大。国家风险是指国际经济活动中发生的、由于债务人所在国的某些国家行为而引起的重大事件，使得债务人拒绝或无法偿还国外债权人和投资者的债务，从而给国外债权人和投资者造成经济损失的风险。国家风险主要包括征收、战争、动乱、汇兑限制和政府违约等。近年来，全球性金融危机、债务危机以及社会冲突、恐怖事件、贸易摩擦等频繁发生，成为引发国家风险的新因素。随着我国国际贸易量的增加，国家风险对我国经济贸易活动的影响也越来越大。
- ◆ 出口企业缺乏对境外客户的资信调查和分析。许多出口企业在信用交易前缺乏对境外客户的注册资本、盈亏状况、业务范围、公司设备、开户银行所在地、经营作风和经营历史等情况的深入了解，缺少对客户全面、真实、详尽的企业资料调查和信用评级。据商务部的调查，我国涉外企业中只有11%建立了信用监管体系，其中又有93%是具有外资背景的跨国企业，很多国内出口企业则没有认识到境外欠账的风险和成本，致使我国涉外企业的境外拖欠款中，恶意欺诈的比重占到66%。
- ◆ 出口企业缺少独立的信用控制机构。一个成功的信用管理体系，应当设有独立的销售部门和财务部门的信用控制部门或人员。而我国的出口企业中缺乏专门的信用控制部门。虽然个别出口企业拥有简单的信用控制措施（如对销售人员的考核要看回收的款项；对长期拖欠货款的客户不予发货等等），但是这些措施简单粗糙，且基本上由销售管理部门实施。这种信用管理模式违背了职务分离原则，其危险性显而易见。销售部门极可能为了完成销售目标而忽视对卖方的资信调查，放松销售的信用管理，容易给企业带来风险。

◆ 出口企业缺乏有效的风险管理体制。商务部国际贸易研究所的一项调查显示，我国企业目前最缺乏也最需要发展的是企业内部的风险管理体制。根据这项调查，目前我国的外贸企业中只有11.2%的企业建有比较完善的内部风险管理体制，近90%的企业完全没有这一体制。在建有这一体制的企业中，93%是跨国公司和国有大型企业，中小企业则微乎其微。另有一些出口企业采取了少许信用管理措施，但在实际的操作中由于缺乏有效的协调和沟通机制，造成内部信用政策的人为割裂，如对合作伙伴的信用评估由财务部给出，坏账回收由销售部门负责，使得财务部和销售部均不能单独履行企业内部的风险避免政策，造成境外应收账款不能及时收回，严重影响了企业内部资金周转，甚至带来巨额坏账损失。

2. 全球信用风险的基本情况

总的来看，2011年度全球风险水平处在金融危机以来的较高水平，整体上没有出现显著的趋势性变化，但呈现出更加复杂的特点和持续悲观的预期。金融危机的影响给全球经济复苏的前景蒙上阴影，主权债务危机的扩散和经济增长的不确定性，使得部分发达国家和区域的风险水平有所上升；从区域分布来看，评级调降国家以部分非洲、西欧国家为主，评级调升国家以部分中亚、东南亚和南亚、中东欧以及拉丁美洲国家为主。

(1) 北美：贸易摩擦日渐增多，美国国家风险值得关注

美国长期以来是中国信保短期业务承保的最大单一市场，中国信保对美国的风险变化一直保持高度关注以及密切跟踪。随着美国经济再次陷入低迷，报损案件总量和金额出现回升迹象，小规模买家的逃匿和非法停业情况明显增多。为了提振国内经济，美国利用贸易保护对中国频频发难，贸易摩擦日渐增多，且针对中国实施贸易保护的产品从纺织、轻工等传统劳动密集型产业逐步向钢铁、有色、化学等产业以及新能源、电子信息等高新技术产业扩散。发生争议的内容也逐渐从普通的质量争议、合同纠纷扩展到知识产权、环保标准和劳工权益保护等更为复杂而广泛的法律领域。对中国企业在产品设计、生产、销售等全流程上提出了更高要求。经济上，与美国长期主权评级遭到下调相比，对美国金融系统的冲击更多来自欧元区边缘国家的财政赤字和债务重组预期变化，因此，美国金融机构对欧洲国家主权债务的风险敞口也将受到持续关注。

(2) 欧洲：主权债务危机已成为世界关注的焦点

受主权债务危机影响，欧洲地区报损大幅增加。由于主权债务危机不断蔓延，各国普遍面临经济增长乏力、财政收支失衡、失业率居高不下等问题。金融环境恶化、银行信贷紧缩，加之各国相关支持政策变动，使得特定行业风险加剧。前两年发展较快的光伏行业受到较大冲击，行业内可能损失频发，风险可能随债务危机的进一步演变而扩大。船舶行业的融

资环境也受到欧洲银行业紧缩政策的影响，航运企业银根吃紧。在欧洲新兴市场国家，由于经济复苏存在一定不确定性，行业发展不成熟，买方资质参差不齐，财务实力及经营稳定性不足，同时商业信息透明度相对较低，商业风险较高。在实际发生的案例中，光伏案件报损数量多、金额大，风险较为集中。其中，德国某买方拒收中国企业光伏组件，涉案金额1 581万美元，这是中国信保成立以来单一个案报损金额最大的买方拒收案件。中国信保采取多种有效措施，最终买方向中国企业支付1 397 万美元达成和解。在欧洲地区，希腊、爱尔兰、葡萄牙、西班牙、意大利、比利时、英国、捷克、斯洛伐克、匈牙利、乌克兰、俄罗斯、白俄罗斯、拉脱维亚等国的国家风险值得关注。

(3) 亚洲：风险呈现多层次、多样化、复杂化特点

亚洲地区的风险呈现出多层次、多样化、复杂化的特点。随着欧债危机不断深化，全球经济不确定性增加，出口导向型经济体所面临外部经济形势趋于严峻，企业破产、停业的现象有所增加。同时，部分新兴市场国家通货膨胀形势严峻，进口商实力相对有限，易受外部风险和突发性事件的冲击，信用风险不容忽视。个别国家中央和地方政府沟通不畅，次主权风险增加，政府投资、金融政策变更频繁，一些政府加强了对资源性行业的管制力度，对外国投资限制有所增多。此外，在中东危机影响下，部分国家国内政局突变、社会不稳、政治风险明显上升。在实际发生的案例中，柬埔寨、印度尼西亚由于国内电信市场竞争激烈，买方还款能力不足，均出现上千万美元的拖欠。此外，个别国家市场因国际社会制裁影响，汇兑受到限制等因素出现多起上千万美元大额拖欠案，中国信保快速介入，进行积极有效沟通，目前已经追回部分欠款。在亚洲地区，日本、蒙古、巴基斯坦、泰国、伊朗、伊拉克、叙利亚、也门、阿富汗、塔吉克斯坦、吉尔吉斯斯坦等国的国家风险值得关注。

(4) 非洲：区域政局稳定性明显下降，政治风险凸显

非洲地区经济社会发展水平和自然资源禀赋差异极大，政治和商业风险也体现出较大差异。业务经验方面，由于非洲地区法律环境较差，油气和矿产项目面临不同形式、不同程度的征收和政府违约风险；政府干预、治理乏力，加上复杂的种族、宗教、反政府武装等问题，容易干扰投资项目的正常建设和运营；非洲国家财政实力有限，部分国家财政担保有效性不足；受国际商品价格波动和外汇储备水平的影响，汇兑限制时有发生。在实际发生的案例中，因利比亚内战导致了建筑等行业中国企业的较大损失，对此中信保启动应急机制，及时进行赔付。此外，由于中东及北非局势持续动荡导致的部分国家买方财务状况恶化，资金周转不佳等导致的买方拖欠显著增多值得注意。在非洲地区，埃及、苏丹、阿尔及利亚、利比亚等北非国家以及安哥拉、尼日利亚、刚果（金）、津巴布韦等国的国家风险值得关注。

(5) 拉丁美洲：区域风险有所缓和，需关注各国政府出台措施

2011 年，受美欧债务危机影响，大多拉美国家出现侨汇减少、本币贬值、资金外逃、股市震荡、财税不足等问题。目前，拉美国家经济仍然过度倚重外需，以初级产品和原材料为主的出口结构易受国际初级产品价格波动的影响，经济结构系统性风险水平较高。由于拉美各国融资成本较高，进口商多数要求供应商提供贸易融资，加之路途遥远，账期延长趋势明显。同时，付款情况容易受到宏观经济政策调整、汇率波动以及金融系统不稳定的影响。在中长期业务中，部分国家债务负担沉重、履约记录不佳，且政府对经济的宏观调控不力，其主权担保需审慎考察。对于纯商业项目，除充分评估商业风险外，需关注国家整体经济状

况对其影响，特别是外汇管制的风险。近年来，部分国家的民族主义和贸易保护主义抬头，政府采取了一些保护措施和国有化政策。中国企业应注意因地制宜，在项目执行过程中重视了解当地文化、工作习惯以及劳工权益的有关规定。在拉美地区，委内瑞拉、阿根廷、厄瓜多尔、墨西哥、哥伦比亚、古巴等国的国家风险值得关注。

3. 防范出口信用风险的措施

为防范信用风险，化解收汇危机，出口企业可以从两个方面入手。一方面，通过投保信用保险，从技术的角度规避转嫁风险，利用国家后盾促进出口业务的发展；另一方面，企业自身也应该健全信用体系，从内部完善提升应对信用风险的水平。

(1) 出口信用保险

出口信用保险是在政府支持下的非营利性的政策性保险业务，其目的是保障本国出口企业安全收汇，促进和鼓励企业扩大出口。出口信用保险以国家财政为后盾，对本国企业的出口贸易、对外投资和对外工程承包等经济活动提供服务，以降低本国企业信用风险，减少风险损失的一项特殊的政策性支持措施。

出口信用保险的特点主要有以下三方面。

- 与其他一般商业保险相比，出口信用保险专门针对政治风险和商业风险，这是其他完全商业化的保险公司无法保障的，同时又是出口贸易中最主要、出口商无法控制和规避、风险集中度最高、造成损失最大的险种。
- 该保险业务受到国家财政的支持，其实是国家对出口的一种扶持政策。
- 它与出口信贷是被 WTO 所认可和接受的由政府出面支持本国企业出口的两种方式之一。

因此，作为国家扶植外贸发展的政策性措施，出口信用保险可以帮助出口企业避免出口市场过分集中带来的风险，比如反倾销、禁止或限制进口、提高检验检疫标准等可能给出口企业带来的损失。同时，出口信用保险与银行合作，使得非信用证项下支付方式可以作出口押汇，这样就可以及早收汇，规避汇率风险。最后，信用保险并非局限于企业出险后进行简单的损失补偿，而是充分利用了其海外追偿的优势，迫使国外债务人重新回到谈判桌上，与中国出口商妥善解决债务问题，最大限度降低我国出口商的应收账款损失。

在我国，出口信用保险业务由中国出口信用保险公司（简称中国信保 SINOSURE）承办。作为我国唯一的政策性出口信用保险公司，目前，中国信保能够承保的风险分为商业信用风险和国家风险，其中商业风险包括买方破产、倒闭、违约风险以及买方拖欠货款、拒收货物、拒付货款、毁约导致合同无法执行等的风险；国家风险包括买方国家外汇管制、贸易管制、撤销已颁发的进口许可证、颁布新的法律法令和规定，没收财产或延期付款以及战争、内乱、革命、暴动以及巨大自然灾害等。不能承保的风险包括货物运输保险、由商业保险负责的风险、汇率风险、被保险人（出口商）的过失或故意行为、被保险人（出口商）没有履行其义务、超过出口信用保险责任限额的损失、短期保险中的货物出运前风险等。

中国出口信用保险公司开展的出口信用保险业务品种主要有以下两种。

1）短期出口信用保险

短期出口信用保险主要是保障一年以内，出口商以信用证（L/C）、付款交单（D/P）、承兑交单（D/A）、赊销（O/A）方式从中国出口或转口的收汇风险。目前共有六个短期险品种：综合保险、统保保险、特定买方保险、信用证保险、特定合同保险和买方违约保险。

2）中长期出口信用保险

中长期出口信用保险主要是保障一年期以上，十年期以内的，100 万美元以上的出口（预付款或现金支付比例不低于合同金额的 15%，船舶出口的比例不低于 20%）。目前，中信保提供三个中长险品种：出口买方信贷保险、出口卖方信贷和再融资保险。

（2）建立健全企业信用机制和信用管理

除了利用出口信用保险转嫁信用风险，企业自身的信用管理建设也极为必要。当前我国出口企业需要急迫建立和实施的信用管理政策主要有以下三方面。

1）设立单独的信用管理部门

完善的信用管理是企业经营管理的重要组成部分，是企业实现其经营目标必不可少的途径。企业的信用管理部门应独立设置于销售部门和财务部门，且两个部门应有明确的工作分工：销售部门只负责联系客户和发货，财务部门只负责登记账目和融通资金，至于客户的信用状况、采用何种交易形式、放账的时间、收账步骤等，则由信用管理部门负责。只有机构设置分工详细、职责明确，才可以真正将信用管理落到实处。

2）加强对客户的资信调查与分析

实施对客户的信用分析，能使企业从与客户的交易中获取最大利益，能将客户的信用风险控制在最低限度内。企业内部之间需要加强信息的沟通和合作，共同解决企业面临的外部信用风险，必要时借助外部专业机构的力量，帮助企业估测客户发生呆坏账的可能性，寻找选择信誉良好的客户，提高企业的应收账款管理水平。中国出口信用保险公司即是可予选择的境外企业信用咨询机构之一。

3）建立一套行之有效的应收账款管理制度

应收账款管理制度，可以利用科学手段防范贸易风险，规范对外赊销。具体说来，应收账款管理制度中重要而简单易行的方法是账龄管理和跟踪分析。账龄管理，即监督客户的账款支付进度，对不同账龄的客户采取不同的管理政策；而跟踪分析，即实施对客户不间断的跟踪监控，随时掌握其经营和财务走向，一旦发现客户有危机的迹象，尽早采取措施，减少应收账款的坏账损失。值得一提的是，应收账款管理制度成本低、效果显著，是成功的出口企业所普遍采用的，很值得在一般企业中推广。

4. 收汇风险的防范及应对策略

金融危机的乌云还未散去，欧洲主权债务危机又来势汹汹，处于全球经济一体化浪潮中的中国企业也不能独善其身，原材料和劳动力成本上升、人民币升值、出口退税率下降等种种困难考验着企业的财务抗风险能力。企业在危机中面临的最主要困难就是资金短缺，而应收账款的管理水平就直接影响到企业营运资金的周转和经济效益。

应收账款是指企业在生产经营过程中因销售商品或提供劳务而应向购货单位或接受劳务单位收取的款项。从法律角度分析，应收账款是一种债权，对于债权人来说是利益，对于债务人来说则是一种负担。如果债权人没有采取必要的措施，应收账款可能会演变为债务纠纷，甚至形成坏账，造成企业严重的损失。根据中国商务部贸易研究院对 500 家外贸企业的抽样调查显示，中国出口业务的坏账率高达5%，是发达国家的10到20倍。中国企业出口贸易累计有1 000多亿美元的海外欠款难以追回，每年新增的海外坏账正逼近300亿美元。继四川长虹爆出在海外被拖欠40亿美元的巨款之后，我国出口大省浙江又爆出相当多的纺织出口企业都称存在较大金额的逾期应收账款。简而言之，我国出口企业海外逾期应收账款有三个特点：一是普遍存在，二是总量规模大，三是欠款拖欠时间长。

下面从实践经验中归纳了若干海外应收账款管理的核心策略，供出口企业更好地防范和应对收汇风险。

◆ 在正式合作之前，科学而彻底地调查潜在客户的信誉是必须的。出口商可通过分析财务数据，或从供应商以及其他合作伙伴那里了解其背景及信贷历史，对该客户的商誉作出初步的判定。
◆ 掌握基本的西方商业法律，了解自身的法律权益。无论是国外的法律体系还是实际法律操作都与中国的存在很大差别，只有了解掌握对方国家的商业法律法规，才能更好地维护自身的合法利益。
◆ 抛开本国传统观念和定势思维的束缚，了解学习国外客户的商务礼仪和思维模式，有助于更加灵活顺畅地开展贸易合作，减少协商障碍。
◆ 对待付款事宜态度要坚定明确。在合同签订过程中就要明确表态，拖延付款不可接受，一旦发生，将立即采取迅速有力的回应甚至回击。
◆ 合同中有关付款期限的条款必须明确规定。如发货后60天之内，客户正式告知是否存在质量问题，否则应立即付款。只有将付款的期限细节化、具体化，才能避免潜在的纠纷。
◆ 要求客户公司所有者签署一份个人担保付款的证明。如果公司不付款，这份签署的个人担保将起到一定制约作用，阻止债务人通过合理利用商业法律逃脱付款责任。
◆ 在同意按照代理的要求发货之前，务必确定对方收到签署过的文件，证明代表处已经得到了相关授权，同时还应该确保每笔货物都有签署的授权通知书。
◆ 销售过程的真正完成是到客户支付了所有款项为止。一旦客户停止付款，那么他们只是债务人，出口商必须停止发货，直到债务人将债务偿清为止。
◆ 债务追收的关键在于时间效率。花费时间越短，等待时间越少，收回账款的可能性就越大。
◆ 如果客户拖欠付款，不要羞于要求对方付款，否则只会放大该笔款项继续被拖欠的可能性。同时，也不要因为与客户的私人交情疏于催款事宜，如果出现被拖欠款项，只有及时采取有效措施才能更快地收回。
◆ 一旦收到对方拖延付款的通知，意味着进口商付款出现问题。出口商应当立即行动，敦促对方付款，不要一味等待。如果债务人卖掉了公司，收回货款的可能性就更加渺茫。
◆ 如果海外账款过期90天，应立即寻求专业商账追收专家或机构的帮助。而商账追收机构的选择不是以价格高低来决定，而是通过仔细对比其商业运作模式，选择最有利于自身实际情况的机构。
◆ 即使商账追收机构没有成功追回海外应收账款，也不要轻易放弃属于自己的经济权益，法律诉讼将是出口企业最后的选择，但必须认真权衡诉讼带来的利与弊。

第十章
外汇风险的防范策略与技巧

外汇风险是指一个经济实体或个人在其国际经济活动中，经外汇计价的资产（债权、债务）因汇率变动而引起其价值上涨或下降的可能性。外汇风险可能有两个结果：获得利益，遭受损失。通常人们所指的外汇汇率风险就是因汇率变动而蒙受损失以及将丧失所期待的利益的可能性。本章内容主要分为四个方面，首先从宏观的角度介绍外汇汇率对我国进出口业务的影响，其次介绍国际贸易中应对汇率风险的策略措施，第三部分针对进出口合同中的货币选择策略给予了详细说明，最后对人民币国际化进程以及未来发展趋势做了简要说明。

1. 外汇汇率对我国进出口业务的影响

近年来，美国不断就人民币汇率问题向中国施压，甚至提出如果不让人民币升值，就可能向中国征收惩罚性的进口税。面对国际社会要求人民币升值的压力，温家宝曾明确表示，中国汇率改革决不屈从外界压力，人民币汇率改革的方式、内容和实际应由国内改革和发展的需要决定。

从理论上来看，在正常进出口贸易的情况下，人民币升值，中国的进出口贸易将受到影响，即进口受到了鼓励，出口受到了抑制；反之，人民币贬值，中国的出口受到激励，而进口则受到了抑制。然而现实并非完全如此。自 2005 年 7 月至 2008 年，人民币对美元升值了 20% 以上，按照理论，对应这段时间的出口额应该相应地减少，进口额应该相应地增加。但事实却相反，出口额不仅没有大幅度减少，相反却是急剧增加；进口额也没有相应增加反而却在相对减少；贸易顺差也没有转为逆差，相反贸易顺差却以中国历史上从来没有的速度扩大着，年均达到 2 200 多亿美元，是原来的 8 倍。可见，外汇汇率对进出口贸易的影响更应该结合现实进行分析。

(1) 从出口的角度来看

出口增长主要受外部需求和实际有效汇率的影响。外部需求的增长促进了中国出口，而实际有效汇率的提高在假设其他条件不变的情况下将会抑制出口。一般贸易出口和加工贸易出口均对实际有效汇率变化敏感。多数原料类产品的出口与汇率水平负相关。一些产品的出口价格竞争力不强，对汇率有较强的依赖。例如，纸类、棉纱、黑色金属（钢材、粗钢、锰等）、铝、木质装饰品等。人民币汇率升值将使这些初级产品、原料类产品出口增长减缓，短期内对经济增长有负面影响。但在长期内将有利于中国调整出口的产品结构，毕竟我国并不是一个资源丰富的国家，这些资源类产品所处的一般又是高耗能、高污染行业。资源类产品过多的出口短期内容易加大国内“煤电油运”紧张的矛盾，长期内将加大国内的环境、资源的压力，不利于国内经济的可持续发展。国家有关部门近期采取了一系列措施抑制部分高能耗、高污染、资源性产品出口过快增长，包括陆续采取下调或取消部分产品出口退税、停止加工贸易、提高出口暂定关税等措施。这将有利于改善我国的出口产品结构，人民币升值与这些调控措施有异曲同工之效。

我国某些原料类行业具有较强的价格竞争力，对汇率不甚敏感。这些行业包括焦炭、纺织面料中的有机棉纤维、有色金属（除铝外）等。面料作为一种劳动密集型产品，绍兴生产的面料出口价格远低于国际同类产品的价格，因为激烈的国内竞争把出口价格压到了底线（竞争来自于国内厂商之间）。人民币一旦升值，为维持同样的人民币价格底线，我国出口产品的美元价格将有所提高，但由于之前的国际竞争优势明显，人民币升值之后的价格依然有竞争力，因此，单纯的人民币汇率升值对这些行业不会有明显的影响。鉴于焦炭、有色金属是高污染、高能耗的产品，而且汇率、出口退税的调整也不会自动地带来这些产品出口的减少，因此从长远来说，国家应该采取其他的措施对其进行控制。

制造业产品的出口普遍受汇率变动的影响较大，原因在于我国制造业出口产品多集中在低端，竞争优势不强，竞争方式也主要是通过价格手段。

总的来说，出口短期内将受人民币升值的影响。这显示出当前中国出口产品对价格优势的依赖程度很高，缺乏非价格方面的核心竞争力，这对改善出口产品结构，提高技术含量，实现出口的产业升级提出了迫切要求。人民币升值对中国出口的持续增长提出了挑战，也带来了机遇，反观日本、我国台湾省的例子，其在日元、新台币大幅升值之初也受到过不同程度的负面影响，这种压力最终带来的是这两个经济体出口的产业升级。

(2) 从进口的角度来看

进口需求理论上受实际有效汇率和需求影响。内部需求与进口呈正比，实际有效汇率与进口呈反比，因为汇率的上升将导致进口商品本币价格的下降。与出口相似，进口也可以分两部分——国内消费或投资用进口（一般贸易进口）和加工贸易进口，因此，加工贸易生产的这部分内部需求实质上来源于外部。因为实际有效汇率的上升将增加一般贸易进口，但由于加工贸易出口的放缓而导致加工贸易进口的减少，所以人民币汇率升值对进口总额影响并不大。

人民币升值对不同行业的进口影响各异。首先将有利于中国对原料、能源产品的进口。分行业来看，橡胶、原木、纸浆、毛料、铜矿石、塑料、原油和有色金属等产品进口对汇率比较敏感。虽然这些原料、能源类产品的总需求有一定的刚性，但人民币汇率的升值将降低人民币进口价格，从而带来进口量的增长。值得注意的是，人民币升值未必导致钢材进口量的增大，这是因为国内钢铁产能的不断扩张带来了较强的进口替代效应，在剔除了经济增长导致的进口增长之后，我国的钢铁进口与汇率变化的关系不大。

集成电路的进口量与实际有效汇率变动呈反向关系，原因是集成电路的进口更多地是满足于加工贸易出口的需要，人民币升值后，集成电路进口将受需求（加工贸易出口）下降的影响而减少。

汇率的升值也未必带来制造业产品进口量的显著增加，其原因在于进口替代效应在这些产品上表现突出。例如电视机、录音机、汽车等。随着中国经济的增长，国内的制造能力不断提高，一些产品的国产化程度越来越高。原本需要进口的商品现在已越来越被国内生产（虽然这些最终产品的原料或者零部件仍需进口），这种进口替代效应主要体现为这些产品的进口量虽随经济水平的提高而增长，但在剔除了经济增长因素之后的进口量与总体呈上升趋势的实际有效汇率负相关。

2. 国际贸易中通常的应对国际汇率风险的策略

人民币从汇改前的固定汇率制度到现在实行的有管理的浮动汇率制度，给中国的对外贸易带来利好的一面，同时也给一些企业带来了很大的损失。中国园林网2008年7月25日消息：由于人民币升值，专做花卉出口的华泰联花卉有限公司目前正面临着1个月亏损50万元的难题，这些亏损当中有很大一部分是外汇风险所引起的。外汇风险是指在国际经济交易活动中，因未预料到的汇率或利率的突然变动，给外汇持有人带来的经济损失或收益。外汇风险一般包括交易风险、经济风险和融资风险等。很多企业不注重外汇的保值，只注重生产，由于人民币的升值使得一些对外贸易企业的利润率下降，有些利润很薄的企业直接面临了损失。

一般来说，出口商可以从两方面规避外汇变动带来的风险。

（1）通过金融工具的手段，利用外汇市场和货币市场的业务消除汇率风险

常见的方式有即期交易法、远期交易法、期权交易法、外汇期货法、互换法、借款法、投资法、BSI法和LSI法等。

1）即期交易法

通常指某企业在业务经营中两天内存在外汇汇率风险，则该企业可以与外汇银行签订买进或卖出外汇即期合同来消除风险，实现资金的相反方向流动。

2）远期交易法

外贸企业在未来的一定时期有一笔确定的外汇收入或支出时，可以预先买进或卖出远期外汇，利用远期外汇固定汇率。即使外汇汇率变动，外贸企业也不会因为汇率变动的原因蒙受损失，在国际支付中收付双方经常用远期外汇买卖来避免汇率变动的风险。

3）期权交易法

外贸企业在未来有应收或应付外汇时，通过外汇期权交易来抵补外汇风险。因为期权买方在付出一定比例期权费后有选择权，到期按照协议价格买进或卖出规定数额的某种外币进行交割；或者根据市场汇率情况到期放弃买卖权利，让协议过期作废，只承担预付保证费用的损失。

4）外汇期货法

外汇期货交易是一种合约交易，是买卖双方在期货交易所通过公开交价、买卖，在未来某一日期以约定的汇价交割特定标准数量外币的合同。期货市场的套期保值有两种常见的形式：多头套期保值和空头套期保值。多头套期保值是指在期货市场上先买后卖的套期交易，而空头套期保值的情况刚好相反，是指在期货市场上先卖后买的套期交易。运用外汇期货交易进行保值可以降低损失，但也同时降低了可能带来的收益。

5）互换法

互换法也称为掉期，是指两个或两个以上的当事人按照商定的条件，在约定的时间内交换一系列支付款项的金融交易。互换主要包括货币互换与利率互换两类。在外汇交易风险防范中主要是运用货币互换。货币互换是指以一种货币表示的一定数量的资本以及在此基础上

产生的利息支付义务，与另一种货币表示的相应的资本额及在此基础上产生的利息支付义务进行互相交换。货币交换的原理是充分利用比较优势实现预期的目标，即成本最小，收益最大。

6）借款法和投资法

借款法是指有远期外汇应收账款的外贸企业通过银行借进一笔与远期收入相同金额、相同期限、相同币种的贷款以达到融通资金、防止外汇风险和改变外汇风险时间结构的一种办法。投资法是外贸企业有未来应付账款，这时该企业可以将一笔资金（一般为闲置资金）投放于某一金融市场，到期后连同利息收回这笔资金，而这笔资金的流入刚好与未来的应付账款的资金流出相对应。

7）BSI 法和 LSI 法

BSI（Borrow-Spot-Invest）法即借款-即期外汇交易-投资法，指有关企业通过借款、即期外汇交易和投资的程序，争取消除外汇风险的风险管理办法。企业在有应收外汇账款的情况下，为防止应收外币的汇价波动，首先借入与应收外汇相同数额的外币，将外汇风险的时间结构转变到办汇日。借款后时间风险消除，但货币风险仍然存在，此风险再可通过即期合同法予以消除。LSI（Lend-Spot-Invest）法即提前结汇-即期外汇交易-投资法。指有关的企业通过提前结汇、即期外汇交易、投资或借款消除外汇风险的风险管理办法。LSI 法与 BSI 法的全过程基本相似，只不过将第一步从银行借款对其支付利息，改变为请债务方提前支付，给其一定折扣而已。

（2）通过外贸业务实际操作来规避外汇的汇率风险

1）选择有利的货币计价法

- ◆ 尽量选用本币结算。无论是进口还是出口，选用本币可以在结算日直接收付本币，无须进行货币兑换，可以从根本上消除风险因素。本币对外国人来说是外币，这意味着该办法的前提是对方能够接受从而不至于使企业丧失贸易机会，所以一般只有在本币是自由兑换货币时，而且企业在谈判中处于支配地位时才可运用此法，否则对方一般不会接受。
- ◆ 在使用外币进行结算时，要选择可自由兑换的货币。就我国对外经营者来讲，就是要选择那些有人民币报价的货币，如英镑、美元、欧元等主要货币。这些硬通货将有助于减轻货币汇率的风险，也便于外汇资金的调拨与运用。企业采用可兑换货币计价本身并不能减少外汇风险，但是它使企业在预测汇率变动于己不利时，能够通过外汇交易将以后的外汇风险转嫁出去。
- ◆ 在使用外币进行结算时要坚持付汇选用软货币（短期内趋于贬值的货币），收汇选用硬货币（短期内趋于升值的货币）的原则。在进口贸易中，应该选择软货币进行计价与结算，这样一旦在结算日软货币的汇率下降，就意味着可少付本币，至少不会随汇率波动受到损失。在出口贸易中，应选择硬币进行计价结算，这样若结算日硬货币汇率上升，就意味着可以多收本币。
- ◆ 在使用外币进行结算时还可以选择多种货币计价结算。这种方法可以把单一货币汇率浮动的风险分散，以升值货币带来的收益弥补贬值货币所带来的损失。在货币的选择中必须注意软货币与硬货币的比例，同时必须选择汇率浮动相关性小的可自由兑换货币组合，才能更有效地防范外汇交易风险。

2）**加列保值条款法**

双方在签署合同时，加列一项保值条款，在条款中进行汇率锁定或规定平均分摊损益。这样可以使双方共同承担风险。锁定的汇率和分摊方法可以通过谈判确定。

◆ 硬货币保值。双方在合同中规定以硬货币计价，软货币支付，阐明两种货币当时的汇率。在执行合同过程中，如果由于支付货币汇率下跌，则合同金额要等比例地进行调整，按照支付日的支付货币的汇率计算，这样实收的计价货币金额和签订合同时相同，支付货币下浮的损失则可以得到赔偿。

◆ 用“一揽子”货币保值。在签订合同时，确定支付货币与“一揽子”保值货币之间的汇率，并规定各种支付货币与支付货币之间的汇率变化的调整幅度，到支付期时，汇率的变动超过了规定的幅度，则按合同中规定的汇率进行调整，从而达到保值的目的。多种货币的组合使得汇率风险得到分散，但实际操作中，选择哪种货币是个问题。

3）**运用经营决策**

在企业的外贸业务中，还可以在经营中灵活地运用策略，实现风险转移。

◆ 提前或者推迟收付法（利用收支实践的调整来防范外汇风险的方法）。在外贸企业的对外收支中，当事人通过预测收支货币汇率的变动，提前或者延期收付有关款项，以更改外汇资金的收付日期来抵补外汇风险。

◆ 平衡法。在同一时期内，创造一个与存在风险相同的货币币种，相同金额和相同期限的资金反方向流动，以消除外汇汇率波动的风险。由于相同资金的互逆运动，不管汇率发生怎样的变化，均可以实现相互抵消。

◆ 利用对销贸易法。对销贸易方式不涉及货币的实际支付，交易各方事先规定好互换商品的价格，因此交易各方都不必承受汇率变动造成的外汇风险。

◆ 调节价格法。进出口商通过调整商品价格的办法将外汇风险分摊到价格中去，具体方法有加价保值和压价保值两种。

3. 人民币国际化进程及未来发展趋势

对于外贸企业而言，汇率是重点考虑的因素之一，汇率直接决定了企业的创立、生存和发展。因此，外贸企业在国际结算业务中如何选择合适的结算币种，从而更好地规避汇率波动的风险、拓展海内外市场，一直是企业实际操作中必须考虑的重要议题之一。随着跨境贸易人民币结算试点工作的不断展开，越来越多的企业选择人民币用于对外贸易计价结算，这就要求人民币国际化，获得在世界经济贸易领域内更大的话语权。

人民币国际化是指人民币能够跨越国界，在境外流通，成为国际上普遍认可的计价、结算及储备货币的过程。尽管目前人民币境外的流通并不等于人民币已经国际化了，但人民币境外流通的扩大最终必然导致人民币的国际化，使其成为世界货币。

（1）人民币国际化进程

1994 年 1 月 1 日，中国将双重汇率制改为单一汇率制，将 1 美元兑换 5.8 元人民币的官方汇率调整为当时通行的 1 美元兑换 8.7 元人民币的市场汇率。

1996 年 12 月，中国允许用于贸易的人民币与外币完全可兑换，但对买卖外币进行贷款和投资仍有规定和限制。

2001年当加入世界贸易组织后，中国开始逐渐放松资本管制。

2005年7月21日，中国将历时十年的与美元挂钩的制度改为参考一揽子货币进行调节、有管理的浮动汇率制度。人民币一夜之间升值2.1%，汇率为1美元兑8.11元人民币。

2007年6月，首只人民币债券登陆香港，此后内地多家银行先后多次在香港推行两年或三年期的人民币债券，总额超过200亿元人民币。

2008年7月10日，国务院批准中国人民银行"三定"方案，新设立汇率司，其职能包括"根据人民币国际化的进程发展人民币离岸市场"。

2008年12月4日，中国与俄罗斯就加快两国在贸易中改用本国货币结算进行了磋商；12日，中国人民银行和韩国银行签署了双边货币互换协议，两国通过本币互换可相互提供规模为1 800亿元人民币的短期流动性支持。

2008年12月25日，国务院决定，将对广东和长江三角洲地区与港澳地区、广西和云南与东南亚的货物贸易进行人民币结算试点；此外，中国已与包括蒙古、越南、缅甸等在内的周边八国签订了自主选择双边货币结算协议，人民币区域化的进程大步加快。

2009年2月8日，中国与马来西亚签订的互换协议规模为800亿元人民币/400亿林吉特。

2009年3月9日，央行行长助理郭庆平介绍，国务院已经确认，人民币跨境结算中心将在香港进行试点。具体的试点方案和办法目前还在研究，尚未出台。

2009年3月11日，中国人民银行和白俄罗斯共和国国家银行宣布签署双边货币互换协议，目的是通过推动双边贸易及投资促进两国经济增长。

2009年3月23日，中国人民银行和印度尼西亚银行宣布签署双边货币互换协议，目的是支持双边贸易及直接投资以促进经济增长，并为稳定金融市场提供短期流动性。

2009年4月2日，中国人民银行和阿根廷中央银行签署双边货币互换协议。

2009年7月，六部门发布跨境贸易人民币结算试点管理办法，我国跨境贸易人民币结算试点正式启动。

2010年6月，结算试点地区范围将扩大至沿海到内地20个省区市，境外结算地扩大至所有国家和地区。

2011年6月21日，央行公布了《关于明确跨境人民币业务相关问题的通知》，正式明确了外商直接投资人民币结算业务的试点办法，成为推进人民币跨境流动的又一重大举措。

2012年4月14日，央行决定自4月16日起，银行间即期外汇市场人民币兑美元交易价浮动幅度由5‰扩大至1%。

2012年5月29日，中国人民银行授权，自2012年6月1日起银行间外汇市场完善人民币对日元的交易方式，发展人民币对日元直接交易。

(2) 人民币国际化的未来发展趋势[①]

总体来说，人民币国际化的基本发展路径有三步：第一步是在中期内即5~10年逐步成为广为接受的国际贸易结算货币；第二步是在中长期即10年后逐步开放资本项下管制后成为越来越重要的国际投资货币；第三步是在长期内即20年后逐步成为国际储备货币。

具体来说，人民币国际化的未来发展的主导方向也可以分为以下两方面。

---

① 李秀芳，刘娟：《人民币国际化进程：问题与方向》，载《理论探索》，2012 (3)。

1）人民币区域化将是人民币国际化不可逾越的第一步

就现实情况而言，人民币国际化最为可行的方案是：本着有序、渐进、自内向外的原则进行，采用“人民币周边化—人民币亚洲化—人民币国际化”的渐进路径，在贸易结算、贸易融资、区域货币合作等方面进行具体的制度性安排，以实现人民币最终国际化。

◆ 构建大陆和港澳台地区货币一体化安排。中国特殊的历史和政治原因造就出“一国四币”的独特国情，而大多数学者对此都一致认为：就目前大陆和港澳台地区经济融合度而言，实现其货币一体化是人民币国际化进程中不可回避的首要问题。在人民币尚未可自由兑换的前提下，实现大陆和港澳台地区货币一体化，既可以在一定程度上弥补人民币不可自由兑换的内在缺陷，又可以提升人民币在东亚区域货币合作中的主导权。

◆ 有序推进区域货币合作进程。中国作为东亚重要经济体，在东亚货币合作过程中应成为主要的推动者与参与者，一方面积极推进东亚货币合作的制度化进程，充分利用《清迈倡议多边化协议》（CMIM）安排，提升人民币在东亚地区范围内的话语权；另一方面积极推动中日关系的良性发展与合作，中日关系已成为东亚经济合作成功与否的关键影响因素，对人民币在东亚范围内能否扮演重要角色同样举足轻重。2011 年年底中日货币合作协议的签署，表明中国在人民币区域化进展方面又前进了一步。

2）资本项目自由化的有序推进将有助于人民币国际化的顺利实现

人民币成为国际货币的一个重要条件就是可自由兑换，但是目前还仅限于经常项目下的可自由兑换，而在资本项目（主要指证券、资本和短期资本流动）方面仍然受到很多管制。但实际上，随着中国经济实力的不断增强，中国政府在有序推进资本项目自由化方面已经做了很多积极的尝试与探索。人民币国际化不是一蹴而就的事情，因而资本项目自由化的有序推进仍将继续进行。

◆ 推进直接投资自由化。始于改革开放条件下的 FDI 流入是中国资本项目自由化的第一步，目前中国政府对于 FDI 的管制已经十分宽松，过去 20 年间 FDI 已经主宰了中国的跨境资本流动；另一方面近些年来中国对外直接投资的发展势头良好，在缓解中国巨额外汇储备方面作用积极。2012 年 3 月 28 日，国务院就温州金融改革试验区批复中强调要在温州开展个人境外直接投资试点，探索建立规范、便捷的个人直接投资渠道。此举意味着个人境外直接投资在温州即将成为现实，同时也释放出政府意欲通过此举进一步推进人民币国际化的信号。

◆ 推进证券投资组合自由化。整体而言中国政府对于证券投资类的资本流动管制较为严格，目前股票市场 B 股、H 股、QFII、QDII 是中国资本项目下证券交易开放的主要方式；而中国政府在固定收益证券市场却没有对外国投资者开放，即禁止外国投资者在本地市场上从事中国债券和中期债务票据等业务。但中国政府已经加大在人民币离岸市场的运作，包括 2011 年 3 月联合利华获准在香港发行“熊猫债券”[①]；2012 年年初又批复 10 家中资银行赴香港发行 250 亿元的“点心债券”[②]。尤其是“熊猫债券”可以有效解决中国海外资产与负债的币种结构问题，不妨多加尝试。

---

① 境外机构在中国发行的一种以人民币计价的债券，属于外国债券的一种。

② 境内金融机构赴港发行的人民币债券因其业务量较小，故称为点心债券。

第十一章

贸易融资风险及其防范策略与技巧

国际贸易融资方式有很多种，就目前形势来看，银行和外贸企业的国际贸易融资存在不少风险，包括外汇风险、信用风险和操作风险等。本章在介绍中小企业国际贸易融资风险之后，又着重对信用证项下的贸易融资风险给予介绍，并给出相应的防范措施。

1. 中小企业国际贸易融资风险及防范

(1) 进出口贸易融资业务风险

进出口贸易融资与进出口业务密切相连，在进出口的过程中，只要有一个环节出现疏忽或发生不可抗力，都可能会酿成潜在的损失。虽然每个环节都有严格的操作规程，但在实际操作过程中，常常受到各种自然和人为因素的影响，使得进出口贸易融资面临各种各样的风险。进出口贸易融资业务风险主要包括外汇风险、利率风险、信用风险和操作风险四类。

1) 外汇风险

外汇风险是指由于各国货币之间汇率的波动所造成的遭受意外损失或获取意外收益的可能性。在实际中，往往只有受损时，外汇风险的危害才会引起足够的重视。随着金融市场的国际化发展，对外汇风险的防范变得越来越重要。

① 外汇风险主要分类

◆ 外汇交易风险，指在运用外币进行计价收付的交易中，经济主体因外汇汇率变动而蒙受损失的可能性，主要出现在进出口贸易、资本输出输入及外汇买卖交易中。

◆ 外汇折算风险，指在进行会计处理和进行债权、债务结算时，由于汇率变动引起的将外币转换为本币时蒙受损失的风险。

◆ 经济风险，指由于无法预测的汇率波动使企业的预期现金流量的净现值发生变动的可能性。

◆ 外汇结算风险，指以外币计价进行贸易与非贸易业务活动的企业由于汇率变动而造成结算过程中遭受损失的可能性。

② 影响汇率变动的主要因素

◆ 国际收支。国际收支不平衡是导致一国货币对外汇率波动的重要原因，如果一国的国际收支产生逆差，将引起本币汇率下跌。

◆ 通货膨胀。通货膨胀意味着一国物价的升高，本币汇率下跌。

◆ 利率。一国利率水平的高低，是反映借贷资本供求状况的主要标志，一国利率水平较高，国外资金流入大于国内资金流出，本国的资本收支增加，从而提高本币汇率。

◆ 除上述因素之外，关税政策、贸易政策、国际政治经济局势、外汇市场投机（尤其是跨国公司的外汇投机）以及外汇管制政策等也会对汇率造成不同程度的影响。

2）利率风险

利率风险是指利率发生变化所造成的收益下降的风险。

① 在进出口贸易融资中，利率风险的三种形式

◆ 重新定价风险。这种风险是指由于银行进出口贸易融资到期日的不同（对固定利率而言），或是重新定价的时间不同（对浮动利率而言）而产生的风险。例如：银行由一笔100万美元的进口押汇，浮动利率放款，期限为半年，初始利率为5%，同时有一笔100万美元的定期存款，期限也为半年，利率为4%。在半年后，贷款利率随市场利率而浮动，而存款利率会维持不变。假设3个月后市场利率上升了10%，则贷款利率为5.5%，而存款利率维持不变，此时银行的利差将会提高，由1%提高到1.5%，银行因利率上升而获利。反之，利差下降0.5%，银行遭受损失。

◆ 基准风险。这种风险是指因所依据的基准利率不同或利率变动幅度不同而产生的风险。例如：银行由一笔100万美元的进口押汇，浮动利率放款，期限为半年，初始利率为5%，同时有一笔100万美元的定期存款，期限为半年，利率为4%。假设半年后市场利率上升了10%，由于定期存款已到期，客户以4.4%的利率继续存入银行，但贷款利率上升为5.5%，银行的利差扩大。出现这种利差，源于计算的基准利率不同，从而导致利率的变动幅度也不一样。反之，如果市场利率下降10%，银行的利差将会缩小。

◆ 期权风险。借贷双方在签订贸易融资合同时，可能会在合同中保留一部分期权，以便市场发生剧烈变化时，可以行使该期权而避免损失或增加盈利。对提供融资的银行而言，如果利率下降了许多，则借款人可能会提前还款，而以新的更低的利率借入资金，这会给银行带来损失或减少收益。虽然行使期权使借款人将会支付一些费用，但在利率波动程度很大的情况下，行使期权的收益将会超过这些费用，从而给银行带来新的风险，即期权风险。

② 影响利率变动的主要因素

◆ 经营成本。银行作为经营金融业务的特殊企业，同样以利润为经营目标。要获得利润，就必须讲求经济核算，其成本就必须全部通过其收益得到补偿。因此利率的确定必须对银行成本有足够的考虑，经营成本就成为利率变动的核心。

◆ 通货膨胀预期。在预期通货膨胀率上升时，利率水平有很强的上升趋势；在预期通货膨胀率下降时，利率水平则趋于下跌。

◆ 央行的货币政策。央行采取积极的货币政策，增加基础货币投入量，通过商业银行的货币创造机制，使货币供应量增加，可进行放贷款的资金增加，导致利率的下降。反之，采取紧缩的货币政策，利率将上升。

◆ 经济周期。从利率的运动轨迹来看，利率的变动表现出很强的周期性，这主要是经济周期变化的结果。在经济处于衰退和萧条期，投资与消费意愿日益萎缩，各方借款的需求量小，利率水平较低。当经济步入复苏和繁荣阶段期，经济快速增长，投资机会多，收入增加快，各方对资金的需求量大，利率水平较高。

◆ 国际利率水平。随着各国间经济、金融联系范围的不断加深，资金在国际范围内追逐利差的活动，最终导致各国的利率也越来越具有“趋同倾向”，国际利率的水平及

其变动趋势对国内的利率水平的影响越来越严重。

除以上所说的这些因素以外，还有国家经济政策、税率、资本市场状况、社会政治、军事及自然状况等也会对利率的变动产生直接或间接的影响。

3）信用风险

信用风险也称为违约风险，在进出口贸易融资中，主要是指借款人不愿意或不能偿还融资款项的风险。

① 信用风险分类

- ◆ 敞口风险，是指由于贸易融资金额大小而产生的损失。对债务人融资金额越大，债务人违约时债权人损失也越大。融资金额是显性的敞口风险，只要发生融资就存在信用敞口风险。
- ◆ 回收风险，是指在发生违约事件时能够收回多少资金的不确定性。在发生违约事件时，债权人自债务人处能够收回多少资金取决于多种因素：违约的性质、有无保证、保证的性质（抵押、质押或第三方担保），抵押或质押可以减低信用风险，但这取决于抵押或质押物品的性质。抵押或质押风险的高低从两个方面反映：一是物品变现的便利性，二是物品变现价值的确定性。在有第三方担保时，债务人信用风险转化为债务人和担保人联合违约的风险。
- ◆ 违约风险，是指违约事件发生的可能性。当债务人不按照合同规定付款累计已达三个月时间，就认定为发生了事实的违约事件。

② 影响信用风险的主要因素

- ◆ 经济周期。宏观经济的波动会带来银行信用风险的波动。经济收缩可能会导致企业大量债务拖欠，企业资金周转失灵，社会信用体系遭到破坏，由此导致银行信用风险的增加。
- ◆ 信息系统的缺陷。商业银行在进行信用评估时需要高度准确和充分地了解相关行业和政策信息，而我国相关信息系统不健全，综合信息系统不配套，虚假信息过多，银行获取的数据水分很大，导致银行信用评估系统失灵，加大了银行信用风险。

4）操作风险

对银行操作风险进行定义是比较困难的，因为操作风险所涉及的领域和行为是多种多样的，在不同领域中的操作风险的特征很可能是有很大的差别的。在进出口贸易融资中，操作风险主要包括以下几个方面：

- ➢ 银行内部控制失效、治理结构不完善等问题；
- ➢ 工作人员发生技术风险和道德风险等；
- ➢ 信息技术系统出现故障；
- ➢ 外部冲击，如税制和政治方面的变动、监管和法律环境的调整等。

（2）中小企业在国际贸易融资中存在的问题

1）在融资市场中地位相对弱势

由于金融危机的影响，金融机构为申请融资企业设置了更高的信用标准。我国中小企业由于资金实力的限制，对抗市场风险的能力相对偏弱。同时，由于规模限制，中小企业往往缺少必要的抵押资产，财务信息又不透明，致使融资能力偏低，信用度普遍不高，在国际贸易融资市场中处于相对弱势的地位，经常会被认为融资风险太大，参与资本市场的融资存在一定的困难。

2）融资信用体系及相关法规尚不完善

我国社会的信用体系尚未建立起来，相关融资法律法规还不够完善，金融市场的利率也尚未完全市场化，这些因素都会影响到中小企业的融资业务。而作为中小企业，一方面，由于其规模限制，固定资产不足以抵押，势必会增加贷款难度；另一方面，由于中小企业信用体系尚未建立，银行很难对企业的信用作出准确评价，即便能够申请到贷款，贷款规模也同样会受到严格限制。

3）融资操作与审批程序复杂

在当前国际金融形势复杂多变的背景下，由于国际贸易融资的涉及面很广，还要遵守相关的国际惯例，致使融资业务的风险很难去把握，一些银行人员会认为国际贸易融资业务的风险甚至要高于流动资金贷款。基于上述风险的考量，商业银行往往会对中小企业的贸易融资提出更加严格的限制条件。而由于中小企业的规模限制，银行又很难获得足够充分的企业具体信息以准确分析其实际经营情况，只能增加越来越多的审批环节，加上银行缺乏对融资的严格标准，业务流程往往不规范，对中小企业办理融资业务造成了一定的困难。

（3）中小企业应通过增强自身实力正确应对融资新形势

在后金融危机的大时代背景下，我国中小企业应当全面客观地分析自身存在的问题，在融资过程中认真应对各种风险与挑战，尽量避免不必要的损失，以尽可能小的成本来换取最大收益。

1）要增强企业自身实力

中小企业应通过不断修正自身存在的问题，不断健全完善财务管理制度，规范企业的日常经营管理，以确保企业的各项经济活动均是在国家的相关法律法规允许的范围之内进行的。另外，要加强企业的风险意识，转变过去那种粗放式的经营方式，通过多种结算方式，如信用证和保理等有效手段来合理规避风险。

2）要加强信用意识

中小企业应强化信用意识，在规范企业各项制度、优化财务运行状况的基础上，尽可能地提高自身的信用等级，通过与大企业联盟等借助外力的方式来提高自身的融资能力。

3）要加强融资相关知识学习

中小企业若想获得银行的贸易融资支持，必须充分地了解相关贸易融资产品及其审批过程，应当组织员工不断加强对贸易融资这方面知识的系统学习。

4）建立现代企业制度

中小企业应采用现代企业制度来不断调整自身经营行为，建立符合自身实际情况的财务制度，向社会公开企业的登记注册及税收信息，不断完善企业制度，力求实施规范化的企业管理。

（4）中小企业国际贸易融资风险防范

国际贸易融资风险防范的主要途径如下。

◆ 严格按国际惯例操作。对与国际贸易融资相关联的出口业务，要严格按国际惯例进行单据和异议的处理，避免因不按惯例操作引起对方银行拒付而造成的收汇风险以及由此带来的客户与银行纠纷风险。

◆ 严格控制融资比例和期限。在办理国际贸易融资业务时，根据业务类别从严控制融资的比例和期限。如在进口押汇业务中，对于价格波幅较大的进口产品则需适当降低融资比例，以减少动荡时期因市场价格大幅波动带来的业务风险；对于非全额质押或保证金的海外代付和保付加签业务，则应控制在一定期限内，以减少因该期间企业经营形势和市场变化带来的履约风险。

◆ 严格限定业务银行。在办理融资业务时，除对相关联业务本身应符合融资条件，还应重点关注对方银行的整体实力和历史信用记录，避免因银行不能按期付款给我行融资带来的风险。

◆ 严格选择融资主体。在办理贸易融资时，要深入了解融资主体的经营情况，重点选择历史结算记录良好、规模较大的进出口企业。对于抗风险能力较弱的一些小型制造企业，则应从严审慎办理。对贸易融资客户进行风险提示，及时跟踪海外客户资信动态及所处国家的经济金融状况，防患于未然。

◆ 严格进行风险转移。对于到一些不发达或动荡地区的出口业务融资，应通过风险转移的方式来满足客户的融资需求。客户在交单并获得对方银行的承兑后，及时通过代理行做无追索权的应收账款买断；对于不适合通过代理行来办理的融资，则应要求客户到中国出口信用保险公司进行投保，在中国出口信用保险公司核准的最高赔付额度内给予客户押汇融资。

2. 信用证项下贸易融资风险及防范

(1) 信用证融资风险

信用证融资风险可以分为不同融资方式共同面临的风险，即共性风险，与各种融资方式的自身特性决定的特殊性风险。

1) 信用证融资共性风险

信用证融资不可避免地会带来风险，而且不同的融资方式面临的风险也往往不同。但是有些风险比如国家风险、汇率风险、利率风险、信用风险、操作风险、信用证诈骗风险等是不同信用证融资方式都难以避免的。

① 国家风险

国家风险指的是在国际经济活动中，由于国家主权行为引起贸易融资损失的可能性，如政府实行外汇管制、资金冻结、宣布限制、推迟或拒绝偿还债务等等。风险的主要类型有动乱、战争风险、贸易保护风险、主权风险。

【案例】因国家风险造成福费廷融资损失案例

2008 年 5 月 5 日，境内出口商 A 公司同冰岛的某一客户签订钢管出口合同，5 月 20 日收到冰岛 D 银行开来的远期信用证，期限为 90 天，金额为 65 万美元。A 公司随即备料生产。

2008 年 6 月 20 日，A 公司装船发货，将运输单据交到 B 银行，B 银行审单无误后寄出给 D 银行，6 月 30 日收到 D 银行的承兑电文，到期日为 7 月 25 日。

2008 年 B 银行给 A 公司发放了金额为 64 万美元的福费廷融资。

2008年7月2日B银行向冰岛D银行发索偿电文，未有回复。

后来，新闻媒体频频报道冰岛出现严重经济危机，处于国家破产状态，政府发言人表示国家外债皆暂停对外支付。B银行遭受严重损失。

【分析】

一般情况下，B银行收到开证行发来的承兑电文发放福费廷融资风险基本上很小，但到期正赶上冰岛处于债务危机、国家破产状态，因而收到开证行付款的可能性很小，还有因为发放的融资没有追索权，银行丧失了对A公司的进一步追索的权利，因此银行只能接受由于国家风险没有合理控制而遭受损失的现状。

② 外汇风险

外汇风险即在涉外经济活动中，由于各国货币之间汇率的波动而使以外币计价的资产或负债在持有或运用过程中蒙受意外损失或获取意外收益的可能性。影响外汇风险的主要因素有国际收支、通货膨胀、利率等。除上述因素之外，还有关税政策、贸易政策、外汇管制政策以及外汇市场投机等。

③ 利率风险

利率风险即利率发生变化时，收益下降的风险。利率风险主要有重新定价风险和基准风险。

④ 信用风险

信用风险也称为违约风险。在信用证贸易融资中，信用风险指借款人不愿意或不能偿还融资款项的风险。从融资借款人主观有意或无意的角度看，信用风险可以分为两种：一是进出口贸易融资借款人有意骗取银行贷款，即道德风险；二是由于经济、社会等客观原因导致经营失败，融资借款人无力偿还银行融资款项的风险，即企业风险。

⑤ 操作风险

巴塞尔银行监管委员会把银行“操作风险”定义为“由于无效的内部程序、不恰当的人员安排或是因外部事件导致损失的风险”。操作风险主要有：工作人员违规操作、工作人员蓄意作案、审核失误风险、风险意识淡薄。

⑥ 信用证诈骗风险

信用证项下的贸易融资的基础是信用证，若信用证出现问题，则贸易融资风险难以避免。信用证诈骗是信用证融资风险的因素之一，必须引起足够的重视。信用证诈骗风险主要有以下几种形式：假冒信用证诈骗、出口商伪造单据的信用证欺诈、无真实贸易背景的信用证欺诈、信用证软条款欺诈。

2）信用证融资特有风险

在信用证融资的过程中，各融资方式除了具有以上所述共有风险外，由于各种融资方式自身存在差异，也就决定了不同的融资方式具有特殊性风险。

① 打包贷款特有风险

在各种贸易融资方式中，打包贷款由于是装船前的融资方式，还款缺乏保障，故银行面临的风险相当大。主要风险如下：

- 受益人获得打包放款后，如将款项挪作他用，而不按信用证规定装运货物，不交来单据，致使信用证成为一纸空文，打包放款无法偿还；
- 在自由议付的信用项下，受益人取得打包放款后可能将单据和副本信用证提交他行寄单索汇，以逃避还贷；

- 在无贸易背景且开证保证金不足的情况下，信用证如果被用来进行打包放款，则打包放款银行所抵押的不过是废纸一张，欺诈者在拿到融资款项时其欺诈银行的目的就已达到了，而利用伪造、变造或已过有效期的信用证申请打包放款也能达到同样的效果。

② 议付特有风险

议付是基于开证行的银行信用而产生的，在议付业务中，开证行承担第一性的付款责任，因此议付行在议付后能否顺利地向开证行寄单索汇，在很大程度上取决于开证行的资信状况。在议付方式下，银行面临的首要风险是开证行资信风险，包括开证行的资金实力和信誉。另一方面，根据 UCP600 的规定，在议付业务中议付行具有审单的义务，在议付方式下，议付行在审单过程中存在着较大的风险。

③ 福费廷特有风险

福费廷业务最大的特点是无追索权的票据买断业务，这也决定了福费廷所特有的风险，根据福费廷包买商的权利、义务的特点，福费廷特有风险主要是：

- 债权让与风险：债权让与相关风险首先是债权的合法性风险，债权本身是否合法，是福费廷包买商能否依法实现债权的重要前提；
- 票据风险：票据风险是指在福费廷业务中，福费廷商由于票据问题遭到进口商到期拒付票款的风险；
- 债务人的信用风险：债务人的信用风险是指债务人到期不愿付款或者到期没有能力付款，造成货款拖欠或无法收回的可能性。

【案例】

C 银行与丙公司签订了福费廷协议。1996 年 10 月，N 银行收到 W 国 A 银行 N 国分行开来的 180 天远期信用证一份，受益人为该行客户丙公司，金额为 USD413 000，信用证于 1996 年 11 月 25 日到期，装运期为 1996 年 11 月 15 日。1996 年 11 月 4 日，丙公司发货后，通过 C 银行将货运单据寄交进口方，以换取开证行 A 银行 N 国分行担保的远期承兑汇票。1996 年 12 月，丙公司将福费廷所需单据提交 C 银行，包括“无追索权”背书的已经 A 银行担保的承兑汇票。1997 年 2 月，W 国 A 银行突然倒闭，A 银行 N 国分行于 1997 年 3 月停止营业，全部资金被 N 国政府冻结，致使 C 银行垫款无法收回，利益严重受损。虽然 A 银行 N 国分行是开证行，承担第一性付款责任，同时又是 C 银行与丙公司进行福费廷交易的担保行，具有保证按期履行对外支付的义务，但突发事件 A 银行总行倒闭，致使 A 银行 N 国分行停止营业，使 C 银行即将到期的票据款无法收回。这里，C 银行之所以遭受严重的银行担保风险是因为 C 银行与丙公司签署福费廷协议前，没有认真评估担保行 A 银行的信用级别，没有掌握全面信息为 A 银行核定一个合理的信用额度，最终引发风险①。

④ 进口押汇特有风险

信用证进口押汇业务所具有的特有风险主要是法律风险。由于专门调整我国进口押汇业务的法律制度并不存在，当前进口押汇中的问题只能够依靠我国《担保法》《信托法》以及

---

① 崔巍. 福费廷项下包买商的风险分析及法律对策［D］. 大连：大连海事大学 2009 年硕士学位论文，第 12 页.

相关的司法解释，进口押汇业务操作模式与担保机制存在一定的冲突造成进口押汇融资风险。

我国《担保法》司法解释第 87 条明确规定："出质人代质权人占有质物的，质押合同不生效；质权人将质物返还于出质人后，以质权对抗第三人，人民法院不予支持。"在进口押汇中我国银行一般的做法在单据上设定的是质押，然而在我国担保法的现有规定下，质押权的成立与有效必须以质押权人占有质押物为条件，如果质押权人将质物交还给出质人，则银行享有的质押担保权益将不能得到法律上的支持。但在现实进口押汇质押过程中，进口商需要通过获得质押物品的占有和处分的权利，从而实现通过销售或者转让该部分财产，获得相应的款项，以偿还银行在信用证过程中的支付行为。因此，在进口押汇方式下，开证行将作为质押的单据交付给开证申请人后，就会违反《担保法》司法解释的禁止性规定而丧失质权所保障的权益。

⑤ 提货担保特有风险

信用证项下提货担保融资的风险源于提单的物权性质和船运公司凭提单交付货物的方式。提货担保业务操作中，在信用证项下货物先于正本单据到达，银行对进口商签订保函，进口商据以向承运人提取货物，此业务流程其实相当于承运人无单放货，本身就具有很大的风险，融资行一旦开具了提货保函，就意味着银行面临单据到达后发现单证不符而又无权拒绝付款或是承兑的风险。

（2）信用证融资风险防范

1）共有风险防范

① 国家风险防范

在信用证项下贸易融资风险中国家风险的影响非常大，当发生国家风险时，银行很难就某国法律寻求保护，国家风险是根本性风险，补偿的手段是非常有限的。因此，应当充分考虑国家风险，采取以下有效的防范措施将国家风险降到最低：① 对国家进行风险评级；② 设定国家信贷风险限额；③ 化解国家风险。

② 汇率风险防范

第一，配对（pairing）。配对是一种货币资金的流入或是流出，可以用另外一种相同时间、相同数量但是方向相反的外币资金流动相对消，以此来抵消汇率风险。

第二，远期外汇合约。远期外汇合约（foreign exchange forward transaction）又称期汇交易是指买卖外汇双方先签订合同，规定买卖外汇的数量、汇率和未来交割外汇的时间，到了规定的交割日期，双方再按合同规定办理货币收付的外汇交易。

第三，外汇期权交易。外汇期权交易是指交易双方在规定的期间按商定的条件和一定的汇率，就将来是否购买或出售某种外汇的选择权进行买卖的交易。

第四，利率风险防范。信用证贸易融资业务大都是采用利率进行定价的。利率变动的不确定性给融资带来风险。防范利率风险的措施有利率风险直接控制和利率风险间接控制。

第五，信用风险防范。风险一般分为系统风险与非系统风险。系统风险如利率风险、汇率风险、国家风险等是无法事先控制也无法左右的风险。非系统风险如信用风险、操作风险等是可以事先控制的。信用风险是非系统风险的首要风险，做好信用风险的防范对信用证融资风险的防范具有巨大的意义。采取的措施主要有：

➢ 审查客户核心管理层；

➢ 做好客户财务分析；
➢ 对客户进行信用评级；
➢ 实行准入制度优化客户群体。

③ 操作风险防范

由于我国的贸易融资业务起步较晚，很多制度并不完善，信用证融资业务涉及较多法律、国际惯例等方面的知识，我国法律制度不健全甚至有时与国际惯例有冲突，再加上我国缺乏精通国际贸易融资业务的高素质复合型的人才，故信用证融资业务操作风险频发，操作风险的防范刻不容缓。其主要措施有：

➢ 加强银行内部控制；
➢ 加强法律、国际惯例的学习；
➢ 培养专业的贸易融资高素质人才。

④ 信用证诈骗风险防范

随着科技的发展，信用证诈骗手段越来越灵活多变，且与高科技结合，诈骗防不胜防，且一旦诈骗成功，风险极大、损失惨重。因此应加强信用证诈骗防范。

出口商方面的防范：出口商应选择信誉好的进口商进行交易，签订贸易合同前进行深入的资信调查，预估履行能力、交易风险；要求进口商谨慎选择开证行，尽量要求选择信誉好的银行作为开证行，以防进口商与开证行勾结诈骗进口商。对进口商开来的信用证要严格审核，严防假冒信用证、含软条款的信用证，并确保信用证与合同条款一致。

进口商方面的防范：进口商应选择信誉高的出口商，应特别注意出口商的货物生产、备货、装船情况，严格要求货物的质量，以防出口商伪造单据诈骗。

银行方面的防范：纵观多数信用证诈骗案例，我们不难发现多数诈骗是由于银行员工工作疏忽，如审核单据失误，或是风险意识淡薄，对异常信息没有保持高度警惕造成的。如果银行工作人员精通国际结算知识，员工素质高，提高防范信用证诈骗的风险意识，那么就能及早识破信用证诈骗。因此，银行要请专家进行员工的技术培训，提高防范诈骗的技巧和警惕性。同时，要加强总结银行自身或他行发生的信用证诈骗案件，汲取经验教训，积累防范诈骗的经验。银行应严格管理电传密押及操作密码，以防被盗，做到“印鉴核符”、“密押核符”。

2）特有风险防范

① 打包贷款的风险防范

融资行要认真调查出口商的资信状况及贸易背景，特别注意信用证有无真实的贸易背景，以防进出口商相互勾结，利用打包贷款骗取银行资金。原则上，融资行应是信用证的通知行，以便核查信用证的真实性；银行应留存信用证正本做质押，以保证银行能掌握和控制信用证项下的单据，以获取开证行的支付。打包贷款后银行应追踪款项的用途，严格要求打包贷款的款项专款专用，以防出口商将融资款项移作他用，影响出口商按照合同约定发货并提交单据。

② 议付的风险防范

议付风险，如前文所述，议付行负有严格审单的义务，要严格按照 UCP600 等国际惯例的要求审核单据，做到单证严格相符，避免因审单失误造成风险；信用证如果为限制议付信用证，则银行作为非指定银行就不能对其议付，否则不能取得议付后的相关权利。

③ 福费廷的风险防范

对包买商来说福费廷业务风险较大，对福费廷风险的防范可以采取以下措施进行防范。

第一，票据风险防范。票据风险的防范要做到如下几点。首先要保证票据的真实性。福费廷业务必须要有真实的贸易背景，其涉及的票据应是基于真实的基础贸易合同产生的。特别应注意审查关联方交易的真实性。其次保证票据的完整性和有效性。票据的基本要素要齐全、未经过涂改，且不是伪造的票据。最后应注意票据的可转让性，并且要求进口商银行进行担保。

第二，福费廷辛迪加。由于福费廷业务标的物是长期资本性货物，所以融资涉及的金额巨大并且时间很长，还涉及进口国某一银行的巨额担保，福费廷商承担的风险非常大，为了分散风险，福费廷商可以仿照辛迪加商业贷款即银团贷款的做法，同其他几家福费廷商联合起来组成辛迪加，达成福费廷协议，就某笔大额交易共同提供融资。福费廷辛迪加可以有效地分散风险，不至于发生风险时造成巨额亏损。

第三，可变利率融资（variable rate finance）。由于福费廷是长期固定利率融资，包买商承担着很多利率风险，为防范这种风险，目前一些福费廷商开始提供可变利率融资，当然这种情况仅限于福费廷二级市场，如果在初级市场提供可变利率融资，就会违背福费廷融资的初衷。

④ 进口押汇的风险防范

在进口押汇实务操作过程中，银行一般需要将质押的单据转交给进口商，而银行也因此丧失了单据下货物的占有权，实质上就已经丧失了质押权成立和对抗第三人的条件，法院对此将认为银行放弃了物保，那么保证人就仅在物保价值之外的范围内承担保证责任。因此，银行应该要求保证人在签订书面保证合同时，明确约定在银行将货物或单据交给进口商后，自愿承担包括对货物所担保债权范围内部分的责任，避免银行因转交质物而造成保证人享有对银行物保放弃的抗辩权而引发的贷款损失风险。为防范进口押汇风险，银行必须构建好进口押汇担保机制，协调好保证与质押两种担保方式的关系，确保两种担保方式合法有效，并且不相互矛盾。

⑤ 提货担保的风险防范

为防范提货担保风险，银行首先应注意调查进出口商的信用程度，调查贸易背景的真实性，避免进出口商串通，在根本没有真实贸易背景的情况下套取银行保函，欺诈银行。其次，银行要密切关注信用证项下的正本提单，因为正本提单才是银行免责的依据。为了防范单据到达后出现单证不相符的风险，银行必须要求进口商作出明确的书面承诺，即在单据到达后，进口商放弃对不合格单据拒付的权利，从而避免进口商在不合格单据下与银行发生支付纠纷。为了更好地保证自身利益，在必要时，银行可以要求进口商提供反担保，以保证银行对船运公司承担赔付责任后，进口商又无力满足银行的追偿时能向反担保人追偿，从而转嫁担保风险。

第四篇

贸易术语的风险防范及选择策略

第十二章
贸易术语的风险及防范策略与技巧

在国际贸易中，采用不同的贸易术语买卖双方的风险不同。只有熟悉和掌握各个贸易术语下买方和卖方所面临的各种风险，进出口商才能正确选择对自己有利的贸易术语。此外，进出口企业在对“INCOTERMS 2000”（简称《2000 通则》）下的各个贸易术语风险研究的基础上，尤其还应对“INCOTERMS 2010”（简称《2010 通则》）下的贸易术语及风险变化充分地了解，以便在今后的交易中选择合适的贸易术语，避免和防范风险。

1.《2000 通则》下 FOB 的风险及防范

（1）FOB 术语下出口方面临的风险

1）陆地运输货物灭失风险

根据《2000 通则》的解释，以 FOB 贸易条件出口，买方负责安排货物的运输与保险，并支付运费和保险费。货物的风险划分以船舷为界，卖方需负责货物越过船舷以前的全部风险。货物在由仓库至码头的运输过程中，在集装箱堆场或码头的仓储环节所发生的损失将全部由卖方负担。因此，以 FOB 方式达成的交易，货物在越过船舷后风险由买方承担，而货物在自装运港越过船舷之前一切风险由出口商自行承担。但是，货物在越过船舷之前的风险极易被出口商忽略而遭受损失。

2）船货衔接风险

在 CFR 和 CIF 合同中，备货、租船订舱和装船都由卖方一手操办，因此，船、货衔接问题比较容易解决。但在 FOB 合同中，卖方负责备货和装船，但买方负责租船订舱，连贯的流程被分割由两方分别负责，往往产生船货衔接不好的问题。在 FOB 合同下，买方把船名和装船期通知卖方，卖方再在合同规定的装运港和装运期内将货物备妥装船，双方远隔重洋，沟通不畅或一些主客观原因往往就会在船货衔接方面产生问题。比如买方延迟派船或因各种原因导致装船期延迟或变更船名，导致卖方货物不能按时装船，滞留港口，由此使卖方增加一些额外的支出如仓储费用，或使卖方由于迟收货款而造成利息损失；卖方备货延迟或因其他原因未能在指定日期将货物装上指定的船只，也会造成额外的费用如空舱费、滞期费，因此由于船货衔接问题而导致的贸易纠纷经常发生。更甚者因市场情况发生变化，买方根本不派船，以致 L/C 不生效，卖方货物积压。所以在商订合同条款时，认真解决好船货衔接所引起的法律责任问题就成为十分突出和极为重要的问题。

【案例】

2005 年中国 A 公司作为卖方与韩国 B 公司签订了一份大豆的购销合同：大豆单价为

××美元/吨，FOB 大泽，麻袋装，每袋净重××公斤，买方须在 2005 年 8 月派船到港接运货物；货物的质量以中国商品检验检疫局的证明为最终依据。但是之后由于各种原因，B 公司延误了数月后才派船来华接货。大豆装船完毕运抵目的地后，B 公司发现大豆生虫，于是委托当地检验机构进行检验，并签发了虫害证明以便向 A 公司索赔。A 公司接到对方的索赔请求后，一方面拒绝赔偿，另一方面要求对方支付延误期间 A 公司所支付的仓储保管费以及其他费用。另外，保存在中国商品检验检疫局的检验货样，至争议发生后仍完好，未发生虫害。

【解析】

本案中，一方面，由于进口商 B 公司未按期到港接货，按照惯例规定，由此产生的一切额外费用均应由买方负责；另一方面，按照 FOB 条件，买方承担货物自装运港越过船舷以后的一切风险，卖方只能保证大豆在交货时的品质规格，对运输途中所引起的大豆品质变化不承担责任。由于保存在中国商品检验检疫局的检验货样至争议发生后仍然完好，未发生虫害，可以肯定卖方交货时的货物品质是完好的。因此，可确定大豆生虫是在运输途中发生的。综上所述，进口商 B 公司的索赔是不成立的。

3）进口方指定货代公司的风险

FOB 贸易术语下买方要办理运输事宜，但从目前 FOB 的实际使用情况看，买方指定船公司的少，绝大部分是指定境外货运代理。买方指定货运代理的原因是多方面的，有的是要求货代承担办理清关、分拨集运、物流等服务；有的是要求货代为其把握准确的交货付运情况；有的是客户与船公司或货运代理有着特殊的关系，能拿到便宜的运价；还有少数不法商人利用货代或串通货代骗取卖方货物的。FOB 即使在信用证条件下，卖方也难以保证货物的绝对安全，这是由于买方与船公司或货代的特殊关系，客户可先担保提货，一方面拖延付款，影响卖方的正常收汇；另一方面，客户提货后，经常会提出一些无理要求来刁难卖方，使原来较为安全的结汇方式变为商业信用，风险增加，使卖方处于被动、不利的地位。最糟的是，卖方手中只持有结汇之用的货代提单，货代一旦凭手中持有的真正的物权凭证船公司提单把货提取出来，而买方则不去银行赎单，就会使卖方货、单两空。最近以来时常发生买方与货代勾结，要求船方无单放货，造成卖方钱货两空的事情。所以卖方会遇到 FOB 下指定货代之后提心吊胆，不知何时会发生灭顶之灾的情形。但在买方市场的形势下，卖方也是不得已而为之。

【案例】

浙江某公司与一韩国公司签订了一份价值 15 万美元的季节产品售货合同，价格条件为 FOB，付款方式为不可撤销即期付款信用证，议付有效期为装运后 5 天内。浙江公司按合同及信用证要求，及时足量将货物交付船公司指定仓库。随后便在出运后催讨正本提单。船公司先是要求浙江公司付款（人民币费用）买单（提单）以拖延时间，随后又寄送不符合 L/C规定的正本提单给浙江公司。适逢周末，浙江公司眼见修改提单也无法在有效期内议付，只得在存在不符点的前提下匆匆交单。结果当然被对方银行拒付。浙江公司经多次与韩国公司及船公司交涉无果，考虑到季节货物无法久拖，只得同意降价销售。

大量使用 FOB 术语，还会增加我国出口企业的各种隐性支出。FOB 术语下，卖方负责支付货物越过船舷前的一切费用。很多船公司或者货代看中这点，往往以便宜的价格招揽国外客户指定其作为 FOB 项下买方指定代理，随后再对我国外贸企业大幅度提高装船前的一系列船杂费用，甚至巧立费用名目，来转嫁其费用损失或者捞取超额利润。如出口方试图理论或者拒付，则拒绝签发提单甚至根本不安排装运。这时，出口方索取提单结汇心切，只有任人宰割，忍痛付款。

4）提单种类的选择问题

卖方的风险还来自于错误的提单选择。在实务操作中，很多卖方青睐记名提单而摈弃指示提单，认为选用记名提单可以直接把货物交付给买方（或收货人），不会因为遗失提单而货物被别人提走，而指示提单要多出一个指示的过程，多此一举。殊不知这样做卖方忽视了另外一个更大的风险：买方商业信誉。因为，与凭指示提单相比，记名提单只起到运输合同及货物收据的作用，而缺少了物权凭证这一最重要的作用。因此，一旦承运人让记名提单载明的收货人在未提交正本提单的前提下提走了货，卖方也不能以正本提单在自己手中为理由向承运人或提单签发人主张自己的权利。正因为凭指示提单比记名提单多了一个物权凭证的功能，为了保障自己的权益，卖方选择提单时要选用凭指示提单，而不选择记名提单，因为这样做可以在承运人无单放货的情况下或提单遗失的情况下按照法律规定凭此主张自己的权益，同时还可以在以后发货人因故要将货物退运、转运或委托第三方提货等方面消除很难解决的人为障碍。特别注意的是提单背书转让时，要尽量使用“空白背书”，以便行使对货物的处置权。

【案例】

广州A公司与香港B公司签订出口某种货物的合同，付款条件FOB广州，D/P见票后60天。A公司按合同规定将货物交给买方指定的承运人香港C公司驻广州办事处，并由该公司负责运往荷兰鹿特丹，香港C公司在其驻广州办事处接管货物后签发联合运输提单正本一式三份，通过其广州办事处交给A公司。联运提单所示的托运人为A公司，并载明货物“凭香港B公司指示交付”。A公司将全套提单连同其他单据委托广州的银行收款。由于B公司到期拒不付款，接受银行委托的香港代收行只得将全部单据通过银行退给A公司。A公司经向香港C公司查询货物下落时才获悉C公司已按联运提单所写“凭香港B公司指示交付”的文字，将从香港把货物运至鹿特丹的公司出具的正本提单交给香港B公司，货物也早已被荷兰的收货人凭香港公司的提单提走。A公司遂以承运人无单放货为由，在广州法院对C公司提起诉讼，并要求赔偿全部损失。法院判决支持原告全部理由和请求。但是由于C公司已经宣告破产清理，驻广州办事处早已撤销停业且B公司在不久前也已倒闭，A公司要追回损失，事实上已不可能。

【分析】

从本案可以看出，这是一起收货人与承运人相互勾结共同欺诈我出口商的案件。造成损失的原因是多方面的。首先，出口商未对买方和承运人的资信情况、经营能力等做详细调查，是这次受损的主要原因之一。其次，提单上的写法不当为诈骗行为创造了机会。本案中，提单上载明货物“凭香港B公司指示交付”，且采用FOB贸易术语。根据规定，广州A公司很大程度上失去了对货物的控制权。如果在收货人一栏中加注“To order of shipper”或“To order of × × bank”等，就可以加强出口方对进口方和承运人的约束，减少进口方和承运人相互勾结和诈骗成功的机会。再次，广州A公司交付货物，取得运输单据后，就以为万事大吉了，并未对货物在广州装运港装船以后的情况进行有效的追踪控制。最后，使用“D/P见票后60天”，使出口商承担了很大的风险。正如本案中，香港B公司对代收行作出承兑，迷惑我出口商，等60天之后汇票到期时，代收行在找B公司要求付款时，为时已晚。

5）无单放货的风险

无单放货，即无正本提单放货，指当船舶到达目的港后，承运人接受收货人或提货人凭提单副本加保函提货的要求，在未收回正本提单的情况下先行放货。在FOB术语下，由买方指定承运人或指定货运代理办理运输，我方在指定装运港船舷交付货物后就丧失了对货物的有效控制权，而货物控制权的丧失对卖方来说是非常危险的。因为一般情况下，买方指定的通常是其熟识的境外船公司或货运代理，那么买方就有可能利用他们之间的良好关系，通过提单的正本复印件或银行保函，采取无单提货等方式提取货物，这样一来，如果一旦发生变化，买方不付货款就将造成我出口方货、款两空的损失。

还有种情况是国外的买方与其指定的境外货代之间相互勾结，串通一气搞无单放货，甚至特意设置境外货代或无船承运人对国内出口企业进行骗货。一旦发生上述情况，我国出口商将处于非常被动的地位，追索起来也十分困难。我国的出口商只能依据海上货物运输合同起诉境外契约承运人，或依据货运代理合同起诉货运代理，但由于这些运输契约的当事人身处国外，追索起来非常困难；对于涉案货物在国外目的港已被无单放行这一关键事实也难以举证；即使胜诉也可能因为这些运输契约当事人名存实亡而无法获得真正的赔偿。

【案例】

买卖双方进行电器交易，签订了FOB合同，约定应提交“记名提单”。卖方依约交货后，将承运人签发的提单连同其他单据通过银行转交买方。货到目的港后，买方说未收到提单，为了尽快提取货物，买方出具了保函给承运人，承运人确认买方是记名提单指定的收货人，就让其提走货物。结果，买方提货后拒付货款，于是卖方追究承运人无单放货的责任。

【分析】

本案中，由于签发的是记名提单，根据国家《海商法》的规定，承运人可以不凭收货人出具的提单，而将货物交给记名提单上所指定的收货人，并对其后果不承担责任。由上述内容可知，卖方很可能由于承运人单方面的无单放货行为受损。因此，在实际业务中，应尽量规避无单放货的风险，出口商可要求境外货代的提单必须有国内货代签发并掌握货物的控制权，并向发货人出具保函，以保障出口商的货权。

6）无法取得提单的风险

由于国内出口商很难控制指定货代，因此无论是国内出口商与指定货代联系制作相关运输单据还是由国外进口商联系制作相关运输单据和订舱，国内出口商都很难在安排货物出运过程中控制运输单据的制作和交付，无法取得提单的风险随之产生。

一般情况下，如果提单托运人栏内记载出口商，那么出口商通常能取得提单。但是，一方面，在FOB项下，国外进口商是运输合同的托运人，其在安排订舱出运过程中往往可能要求在提单的托运人栏内填国外进口商的名称，国内出口商难以控制；另一方面，不少国内出口商甚至同意提单托运人栏内填国外进口商的名称。这就容易使指定的货代/无船承运人将提单直接签发给国外进口商，导致国内出口商无法取得提单，失去了对货物的控制。这种国内出口商没能取得提单导致货款两空的情况并不少见。

当国内出口商发现提单已经被签发给国外进口商时，要追究货代及/或无船承运人的责任时会发现很难赢得诉讼。目前我国的司法实践对于承运人是否有权将提单直接签发给被记载在提单托运人栏内的国外进口商存在巨大争议。

7）无法控制合同履行进程的风险

选择FOB贸易术语，国内出口商很难控制合同履行进程，这也是出口商巨大的潜在风险。特别是在大宗货物买卖过程中，选择FOB贸易术语，尽管进口商开出了信用证，但如果进口商由于各种原因，如自身经营、价格变动、市场变动等，可以轻而易举地不履行合同。一个简单的办法是不去租船订舱，出口商无法发货，无法取得提单和其他文件办理结汇。

如果进口商没有按合同规定的时间租船订舱，可能会对出口商造成重大损失，特别是经营食品、农产品、保质期短的产品，出口商所备的货物可能因交货时间的推迟而腐烂变质，降低质量标准，无法检测合格，这样的事例在我国对外贸易中时有发生。

国内出口商遭受损失后只能依据买卖合同向国外进口商索赔，但如果在国内诉讼，那么执行成为问题，如果在进口商所在国进行诉讼，诉讼费用和难度也可想而知。大量的情况下，国内出口商只能独自承受相关损失。

（2）FOB术语下的风险规避策略

1）交货前的风险规避

出口公司在与新客户签订FOB合同前，对客户的资信状况要做全面了解，对客户的资信和履约能力情况的了解，不能停留在询问、考察上，还要增加其他指标，比如要求提供下列相关材料：经过审计的最近三年的资产负债表、银行资信证明、两个以上的用户证明、质量认证体系证书以及其他有关材料。即使是做了几次顺畅贸易的老客户，也要特别小心，有些存心不良的客户从小业务做起，次次顺畅，但等到有大单业务时，就会动无单放货的心眼。要注意分批出运，尽量避免大量集中出口，降低风险。要切实提高业务人员素质，深入了解各种贸易术语的含义、费用及风险划分；要熟悉出口流程、了解航运市场，强化信用证贸易和海上货物运输的实务操作，严格按出口合同及信用证规定装运货物、制作单据，以防止买方找到借口拒付货款。货主还要特别注意观察客户对合同或信用证条款是否有不同于FOB术语做法的新要求和变化，并作出应对。选用合适的结算方式，通过收取一定的预付款降低风险，使对方按合同办事。

2）为货物加投国内陆运险

在以FOB价格条款成交的合同下，买方所购买的保险只是承担货物越过船舷后的风险，货物没有越过船舷之前的风险由卖方承担。为了减少意外带来的损失，卖方可以向保险公司购买“装船前险”，即国内陆运险。这样一来，即使发生了意外，也可以向保险公司索赔，减少卖方的损失。不过，购买国内陆运险会增加卖方的成本，所以在商定价格的时候就应该将此费用考虑在内。另外，卖方也可以考虑采用FCA贸易术语，这样一来货物的风险可以在货物交给第一承运人的时候将风险转移。

3）避免买方指定货代公司

为防止货代骗货，可采取如下措施：

- 尽可能避免外商指定船公司、境外货代或无船承运人安排运输；
- 如外商坚持指定货代，应通过国际咨询机构对买方指定的货代进行资信调查，可接受知名的船公司，如不行，认为不能接受，应及时予以拒绝或让对方在发货前预付全部货款；

- 境外货代提单必须委托经我国有关部门批准的货代企业签发，货主可要求买方配合，让代理签发提单的货代企业出具在目的港凭正本提单放货保函，或争取采用船公司提单取代货代提单。因为船公司大多信誉良好，会凭借其信誉与实力，妥善地处理凭担保将货放给客户而产生的纠纷；
- 企业内部加强审核把关，对于买方指定的境外货代或船公司，卖方应该进行相应的资信调查，掌握其公司的注册地、注册资本状况、公司的业务状况、与他人履约的表现等基本情况，并核查是否有向我国交通部办理承运人资格手续。如果没有备案的，可向客户婉拒；
- 投保出口信用险，出口商还可以对出口的货物进行投保，以保证货物的安全。

4）应与承运人签订买方违约情况下的责任免除合同

在整个交易期间，卖方应密切同买方联系，以避免因信息传递延误或失真而造成船货衔接不及时。在签订合同时，应该明确规定买方应该提前向卖方通知船名、船籍、船期以及所属船公司的详细资料，以供卖方确认及联系，并在合同中说明由于买方或船方的原因延误了装船，应由买方承担违约责任，向卖方赔偿因此造成的损失。

5）控制物权凭证

在使用 FOB 贸易术语的情况下，卖方在发货之后，一定要控制好具有物权凭证作用的海运提单，特别是对海运提单的抬头需要谨慎。出口方不能接受进口方作为提单的托运人的要求，当进口方不是采用预付运费时，既不要做成记名提单，也不要做成凭收货人指示的提单，而应该做成空白抬头或者凭发货人或者开证行指示转让的提单。这样对于提单背书转让的权利就保留在卖方或者银行的手中，买方不付款或者不承兑就很难获得包括物权凭证在内的各项单据，从而无法获得正本提单去办理提货手续。

6）在合同中与进口商约定，货物到达多少天后，进口商不取货物的话，货物将由出口商处置

在合同中采用此约定，可以有效地防止买方因国内价格变动而在货物到达该国时拒绝提货而给卖方造成损失。在合同中进行相关的约定后，若再约定到货多少天内买方没有提货，则卖方可以趁早寻找其他买家，或者安排将货物运回，这样可以减少卖方的损失。

7）应选择合适的结算方式

出口商可以争取使用符合自身利益的结算方式。对于如记名提单等对出口商自身极为不利的贸易方式要极力避免，即使需要采用这种方式时，也应尽量符合我国法律或汉堡规则等的规定，这样才可确保在出现意外状况的时候，出口商能够增加获得赔偿的可能性。对于 FOB 加电放提单的情形也应在与买方进行充分沟通的前提下，尽可能要求买方以全 T/T 的方式付款。而在无船承运方式下，若买方在信用证中要求使用无船承运人提单的结算方式，应不予接受。同时，还可以采用国际保理或出口信用保险措施控制风险，以委托追账公司追收账款作为事后补偿措施。

2.《2000 通则》下 CFR 的风险及防范

根据《2000 通则》，CFR 是成本加运费，即当货物在指定装运港越过船舷时，卖方即完成交货。与 FOB 术语相比，CFR 术语下由卖方办理运输；与 CIF 术语相比，CFR 术语下卖方不负责办理保险手续和不支付保险费，不提供保险单据。

（1）CFR 术语下的风险

1）陆地运输货物灭失风险

根据《2000 通则》，CFR 术语下，风险是在货物越过船舷时即转移至买方。采用 CFR 术语，卖方要承担货物越过船舷之前的一切风险。因此，货物在由仓库至码头的运输过程中，在集装箱堆场或码头的仓储环节所发生的损失将全部由卖方负担。但是，同采用 FOB 术语交易一样，货物在越过船舷之前的风险极易被出口商忽略而遭受损失。

【案例】

A 公司向 B 公司出口一批货物，签订 CFR 合同，A 公司于 2005 年 1 月 9 日将货物运至码头装船海运，在汽车运输途中遇到车祸发生损失，因 CFR 是买方办理保险，A 公司要求 B 公司向保险公司索赔。请问：A 公司能否得到赔偿？

【分析】

CFR 术语是成本加运费，买方负责办理保险，但保险的起止点为装运港船舷到目的港。本案中，货物在运至码头的过程中发生了车祸，并造成损失，此时货物风险并没有发生转移，仍由卖方负责，若卖方没有进行投保，则货物处于无保险状态，货物损失应由卖方单独承担。

2）装船通知是否及时准确送达的风险

在采用 CFR 术语成交时，运输合同和保险合同分别由卖方和买方订立，为了使买方能及时办理海运货物保险，卖方在装运港装船后要及时向买方发出装船通知。根据《2000 通则》，如果由于卖方未发出装运通知导致买方没有及时投保或漏保，而货物在运输途中遭受损失或灭失，卖方不能以风险在装运港船舷转移为由免除责任。在实际业务中，作为 CFR 合同，除了注意在装船后及时发出装船通知外，还应注意所发信息的准确性，若因发出的装船通知上发生错误而导致买方损失，卖方也要承担相应的责任。

【案例】

中国 A 公司（买方）与澳大利亚 B 公司（卖方）于某年 3 月 20 日订立了5 000千克羊毛的买卖合同，单价为 314 美元/千克，CFR 张家港，规格为型号 T56FNF，信用证付款，装运期为当年6 月，我公司于5 月31 日开出信用证。7 月9 日卖方传真我方称，货已装船，但要在香港转船，香港的船名为 Safety，预计到达张家港的时间为 8 月 10 日。

但直到 8 月 18 日 Safety 轮才到港，我方去办理提货手续时发现船上根本没有合同项下的货物，后经多方查找，才发现合同项下的货物已在 7 月 20 日由另一条船运抵张家港。但此时已造成我方迟报关和迟提货，被海关征收滞报金人民币 16 000 元。我方向出口方提出索赔。

【分析】

在船名船期通知错误这一问题上，责任在卖方是不容置疑的。

因为根据 CFR A7 的规定，卖方有义务将转船的变化情况及时通知买方，以便买方能采取通常必要的措施来提取货物。可是本案的卖方没有这样做，使得我方不得不设法打听货物的下落甚至支付滞报金之类的额外费用。故仲裁庭裁决出口方赔偿滞报金给我方。

3）承运人无单放货风险

采用CFR术语交易，卖方仍然会面临承运人无单放货的风险。在实际业务中，承运人无单放货风险常见的有以下两种类型：一种是买方在未获得正本提单的情况下，向承运人出具担保函，要求承运人将货物交给自己或其指定的收货人，并保证承担由此可能产生的任何后果；另一种是卖方向承运人出具担保函，要求承运人不凭提单将货物交给其指定的收货人。对于前一种情况，如果发生损失则由承运人承担责任，但是后一种情况发生损失则由卖方自己承担损失。

（2）CFR术语下的风险规避策略

1）为货物加投国内陆运险

采用CFR术语交易，买方所购买的保险只是承担货物越过船舷后的风险，在货物没有越过船舷之前的风险由卖方承担。同使用FOB术语成交一样，为了减少意外带来的损失，卖方可以向保险公司购买“装船前险”，即国内陆运险。这样一来，即使发生了意外，也可以向保险公司索赔，减少卖方的损失。不过，购买国内陆运险会增加卖方的成本，所以在商定价格的时候就应该将此费用考虑在内。另外，卖方也可以考虑采用CPT贸易术语，这样一来货物的风险可以在货物交给第一承运人的时候将风险转移。

2）及时准确向买方发送装运通知

根据《2000通则》，卖方在装船后及时通知买方是卖方的基本义务。如果由于卖方未发出装运通知导致买方没有及时投保或漏保，而货物在运输途中遭受损失或灭失，卖方不能以风险在装运港船舷转移为由免除责任。因此，及时向买方发送准确的装船通知以便买方及时购买保险是非常重要的。

3）选择资信良好的承运人

CFR术语下虽然是卖方租船订舱，但是卖方在选择承运人时仍要加强审核把关，对其进行相应的资信调查，掌握其公司的注册地、注册资本状况、公司的业务状况、与他人履约的表现等基本情况，以防止因承运人信誉不佳而导致卖方损失。

3.《2000通则》下CIF的风险及防范

（1）CIF术语下的风险

1）进出口手续不全的风险

由于CIF合同下买卖双方需要办理各自的进口或出口手续，在进口管制较严的国家，进口方一定需要在签订买卖合同以前就取得进口商品管制所需要的配额证或者许可证，否则临时办理来不及，导致货物滞港或船舶无法卸货，将带来巨大经济损失。对出口方而言也是如此，出口方在签订买卖合同之前应取得出口该货物所需的进出口手续，否则将会影响货物的出口。

【案例】

香港某电子公司A和江苏某机械设备有限公司B于2005年12月21日签订了CIF合同，合同规定A卖给B德国产二手减振器制造设备，合同总值为450万美元，CIF上海；交货日期为2006年5月30日前；付款条件为B在收到A提交的单据、商业发票等单证后，不迟于

7天以电汇的方式付款。

合同签订后，由于A供货商的原因，A推迟了交货时间。A于2006年7月23日将货物装运，随后将合同规定的全套单据交给了B，B未就延迟交货问题提出异议。付款期限届满，B通知A，声称其在6月19日被取消了外贸进出口经营权，无法办理进口批文，要求退货，并一直没有向A支付设备货款，经A多次追索，没有结果。A遂依据合同中的仲裁条款，于2006年12月17日向仲裁委员会提请仲裁，要求B支付设备货款，并赔偿利息损失。仲裁机构最后裁决，A胜诉。

【分析】

CIF术语下，买方须自行承担风险和费用，取得进口许可证和其他官方批准证件。因此，取得本案合同项下设备进口批文是被诉人B的义务，与申诉人A无关。本合同价格条件为CIF上海，申诉人已经将合同规定的全套单据交给被诉人，已经完成了交货义务。而且，被诉人已接收了申诉人交付的单据，并未就延迟交货问题提出异议。因此，被诉人B的行为构成了违约。

2）出口商承担的风险

① 船舶滞期风险

对于班轮运输来说，船舶滞期基本不存在，但在散杂货的租船合同中，出口商对船舶的装卸货港口和装卸时间有决定权，因而自然也承担船舶滞期的风险。当然如果能提前完成装卸货，一般也会有速遣费的奖励。因此，出口商安排条件较好的装运港对租船合同的履行有重要的意义，否则由于码头条件有限导致装货过慢会引起滞期。

② 买方欺诈风险

CIF合同下，卖方自费订立运输合同，将货物按惯常航线、在指定日期装运至指定目的港，并支付运费。国际贸易实务中，目的港多是买方接受货物的地点，大多由买方提出，卖方进行确认。买方，尤其是位于内陆的买方，为了减少自己的费用负担，往往在卖方不熟悉的情况下隐瞒港口实情。卖方对国外港口的不熟悉，使得买方的欺诈有了可乘之机。

2005年，我国某公司向巴西出口一批货物，约定了CIF巴西马瑙斯。该港口实际是内陆港口，中方公司未作详细了解，以为是沿海港口便同意了。该公司在办理运输时才知道这一情况，货物运往该港需要经过亚马逊河1 000千米的航程才能到达。当向买方提出更改目的港的建议时，买方不同意，我国公司最终只得按照合同的约定租船运输。因为内河运输不便，为此我国公司承担了高昂的费用，比预算多支出了近一倍。而买方只支付了运到沿海港口的费用，我国公司遭受了重大损失。

【案例】

我国外贸公司打算出口某种农产品到中东地区，与沙特阿拉伯一商人按照CIF签订了出口合同。合同中规定的装运港是中国东部某港口，目的港是沙特的达曼，支付方式是即期信用证。合同订立不久，买方通过银行开来了信用证。但在信用证中，买方将目的港改成了东南亚某港口。我外贸公司在审证时发现了这一差异，要求对方按合同修改信用证，但对方拒不改证。最后，我外贸公司退回信用证，并宣布解除合同，而且要求对方承担违约责任。

【分析】

本案中，买方企图通过信用证来修改合同，这一改动是买方单方面的行为，我方有权接受，也有权拒绝。我外贸公司希望将该产品打入中东市场，因而报出较为优惠的条件，而对方则希望通过转手到东南亚来赚取高额利润，所以，买方的行为与我方的初衷相悖。我方根据国际惯例和相关法律，指出对方无权单方面变更CIF的目的港，要求对方按合同修改信用证，是有理有据的。在对方坚持不改的情况下，我方退回信用证，解除合同并提出索赔是完全正确的行为。

③ 运费上涨风险

根据惯例，CIF合同下是由出口方租船并指定货运代理，从而对货运代理有了一定的支配权，能够较好地保障出口方的利益。但是，由于航运市场也有旺季和淡季之分，运费价格处于波动之中，班轮运输各种名目的附加费繁多。而对于承租船来说，海运市场价格同样有波动起伏，更关键的是，能否确定在某个时间租到船以及所定的船舶是否能够如期到达装运港也是个很重要的问题。因此，对于出口方而言，在报价中预留一定的上浮空间，预留一段合理期限的装运期是非常必要的。

④ 风险转移滞后与实际控制权转移的风险

根据惯例，在采用CIF术语签订贸易合同时，出口方同时以托运人身份与运输公司即承运人签订运输合同。在出口方向承运人交付货物，完成运输合同项下的交货义务后，并不意味着已完成了合同项下的交货义务，出口方仍要承担从交货到货物越过船舷之前的一切风险和损失。而在货物交由承运人接管后，托运人已经丧失了对货物的实际控制权。这就存在损害出口方权益的隐患，尤其是深处内陆地区的企业，从该地区经陆路运输到装运港口越过船舷，中间要经过很长时间，相应地就增大了各种风险发生的概率。当然在此期间货物如发生损失，出口方向进口方承担责任后，可依据运输合同再向承运人索赔，挽回其损失。但是对于涉及有关诉讼的费用、损失责任承担费用很可能无法达成协议，再加上时间耗费，出口方很可能得不偿失。

【案例】

2000年5月，美国某贸易公司（以下简称进口方）与我国江西某进出口公司（以下简称出口方）签订合同购买一批日用瓷器，价格条件为CIF Sanfransisco LOS-ANGELES，支付条件为不可撤销的跟单信用证，信用证中规定出口方需要提供清洁已装船提单等有效单据。出口方随后与宁波某运输公司（以下简称承运人）签订运输合同。8月初，出口方将货物备妥，装上承运人派来的货车。途中由于驾驶员的过失发生了车祸，耽误了时间，错过了信用证规定的装船日期。得到发生车祸的通知后，我出口方立即与进口商洽商，要求将信用证的有效期和装船期延展半个月，并本着诚信原则，告知进口方两箱瓷具可能受损。美国进口方回电同意延期，但要求货价应降5%。我出口方回电据理力争，同意受震荡的两箱瓷具降价1%，但认为其余货物并未损坏，不能降价。但进口方坚持要求全部降价。最终我出口方还是作出让步，受震荡的两箱降价2.5%，其余降价1.5%，为此受到货价、利息等有关损失共计15万美元。

事后，出口方作为托运人又向承运人就有关损失提出索赔。对此，承运人同意承担有关仓储费用和两箱震荡货物的损失，利息损失只赔50%，但对于货价损失不予理睬，认为这是由于出口方单方面与进口方的协定所致，与己无关。出口方却认为货物降价及利息损失的根本原因都在于承运人的过失，坚持要求其全部赔偿。经多方协商，承运人最终赔偿各方面损失共计5.5万美元。出口方实际损失9.5万美元。

【分析】

从此案例看出，卖方在选用贸易术语时，由于不懂或选用不当将增加贸易风险，甚至造成无可挽回的损失。

⑤ 无法尽快交单结汇，延长收款时间

根据《2000 通则》的规定，CIF 条件下出口方应准备可转让提单、不可转让海运单或内河运输单据以交单付款，这与仅适合于水上运输方式相对应。尤其是对于沿海地区企业非常便利，不会影响其结汇。但如果是深处内陆地区企业，往往是出口方先进行内陆短途运输，这时卖方因货物未装船而无法拿到提单，办理交单结汇之事，只有当货物运到装运港装运之后出口方才能拿到提单，然后结汇。可见，这种对单据的限制会直接影响到卖方向银行交单结汇的时间，从而影响出口方的资金周转，增加出口费用。在上述案例中支付条件为不可撤销的跟单信用证要求出口方提交提单，出口方只有到港口换取提单结汇。

⑥ 内陆地区采用 CIF 术语还有一笔额外的运输成本

在 CIF 价格中应该包括从装运港到目的港这一段的运费。但从内陆地区到装运港装运之前还有一部分运输成本，如：甘肃、青海、新疆等偏远的内陆地区到我国东部装运港之前的费用一般要占到货价的一定比例，这无疑增加了卖方成本，削弱了出口企业的出口竞争力。

3）进口商承担的风险

① 进口商实际价值损失的风险

在以 CIF 术语成交的进口合同中，由于 CIF 术语是象征性交货，又是境外出口商订船，他们只保证实际的装船日，却不能保证国内进口商的实际到货日。国内进口商在实际进口业务中，往往由于船公司自身等方面的原因，经常面临无法按期收货的情形，给进口商带来多方面的损失。特别是对于那些保质期较短的食品、易腐的季节性的大宗农产品或时效性很强的时尚物品，由于推迟收到货物，进口商只能被迫采取销售打折、缩短货架销售时间等手段，造成其实际利润下降，甚至会影响到部分产品的国际期货市场价格，进而给其后续经营带来不利影响。

② 进口商钱货两空风险

在以 CIF 术语成交的进口合同中，由于 CIF 术语是象征性交货，不是实际交货，再加上国外出口商订船，因此很容易造成 HOUSE 提单风险。在此种提单的实际操作中，出口商未经装船而可以拿到议付进行结汇，使国内进口商延后收到货物，甚至这种 HOUSE 提单根本就是假单据，从而造成进口商钱货两空。另外，在实际操作中，可能出现出口方所装运的货物与进口方所需要的货物不一致，而船公司对出口方所提供的货物及其品质往往可以通过所谓的保护性条款来规避自身责任，结果仍将可能给进口方造成难以挽回的潜在损失和实际损失。

③ 进口商成本核算偏低风险

在当今贸易利润越来越小的国际形势下，在以 CIF 术语成交的进口合同中，进口商面临着成本核算偏低的风险。CIF 术语由于是境外出口商订船，出口商拥有许多主动权选择船公司来减少费用支出，原本许多属于出口商承担的费用被转嫁到国内进口商身上，海运部分，如装船费用、杂费、空箱遣返费、船公司的中转费用等。这些转嫁的费用有可能超过实际的运输费用。

4）出口商违约风险

出口商未按合同规定的时间或地点装货。出口商必须在合同规定的日期或期间内，在指定的装运港将货物交付至船上。如果出口商提前将货物装至船上，就等于减少了自己所承担货物风险的期限；如果出口商自行将交货地点缩短至最近港口，也等于减少了自己所承担风险的路程。这些行为显然对进口商都是不利和不公平的。在CIF合同下装运是卖方义务，进口商对此处于被动地位，出口商违约势必对买方安排卸货等一系列问题造成不良影响，损失也在所难免。

5）进口商违约风险

① 不正当拒收货物风险

在国际贸易中，国际货物买卖中买方拒收货物是交易中的严重事件，它给买卖双方都带来极大影响。拒收权是法律赋予买方对卖方严重违约采取的主动救济权利，它能最大限度地减轻由于卖方违约可能造成的损失，如当卖方严重违反合同义务，交货迟延或提前，或交货与合同不符，买方拒绝承认卖方所交货物的所有权转移，要求将已经或正在履行的所交货物退回。在市场行情发生变化时，合理运用拒收权是买方转移商业风险的有力措施。但是，买方一旦滥用拒收权或行使不当，将会严重侵害卖方的利益，给卖方增加不合理的负担。国际货物买卖不同于国内货物买卖，它具有交易额大、交易成本高、风险大的特点，一旦卖方交付了货物而最终却导致了买方的拒收，卖方将损失惨重，不仅要赔偿因违约给买方造成的损失，还要负责转卖处理被退回的货物，这又无形中增加一笔额外的费用。

② 买方拒付货款风险

国际贸易结算一般采用汇付、托收和信用证三种结算方式。无论是哪种结算方式，都需要依托银行来进行。对于出口商来说，如果进口国发生金融动荡，收款风险依然会大大增加。就以信用证结算方式为例来看，信用证是开证行应进口方的请求，开给出口方的一种有条件承诺付款的书面凭证。开证行承诺，只要出口方（受益人）提交符合信用证规定的单据，开证行就必须按照信用证规定的金额和期限付款。在信用证支付方式下，银行承担第一性的付款责任，开证行的信誉好坏和实力大小对出口方来说是至关重要的。与其他结算方式相比，信用证结算方式对出口商是比较安全的，因为银行信用代替了商业信用，让出口商得到了更多的保护。但是尽管如此，在金融危机发生、市场萎缩的情况下，很多进口商由于本身的资金链断裂、订单量缩小等问题，会出于自保把损失和风险转嫁给出口商，拒绝提取信用证项下的货物。一旦这样，银行在开立信用证时，若没有收到开证申请人100%的保证金，那么当受益人提交的单据交到信用证的指定银行或者开证行的时候，银行为了转嫁自己的损失，很可能会利用自身在信用证结算领域的专业优势，配合进口商在单据中提出无理的不符点，从而达到拒付的目的。另外，由于市场的不确定性，一些开证银行还在信用证中添加了限制性、不确定性、不合理的约束性条款，以此为以后的拒付或者免除付款责任做足了准备。

（2）CIF术语下的风险防范

1）了解自己国家和对方国家的相关法律和政策

无论出口商还是进口商在签订买卖合同之前，都应对自己和对方国家就合同标的物的相关法律和政策进行了解。这样就可以避免在合同签订后因进口或出口手续限制而使合同不能履行。

2）加投一般附加险，防范陆运风险

按照惯例，CIF合同下卖方为买方利益签订保险合同，在投保险别上只需要按照最低险别原则投保平安险或ICC（c款）。但是如果只投保平安险，从卖方仓库到装运港船舷之间发生的陆运货损风险不包括在承保范围内，所以卖方基于自身利益考虑，需要在投保平安险的同时加投一般附加险，以防范可能出现的风险。像出现出口商仓库在内陆的情况，出口商可以考虑使用 CIP 术语。

3）利用避险工具，防范买方拒收货物的风险

在市场行情发生变化时，国外进口企业往往会为了自身的利益不惜以种种借口拒收货物，达到撕毁合同的目的。因此，在特殊时期，出口企业在选择结算方式时一定要小心谨慎，要尽可能选择信用证、银行保函等以银行信用作保证的、安全稳妥的贸易结算方式，及时清算货款，一旦发现对方有故意拖欠行为，要高度警觉，采取适当措施避免损失。要积极运用出口信用保险等避险工具，保障出口收汇安全。为保险起见，如果决定和某企业进行某项贸易活动，出口企业可通过银行向进口方收取一定的保证金，这样，可以保证进口商履行到期付款的义务。另外，在 CIF 合同下，要善于利用手中握有的货运提单或保险单向有关方面及时提出索赔，避免更大的损失。

4）加强信誉调查，规范合同管理，防范欺诈风险

重视对进口商资信的采集和评估，建立资信管理制度。国际贸易环境的多变性决定了客户情况的多变，以往合作过的客户的资信状况会随着环境的变化而变化，所以不能单纯依赖历史经验和过去生意往来中建立的交情，必须及时更新客户的信用信息，建立动态的客户信用数据。另外，在买方就选择目的港方面可能进行欺诈的问题，卖方应特别注意买方提出的目的港是否为沿海港口，明确具体的目的港，注意单证上目的港写法保持一致。

5）重视出口信用保险，防范货款回收风险

为了防范货款回收风险，出口方可以适当地选择投保出口信用险。这样，一方面，出口商的收汇风险就转移给了保险公司；另一方面，出口商还可以用出口信用保险的保单到银行进行融资，以获得足够的流动资金；同时，购买了出口信用保险的出口商可以放心地向买方提供信用限额，这就增强了自身的出口市场竞争力。更重要的是出口商可以借助中国出口信用保险公司建立起来的强大的信息数据库，了解出口业务的相关信息。出口商运用这套信息数据库中拥有的国家风险分析数据、海外分地区、分行业的风险报告信息、海内外企业信息以及全球企业贸易保险业务产生的信息，可以随时查询买方的交易量、付款记录、信用等级，可以更深入地了解其新客户和潜在商业伙伴的经营状况，更好地评估风险。

6）慎重选择信用证的开证行

2008 年的金融危机，银行业受到的冲击远远大于企业，对出口企业来说，来自银行的拒付风险也远远大于来自企业的拒付风险，因此，防范来自银行的拒付风险也显得尤其重要。对来自受金融危机影响严重地区的银行所开立的信用证，出口企业应该尤其小心审慎，严格考察开证行目前的经营情况，对目前经营情况不佳的银行，应要求其开立保兑信用证，否则坚决拒收。

4.《2000 通则》下 EXW 的风险及防范

根据《2000 通则》，EXW 是工厂交货，指卖方在其所在处所（工厂、工场、仓库等）

将货物置于买方处置之下时，即履行了交货义务。卖方不负责将货物装上买方备妥的车辆，也不负责出口清关。买方负担自卖方所在处所提取货物至目的地所需的一切风险。这个术语是卖方负担最少义务的术语。

（1）EXW 术语下买方面临的问题

1）在出口国办理出口手续的问题

在 EXW 术语下，办理货物出口手续的责任在买方，尽管有时可要求卖方代办，但货物被禁止出口的风险还是由买方承担的。因此，在成交之前，买方应了解出口国政府的有关规定，例如是否允许在该国无常驻机构的当事人在该国办理出口结关手续。当买方无法做到直接或间接办理货物的出境手续时，则不应采用这一贸易术语成交。在这种情况下，按照《2000 通则》的解释，最好采用 FCA 术语。买方要认真了解惯例对这一术语的具体规定，认真核算成本和价格，充分考虑风险的大小，并要了解能否直接或间接办理货物的出口手续。

2）注意明确货物的包装费用负担问题

按照许多国家的习惯做法，采用产地交货方式时，卖方可只提供惯常包装。如果买方要求对方提供适宜的出口包装，应在订约前通知卖方，并在合同中作出明确规定，在包装上还要作适当的标记。对于提供出口包装所需的费用，一般应由卖方负担，如果双方有相反的约定，则就在合同中订明。

3）关于货物的交接问题

买卖双方在订约时，一般要对交货的时间和地点作出规定。为了做好货物的交接，卖方在货物备妥后，还应就货物将在什么具体时间和地点交给买方支配的问题，向买方发出通知。如果双方约定，买方有权确定在一个规定的时间和/或地点受领货物时，买方应及时通知卖方，以免延误交货或引起其他差错。如果买方没有能够在规定的时间、地点受领货物，或者在其有权确定受领货物的时间、地点时，没有能够及时给予适当通知，那么，只要货物已被特定化为合同项下的货物，买方就要承担由此产生的费用和风险。

（2）EXW 术语下卖方面临的问题

1）EXW 术语在我国是否适用问题

EXW 在我国应该是适用的，有三个理由，一是国际商会于 2000 年颁布了此《通则》，EXW 术语就应该适用全球的国际贸易实践，也应该适用于我国的贸易实际；二是现在有大量的外商提出来和我国出口商以 EXW 术语成交，实务界对此问题热切关注，并采用各种方式多次做成了 EXW 下的交易，也证明了 EXW 术语的操作有其可能性和实践性；三是近几年来很多企业采用符合《通则》规定的方式，做成了多起 EXW 交易，也说明按照《通则》的规定进行规范的实务操作的可行性。

2）EXW 术语下的报关、退税和核销问题

按照《通则》的规定，在 EXW 下，报关义务由买方承担，但卖方对买方有协助和提供商业发票、报关单、核销单等单据的义务。根据此规定，当买方在卖方所在地受领货物后，卖方就应该应买方的要求，向其提供相应的报关单据，并协助其报关，只不过相关费用由买方承担。

3）汇付、托收和信用证支付方式不能适用于以 EXW 成交的交易

汇付、托收和信用证支付方式是国际上流行的三种主要的国际贸易支付方式，但它们不适用于以 EXW 术语成交的贸易方式，因为，国际贸易中的交货的方式主要有两种，一种是象征性交货（symbolic delivery），另一种是实际交货（physical delivery）。EXW 正属于实际交货方式，因此，买卖双方必须在合同中规定，当卖方把货物交给买方处置时，买方应当付清货款。因此，汇付、托收和信用证支付方式并不适用于以 EXW 术语成交的交易。

4）由于对 EXW 理解不够，导致很多企业不知道采用 EXW 的合同该怎样操作

有的把 EXW 交易当成内销；有的把这种交易变相操作成 FOB；也有的把这种交易干脆就交给货代任其操作等。

5.《2000 通则》下 D 组术语的风险及防范

根据《2000 通则》，D 组贸易术语有 5 个，分别是：DAF、DES、DEQ、DDU、DDP。其中 DES、DEQ 只适用于海运、内河运输及多式联运；而 DAF、DDU、DDP 则适用于任何运输方式。

（1）D 组术语下卖方的风险

1）D 组术语卖方承担的费用、责任最大，业务环节最多

《2000 通则》中 4 组贸易术语中，对卖方而言，采用 D 组所承担的费用、风险和责任最大。DAF、DES、DEQ、DDU 术语下，卖方要承担运输、保险、出口报关等环节的责任和费用，每个环节都或多或少地发生一些费用，因此，出口方在报价时必须考虑到所有这些因素，稍有不慎就会减少利润甚至发生亏损；特别是 DDP，卖方除了承担运输、保险、出口报关等环节的责任和所有费用外，还要承担进口报关环节的风险和费用，而卖方若对买方所在国家的相关政策或法规不熟悉，或是买方所在国家的政策制度变化比较大，就会导致卖方不能办理进口通关手续而遭受损失。

2）D 组术语下情况复杂，交货时间难以掌控

根据《2000 通则》，按 D 组术语订立的合同为“到货合同”，除 DAF 外，都是进口国交货。卖方必须在约定的日期负责将货物运送到指定的目的地。但货物从装运地到目的地的运输过程中存在着许多难以预料的情况，如各种自然灾害和意外事故，尤其是当进出口双方距离遥远时，运输途中可能发生的风险就会更多。特别是 DDP（完税后交货）项下的进口报关手续也是由出口方办理，这更增加了出口方履行合同的难度。因此出口方对于货物何时能够到达目的地就难以把握。

【案例 1】

山东某进出口公司出口一批机械设备，双方在合同中规定：使用 DES 术语，不可撤销信用证付款，于2008 年5 月30 日前交货（其他条款略)。2008 年4 月24 日，该公司的货物装上了货轮驶往目的港，但由于航行途中海上的风浪太大，船舶行驶缓慢，最后于6 月6 日才到达了目的港，遭到了进口方的责难，声称耽误了他们用户的用货时间，并以索赔要挟。经过出口方的努力争取，最后以给予进口方货物总值 1.5% 的折扣平息了这场贸易纠纷，实际上就是变相地降了价格。

在本案例中，货轮在驶往目的港的途中，由于天气的原因而导致航行缓慢，最终误了交货期。由本案例可以看出，采用 D 组术语，很难掌控交货时间，因此卖方在装运之前要充分考虑在航行途中可能遇到的各种可能延误航期的因素，为自己留下充足的时间。

3）买方的欺诈以及失去货物控制的风险

① 买方的信誉或支付能力欠佳

选用D组术语，交货地点在进口国（DAF除外）。因此，选D组术语，在履行合同的过程中必须取得买方的配合与支持，若稍有疏忽，就很容易出现问题。所以，买方资信情况的好坏就显得尤其重要。有的信誉不良的买方甚至专门使用D组术语来牵制卖方，进行诱骗。尤其是使用DDP术语时，卖方要办理进口清关手续，更要买方的协助。另外，如果买方的支付能力较差，对卖方来说也很危险，尤其是当市场价格发生不利于买方的变化时，有的买方就可能会联合有关方面给卖方的正常履约设置一些障碍，从而对卖方施加压力，迫使其降价。这样卖方就会非常被动。

② 承运人的信誉欠佳

选用D组术语，对卖方而言风险最大。其中的一个风险就是出口方能否在收到货款前有效地控制货物。从理论上讲，出口方使用D组术语（DAF除外）时在目的地或目的港把货物交给进口方之前都拥有对货物的所有权。但实际上，出口方在装运地或装运港把货物交给承运人时起，从一定程度上讲，出口方就已经失去了对货物的控制。如果承运人的信誉不佳，就可能出现出口方失去对货物控制的情形，甚至更为严重的一些问题。所以，使用D组术语时，对卖方而言，最好是由自己指定属于本国信誉好的承运人，这样不易失去对货物的控制，从而减少一些风险。

【案例2】

辽宁某出口公司出口一批化工产品，单价为USD2200/MT DDP New York，付款方式为D/P，总值为11万美元（其他条款略）。出口方发货后，该产品的市场行情发生了不利于进口方的巨大变化。于是，进口方提出了降价的要求，要求在合同价格的基础上每吨降低300美元。出口方在无奈之下，提出可以降价100美元。双方没有达成一致。进口方便违约并从其他途径购买了货物。而这个时候，货物已经到达纽约。在处理这批货物的问题上，出口方首先想到的是将货物再运回国内，但他们了解的情况是，运回的费用且不说，仅办理再出口的手续就非常麻烦。最后，出口方决定在美国另外寻找买主，并不得不以很低的价格卖了出去，损失将近4万美元。

4）采用不同的国际贸易惯例和贸易做法而导致的风险

目前，有关贸易术语的国际惯例有四个，即《1932年华沙—牛津规则》主要解释CIF合同，《1941年美国对外贸易定义修订本》主要在美洲地区使用，《2000年国际贸易术语解释通则》和《2010年国际贸易术语解释通则》。而对D组术语有明确规定的有《2000年国际贸易术语解释通则》和《2010年国际贸易术语解释通则》，并且在《2010年国际贸易术语解释通则》中将D组术语由五个改为三个，即：DAP、DAT、DDP。目前大多数国家、大多数商人使用《2000通则》，但也确有个别商人故意进行混淆，从而给合同的履行埋下隐患。

按《2000通则》的规定，在D组术语中，除了DEQ术语外，即卖方须将货物从船上卸下并承担相应的卸货费用和责任，剩下的四个术语都是由买方承担卸货费用及相应的责任。但是有些进口国的习惯做法是由卖方承担卸货费用，这与《2000通则》的有关规定不太一致。所以，买卖双方在签订国际货物买卖合同时，最好在合同中明确规定货物到达目的地或目的港后的卸货费用由谁承担，这样会避免买卖双方产生争议和纠纷。

5）合同和信用证软条款风险

信用证软条款的形式多种多样，对卖方往往是个陷阱，比如，合同或信用证规定“暂不生效条款”、“××单据必须由某某签字”、要求受益人“将一份正本提单径寄开证申请人”；或合同规定“开证行凭买卖双方货到目的地经检验合格后会签的货物交接凭证付款”，这样的规定对卖方来说是有很大风险的。特别是在D组术语项下对出口方的危害就更大了。因此，卖方对合同和信用证的条款要详细审查。

（2）D组术语下风险的防范

1）充分考虑各种费用和各种不可预测的因素

①定价时必须考虑D组术语的各种费用和责任

出口合同在使用D组术语时，需要办理的手续最多，承担的风险最大，而且有些风险还不属于一般货物运输保险承保范围。因此，在出口商品定价时，就必须把这些可能产生的风险损失和应付的费用及应尽的义务考虑进去。所以，同样的产品在其他条款相同的情况下，使用D组术语时商品的定价应当最高。

②办好货物的运输保险，对于交货时间的规定必须留有余地

在D组术语中，货物被交付给买方之前的风险属于卖方。所以卖方一定要办好货物的运输保险。我国的出口企业一般是按照PICC规定的有关保险条款进行投保。目前，国际上使用最多的是CIC条款，保险责任的起讫期限为“W/W条款”即“仓至仓条款”，从而有利于承保货物一路上的风险。另外，签订合同时，卖方应争取说服买方不规定交货时间，只规定装运时间。即使规定交货时间，也应将交货期限尽量放长，从而为自己交货留有较大的机动空间。

2）认真考察买方信誉和支付能力及承运人的情况

①注意买方的资信情况，采用对自己有利的支付方式

卖方在签订合同前，一定要详细了解对方的资信及支付能力，若情况不佳，最好不要用D组术语订立出口合同。在实际的业务中，进出口双方签订合同以后即使市场发生了重大的变化也应继续履行合同。但有时卖方为了推销产品，打开市场，不得不作出一些让步。如果买方坚持使用D组术语，那就必须控制成交的金额，将成交量控制在一个合理的安全范围之内。尤其是在不太了解对方资信的情况下，一定要将首次的成交额控制好，最好是试探性地少做一点，以免发生太大风险而对企业造成重大的影响。另外，还可采用信用证等对出口方较有保障的付款方式。

②选择信誉良好的承运人

在采用D组术语时，应尽可能地选择信誉较好的本国的承运人，这样就不易失去对货物的控制，从而减少一些风险，而不能随便贪图国外一些虽然运费低廉但不太熟悉其信誉的承运人。另外，卖方可争取对方的同意事先与承运人商定：在提单上加注“买方须凭卖方签发的授权放货指示才能提货”的文句，这样有利于出口方控制货物。

3）明确规定所采用的国际惯例

应当熟知并且在合同中明确所适用的国际贸易惯例。比如，即使要选择D组术语，为了明确责任和避免可能发生的贸易纠纷，在合同中最好规定适用于《2000通则》。

4）DAF 术语下要明确交货地点

DAF 称为边境交货，交货地点有可能是进口国边境、出口国边境或途经的第三方国家边境。如选用这个术语要明确指明具体的边境交货地点。

5）修改合同和信用证的“软条款”或“陷阱条款”

要注意审查合同和信用证中可能存在的“软条款”，否则，将会给卖方带来巨大的损失。

6.《2010 通则》与 2000 年版的比较

国际商会自 1936 年提出一套解释贸易术语的具有国际性的统一规则“International Rules for the Interpretation of Trade Terms”（简称“INCOTERMS 1936”）以来，随着国际贸易实践的不断发展，国际商会适时进行修订和补充，至今已先后进行了 7 次修订和补充。《2010 通则》是对《2000 通则》所做的补充和修订，从 2011 年 1 月 1 日起实施，它充分考虑到近十年贸易领域出现的新变化，内容更清晰简洁，操作性和指导性进一步加强，更符合当前贸易实务的需要。

（1）《2010 通则》的变化

1）注册了 INCOTERMS 商标

《2010 通则》的一个显著变化是 INCOTERMS 后有一个注册商标符号“®”。国际商会此次将 INCOTERMS 注册成商标，并提出了使用该商标的要求。

2）增加了指导性说明

《2010 通则》在每个术语之前，增加了对该术语的“使用说明”。“使用说明”解释了每个术语的要点，比如适用的运输方式、风险何时转移、买卖双方如何分摊费用、使用时的注意事项等。根据国际商会的解释，《2010 通则》中的术语仍然由买卖双方各自十项权利义务构成，“使用说明”并不是每个术语的组成部分，国际商会希望通过这样的解释和说明，对使用者能够提供一定的帮助，使其在选择术语时能够更加准确、高效。

3）增加了生效规则

《2010 通则》有一个新的条款，称作“Entry into Force Rule”，即生效规则。除非发货方明确地说明使用贸易术语的版本，否则自 2011 年 1 月 1 日起运输的货物自动适用于《2010 通则》。需要指出的是当事人仍可在新版本实施后继续选择使用早期版本，但为避免误解，如果使用诸如 DDU 等被删除的术语，应在合同中标明适用的 INCOTERMS 的版本。

4）改变了贸易术语结构

《2010 通则》用两个新增加的术语 DAT（delivered at terminal，运输终端交货）和 DAP（delivered at place，目的地交货）取代了《2000 通则》中的 DAF（边境交货）、DES（目的港船上交货）、DEQ（目的港码头交货）和 DDU（未完税交货），因此，术语的数量从 13 个减少到了 11 个。

在之前的《2000 通则》里，贸易术语被分成四组：E 组启运术语、F 组主运费未付、C 组主运费已付和 D 组到达术语。而在《2010 通则》里，贸易术语被按照运输方式划分成两类：① 适用于任何运输方式的七种（EXW、FCA、CPT、CIP、DAT、DAP、DDP）；② 适用于水上运输方式的四种（FAS、FOB、CFR、CIF）。

5）改变了贸易术语义务项目

《2010 通则》中每种术语项下卖方在每一项目中的具体义务不再“对应”买方在同一项目中相应的义务，而是改为分别描述，并且各项内容也有所调整。其中，第一项和第十项改动较大，尤其是第十项要求卖方和买方分别要帮助对方提供包括与安全有关的信息和单据，并因此而向受助方索偿由此而发生的费用。

6）加强了电子信息的重要性

《2010 通则》允许在双方同意或者惯常情况下，用对等的电子记录来代替纸质的交流。因为允许有惯常情况，因此买卖双方将不能够拒绝电子信息的交流，如：Email 的交流。

7）取消了“船舷”标准

《2010 通则》取消了“船舷”的概念，删除了以船舷作为划分买卖双方风险和费用界限的表述，取而代之的是与交货点表述相一致的“将货物置于买方指定的船舶之上”。此次修订最终删除了“船舷”的规定，强调在 FOB、CFR 和 CIF 下买卖双方的风险以货物在装运港口被装上船时为界，而不再规定一个明确的风险临界点。

8）变更了保险范围

《2010 通则》考虑了 2009 年 1 月 1 日实施了新修订的协会货物保险条款的修订的情形，在卖方需承担保险义务的贸易术语中，“卖方必须自负费用取得至少由协会货物保险条款（LMA/IUA）的（C）条款或任何类似条款所提供最低承保范围的货物保险。”这要求卖方至少购买（C）货物保险条款。但在实际操作中，买方很可能会要求在合同中将（C）货物保险条款扩展为更为普遍的（A）货物保险条款。

9）增加了连环贸易

大宗货物买卖中，货物常在一笔连环贸易下的运输期间被多次买卖，即“string sales”（连环贸易）。由于连环贸易中货物由第一个卖方运输，作为中间环节的卖方就无须装运货物，而是由“获得”所装运的货物的单据履行其义务，因此，新版本对此连环贸易模式下卖方的交付义务做了细分，在 FAS、FOB、CFR 和 CIF 等术语中加入了货物在运输期间被多次买卖（连环贸易）的责任义务的划分。

10）拓展了贸易术语的适用范围

《2010 通则》首次明确了它不仅适用于国际贸易，也适用于国内贸易。如贸易术语广泛用于国内贸易，这对于各国国内法的协调和统一，具有现实的重要意义。当商人们采取基本类似的做法从事同类型的交易时，法律的趋同也是必然的结果。对于我国贸易界而言，这是一个非常积极的信号。贸易术语用于国内交易，对于以进出口为主业的企业而言，可以更好地将国内买卖合同与国际货物买卖合同进行衔接。将贸易术语用于国内贸易，也将推进国内贸易在货物交付手续、风险划分、费用分摊等一系列问题的简化，从而方便买卖双方确定各方在交接货物方面的权利义务。但《2010 通则》的各贸易术语规则中均涉及清关手续，在国内贸易中如何准确、适当地运用贸易术语，还有待当事人在合同中予以适当修正。

11）更加精确了各术语的指定地点

只有各方当事人指定了地点或港口，贸易术语才是有效的，而且指定的地点或港口越精确越有利于合同的履行。《2010 通则》中对指定地点和港口进行了更加详细精确的规定。比如 EXW-Ex Works（insert named place of delivery），这就要求指定的地点就非常详细，可以减少买卖双方纠纷的发生。

12）增加了通关所需安全信息的变化

鉴于国际贸易安全问题的重视程度增加，人们在审查进出口货物时，各国海关的审查标准和要求都高了很多，审查程序也烦琐了一些。买卖双方需要互相提供货物进出口通过安检所必需的安检通关手续，才能保证国际贸易的顺利完成。因此，《2010 通则》在 A2、B2，A9、B9 和 A10、B10 条款中，分别增加和明确了买卖双方之间完成或互相协助完成安检通关的义务以及出口国有关机构强制检查费用的承担。以 EXW 为例，在第二项“许可证、授权、安检通关和其他手续”义务下，卖方除了需要协助买方取得出口许可或出口相关货物所需的其他官方授权外，“经买方要求，并承担风险和费用，卖方必须提供其所掌握的该项货物安检通关所需的任何信息”。在第十项义务中，买方必须及时告知卖方任何安全信息要求，以方便买卖双方及时向对方提供或协助其取得相关货物进出口或者将货物运输到最终目的地所需要的任何文件和信息，包括“安全相关信息”。至于出口国有关机构强制进行检验的费用，除了卖方义务最小的 EXW 术语中，由买方支付外，其余均由卖方承担。

13）明确了相关术语的终点操作费

《通则》的原则之一就是尽量保持买卖双方权利义务的公平性和合理性，所以《2010 通则》为了避免买方重复支付码头装卸作业费的现象，开始重视对这项费用的划分问题，在相关术语的 A6 和 B6 中都明确了此类费用的分摊。

以术语 DDP 为例，其项下对码头装卸作业费的划分为：“A6 卖方必须支付：a）除 A3a）发生的费用，以及按照 A4 交货前与货物相关的一切费用，但按照 B6 应由买方支付的费用除外；b）运输合同中规定的应该由卖方支付的在目的地卸货的任何费用；及 c）……”。“B6 买方必须支付：a）自按照 A4 交货时起与货物相关的一切费用；b）在指定目的地从到达的运输工具上，为收取货物所必须支付的一切卸货费用，但运输合同规定该费用由卖方承担者除外；及 c）……”

（2）《2010 通则》下 DAP 和 DAT 的应用

1）DAP 的应用

DAP——delivered at place（...named place of destination），即目的地交货（……指定地点）。此术语适用于任何运输方式。DAP 术语类似于取代了的 DAF、DES 和 DDU 三个术语，在该术语下，卖方在指定目的地将货物置于买方处置之下，并只需做好卸货准备而无须卸货即完成交货，风险发生转移。卖方承担将货物运至指定目的地的一切风险和费用（进口通关费用除外）。卖方须办理货物所需出口清关手续，买方办理进口清关手续，缴纳所需进口税费。如双方希望由卖方办理进口清关手续，缴纳所需进口税费，可采用 DDP 术语。

2）DAT 的应用

DAT——delivered at terminal（...named terminal at port or place of destination），即集散站交货（……指定目的港或目的地集散站）。此术语适用于任何运输方式。DAT 术语类似于取代了的 DEQ 术语，在该术语下，卖方在指定目的地或目的港的集散站卸货后，将货物交给买方处置即完成交货，术语所指目的地包括所有地点，包括但不限于码头、仓库、集装箱堆场或货运站、铁路或空运货物集散站。卖方承担将货物运至指定目的地或目的港集散站的一切风险和费用（进口清关费用除外）。卖方须办理货物所需出口清关手续，买方办理进口清关手续，缴纳所需进口税费。

与 DEQ 相比，两者的共同点如下：

- 卖方承担直到在买方国家的口岸将货物交给买方处置之前的全部运费和风险；
- 卖方仅负责出口清关，买方负责进口清关；
- 在目的地，卖方要负责卸货，买方在卖方卸货后才办理进口清关和提取货物。

与DEQ相比，两者的区别如下。

- 适用的运输方式不同。DEQ术语适用在目的港码头卸货的海运、内河运输或多式联运。DEQ术语采用多式联运时，海运必须是多种运输方式中将货物运至目的港的最后一种运输方式；而DAT术语下，对货物运输方式并无任何限制。因此，在货物交付中所使用的运输单据就有很大的不同。DEQ条件下，运输单据只能是海运单、记名提单或者记名多式联运单据；而DAT条件下，运输单据不仅可以是上述三种单据，还可以是空运单、铁路运单和道路运单。
- 交货地点不同。由于DEQ术语下无论采用哪种运输方式，最后一程必须是海运或内河运输，所以卖方只能在进口国的口岸港口的码头上将货物交付给买方；而DAT术语下，卖方可以在指定地点的任意一个口岸将货物交付给买方。
- 承运人的权利义务不同。DEQ术语下，最后一程运输必须是由海运或者内河运输承担，使用海运单、记名提单和记名多式联运单据。根据现行的国际海运规则和多式联运规则，承运人大多按照海牙规则或者维斯比规则承担义务、享有权利；而在DAT术语下，国际货物运输合同的法律渊源可以是国际多式联运公约、蒙特利尔公约或者国际货协和国际货约，其中承运人的权利义务与海运有很大不同，包括承运人的责任期间、免责事项以及赔偿责任限制等。

在DAT和DAP这两个新增术语中，交货都在指定目的地发生。使用DAT时，卖方要将货物从已到达的运输工具卸下，交由买方处置，即完成交货。使用DAP时，货物同样由买方处置，但无须从运输工具上卸下，只要置于买方的处置之下即完成交货。

第十三章
贸易术语的选择策略与技巧

国际贸易中，可供买卖双方选用的国际贸易术语有很多。由于各种价格术语都有其特定的含义，不同的价格术语，买卖双方所承担的责任、义务、风险也不同，价格术语选择正确与否直接关系到买卖双方的经济利益，因此，选择何种贸易术语成交是双方都十分重视的问题之一。而正确选择贸易术语，掌握其选择策略和技巧有利于企业防范风险，避免损失。

1. 正确选择贸易术语

三种常用贸易术语的选择策略和技巧

众所周知，在我国对外贸易业务中用以确定交货条件所使用的贸易术语主要是装运港交货的 FOB、CIF 和 CFR 这三种。根据国际商会 20 世纪 90 年代末对 40 多个国家的调查统计，按使用的频繁程度，FOB 排在第一位。由于采用 FOB 条件成交时，卖方在装运港交货后，不负责安排运输和保险，也就不担心运价上涨的问题。而且在许多人中存在一种误解，即采用这三种常用术语成交，风险是完全相同的，都是以船舷或装到船上为界转移风险，费用负担上也是“羊毛出在羊身上”，最后统归买方负担，只是责任上有所不同罢了。这种误解导致一些人在对外成交时忽略了对贸易术语的认真选择，最后造成意想不到的损失发生。其实，有关贸易术语的国际惯例《2000 通则》贸易术语中的常见问题如下。

- 在按 FOB（Free on Board）价格条件成交的情况下，信用证装运条款规定，买方指定承运船公司并安排船期。这类软条款使开证申请人掌握了货物是否装船、何时装船的主动权，而出口方可能会陷入两难境地：一方面不能不准备发货，另一方面又无法掌握发货日期，极易造成信用证逾期而失效。
- CFR 强调了装运港的重要性。变化前，《2000 通则》对装运港的规定没有作出特别的说明。变化后，《2010 通则》强调了 CFR 贸易术语有两个关键地点（critical points）：一是风险转移地点，二是费用划分地点。由于 CFR 贸易术语合同中通常因费用问题会指定目的港，但不一定都会指定装运港。而装运港正是风险转移的界限，也是决定运输安排和运费高低的重要地点，所以如果装运港对买方有特殊意义，特别建议双方在合同中尽可能准确地指定。
- CIF（Cost，Insurance and Freight）同 FOB 一样，是国际贸易中最常用的价格术语。在我国，有人称此术语为“到岸价格”。这种称呼，容易使人误解为货物灭失的风险是在卸货港才由卖方转移给买方的。国际商会（ICC）在其第 460 号出版物，即“INCOTERMS 1990”中曾规定：卖方必须负责租船、订舱，在货物装船后取得 Clean

B/L；订立货物保险合同，支付保费，取得保险凭证；自负费用和风险，办理货物的出口清关手续。从表面上看，CIF 的买方除了付款赎单外，就是在目的港坐等提货。仔细分析，在“INCOTERMS 1990”中，卖方只需按通常条件订立运输合同，而“通常条件”是一个事实问题。对卖方而言，“通常条件”即是低廉的运费。因此，卖方可以不顾船东的信誉、船舶的状况，只要货物能装上船就可以算是履行了合同条款。卖方只需按保险条款中最低责任的保险险别投保，如 PICC 货物保险中的平安险（FPA）。至于加保战争险、罢工险等，买方须通知卖方，并自付费用。CIF 这种凭几张纸打交道，而不注重同信誉良好的卖方交易，是什么事都有可能发生的。许多国际骗子，利用买方的松懈，钻 CIF 这种贸易方式的空子，到处招摇撞骗；从而使买方交易风险增加，进而交易受损。

总之，贸易术语是出口价格的组成部分，出口企业可以通过合理选择恰当的贸易术语来规避价格变化的风险。长期的贸易实践证明，出口采用 CIF 或 CFR 比 FOB 更能保证出口商的利益。然而由于受自身条件的约束，我国出口企业在许多业务中却选择 FOB 术语，因此频繁遭受无单放货等损失。为了规避这些风险，必须重新思考出口中 CIF、CFR 和 FOB 的选择问题。如在国际油价变化比较大的时候，出口运费的变化也随之剧烈变动。出口企业如果不能正确估算运费，或不想承受高油价时的高运费，出口企业可以选择不含运费的价格术语（如 FOB），把运费变动的风险转移给买方。但要特别注意采取 FOB 的收汇风险，因 FOB 是由买方负责安排运输，他可以联系自己比较满意和熟悉的船公司来运输。买方满意的船公司当然可能是买方觉得船公司服务比较到位、航行较快和船期较准确的船公司。但买方也有可能选择其熟悉的、容易给其提供通融的船公司。因此虽然采取 L/C 结汇，提单正本交银行，买方不付款就不可能取得提单提货，但一些不讲信誉的船公司可能允许进口商不用提单正本而仅凭其他相关证件或担保文件提货。这时出口企业的物权凭证——提单的重要性已大大降低，银行全套单据也就成为可有可无的单据。整套单据遭拒付的风险也就更大。这也是采用 FOB 术语出口企业常常遇到的风险。

2. 适用任何运输方式贸易术语的选择策略与技巧

从对外贸易纠纷看，由于贸易术语选用不当，常常造成进出口合同履行中的种种隐患，甚至使企业由此承担了巨大的经济损失。

（1）两种合同项下交货义务的分离使风险转移严重滞后于货物实际控制权的转移

在采用 CIF 术语订立贸易合同时，出口商同时以托运人的身份与运输公司即承运人签订运输合同。在出口商向承运人交付货物、完成运输合同项下的交货义务后，并不意味着他已经完成了贸易合同项下的交货义务。出口商仍要因货物装船前的一切风险和损失向进口商承担责任。而在货物交由承运人掌管后，托运人（出口商）已经丧失了对货物的实际控制权。承运人对货物的保管、配载、装运等都由其自行操作，托运人只是对此进行监督。让出口商在其已经丧失了对货物的实际控制权的情况下继续承担责任和风险，这非常不合理。尤其是从内陆地区装车到港口越过船舷，中间要经过一段较长的时间，会发生什么事情，谁都无法预料。也许有人认为，在此期间如果发生货损，出口商向进口方承担责任后可依据运输合同再向承运人索赔，转移其经济损失。但是对于涉及有关诉讼的费用、损失责任承担无法达成协议，再加上时间耗费，出口商很可能得不偿失。

（2）运输单据规定有限制，致使内陆出口商无法在当地交单

根据《2000通则》的规定，CIF条件下出口商可转让提单；不可转让海运单或内河运输单据，这与其仅适用于水上运输方式相对应。在沿海地区这种要求易于得到满足，不会耽误结汇。货物在内陆地区交付承运人后，如果走的是内河航运，也没有太大问题，但事实上一般是走陆路，这时承运人会签发陆运单或陆海联运提单而不是CIF条件要求的运输单据。这样，只有当货物运至装运港装船后出口商才能拿到提单或得到在联运提单上“已装船”的批注，然后再结汇。可见，这种对单据的限制会直接影响到出口商向银行交单结汇的时间，从而影响出口商的资金周转，增加了利息负担。

（3）内陆地区使用CIF术语还有一笔额外的运输成本

在CIF价格中包括的运费应该从装运港到目的港这一段的运费。但从内陆地区到装运港装船之前还有一部分运输成本，如从甘肃、青海、新疆等地区到装运港装船之前的费用一般要占到出口货价的一定比例，有一些会到达20%左右。

从以上分析可以看出，CIF术语在内陆地区出口中并不适用。事实上，对于更多采用陆海联运或陆路出口的内陆地区来说，任何运输贸易术语下的CIP比CIF更合适。原因有三。

◆ 从适用的运输方式看，CIP比CIF更灵活，更适合内陆地区出口。CIF只适用于水上运输方式（海运、内河航运），CIP却适合任何运输方式。而对于内陆地区而言，出口时运输方式也是多种的，比如出口到美国、东南亚地区，一般是陆海联运；出口到欧洲，一般是陆运。
◆ 从出口商责任看，使用CIP术语时，出口商风险与货物的实际控制权同步转移，责任可以及早减轻。CIF术语下，出口商是在装运港交货；买卖双方是以船舷为界划分风险，在货物越过船舷之前，不管货物处于何方的实际处置之下，卖方都要向买方承担货损等责任。CIP术语下则比较灵活，由双方约定，可以是港口，也可以是在内陆地区，但无论在哪里，出口商责任以货交承运人处置时止，出口商只负责将货物安全移交承运人即完成自己的销售合同和运输合同项下的交货任务，此后货物发生的一切损失均与出口商无关。
◆ 从使用的运输单据看，使用CIP术语有利于内陆出口业务在当地交单结汇。CIP涉及的通常运输单据范围要大于CIF，因具体运输方式不同可以是上面提到的CIF使用的单据，又可以是陆运单、空运单、多式联运单据。承运人签发后，出口商即可据以结汇。这样，缩短了结汇和退税时间，提高了出口商的资金周转速度。

可见，正确选用贸易术语不仅可以减少货运风险，还可以降低交易成本，甚至在某些术语下还可以缩短了结汇和退税时间，提高了出口商的资金周转速度。

在出口企业面临的风险中，最大的风险就是收汇风险。是否能安全收汇可以说是决定整笔业务成败的关键。如何规避收汇风险也更加成为出口企业洽谈及签订合同所必须考虑的重要问题。贸易术语的合理选择与规避收汇风险有密切联系。按《2000通则》中的E组→F组→C组→D组术语成交，卖方的收汇风险逐渐增大。以EXW术语为例，卖方将货物从工厂（或仓库）交付给买方，即完成了交货。收汇方法一般有发货前付款和发货后付款。对于发货前付款，对出口企业来说一般较稳妥的做法是买方支付预付款。但这属于商业信用，

而且目前很少有进口商爽快地提前支付所有货款，最多发货前付清所有款项。而如发生一些意外变化如市场价格有变动，买方则可能对付款大打折扣，虽然这时货物尚未转移给买方，却极可能出现货物已按买方的要求作出来了而买家却不要货的情况。对于发货后付款则风险更大，即使采用 L/C 这样普遍认为相对较安全的属于银行信用的收汇方式，同样存在收汇风险，而且从某种程度上说收汇风险更大。因为当货物在工厂（仓库）交给进口商后，出口企业已经没有什么物品及单证是买方必须要的。如果买方信誉不好，就可能通过指示开证行恶意挑剔单据的不符点以拒付货款。虽说对出口企业来说采用 EXW 术语，在 13 种贸易术语中其承担的责任和货物损失的风险最少，但选择了这个术语却使卖方货物所有权转移的时间最早，也使其承担收汇风险最多。这也是出口企业为什么一般不选择 EXW 贸易术语的主要原因。

总之，收汇风险无论如何都是存在的，但出口企业可尽量选择收汇风险小的贸易术语，也就是应该尽可能把自己控制物权的时间延长。从规避收汇风险的角度来看，在《2000 通则》中的四组贸易术语中出口企业应该尽可能选择 C 和 D 组术语。在选择贸易术语时，出口企业应该综合考虑各方面的因素，选择对自己有利的术语以尽可能地规避贸易风险。

3. 选择贸易术语时应考虑的因素

我们应该怎样做到选择正确的贸易术语呢？新修订的《2010 通则》将贸易术语分为两大类，即适用于任何运输方式的贸易术语与适用于海运或内河运输的贸易术语。原因是，在国际贸易中，有些人常常将仅用于海运的贸易术语误用于铁路运输、航空运输等其他非海运输。所以，我们首先应考虑以下因素，明白何种情况下使用任何运输贸易术语，何种情况下使用海运贸易术语。

在我国的对外贸易中，选用贸易术语时，一般要综合考虑以下几个因素。

（1）考虑各个国家的政策

国际贸易涉及不同的国家或地区，在政策措施、法律体系方面可能存在的差异和冲突，以及语言文化、社会习俗等方面带来的差异，所涉及的问题远比国内贸易复杂。国内及其他国家的出口退税率、关税政策、国家贸易保护政策、汇率政策等等的调整和变化都会给进出口企业带来风险。所以在选用贸易术语时，这些因素需要考虑，以防因贸易国的外汇管制、通关管理和政府干预而给贸易带来阻碍。

目前，有些国家为了控制本国的贸易逆差或保持本国的贸易顺差，在外汇上采取了严格管制，一般都限制采用 E 组术语出口和 D 组术语进口，以避免外汇的收入太少和支出太多。这时使用 EXW 术语出口、DDU 和 DDP 术语进口将受到限制。

国际贸易涉及货物的通关环节，不同国家对货物的通关手续办理有着不同的要求。负责通关工作的一方必须对有关国家通关工作的政策规定、手续和费用负担等事宜详细了解。一般来说，货物的报关手续由本国当事人办理比较方便，而由异国当事人办理则存在诸多困难。在《2000 通则》的 13 种术语中，除 EXW 进出口报关皆由买方办理和 DDP 进出口报关都由卖方办理外，其余 11 种术语都将出口报关作为卖方责任、进口报关作为买方责任。如果采用 EXW 时，买方最好在出口国有分支机构，否则不宜采用该术语；反之，在 DDP 条件下，如果卖方在进口国没有分支机构或特别的合作伙伴，最好不要接受该术语。因此，当欲采用 EXW 或 DDP 成交时，买方或卖方一定要慎重考虑办理异国报关手续的实际可行性，如果没有能力完成此项工作，应尽量选用其他的术语，如 FCA 或 DDU 术语。

国家政府的干预也会影响到贸易术语的选用。有的国家政府常直接或间接地规定本国厂商须以某一术语进出口货物以达到扶持本国经济或特殊行业的发展。例如我国在 20 世纪为了促进我国运输业、保险业的发展，达到外汇增收减支的目的，鼓励我国进出口商采用 C 组术语（尤其是 CIP、CIF）出口和 F 组术语进口。所以，交易双方也须了解本国及对方国家是否有类似的规定，并作为贸易术语选择的重要因素之一。

所以，在选用贸易术语时，进出口企业除了了解各术语下进出口双方的责任与义务外，还要清楚不同贸易术语下自己应承担的责任中哪些受经济政策变动的影响较大，随时关注及熟悉国内、国际相关政策、国家管制制度（如进出口许可证制度），并能较准确地预见政策变动的趋势，综合考虑选取有利于自己的贸易术语。

（2）考虑货物的性质和特点

国际贸易中货物品种很多，不同类别的货物具有不同的性质，它们在运输方面各有不同要求，故安排运输的难易不同，运费开支大小也有差异。这是选用贸易术语应考虑的因素。如精密仪器、电子产品、贵稀金属、手表、照相器材等贵重物品、鲜活商品和急需物资，因要求货运质量高、运输速度快而需用航空运输，此时，仅适用于海运方式的贸易术语就不能采用，而只能采用适合于任何运输方式的贸易术语。另外，货物成交数量的大小因关系到安排运输的难易和经济上是否合算，在选用术语时也须考虑。如当成交量太小又无班轮通航的情况下，运输成本必然增加。所以，应考虑由对方安排运输，即出口用 FOB、FAS，进口用 CFR、CIF。另一方面货物本身也决定着贸易术语的使用。如某些季节性、节令性强的商品，必须保证货物的到达时间以赶上销售时机，因此，往往需采用 D 组术语订立“到达合同”。

另外，因集装箱运输的普及，常用的海运贸易术语也不再能满足交易需求，因为单在滚装、滚卸、集装箱运输的情况下，船舷无实际意义。所以在《2010 通则》的修订中，取消了船舷界定。而且因集装箱运输下，货物在装上船时，早已装在集装箱内，不存在集装箱装上船后，再开箱验货的可能性，所以即使是修订后的《2010 通则》中对海运贸易术语的改变——风险划分点为“装上船”也不能满足海运情况下的集装箱运输采用海运贸易术语的要求。而且，目前我国许多沿海港口如青岛、连云港都在争取“把口岸办到内地”，发展内陆地区对沿海陆运口岸的集装箱直通式运输，这势必会减少货物装卸、倒运、仓储的时间，降低运输损耗和贸易成本，缩短报关、结汇的时间，推动了任何运输方式贸易术语的推广。

集装箱的使用促进了国际多式联运的发展，国际多式联运是在集装箱运输的基础上产生和发展起来的，一般以集装箱为媒介，把海上运输、铁路运输、公路运输和航空运输等传统单一运输方式有机地联合起来，来完成国际货物运输。国际多式联运的发展也给海运术语的使用带来挑战，促进任何运输方式贸易术语的使用。除此之外，我国对于中东地区一些国家的大部分进出口货物以及东欧一些国家的小部分进出口货物，也都采用铁路运输。

在《2000 通则》中，有 6 种术语（FAS、FOB、CFR、CIF、DES、DEQ）仅适用于水运，其他 7 种则不受限制，可适用于各种运输方式，包括集装箱运输和多式联运。因此，当货物的运送拟使用空运、陆运等方式时，若仍沿用传统熟悉的 FOB、CFR、CIF 术语，将势必造成该术语解释上的困难，从而引发争议，给当事人带来不必要的麻烦和经济损失。尤其是在出口业务中，如果货物是以现代化的集装箱运输或多式联运方式运输，不采用适合的FCA、CPT、CIP术语而使用不当的FOB、CFR、CIF术语，还会存在以下两个缺点：一是扩大了我方的风险范围，从货交承运人延伸到在装运港越过船舷；二是推迟了运输单据的出单时间，从而延缓了我方的交单收汇时间，影响资金周转并造成利息损失。

(3) 考虑国外港口装卸条件和港口惯例

各国港口装卸条件不同，装卸费和运费水平也不一样，并且某些港口还有一些习惯做法，交易中往往难以把握。如果我们进口时，国外装运港的条件较差，费用较高，则力争采用CIF或CFR术语，或者用FOB Stowed（FOB平舱）或FOB Trimmed（FOB理舱）；出口时，如果目的港条件较差，费用较高，我方应力争用FOB术语成交，如果必须使用CIF或CFR术语，则应选用其变形CIF Ex ship's hold（CIF舱底交货）或CFR Ex ship's hold（CFR舱底交货）。

(4) 考虑运输风险程度

国际贸易中，货物一般要经过长途运输，货物在运输过程中可能会遇到各种风险，如自然灾害、意外事故等，特别是当遇到战争或遭遇人为障碍与破坏时，运输中的风险更大。实务中，应考虑不同时期和不同地区以及不同运输路线的风险情况，选择最为恰当的贸易术语。出口时应谨慎选用D组术语，进口时谨慎选择EXW术语。

(5) 考虑货款支付方式

国际贸易中常用支付方式有汇付、托收和信用证三种，其中托收方式分为光票托收与跟单托收，跟单托收又可分为付款交单和承兑交单。在汇付、托收、信用证等多种国际贸易支付方式中，因信用证属银行信用，可在一定程度上解决买卖双方互不信任的矛盾（即商业信用危机），并能为双方提供融资便利，因此，在业务中广为使用。但需要指出的是，三种支付方式中，信用证支付方式对货物的运输方式有着较严格的要求，因为信用证支付涉及的是银行信用，银行一般凭借海运提单的物权凭证作用来控制货物的所有权以减少或规避自己的风险。但在适合任何运输的贸易术语下，签发的货运收据一般不具有物权凭证作用，如：国际铁路联运下的国际铁路联运单，铁路、公路运输下承运人出具的承运货物收据，航空运输下承运人或其代理签发的航空运单，邮局签发的邮政收据等等。这些运输单据不是代表货物所有权的凭证，不能通过背书转让。在信用证下，银行只处理单据，这种支付方式实质上是一种单据的买卖，若将运输单据的收货人指定为银行，则因单据的不可转让，银行要负责货物的接收，这有悖于信用证支付的初衷，银行一般不会同意这样做。但若将进口人作为运输单据上的收货人，则在货物到达目的地时，进口商不依赖银行手中的单据就可提取货物，然后找出单据不符点或失信于银行而拒绝付款赎单，这增加了开证行的收汇风险。另外若进口商与开证行联合诈骗，百般挑不符点，出口商就要承担无法收汇的风险与损失。所以，对于信用证这种结算方式，适用任何运输方式的贸易术语都不适用。另外，对于托收方式下的跟单托收来说，这类术语在某些情况下也是不适用的。因为跟单托收中的“单”实质上就是指具有物权凭证的，用于在目的地向承运人出具以提取货物的运输单据。如航空运输下，收货人提货不是凭借航空运单，而是凭航空公司的提货通知单。为了收汇安全，托收方式也需谨慎用于实际交货的国际贸易术语。

如果以远期信用证或托收远期方式支付，则采用 CIF 或 CFR 条件对买方有利，因为这两种贸易术语的运费和保险费由卖方承担。卖方支出这两笔费用后，买方的付款却是远期的，这样，买方得到了资金融通。如果采用即期信用证或托收即期支付，在运费、保险费所占成本比较大时，选择 FOB 对买方是有利的。因为在 FOB 术语下，一般是运费到付，买方可以减少开证金额和费用。此外，在出口时，卖方采用 CIF 或 CFR 术语可以及时装运，加速收汇；而如果采用 FOB 方式，买方船舶延期到达，将影响卖方获取提单的时间，从而影响卖方的资金周转。

(6) 要有利于安全收汇或安全收货

在贸易术语的选用方面，涉及如何保障出口收汇和进口收货问题。在出口业务中，一般要求采用 CIF 术语而不是 FOB 术语，是有安全方面的考虑在内的。如果采用 FOB 术语买方租船订舱，有可能与承运人勾结，越过向银行赎单的正常渠道，向承运人无单提货，随后采用破产的手段，骗取货物。同样，在进口业务中，一般要求采用 FOB 术语而不是 CIF 或 CFR 术语，也是有意义的。在 CIF 或 CFR 术语下，因为由国外卖方租船或订舱，如果国外卖方所安排的船只不当，或与船方勾结出具假提单，将使我方进口方收不到货。

(7) 按实际需要灵活掌握

当国外买方在向我国购买大宗商品时，为了可以在运费和保险费上得到优惠，而要求自行租船装运货物和办理投保，适当地，我方出口企业也可以采用 FOB 术语。有些国家为了扶持本国保险业的发展，规定其进口贸易必须在本国投保，在此情况下，可以同意使用 FOB 术语以示合作。在进口业务中，如果我方进口的货物数量不多，也可采用 CIF 术语成交。

第五篇

国际货物运输及保险的操作技巧及风险防范

第十四章
国际货物运输方式的比较及选择策略

国际贸易中进出口货物的交付是通过各种运输方式完成的，其重要性不言而喻。国际货物运输方式繁多，各种运输方式都有其自身的发展特点与优势，通过了解并比较这些运输方式的特点与优势，明确各自的适用范围，对合理选择运输方式，充分发挥运输方式在国际贸易中的作用，有着重要的意义。

1. 国际货物运输方式的发展现状及趋势

（1）传统运输方式的发展现状及趋势

1）海洋运输

海洋运输是国际贸易中最主要的运输方式，国际货物运输中的80%是通过海洋运输进行的。海洋运输通过能力大，数万吨的巨轮可以在海洋中航行。由于海洋运输量大，运输成本低，所以许多国家，特别是沿海国家的进出口货物，大部分都采用海洋运输。但海洋运输易受自然条件和气候的影响，风险较大，且航行速度慢，因此，对于不宜经受长期运输的货物和急需物资以及易受气候条件影响的货物，不宜采用海洋运输。海洋运输又分为班轮运输和租船运输两种，在普通的企业中，大多数选择班轮运输。

① 班轮运输

班轮运输是指船舶在固定的航线上和港口间按事先公布的船期表航行，从事客、货运输业务并按事先公布的费率收取运费的运输方式。班轮运输具有以下3个特点。

- 四固定，即固定航线、固定港口、固定船期和相对固定的运费率。
- 一负责，即货物由承运人负责配载装卸，运费内已经包括装卸费用，承运人和托运人双方不计算滞期费和速遣费。
- 承运人和托运人双方的权利义务和责任豁免以签发的提单条款为依据。

② 租船运输

租船运输通常适用大宗货物的运输，一般我国大宗货物如粮食、油料、矿产品和工业原材料等进出口货物通常采用租船运输方式。

2）铁路运输

铁路是国民经济的大动脉，铁路运输是现代化运输业的主要运输方式之一，其货运量仅次于海运。铁路运输的运行速度较快，运载量较大且在运输中遭受的风险较小，它一般能保持终年正常运行，具有高度的连续性。为了充分利用铁路运输货物，我国参加了国际铁路货物联运，使我国同一些亚洲和欧洲国家连成一片，为发展我国对外贸易提供了有利的条件。我国利用西伯利亚大陆桥、新亚欧大陆桥开展了集装箱国际铁路联运业务，有效地加快了货运速度，节省了运杂费用，加速了国内外物资的交流，从而更有效地促进了我国对外贸易的发展。随着国际铁路联运业务的开展，铁路运输在我国对外贸易中将起更大的作用。

3）公路运输

公路运输是一种现代化的运输方式，它不仅可以直接运进或运出货物，而且也是车站、港口和机场集散进出口货物的重要手段。

公路运输具有机动灵活、速度快和方便等特点，尤其是在实现“门到门”运输中，更离不开公路运输。但公路运输也有一定的不足之处，如载货量有限，运输成本高，容易造成货损事故。

公路运输在我国对外贸易中占有重要地位。我国同许多周边国家公路相通，同这些国家的进出口货物，可以经由国境公路运输，此外，我国内地同港、澳地区的部分进出口货物也是通过公路运输的。

4）航空运输

国际航空货物运输虽然起步较晚，但发展极为迅速，这与它所具有的许多特点是分不开的。随着国际贸易飞速发展，贸易对运输的要求越来越高，航空运输具有速度快、航线不受地形条件限制、安全准确和手续简便等优点，使其在开辟新市场、适应市场需要与变化等方面具有其他运输方式所不可比拟的优越性。因此，自问世以来，发展十分迅速，在整个国际贸易运输中所占地位日益显著，航空货物运输量也逐步增大。

目前，航空运输的营运方式主要有班机运输、包机运输、集中托运和航空快递等业务。

5）管道运输

管道运输被称为五大运输行业之一，与铁路、航空、公路、海运相平行，是巨大的能源运输工具。管道运输起源于美国，第一条原油管道于1859年在美国宾州建立，距今已有百年历史。在国际货物运输方面，管道运输有着独特的优势。在建设上，与铁路、公路、航空相比，投资要省得多。管道运输主要输送液体和气体（如石油、天然气）。在油气运输上，管道运输有其独特的优势。首先在于它的平稳、不间断输送。对于现代化大生产来说，油田不停地生产，管道可以做到不停地输送，炼油化工工业可以不停地生产产品，满足国民经济需要。其次是实现了安全运输。对于油气来说，汽车、火车运输均有很大的危险，国外称为“活动炸弹”，而管道在地下密闭输送，具有极高的安全性。再次是保质。管道在密闭状态下运输，油品不挥发，质量不受影响。最后是经济。管道运输损耗少、运费低、占地少、污染低。

6）大陆桥运输

大陆桥是一种快速运输通道，它以横贯大陆的铁路为桥梁，以铁路两端的海港为桥头堡，采用集装箱运输方式，按海—陆—海连接运输的形式，横跨国际大陆，实行海陆衔接、“一票到底”的国际联运。大陆桥运输的优越性主要表现在可简化理货、搬运、装卸、储存、保管等作业环节；集装箱经海关铅封，中途不用开箱检验，可迅速转换运输工具；缩短货物运输时间，节省运输费用；提高运货质量，降低运输成本。（更详细的内容请参考国际多式联运部分）

（2）国际多式联运的发展现状及趋势

1）国际多式联运含义和特征

① 国际多式联运的含义

1980年5月于日内瓦通过的《联合国国际多式联运公约》对国际多式联运作出如下定

义：国际多式联运是指按照国际多式联运合同，以至少两种不同的运输方式，由多式联运经营人将货物从一国境内接管货物的地点运至另一国境内指定交货地点。为履行单一方式货物运输合同所规定的货物接送业务，则不应视为国际多式联运。

② 国际多式联运的特征

国际多式联运的特征表现在以下几个方面。

第一，货物在全程运输过程中，无论使用多少种运输方式，作为负责全程运输的多式联运经营人必须与发货人订立一个多式联运合同。该合同明确规定多式联运经营人与发货人之间的权利、义务、责任、豁免的合同关系和多式联运的性质。多式联运经营人根据合同规定，负责完成或组织完成货物的全程运输并一次性收取全程运费。因此，多式联运合同是确定多式联运性质区别于一般传统联运的依据。

第二，国际多式联运全程运输中至少是用两种不同的运输方式，而且是不同运输方式、不同运输区段的连续运输。这里所指的至少两种运输方式可以是海-陆、陆-空、海-空等，这与一般海-海、陆-陆、空-空的联运有着本质的区别。后者是联运，但仍是一种运输工具之间的运输方式，不属于完整的国际多式联运。

第三，国际多式联运必须由一个多式联运经营人对货物运输的全程负责。该多式联运经营人不仅是订立多式联运合同的当事人，也是多式联运单证的签发人。当然，在多式联运经营人履行多式联运合同所规定的运输责任的同时，可将全部或部分运输委托他人（分承运人）完成，并订立分运合同。但分运合同的承运人与托运人之间不存在任何合同关系。无论涉及几种运输方式，分为多少个区段，多式联运的全程运输都是由多式联运经营人完成或组织完成的，多式联运经营人都要对运输的全程负责。

第四，国际多式联运在运输过程中以集装箱作为运输的基本单元。现代集装箱运输的发展与国际多式联运的发展紧密相连。国际多式联运必须是国际的货物运输。这不仅有别于国内货物运输，更主要的是涉及国际运输法规的适用问题。

第五，国际多式联运必须使用一份全程多式联运单证。该单证应满足不同运输方式的需要，多式联运经营按单一运费率计收全程运费。多式联运实行一票到底、全程单一费率的运输，即发货人只要办理一次托运、一次计费、一次保险，通过一张单证即可实现从起运地到目的地的全程运输。

2）国际多式联运的主要形式

国际多式联运采用两种或两种以上不同运输方式进行跨国运输，主要的运输方式包括海铁联运、陆桥运输、海空联运等，这与一般的海-海、陆-陆、空-空等方式的联运有着本质的区别，后者虽也是联运，但仍是同一种运输工具之间的运输方式。由于国际多式联运严格规定必须采用两种或两种以上的运输方式进行联运，因此，这种运输组织形式可综合利用各种运输方式的优点。

① 海铁联运

海铁联运是将进出口货物直接通过铁路运到沿海海港再由船舶运出，或是货物由船舶运输到达沿海海港之后由铁路运出的，只需“一次申报、一次查验、一次放行”就可完成整个运输过程的运输方式。

海运是国际货物运输中最重要的一种运输方式，而铁路运输也是未来货物集装箱化运输发展的趋势，因此，海铁联运作为国际多式联运一种最基本的运输方式，将是未来国际运输业发展的趋势。其发展的规模和速度往往受到以下因素的影响。

◆ 港口方面：远洋运输承担着全球运输中的最大份额，港口是海洋运输的起点和终点，因而在国际集装箱运输当中，港口是最大量集装箱货物的集结点。港口集装箱吞吐能力、后方集装箱堆场的规模以及海关的便利化程度是影响海铁联运发展的基础，否则将会造成运输市场的分散无序，资源与功能不能有效整合；无论是港口还是铁路部门，在规划上都要充分考虑海铁两种运输方式的衔接，一些发达国家的重要港口已经做到了海铁联运的无缝衔接，而我国的很多港口还是通过“水—公—铁”的模式完成国际集装箱海铁对接；为了进行大规模的运作，还应当设立适当的海铁联运的海关监管区，以对海铁联运提供更为有效的监督、管理和服务。

◆ 铁路方面：铁路适宜于担负远距离的大宗货物运输，在我国这样一个幅员辽阔、人口众多、资源丰富的大国，铁路运输在目前，甚至在可以预见的未来，都是运输网中的骨干和中坚。铁路运输的优势是运量大、运价较低、速度快、安全性强。长期以来由于铁路在我国国民经济和货物运输中的重要地位，已经得到了货主的广泛认同。另外，由于铁路网络深入内陆腹地，在内陆长距离运输方面占有绝对优势。

铁路运输是国际货物集装箱化运输发展的趋势，但目前世界范围内铁路运力不足，已成为制约国际集装箱运输发展的瓶颈；另外，内陆地区重要城市的集装箱货运中转站、物流中心的建立也是促进海铁联运发展的重要因素；如何将铁路建到港口，实现真正的海铁无缝衔接也是很重要的一方面。

除此之外，海铁联运的有效开展还与海关管理、政府政策、统一运价等因素有关。

② 陆桥运输

在国际多式联运中，陆桥运输起着非常重要的作用。陆桥运输是指采用集装箱专用列车或卡车，把横贯大陆的铁路或公路作为中间的“桥梁”，使大陆两端的集装箱海运航线与专用列车或卡车连接起来的一种连贯运输方式。而大陆桥运输是指利用大陆桥，把大陆两端的海洋运输连接起来的海陆联运的集装箱运输方式，即海-陆-海的连续运输。随着大陆桥运输的发展，陆桥两端的集散点不断扩散，并加入了航空、公路、河运等多种运输方式。大陆桥运输实际上是以铁路为主体，集装箱为媒介，水运、航空、公路等多种运输方式相结合，横跨洲际大陆，实行海陆衔接，“一票到底”的国际多式联运。

第一，大陆桥运输的起源与发展。

大陆桥运输（land bridge transport）是集装箱运输开展以后的产物。出现于 1967 年，当时苏伊士运河封闭航运中断，而巴拿马运河又堵塞，远东与欧洲之间的海上货运船舶不得不改道绕航非洲好望角或南美，致使航程距离和运输时间倍增，加上油价上涨，航运成本猛增，而当时正值集装箱运输兴起。在这种历史背景下，大陆桥运输应运而生。从远东港口至欧洲的货运，于 1967 年年底首次开辟了使用美国大陆桥运输路线，把原来全程海运，改为海-陆-海运输方式，试办结果取得了较好的经济效果，达到了缩短运输里程、降低运输成本、加速货物运输的目的。

陆桥运输在其发展过程中也出现了一系列问题和新的变化。美国大陆桥初期曾吸引了不少货载，后由于东部港口和铁路的拥挤，货到后难以保证及时换装，使货主逐渐对这条大陆桥失去了兴趣，目前基本陷入停顿状态。但在大陆桥运输过程中派生并形成的小陆桥和微型陆桥运输方式却发展很快。尤其是通往美国墨西哥湾口岸的小陆桥运输，最受货主垂青，目前远东至美国墨西哥湾地区的货运，已有 70% 以上通过小陆桥运输。微型陆桥仅利用大陆桥的一部分，比小陆桥又短了一段，而且比小陆桥运输的优越性更大。例如，将远东的货物装船运至太平洋口岸，换装铁路集装箱专用列车可直接运至美国内陆城市。因此，近年来小陆桥和微型陆桥运输的发展非常迅速。

第二，大陆桥桥头堡应具备以下条件。

◆ 地理位置优越。大陆桥桥头堡一方面要与附近范围内的主要港口联系方便，业务往来比较多，相对海运里程短，路途便捷，通达的国家和地区较多；另一方面，大陆桥桥头堡在内陆地区也要处于重要位置，与一些大城市和主要的贸易城市有良好的合作关系，交通便利，可以为周围地区集装箱货物的输入和输出提供最有效、最便利的服务。

◆ 港口条件良好。港口是集装箱货物最重要的集散地，因此港口条件状况也决定着大陆桥桥头堡的发展。通常要求港口自然条件好，气候条件适宜，全年作业时间长，航道条件好，不冻不淤，陆域开阔，自然岸线长，具有大、中、小多种泊位和多种类型的码头，应当拥有最先进的集装箱船专用泊位，现代化装卸、储存等各种设施配套完善。

◆ 经济腹地宽广。大陆桥桥头堡要求具有宽广的经济腹地，并且要有铁路、公路、水运、管道等多种运输方式组成的集疏运网络与腹地相联系，只有这样，大陆桥桥头堡才可以为周围地区经济和贸易的发展提供强有力的后盾和支撑，同时腹地经济和贸易的发展也能带动桥头堡更加健全和完善。

◆ 城市发展空间充足，功能多样化。桥头堡城市要有广阔的开发空间和良好的自然环境，有发达的商业贸易和相当规模的临海工业，城市功能多样化，具备发育大型港口城市的基本条件。

第三，陆桥运输所具备的主要线路。

◆ 西伯利亚大陆桥。西伯利亚大陆桥是利用1891年开始建筑的西伯利亚大铁路和欧洲铁路作为陆地桥梁，把太平洋远东地区与波罗的海和黑海沿岸以及西欧大西洋口岸连起来。西伯利亚大陆桥于1971年正式开始运营，主要有三条运输路线。日本、香港、菲律宾等地运往欧洲、中近东地区的货物，经海运运至纳霍德卡港或东方港后，改用铁路运至莫斯科，然后分三路，一路自莫斯科至波罗的海沿岸的圣彼得堡港，转船往西欧、北欧港口；一路从莫斯科至俄罗斯西部国境站，转欧洲其他国家铁路或公路直运欧洲各国；另一路从莫斯科至黑海沿岸，转船往中东、地中海沿岸。所以，从远东地区至欧洲，通过西伯利亚大陆桥有海-铁-海、海-铁-公和海-铁-铁三种运送方式。

◆ 美国大陆桥。美国大陆桥从1967年开始运营，包括两条线路：一条是连接太平洋与大西洋的路线，从美国西部太平洋口岸的洛杉矶、西雅图、旧金山等港口上桥，通过铁路横贯美国至东部大西洋口岸的纽约等港口转海运，铁路全长约3 200千米；另一条是连接太平洋与墨西哥湾的航线，从美国西部太平洋口岸上桥，通过铁路至南部墨西哥湾口岸的休斯敦、新奥尔良等港口转海运，铁路全长在500～1000千米。美国大陆桥在其发展过程中又出现了小陆桥和微型陆桥运输。小陆桥运输从运输组织方式上看与大陆桥运输并无大的区别，只是其运输的货物的目的地为沿海港口，比大陆桥的海-陆-海运输缩短一段海上运输，成为海-陆或陆-海形式。目前，北美小陆桥运输的主要是日本经北美太平洋沿岸到大西洋沿岸和墨西哥湾地区港口的集装箱货物，也承运从欧洲到美西及海湾地区各港的大西洋航线的转运货物。微型陆桥运输与小陆桥运输基本相似，只是其交货地点在内陆地区，比小陆桥更短一段，是指海运加一段从海港到内陆城乡的陆上运输或相反方向的运输形式。北美微型陆桥运输是指经北美东、西海岸及墨西哥湾沿岸港口到美国、加拿大内陆地区的联运服务。

◆ 新亚欧大陆桥。新亚欧大陆桥东起中国的天津、青岛、连云港等港口，西至荷兰鹿特丹，它以中国、独联体、欧洲铁路为陆上桥梁，把太平洋与大西洋以及波罗的海、黑海连接起来，是新兴的亚欧国际集装箱运输陆上通道。因为它是连接亚欧的第二座大陆桥，故称为新亚欧大陆桥。

◆ 南亚大陆桥。南亚大陆桥在亚洲南部的印度半岛上，从东岸的加尔各答港，到西岸的孟买港之间，有一条东西向、长约2 000千米的大铁道。它使阿拉伯海与孟加拉湾之间的海上运输可改成铁路联运。

◆ 渝新欧大陆桥。渝新欧大陆桥是指利用南线欧亚大陆桥这条国际铁路通道，从重庆出发，经西安、兰州、乌鲁木齐，向西过北疆铁路，到达边境口岸阿拉山口，进入哈萨克斯坦，再经俄罗斯、白俄罗斯、波兰，至德国的杜伊斯堡，全长11 179千米。这一条由沿途六个国家铁路、海关部门共同协调建立的铁路运输通道，让重庆成为欧亚大陆桥的新起点。渝新欧大陆桥于2011年7月以班列形式运行。

与原有的欧亚大陆桥运输相比，“渝新欧”特点及优势为如下。

◆ 运输效率高。目前全程运输时间16天，比沿海海运到欧洲快20天左右，随着兰渝铁路的开通，运行时间还会缩短。

◆ 通关模式便捷。重庆、乌鲁木齐海关建立了渝新欧出口转关监管和区域通关协作机制，海关总署支持将“安智贸”模式引入，使内陆货物经该线出口欧洲实现“一次申报、一次查验、一次放行”。

◆ 统一操作平台。成立了由中国、哈萨克斯坦、俄罗斯、德国四国铁路部门和重庆“四国五方”共同合资组建的渝新欧国际铁路联运大通道的平台公司——渝新欧（重庆）物流公司，主要开展重庆和欧洲之间双向的“站到站”服务。

“渝新欧”铁路途经中国多个省区、多个国家，为中国内地企业货物出口至欧洲、为欧洲及中亚国家企业出口至中国提供了快捷的物流平台和渠道，为沿线各国贸易物流业发展带来了巨大商机，将有力促进中欧、中亚经济交流和贸易往来，为提振欧洲经济、助推全球经济发展注入了新的活力。

③ 海空联运

海空联运又被称为空桥运输。在运输组织方式上，空桥运输与陆桥运输有所不同。陆桥运输在整个货运过程中使用的是同一个集装箱不用换装，而空桥运输的货物通常要在航空港换入航空集装箱。不过，两者的目标是一致的，即以低费率提供快捷、可靠的运输服务。

海空联运方式始于20世纪60年代，但到80年代才得到较大的发展。采用这种运输方式，运输时间比全程海运少，运输费用比全程空运便宜。20世纪60年代，将远东船运至美国西海岸的货物，再通过航空运至美国内陆地区或美国东海岸，从而出现了海空联运。当然，这种联运方式是以海运为主，只是最终在交货的运输区段由空运承担。1960年年底，苏联航空公司开辟了经由西伯利亚至欧洲航空线。1968年，加拿大航空公司参加了国际多式联运。20世纪80年代，出现了经由中国香港、新加坡、泰国等至欧洲的航空线。

目前，国际海空联运线主要有以下航线。

- 远东—欧洲。目前，远东与欧洲间的航线有以温哥华、西雅图、洛杉矶为中转地，也有以中国香港、曼谷、海参崴为中转地。此外，还有以旧金山、新加坡为中转地。
- 远东—中南美。近年来，远东至中南美的海空联运发展较快，因为此处港口和内陆运输不稳定，所以对海空运输的需求很大。该联运线以迈阿密、洛杉矶、温哥华为中转地。
- 远东—中近东、非洲、澳洲。这条联运线是以中国香港、曼谷为中转地至中近东、非洲的运输服务。在特殊情况下，还有经马赛至非洲、经曼谷至印度、经中国香港至澳洲等联运线，但这些线路运量较小。

总的来讲，运输距离越远，采用海空联运的优越性就越大，因为同完全采用海运相比其运输时间更短；同直接采用空运相比，其费率更低。因此，从远东出发将欧洲、中南美以及非洲作为海空联运的主要市场是合适的①。

3）国际多式联运的优越性

国际多式联运与传统的单一运输方式相比有很强的优越性，对货主、承运人乃至政府都有很强的现实意义，主要表现在以下几个方面。

① 对货主

第一，国际多式联运避免了货物运输的繁杂手续。如果没有开展多式联运的话，从发货人所在地的内陆运输开始，经过各种港口、车站或航空港，到收货人所在地的内陆运输，层层手续，极为繁杂。开展国际多式联运就可以做到一次托运、一票到底、送货上门，极大方便了货主。

第二，国际多式联运缩短了货物运输时间，减少了库存，降低了货损货差事故，提高了货运质量。在多式联运方式下，各个运输环节和各种运输工具之间配合密切，衔接紧凑，货物所到之处中转迅速及时，大大减少货物的在途停留时间，从而从根本上保证了货物安全、迅速、准确、及时地运抵目的地，因而也相应地降低了货物的库存量和库存成本。同时，国际多式联运通过集装箱为运输单元进行直达运输，尽管货运途中须经多次转换，但由于使用专业机械装卸，且不涉及箱内货物，因而货损货差事故大为减少，从而在很大程度上提高了货物的运输质量。

第三，国际多式联运节省了货主在运输方面的成本。货主将货物交给第一承运人后即可取得货运单证，并可据以结汇，这不仅加快了资金的流转，还减少了利息的支出。又由于采用集装箱运输，节省了货主在包装方面的费用。另外，有些国家对多式联运在运费方面采取特殊优惠政策，如美国对“内陆公共点”（OCP）运输给予优惠，也使得货主能在这方面减少支出。

第四，国际多式联运方便了货主的理赔。倘若货物是由各种单一运输联合起来运输，而没有采用多式联运，货主必须先确定货损货差是发生在哪一段运输过程中进而确定责任人，这很容易造成相互推卸责任，引起过多的纠纷。而在多式联运中是由多式联运经营人统一负责，货主所接触的仅仅是经营人，而和各区段运输人无关。

② 对承运人

第一，国际多式联运促进了承运人之间相互协调配合。单一运输的承运人只负责安排某

① 盛刚．国内集装箱多式联运发展对策研究［D］．中国知识资源数据库．2009.

一种运输方式的运输，在各种运输方式的衔接过程中容易产生不协调，不配合而造成混乱的情况。多式联运中是由多式联运经营人统负其责，统一安排组织，这大大有利于提高合理化运输的程度。

第二，国际多式联运提高了运输工具的周转率。例如从香港到美东航线，船公司往往会因运力不足而感到困扰。开展多式联运，利用美西到美东的路桥就可以解决这方面的问题，提高了船舶的周转率。

第三，降低运输成本，增强承运人竞争力。多式联运采取一张单证，一个经营人负责，统一费率，简化了制单和结算手续，节省了人力、物力，从而降低了运输成本，增强了承运人的竞争能力。

第四，多式联运扩大了承运人的业务范围。法律规定如果承运人作为经营人的话，要对全程负责，而并未限制其资格，这样船公司、铁路运输组织就可以摆脱单一运输方式的限制，而开展多种运输方式的业务。

③ 对于国家或政府的意义

第一，有利于加强政府对货物运输链的监督和管理，维护交通运输的正常秩序。

第二，有利于发展对外贸易，促进整个国民经济的发展；有利于引进新的先进运输技术。

第三，有利于发展本国的交通运输业，以获得较高的运费收入，改善本国基础设施的利用状况。

第四，保证使用最环保的交通运输方式，以保护本国的生态环境。

4）我国国际多式联运的应用

① 我国国际集装箱运输的发展

我国海运集装箱运输从1978年起步以来发展迅速，已经取得了令人瞩目的成绩，连续20年保持了30%以上的增幅。近几年的发展更为迅猛，不断出现重大突破，2002年，我国港口集装箱吞吐量已经突破了3 700万箱，成为世界第一。2007年，全国港口集装箱吞吐量突破亿箱，5年几乎翻两番，构成了全国港口集装箱运输总量在世界遥遥领先的态势。我国港口集装箱装卸效率不断刷新世界纪录，目前也一直保持着世界领先水平。我国参与国际海运事务，参与制定国际规则和政策的深度和广度都在不断加强。从表14－1和表14－2中可以看到，我国港口集装箱吞吐量近几年都在以平均20%的速度增长，只是在2008年和2009年两个年份，由于受到金融危机的影响，我国港口集装箱吞吐量增长比较缓慢甚至略有下降，但我国港口集装箱吞吐量依然处于世界领先的位置。

铁路方面，我国集装箱铁路运输在管理、改革、经营上一直不断有新的进步，在多式联运和现代物流中的作用也越来越重要。按照建设标准化集装箱中转站的要求，对阿拉山口集装箱换装场、成都集装箱办理站进行了整体改造，配备了先进的集装箱，集装箱铁路运输装备正在向国际标准化、专业化发展，满足多式联运的能力不断增强。

表14－1 我国近年来港口集装箱吞吐量

单位：万标准箱

年份	2004	2005	2006	2007	2008	2009
我国港口集装箱吞吐量	5 890	7 410	9 361	11 700	12 600	12 100

表 14－2　我国主要港口近年来集装箱吞吐量

单位：万标准箱

年份	2004	2005	2006	2007	2008	2009
营口港	58	79	101	145	200	253
天津港	360	485	595	710	850	870
大连港	221	270	321	424	545	654
舟山港	410	520	707	936	1030	1050
上海港	1 455	1 800	2 171	2 615	2 800	2 500

资料来源：依据中国港口网站及相关网站整理而得

② 我国国际多式联运的主要方式研究

第一，大陆桥运输日益多样化。

目前我国境内的大陆桥运输线共有 3 条，它们是新亚欧大陆桥的重要组成部分。一条是东亚、东南亚国家和地区的国际集装箱经海运至我国沿海边境口岸，转铁路运至满洲里陆路边境口岸，再接转俄罗斯铁路、欧洲铁路至欧洲和中东地区的边境运输；第二条是东亚、东南亚国家和地区的国际集装箱经海运至我国沿海边境口岸，转铁路运至二连浩特陆路边境口岸，再接转蒙古铁路至蒙古、俄罗斯、欧洲和中东地区的边境运输；第三条是东亚、东南亚国家和地区的国际集装箱经海运至我国沿海边境口岸，转铁路至阿拉山口陆路边境口岸，再接转哈萨克斯坦铁路、欧洲铁路至中亚、俄罗斯、欧洲和中东地区的边境运输。这些联运线在我国的中转港主要是大连、天津、连云港、上海和广州等港口。

2004 年我国铁路部门在稳定开行了天津—乌兰巴托国际集装箱班列基础上，又开行了北京—莫斯科和温州—莫斯科国际集装箱班列；2008 年 9 月 19 日，向塘西—汉堡国际集装箱示范班列正式启动，该趟班列由中铁国际多式联运有限公司与德国铁路（DB）下属的全球物流公司（SCHENKER）共同协作组织开行，通过二连国际口岸站开往德国汉堡，全程途径蒙古、俄罗斯、白俄罗斯、波兰、德国等国家。

第二，海铁联运稳步发展。

发达国家海铁联运水平占港口集装箱吞吐量的比重通常为 20% ~40%，而 2009 年这一数字在我国仅为 2% 左右，表 14－3 和表 14－4 告诉我们虽然我国港口集装箱吞吐量处于世界领先水平，但海铁联运比例仍然偏低。但不可否认的是，海铁联运是国际多式联运未来的发展趋势，在我国更是有着美好的发展前景。

2000 年 6 月铁路首次开行集装箱班列，标志着我国铁路集装箱运输进入新的发展阶段。2003 年 12 月，改制成立中铁集装箱运输有限责任公司，由铁道部中铁集装箱运输中心控股，其他 14 个铁路局参股，铁路集装箱运输的管理体制和运行模式出现重大调整。铁道部大力推进集装箱运输，对港口开辟集装箱海铁联运通道奠定了重要的基础条件，迅速增长的港口集装箱吞吐量也为铁路发展集装箱运输提供了强有力的货源支持。

目前，我国已初步形成了具有一定规模的四大集装箱海铁联运通道。一是以大连港、营口港为海铁联运枢纽，连接东北地区沈阳、长春、哈尔滨 3 个省会城市，以及延吉、通辽、满洲里等城市和口岸的集装箱海铁联运通道。二是以天津港为海铁联运枢纽，连接华北地区太原、呼和浩特等省会城市，西北地区西安、乌鲁木齐、银川、西宁 4 个省会城市以及包头、榆次、二连浩特、阿拉山口等城市和口岸的集装箱海铁联运通道。三是以连云港、青岛港为海铁联运枢纽，沿陇海线、兰新线至阿拉山口进入中亚地区的新亚欧大陆桥集装箱海铁联运通道。四是以上海芦潮港中心站为平台的上海集装箱海铁联运通道。此外，以深圳港为海铁联运枢纽，连接昆明、长沙、南昌3个省会城市及沿海重要城市的集装箱海铁联运通道；以厦门港为海铁联运枢纽，连接闽赣地区的集装箱海铁联运通道等也在最近几年投入实际运行。宁波舟山港、广州、日照、湛江等沿海重要港口也在建立深入内陆地区的集装箱海铁联运通道。

我国集装箱海铁联运基本格局从总体上看，以沿海主要集装箱港口为海铁联运枢纽，以铁路主要干线为骨架，以各大区域主要经济带为腹地，以内陆城市集装箱场站为节点，主要服务于对外贸易的国际集装箱海铁联运体系已经初具雏形。随着我国集装箱运输的发展，这一体系将得到进一步完善，使集装箱海铁联运干线通道的作用更加突出，支线通道的延伸范围更加广泛，海铁联运枢纽和内陆集装箱场站的布局更加合理[①]。

表14-3　大连港集装箱海铁联运运量表

年份	2004	2005	2006	2007	2008	2009
集装箱吞吐量（万标准箱）	221	270	321	424	545	654
海铁联运量（万标准箱）	18	13.6	16.3	19.6	23.5	26.3
海铁联运比例（%）	8.1	5	5	4.6	4.3	4

表14-4　上海港集装箱海铁联运运量表

年份	2004	2005	2006	2007	2008	2009
集装箱吞吐量（万标准箱）	1 455	1 800	2 127	2 615	2 800	2 500
海铁联运量（万标准箱）	7.9	6.5	5.3	6.2	7.1	7.5
海铁联运比例（%）	0.54	0.36	0.24	0.23	0.25	0.03

③ 我国国际多式联运实践

第一，上海芦潮港铁路集装箱中心站。

上海芦潮港铁路集装箱中心站于2006年年底全面投入运营，它是我国首个实现“海铁联运”的现代化铁路集装箱中心站，年吞吐量达180万标准箱，主要服务于上海洋山深水港。上海芦潮港铁路集装箱中心站占地总面积65万平方米，拥有四束八股铁路线，并配备主附两个集装箱堆场和一个大型冷藏区，整个车站可以容纳4列火车在站内同时装卸集装箱。该中心站不仅拥有一流的装卸设备，站内还设有海关，以前只在港口保税区里看到的一些电子设备，也在中心站内首次出现，比如集装箱箱号自动识别系统，会把进入火车站的集装箱“身份”立即传送到海关确认，货场电视监管系统也能够及时掌握货场里发生的“一举一动”。而进入芦潮港站的列车，也会被按上电子标签，便于车站内的“电子眼”来识别和管理。

上海芦潮港铁路集装箱中心站是全国铁路规划中18个集装箱中心站之一，其投资规模位居全国十大铁路集装箱中心站的第二位，集装箱在进入洋山港区后，40分钟内即可经东海大桥进入芦潮港，然后，通过设计时速为每小时120千米的浦东铁路，经测算，从洋山港

① 张嫚：《加快发展我国集装箱海铁联运的思考》，载《铁道货运》，2008（9）。

卸货到进入全国铁路网，整个转运过程可以在两个小时内完成。铁路部门相继开通了安徽、江西等地直达芦潮港的专列，大大缓解了交通压力。例如，若通过公路运输，从洋山港发往合肥，每辆集装箱卡车运输需消耗400升油料，支付约2 000元过境通行费，并会为已经超负荷的沪宁高速增加巨大的车流量。而改由集装箱专列运输，相当于50辆集装箱卡车的班列，只需消耗5 000升油料，节省3/4，而且还减少了汽车废气的排放。

图14－1简单地描绘了合肥—上海海铁联运的流程，而在现实的操作当中，程序还要复杂得多。首先，海关的清关程序烦琐，因为在我国的多式联运业务中，还没有实现有规模的海关便利化操作，实际业务中效率比较低；其次，海铁联运对时间要求得比较严格，因为它涉及的部门比较多，以合肥—上海为例，涉及的单位包括出口企业、多式联运经营人在合肥以及上海的公司、合肥海关、上海海关、合肥车站、上海芦潮港中心站、码头等。这其中无论哪个环节出现问题都会导致船期的改变，因而在实际业务中，需要比较完善的信息化系统。

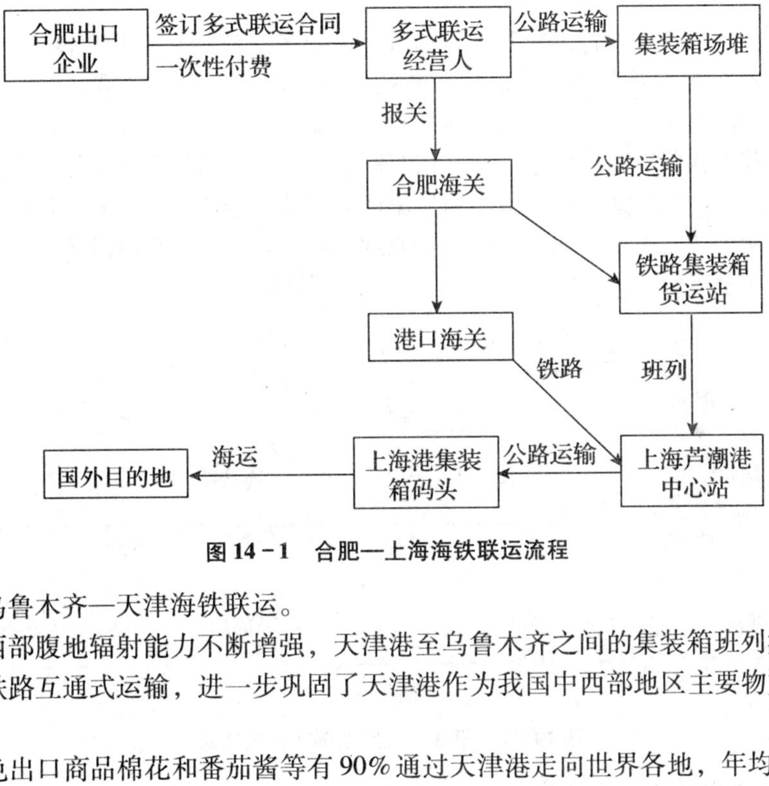

图14－1　合肥—上海海铁联运流程

第二，乌鲁木齐—天津海铁联运。

天津港西部腹地辐射能力不断增强，天津港至乌鲁木齐之间的集装箱班列实现了港口与新疆地区的铁路互通式运输，进一步巩固了天津港作为我国中西部地区主要物资出海通道的重要地位。

新疆特色出口商品棉花和番茄酱等有90%通过天津港走向世界各地，年均出口40至50万吨，在乌鲁木齐海关，从天津港转关的进口货物也占绝大多数。在天津港和乌鲁木齐铁路局的共同努力下，乌市与天津港之间的集装箱班列充分发挥了港铁综合优势，为货主提供了便捷的“一次托运、一票到底、一次付费、全程服务”，大大缩短了腹地与港口之间的运输距离与时间，同时也给天津港带来了每年近万标准箱的固定货源。随着两地间互通式班列的运行，新疆地区进出口物资将真正实现海铁直达联运，对促进地区对外贸易的快速发展和津乌间经贸交往都将起到积极作用。

第三，中远集团积极开展国际多式联运业务。

中远集团代理网络遍布在100多个国家和地区，形成了全球性的航线网络和全方位的班轮服务体系，为发展国际多式联运打下了坚实的基础。中国远洋运输总公司是国内最早开展国际集装箱多式联运的企业。中国是一个幅员辽阔的国家，内陆腹地离港口很远，多式联运离不开铁路运输。为此，中远与铁道部在20世纪80年代签订了《国际集装箱海铁联运协议》，将集装箱海铁联运这一先进运输方式引入到中国的内陆地区。随着经济的发展，中远逐步从承运人向物流经营人，从国际经营人向跨国公司的方向转变。中远物流有限公司与中国铁道部集装箱运输有限公司强强联手，成为中国第一家与中铁集签订合作协议的国内航运企业，同时也是全国最大的非铁道系统海铁联运业务经营企业。与中铁集在海铁联运方面签署了《集装箱多式联运合作协议》，根据该协议，中远相继开通了36条海铁联运线路，参与承包开行了10条“中远号”命名的五定班列，分别是：中远1号：上海/成都；中远2号：上海/重庆；中远3号：青岛/郑州（西安）；中远5号：西安/青岛；中远6号：大连/长春；中远7号：西安/天津；中远8号：郑州/青岛；中远9号：大连/哈尔滨；中远10号：昆明/广州/深圳；中远11号：青岛/莱芜。

第四，日本—俄罗斯多式联运路线。

日本、北美和欧洲等发达国家和地区的汽车市场多年来处于停滞状态，日本汽车制造商早就把目光聚焦在俄罗斯市场。但是目前的俄罗斯港口拥塞十分严重，例如，其主要门户港——圣彼得堡港集装箱码头基础设施落后、装卸能力不足，无法满足出口到俄罗斯的日本整车和汽车零部件在俄罗斯的运输。日本汽车制造商也试图通过支线班轮，从芬兰港口把整车和汽车零部件运到俄罗斯，但是俄罗斯口岸通关手续十分烦琐，不利于日本汽车制造商大规模开进俄罗斯市场。西伯利亚大陆桥和新亚欧大陆桥成为许多日本汽车制造商的选择，这样就为日本汽车制造商节省了时间，降低了成本（图14-2）。

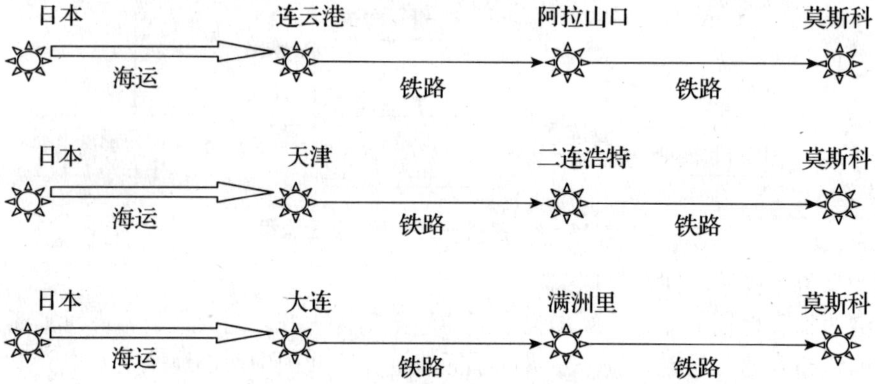

图14-2　日本—俄罗斯陆桥运输线路

5）国际多式联运的发展趋势

①国际多式联运向“无缝衔接”发展

国际集装箱多式联运的系统运作流程基本如下：托运人→装卸→运输方式1→中转衔接→运输方式2→装卸→配送→收货人。目前，还没有国际多式联运系统无缝衔接的明确定义，从其运作的流程来看，可以看出每一作业流程之间的组织都涉及了运输方式、运输工具、作业环节之间的衔接和配合的优化问题，手段主要是简化或减少换装环节，缩短非运输时间，从而实现“无缝衔接”。因而，我们可以这样理解国际多式联运的无缝衔接：对集装箱多式联运系统全过程中所涉及的各种运输方式和各个作业环节，通过资源优化整合与科学组织管理，实现系统各环节的有效衔接，以及不同运输方式间的相互转化、协调配合，尽可能满足其相互间的“无缝衔接”，从而保证集装箱多式联运安全、高效、经济的运行。

国际多式联运的无缝衔接包括时间的无缝衔接和空间的无缝衔接，即各作业环节衔接部分的时间最少、距离最短。无缝衔接的目标就是要使得等待时间和作业时间尽量少，这就要求国际多式联运系统的各个作业能在指定的时间进行，要提前做好准备工作，使得作业时间最少。

在未来全球化的经济时代，物流的发展已经成为影响经济发展的因素之一，因此，作为现代物流中的高级运输方式，提供快捷、高效的国际多式联运服务变得越来越重要，国际集装箱多式联运向“无缝衔接”的方向发展，最终实现真正意义上的“无缝衔接”已成为国际多式联运发展的大趋势。

② 通信技术的作用越来越重要

通信技术在国际多式联运中发挥的作用越来越重要，先进信息技术的应用不仅能缩短通关时间，提高衔接效率，还能使人们获得更多在途运输过程及枢纽站运营方面的数据，甚至帮助供应链企业作出国际多式联运交通方式选择、设计等方面的管理决策，提供最优的国际多式联运解决方案。随着电脑技术、移动通信和卫星通信的不断创新和普及，国际集装箱多式联运由于其业务环节多，信息流量大等特定的因素，采用新的通信手段更为重要。目前，诸如 INTERNET、INTRANET、GPS 等通信系统在发达国家已广泛应用于国际多式联运业务中，因此，通信技术的应用将是未来国际多式联运发展的趋势。

③ 国际多式联运向综合物流方向发展

国际多式联运未来的发展趋势将更多地着重于服务，而不再仅仅局限于运输本身，即以客户的需求为导向，为客户提供特定服务，以客户满意为宗旨，呆板单调、千篇一律的传统运输服务将被淘汰出局。这要求国际多式联运必须以它的综合能力、准确程度以及高度可靠性、及时性的运输和完善的综合物流服务来满足顾客的要求。在这种形势下，国际多式联运经营人欲在全球市场上生存与发展，就必须将服务范围扩展到各种领域。班轮公司除了经营传统的海运业务以外，还须介入陆上运输、代理、仓储和流通领域。承运人必须拥有综合物流系统，去统辖从发货人到收货人的整个物流过程。可见，在集装箱多式联运基础上产生和发展起来的综合物流的实质是以集装箱多式联运为核心，中间包括储存、装卸、搬运、包装、流通加工、配送和货物信息跟踪等多个环节。综合物流是国际集装箱多式联运的发展方向，综合物流管理将成为世界运输业的重要力量。国际集装箱多式联运与现代综合物流的一体化发展是国际多式联运发展的趋势。

④ 国际多式联运网络将成为核心资源

目前，只有少数的国际物流企业拥有国际联运网络，大多数国际多式联运业务还是依靠各实际承运人分段衔接完成，构建国际化的多式联运网络将是未来运输业发展的方向。国际多式联运提供的是跨越国境的“门到门”服务，需要多式联运经营人以设立分支机构或与国外公司联营等形式扩充在国外的联运网点，构造自己的国际多式联运网络体系。在联运节点设立分公司需要有强大的经济实力作为后盾和支撑，还要考虑货源的规模和稳定性。而与国外公司合作则要考虑信用风险，要经过一段时间的磨合与考察才能形成相互信任的合作伙伴。无论采用哪种方式，国际多式联运网络一旦形成，就会成为企业的核心资源，使之拥有强大的服务能力和信誉保证，从而更好地完成国际多式联运服务。

2. 国际货物运输方式的比较及选择策略

国际货物运输方式很多，各种运输方式有着各自的技术和经济特征与优势，为了充分发挥各种运输方式的作用，必须通过比较来鉴别和确定其适用范围。在实际业务中，我们应根据货物特性、运量大小、距离远近、运费高低、风险程度、任务缓急及自然条件和气候变化等因素，审慎选用合理的运输方式。

（1）运输成本

这是国际物流对运输方式选择上的首要考虑因素，其原因是如果运输距离太长，运费负担会较重。据统计，在外贸的价格中，物流费有时可占出口货价的30% ~70%，对于煤炭、矿石等低价值货物，这一比例或许更高。

（2）运行速度

国际物流速度也很重要，这主要有两个原因：一个原因是运距长，需时日较多，资金占用时间长，加快速度有利于解决占用的资金；另一个原因是速度慢会错过好的价位而使经济效益下降。在各种物流形式中，航空货运有不容争议的高速度。在洲际运输中，用大陆桥运输取代海运，会获得提高物流速度的显著效果。

（3）货物特性

货物特点及性质有时对物流方式选择起决定性作用。经常是由于国际物流方式的限制，有些货物无法进入国际物流中而失去了市场时机。一般来说，各种包装杂货可以选择各种物流方式，而诸如水泥、石油、沥青、危险品等，选择范围则较窄，如在国际物流中，选择汽车或飞机运输水泥显然是不恰当的。

（4）货物数量

因为国际物流距离往往超出了汽车等运输工具的经济里程，大数量货物也不可能选择航空运输，所以在运输方式选择上会受到限制。

（5）物流基础设施条件

由于国家之间发展的不平衡，一个国家中可以选择的物流方式，到另一个国家可能因为缺乏采用这种方式的必要基础设施而不能采用。在选择时，如不考虑这个问题，是无法形成有效的物流系统的。最典型的例子是，如缺乏必要的水域条件和港口条件，大型船无法作业，则不管如何便宜也不能选择大型船；如果没有大型集装箱装运码头和集装箱集疏的腹地条件，则也不可能大量选择集装箱方式。表14－5列出几种常用运输方式的比较。

表14－5 常用运输方式的比较

运输方式	优点	缺点	选择策略
海洋运输	运量大、运输成本低	速度慢、易受气候影响；可及性低，受港口限制	适宜选作主要的运输方式

（续）

运输方式	优点	缺点	选择策略
公路运输	机动性高，可以临时安排运送路线与时间；运送速度快；普及性高，只要有公路到达的地方就可以运送	运量小，不利于长途运输；交通安全性低	适宜短途，公路交通比较发达的地方
铁路运输	适合长途大量运输；运费低廉；受气候影响小，安全性高	缺乏机动性，不易变更路线；需要在货车调度场进行编组；信息跟踪困难	在中亚地区优先选用
航空运输	速度快；不受地形影响	运费高昂；运量小，尺寸也受限制	紧急情况下选用，考虑地域、体积等限制
多式联运	缩短运输时间；降低运输成本；简化托运、结算及理赔手续	对承运商能力要求高；货物损失风险大	海运无法满足货期时使用
管道运输	运输量大；运费低；不受气候影响；不需包装	只能运送液体、气体；速度慢；维修、维护不易	主要用于石油、天然气的运输

第十五章 运输单据操作技巧及风险防范

运输单据是承运人收到承运货物签发给出口商的证明文件，它是交接货物、处理索赔与理赔以及向银行结算货款或进行议付的重要单据。有关运输方面的单据是国际贸易单证工作中的“大户”，所涉种类最多。恰当正确的选用，关系到贸易各方利益的保障。但在实际业务中，由于选用单据类型的不同，造成的风险也就各异。因此对几种海上货物运输单据的风险进行分析并提出相应的风险防范措施，对出口企业和有关当事人具有借鉴意义。

1. 提单的套单风险

在国际海运中，货运代理公司接受托运人的委托后，本应当将承运人（班轮船东）签发的提单转交给托运人。但在20世纪90年代，货运代理人自己签发一份提单给托运人，充当承运人的事实就时有发生。而货运代理人自己则以托运人的主体资格与班轮船东签订运输合同，并最后取得班轮船东签发给自己的提单。虽然当时没有具体的法律规范货运代理人是否可以签发提单，但是根据当时的《海商法》和《中华人民共和国海上国际集装箱运输管理规定》以及《合同法》等规定，货运代理人是没有权力签发提单的。时至21世纪，即2002年1月1日，《中华人民共和国国际海运条例》开始实施。根据这一条例的规定，许多货运代理人摇身变为无船承运人，因此而获得了法定的签发提单权。由于国际海运条例并未规定无船承运人何时何地才有权力签发提单。这就导致今天我国海运市场上的无船承运人可以任意签发提单的局面。更有甚者，有的无船承运人利用套单的权力实施诈骗行为。

下面我们从套单的程序和套单的结果以及套单所违反的法律等方面来分析套单的违法性。

（1）套单的程序

提单一般是根据买方向卖方开出的信用证来缮制的，而且不得有任何不符点，否则就会产生不能结汇的恶果。但是，在海运实践中，由于无船承运业务的存在，一票业务往往要签发两套提单，其主要目的是为了保证无船承运人能够收到运费以及其他可能产生的利益。无船承运业务签发两套提单的程序如下。

第一，当无船承运人与托运人履行运输合同以后，签发一套与托运人的订舱要约完全相同的提单，即托运人、收货人、通知人、装港、卸港和运费支付方式等等，均与托运人的要约相同，这也是与信用证相同的内容。但由于一般情况下信用证不去限定承运人的名称和所使用的提单样本，所以无船承运人就将自己的名称载明于提单的承运人栏目里，并且是用自己的提单样本。这套提单是给托运人结汇使用的，但不能到目的港的实际承运人处提货，因为提单抬头人不是实际承运人的名称，签发提单的人也不是实际承运人。

第二，在接受了托运人委托后，无船承运人要向实际承运人发出要约（订舱等），在此要约中，无船承运人一般就是提单托运人栏目里载明的托运人，提单的通知人栏目里一般载明自己在国外的代理人的名称，如果是记名提单，则在收货人栏目里也载明自己在目的港的代理人名称。在该提单中装港和卸港以及货物名称等不会改变，但是运费支付方式可能有所变更，例如预付变更为到付。这主要是解决托运人没有及时预付运费，无船承运人不必垫付运费的问题。这套提单的抬头人是实际承运人，提单承运人栏目里载明的是实际承运人的名称，签发提单的人也是实际承运人或其代理人。只有这套提单才是可以在目的港向实际承运人提货的提单。

第三，无船承运人拿到实际承运人签发的提单以后，直接将该提单背书给自己在目的港的代理人。

第四，托运人拿到无船承运人签发的提单后，到银行结汇，并且通过银行流转到收货人的手中，也可能再经过转让流转到提单持有人的手中。该收货人或提单持有人拿这套提单到无船承运人在目的港的代理人处换取实际承运人签发的提单。也可能此时该代理人已经用实际承运人签发的提单到实际承运人处换取了到港口提货的提货单（又称小提单 D/O）。总之，收货人可以用无船承运人签发的提单到目的港无船承运人的代理人处换取实际承运人签发的提单或者提货单。这样收货人就可以到实际承运人那里提到货物了。

上述第四条所讲的程序是提单持有人到无船承运人在目的港的代理人处换取提货单，而后再到班轮船东处提货。在 21 世纪，有的无船承运人为了赚取更丰厚的利润，就指示目的港代理人直接到班轮船东那里提取货物（集装箱），而后将集装箱运到自己的集装箱堆场或者货运站，此时提单持有人只有到这个集装箱堆场提货。这个无船承运人的代理人向提单持有人收取的提货费用不仅仅是 THC，而是增加了许多莫须有的费用名目，例如仓储费、保险费等等。这些费用最多时可以高达海运费的一倍或者两倍。

(2) 套单的风险

第一，由于提单必须与信用证保持一致，所以套单需要娴熟的海运业务知识和信用证知识。如果无船承运人没有掌握好套单所必备的知识，很可能因无船承运人签发的提单存在不符点等不能结汇，这会给托运人造成极大的麻烦，有时甚至是悲剧性的结局。

第二，如果无船承运人没有把握好自己与实际承运人之间的提单业务，或者在履行运输合同中出现问题，也可能导致这一环节的提单纠纷，而这种纠纷则必然影响到无船承运人签发给托运人的那份提单。这种结局也是令人难以接受的。

第三，由于只有实际承运人签发的提单才可以提货，那么无船承运人签发的提单就不能直接提货，这就对无船承运人所签发的提单的物权效力提出了质疑，因为如果用这份提单向实际承运人主张船载货物的物权，那么实际承运人可能会以提单托运人的名称与自己所签发的提单托运人名称不符等为由而提出抗辩。

第四，如果因为提单收货人拒绝到开证行付款赎单，开证行也无法用无船承运人签发的提单向实际承运人主张提单质押的权利。

第五，本来无船承运人套单的主要目的是能够收到运费，其通常采取的手段是在自己签发的提单上注明是预付运费，而在实际承运人签发的提单上则注明是到付运费。但是依据海商法的规定，即使托运人不向无船承运人支付运费，无船承运人也无权留置船载货物，因为其签发的第一套提单是预付运费，而非到付运费。尽管第二套提单注明了到付运费，对收货人或提单持有人也没有法律效力。因为收货人（买方）与托运人（卖方）的贸易合同可以证明运费是预付，第二套提单注明的到付运费只能证明无船承运人的欺诈行为。

(3) 套单的违法性

第一，提单的第一个功能是合同的证明，但是由于无船承运人和实际承运人所签发的提单内容有许多是不同的，例如，托运人、收货人、通知人、运费支付方式等等，这会直接导致两份提单丧失了同一合同锁链的证明作用，一旦发生纠纷，托运人和收货人很难识别无船承运人和实际承运人的法律关系。笔者认为两套提单除承运人和通知人的名称可以不同以外，其他内容均应当相同。

第二，无船承运人签发的提单不能直接向实际承运人提货，导致这份提单丧失了提单的一个重要功能，即物权凭证的功能。这是托运人和收货人不能容忍的一个法律事实。例如，如果因提单发现不符点而遭到银行的退单，托运人无法用无船承运人签发的提单与实际承运人商谈船载货物的处理问题，因为实际承运人签发的提单上载明的托运人并不是这个托运人的名称，而是无船承运人的名称。

第三，如果发生共同海损等事故，实际承运人要与货方协商担保等事宜，如果实际承运人所签发的提单托运人是无船承运人，这就会在处理共同海损的具体事务中造成很多麻烦，至少在实际承运人和真正的收货人的联系方面不会直接而且快速。

第四，在海运市场上，船舶就是对货主的信誉担保。在发生重大运输合同纠纷时，货方最有力的手段就是扣船。可是由于货方持有的提单是无船承运人签发的，当货方依据这一份提单向海事法院申请扣船时，其法律依据只能因班轮船东是实际承运人。但是班轮船东会抗辩说，我不是实际承运人，而是承运人，因为我没有授权无船承运人签发提单。

第五，提单还有一个货物收据的功能。诚然，在无船承运人签发给真正托运人的提单托运人栏目里，当然载明的是真正托运人的名称，这份提单对于真正托运人来说，是一份名副其实的货物权凭据。但是如果在实际承运人所签发的提单托运人栏目里载明的不是真正的托运人，而是无船承运人，那么装载于船上的货物的所有权既不属于真正的托运人，也不属于收货人或者提单持有人，而是属于无船承运人。此时，货方持有的提单当然也就丧失了货物收据的作用。如果真正的托运人欲依据《合同法》行使停运权，也会遇到极大的阻力。因为实际承运人签发的提单托运人栏目里没有显示其为托运人。

综上所述，无船承运人的套单行为，虽然可以保证自己收到运费等合同权利，但是却在法律上冲击了提单固有的三个法定功能。这是托运人、收货人、提单持有人和银行都不能容忍的行为。因此，无船承运人的套单只有一条路可走，那就是仅在提单上将自已明示为承运人即可。但是在发给实际承运人的要约中，除通知人可以变更为无船承运人在国外的代理人以外，决不能变更其他任何一个与无船承运人签发的提单不一致的内容。如果是记名提单，就不可能套单。因为只有这样做，无船承运人所签发的提单才直接指向船载货物，同时也符合了法律赋予提单的各种功能的真实性以及合法性。但是，如果实际承运人根据《海商法》第七十二条二款的规定，认为自己并没有“授权”无船承运人签发提单，此时无船承运人所签发的提单还是没有物权凭证的功能，因为相对于无船承运人，实际承运人就是承运人，无船承运人则是托运人。而托运人根本就没有签发提单的权利。这就将无船承运人的套单行为逼进了死胡同，即根据我国《海商法》，无船承运人根本就不能实施套单行为。

(4) 无船承运人签发提单的合法途径

前述无船承运人不能签发提单主要是针对航次租船合同以及班轮运输合同。笔者认为无船承运人只有在签订期租或者光租船合同的前提下，将其所租用的船舶用于班轮运输或者航次经营，并且自己充当承运人时，才可以合法地签发提单。因为此时的船东即实际承运人是不签发提单的。此时，无论航次租船合同还是班轮运输合同都只有一套提单。这一套提单也是唯一的一套合法提单，而且弘扬了提单的三个法定功能。另外，现在国际海运市场上还有一种舱位合同（Space/Slot Charter）。舱位合同是指班轮船东将班轮的部分舱位出租给承租人，例如将班轮所有的2 000个20英尺箱位中的500个箱位出租给承租人，由承租人揽货并签发提单。这也是无船承运人签发提单的一种合法形式。由于《中华人民共和国国际海运条例》第六条规定，经营国际船舶运输业务，必须取得《国际船舶运输经营许可证》。而无船承运人将期租或光租的船舶用于从事海上货物运输，是一种违反法律的行为，所以上述观点就与我国法律发生了矛盾。这就需要解释无船承运人的定义。《中华人民共和国国际海运条例》第七条二款对无船承运人的定义如下："前款所称无船承运业务，是指无船承运业务经营者以承运人身份接受托运人的货载，签发自己的提单或者其他运输单证，向托运人收取运费，通过国际船舶运输经营者完成国际海上货物运输，承担承运人责任的国际海上运输经营活动。"对上述法条应做如下理解。

- ◆ 根据"通过国际船舶运输经营者完成国际海上货物运输，承担承运人责任的国际海上运输经营活动"这一规定，无船承运人不必再次申办《国际船舶运输经营许可证》，仅需国际船舶运输经营者持有合法证书即可。
- ◆ 无船承运人"通过"国际船舶运输经营者完成国际海上货物运输的前提是存在期租或者光租船合同。如果不做如此理解，那就是国际船舶运输经营者自己在从事并完成国际海上货物运输，而非在为无船承运人提供国际海上货物运输服务。
- ◆ 无船承运人可以签发自己的提单，但国际船舶运输经营者则不另行签发提单。这种做法可以彻底解决两套提单的问题。

2. 提单欺诈及防范

海运欺诈也称海事欺诈，是指发生在国际贸易过程中，具体指在海上运输活动过程中和与海运有关联的环节中的欺诈行为，是国际贸易欺诈的一种。因为海事欺诈，世界航运业每年为此遭受约130多亿美元的损失。其中相当大一部分为提单欺诈。

(1) 表现形式

1）伪造提单

提单是信用证所要求的主要单据，在信用证业务中，只要单据符合信用证的要求，银行即凭单付款，而不审查单据的来源及其真实性。一些不法商人即利用信用证"单据交易、严格相符"的特点伪造提单，以骗取货款，可能货物根本没有装船，或以次充好，蒙骗客户。

- ◆ 空单。空单就是记载与货物极为不符，甚至根本未装船而签发的提单，承运人及其代理人或船长签发的伪造提单中的一种。这种提单可能被完全无辜的收货人或其他持有人用来履行下一个货物买卖。在德国，大部分学者认为，提单代替货物以为流通，因此承运人在签发提单后，应担保其记载与所取的货物一致，所以承认空单的效力。英美国家由于其航运业的发达，在国际航运上，常常扮演承运人角色，因此在承运人责任的立法上采取减轻的主张，以利其航业。英美法系认为提单为承运人或船长接受货物且将之装船的表面证据，可用事实推翻。所以，实际上承运人未收受货物而签发提单，承运人并不受提单上文义绝对性约束，举出相当证据即可推翻其责任。即使提单持有人是善意并无过失也是如此。有学者认为，卖方故意在没有交货的情况下伪造提单已构成欺诈，提单无效，其欺诈行为构成侵权，这种提单纯粹成了单据欺诈的工具，名称被盗用的承运人不受提单约束。如承运人与卖方串通，为卖方取得空单提供必要条件，则构成共同侵权，承担连带责任。

◆ 货量差异。货量差异就是货物虽然装船，但实际装船数量与提单记载数量存在差异。在普通法上，承运人并不被禁止证明提单记载的货物数量不正确。但是，提单是其记载数量已装船的初步证据，而且举证责任显然要求承运人证明记载数量实未装船，这就要求“非常满意的证据”，而证明货物在运输期间的任何极大可能移动都是不够的。承运人只有通过在提单中加入“重量不知”条款才能保护自己。提单货量差异，通说认为有效。就提单记载但实未装船的货物，卖方应对买方负未交付责任，承运人也要对收货人或提单持有人负责。

2）预借提单和倒签提单

当前国际贸易普遍采用跟单信用证的付款方式，往往以象征性的交货代替实物交割，视货物装船日期为实际交货时间，具体表现为提单的签发日期。因此在国际贸易实践中，提单的签发日期往往是结汇的要件之一，根据国际商会 UCP600 的有关规定，卖方提交银行的必须是已装船提单，以证明货物已如期发出。如提单的签发日期与信用证不符，则银行有权拒付货款，从而保护买方的利益。复杂的情况是提单的签发日期在形式上与信用证相符，但却是托运人和承运人合谋预借或倒签提单，从而对收货人（买方）构成欺诈行为。

预借提单：预借提单是指货物尚未装船，或货物已由承运人接管但尚未装上船时承运人签发的已装船提单。此类提单通常发生在信用证规定的装船日期和结汇日期行将届满，货物却未全装上船之时，托运人急于想拿到已装船提单去银行交单结汇，因而要求承运人先签发一份已装船的提单，即所谓预借提单。在货物实际并没有在信用证规定的装船期限内全部装上船付诸运输的情况下，承运人本不能签发的提单或只能签发备运提单，但他却签发出已装船提单。

所谓倒签提单是指如果货物实际装船日期晚于信用证所规定的装船日期，托运人为了顺利结汇，往往会要求承运人在提单上填上符合信用证规定的签单日期，即倒签提单，以逃避违约责任。倒签提单的行为明显侵犯了收货人的权益，若提单上的装船日期晚于收货人开出的信用证上的日期，收货人完全可以拒绝付汇，但托运人串通承运人，签发不实的装运日期，使收货人丧失了拒绝付汇的权利。倒签提单实际上构成了承托双方勾结对提单接受者的一项欺瞒诈骗的行为。

无论是《海关规则》《汉堡规则》还是我国的《海商法》都明确规定承运人在实际装船后才能签发已装船提单，同时要求签单日期与实际装船日期必须相符。预借提单和倒签提单行为篡改签单日期，直接违反了国际条约和法律的规定，更与“诚实信用”的商法原则背道而驰，构成了对买方的欺诈。这种行为在美国会触犯刑法，坐牢高达五年。

由于预借提单和倒签提单都是表面上符合信用证条款要求的提单，卖方可凭此要求银行议付货款，即使买方收货时发现货物不符合合同要求，或交货迟延，也无法免除向银行偿还其已议付货款的责任，这往往会使买方蒙受巨大损失。倒签提单与预提单在业务中经常遇到，其对买方造成的风险不可低估。一是货物的跌价损失。订货时，货物市场价格很高，货到时价格暴跌，买方无利可图，甚至亏本；二是季节性货物差价损失。这类货物一旦销售期过去，货物的价格会马上下跌，收货人因此就要遭受巨额损失。

预借提单和倒签提单欺诈案的特征主要有：

- 所谓的出口商要求进口商开具的信用证为即期信用证。出口商凭单即可要求议付行议付；
- 船公司、船只、起港均由出口商负责指定；
- 品质证书由出口商所在地有关机构签发；
- 收货收据不构成信用证下交付所需单据的组成部分。

3）卖方用保函换取承运人签字的虚假的清洁提单

清洁提单是指货物在装船时“表面状况良好”，承运人未加注有关货损或包装不良之类批语的提单。反之，如承运人加注了货物表面状况不良或存在缺陷等批语的提单，称为不清洁提单，例如提单上批注“渗漏”、“3 件损坏” 等。由于外表不良的货物在海运中极易受损，因此收货人开出的信用证一般规定以清洁提单作为结汇条件。所以持不清洁提单到银行办理结汇手续，必遭银行拒付。

实践中，当托运人提供的货物外表状态不良，且又无法更换包装或修复货物时，他们不希望承运人签发不清洁提单，因为这样不便结汇，所以托运人通常向承运人出具保函，保函中表明：“承运人未将货物不良状况批注到提单上而可能承担对收货人的赔偿责任，由托运人负责。”通过这种形式，承运人将本来该签发的不清洁提单改为清洁提单签发出去。

承运人接受托运人的保函而隐瞒货物装船时实际存在的缺陷，这对无辜的收货人很不公平，因为货物外表无瑕疵是买卖成交的一个重要条件，若提单上显示货物外表存在瑕疵，收货人完全有权拒绝接受此套单据，但由于托承双方串通隐瞒事实，使货物外表存在的瑕疵没有在提单上表现出来，这样收货人就丧失了拒绝的权利。虽说收货人事后可向承运人索赔，但这已使他的合法权益受到侵犯。由此可见用保函签发清洁提单是托运人与承运人串通欺诈第三者收货人的行为。应视为非法。这种形式的欺诈通常发生于以 CFR 或 CIF 价格成交的货物销售合同，这两种合同均由卖方负责租船订舱，这就为卖方与船方串通合谋提供了机会和条件。

4）无提单放货

海运提单是物权凭证，货物运到目的港后，承运人有义务将货物交给正本提单持有人。然而在实际业务中，有时会发生货物先于运输单据到达的情况，由于收货人手头没有正本提单，无法及时提货转卖或销售，会产生货物压仓费用、品质变化、市场价格波动等一系列问题。碰到这种情况，习惯上都是通过担保提货的方式予以解决，即由收货人向船公司提供一份经银行会签的书面保函，要求在没有物权凭证的情况下先提货，日后补交提单，但如果承运人将货物交给非正本提单持有人，有可能造成错误交货构成对提单持有人的侵权。在无提单放货过程中，提取货物的不一定是买卖合同的买方，有可能被冒领，提货人往往不易查明，也有船方偷货的可能，因此无提单交货风险是很大的。

(2) 产生原因

1) 提单管理方面的原因

各国法律对提单没有严格的统一的格式要求，各公司对空白提单的管理一般也不是很严格，这就给违法分子伪造提单提供了可能性和便利条件，使这种欺诈行为比较易于实施。而空白提单被盗用法律也没有规定任何惩罚措施，这又在一定程度上纵容了提单欺诈行为。

2) 由于在单证交易中要确保提单的信用，提单因此比货物更受到重视

单证交易中为确保提单的信用，法律一般鼓励当事人注意提单而非货物本身。在买卖中，买方必须见单付款。货物在运输途中已经灭失，货物本身有缺陷等都不是买方拒绝付款的理由。在1982年英国法院审理的一宗案件中，CIF合同卖方装运了有缺陷的货物，但提交的提单却是良好的，法院判决买方无权拒收单据，否则单证的流转性得不到保障，而这种结果将破坏国际买卖尤其是国际商品买卖融资体制的根基。该案件已成为英国法院日后审理类似案件所遵循的判例。过于重视提单本身也是信用证交易的缺陷。作为一种普遍的国际贸易支付方式，信用证交易实质上是一种单据交易，根据《跟单信用证统一惯例》的规定，银行遵守的是“单证相符”和“表面相符”的基本原则。银行对于任何单据的真实性、伪造或法律效力概不负责；对于单据中有关货物的品质、数量、价值以及对于发货人、承运人、保险人等的诚信与否、清偿能力、资信情况等概不负责。只要提单和其他装运单据表面上符合信用证的要求，银行就有权支付货款，买方不能因为银行接受的是一份假提单而拒付，银行也就没有动力为防止欺诈作出任何努力。关注单据本身可使提单持有人从单据本身得到充分保障，有利于维护提单的流转性，但走得太远又会反过来打击提单的信用。

3) 提单运输的国际性

国际航运是以世界上的大洲大洋为活动场所，涉及的地域范围极为广泛。就不具体的一宗贸易或一宗货物的运输而言，至少要涉及两个国家，多数要涉及两个以上国家，转手贸易则会涉及更多国家。由此发生的提单欺诈案件自然也会涉及两个或两个以上的国家，而且提单欺诈的实施者与受害者往往在不同国度，诉讼必然带有涉外因素，涉及法律冲突问题。受害者跨越国界，保护自己的正当利益受到很大的限制，有的甚至根本没有行使这种权利的可能。近年来海运欺诈活动如此猖獗，在很大程度上就是利用了这一点。

(3) 危害

正是由于以上原因，提单欺诈行为经常发生，而且十分严重，已构成对国际贸易、航运等有关各界的一种威胁。

- 它使提单受让人遭受巨大损失。由于欺诈本身难以被证实，即使证实，欺诈者往往也已逃之夭夭，损失难以追回。更为严重的是提单持有者往往还不能从保险人处得到赔偿，因为欺诈不是保险人一般承保的商业风险。在英国法院审理的George Kallis (Manufactures) Ltd. V. Succdss Insurance Ltd. 一案中，买卖合同的卖方用预借到的提单进行了信用证下的提交并获付款。提单上记载的船名和装船日期等都是虚构的。货物后来装在另一艘船上并因火灾而受损。买方依据保险单向保险人索赔，但是保险人拒绝赔付，最后法院判决保险人有理。
- 使提单信誉受到影响，从而影响提单的转让性，破坏国际贸易正常秩序。在国际贸易中买方虽然有权拒绝不真实的提单，但如果提单表面无瑕疵，买方则无权因货物瑕疵而拒收单据。即使卖方装运的是有瑕疵的货物，或者根本未装船货物，只要提单表面符合合同，买方就不得拒收单据。卖方欺诈或装船货物根本不同于合同货物的情况除外。

(4) 防范及措施

1）承运人的防范措施

承运人严格海运提单的签署。信用证业务是纯粹的单据交易，银行承担其付款责任的唯一条件是受益人提交了符合信用证条款的单据，只要单据表面满足“单单相符，单证一致”的条件，银行就承担付款责任。而不管单据的真假与否，如果单据出现不符点，对出口方来说，就丧失了安全及时收汇的银行保证。对进口方来说也会造成不同程度的损失。为此，在实践中，签发预借提单的情况无法完全避免，但必须满足下列条件：

◆ 托运人有良好的信誉，不致在事后推卸责任；
◆ 提单所列的外表状况良好的货物已经进入了码头仓库，并且不存在被托运人转移的可能性；
◆ 根据港口条件，货物可以在很短的时间内装上船舶；
◆ 托运人应出具有效的保函；
◆ 如果托运人要求承运人的代理人签发预借提单，则代理人除要求托运人出具保函之外，还应征得承运人（船公司）的同意；
◆ 承运人应尽量做到凭提单正本放货。

2）合同当事人的防范措施

◆ 重视资信调查，选择资信好的交易伙伴。建立一套自己的有效信息情报网络，切实重视对信息情报的投资，以利于买方快速应变。在国际贸易交往中，对客户的资信情况全面了解是保障业务顺利进行的先决条件。所谓资信情况好，包括两个方面：一是资产情况好，有相当可观的资产，且经营状况好，有履约能力；二是能在诚实信誉的原则上履约，不会随意撕毁契约。
◆ 选择可靠的船公司（承运人）运载货物。根据航运界状况要完全禁止保函的使用是不易的，因此选择可靠的承运人则至关重要；装船时承托双方都要谨慎，力争做到出现问题早发现，及时解决，避免出保函；承托双方对保函的出据和接受也要慎重，以便在保函项下发生损失时易于协商解决。
◆ 重视装船监督，把握船舶动向。
◆ 许多提单欺诈就发生在装货这一环节。在装运港，责任者或者偷换货物，以次充好；或者串通承运人预借或倒签提单。因此，防范欺诈的又一环节是充分做好装船监督。
◆ 减少中间环节，尽量争取不要中间商。
◆ 中间环节越多，被欺诈的可能性也就越大。在不得已需要中间商的情况下，也要选择那些资信状况良好、财力雄厚的中间商。

3）银行的防范措施

◆ 开证行应认真审查开证申请人的付款能力，严格控制授信额度，对资信不高的申请人要提高保证金比例，落实有效担保。通知行应认真核对L/C的密押或印鉴，鉴别其真伪。议付行应认真仔细审核议付单证，确保安全及时收汇。

◆ 在积极扩大国际业务网络的同时，保持高度警惕，选择资信良好的银行作为业务伙伴。信用证付款是通过银行的国际业务网络实现的，银行本身的信誉良好以及银行之间有良好的合作关系无疑会便利信息的及时传递，便利银行合作打击信用证欺诈行为。

（5）提单欺诈发生后的补救措施

1）诉讼前申请扣押船舶

海事法院依据海事请求权人在未提起诉讼或仲裁时提出的扣押船舶申请，依照法律程序可以对船舶实施扣押，提单持有人如认为承运人应对提单欺诈的产生和后果承担法律责任，就有权申请扣押船舶，以获得足以挽回其因提单风险所致损失的担保。但在上述情况下申请扣押船舶时，申请人应依照实施扣押地法院所在国家的法律规定，行使其海事请求权。按照中国有关规定，申请人因提单风险而请求扣押船舶时，须遵循以下规则：

➢ 确属情况紧急，不立即申请财产保全措施将会使申请人的合法权益受到难以弥补的损失时，申请人才能向法院申请扣船；
➢ 申请人应当提供相当于请求保全数额的担保；
➢ 被扣押的船舶所有人、经营人或承租人应对该海事请求负有责任，至于该项责任是否能最终得以成立，取决于法院的终审判决或仲裁庭的裁决；
➢ 申请人应在法定期限内提起诉讼或提请仲裁。

2）向银行申请支付禁令

这种做法最先始于英国，这就是通过 Mareva 禁令来冻结骗子银行的户口。1975 年英国 NYK. Vkageorgis 一案的审结，确认了法官可以用禁令来冻结他人财产的做法；1981 年的英国正式立法也对此作了明文规定。英国的这一做法影响很大。但是，申请禁令并不是一件容易的事，他的获准通常要满足几个条件：

➢ 用禁令的大原则就是公道，必须保证人们合法公正的权益；
➢ 禁令的单方申请必须有一份律师的宣誓书，一般由大律师来写，因为需要详细陈述支持申请的理由，并且不能有漏洞和错误；
➢ 申请人要提供反担保，以便在禁止令错误时赔偿银行和对方的损失；
➢ 在宣誓书中须说明冻结是为了保证判决的执行，如果不冻结，将来就拿不到赔偿，并且还要说明不冻结是不公道的。

（6）立法建议

1）制定防范提单欺诈的国际公约

由于尚无一部针对提单欺诈的具有强制性的普遍遵守的国际公约，因此有必要制订一部专门对付提单欺诈的国际公约，从法律上谋求对国际贸易和海运秩序的维护。这样一项国际公约应包含以下方面的规定：

➢ 提单欺诈行为的定义、提单欺诈的罪行、司法管辖与引渡；
➢ 使用与提单欺诈行为的刑罚；
➢ 初审；
➢ 向对付提单欺诈组织提出的通知；

➢ 国际公约的适用。

中国近年来进出口贸易飞速发展，但同时也深受海事欺诈特别是提单欺诈之害。因此应积极推动国际公约的出台，使惩治海事欺诈罪犯在世界范围内达到一定的统一，使欺诈分子难逃国际法网，为中国贸易安全营造良好的国际法律环境。

2）国内立法

英美等海运强国对提单已有较全面的立法。但中国并无一部专门针对提单欺诈的法律，法律界对提单欺诈也无具体概念。司法机关一般套用《民法通则》《民事诉讼法》和《刑事诉讼法》有关规定，往往造成侧重刑事制裁，对经济惩罚和挽回经济损失无侧重规定，同时在对提单欺诈量刑方面较轻微，无疑给欺诈分子带来极大的空子可钻。因此，制定相应的法律法规，是使惩治海事欺诈犯罪有法可依的当务之急。鉴于提单欺诈与海事欺诈相比有其独特的特点，因此提单法的制定应解决几个问题。首先是提单的性质问题，提单到底有哪些作用，代表哪些权利和义务。其次是提单的运行规则问题，提单如何签发、转让、注销，提单行为的代理如何处理，提单如何更改和提单遗失的处理等。再次是提单当事人问题，明确如何判断提单关系的主体。最后是罚则，对不遵守提单法的各种行为规定如何处罚。为了交易安全，这部法律应该是强行法，不允许当事人约定免除。此外，对施诈者和失职者应承担的责任也应作出具体规定，其中包括民事责任、行政责任和刑事责任。民事责任方面，应按侵权行为承担民事责任。造成财产损失的还应予以赔偿。在行政责任方面，对于某些单位负责人或工作人员玩忽职守、以权谋私为欺诈者造成可乘之机并给国家和单位造成损失的，应予以行政处分，情节严重、构成犯罪的，依法追究其刑事责任。

（7）电放提单与欺诈案例

1）电放提单 TEL-RELEASE

电放就是指根据发货人的申请，船公司在始发港收回三份正本提单，收货人不出示正本提单，凭提单传真件在目的港换单。

对于进口做电放的提单，国内的操作通常是国内收货人需要持盖章的提单传真件和电放保函去目的港代理处换单。

一般情况下发货人是通过银行提交提单或由发货人直接将提单寄给收货人。由于提单是货物所有权的凭证，因此收货人只有拿到正本提单后才可以提货。但在近洋运输如从上海到日本或韩国时，由于船期很短，这时如果通过银行或邮寄提单时可能货已到港而提单却还未到，为不影响收货，收货人会要求发货人将提单电传、传真或 E-mail 到收货人，收货人不需要正本提单，货物到港后收货人凭提单传真件就可以提货。因此所谓电放就是凭电子的、电传的或传真件放行的意思。

提单电放在办理时，先与船公司联系，通知其提单需要电放。这样船公司就可以通过电报指示目的港的代理机构可以凭传真件提货。电放手续最好是在未出提单前办理，这样船公司不用出具正本提单；如果已经出具正本提单，则需要将全套的正本提单交回船公司，然后船公司才会办理电放提单的手续。另外，办理电放时船公司会要求发货人出具一份保函（船公司或货代均有其固定的格式），保证电放造成的一切问题与其无关。电放时需要另交 100～200 元的电放费。

由于电放后发货人将不再掌握货权，因此办理电放前一定要确认发货人能够安全收款，否则极易造成钱货两空的局面。

2）电放提单与欺诈可能

电放行为是指船东在得到托运人指示后，在收回其已签发的提单情况下，用电话或传真形式指令其在目的港代理人将货物放给提单中所标的收货人的行为。电放行为是多年来航运界形成的一种常见的操作习惯，它使得收货人无法及时凭正本提单提取货物，此时应托运人的指示，承运人可以不凭正本提单放货，其产生的基础则是买卖双方良好的信誉和合作关系，致使托运人相信货款肯定能够收回。而对于承运人而言，只要能证明给其发出电放指示的主体是本票货物的托运人即可。

由于船东或其代理人没有精力和时间去辨别谁是每票货物的真正托运人即货主，因此，唯一识别托运人身份的途径就是根据申报订舱的单据中所列明的托运人名称，并且在没有足够的反证情况下，往往以此作为提单中的托运人，换言之，船东或其代理人主要是依据出运该票货物的申报人的指示填制船东提单，并依据提单中托运人的书面指示而电放货物，船东认为这是毫无风险的。

然而，在实际操作中，由于电放行为本身具有一定的风险性，倘若贸易合同中的买方利用其中的某个环节图谋诈货，容易以“合法”的手段达到其非法之目的。当然，此中必然有一个角色或是共谋或是被利用而替买方最终完成诈货任务。对此，一方面船东仍然以谨慎的心态对待电放，往往能够免除责任；而另一方面，真正的货主（即贸易合同中的卖方）在不知情的情况下发现货款未收到而货却被放掉，那么，货主将成为真正的唯一的受害者，这就是电放行为有时又能为诈货提供可能的情形。

【案例1】

1999年1月12日，山东公司与香港实信行有限公司（以下简称实信行）签订绿豆销售合同，约定山东公司向实信行销售绿豆80吨，单价每吨FOB大连365美元，付款方式为D/P即期付款。1月28日，实信行的代理人万某利用事先从天开公司取得已盖印章的空白提单，向山东公司出具了托运人为山东公司、收货人凭指示、通知方为实信行、目的港是台湾高雄等内容的一套正本提单。之后，万某又向船东提供了一份托运人为天开公司、收货人和通知人均为台湾公司的集装箱货物托运单，船东据此编制了内容与之相同的正本海运提单，在此份提单中，托运人变成了天开公司，使得实信行以保函形式骗取船东电放了本票货物，也使山东公司货款落空。船东由于没有谨慎地识别保函的来源及出具的主体，不恰当地接受非托运人的电放请求，也有其难脱之责，但最终的结果是船东和货主都成了实信行利用此种方式诈货的受害者。

【案例2】

1999年5月4日，吉林公司与实信行签订了500吨乌豆出口合同，单价为FOB大连318美元/吨，结算方式为D/P托收，目的港为台湾高雄。合同签订后，依照实信行通知，吉林公司向天津公司订舱，要求出运货物。该托运单清楚表明托运人为吉林公司、收货人和通知方为实信行、目的港台湾高雄以及船名、航次等内容。5月12日，天津公司依实信行指示，在向船东提供本票货物清样时，未经吉林公司同意，将托运单中的原托运人、收货人分别变更为实信行和台湾公司，船东据此签发出正本海运提单。5月16日，天津公司向吉林公司签发了关于本票货物的第二套提单，用于结汇目的，在此套提单内容中，托运人与收货人仍为吉林公司和实信行。由于天津公司依据实信行的要求，擅自违背吉林公司的意思表示，篡改了船东提单中的托运人、收货人、通知人的名称等，此时针对船东而言，托运人变成了实信行，为实信行欲通过保函要求电放并达到诈货目的提供了可能。5月17日，该船东提单签出，天津公司遂转告船东，托运人实信行要求电放货物，因无托运人实信行的电放保函被船东拒绝。6月1日，天津公司将实信行电放保函传给船东，依照惯例，船东在收回正本提单后以传真形式，通知其在高雄的代理将本票货物电放给提单中的收货人，货已到手，实信行自然也不会去银行付款赎单，货主遭受损失。

在系列诈货案中，实信行同其他诈骗案主体一样，其诈货手法已形成一定的规律和特点：

- 涉案金额不大，往往在30至50万元人民币之间；
- 施诈者大多选择粮食为贸易标的，而且往往转手给台湾公司，如实信行以各种豆类为诈货的对象；
- 为达到使船东电放货物的目的，在FOB价格术语条件下，施诈者常出具保函。因保函的作用具有一定地域性和可执行性；
- 诈货案涉及中国内地与香港、台湾。如实信行在大陆装货，在台湾卸货，在香港订约，利用内地与港台的政治和法律差异，逃避法律制裁；
- 在船东签发提单前，施诈者总是要求代理公司改变委托单中原定的托运人、收货人及通知人名称。

这样，使船东在无反证的情况下有理由接受施诈者作为托运人的电放保函，使货物轻而易举地落在其手中。

由于施诈者找到了电放行为过程中的漏洞，并利用这样的机会使诈货成为可能。那么，是否应当明令禁止船东使用电放手段呢？其实，电放行为之所以能运用到现在，存在有利的一面，比如加快货物流转，减少不必要开支等等，但其中暴露出的问题也应予以避免。

首先，买卖合同的卖方在签订合同之前，必须翔实地了解买方的资信情况及财务状况，这是防止货物被诈取的最根本措施。

其次，货主最好寻求国内声誉好、实力强且操作规范的大公司作代理，有的大船东往往有自己一套货运代理机构，这样会使货物更加安全保险。

另外，船东在被要求电放货物的情况下，能否做到谨慎处置，即能否改变其目前简单的识别托运人的方法，对防止诈货将会起到重大作用。

3. 提单、海运单及电放单的风险比较及防范

(1) 海运单与提单的异同

1) 相同之处

- 两者都是由承运人签发给托运人的表示其已经收到货物的收据；
- 两者均是承托双方运输合同的证明；
- 两者均适于海牙规则、海牙-维斯比规则；

2) 不同之处

- 海运单不是物权凭证，提单是物权凭证；
- 提单项下有追诉权的人是合法提单持有人，海运单项下有追诉权的人是有权提取海运单项下货物之人；

- 海运单不能转让、背书、流通，提单可以转让、背书、流通；
- 提单项下收货人必须凭正本提单或保函提取货物；海运单项下收货人只需提供其身份证明后，承运人即可将货物交付给海运单上载明的收货人；
- 现实中，签发提单承运人需收取文件费，海运单的签发则不需要收取文件费。

可见，虽然提单与海运单有许多相同之处，比如：两者都是由承运人签发的证明收到货物的收据；它们都是运输合同的证明；两者都适于海牙规则、海牙－维斯比规则。但是，二者存在很多区别，不能相互替代，不能混淆。

（2）海运单与电放提单的比较

1）海运单与电放提单的相同点

- 两者作用相同，都是运输合约的证明，是货物收据，而且都能够解决“货等单”的问题。
- 二者都不是物权凭证，都不能流通转让，因此对收货人必须有详尽的标明。
- 二者都不是收货人据以提货的凭证，这两种方式下收货人都是凭借身份证明换取提货单提货。
- 可不必与其他单据同时传递。
- 在这两种情况下托运人所承担的风险相同，即都要承担货款两空的风险。
- 对银行债权无保障，银行不愿接受这两种方式，这就给卖方用 L/C 结算带来困难，除非买方向银行提供担保或提交押金。
- 抬头相同，同样由于海运单与电放提单都不能流通转让，所以对收货人必须尽可能地详尽标明。

2）海运单与电放提单的不同点

- 承运人错交货的后果不同：使用海运单时，即使承运人做到了处处谨慎处理，但是如果最终错交货物就要承担责任；而在电放提单情况下，如果承运人做到了谨慎处理，错交货则不用负责任。
- 流通方面不同：海运单虽然不是物权凭证不能背书转让，但是有时在观念上有“准可转让性”。《海运单统一规则》第 6 条规定，除非托运人已经行使选择权，他是唯一有权就运输合同向承运人发出指示的当事人，托运人有权在货物运抵目的港口前，甚至在收货人提货之前的任何时候，改变收货人的名称，但必须以书面或者承运人能接受的其他方式通知承运人，由此而引起的承运人额外费用由托运人负担。当然，托运人可以改变的只是收货人名称，而不能改变目的地。这就是海运单的准可转让性，而电放提单一般不能转让。

综上所述，提单、海运单和电放提单作为国际海洋运输不可缺少的重要单证，都是在实践中由于经济及贸易的发展而产生的，都是适应国际贸易快速化的变化的。虽然它们有一些相似之处，但是其各自本身的性质特点并不相同，这就导致它们在应用时都存在各自特点及风险。了解了提单、海运单和电放提单三者的特点，我们可以很容易地发现它们的优缺点及其使用中存在的风险。

（3）提单、海运单及电放提单风险比较

从对象、风险成因、风险形成及结果四个方面对三种单据进行比较。如表 15－1。

表 15-1　提单、海运单、电放提单风险比较

对象	提单风险	承运人（以保函换取清洁提单）	承运人（无单放货）	收货人（倒签、预借提单）
	海运单风险	出口人	收货人	银行
	电放提单风险	发货人	承运人	收货人
风险成因	提单风险	当货物有缺损时，托运人以保函和赔偿保证要求承运人签发清洁提单来顺利结汇	当货物先于运输单据到港，承运人接受收货人提供的银行保函放货	托运人无法按信用证规定的日期装运货物取得提单
	海运单风险	海运单不是物权凭证，无法约束进口方的付款行为	收货人与承运人间没有直接合同关系，他不是海运单的合法持有人	银行承担议付责任但没有对货物的支配权
	电放提单风险	电汇和电放提单业务下，发货人对收货人的付款没有约束	没有统一、专业的国际法律和国内法的规范	根据托运人的指示，在收货人提货之前，收货人的名称可能被改变
风险形成	提单风险	承运人由于缺损的货物有责任赔付收货人。但其持保函向托运人追偿时，不一定能得到补偿	提货人身份难以确定，若承运人将货物交给非正本提单持有人，就对提单持有人造成了侵权	托运人为了顺利结汇，让承运人签发提单日期早于装船日期的提单以符合信用证规定
	海运单风险	无须正本单据，只要证明收货人的身份即可提货	货物受损时，收货人无权索赔；托运人随时有权利变更收货人名称	开证行对出口商付款后，如果进口商不付款赎单，银行会遭受损失
	电放提单风险	发货人手里没有提单正本，收货人仅凭身份证明和盖章的提单副本就可以提货	电放提单不是物权凭证，仅凭收货人身份证明和提单副本即可提货	当收货人先付款、后提货时，存在着付款后无权提货的风险，纠纷时无法索赔
结果	提单风险	因赔偿而遭受损失	发生错误交货	被合谋欺诈，受损失
	海运单风险	无法收回货款	遭受损失无权索赔，甚至有可能无法提货	增加开证行的风险
	电放提单风险	钱货两空	承运人责任混乱	钱货两空

(4) 提单、海运单及电放提单风险防范措施

1) 提单风险防范措施

① 以保函换取清洁提单的风险防范控制措施

第一，尽量选可靠的承运人。目前，根据航运界的状况想要完全避免保函的使用是不可能的，因此，选择相对可靠的承运人非常重要；装船时承运人与托运人都要小心慎重，出现问题要尽可能地做到早发现、及时解决，以避免出保函；当无法避免时，承托双方对保函的出具和接受也要必须谨慎，以便在保函项下一旦发生了损失也便于协商和解决。由于保函具有承运人与托运人合伙对收货人进行欺诈的性质，所以，应注意选择可靠的承运人运输。

第二，严格海运提单的签署。信用证业务的本质是单据交易，受益人提交了完全符合信用证条款的单据是银行承担付款责任的唯一条件，只要全套单据都满足“单单相符，单证一致”，不管单据的真假与否，银行就承担付款责任；如果出现了单据不符点，那么出口方就丧失了安全及时收汇的银行保证，对进口方也会造成不同程度的损失。

第三，选择资信好的交易伙伴，全面了解客户的资信情况。避免对交易伙伴的资信情况不进行很好的调查了解，仅凭熟人介绍或为了贪小便宜草率与之成交的情况发生，否则会后悔莫及。这里的资信情况好，包括两个方面：一是资产情况好，有相当可观的资产，且经营状况好，有履约能力；二是双方都能基于诚实信誉的原则履行合同，不会随意撕毁契约。

② 无提单放货的风险防范措施

第一，银行保函必须由开证银行或者信用证指定的付款行开立，银行保函上必须明确指出提单的实际收货人，而且保函上必须盖有银行的公章和实际收货人的公章，这样就可以在一定程度上防止不法者冒领货物。

第二，目的港承运人或是承运人的代理人在执行保函换提货单这一环节时一定要严格把关，认真审核银行公章和收货人公章是否真实、是否相符。

第三，在收货人办理无提单放货时发货人虽然应该配合，但一定要严格执行结算手续，切不可为由于配合无提单放货而在收到货款之前放弃对货权即提单的控制。发货人在通知承运人接受银行保函放货时，须注明只接受开证行或信用证指定的付款行出具的保函。发货人应该要求收货人先给出具保函的银行开立保证书，保证其在单据到达银行后不会因为出现不符点或是其他的原因而拒绝付款，才能由开证行开具银行保函。开证行或信用证指定的付款行所出具的保函上必须明确保证单据到达后，无论是否有不符点都必须及时向议付行付款。这样做的目的都是为了防止收货人以银行保函取得货物后，找出单据不符点恶意拒付货款，为发货人带来损失。

③ 倒签和预借提单的风险防范措施

第一，杜绝预借和倒签提单。用倒签或预借提单办理结汇，有损外贸出口企业形象及海运公司的信誉，也有可能造成经济损失。目前我国的客观情况是港口拥挤，船期不准，出口商在签约、订舱、交货时必须充分考虑到以上这些因素所带来的影响。

第二，托运人应强化合同履行各个环节的治理，加强与各有关部门的配合，必要时还要尽可能设法争取客户的配合，并且熟知装期的有关规定。出口商要严格按照信用证规定的期限装运，以正当渠道取得清洁提单，维护良好的企业信誉。

第三，鉴于目前信用证方式是主要的国际贸易支付方式，国内的出口企业和物流运输企业工作人员应该共同努力，熟练掌握信用证规则，认真严谨地制作单据，使提单符合国际规

范，避免不必要的损失。

第四，进出口商还应该学会运用法律手段，发现问题时及时求助于海事司法保护。寻求海事法院的保护时应该注意：第一，当发现国外贸易方有诈骗迹象时，及早向海事法院提起诉讼，因为一旦国外不法商人的诈骗成功后，就很难找到行骗人，即使找到，他也不会轻易应诉，不会轻易执行判决；第二，及时提出诉讼保全措施，这项措施能有效地保证不法外商诈骗目的不能得逞。申请诉讼保全后，海事法院及时扣押或冻结诈骗者所有被欺诈物品，以便确保日后对诈骗案件司法判决的实际进行，另外，值得注意的是，如果提出冻结信用证项下货款的诉讼保全，那么该请求要在银行承兑之前提出，因为在信用证项下，如果银行已承兑了远期汇票，则银行的责任就变成了汇票项下的无条件的付款义务，法院就无权对该货款实施保全措施。

综上所述，实践中，海运提单的不规则使用很容易给各贸易方带来较大的潜在风险，外贸从业人员在处理单据时必须认真对待，严格掌握，谨慎处理，才能将风险防患于未然。

2）海运单风险防范措施

◆ 由上文可知，海运单项下，货物在到达目的港被收货人提走之前的任何时候，托运人都有该货物的所有权，而且可以随时指示承运人变更收货人，因此收货人随时都会有提不着货的风险，收货人的利益无法得到保障，这就是海运单下收货人所面临的最大风险。

◆ 由于海运单项下收货人无法制约承运人，即使货物在交由承运人运输之前已经受损，而只要船东签发了清洁海运单，或者货物在承运人责任期间发生损坏及灭失，收货人均不能向承运人索偿。为此，国际海事委员会制定并通过了《海运单统一规则》。《海运单统一规则》第三条规定："托运人与承运人订立的运输合同，不仅仅代表自己，也代表收货人，并且向承运人保证他有此权限"；第六条规定："托运人有将支配权转让给收货人的选择权，但这项权利应在承运人收取货物之前行使，而且它的行使，必须在海运单或类似的文件上注明。"这两项规定既明确了收货人与承运人之间的契约关系，也终止了托运人在原收货人提货前改变收货人的权利，保护了收货人的利益。

◆ 海运单项下，往往货到而单未到，对托运人来讲，若收货人先行提货，又借故拒付、拖付货款，出口方就有钱货两失的危险。为规避这种风险，可以以银行作为海运单的收货人，进口方付清货款后，银行签发放货单给船公司以便其将货物交给实际收货人。

3）电放提单风险防范措施

电放前必须清楚收货人的资信情况。基于电放项下出口商承担很大风险，所以出口商必须非常慎重，一般情况下，除非合同约定收货人预付货款，否则发货人不要轻易使用电放提单。一般，"电放"产生的基础是买卖双方良好的信誉和合作关系，它建立在商业信用的基础上，所以适用汇付和托收的结算方式。

① 托运人的风险防范措施

如上文所述，在电放业务中，托运人面临的潜在风险最大，特别是在FOB条件下，若承运人与收货人串通，托运人很可能货款两空。因此托运人可以采取以下几点措施来进行防范。

第一，了解电放提单的基本概念。要清楚电放不是在任何情况下都可以使用的。例如，信用证项下，且遵守ICC的“跟单信用证统一惯例”（UCP 600）时，要求使用全套正本提单，而电放承运人不签发或回收正本提单，因此电放在信用证下使用时就存在问题。但若合同买卖双方互相充分信任并选择汇付作为付款方式时，不需要提单做收取货款的保证，就可以使用电放提单。

第二，应尽量选择海运单。电放本身存在缺点，它要求承运人收回全套提单，那么当主管机关检查时要求提供正本提单或者当与承运人发生争议时，托运人会因拿不出提单而影响其维护自身的权益。由于电放提单在某些情况下与海运单类似，而海运单更加规范、安全，更能使托运人注意维护自身权益，所以托运人（发货人）应该尽可能地选择使用海运单。

第三，应该充分了解客户。对资信不好或资信情况不了解的客户、对无实际需要的远洋国别的客户、对某些外汇较困难或贸易行为不太规范的非洲/南亚等地的客户不应该使用电放提单。而即使在与资信可靠、信誉良好的近洋地区的客户合作时，也要分情况决定是否接受。例如，接受电放条款时提单抬头最好以开证行做收货人(order of ××× bank)，这样银行就有义务维护托运人的利益，从而减少托运人的风险；另外，在信用证项下若要使用电放提单，必须要求收货人向银行作出书面承诺，保证在托运人交单后，不论单据是否有不符点，也无条件地接受并支付货款赎单，然后再由开证银行出具同样内容的文件或信用证修改(最好做电改，速度快，因为做电放本来就是为了快速提货)。

② 承运人的风险防范措施

使用电放时，承运人应收回全套正本提单或应托运人的电放要求不签发正本提单，那么承运人应该积极联系托运人，保证其按约定的时间交货，那么承运人承担的风险就很小。由上文可知，电放本质上是提单的特殊情况，是基本上按照海运单流程操作的一种方式。船公司作为承运人，如果能有自己的海运单，就可以避免因使用电放而产生的问题。

③ 收货人的风险防范措施

根据上文所述，在订立国际进出口买卖合同时，若双方已经决定使用电放提单，那么收货人应尽量避免使用预付货款的支付方式，以免钱货两空。

(5) 无单放货产生原因，法律责任及案例分析

1) 产生无单放货的主要原因

无单放货的主要原因是提单未能正常流转，有时提单虽然正常流转，但由于提单各方当事人对提单法律关系不甚明了，也会引发无单放货。《海商法》第四章仅就提单正常流转时，对承运人、托运人和收货人规定了许多法律规范。但是在海运实践中，提单并不是任何时候都能够得到正常的流转，因此这就需要对非正常流转的提单各方当事人间的法律关系加以认定，以便解决运输合同纠纷，同时也可以解决提单的物权归属。无单放货的产生主要有如下几种情况。

① 银行持有提单

在海运实践中，且在以信用证为支付条件的情况下，经常发生银行支付了货款以后，收货人或者开证申请人等因贸易合同或者运输合同发生纠纷的原因，不去付款行付款赎单，导致付款行持有提单。由于承运人忽视了银行可能持有提单的情况，错误地将船载货物交付给了一般情况下有权提取货物的人。其实承运人应当认识到银行在此种情形下的法律地位，并

根据《物权法》认定其为提单质权人。根据《物权法》第二百一十六条的规定，银行可以拍卖或者变卖船载货物，目的在于减少银行的损失。根据UCP600第四条关于信用证与合同无任何关联的规定，在银行拍卖货物时，承运人不仅无权干涉，而且应当积极配合，因为银行此时是在实现《物权法》赋予的动产质权。承运人可能会因为到付运费或者卸货港滞期费等要求银行在拍卖货物的货款中分拨一部分给自己，但是由于此时的运费和滞期费等属于一般债权，而银行的动产质权则具有《物权法》第二百一十九条赋予的优先受偿权，所以承运人只能依据提单向提单上载明的收货人或者准提单持有人主张自己的债权，但决不能向托运人主张债权。

但是，如果承运人在银行拍卖货物以前，因到付运费或者滞期费等对船载货物行使了留置权，依据《物权法》第二百三十九条的规定，承运人可享有较之动产质权更优先受偿的权利。此时，拍卖船载货物的主体应当是承运人，而非银行。承运人依据留置权拍卖货物，并扣除准提单持有人欠付的到付运费和滞期费以后，如果银行向承运人主张提单质权，承运人应当将剩余货款支付给银行，并收回正本提单。如果银行没有向承运人主张提单质权，承运人应当将剩余货款支付给事实上的提单持有人，并收回正本提单，或者依法采取提存的方式解除支付剩余货款的债务。

在海运实践中，在开证申请人或者准提单持有人不来银行付款赎单时，很少有银行直接参与拍卖货物等行为，而是采取转让提单的方式，由提单受让人与承运人协商解决船载货物问题。由于此时银行转让提单的行为不属于《海商法》和UCP600所规定的正常转让，所以此时的提单受让人并不因为获得提单，而取得《海商法》意义上的提单持有人资格，其法律地位应当与银行的质权人等同。因此，该提单受让人只能以银行的名义，或者以银行的受托人的名义处理提单项下的船载货物。但有一种情况例外，即如果提单载明的通知人是银行，或者是空白提单，此时的转让就是合法的转让。因此，当这一提单受让人向承运人主张提货权利时，承运人有权要求其支付到付运费、滞期费以及其他与提单相关的债务。

② 托运人持有提单

货物已经装船，或者已经运抵目的港，可能会因为信用证有不符点以及贸易合同存在货款纠纷等等，产生银行将提单退回给托运人。不幸的是，在提单还由托运人持有的情况下，承运人有时在目的港盲目地将货物交付给了副本提单持有人或者提单上载明的记名收货人。其实，此时承运人与托运人之间的法律关系，不能由海上货物运输合同调整，而应当由提单来调整，即承运人应将托运人视为提单持有人。

上述承运人与托运人之间法律关系的转换，虽然没有法律规定，但依据合同法的公平原则，应当适用提单来调整承运人和托运人的法律关系。例如，在到付运费情况下，承运人已将货物运抵目的港，为了获得运输劳务的对价即到付运费，如果不是将持有提单的托运人视为收货人，承运人已经付出的运输劳务的对价就会付诸东流，这不符合法律的公平原则；又如，当托运人持有提单时，因提单流转不畅，导致收货人不能合法地持有提单，也不能在目的港提货，此时可能会产生船舶在目的港的延滞，这笔延滞费以及承运人协助托运人处理货物的费用，依据公平原则，理应由托运人支付。另外，托运人有义务承担提单流转不畅的贸易风险。

③ 目的港政府强制退货

有时虽然提单正常流转，但在最后一个流转环节，即提货环节，由于目的港政府的原因，也会引发货物不能正常卸载于目的港的事实。此时收货人虽然持有提单却不能提货，承运人无奈将货物运回装货港。这种情况的发生，一般多是由于货物未能通过目的港检疫机构的检验标准，或者未能顺利通过目的港海关，也有因目的港发生罢工或战争等情况，承运人不得不将货物运回装货港。

凡发生上述情况，承运人不能转而向托运人主张船舶滞期或者回程运费等权利，承运人应当依然向持有提单的收货人主张权利。而且是否将货物运回装货港，以及回程运费由谁支付的问题，承运人只能与提单持有人协商。最为重要的是尽管货物已经运回装货港，也不能将货物交付给托运人，因为托运人不是提单持有人。如果此时提单持有人已经合法地将提单背书给托运人，承运人就应当依据上述第②项关于托运人持有提单的处理方法来处理货物的回运、回程运费、目的港滞期费和到付运费等问题。在处理此类问题时，承运人须在目的港的滞期以及货物的回运等问题上没有过错。否则，承运人亦应承担相应的责任。

④ 无船承运人套单引发的无单放货

无船承运人的套单行为是一种违法行为，因为在套单情况下，有两套提单代表一票货物的所有权。事实上，只有实际承运人签发的提单才是合法有效的提单，而无船承运人所签发的提单则因为其丧失了法律赋予提单的三个固有的功能而混淆了人们的视线。例如，实际承运人已经按照其签发的提单的约定，将货物交给了提单持有人以后，持有无船承运人所签发提单的提单持有人，以未能收到货物为由，扣押载货船舶。这种提单持有人可以扣押载货船舶的理由是，无船承运人行使套单行为永远不会改变两套提单的船舶名称。无船承运人套单行为的违法性有如下表现。

- 使提单丧失了货物收据的功能。由于无船承运人在签发套单时，并没有在事实上收到托运人的货物，而是由实际承运人收取货物。具有讽刺意味的是，在海运实践中，无船承运人签发提单前后，可能连货物是由谁向实际承运人交付以及如何交付都不知晓。因此，可以断言，无船承运人所签发的提单，并不具备货物收据的功能。
- 使提单丧失了合同证明的功能。提单运输大部分是口头合同，如果发生纠纷，主要以提单来证明口头运输合同法律关系的存在。但不幸的是，无船承运人所签发的提单，与实际承运人所签发提单的内容必然存在着许多不同点。例如托运人、通知人和承运人等运输合同主体的名称或者其他合同内容都存在着巨大的差异。由于两套提单所载明的运输合同主体的多样化，使得一票货物本应只有一个托运人或者一个提单持有人，演进为一票货物存在两个托运人、两个承运人或者两个提单持有人等等。在解决提单纠纷时，因套单而增加的运输合同主体，严重扰乱了合同秩序，进而很可能导致无法正确处理提单纠纷的结果。
- 使提单丧失了物权凭证的功能。由于无船承运人所签发提单的承运人不是实际承运人，因此在卸货港的提单持有人不可能凭无船承运人所签发的提单向实际承运人提取货物，而只能到无船承运人的代理人处换取实际承运人所签发的提单，才可能提到货物。提单持有人的换单行为证明无船承运人所签发的提单不能直接提货。由于提单是法定的物权凭证，如果不能直接提货，而只能换单后提货，那就足以证明无船承运人签发的提单已经丧失了物权凭证的功能。

⑤ 船舶或者货运代理人未能恪尽职责导致的无单放货

诚然，提单在其流转过程中，由于其流转环节的复杂和流转方式的多样化，可能会出现这样或那样的流转不畅现象。如果再加上无船承运人或者货运代理人的套单问题，提单的流转会出现更多的流转不畅问题。由于在卸货港一般是由船舶代理人代表承运人向提单持有人交付货物，有时提单持有人还要委托一个货运代理人代其提取货物（有时还包括报关报验）。所以，在海运实践中，无单放货的主要实施者，一般都是船舶代理人或者货运代理人。这就需要船舶代理人或者货运代理人对提单的物权属性了如指掌。遗憾的是，我国的船舶代理人以及货运代理人对提单在法律上的严肃性不够重视，所以经常导致无单放货的惨剧发生。最具戏剧性的是无单放货以后，真正承担责任或者遭受损失的不是这些代理人，而是委托人，即实际承运人或者提单持有人。

2）法律责任

① 无单放货的法律责任

理论上存在的争议导致司法实践无所适从，因此，承运人无单放货所导致的法律责任在司法实践中也是不一致的。但只要出现无单放货行为，即会违反凭正本提单交付货物的合同义务，同时也侵犯了合法的提单持有人对提单项下货物的物权，无论是依违约责任还是侵权责任起诉，造成损失，法院都予以受理并要求承运人承担责任进行赔偿。

正本提单持有人要求承运人承担无正本提单交付货物民事责任的，应适用《海商法》规定；对于《海商法》没有相关规定的，法院会适用其他法律规定。

承运人因无正本提单交付货物承担民事责任的，不适用《海商法》第五十六条关于限制赔偿责任的规定。

② 无单放货责任的例外

在特殊情形下，虽然出现了无单放货的情形，但由于特定免责事由存在，承运人的法律责任承担有可能受到阻却。主要表现在以下几种情形。

- 提单持有人认可。虽然出现了无单放货的行为，但该行为是基于正本提单持有人的确认并在事后予以承认的，承运人免除责任。英美衡平法上叫作“弃权（waiver）或禁止翻供（promissory estoppel）”，弃权是一方对合约权利的明确放弃；《法律的训诫》(Lord Denning）中将禁止翻供解释为：一人以他的言论或行为已使另一个人相信依照该言论或行为办事是安全的，而且的确是按照他的言论或行为办了事的时候，就不能允许说话人或行为人对其言行反悔，即使这样做对他是不公平的。我国《民法》《合同法》及司法实践中对权利的放弃也予以了认可。
- 法律规定。依照目的港所在地的法律，如果要求承运人在没有正本提单的情况下依据一定的条件必须交付货物，则承运人的法律责任免除。
- 物权凭证功能丧失。提单持有人有可能基于某种原因而将提单进行处分，在这种情形下，提单已经丧失了其物权凭证功能，承运人证据确凿充分的情况下交货，可以免除其法律责任。提单持有人已与提货人就提单项下货物所有权的转移作出了明确约定，其所有权已转移给了提货人，提单持有人虽持有提单，但不具有对提单项下货物的所有权。
- 提单灭失。提单在转递过程中有可能会出现遗失、被盗等情况而使提货人未能得到提单。在这种情形下，如果提货人有充分的证据证明其为提单受让人，且对正本提单去向作出满意解释，承运人有权将货物交给提货人。但一般应经法院公示催告程序后凭担保提货。经公示催告程序后，相关权利人若不主张权利，则该提单的物权凭证效力在法律上得已消灭，承运人无单放货责任因此得以免除。

③ 相关问题

国际贸易中，由于代表物权的提单和实际货物在承运人正式签发提单后实现提单凭证与货物的分离运送，特别情形下，会出现承运人完全履行了运输义务，按时将货物运送到目的港，而提单出现邮寄丢失或被盗等情形。

依照法律规定，承运人必须将货物交给正本提单持有人，而收货人手中却没有正本提单。这种情况如果不能得到及时处理，不仅会给收货人带来直接经济损失，而且会产生货物毁损的风险，同时也会影响银行信用证业务、进出口押汇及其他相关业务以及影响承运人的航次安排而带来连锁损失等，所以，其带来的各方面的损失是非常巨大的。由于提单的丢失多因不可抗力、意外事件导致，各方都没有过错，即便邮寄公司有过错，根据法律规定，需要其承担的责任较之各方损失补偿连杯水车薪都谈不上，因此，在排除信用证欺诈的情况下，各方一般会通过及时协调沟通，让承运人及时重新签发提单，或者采用电子提单的方式，尽量降低损失和风险。如果承运人拒绝签发新的提单（因承运人重新签发提单会存在风险，承运人一般会要求第三方（一般情况下是银行）出具保函），或者因条件限制无法采用电子提单时，采取副本提单加保函的方式提货也是有效解决该问题的一个办法。

3）《鹿特丹规则》下无单放货案例新解

① 涉及托运人纠纷的无单放货案

【案例】

1992 年 1 月，温阳公司与金太平公司约定，温阳公司向金太平出售黑豆，FOB 新港。金太平通过银行开出信用证，受益人为温阳公司，但要求提单上要注明托运人为金太平。温阳公司将货物交给承运人上远公司的代理人天津外代。同年 5 月 4 日，天津外代向温阳公司出具收货单，收货单上载明托运人为温阳公司。此外，本案货物的装箱单、货物产地证书、植物检疫证书上均将温阳公司记载为托运人。5 月 13 日，天津外代向温阳公司签发了三份正本提单，提单载明：托运人为金太平，收货人凭指示，装货港为新港，卸货港为雅加达。另查明，信用证有效期止于 5 月 17 日，而温阳公司于 5 月 29 日才将全套单据呈交中国银行北京分行，而且温阳公司在提单背面以自己的名义空白背书，被银行打“×”。银行以单证不符及单据超过信用证有效期为由，将全套单据退回温阳公司。涉案货物运抵目的港后，无人凭正本提单提货，而港口当局不允许豆类货物存放于码头仓库内，只能直接卸至货车上拉走，于是上远公司在卸货港的代理人未收回正本提单，就将货物交给了金太平。温阳公司向天津海事法院起诉，要求上远公司赔偿货物损失。

天津海事法院经审理认为，原告温阳公司虽持有正本提单，但该提单为指示提单，托运人是案外人金太平，提单未经托运人背书，原告未能证明其具有提单合法当事人的地位。因此，原、被告之间不存在权利义务关系，原告对被告没有诉权。

温阳公司提起上诉。天津市高级人民法院审理认为，温阳公司虽持有上远公司的代理人签发的正本指示提单，但依国际货物买卖和国际航运的惯例，此种类型的指示提单须经托运人背书转让给合法的持有人，方可向承运人主张提单下的权利。温阳公司持有未经托运人金太平背书的正本指示提单，只能构成形式上的持有。温阳公司丧失对上远公司无正本提单放货的诉权。

【分析】

由判决结果知天津海事法院和天津高院均认定温阳公司对被告上远公司丧失了无单放货

的起诉权。结合案例可见造成该结果的主要原因在于在提单上具名的托运人是买方，使之成为运输合同的当事人，而卖方的名称在提单上没有任何记载，因而成为与运输合同无关的人。

该案涉及的是指示提单也即《鹿特丹规则》中的可转让单证，且提单上载明："托运人为金太平，收货人凭指示"，原告温阳公司在将其持有的提单交银行议付以前就不是提单持有人，他只是在形式上占有了提单因为就交货人或订约托运人而言，他要想成为提单持有人，目前比较明确的是，他必须符合三个条件：占有提单、提单将其载为托运人、提单未将他人载为指示人。

而原告温阳公司虽然只占有提单，但是他不是提单记载的托运人，而且提单的指示人是收货人即买方，原告卖方没有在该提单上背书的资格和权利，因而原告温阳公司不是提单持有人。此外，原告温阳公司也不是《鹿特丹规则》中定义的持有人，根据《鹿特丹规则》，要想成为单证持有人必须满足以下几个条件：第一，必须为可转让的运输单证的占有人；第二，若为指示单证的，则必须是该单证所载明的托运人或收货人，或者为该单证的正式背书人；第三，若为空白背书的指示单证或者不记名单证的，则为该单证的持有人。而当银行以单证不符及单据超过信用证有效期为由，将全套单据退回温阳公司时，但提单未经合法背书，原告温阳公司此时也不是合法的提单持有人，因而不能据以向承运人主张任何权利。

由此可见，虽然承运人未凭正本提单将货物交付给买方，违背了凭正本提单交付货物的法律规定且原告是实实在在的受害者，但在诉讼当中却因没有诉权而不能追偿损失。

【《规定》对本案例的最新司法解释】

如果该案适用于 2009 年 3 月 5 日起实施的《最高人民法院关于审理无正本提单交付货物案件适用法律若干问题的规定》（简称《规定》）审理此案件，结果将是截然不同的。《规定》第 12 条规定："向承运人实际交付货物并持有指示提单的托运人，虽然在正本提单上没有载明其托运人身份，因承运人无正本提单交付货物 ，要求承运人依据海上货物运输合同承担无正本提单交付货物民事责任的，人民法院应予支持。"因而，在这种情况下，原告温阳公司的诉权会受到保护。

我国的《海商法》规定了两种托运人即缔约托运人和实际托运人。最高人民法院民四庭负责人在谈及保护实际托运人的合法权益时指出，实际托运人是否享有诉权，是否可以胜诉，涉及在 FOB 价格条款下中国企业利益的保护。实际托运人虽然没有在提单上载明托运人身份，仅说明他没有处分提单和背书转让提单的权利，但作为运输合同的托运人享有通过法律赋予的实际托运人的地位凭正本提单向承运人主张货物的权利。承运人把货物交给非正本提单持有人，应当承担无正本提单交付货物的责任，这也是《海商法》通过规定实际托运人法律地位，保护 FOB 价格条件下买卖合同卖方保证收到货款的立法本意。

【《鹿特丹规则》对本案的评述】

《鹿特丹规则》改变了我国《海商法》下 FOB 卖方作为法定托运人地位的规定，把托运人绝对地定义为与承运人订立运输合同的人，明确排除了发货人，使托运人与发货人独立开来，FOB 卖方要想再以托运人的身份享有运输法公约下有关托运人的权利与义务，则必须成为"单证托运人"，而运输单证上的记载是构成单证托运人的必要条件，即只有在运输单证的"托运人"一栏中记载其名字的人才构成单证托运人，而不取决于其是否实际向承运人或履约方交付货物。

此案在《鹿特丹规则》下，结果同样会是原告温阳公司败诉，即丧失对承运人无单放货的诉权。所不同的是在原案件中，原告温阳公司丧失诉权的根源在于其在信用证中接受了“买方为提单托运人”的条款，信用证中这样的条款似乎是对卖方不利的软条款，而原告温阳公司本可以拒绝这种条款从而理直气壮地凭借《海商法》下FOB卖方法定托运人地位向承运人要求提单，并在提单“托运人”一栏载名来避免风险和损失。而在《鹿特丹规则》下，FOB买方作为托运人有权向承运人要求提单，将买方在提单中记载为“托运人”，这种权利是法律赋予的，是当然的权利。而此时FOB卖方能否获取提单、能否在提单托运栏记名就完全取决于买方的同意了。因而，FOB贸易下信用证中“买方为提单托运人”的条款便会有依据，也会随之变得“强硬”起来。如果《鹿特丹规则》真的生效，这样的条款会被FOB买方使用得越来越多，而像案例中原告温阳公司这样因未被记载在提单“托运人”一栏而丧失诉权的卖方也会越来越多，遭受的风险会越来越大。

总之，通过本案例的分析可知，FOB条件下卖方无单放货的风险与托运人制度息息相关，假如适用《鹿特丹规则》关于“单证托运人”的规定，FOB卖方可能失去对货物的控制和诉权，使其法律地位无保障，从而遭受无单放货的风险也加大了，同时还不得不承担托运人对承运人的责任，对中国的对外贸易是很不利的。此外，我们也应看到《海商法》和《规定》中对一些无单放货案件中FOB卖方的保护，因此，如果可以约定适用的法律，应尽力争取适用我国的相关法律。

②涉及记名提单的无单放货案

【案例】

1997年4月，某纺织进出口公司（原告）和美国商人签订了10.5万美元的纺织出口合同。买方开出的信用证要求记名提单，并指定美国某船公司（被告）承运。货物出运后全套单据经通知行径寄开证行议付，货款未到账，开证行称单据存在不符点，客户拒绝付款赎单。再查货物下落，船公司告知：因为是记名提单可不凭正本提单而仅凭收货人的身份即可放货，船公司无责任。银行退回了全套提单。原告将船公司告上法庭。被告称提单适用美国1936年的《海上货物运输法》，此法规定记名提单可不凭正本提单提货。

上海海事法院认定：被告提出提单适用美国法律有据，但未提供完整的法律文本，无从依据，故本案适用中国《海商法》第71条的规定，记名提单须凭正本提单放货，现原告正本提单在手，被告已将货物放掉，属于严重侵权行为，判决赔偿原告全部货款和利息损失。

上海高院二审此案，在法庭严正要求下，上诉方提供了完整的美国1936年《海上货物运输法》文本，但该法文本规定：本法仅适用于来往美国港口的运输业务，而本案运输未涉及美国港口，故终审判决驳回上诉维持原判。

【《鹿特丹规则》的新解】

如果本案适用新的《鹿特丹规则》，则结果会截然不同。本案中涉及的是记名提单，属于《鹿特丹规则》中提及的不可转让单证，且该记名提单也没有注明“必须凭单交付”，根据《鹿特丹规则》规定，不可转让单证未注明“必须凭单交付”的，承运人无须凭单交付，收货人只凭适当的身份就可以提货。此时，船公司的理由“记名提单可不凭正本提单而仅凭收货人的身份即可放货，船公司无责任”就有了法律可依，新公约对记名提单下无单放货予以了明确的支持。《鹿特丹规则》关于记名提单下无单放货的规定无论是对F组术语还是对C组、E组、D组术语的卖方都存在着风险，而F组术语（FOB）下卖方的风险更大，这主要源于F组的特殊性，即买方负责运输与承运人订立运输合同，而卖方负责将货物交付给承运人，从而按照《鹿特丹规则》，买方是托运人，控制方更容易指示承运人在记名提单下无单放货，使卖方钱货两空。

另外，从本案的争议不仅在于记名提单下是否可以无单放货，还在于提单适用的法律问题，因此值得一提的是，提单是双方当事人自愿选择的结果。如果托运人对提单印制的背面条款不提出修改，提单背面条款将被视为双方当事人的“真实意思表示”（即成为双方约定条款）。因此，我国的出口商作为托运人出口货物时应尽力争取适用于对自己有利的法律，以免在诉讼时处于不利的境地。

综上，不管是在可转让单证下，还是在不可转让单证下，《鹿特丹规则》有关 FOB 托运人地位以及无单放货在一定条件下的“合法化”新规定都会增加 FOB 下发货人卖方遭受无单放货的风险。而我国 FOB 术语出口合同占据了相当大的比例，这无疑对我国广大的 FOB 卖方带来极其不利的影响。

4. 提单面临的挑战及其对策

提单（bill of lading），是指用以证明国际海上货物运输合同成立和货物已由承运人收受或者装船，并由承运人据以在目的港交付所运货物的凭证。提单在国际海上货物运输和国际贸易中都占据重要地位，是货物买卖、运输和结汇环节中不可缺少的主要单据之一。提单具有悠久的历史，从它产生起，就在促进国际贸易和对外交往方面发挥着积极的作用。但是，由于历史演变、科技发展、世风恶化，提单日益面临严重挑战和危机。对几百年来的提单运行机制进行必要的变革，已引起国际社会和航运组织越来越广泛的关注。

1）提单在调整国际航运秩序方面发挥重要作用

提单在调整国际航运秩序方面发挥的重要作用主要表现在以下方面。

- 提单规定了船货双方的权利、义务关系。有关国际海上货物运输的各关系人都受提单条款的约束和调整，国际航运由混沌无序状态逐步过渡到有法可依、有章可循的状态。一般而言，提单是承、托双方订立国际海上货物运输合同的证明（evidence of contract），在提单的背面条款中都载有合同的主要条款以规定当事人的权利、义务和责任。但是，对运输合同当事人以外的关系人，如提单受让人或收货人来说，由于不知晓合同的内容，提单实际上起着运输合同的作用。
- 在现代意义的提单产生之前，船、货双方的权利义务无法明确，以致出现了依照普通法（common law）原则，承运人负绝对责任，其赔偿金额几乎可使任何一个船东破产的情况，后来又出现了大量的免责条款，产生了“承运人除收取运费外，似无其他责任可言”的奇怪现象，严重威胁着国际航运的正常进行，大有舍航运而采陆运之势，国际航运混乱不堪。为了使船、货方合理分担损失责任，在提单条款中逐渐增加了彼此都能接受的免责条款，诸如依照当时航运科技发展水平，在提单中列载了非完全过失责任制的赔偿方法，使航海过失免责、管船过失免责和非承运人的实际过失与私谋的火灾免责等赔偿制度成为现代国际海上货物运输中的独特赔偿制度，与传统的民法（civil law）赔偿原则相区别，在国际航运中确立非完全过失责任制的赔偿原则，大大促进了航运业的发展。货方基于当时的现实情况，也乐于接受这些新兴而独特的赔偿原则，从而使船、货双方达成一种默契，共同建立和促进国际航运在有序前提下的正常发展。
- 提单作为货物收据（receipt of goods）对托运人是表面证据（prima facie evidence），

而对善意的提单受让人或收货人来说，则是绝对证据。由于货主不再与船舶同行，承运人有必要向托运人提供一个表明其已收到货物的收据性质的文件，在此文件上载明所收货物的表面状况，并保证在目的港交货时向收货人交付与文件所载货物表面状况相符的货物。对于提单受让人或收货人来说，没有机会对货物的表面状况进行检查，只能完全凭信提单所载情况行事。在国际航运史上，曾出现过在目的港交货时，货物的表面状况与提单所载不符，而承运人辩称在启运港收货时货物表面状况即如此，收货人几经周折却索赔不着，只好自己承担损失了事。承运人完美地推卸了责任，省去了一笔不小的赔偿费，但却由此而产生了一个负效应——收货人和提单受让人再不信任提单所载事项，从而严重危及提单的流转性。出于对善意第三人的保护，也为了国际航运的生存和发展，提单逐渐具有这样的性质：在承运人和托运人之间，提单是初步证据，反证有效；在承运人与收货人或提单受让人之间，提单是绝对证据，反证无效。很明显，提单的这一性质有效地保护了善意的第三者，能使真正的责任方承担其所应负的责任。

◆ 提单作为货物所有权凭证（document of title），在整肃国际航运秩序方面有着尤其重要的意义。众所周知，国际海上货物运输的兴衰依赖于国际贸易的繁荣和各国经济的良性发展，反过来说，国际贸易的繁荣和各国经济的良性发展也在很大程度上依赖于国际海上货物运输的兴盛，两者之间是相辅相成的循环制约关系。在国内市场日益饱和、资金相对过剩的情况下，或者在国内缺少技术和资金的情况下，各国都明智地将注意力转向国际市场和国际贸易，由此客观地推动了国际贸易的繁荣，也促进了国际海上货物运输的长足发展。据统计，在现代国际贸易中，有百分之七十以上的货物是以海上运输的方式承运的，这固然与海上运输安全、便宜、运输量大等特点有关，更重要的一点在于，海上运输中的提单与陆运单、空运单相比具有一个特殊的优点，即提单作为货物所有权凭证，具有流通性和可转让性，是一种有价证券。提单的这种性质使提单的转让和买卖同货物的转让和买卖一样，当事人要对货物作出处理，只需对提单作出处理即可，国际贸易不再是直接的货物买卖，而是一种单证买卖（documentary sale），这是贸易繁荣的条件之一。英国《1855 年提单法案》（*Billl Of Lading Act 1855*）最早以立法方式确立了提单的这种可转让性，开了提单的流转性由国家强制力保护的先河。由此而产生的结果是，承运人交货程序得以简化，谁持有提单就可以向谁交货，谁持有提单谁就有权请求交货，承运人对凭提单交货所产生的错交不负责任。承运人对交货程序的简化和凭单交货的错交责任的免除，大大减轻了承运人的压力，加速了船舶周转，使船方对货方的交货责任更趋向于简单化和明朗化，从而使国际航运秩序大大好转。

◆ 提单的结汇功能（negotiating function of B/L）在国际航运乃至国际贸易中都起着举足轻重的作用。现代国际贸易以其数额巨大、各国货币政策不一而使付款方式发生了改变，以钱易货被单证买卖替代，使不同国家之间的当事人的付款成为实际可行和较为安全。国际商会（ICC）1974 年修订的《跟单信用证统一惯例》规定，使用信用证方式到银行结汇收款时，卖方要办妥三种单证：商业发票（invoice）、保险单（policy）和货运单据（包括海运提单 B/L）。按照《跟单信用证统一惯例》的要求，向银行提交的提单必须是已装船的清洁提单，装船日期不得晚于信用证（letter of credit）载明的最后期限，否则，银行可以拒绝结汇（negotiation）。提单在结汇方面表现出的功能，促使托运人向承运人提交外表状态良好的货物，并在信用证载明的期限内装船，从而在很大程度上保证了提单的信誉和作为物权凭证的可流转性。只要真正按照结汇方面对提单严格要求行事，无疑可以极大减少承托方、船货方以及其他有关各方涉及提单事由的法律纷争，使各方专心于本职营业活动，避免不必要的诉讼或仲裁。

2）时代演变带给提单的种种挑战和危机

提单的发展也同客观世界每一事物的发展一样，总是具有进步的一面，同时也具有消极的一面。随着时代的发展，提单的这种优越性和局限性更日益明晰地表现出来，成为贸易、航运和法学界人士高度重视的问题之一。

提单在整肃国际航运秩序方面发挥过重要的作用，现阶段的国际航运秩序也仍然需要用提单的调节作用来加以维护。但是，由于现代科学技术的高度发展及在远洋船舶上的应用，出于人类普遍遵守的道德规范在某部分人中的沦丧等原因，提单的地位受到了一次又一次的冲击，或者说提单在某些时候已成为发展国际经贸、维护正常航运秩序的桎梏和障碍，提单正面临严重危机和时代的挑战！值得我们注意的是，提单面临的危机和挑战有相当一部分是基于提单的基本功能，如货物收据、物权凭证、结汇作用等而产生出来的，这是否预示着提单的前途和命运还有待于学者的研究与航运实践的继续检验。提单面临的挑战和危机虽然多种多样，但归结起来主要表现在以下六个方面。

① 无提单提货对提单的挑战

第二次世界大战以来，尤其是20世纪60年代以来，科学技术高度发展，雷达导航、电子导航等新技术、新设备以很快的速度被广泛应用于航海领域，使船舶的安全性能和航海速度大大提高。海运集装箱的大范围使用，门对门（Door to Door）或库场—库场（Yard to Yard）的集装箱运输方式的日益盛行，加之高速船舶越来越普遍和世界各大港口装卸码头操作设备现代化，货物在中途很少有转让的情况发生等，使得国际海上货物运输所需的时间大大缩短。而传统的提单流转程序常常不能满足国际海运发展的时间要求，这在相邻国家间的国际海上运输更是如此，造成船舶抵达目的港后收货人因未得到提单而不能提货的现象，使得船舶因等待交货而滞期或将货物堆放码头仓库，增加不必要的滞期费或仓库使用费开支。国际航运界针对这种情况采取的一种变通办法是，由收货人向承运人或其代理人出具保函（letter of indemnity），或由银行提供担保后，收货人从船舶代理处取得提货单（delivery order）向承运人提货。这种变通办法事实上取代了提单作为物权凭证的功用，“见单交货”的规定也成了一句空话。

承运人接受保函或银行担保交货并非就万无一失。现代国际贸易以单证买卖为主，提单本身代表所记载的货物，是一种可转让的有价证券。托运人在启运港取得提单后，可以通过背书（endorsement）方式将提单转让给原定的收货人，也可以转让给原定收货人之外的第三人，并且被背书的人还可以通过再背书将提单第二次、甚至第三次转让。承运人在目的港接受保函或银行担保交货后，有可能会遇到提单持有人，即真正的收货人要求交货，此时尽管有保函或银行担保来推卸错交货的责任，但终究会陷入本可避免的索赔仲裁或诉讼中，还可能导致提单持有者申请扣押船舶的后果，影响正常营运活动的进行。

还有一种类似于无提单交货的情况是凭副本提单交货。承运人签发提单时一般都签发正本提单一式二份或三份，然后根据需要签发副本提单若干份。副本提单没有法律效力。承运人如果在目的港因为种种原因要接受副本提单提货时，除了要对方提供保函或银行担保外，还要格外注意对提货人的资信调查，以防被诈。在航运界发生过这样的实例：国际销售合同的买方哄骗船长，只凭副本提单提货，之后将正本提单背书卖掉，受蒙骗的正本提单的购买者又向承运人要求交货，结果当然是无货可提而诉诸法律。

② 仿冒提单向银行结汇或在目的港向承运人要求交货

提单被誉为“打开海上浮动仓库的钥匙”和“与蒙娜丽莎肖像同值”的单证，它是物权凭证，代表所载货物本身，因此，世界上梦想发财的人，总是绞尽脑汁发提单财。仿冒提单者通常是将根本不存在的货物或以少充多的货物载入假造的提单中，并伪造商业发票，在保险公司进行无可保利益（Insurable Interest）的投保取得保险单，之后凭这三种单证向银行结汇，取得货款后隐姓埋名、逃之夭夭。在目的港伪造提单提货者，是钻了提单流转速度比船舶航行速度慢的空子，利用货到而提单未到之机，仿冒提单提货。当然，在目的港仿冒提单提货比在启运港仿冒提单结汇要困难得多，因为目的港的船舶代理一般都熟悉承运人或其代理人的签字式样，对收货人的情况也较为了解（除非提单中途背书转让）。但是，这并不能排除在目的港仿冒提单提货的可能性，承运人对此依然应小心提防。

仿冒提单结汇或提货取得成功的原因有三：

- 提单本身是一种可流通的有价证券和物权凭证，对有发财欲的人来说具有巨大的诱惑力，且提单式样简单，也易于伪造；
- 在提单流程各环节上的业务人员思想松懈，警惕性不高，加之某些业务人员业务素质差，缺乏明辨真伪提单的能力；
- 国际航运体系缺少严密的检测制约措施。

③ 用保函换取清洁提单造成提单信誉的危机

国际商会（ICC）的《跟单信用证统一惯例》第18条规定，对于提单上加添表明货物及/或包装有缺陷的附加条文或批注者，除非信用证（L/C）明确规定可接受者外，银行将拒绝接受。这表明在信用证没有相反规定的情形下，不清洁提单（unclean B/L）不能得到银行结汇，销售方无法用不清洁提单取得货款。不清洁提单是由于托运人将货物装船时货物的外表状况不良，如箱子损坏、渗漏、钩损、雨水湿损等，这种不良状况被记载于大副收据（mates receipt）上，托运人用这种收据向承运人换取提单时，大副收据上的批注被转批于提单而造成的。不清洁提单不具有向银行结汇的功能，从而丧失了一般意义上的提单性质，致使国际贸易上的一个基本环节——付款环节无法完成。鉴于此矛盾，在国际航运上普遍的做法是，托运人向承运人提供保函（letter of indemnity），借以消除提单上关于货物外表状况不良内容的批注，取得清洁提单，并承诺由于货物外表状况不良而可能引起的损害赔偿由托运人负责。

很明显，托运人向承运人提供保函换取清洁提单的做法掩盖了装船时货物外表的事实真相，实际上是承托双方对收货人或提单受让人共谋的欺诈行为。货物外表状况良好是国际货物买卖成交的重要条件之一，如果货物外表有瑕疵，收货人或提单受让人有权拒绝接受货物并可要求赔偿。由于保函的使用，不清洁提单因保函而被改变为清洁提单，使收货人或提单受让人丧失了直观的证据（即不清洁提单）来证明自己拒绝收货和要求赔偿的合法性。如果收货人或提单受让人要行使拒绝收货权或要求赔偿权，就还须在目的港申请对货物外表状况进行检查，造成人力、物力和费用的额外开销。因此，无论是从保护善意第三人的利益出发，还是从维护正常的国际航运秩序、减少船货方纷争出发，各国法律都严格禁止使用保函。美国法律规定，在海事或海损纠纷案中，如果承托双方间有保函的话，承运人要负担全部损失的赔偿，丧失法律规定的承运人责任限制权。这种制裁可谓极其严厉，船东保赔协会规定，对承运人因接受保函而造成的损失，协会不负赔偿责任。我国《民法通则》第58条也规定，一方以欺诈手段使对方在违背真实意思的情况下所为的民事行为无效，无效的民事行为从行为开始时起就没有法律约束力。由此可见，在世界范围内，保函都不具有法律效力，不受法律的保护，再从保函不能载于合同之中，它仅仅是作为承运人和托运人之间的私下协议而存在，否则即失去保函的意义这一点出发，也可以看出保函是不受法律保护的一种文件。

但是，保函在当今航运界客观而大量地存在也是一个不容置辩的事实。一方面是各国法律对保函欺诈性质的规定，另一方面提供保函又是世界范围的一种通例，在业务上几乎未见到签发不清洁提单的情况就足以证明了这一事实。一批货物从内地经长途运输到港口装船，发现有部分货物外表状况不良，将这些外表状况不良的货物重新运回内地显然不妥，按计划装船又不能取得清洁提单（clean B/L）到银行结汇，这的确是令人窘迫的。此时若托运人提供保函，取得清洁提单而顺利结汇，就会使提单的真实性荡然无存，提单的信誉因此会受到严重影响。可以这么说，由于提单在结汇过程中占据重要地位，就使保函这种如此矛盾的现象乘虚而入，严重威胁着提单的真实性和提单的生存价值。

④ 倒签提单是危及提单信誉的又一种重要形式

所谓倒签提单（anti-dated B/L），是指承运人在货物装船后应托运人的请求而填发的早于实际装船时间的提单。填发倒签提单的目的是为了在信用证规定的交单结汇时间内，使提单上的装船时间符合信用证上的装船时间的规定，以便托运人能够在银行顺利结汇。按规定和各国航运习惯，提单日期应该是该批货物实际装船完毕的日期，而根据买卖合同，销售方应在买方开出的信用证规定的装船日期之前或当日完成装船工作，否则，买方可以无条件撤销信用证或提出赔偿要求。在航运实务中，可能由于种种原因致使装船完毕的日期晚于信用证规定的装船日期，销售方为了拿到符合信用证规定的装船日期的提单结汇，往往会在提供保函后请求承运人倒签提单。毫无疑问，这是与用保函换取清洁提单同样性质的问题，是托运人和承运人对收货人或提单受让人共谋的欺诈。

⑤ 预借提单是危及提单信誉的再一种形式

预借提单（advance B/L）与倒签提单的情形较为相似，是指承运人应托运人的请求，在货物装船之前或装船完毕之前签发的“已装船提单”（shipped B/L）。仅从预借提单的定义看，其虚伪性、欺诈性就已经昭然若揭了。福建省宁德地区经济技术协作公司诉日本国日欧集装箱运输公司预借提单侵权损害赔偿纠纷案，就是近年来国内对预借提单作出正式法律否定的著名案例。该案的基本情况如下：

原告福建省宁德地区经济技术协作公司作为买方，于1985年3月29日与日本三明通商株式会社签订进口日产东芝牌RAC-30JE型窗式空调机3 000台的买卖合同，价格条件为C&F福州，按照合同，卖方应于1985年6月30日和7月30日前各交货1 500台。第一批货顺利交结后，卖方于1985年7月22日、23日向被告日欧集装箱运输公司办理第二批货的托运手续，被告在办理封箱、通关手续后，于7月25日向托运人签发了WO15CO95号联运提单。作为被告的承运人在该提单“PLACE AND DATE OF ISSUE”（签署的时间和地点）栏内填写了“日本东京1985年7月25日”，又在“THIS IS SHIPPED ON BOARD B/L WHEN VALIDATED”（本提单生效后为已装船提单）栏内填写了“1985年7月25日”。很明显，被告签发的这一提单符合《1924年海牙规则》第三条第七款的规定，也符合日本1957年

《国际海上货物运输法（COGSA）》第六、七条的规定，是已装船提单，银行据此予以结汇，符合《跟单信用证统一惯例》的要求。在被告签发提单后，该批货物由于种种原因实际上拖至8月20日才装船启运，8月28日运抵福州。该案判决的结果是被告日欧集装箱运输公司败诉，承担由于签发预借提单而造成的一切损失和费用，包括原告以第二批货为标的与他方签订的买卖合同因货物迟延不能履行而造成的违约金费用。

从本案可以看出，承运人由于自身疏忽，或由于受托运人请求而在货物装船之前或装船完毕之前签发的"已装船提单"，即所谓的预借提单，风险极大，有可能导致一连串的赔偿责任。常见的托运人请求签发预借提单的原因是：货物在装船之时或装船完毕之时，信用证上的装船时间和交单结汇时间均已过期，托运人为了赶在这两个时间过期之前交单结汇而向承运人提供保函，预先"借用"提单。显然，在这种预先"借用"提单的情形下，提单作为货物收据的真实性、可靠性都受到了严重影响。

⑥ 租船合同下提单面临的挑战

在租船合同（charter party）下进行国际海上货物运输，一般也应由船长或实际承运人向托运人签发提单。在租船合同下签发的提单，对不同的关系人有不同的作用，譬如，若托运人就是船舶租赁人，则提单对托运人而言仅仅是货物收据，托运人的权利义务受租船合同调整；而在光船租船情况下，则由提单调整租船人与托运人的关系，租船合同则调整船东与租船人的关系。

提单在租船合同下面临的挑战主要是由于租船人的欺诈而产生的。租船人以纯属虚构的诱人条件使船东与之签订期租船合同（time charter），支付首期租金后将船舶租出，然后租船人以二船东的身份再将船舶以程租（voyage charter）方式租出，并要求程租合同下的托运人预付所租航程的运费，由船长向托运人签发已付运费提单（pre-paid freight B/L）。租船人收取预付运费后逃之夭夭，并不履行在程租合同下作为承运人的义务。而此时托运人已将提单结汇寄往收货人，收货人所持的提单是绝对证据，有法律依据要求船主交货，否则可以扣押船舶进行诉讼。对于船主来说，只收到首期租金难以完成整个航程，若要避免船舶被扣押的结果而鼎力完成，势必要支付按期租船合同应由租船人承担的燃油费、港口费、装卸费等，这对船主来说也是不合情理的。罪魁当然是实施欺诈行为的租船人，但也说明在租船合同下提单的签发也有其缺陷和不足，亦即是提单的危机和挑战。

3）解决提单危机和挑战的对策与实践

考察提单面临的挑战和危机的原因，根本的一条就是在于提单作为物权凭证具有流通性和可转让性，提单欺诈者就是以此为依托进行各式各样的提单瞒骗而获得成功的。在航空运输、铁路运输和公路运输中，由于运输工具速度快，所需时间短，因而空运单、陆运单都不能转让和流通，也不代表所列载的货物本身。正因为如此，在空运和陆运中几乎不会发生仿冒空运单和陆运单进行欺诈的案件。参照空运单、陆运单的这种特点，在国际海上货物运输中，针对运输周期日益缩短的现实，逐渐采用相异于提单性质的海运单（sea-way bill）来规范各关系方的权利和义务。

海运单是承运人向托运人签发的国际海上货物运输合同成立的凭证和承运人收到由其照管的货物收据。一般来说，当一批货物的目的港明确，收货人为特定的某一人而不需要中途将货物转让时，托运人就可以请求承运人签发海运单。通常承运人只签发一份正本海运单交由托运人保管，以示承运人收到货物，托运合同成立。在海运单的收货人（consignee）栏内必须详细注明收货人的名称、住址和其他能够辩明收货人身份的事项，除收货人以外的其他人不得提货，从而避免了因提单项下收货人不明确而可能产生的仿冒、欺诈行径和凭提单错交货的可能。海运单不能背书转让，属于不可买卖的单证，不具有流通性和有价证券的性质。签发海运提单的提货程序通常是：船公司在船舶到达目的港前的一星期向海运单注明的具体收货人发出到货通知，收货人签署这一到货通知后退还船务代理，船务代理根据签署过的到货通知向收货人签发提货单（delivery order），凭此提货单在目的港要求承运人交货。显然，在这种提货程序下，只要按照海运单注明的收货人详细情况进行严格调查，就可以保证将货物顺利地交给真正的收货人。

海运单与提单相比，具有以下三个方面的优越性。

- 在风险方面，由于海运单不能背书转让或买卖，收货人始终不会变更，因而即使海运单丢失或被盗，拾得者或盗窃者也不能凭海运单提货，所以海运单对收货人不存在风险。在采用提单时通行的做法是见单交货，如果提单丢失或被盗至使货物被冒领，承运人对此并不承担责任，这对提单所有人或收货人来说，风险很大。另外，海运单的收货人明确，这就杜绝了伪造运单骗领货物的可能，而仿冒提单在航运业中则是屡见不鲜的。
- 在交货方面，海运单不必也不可能在目的港出示，收货人只需凭船务代理根据到货通知签发的提单提货即可。在凭提单交货时，有可能由于提单未到而造成滞期费等开支，若由银行担保交货，又会支付担保金利息等费用。
- 在单据交接的程序方面，由于海运单由托运人保管而不必向收货方交接，因此其他单据，如保险单、商业发票等可以在装货完毕之后立即发送有关当事人，加速了单据的运转。而在签发提单时托运人必须向收货人发送正本提单，而提单又是在货物装船后根据大副收据（mates receipt）缮制签发的，因而必须等待正本提单签发后才能连同保险单、商业发票等发送有关当事人，这样就延缓了单据的运转速度。

总之，海运单的最大特点在于它的不可转让性，可以避免和减少单据流通环节上产生的海运欺诈，避免无提单交货和仿冒提单交货的弊端，是国际航运克服提单缺陷的有益尝试。应该说记名提单（straight B/L）和其他的不可转让提单也与海运单具有相类似的性质，可以避免海事欺诈的发生，只是在记名提单和其他不可转让的提单下提货时，仍需向承运人出示提单，不像在海运单下提货那样简便。目前部分地采用海运单的国家有德国、比利时、巴西、加拿大、荷兰、瑞典、爱尔兰、日本、法国、西班牙、俄罗斯等，可见海运单有相当的生命力和实用价值。

除了签发海运单的情况外，承运人还可以应托运人的请求签发非流通收货单（nonnegotiable receipt）。非流通收货单最关键的一点是它的非流通性，这与海运单的性质是一致的，目的是杜绝提单流通中可能产生的仿冒、欺诈，保证货物在国际海上运输各关系人中顺利交接。

当然，国际海上货物运输的情形多种多样，托运人有时为了贸易的需要，仍然要求承运人签发可以流通的提单，以便于货物在运输途中进行转让和处理。签发提单时有可能遇到的最令人头痛的问题之一是保函的效力问题。在不清洁提单、倒签提单和预借提单中，都会出现托运人提供保函的现象。保函固然没有法律效力，但在当今运力过剩、货载不足的情形下，盲目拒绝接受保函会使到手的货载得而复失，造成船舶空载或滞期损失。因此，有条件、有选择地接受保函倒不失为一个争取货载、增加船队竞争力的方法和手段。对我国航运界来说，是否接受保函似应考虑以下因素：

- 保函的可兑现程度；
- 可能发生索赔的金额大小；
- 提供保函者的信誉和经济实力；
- 货物外表的损坏状况和货物的价值；
- 在倒签提单中倒签期限的长短；
- 在预借提单中预借期限的长短；
- 货物是否属于应节货或可能跌价亏本的货。

简言之，接受保函应该小心谨慎，切忌顾此失彼，为招揽货载而付出更多的赔偿费用。

在解决提单所面临的挑战和危机时，还应该尽可能争取国际海运组织的干预和各国政府的大力资助。提单涉及的关系人和利益方众多，仅靠航运界和航运民间组织的力量很难奏效，必须有广泛的以国家强制力为后盾的力量介入，才能从总体上杜绝提单欺诈等犯罪行径的发生，将航运业重新纳入良好的运行轨道。此外，还应加强对各方工作人员业务素质的培养，造就一批精业务、懂技术的队伍。从“人”这个根本的问题上消除时代造成的提单危机。

5.《海牙规则》《维斯比规则》《汉堡规则》之间的区别以及《鹿特丹规则》介绍

提单是国际运输的重要单据，它的安全流转直接关系各国的国际贸易进行，因此，统一有关提单的法规，一直是各国追求的目标。

目前已经生效、在统一各国有关提单的法规方面起着重要作用的国际公约有三个：《海牙规则》(*Hague Rules*)、《维斯比规则》(*Visby Rules*)、《汉堡规则》(*Hamburg Rules*)。

《海牙规则》的全称是《统一提单若干法律规定的国际公约》(*International Convention for the Unification of Certain Rules of Law Relating to Bill of Lading*)，1924 年 8 月 25 日由 26 个国家在布鲁塞尔签订，1931 年 6 月 2 日生效。包括欧美许多国家在内的 50 多个国家都先后加入了这个公约。《海牙规则》的特点是较多地维护了承运人的利益，在风险分担上很不均衡。

《维斯比规则》也称为《海牙-维斯比规则》(*Hague-Visby Rules*)，它的全称是《关于修订统一提单若干法律规定的国际公约的议订书》(*Protocol to Amend the International Convention for the Unification of Certain Rules of Law Relating to Bill of Lading*)，或简称为《1968 年布鲁塞尔议订书》(*The* 1968 *Brussels Protocol*)，是在第三世界国家的强烈要求下，对《海牙规则》中明显不合理或不明确的条款作局部的修订和补充的基础上产生的。1968 年 2 月 23 日在布鲁塞尔通过，于 1977 年 6 月生效。目前已有英、法、丹麦、挪威、新加坡、瑞典等 20 多个国家和地区参加了这一公约。

《汉堡规则》全称《1978 年联合国海上货物运输公约》(*United Nations Convention of the Carriage of Goods by Sea*, 1978)，是 1976 年由联合国贸易法律委员会草拟，1978 年经联合国在汉堡主持召开有 71 个国家参加的全权代表会议上审议通过，并于 1992 年生效。它全面修改了《海牙规则》，其内容在较大程度上加重了承运人的责任，保护了货方的利益，代表了第三世界发展中国家意愿。

1)《海牙规则》《维斯比规则》《汉堡规则》区别

从《海牙规则》到《汉堡规则》有关提单的国际公约在内容上发生了质的变化，对当事各方利益的保护更加合理，也适应了不断发展的航运技术的要求。这三个国际公约实质上的主要区别见表 15－2。

表 15－2　《海牙规则》《维斯比规则》《汉堡规则》对提单的规范区别

简称	《海牙规则》	《维斯比规则》	《汉堡规则》
通过时间	1924	1968	1978
生效时间	1931	1977	1992
货物	无舱面货，活牲畜	有舱面货，活牲畜	有舱面货，活牲畜
承运人的责任基础	实行不完全过失责任制，即承运人只对开航前或开航时未尽使船舶适航之责所造成的损失负责，而对开航后船舶不适航所造成的损失免责；承运人主要对其本身过失所造成的损失负责，而对船长、受雇人或代理人的过错所造成的损失免责	实行不完全过失责任制，即承运人只对开航前或开航时未尽使船舶适航之责所造成的损失负责，而对开航后船舶不适航所造成的损失免责；承运人主要对其本身过失所造成的损失负责，而对船长、受雇人或代理人的过错所造成的损失免责	完全过失责任，包括推定过失责任和一般过失责任：一方面，如果承运人不能证明自己及其雇员和代理人都没有过错，他就必须对货物的损失负责，另一方面对火灾所造成的损失，只要货主方能证明承运人或其雇员或其代理人有过错，承运人亦须负责
承运人的最高责任赔偿限额	船东或承运人对货物或与货物有关的灭失或损坏的赔偿金额不超过每件或每单位 100 英镑或相当于 100 英镑的等值货币；船东或承运人对货物或与货物有关的灭失或损坏的赔偿金额不超过每对灭失或损害货物的计量，以每件或每单位来计量货物	最高赔偿金额提高为每件或每单位 10 000 金法郎或按灭失或受损货物最高赔偿金额提高为每件或每单位 10 000 金法郎或按灭失或受损货物毛重计算，每公斤 30 金法郎，两者以较高金额的为准。对灭失或损害货物的计量规定如果以集装箱或托盘或类似集装运输工具运送货物，当提单内载明运输工具内货物的包数或件数时，以集装箱或托盘所载货物的每一小件为单位，逐件赔偿；当提单内未载明货物具体件数时，则以一个集装箱或一个托盘作为一件货物进行赔偿	将承运人的最高赔偿责任增加至每件或每货运单位 835 特别提款权 对灭失或损害货物的计量规定同《维斯比规则》一致

（续）

对货物的定义	对货物定义的范围较窄，将活动物、甲板货都排除在外		扩大了货物的定义。不仅把活动物、甲板货列入货物范畴，而且包括了集装箱和托盘等包装运输工具
公约适用范围	只适用于缔约国所签发的提单	规定有下列情况之一，即可适用该公约：①提单在缔约国签发；②从一个缔约国的港口起运；③提单中列有首要条款。首要条款就是法律选择条款，即合同双方当事人同意选择适用该公约	不仅规定公约适用于两个不同缔约国间的所有海上运输合同，而且规定：①被告所在地；②提单签发地；③装货港；④卸货港；⑤运输合同指定地点，五个地点之中任何一个在缔约国的都可以适用《汉堡规则》
承运人免责	“航行过失”免责在内的17项免费		没有了“航行过失”免责
承运人的责任期间	规定承运人的责任期间是“自货物装上船舶开始至卸离船舶为止的一段时间”		将责任期间扩大为承运人或其代理人从托运人或托运人的代理人手中接管货物时起，至承运人将货物交付收货人或收货人的代理人时止，包括装货港、运输途中、卸货港、集装箱堆场或集装箱货运站在内的承运人掌管的全部期间，简称为“港到港”
诉讼时效	一年，一年后“在任何情况下承运人和船舶都被解除其对灭失或损害的一切责任”	一年，诉讼时效经当事各方同意可以延长。但时间必须在三个月以内	直接将诉讼时效延长至两年，另一方面仍旧保留了《维斯比规则》90天追赔诉讼时效的规定

（续）

对承运人延迟交货责任的规定	未做任何规定	未做任何规定	未在约定期交付，或未在合理期限内交付承担赔偿责任。范围包括：①行市损失；②利息损失；③停工、停产损失。赔偿金额最多为延迟交付货物所应支付运费的2.5倍，且不应超过合同运费的总额

另外，由联合国国际贸易法委员会起草的《联合国全程或部分海上国际货物运输合同公约》，又称《鹿特丹规则》，于2009年9月23日在荷兰鹿特丹获得了16个成员国的签署，当年内又取得了其他5个国家的签约，从而将开启一个新的“鹿特丹时代”。鹿特丹规则宗旨不仅在于替代当前实施的《海牙规则》《海牙-维斯比规则》《汉堡规则》三个国际海运公约，实现国际海运公约的统一，而是在于实现海运与其他运输方式的法律统一。《鹿特丹规则》最大的特点是，在其中提单被取而代之，它把运输单证分为可流通运输单证、不可流通运输单证及电子运输记录。这里的“运输单证”的范围远大于三大公约所规定的提单的范围。

2）《鹿特丹规则》产生的背景

2008年12月11日，联合国第63届联合国大会第67次会议审议通过了联合国贸法会（UNCITRAL）提交的《全程或者部分海上国际货物运输合同公约》（*UN Convention on the Contracts of International Carriage of Goods Wholly or Partly by Sea*，也称《联合国统一运输法公约》）。2009年9月23日在荷兰鹿特丹举行开放签字仪式，遵循根据签字仪式的举行地来命名海事运输公约的传统，将公约定名为《鹿特丹规则》（*The Rotterdam Rules*）。

在《鹿特丹规则》制订之前，已经存在三个生效的规范国际海上货物运输的公约，即1924年的《海牙规则》——统一提单的若干法律规则的国际公约、1968年的《维斯比规则》——修改统一提单的若干法律规则的国际公约议定书和1978年的《汉堡规则》——联合国1978年海上货物运输公约。《海牙规则》是第一个建立国际海上货物运输法统一局面的国际公约，其加入国家已经达99个，是目前加入最多的一个国际公约。《海牙规则》下承运人的责任基础是“不完全过失责任”，在调整船货双方利益的制度设计上显得过于维护承运人的利益，早已失去了平衡；《维斯比规则》在本质上没有改变《海牙规则》的实质，特别是在承运人归责上仍维持“不完全过错责任”，其总体来说其仍然偏重于承运人利益的保护。而《汉堡规则》改变了《海牙规则》和《维斯比规则》的不完全责任制，规定承运人承担完全过失责任，在举证制度方面采取了推定过失责任制，从而加重了承运人的责任，倾向于货方利益的保护，使得国际社会上出现了重新平衡船货双方利益的立法趋势。但《汉堡规则》的参加国有限，基本上都是发展中国家，大部分为非洲内陆国家，而真正的航运、贸易大国都未加入，其影响力大打折扣。而我国，未加入上述任何一个公约，却在制订本国《海商法》时参照和借鉴了三个公约的一些内容。除此之外，还有一些国家既未加入任何公约，也没有明确的相关国内法。这样三个公约的并存的局面以及各国国内法的各异，进一步加剧了国际海运法律的不统一，阻碍了货物自由流动，增加了交易成本，影响国际贸易、国际海运的顺利进行，因此亟须对国际海运立法进行统一。

此外，如图15－1所示，近些年国际集装箱贸易发展迅猛，使得海上货物运输形式也发生了很大变化，门到门运输越来越普遍，而现行的规则中，《海牙规则》是钩到钩，《维斯比规则》是船舷到船舷，《汉堡规则》是港口到港口，都没有考虑到新形势下门到门运输要求。

最后，电子商务的发展使得电子单证在海上运输中采用得越来越多，电子运输单证的出现，需要专门地确立电子运输规则，并且有相关的法律、公约赋予其法律效力。

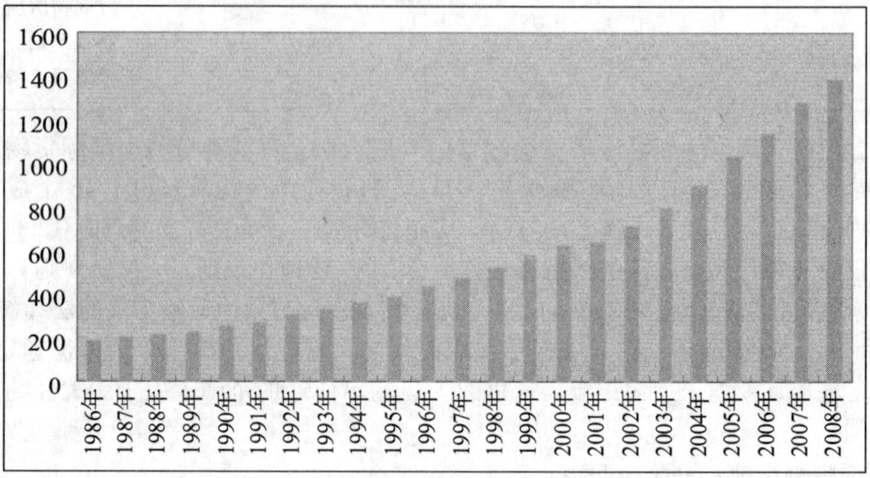

图15－1　1986—2008年国际集装箱贸易的增长情况　　单位（百万吨）

因此，伴随着国际贸易与国际航运的进一步发展，为了寻求新形势下的船货各方利益的平衡点，统一国际海运立法，顺应门到门运输的新要求，满足国际海运中对电子单证的需求，在这样的背景下，《鹿特丹规则》孕育而生。

3)《鹿特丹规则》的内容及主要变革

《鹿特丹规则》制定的主要目的是取代现有的《海牙规则》《维斯比规则》和《汉堡规则》，而成为国际统一海上货物运输法律公约。截至2009年年底共有21个国家签署了《鹿特丹规则》，在16个原始签字中，既有包括美国、法国等在内的发达国家，又有发展中国家，既有海运大国，又有贸易大国，总计代表了25%以上的全球贸易量，同时涵盖了传统意义上的承运国和托运国。《鹿特丹规则》共有18章96条，主要对船货双方的权利和义务、争议与解决及新公约的加入与退出等进行了一系列的规定，其涉及的主题远远多于之前的国际海上货物运输公约。

《鹿特丹规则》带有时代特点，具有先进性，曾率中国代表团参与公约起草的司玉琢教授将新公约的先进性概括为：平衡利益、寻求统一、顺应时代、促进发展。新公约的主要变革表现在以下几个方面：首先，20世纪90年代以来，现代科学技术的发展，使船速大幅提高，营运成本下降，海上风险也相对降低，航运市场的供求关系发生了质的变化，已基本形成了货方市场。在新形势下，《鹿特丹规则》试图重新平衡船货双方利益，对承运人责任基础采用完全过错责任原则，取消了“承运人的航海过失免责”条款，提高了承运人的赔偿单位责任限额，相应地加重了承运人的责任。其次，《鹿特丹规则》第89条规定，参加本公约必须退出之前已参加的相关国际海上货物运输公约；第 90 条规定，签约国除可以对管辖权和仲裁两章及第 92 条（对本国领土单位的效力）声明保留外不能对公约作出任何保留，以求法律适用统一。再次，为了适应国际集装箱货物门到门运输方式的变革，《鹿特丹规则》调整范围扩大到门到门运输，国际海运或包括海运在内的国际多式联运货物运输合同都在公约的规范范围之内，责任主体也扩大到海运履约方，港口运营商和为货物提供运输服务的各方都包括在内。最后，为促进电子运输记录的适用，《鹿特丹规则》把电子运输记录区分为可转让和不可转让两种并分别对其使用和效力等问题作出了专门的规定，使得电子运输单证的运用有了法律依据。《鹿特丹规则》的最终目的是为了促进国际贸易和国际航运的发展。

此外，《鹿特丹规则》首次有了货物交付、控制权和权利转让的相关规定，创设了海运履约方制度，使批量合同成为其调整对象并赋予批量合同当事人很大的合同自由，对托运人义务也有了明确的规定。

4）《鹿特丹规则》对无单放货的影响

《鹿特丹规则》也存在着许多不足，如公约内容庞大，结构繁杂，语言不够简练，条款交织等。虽然新公约有许多创新元素，但这些创新并不完善，缺乏可操作性。若《鹿特丹规则》真的生效必定会对航贸两界的许多方面产生新的影响，其中特别值得关注的是其对无单放货的影响。

◆ FOB 条件下卖方潜在风险增大。《鹿特丹规则》对托运人制度作出了很大变革，其最终文本删除了"发货人"这一重要的概念，将托运人仅局限为"与承运人订立运输合同的人"，排除了《汉堡规则》及我国《海商法》所确立的实际托运人即发货人，缩小了托运人的范围。另外，为解决 FOB 条件下卖方在运输合同下的权利和义务问题，《鹿特丹规则》还引入了"单证托运人"这样一个全新的概念，并且还详细规定了其权利与义务。虽然这样，但《鹿特丹规则》仍然坚持以运输合同为前提，过分地考虑了运输合同是承运人与托运人签订的这一事实，背离了目前航运及贸易的实践，将要求签发运输单证的权利赋予托运人。在 FOB 下，买方安排运输是《鹿特丹规则》中的托运人，卖方相当于《鹿特丹规则》中的单证托运人，但要成为单证托运人就必须在提单的"托运人"一栏具名，而即使其成为单证托运人，也不当然地享有要求承运人签发提单的权利，因为 FOB 贸易下买方是托运人，享有向承运人要求签发单证的权利。另外，《鹿特丹规则》还首次对货物控制方、控制权作出了规定，同样托运人是当然地享有货物控制权的人，FOB 下卖方并不是货物的托运人，卖方要想成为控制方并享有控制权，就必须成为单证托运人并被指定为控制方，而这对于 FOB 卖方而言是相当困难的。

由此可见，《鹿特丹规则》引入"单证托运人"、"控制权"等相关制度存在若干不合理之处。若以 FOB 合同成交，卖方作为发货人的法律地位无法得到保障，很容易丧失货物的控制权。这样，不仅不能给 FOB 贸易下的卖方提供充分的保护，相反还可能会使 FOB 下的潜在风险增大，无单放货案件增多。

◆ 无单放货在一定条件下合法化。无单放货机制主要设置于《鹿特丹规则》第九章"货物交付"的第四十五条至第四十七条中，其产生是因为公约考虑到在一些运输中，尤其是航程比较短时，凭提单放货在实际操作上有很多困难，所以为了解决这些困难，《鹿特丹规则》改变了现有的凭单放货机制，构建了"鹿特丹式"无单放货制度，即赋予承运人在一定条件下按照一定的程序可以合法地无单放货。同时新公约还删除了现行法律中有关“提单，是……承运人保证据以交付货物的单证”的极其关键的规定，取而代之的是货物运输单证及电子运输记录。《鹿特丹规则》将目前航运实践中承运人凭收货人的保函和提单副本交货的习惯做法改为“承运人凭托运人或单证托运人发出的指示交付货物”，赋予了控制方或托运人以极大的指示交货的权利，并且可无单放货的范围涵盖了所有种类的海上运输单证。如此一来，交货由以“单”为主改变为以“人”为主，将改变目前海上运输围绕提单进行的局面。尤其是可转让运输单证，可不凭单交货的机制会有损可转让提单的流通性及物权凭证作用。可见，虽然新公约有关无单放货机制的初衷是好的，但该机制并没有实践基础。长期从事国际公约研究的大连海事大学法学院教授赵鹿军对其产生质疑，说“有可能好心办了坏事”，从而使立法初衷落空。

总体来讲，鹿特丹规则的许多新制度体现了海上货物运输法制现代化发展的方向，更加注重贸易与航运业平衡发展并旨在促进国际货物运输法律制度的统一，减少、消除国际贸易流通的法律障碍，但在某些方面不具有操作性缺乏实践基础，如朱增杰先生所言：“其极有可能像《汉堡规则》一样，因未能为国际普遍接受而沦为第四个国际海运公约”。

《鹿特丹规则》要在20个国家批准或加入一年后才生效，目前还没有一个国家正式批准加入。公约是否能够尽快在国际上真正生效和实施，很大程度上取决于贸易和航运大国的态度，而中国是否加入新公约也受我们主要的贸易伙伴的影响，如司玉琢教授所言目前中国虽是航运大国，但还不是航运强国，在贸易伙伴未参加时我国不宜率先参加，但是若《鹿特丹规则》生效，它将会对航运与贸易领域产生影响，为此我们应对新公约会给我国带来的影响以及是否加入公约进行研究，同时应尽快了解、熟悉公约内容。

6. 关于运输单据 UCP600 与 UCP500 条款的比较

（1）UCP500 对提单的相关规定

国际商会制定的《跟单信用证统一惯例》1993 年修订本，即国际商会第 500 号出版物，简称为 UCP500，自 1994 年 1 月 10 日起实施。《跟单信用证统一惯例》是有关信用证的一项国际贸易惯例，该惯例对跟单信用证的定义、适用范围、各有关当事人的责任与义务，对各种单据的要求等都做了统一的解释和规定。这是一项内容相当完善的惯例，已被 170 多个国家和地区的银行所采用，受到世界各国贸易界、银行界的普遍欢迎，促进了国际贸易的顺利进行。

UCP500 中有多项条款涉及提单，学习这些条款的内容对出口商合理利用这些条款保护其自身利益具有现实意义。下面本文就重点对涉及提单的第 23 条和第 32 条进行分析，其中 23 条对装运海洋运输提单及银行对装运海洋运输提单的处理原则，对清洁运输单据及银行对清洁运输单据的处理原则做了规定。

1）已装船提单的规定

依照 UCP500 第 23 条 a 款规定：提单上注明货物已装船或已装指名船只。已装船或已装指名船只的内容，可由提单上印就的“货物已装上指名船只”或“货物已装运指名船只”的词语来表示，在此情况下，提单的出具日期即视为装船日期与装运日期。在所有其他情况下，装上指名船只这一内容，必须以提单上注明货物装船日期的批注来证实，在此情况下，装船批注日期即视为装运日期。当提单上含有“预期船”字样或类似有关限定船只的词语时，装上具名船只这一内容必须由提单上的装船批注来证实。该项装船批注除注明货物已装船的日期外，还应包括实际装货的船名，即使实际装货船只的名称为“预期船”，亦应如此。按照这项条款的规定，提单的签发日期即装运日期，有时出口商实际装运时间晚于合同规定的时间，但是为了能够按照信用证的规定顺利收回货款，可能会要求船东倒签提单，这样就为交易的正常进行留下潜在的隐患，一旦买方发现这一欺骗行为，可能会拒付货款，使出口商蒙受损失。

2）清洁运输单据的含义

依照 UCP500 第 32 条 a 款规定：清洁运输单据系指未载有明确宣称货物及/或包装状况有缺陷的条款或批注的运输单据。这一规定和《海牙规则》中的规定不谋而合，《海牙规则》第 3 条第 3 款规定：承运人应签发给送货人表面情况良好的提单，货运的表面状况不需送货人提供，而由承运人在装船时进行目力所及的检查后提供。由于一般的提单上已事先印就“上列表面状况良好的货物已经装船”的语句，因此，承运人如不加批有缺陷的语句，表示承认该批货物外部状况良好。当然，这仅仅说明货物表面状况良好，并不说明货物的内在质量。在信用证项下，一般都要求清洁提单。清洁提单也是收货人转让提单时，所必须具备的条件。由此可以看出“清洁”提单对各方当事人的重要性，所以出口商在托运货物时一定要保证外包装完好、货物表面状况良好，以免船东对货物施加不良批注，影响出口商的交单议付。

3）银行拒收不清洁的运输单据

依照 UCP500 第 32 条 b 款规定：除非信用证明确规定可以接受上述条款或批注，否则银行将不接受会有承运人不良批注的运输单据。不清洁运输单据（unclean/foul transport document），是指承运人在提单上加注货物或包装状况不良或存在缺陷等的单据。这种提单说明发货人在交货时货物包装及外表状况有缺陷，如破包、短少、污染、潮损等，为分清责任，由承运人在提单上作出批注，例如“X 件损坏”、“包装破裂”、“铁条松动”等。因此，“清洁”、“已装船的”的运输单据对各方当事人来说具有非常重要的意义，一旦提单上有承运人的不良批注，银行就会认为与信用证规定不符，也就拒绝付款，导致出口商无法顺利收回货款，进口商也无法顺利取得货物，使得交易无法正常进行。

（2）UCP600 提单方面的新变化

随着国际贸易和电子信息技术的发展，与信用证业务相关的运输、保险、质检、物流等方面的做法也出现了显著的变化，自 1994 年开始生效适用的 UCP500 已经不能完全满足和适应实际业务的需要。由于 UCP500 在条款设置、措词等方面存在一定不足，以及其他出版物如 ISP98 和 ISBP 中反映出的一些问题，对 UCP500 进行一次全面的修订，更好地对信用证业务加以指引成为大势所趋。经过多次反复讨论和广泛征求各方意见，在 2006 年 10 月 25 日 ICC 银行委员会会议上，各国国际商会代表对新的跟单信用证统一惯例，即 UCP600 表决一致通过，于 2007 年 7 月 1 日起新的惯例正式生效。

与 UCP500 相比，UCP600 在诸多方面都有显著的变化。表 15 - 3 将对 UCP600 相对 UCP500 在有关提单条款进行的修改进行说明，随后对重要变动加以分析和详细阐述，说明其对出口商产生的影响，希望能够帮助我国外贸出口企业在使用信用证业务中能够更好地理解和运用 UCP600 惯例的条款，减少提单风险。

表 15－3　UCP500 与 UCP600 对照表

	UCP500	UCP600
对出单人的限制	明确规定为船长和/或船东	取消对运输行单据的规定
货代提单	银行接受货代提单	取消对货代提单的规定
单证相符的标准	单证相符、单单不得不一致	单同相符、单单相符、单证相符
单据遗失风险承担	没有按指定方式寄送时由受益人承担	开证行有责任付款

从总体来看，UCP600 的修改对出口商是有利的，但鉴于 UCP600 相对于 UCP500 的诸多变化，出口商仍需要在多个环节中加以注意，合理利用对自己有利的新条款，保护自己的利益。UCP600 的新变化主要体现在以上几个方面，下面我们就将对涉及提单的修改进行分析。

①有关 B/L 的签单人名称、身份和 Freight Forwarder 运输单据

按照 UCP600 第 20 条规定，提单必须看似表明承运人名称，并由下列人员签署：承运人或其具名代理人、船长或其具名代理人；承运人、船长或代理人的任何签字必须表明其承运人、船长或代理人的身份。代理人的任何签字必须标明其系代表承运人还是船长签署。例如提单上印就的名称为“Sinotrans Shandong Company Ltd. 的海运提单”，而提单签发人处表明是承运人代理名称和身份为：“Luhai Shipping Company，as agent for the carrier：Sinotrans”，这种既表明了提单签单人名称：Luhai Shipping Company，又表明其身份：as agent for the carrier：Sinotrans 的提单，即满足了信用证的要求。根据 UCP600 第 34 条规定：银行对“货物的发货人、承运人、运输人或其他任何人的诚信与否、作为或不作为、清偿能力、履约或资信情况概不负责。相反，如果提单上有承运人名称及签字，但签单人的身份未有注明，则构成单据的不符点，按照 UCP600 开证行可以不接受此提单。此时，辨别签单人 Agent身份的真假对于议付行议付时则是免责的，即使其代理身份不合法或有瑕疵。如此一来，作为国内卖方的风险就会更大，在选择承运人时应选择信用良好、服务优质的承运公司以防风险。

Freight Forwarder 运输单据通常为“运输行单据”，UCP500 中，提单的出单人明确规定为船长和/或船东，而将运输行签发的单据单独给以描述。UCP600 取消了“运输行单据”，改为以承运人、船东、船长或租船人以外人士取代，并可签发运输单据，解决了过去海运提单的签发和银行押汇过程中所面临的困扰。通过新增上述条款表明信用证项下的运输单据可由除承运人、船东、船长或租船人等以外的任何人签发，只要其签署满足 UCP600 第 19～24 条运输单据条款的要求。当然，如果运输行是以承运人的代理身份来签发提单，就不能视为“运输运行单据”，也就构不成不符点，开证行也无权以此拒付。这实际上可以认为是运输行地位的抬高，也说明 UCP600 的修改顺应了海运业务实际发展的需要。此外，取消多式联运经营人的身份，意为将此归纳为承运人，也有类似考虑。与此类似的还有承认由保险代理人签发的保险单的效力，以及除发票、保险单、提单等主要单据外，其他单据不限制出单人的相关规定。

②取消对货代提单的有关规定

关于货代提单的效力问题一直是各方争论的问题，目前也未达成统一的认识。根据 UCP500 第 30 条规定“银行将接受运输行作为承运人或多式运输营运人的运输单据”。从这个意义上说，UCP500 是接受货代提单的，但同时也应该注意到，UCP500 在接受货代提单

时是有附加条件的，即由货代作为承运人或作为一个具名承运人的代理签发。这样做，国际商会的目的是为了让出口商或其他利益方明确谁应最终负责。尤其是把货代作为具名的承运人的代理来出货代提单，是想让承运人作为揽货协议的一方，直接对出口负责，一旦在运输途中出现了货损之类的情况，承运人是难逃其咎的。UCP500 接受货代提单一方面顺应了航运业发展的现状，另一方面却在某种程度上麻痹了出口商。因为如果银行可以接受，出口商当然没问题，问题出在一旦向银行提交的单据有所不符，L/C 的付款保证便荡然无存，最终只能回到货权和客户的问题上来。

对此 UCP600 重新草拟了货运单据要求的条款，明确承运人或代理人的身份。在这一问题上 UCP600 遵循了国际商会银行委员会在国际商会 645 号出版物中的建议，规定“如果代理人代表承运人在货运单据（提单、多式联运单据、空运单据）上签字，则代理人必须以代理人的身份，同时也必须明确被代理的承运人是谁。除非承运人在货运单据（提单、多式联运单据、空运单据）表面的其他地方已确认其是承运人”“如果代理人代表船长在提单或多式联运单据上签字，代理人必须以代理人的身份，并且必须注明被代表的船长的姓名。”因此，货运代理人可以以承运人也可以承运人代理人的身份签发货运单据，这一点可以从 UCP600 第 14 条中明显看出，其规定“货运单据可以由非船舶或其他运输工具所有人的当事人一方签发，只要货运单据满足了 UCP600 多式联运单据、提单、海运单、空运单、陆运单、铁路运输单据或内河运输单据的要求”。

③ 放宽了单证相符的标准

UCP500 第 13 条 a 款规定：“银行必须合理谨慎地审核信用证规定的所有单据，以相符。本惯例所体现的国际标准银行实务是确定信用证所规定单据表面与信用证条款相一致（inconsistent），即视为表面与信用证条款不符。”第 21 条对出单人或单据内容未做规定的情况：“当信用证要求提供除运输单据、保险单据和商业发票以外的单据时，信用证中应规定该单据由何人出具，应有哪些措辞或内容。如信用证对此未做规定，只要所提交单据的内容与提交的其他单据不矛盾，银行将予接受。”由此可以看出，UCP500 的审单标准是要求“单单相符、单证一致”。一旦出现不相符、不一致的情况，就会造成信用证的不符点，就意味着银行不需要再承担付款责任。于是，导致了银行在审单证时，为避免其付款责任，就会实施“严格相符”，甚至故意寻找不符点，使信用证丧失了原本的功能，进而使得进出口商在外贸结汇时，对信用证不再信任，导致近年来信用证业务大量萎缩。目前，各国银行开立的信用证大多通过 SWIFT 电报传递。按照 SWIFT 口径统计，从全球范围看，信用证的使用量呈逐渐下降趋势。除此之外，由于各国银行对 UCP500 相关条款的理解不一致，究竟如何做到“严格相符”，各国的审单标准存在着差异，致使 UCP500 实施后信用证纠纷案不断增多。

鉴于此，UCP600 对相符单据的规定进行了修改。根据 UCP600 第 2 条的定义，“相符交单（complying presentation）是指与信用证条款、本惯例的相关适用条款以及国际标准银行实务一致的交单。”依照 UCP600 中第 14 条审单标准（d）规定：“单据中的数据，在与信用证、单据本身以及国际标准银行实务参照解读时，无须与该单据本身中的数据、其他要求的单据或信用证中的数据等同一致，但不得矛盾。”第 14 条审单标准（f）规定：“如果信用证要求提交运输单据、保险单据或者商业发票之外的单据，却未规定出单人或其数据内容，则只要提交的单据内容看似满足所要求单据的功能，且其他方面符合第 14 条 d 款，银行将接受该单据。”UCP600 及 ISBP 的新规定为银行审单提供了明确的参考标准，即使单证间也不要求“等同”，仅要求“不得矛盾”，这样比过去单单之间“不得互不一致”的说法更体现了审单标准宽松化的倾向。从这点讲 UCP600 的最大作用就是扶持信用证的使用，规范信用证业务的实施，而这才是 UCP600 最大和最重要的意义。UCP600 专门规定了何为“相符的交单”，将单据与信用证相符的要求细化为“单同相符、单单相符、单证相符”，强调要与信用证条款、适用的惯例条款以及国际银行标准实务相符合。对“相符”的明确界定，可以减少实务中对于单据不符点的争议。

另外，出口商还应注意 UCP600 第 17～28 条的单据条款。在制单上，UCP600 与 UCP500 对提单和保险单等单据的要求都不一样。如应严格按信用证的规定制作正本单据的份数；商业发票的币别必须与信用证相同，货物描述须与信用证描述相对应；签发提单时，代理人代船长签发时无须注明船长名字等。由于银行将根据 UCP600 审核单据，就将对企业要求更高，如果企业处理不当，审单未被通过，就要求办理担保，那么就成为信用证项下的托收业务，这样就属于商业信用，使企业的风险加大。因此，出口商应注意 UCP600 与 UCP500 在制单方面的区别，按照 UCP600 的要求缮制单据。出口商只有在制单上符合 UCP600 的规定，才能保证顺利收汇。

④ 单据遗失的风险承担

UCP500 第 16 条规定：“银行对由于任何文电、信函或单据在传递过程中发生延误及/或遗失所造成的后果，或对于任何电信在传递过程中发生的延误、残缺或其他差错，概不负责。”在实务中，很多人曲解了这一条款，将银行免责理解为银行免除付款责任。其实，UCP500 第 9 条指出：对不可撤销信用证而言，在信用证规定的单据全部提交给指定银行、开证行或保兑行，并且这些单据又符合信用证条款的规定时，便构成了开证行或保兑行付款的确定承诺，而这并不是以“必须收到单据”为前提的。显然，这里的银行免责免的是单据遗失造成的后果。例如，由于单据遗失，需要重新邮寄单据，延误了进口商及时提货，错过了市场商机而给进口商造成的损失，或者由于补寄单据给出口商增加的额外费用等。所有这些损失或费用不得由寄单行或开证行承担。

为了避免纠纷，UCP600 第 35 条仍规定：银行对单据邮寄遗失所造成的后果免责，并明确规定：“如果指定银行确定交单相符并将单据发往开证行或保兑行，无论指定银行是否已经承付或议付，开证行或保兑行必须承付或议付，或偿付指定银行，即使单据在指定银行送往开证行或保兑行的途中，或保兑行送往开证行的途中丢失。”这就说明，如果发送“单证相符”的单据给开证行的银行是一家被指定银行，而单据在途中遗失，那么开证行有责任付款，前提是单据以信用证规定的方式寄送，即当信用证规定为挂号邮寄时，单据要按照那种方式寄送，而不是通过快递公司。如果信用证没有规定寄送单据的方式则指定行可以选择寄送单据的方式，风险仍由保兑行或者开证行承担，而不是受益人或指定行承担。这一规定进一步强化了开证行或保兑行的付款责任，对消除误解，减少纠纷，确保受益人在信用证项下的正当收款权利，将起到重要作用。因此，出口商应向信用证规定的指定银行交单，这样就可以避免单据在寄送的途中遗失的风险，以免带来不必要的纠纷。结合 UCP600 第 7、8、14、35、36 条款综合分析，出口商只要根据信用证规定向指定银行交单，即使单据在传递中遗失，但只要单证相符，开证行就必须向指定行偿付，从而保证了出口商的收款。

通过对 UCP600 与 UCP500 新变化的对比分析，可以看出，与 UCP500 相比，UCP600 在签单人和运输行单据有新的规定，取消了原来 UCP500 对货代提单的规定，同时在审单标准以及单据遗失后处理办法等方面的规定更加灵活，更符合实际业务的需要，为出口商制单、做到单证相符、有效减少不符点的发生提供了宽松环境，降低了出口商被不当拒收单据带来的风险，保障了受益人的收汇权益。除此之外，UCP600 在签单人、货代提单方面的新变化，出口商也要及时多加关注，认真研究，对信用证项下单据的处理问题做一番探讨，以便今后更好地适应和正确运用 UCP600 惯例条文，做好信用证项下审单制单工作。

（3）UCP600 关键性的修改

第 2 条：是新增的一部分，这部分内容将很多在 UCP500 中已经使用但未加以界定的概念明确化。其中一部分定义在 ICC 的一些出版物（包括 UCP500）中已经提及，如银行工作日（banking day）、信用证（credit）等，另外一部分则是首次在 UCP600 中提及，应尤其加以注意，如相符交单（complying presentation）、承付（honour）等。需引起注意的是，UCP600 中建立了承兑（兑付）（honour）的概念，包括了即期、延期、承兑信用证项下的付款行为。并明确了议付（negotiation）的含义，在 UCP500 中将议付定义为被授权议付的银行对汇票及/或单据付出对价的行为，只审核单据而不付出对价并不构成议付。UCP600 则定义议付为“指定银行在相符交单下，在其应获偿付的银行工作日当天或之前向受益人预付或者同意预付款项，从而购买汇票（其付款人为指定银行以外的其他银行）及/或单据的行为”，在新的定义中，明确了议付是对票据及单据的一种买入行为，并且明确是对受益人的融资——预付或承诺预付。定义上的改变承认了有一定争议的远期议付信用证的存在，同时也将议付行对受益人的融资纳入到了受惯例保护的范围。

第 3 条：也是新增条款。该条中明确了在情形适用的情况下，单复数意义相同，并且取消了 UCP500 中“可撤销信用证”类型，其原因为可撤销信用证对受益人权益缺乏保障，因而在实际业务鲜有使用。这也意味着在新的惯例实施后，所有的信用证都将是不可撤销的。

第 4 条：增加了“开证行应劝阻申请人试图将基础合同、形式发票等文件作为信用证组成部分的做法”，这一修改体现了 ICC 认为信用证无需太复杂的精神。在实务中，申请人为更加有效地控制受益人的行为，往往误认为信用证越复杂，则约束效力越强，但事实上太复杂的信用证只会给银行处理业务带来困难。

第 7 条和第 8 条：分别是开证行和保兑行的责任，这条规定在形式上虽与 UCP500 有较大区别，但在内容规定上大致相同。区别在于：其一，Article 7-c 条款中规定“开证行对承兑或延期付款信用证项下相符交单金额的偿付应在到期日办理，无论指定银行是否在到期日之前预付或购买了单据”，从而确定了指定银行在延期付款与承兑信用证下的融资，旨在保护指定行在信用证下对受益人进行融资的行为；其二，根据 Article 8-a 和 b 条款中规定，保兑行也承担议付行的角色，但此时为无追索权的议付。

第 9 条：增加了“第二通知行”的概念，并明确第二通知行与第一通知行责任相同。在实务中，信用证往往由“第二通知行”通知，且 SWIFT 信用证 MT700 格式中也有“ADVICE THROUGH”一栏，但 UCP500 中却没有相关的规定，UCP600 中增加了此点，解决了实务中的相关问题。

第 10 条：关于信用证的修改，此点包含在 UCP500 的第 9 条中。相关规定并没有很大的改变，但在 f 条款中明确否定了银行“如受益人未在规定时间内发出通知的话，则修改生效”规定的有效性。这一规定反映了 ICC 沉默不等于接受的一贯立场。ICC 曾明确表示设立时间限制的规定与“信用证不经受益人同意不得修改或撤销”的性质相抵触，也违反一些国家法律的规定。

第 12 条：关于“指定”规定，该条取代了 UCP500 第 18 条。由于在实务中发生大量案例与指定银行责任相关，因此 UCP600 中在此条中更详细地规定了指定银行的独立权利，并增加了 b 款以解释开证行选择指定银行的具体含义。

第 14 条：比 UCP500 第 13 条规定的更为详细，其中 b 款规定将审单期限缩短为 5 天，且声明“这一期限不因在交单日当天或之后信用证截止日或最迟交单日截止而受到缩减或影响”。UCP500 中规定在合理时间的前提下（reasonable time）银行有 7 个工作日审单，这一规定使得在其生效期内纠纷不断发生，此点修改使得单据处理时间的双重判断标准简化为单纯的天数标准，从而判断依据简单化。C 款对应于 UCP500 第 43 条（到期日的限制），但区别较大，UCP500 中规定当信用证中要求提供运输单据时，应规定一个交单的特定期间，如未规定，银行将接受不迟于装运日期 21 天后提交的单据，但 UCP600 则严格限订单据要在发运后 21 天内交单。E 款对应于 UCP500 的第 37 条，根据该条款规定，除商业发票之外的其他单据可以没有商品描述，如有的话，可以使用与信用证中描述不矛盾的概括性用语。G 款是 UCP600 中新增加的一个条款，该条款中明确规定所提交的非信用证要求的单据将不予理会，并被退还给交单人。F 款对应于 UCP500 第 22 条，但增加了“but must not be dated later than its date of presentation.”的语句，以强调虽然单据的出单日期可以早于信用证的开立日期，但必须在交单期内交单。J 款为新增条款，强调了在运输单据中收货人（consignee）和通知方（notify party）的一部分的申请人的地址必须与信用证相同，但在其他情形下，受益人和申请人的地址只需与信用证中显示的地址系一个国家即可。K 款对应于 UCP500 第 31 条，只是将适用范围由提单扩展到所有单据。I 款为新增条款，但在实务中广泛存在。

第 16 条：最大的更改在于增加了银行在不符电中对单据处理的两种选择。其中 b 为“开证行留存单据直到其从申请人处接到放弃不符点的通知并同意接受该放弃，或在其同意接受对不符点的放弃之前从交单人处收到其进一步的指示”，虽然这一做法目前在银行业务中经常用到，但在 UCP500 中没有作出规定，且不被国际商会所提倡，所以这一条款的加入更好保障了受益人权益，使其在单据不符的情况下，如申请人同意，即使开证行拒付之后，仍可获得开证行的付款。如果出口商出于各种考虑不愿意给予对方这种权利，则可在交单时提前发出指示，即遵照 c 条“银行将按之前从交单人处获得的指示处理”行事。

第 19 条：新的条款比原来的条款要更加简单一些，重要的变化有几点：ⓐ 为取消了“多式联运经营人”的概念，ⓑ 删除“不得含有载运船只仅以风帆为动力的批注”，该条款的删除是鉴于帆船在远洋运输中已不再有用武之地，无须作出规定（海运提单、不可转让海运单和租船合同提单中也均删除此点）；ⓒ 代理人的任何签字只需标明其代理承运人还是船长，而无须再标明代理一方的名称和身份；ⓓ 将“表明上看已包含所有承运条件”改为“包括承运条件”，消除了实务中不易确定“何谓所有”的隐患，减少纠纷。（其他运输单据也均删除ⓒⓓ点）

第 23 条：改变了空运单据装运日的规定。UCP 500（Article 27-a）中规定“当信用证要求有一个实际发运日期时，在空运单据上作出该日期的特定批注，该发运日期即视为转运日期，在其他所有情况下，空运单据的签发日期即视为装运日期”，而在 UCP600 中则不论信用证有无要求，当空运单上批注有实际发运日期时，该日期视为发运日期。

第 35 条：明确了“单据在指定银行与开证行/保兑行之间，或者在开证行与保兑行之间遗失，开证行或保兑行仍必须承付或议付”，补充了 UCP500 中关于银行免责的规定。

（4）UCP600与UCP500比较结果

① 银行单据处理的时间从7天缩短到5天

关于开证行、保兑行、指定行在收到单据后的处理时间，在UCP500中规定为“合理时间，不超过收单翌日起第7个工作日”，而在UCP600中改为“最多为收单翌日起第5个工作日”。首先，“合理时间”这一概念不复存在。当前业务中，经常出现处理时间是否“合理”的争议，这一概念受到当地行业惯例的影响，而一旦诉诸法律，还受到法官主观判断的影响，因此，围绕这一概念的纠纷不断发生。针对这种现状，UCP600把单据处理时间的双重判断标准简化为单纯的天数标准，使得判断依据简单化。其次，关于最长时限的缩短，总体来说对受益人更为有利。从进口商方面考虑，头寸调拨时间变短，特别是授信开证的公司，如果手续繁杂，将可能会影响及时支付。当开证行发现不符点后，其与申请人接洽的时间相应变短；而如果出现交单指示不清等问题，与交单行的联系时间也受到压缩。因此，银行、公司各个环节的操作人员都要更加富有效率。对于出口商而言，在新的规定下有望更早收到头寸。虽然有银行反映，新的规定将导致所有支付均发生在收单翌日起第5个工作日而没有提前支付的余地，但至少支付底线是提前了。由于我国产品大量出口到东南亚及中东地区，而这些地区的银行业务处理普遍欠规范，新的规定有望帮助我国出口商提前收汇。

② 拒付后单据的处理

在UCP600的条款中，细化了拒付电中对单据处理的几种选择，其中包括一直以来极具争议的条款：“拒付后，如果开证行收到申请人放弃不符点的通知，则可以释放单据。”加入这一条款主要是考虑到受益人提交单据最基本的目的是获得款项，因此可以推定，如果申请人同意放弃不符点并支付，对受益人利益不会造成根本性的损害。特别是当受益人明知单据存在不符点，依然要求指定行向开证行寄送单据的情况下，隐含了其希望申请人接受不符点并支付款项的意愿。

现实业务中，已经有银行在开立的信用证中加具此类条款，应该说其做法与现行的UCP500是矛盾的，并且容易引发纠纷，甚至导致诉讼。实践中，银行往往会因为在拒付通知中表明将“寻求进口人放弃不符点放单”而被法院认定为拒付无效。UCP600把这种条款纳入合理的范围内，符合了现实业务的发展，减少了因此产生纠纷的可能，并且有望缩短不符点单据处理的周期。如果出口商不愿意给予对方这种权利，可以在交单时明确指示按照惯例中另一个选项来处理，即拒付后“银行将按照先前收到的交单人指令行事”，后者干脆要求进口商委托开立信用证时直接排除这一选项。

③ 新增融资许可条款

UCP600明确了开证行对指定行进行承兑、作出延期付款承诺的授权，同时包含允许指定行进行提前买入的授权。UCP600这项规定存在与各国的商法、票据法有所抵触的可能，但鉴于各国法院在处理信用证相关案件时，会很大程度上倾向遵循国际惯例，在一定程度上，这一规定是富有积极意义的。

④ 单证相符的标准

UCP600专门规定了何为“相符交单”，将单据与信用证相符的要求细化为“单内相符，单单相符，单证相符”，强调要与信用证条款、适用的惯例条款以及国际银行标准实务相符合。对“相符”的明确界定，可以减少实务中对于单据不符点的争议。另外，UCP600要求单据内容必须在表面上具备所要求的单据的功能。

⑤ 单据遗失风险承担

UCP600 规定如果发送“单证相符”的单据给开证行的银行是一家被指定银行，而单据在途中遗失，那么开证行有责任付款，前提是单据以信用证规定的方式寄送，即当信用证规定为挂号邮寄时，单据要按照那种方式寄送，而不是通过快递公司。如果信用证没有规定寄送单据的方式则指定行可以选择寄送单据的方式，风险仍由保兑行或者开证行承担，而不是受益人或指定行承担。

⑥ 受益人和申请人地址之处理

UCP600 规定除信用证中规定的运输单据中的收货人或被通知方必须完全一致外，其他地方出现的受益人和申请人地址不需要一致（必须在同一个国家），电话、电传等详细联系资料银行不予理会，这些规定有望减少实务中的此类纠纷。

⑦ 其他新规定

UCP600 其他变化有：第 28 条规定，保险单可以显示任何出外条款；第 38 条规定转让信用证的第二受益人的交单必须经过转让行；增加了议付（negotiation）/兑付（honour）等重要定义；删除了可撤销信用证和货代提单等过时规定；海运提单和多联式运单条款有细微调整等。

（5）企业选择信用证时应考虑的问题

① 从付款时间上考虑

出口方应选择即期信用证以及时安全收汇，而进口方则应尽量选择远期信用证，以延期付款或获得融资。

② 从有无汇票上考虑

出口方应选择有汇票的信用证，因为在即期付款信用证项下，虽然有无汇票在付款时间上是没有区别的，出口方也不能利用汇票贴现而获得融资，而进口方也不能利用汇票的不符点拒付，受益人在单据之外又多了票据上的付款保护；在远期信用证项下，如有汇票，在开证行或付款行承兑后，信用证的付款责任就上升为票据上的无条件付款承诺，因而即使出现欺诈等贸易纠纷，银行也不能推卸其付款责任，同时承诺后的汇票受益人还可以随时在被指定银行进行贴现或根据市场利率调整而获得融资。

③ 从有无偿付行以及是否允许电索的角度考虑

出口方应要求有偿付行或允许电索，这样的话一旦出口方从偿付行索偿成功，就掌握了主动权，非实质性的不符点通常不会遭到拒付，因为如果拒付，就意味着开证行需向受益人或指定银行追索所付款项。

④ 从有无指定银行的角度考虑

出口方应选择带有指定银行的信用证，其原因为如指定银行为当地一家银行，可及时交单及时收汇；一旦指定银行付款后，成为单据的善意第三方，对指定银行权益的保护就相当于对受益人的保护，因而对出口方较为有利。

⑤ 从是否加具保兑的角度来考虑

如开证行资信良好、国家政策稳定的话，无须加具保兑，一是会产生保兑行的费用，二是由于保兑行未收取押金，但需承担风险，为防止向开证行交单后被拒付，对单据往往会比较挑剔单据。

综上所述，在对外贸易中如选择信用证作为结算方式，应慎重选择付款方式，确保安全及时收汇。

第十六章 国际货物运输保险的投保策略

办理国际货物运输保险，几乎是每一单进出口业务都要做的事，是技巧性很强的专业工作。但此项工作要办得既稳妥又经济却不简单，实际操作中情况千差万别。而正确理解不同贸易术语条件下的保险利益与“仓至仓”条款，明确险别的承保范围，灵活运用投保策略，防范进出口货物运输中的风险，对确保出口交易的顺利进行具有重要的实际意义。

1. FOB、CFR 和 CIF 价格条件下的保险利益与“仓至仓”条款

（1）FOB、CFR 和 CIF 价格条件下的“仓至仓”条款

1）FOB 价格条件下的“仓至仓”条款

FOB（Free on Board），即装运港船上交货，仅适用于水上运输。卖方在合同规定的期限内，在指定的装运港，将货物交至买方指派的船只上就完成交货义务。在 FOB 合同下买卖双方的责任划分十分明确，以货物装上船为权责划分点，卖方只要在装运港规定的时间、地点将规定的货物装在买方指派的船上，并提交符合规定的运输单据，就算完成交货，交货之前的一切风险都由卖方来承担，当货物装上船后，风险就转移给买方。FOB 合同下，由买方对货物进行投保，买方投保的保险只保其应该负责的风险。在货物装上船之前，货物的所有权仍属于卖方，买方对货物不具有可保利益。此时其保险单项下的保险责任尚未开始，保险人不负责赔偿装船前货物的损失。即使保险合同包含了“仓至仓”条款，买方仍不能向保险公司索赔。而卖方不是保险单的合法持有人，与保险公司之间没有保险契约关系，即使对货物享有可保利益也不能得到保险人的赔偿。保险公司实际的承保范围是货物在装运港装上船之后，到保单所标明的目的地仓库。因此，FOB 条件下的“仓至仓”条款实际上表达的承保责任是“船至仓”或“港至仓”。所以，卖方须向保险公司另行投买保险来保证货物自运离起运仓库至装上船时的保险利益。

2）CFR 价格条件下的“仓至仓”条款

CFR（Cost and Freight），即成本加运费，仅适用于水上运输。卖方负责租船订舱，支付运费，在合同规定的装运期内将货物装上运往指定目的港的船舶就完成交货义务。卖方必须在合同规定的装运期内，在装运港将货物交至运往指定目的港的船上，负担货物装上船之前的一切费用和货物灭失或损坏的风险，并负责租船或订舱，支付抵达目的港的正常运费。按 CFR 术语成交时，货物装船前买方投保，而卖方无法持有保险单，买方投保时又不具备可保利益，所以“仓至仓”条款实际上意味着的是“船至仓”或“港至仓”。这种情况下，卖方为了保证自己的利益应就装船前的风险自行投保“船前险”。货物装上船之后，因买方

持有有效保单，对货物拥有可保利益，保险人负责赔偿承保范围内的风险致使货物遭受灭失或损坏。需要注意的是，采用货到付款或托收等商业信用的收款方式且采用 FOB 或 CFR 术语时，按照合同的规定，卖方没有办理货运保险的义务，而由买方根据情况自行办理。如果履约时由于某些原因而使买方拒绝接收货物时，买方有可能不办保险，这样一旦货物在途中出险就可能面临钱货两空的困境。因此在上述情况下，卖方应在当地投保卖方利益险。

3）CIF 价格条件下的“仓至仓”条款

CIF（Cost Insurance and Freight），即成本加保险费、运费，仅适用于水上运输。卖方负责租船订舱，支付运费和保险费，在合同规定的装运期内将货物装上运往指定目的港的船舶就完成交货义务。CIF 条件下，以装运港装上船为界来划分买卖双方各自承担的风险，在该术语下，卖方有投保的义务，并且保单中的被保险人一栏应注明为卖方，然后将保单与其他有效单证一起转让给买方。在货物装上船之前，风险由卖方承担，卖方具有可保利益，如若在此期间发生了由于承保风险而造成的损失，保险人有义务赔偿卖方的损失。而货物装船完毕，风险由买方承担，买方拥有货物的可保利益，并通过卖方背书转让的保险单成为合法的保险单持有人，享受保险单项下的索赔权利。货物装船后若发生由承保风险造成的损失，保险公司有义务赔偿买方损失。由此说来，CIF 条件下的“仓至仓条款”是实至名归的“仓至仓”。

（2）FOB、CFR 和 CIF 价格条件下的保险利益

保险利益原则是保险的基本原则，其本质内容是要求投保人必须对投保的标的具有保险利益。如果投保人以不具有保险利益的标的投保，保险人可单方面宣布保险合同无效；保险标的发生保险责任事故，被保险人不得因保险而获得不属于保险利益限度内的额外利益。

保险法一般规定，海上货物运输保险中，一般不要求被保险人在投保时具有保险利益，但是在保险事故发生时，被保险人必须具有保险利益，否则不得向保险人请求赔偿保险金。而对于保险利益的条件，严格的保险利益原则一般规定，如果被保险人丧失对货物的所有权，则保险利益消失。国际贸易中，保险利益与货物风险转移及所有权转移之间的关系十分密切。在货物风险转移及所有权转移相统一的情况下，以所有权转移为界确定买、卖双方的保险利益。但《联合国货物买卖合同公约》和《国际贸易术语解释通则》都采取货物所有权与风险转移分离的原则，对货物所有权转移的界限没有规定。前者以货物“交付第一承运人”为界转移货物的风险，后者以“船舷”或“装上船”为界转移风险，但两者均没有货物所有权转移的规定，仅明确风险转移。所以随着海上保险实践的发展，保险利益的取得开始向更为宽松的经济利益原则转变，并逐渐被广泛接受。

当保险标的的损害对于投保人或被保险人造成相应的经济损失时，我们就称该投保人或被保险人对于该标的物具有保险利益；相反，如果保险货物的损害没有给投保人或被保险人造成经济损失，我们就称该投保人或被保险人对于该保险标的没有保险利益。海运货物被保险人往往可以通过以下途径取得保险利益：

- 基于对货物的所有权或经营管理权；
- 基于对货物的担保物权；
- 基于对货物承担一定的风险或责任；
- 基于合同而产生的期得利益。

由于 CISG 确立了货物所有权与风险分离的原则，并明确规定了货物所有权转移的时

间，《2010 通则》也对买卖双方风险转移的界限作了具体规定，但都未规定所有权转移的时间和地点，所以海运货物保险往往更加倾向于以风险转移作为被保险人取得保险利益的依据。

1）FOB 与 CFR 条件下不同当事人的保险利益归属分析

根据国际商会《2000 通则》的规定：在 FOB 和 CFR 价格条件下，买卖双方的风险的划分以货物在装运港越过船舷为界；《2010 通则》规定，买卖双方风险划分以货物装到船上为界，保险由买方办理（非责任）。在这种情况下，就产生了在 FOB 和 CFR 价格条件下受保险利益影响的保险责任起讫问题。

无论是 FOB 还是 CFR，海运货物保险利益的划分区间都可以分为以下三个阶段。

第一阶段，货物装船之前。由于货物尚未装船，所以卖方对货物承担风险，同时由于此时物权尚未转移，因而卖方对货物拥有基于物权和风险而产生的两种性质的保险利益。在 CFR 和 FOB 价格条件下的贸易实践中，一般由买方投保货物运输保险。买方在合同签订后未交付第一承运人或装船前，就向保险人购买保险，此时，买方虽然因为未承担任何货物的风险，也不拥有物权，对该货物不具有保险利益，但是不影响买方与保险人订立的保险合同。在 CFR 和 FOB 价格条件下，通常买方投保的保险也适用于“仓至仓”条款，即保险人的保险责任从卖方仓库起运时开始，但由于保险事故发生在货物交付第一承运人或装船之前，买方并未承担该货物的风险，也没有取得该货物的所有权，在保险事故发生时，买方对该货物不具有保险利益，从而不能获得保险赔偿。而卖方由于不是被保险人，也不能从保险公司获得赔偿。也就是说，海运货物保险的“仓至仓”条款并未覆盖这一时段，“仓至仓”实际上应为“船至仓”。对这一时段的运输风险，卖方只能向保险公司单独投保陆上运输保险或装船前险。

第二阶段，货物装船后到卖方交单前。货物装船之后，货物运输途中的风险已经转移给买方，买方承担风险，对货物拥有保险利益。与此同时，卖方尚未交单，物权还未转移给买方，故而卖方基于物权对货物也拥有保险利益，因此第二阶段中买卖双方均对货物拥有保险利益。买方可以向保险公司投保，以防货物在途中发生保险事故而使自己的利益造成损失。如若货物在这一时段发生保险事故，买方应向保险公司提交保单和海运提单或其他有效单据。买方可以凭借这些有效单据向保险公司索赔，否则将无法获得保险利益。如果发生了保险事故，在卖方交单不符遭到退单或买方因为某种原因拒绝付款赎单的情况下，买方由于无法提供运输单据从而不能获得赔偿。此时，由于卖方不是被保险人，即使对货物拥有基于物权产生的保险利益，也无权向保险公司索赔。在这种情况下，如果卖方与买方意见无法达成一致，则卖方要承担因为运输途中的风险给货物造成的损失。因此，卖方可以向保险公司投保卖方利益险来规避货物在运输途中发生保险事故而造成的货款的风险，此时卖方的保险利益是基于其对货物的所有权而产生的。

第三阶段，买方付款赎单后。买方付款赎单后，通过授让提单而拥有了物权，因而买方对货物拥有两种性质的保险利益：基于风险承担而产生的保险利益和基于物权而产生的保险利益。前者在货物装船后即由卖方转移给买方，后者则在卖方交单后转移给买方。由于买方投保的海运保险已经涵盖了此时段，所以如果在此时段发生保险单承保责任范围内的损失，买方可凭保险单及运输单据向保险公司索赔。

买卖双方以外的与 FOB 和 CFR 合同相关的其他当事人（船公司、银行等）也可能会对货物拥有保险利益。船公司在接管货物或装船后，如若没有妥善照管货物，并因此让所运输的货物遭受损失，则船公司有义务承担赔偿损失，即会产生保险利益。信用证开证银行或指定银行在付款或承兑后，如果申请人拒绝付款赎单，则开证行可以通过处置单据项下的货物冲抵货款。如果货物遭受损失，则银行的利益便会受到损害。因此，银行对货物基于担保物权拥有保险利益。同样，国际贸易中为进出口双方提供贸易融资的其他银行也可能基于担保物权产生保险利益。

2）CIF 条件下不同当事人的保险利益归属分析

根据《2010 通则》，在 CIF 价格条件下由卖方购买保险，运输途中货物灭失或损坏的风险在装运港装上船时由卖方转移给买方。依风险承担决定保险利益的原则，由此货物的保险利益可大致划分为三个阶段。

第一阶段，货物运离卖方仓库至装运港装上船的区段。在货物“交付第一承运人”或“装船”前，风险依然在卖方，卖方对货物具有保险利益。此时卖方未完成交货，仍掌握货物的所有权，所以卖方具有基于所有权而产生的保险利益。也就是说，在此阶段，如若由于保险事故而使货物造成损失，卖方有权凭借保险单据向保险公司索赔。

第二阶段，货物在装运港装船后至卖方交单前的区段。CIF 术语下，风险划分以装船为界，货物在装运港装上船后，风险由买方承担，同时买方也拥有了基于风险而产生的可保利益。但是此时，买方仍未付款赎单，卖方仍然掌握货物所有权，所以在此时段卖方仍然具有基于物权而产生的可保利益。所以在此阶段下，如果买方可以顺利付款赎单，对于货物发生的保险事故，买方可以凭保险单向保险公司索赔。如果因为卖方交单不符或买方信用问题等原因买方拒绝赎单，则卖方也有权凭保险单向保险公司索赔，此时，卖方的可保利益是基于物权产生的。

第三阶段，买方付款赎单后至运抵买方仓库的区段。在此阶段买方具有两种不同性质的保险利益：一是买方通过付款或承兑方式获取单据后，获得了基于物权产生的保险利益；二是在货物装船后，顺利转移给买方的基于风险产生的保险利益。在这个阶段，卖方对货物不具有保险利益。如果货物在这一阶段遭遇承保风险造成损失，买方可凭保险单向保险公司索赔。

与 CIF 合同相关的其他当事人（如船公司、开证银行、为进出口双方提供贸易融资的银行等）也可能会对货物具有保险利益。船公司有在运输途中妥善照管货物的义务，如若由于保管不当使保险标的受损，则船方有义务赔偿货物的损失，因而对货物基于承担责任会产生保险利益。为了降低由于风险所造成的货物损失，船公司可以向保险公司投保责任保险。如果申请人拒绝付款赎单，信用证开证银行或指定银行在付款或承兑后取得单据后，可以通过处置单据项下的货物来冲抵货款。如果货物受损，则银行便会遭到损失。因此，银行对货物基于担保物权拥有保险利益。为规避风险，银行可另行投保或通过受让单据取得索赔资格和保险利益。同时，国际贸易中为出口方提供贸易融资的其他银行也可能基于担保物权产生保险利益。如果货物在运输途中遭受保险单承保责任范围内的损失，一旦买方拒绝付款赎单，则银行到期收不回货款，而卖方又无力偿付，银行即可凭卖方背书转让的保险单向保险公司索赔。

2. 国际海运保险的险别分析和相应的投保策略

办理国际货物运输保险，几乎是每一单进出口业务都要做的事，但要办得既稳妥又经济却不简单。实际操作中情况千差万别，如何灵活运用保险，防范进出口货物运输中的风险，是技巧性很强的专业工作。

（1）明确对保险标的是否有保险利益

国际货运保险同其他保险一样，被保险人应当对保险标的具有保险利益，这是投保最基本的前提。这个保险利益，在国际货运中，保险利益体现为对保险标的的所有权和所承担的风险责任上。以 CIF 和 CIP 方式达成的交易，投保是卖方的合同义务，卖方拥有货物所有权，当然具有保险利益。卖方向保险公司投保，保险合同在货物启运地启运后即生效。而以 FOB、FCA、CFR 和 CPT 方式达成的交易，货物在装运后风险由买方承担。一旦货物发生损失，买方的利益受到损失，所以买方具有保险利益。所以由买方作为被保险人向保险公司投保，保险合同只在货物装运后才生效。货物装运以前，买方不具有保险利益，因此不属于保险人对买方所投保险的承保范围。实践中，很多客户在 CFR 下投保货运险时，为求尽可能将风险覆盖在保单下，将保险责任期间界定为“仓到仓”（warehouse to warehouse）。在这种情况下，保单对货物装运之前的风险是不生效的，只有在货物装运之后，保单才生效。

（2）险别选择五要素

国际货物运输保险的品种多，不仅有主险和附加险，而且附加险又分一般附加险、特别附加险和特殊附加险。主险的选择、主险和附加险的搭配运用都需要专业知识。多投险种会增强安全感，但保费的支出也要增加。因此在投保时，进出口商总是希望在保险范围和保险费之间寻找平衡点。要做到这一点，首先要对货运过程中可能面临的风险作出评估，甄别哪种风险最大、最可能发生，并结合不同险种的保险费率来加以权衡。

进出口商在投保时，应当对以下几个因素进行综合考虑：

- 货物的种类、性质和特点；
- 货物的包装情况；
- 货物的运输情况（包括运输方式、运输工具、运输路线）；
- 发生在港口和装卸过程中的损耗情况等；
- 起运港、目的地的政治局势，如在埃及、叙利亚、伊朗等战火纷飞、政治局势不稳的中东地区，如果附加投保战争险，进出口商就不必再考虑货物的安全问题。

综合考虑所出货物的各种情况非常重要，这样既可节省保费，又能较全面地提高风险保障程度。现在进出口业务普遍利润微薄，而风险发生的可能性却有增加的趋势，因此在投保时更应仔细权衡。

（3）谨慎运用一切险

1）明确一切险的承保范围

“一切险”是最常用的一个险种。买家开立的信用证也多是要求出口方投保一切险。投保一切险最方便，因为它的责任范围包括了平安险、水渍险和 11 种一般附加险，投保人不用费心思去考虑选择什么附加险。但是，由于我国的“一切险”条款在规定其承保范围时，采用了“外来原因”一词，但在条款中却对“外来原因”没有明确规定，也没有相对应的法律及法规加以规范，使得在实践中保险人和被保险人对“一切险”条款的承保范围产生了很大的分歧。并且，我国法律对海上保险的承保范围持较为宽容的态度，基本上遵循立约自由原则，由保险合同当事人在保单中自由约定，但由于缺乏必要的法律规定和司法判例指引，造成事故发生后当事人对人保一切险条款下“任何外来原因”、“全部或部分损失”以及“除外责任”的解释各不相同。我国法院在缺乏明确的法律依据可以援引的情况下，对该问题确实难以为判，以致人保一切险的承保范围成为困扰海事审判的难点问题之一，出现了不同法院针对该问题作出截然相反的裁判的现象。

目前来看，明确“一切险”条款的承保范围有两种做法。

① 采取保险人的意见

“外来原因”仅指中国人民银行复函解释中的那种普通附加险，则将那种普通附加险在条款中列明，取代“外来原因”这一用词。在这种情况下，“一切险”条款的承保风险即为列明风险，除了平安险、水渍险所承保的风险以及这种普通附加险之外，其他任何风险都不在我国的“一切险”条款承保范围之列。发生事故，被保险人首先必须证明造成事故发生的原因是属于这些风险之列的，若被保险人无法证明这一点，那么保险人就可以拒绝赔偿。这一举证责任对被保险人来说是十分沉重的。实践中，被保险人很难证明损失发生的确切原因。

② 采取被保险人的意见

“外来原因”包括除外责任之外的一切外来原因所致的风险，“一切险”条款的承保范围为非列明风险。发生事故，被保险人只需合理证明损失是保险期间发生的某种意外事故所造成的即可，保险人则必须证明该损失是由于某种除外责任之内的原因所造成的，才可拒赔。货物保险与船舶保险相比，后者因为承保船舶受被保险人的直接控制而使得保险标的物承保风险降低，但道德风险大大增加。因此，在船舶保险中，“一切险”条款均采用列明风险的方式。但是在货物保险中，货物被托运后，就不在被保险人的控制之下，所以承保风险很大，相对而言，被保险人的不道德行为又会大大减少。此外，从实践中来看，我国被保险人的保险知识相对比较贫乏，对于保险范围也往往是根据字面意思来理解。因此采用第二种方法，扩大我国货物保险条款中“一切险”条款的承保范围，将货物的“一切险”条款规定为非列明风险是切合实际的。这样的规定也比较符合现代承保风险制订的国际趋势。

2）明确除外责任的投保范围

有的货物投保了一切险作为主险可能还不够，还需投保特别附加险。因此一切险责任范围的争论还可能来源于，在承保了一切险后，仍然有些需要单另加保的保险险别的不负责。承保范围扩大至非列明风险，意味着保险人承担的责任将要加重。因此明确除外责任的范围对保险人来说也是十分重要的。

在除外责任中，保险人可以将自己在“一切险”条款中所不愿承保的风险加以详细的规定。举例来说，保险人若不愿意承保六种特别附加险，那么可以将其列入除外责任的范围，如此便将这六种特别附加险排除在了“一切险”的承保范围之外，除非被保险人另外加保这些险别，否则对因这六种风险所引起的损失，保险人就可以理所当然地拒赔。而且为了进一步明确除外责任的范围，还应该在条文中对条款里的术语加以具体的解释或限制，或者仿效英国伦敦协会货物条款对“集装箱是否属包装问题”的做法，对实践中颇有争议的一些问题直接在条文中予以规定。一方面这样做可以使除外责任的范围一目了然，便于“外行”的被保险人理解，另一方面也可以避免实践中因对概念的理解不一致而可能引起的纠纷。

（4）主险与附加险灵活使用

【案例】

某公司出口一批钢材（裸装）到中美洲国家，向保险公司投保了海洋货物运输“水渍险”。货物抵达目的地后，发现短卸5件。收货人即联系保险单所列检验理赔代理人进行检验清点，该检验人出具检验报告证实短卸事实，收货人于是向保险公司索赔。但是该段运输只投保了“水渍险”，“短卸”并不在承保范围内，保险公司爱莫能助。

【分析】

出现短卸，推定货物在船上被偷窃。对此，此类货物若投保水渍险附加偷窃提货不着险，就可以解决上述问题。加保的保费一般按一切险的80%收取。

保险公司在理赔的时候，首先要确认导致损失的原因，只有在投保险种的责任范围内导致的损失才会被赔偿，故此，附加险的选择要针对易出险因素来加以考虑。例如，玻璃制品、陶瓷类的日用品或工艺品等产品，会因破碎造成损失，投保时可在平安险或水渍险的基础上加保破碎险；麻类商品，受潮后会发热、引起霉变、自燃等带来损失，应在平安险或水渍险的基础上加保受热受潮险；石棉瓦（板）、水泥板、大理石等建筑材料类商品，主要损失因破碎导致，应该在平安险的基础上加保破碎险。

目标市场不同，费率亦不同，进出口商在核算保险成本时，就不能“一刀切”。举例来讲，如果投保一切险，欧美发达国家的费率可能是0.5%，亚洲国家是1.5%，非洲国家则会高达3.5%。另外，货主在选择险种的时候，要根据市场情况选择附加险，如进出菲律宾、印尼、印度的货物，因为当地码头情况混乱，风险比较大，应该选择偷窃提货不着险和短量险作为附加险，或者干脆投保一切险。

（5）防险比保险更重要

保险是转移和分散风险的工具。虽然风险造成的损失保险公司会负责理赔，但货主在索赔的过程中费时费力，也是不小的代价，所以，预防风险的意识和在投保的基础上做一些预防措施非常必要。因集装箱的破漏而导致货物受损的案例越来越多。要防止这种风险，一是尽量选择实力强、信誉好的船公司，他们的硬件设备相对会好一些；二是在装货前要仔细检查空柜，看看有无破漏，柜门口的封条是否完好。还要查看是否有异味，推测前一段装了什么货物。如果你现在要装的货是食品或药品，而以前装的是气味浓烈的货物甚至是危险性很高的化工品的话，就可能导致串味，甚至使货物根本不能再使用。

另外，为了以后办理索赔更方便，提单最好选择船东提单，而不是货代提单。因为船东提单是严格按照装运实际情况出具给发货人的，而货代提单则存在倒签装船日期、提单上船名与实际船名不符这样的情况，这会给将来的索赔取证工作带来麻烦。

第六篇

进出口报关的操作技巧及风险防范

第十七章
推进贸易便利化

贸易便利化是一国际贸易用语。其基本精神是简化和协调贸易程序，加速要素跨境的流通。贸易便利化是对国际贸易制度和手续的简化与协调。但迄今在世界范围内尚无一个被普遍接受的统一定义。WTO（1998 年）和 UNCTAD（2001 年）都认为，贸易便利化是指国际贸易程序（包括国际货物贸易流动所需要的收集、提供、沟通及处理数据的活动、做法和手续）的简化和协调。OECD（2001 年）对贸易便利化的表述是：国际货物从卖方流动到买方并向另一方支付所需要的程序及相关信息流动的简化和标准化。UN/ECE（2002 年）将贸易便利化定义为：用全面的和一体化的方法减少贸易交易过程的复杂性和成本，在国际可接受的规范、准则及最佳做法的基础上，保证所有贸易活动在有效、透明和可预见的方式下进行。亚太经合组织（2002 年）的定义是：贸易便利化一般是指使用新技术和其他措施，简化和协调与贸易有关的程序和行政障碍，降低成本，推动货物和服务更好地流通。

1. 贸易便利化回溯

自 1996 年世界贸易组织（World Trade Organization，WTO）新加坡第一次部长会议正式提出贸易便利化的问题以来，WTO 成为讨论贸易便利化最主要的国际舞台。贸易便利化最初的讨论场所是世界海关组织（World Customs Organization，WCO）。作为唯一在世界范围内专门研究海关事务的政府间国际组织，WCO 在简化和协调各国海关业务制度、便利国际贸易发展方面做了大量工作，并且在 WTO 贸易便利化谈判进程中，一直扮演着积极的角色。此外，UNCTAD、APEC、OECD、WB 等国际组织也均从不同方面不同角度推动着国际贸易的便利化；同时，这些组织也是 WTO 贸易便利化谈判的积极参与者。从 WTO 的角度而言，与其他国际组织的合作也尤为重要。WTO 贸易便利化的谈判模式之一就是“应当适当考虑 WCO 以及其他国际组织在这一领域所作出的成果”。因此，WTO 的贸易便利化并不仅仅是多边贸易体制内部的工作，而是世界各国、各国际组织共同努力的成果。促进贸易便利化是 WTO 的法定职能之一，但后来进入 WTO 多边谈判领域成为今天广为人知的议题，则始于 1996 年的新加坡 WTO 第一次部长级会议：贸易便利化是四个“新加坡议题”之一。2001 年 4 月 14 日，WTO 第四次部长级会议决定启动该组织成立后的首轮多边贸易谈判——“多哈发展议程”（Doha Development Agenda），并将贸易便利化正式纳入谈判议题。WTO 成员就 DDA 达成“7 月套案”框架协议，其中附件 D 明确贸易便利化谈判“旨在加强该领域的技术支持和能力建设”；“进一步便利包括货物过境在内的货物流通、放行、清关”；“充分考虑发展中及最不发达成员的特别与有区别原则”；“促进海关及其他与贸易便利化和海关履行有关主管机关之间的有效合作”。2005 年 12 月 18 日在中国香港举行的 WTO 第六次部长级会议再次重申了推进贸易便利化的谈判，并且在其附件 E 中总结了贸易便利化谈判工作组的成果。虽然 DDA 举步维艰，但是世界各国各地区都在积极提升该领域的技术水平和加强海关合作关系，发达或比较发达的国家或地区也纷纷向 WTO 捐款支持发展中及最不发达国家改进通关基础设施。可见，贸易便利化已经是大势所趋。

2. 贸易便利化的概念

贸易便利化是在 1996 年新加坡部长会议上提出的四个议题之一，一般指减少在买卖双方商品和服务的跨境流动中存在的、由不必要的行政负担引起的交易成本。贸易便利化的范围灵活，因此在不同的场合和参与方的情况下，该定义的内容也多种多样。狭义上，贸易便利化指通过港口运输商品时物流程序的简化和合理化。最近，这一定义被扩大到包括发生贸易交易的环境，国内政策和制度结构在该环境下起重要作用。比如，透明清廉的政府规章制订部门将为贸易交易提供一个受欢迎的环境。国际标准一致化也有助于贸易便利化。此外，由于越来越多的网络化信息技术被运用于贸易过程中，现代贸易便利化的定义也应该包含技术设施。由于贸易便利化缺乏定义和衡量标准，贸易便利化与贸易流量的关系复杂而富挑战性。一旦定义贸易便利化并量化其衡量标准，我们就可以评估贸易便利化对贸易流量的影响。WTO 认为，贸易便利化指“国际贸易程序的简化和协调”，这些贸易程序包括“国际货物贸易流动所需数据的收集、提供、交流和处理的活动、作法及手续”。该定义涉及的活动内容广泛，如进出口程序（海关或许可程序）、运输手续、支付、保险和其他金融要求以及程序的简化和一致化等。WTO 中提及的贸易便利化主要集中在有限的几点，包括一些条款和义务，如《1994 年关税与贸易总协定》这些 GATT 条款集中在支撑开放贸易体系的一般贸易原则上，包括透明度、可预见性、正当程序、非歧视、简化和避免不必要的贸易限制等。其中，GATT 第 5 条（过境自由）为过境货物不受边境限制，不受对不同国家的供应商、厂商和贸易者的歧视的限制提供了基础环境。第 8 条进出口规费和手续总体上涉及海关清关程序，而且包括对于跨境商品的收费和要求的非歧视性和透明度的一般承诺。第 10 条贸易法规的公布和实施，包括关于确保及时公布与进口相关的法规（含费用、海关评价程序和其他要求）的一般承诺，还包括保持透明的评审海关争端的行政程序的一般义务。

WCO 的任务集中在在世界范围内提高海关管理的效率。因此 WCO 主要关注贸易便利化中的海关程序。在世界范围内促进海关程序标准化和简便化的主要国际公约是“关于简化和协调海关业务制度的国际公约”（京都公约）。京都公约包含处理海关程序的一般条款和特殊附件。WCO 理事会于 1973 年颁布该公约，于 1999 年修正该公约。修正的京都公约的关键原则和 WTO 对贸易便利化的规定相辅相成，即，商品通报和支持文件的透明度、可预见性、简化和标准化。一般条款还鼓励在海关程序中尽量使用信息技术加速清关。WCO 正在努力将京都公约的相关条款融入 WTO 的框架中，以便把它们捆绑在一起并具有可执行性。

经济合作与发展组织指出，贸易便利化涉及的活动内容广泛，如进出口程序（即与海关、许可和检疫有关的程序），交通运输手续，支付，保险和其他金融要求等。在一些区域贸易协定中，贸易便利化还包括劳动力的流动以及检测和认证。与货物流动有关的交通运输、金融及其他服务的自由化在实现货物贸易便利化中也至关重要。

联合国经济及社会理事会（United Nations Economic and Social Council，ECOSOC）认为，

贸易便利化是指通过一种综合的相互协调的方法来降低贸易交易过程的复杂性及交易成本，确保所有活动都高效、透明、可预见，而且建立在国际广泛接受的规范、标准和惯例基础之上。贸易便利化涉及领域广泛，包括政府规章和管制、企业效率、交通运输、信息通信技术和金融，基本内容应包括：简化或取消烦琐的手续和程序，特别是与进口、出口和过境货物有关的手续和程序；协调可应用的法律和法规，改善并标准化物质基础设施和设备，包括交通运输和海关设备等；对信息的界定和要求，协调信息通信技术的使用并实行标准化，有效地进行信息交流。

联合国欧洲经济委员会指出，贸易便利化旨在建立一个一致、透明和可预见的国际贸易交易环境；贸易便利化将以各国认可的国际标准和惯例来进行，既简化手续和程序、物质基础设施和设备的标准化，改善法律和法规的协调等；贸易便利化的初步目标是减少企业的交易成本和国际贸易的复杂性，改善一国的交易环境，提高政府效率和有效控制的水平。

联合国亚太经济及社会理事会（United Nations Economic and Social Commission for Asia and the Pacific，UNESCAP）认为贸易便利化并不包括贸易的关税谈判或基础设施建设，如交通运输基础设施建设。贸易便利化通常被视为“疏通国际贸易的管道”，其重点放在贸易规则和条例的实施效率上。从最狭义的角度上讲，贸易便利化可以定义为国际贸易程序和文件制度的合理化。然而，从广义上讲，贸易便利化则涵盖所有影响进出口货物流动的规章措施，它包括但不限于：① 海关管制措施，即与海关法规一致的措施；② 技术规定。亚太经济合作组织（Asia-Pacific Economic Cooperation，APEC）自 1989 年成立以来一直将贸易便利化作为其议程的重要组成部分。贸易和投资便利化旨在减少一些领域中的贸易与投资障碍，如标准和认证要求、原产地规则、行政管理做法、海关程序等。而且从更加务实和可操作的实际情况出发，将贸易便利化行动集中在四个大领域，即货物流动、标准、商务人员流动和电子商务。

3. 关于贸易便利化的研究

近年来，国外对海关监管的研究大多基于贸易便利化的视角，且研究集中针对 APEC 地区进行，APEC 中既有发展中成员也有发达成员，其地区贸易流量占全球贸易总流量的一半左右，因此研究结果具有一定代表性。APEC（1999）利用可计算的一般均衡模型发现交易成本下降导致工业化国家或新兴工业化的韩国、新加坡和我国台湾的进口价格下降 1%，其他发展中成员的进口价格下降 2%，可以使 APEC 地区的货物贸易额上升 3.3%。APEC（2004）利用引力模型发现将海关程序方面的贸易便利化条件改善 10% 可以促使 APEC 区内进口增加至少 0.5%。Batra 等（2003）对 80 个国家的 8560 家公司的调查发现在拉丁美洲、非洲、东亚发展中国家和中东地区，海关及外贸管理制度是仅次于关税和政策管制的影响商务活动的因素。Dollar 等（2004）对来自 8 个发展中国家的 7 302 个公司调查发现，海关清关时间是影响出口的决定性因素，且进出口国的海关清关时间对出口都有显著影响。Kim 等（2004）采用引力模型研究发现海关程序改进 50% 可以使 APEC 内的工业化国家进口增加 1.7% ~3.4%，新兴工业化国家进口可增加 2.0% ~4.5%，其他工业化进程中的国家的进口可增加 7.7% ~13.5%。Wilson 等（2003）、（2004）、（2005）使用引力模型分别对全球 75 个国家和 APEC 进行调查估算，发现港口效率及海关管理方面落后的国家，如果改进上述便利化措施，对全球贸易流量及区域内贸易流量有显著影响。

4. 贸易便利化的利益分析

(1) 贸易便利化的收益

贸易便利化改革的受益者将涉及直接参与国际贸易交易的各方，包括各个国家的进出口商、海关、政府的贸易管理和监督机构，如果考虑到贸易便利化改革的溢出和反馈效应，它的间接受益者还包括政府、其他的商业机构、乃至最终的消费者。

下面主要是从贸易便利化的受益者的角度来分析贸易便利化改革能给贸易的参与各方所带来的收益。

(2) 贸易便利化对于政府的收益

从国家和政府的立场上来说，贸易便利化对于政府和经济体的收益可以简要地列举如下：

- 控制效率的提高；
- 促进国外的投资；
- 能够使贸易商更加的遵纪守法，使贸易商更加合作；
- 加速经济的发展；
- 能够进行更加有效的资源配置和部署。

(3) 贸易便利给进出口贸易商所带来的收益

- ◆ 透明度和可预测性。贸易管理部门透明度的提高和贸易程序可预测性的增加普遍被贸易商认为是从贸易便利化中获得的一项非常重大的收益。贸易商获取与贸易有关的规则、法规的困难，以及在不同的情况下向不同的管理部门提交相同的贸易资料，因不同的国家、不同的公司有不同的行政管理要求而带来的各方面的麻烦，都可以被认为是缺少透明度和可预测性所带来的贸易成本。贸易便利化所增加的透明度和可预测性就是贸易成本的减少。
- ◆ 时间。由于效率的低下，货物在海关、港口和其他检查点的滞留时间可以多达几天、几个星期、甚至长达数月，这毫无疑问是国际贸易中的一大障碍。交货的滞留会造成延期支付、罚款、货物质量下降、存储、货物被盗等一系列的问题，又会给本来就已经很昂贵的交通费用和仓储费用再增加一笔巨大的成本。已经有很多的研究表明，海关程序的便利化所能节约的海关处理时间少则几分钟，多则达到几天甚至几个星期。
- ◆ 商业机会。由于极为复杂的贸易手续而造成企业丧失的商业机会，或者尽管有贸易机会也不能予以考虑的成本构成了企业非常重要的机会成本，且很多公司因失去了商业机会而受到了重大的影响。很多中小企业生产具有创新性和很有出口竞争潜力的产品，然而，他们的产品由于成本问题或是复杂的贸易程序和手续问题，要顺利地出口到国外的市场也比较困难，这样就限制了他们的市场，而本来他们的营业额有可能成倍数地增长。有很多研究表明，能够成功地从事国际贸易的中小企业存活率比较高。贸易便利化不仅仅只是有利于贸易公司或者投资公司，而且也有利于一些运输中介公司。因为在复杂的贸易程序和手续下，这些公司就不会有那些运货到国外市场的业务或者这些业务量会剧减。由此看来，贸易便利化产生了一系列的连锁反应。除了成本节约的收益和通过贸易便利化尽量利用一切商业机会的收益以外，贸易便利化，尤其是电子商务同时也是贸易发展的一个方面，能够产生很多商业机会。根据联合国的预测，电子商务以及相关标准的使用能够带来新的与现代商业和交通解决方案相关的商业机会和收入流。

◆ 吸引国外直接投资（FDI）。贸易便利化还是吸引国外直接投资（FDI）的一项越来越重要的因素。复杂的海关和贸易手续往往会使外国投资者望而却步，从而间接地导致税收损失、就业机会的丧失和技术输入的阻碍。而这一些对很多国家来说是相当重要的，尤其对一些资金不足、想依靠吸引外资来发展经济的发展中国家来说更是如此。当一些公司被问及为什么会选在某些特定的国家进行投资的时候，有相当一部分都会指出，高效的贸易和海关手续是他们作出抉择的关键因素。

5. 贸易便利化的成本

贸易便利化是指简化和协调货物在国际贸易各项活动中所涉及的各种程序以提高贸易政策透明度和降低贸易成本。贸易便利化中的成本，包括与贸易相关的政府机构的改革和改变所带来的成本和现代化所要进行的各项投资及可能的关税损失。

（1）观念的改变和机构重组

进行贸易便利化改革一般包含一些与之相关的行政管理机构的观念转变，有时还会伴随着机构调整。有一些人员可能需要改变他们的工作职责，因为他们以前所在的部门的功能跟不上贸易发展的需要，或者太过拖沓，没有效率，或者机构臃肿。这就需要取消这样的机构或者由更加具有效率的贸易便利化的新举措来代替他们。

（2）关税损失

对于那些从关税中获得很大一部分财政收入的国家来说，这个问题显得尤其重要。但是，贸易便利化并不意味着一定会造成关税损失，特别是在贸易便利化的措施能够增加贸易量的时候。此外，有的贸易便利化的措施，比如说，海关放行后的审计，通常会给政府带来更多的关税收入。

6. 贸易便利化措施

贸易便利化的基本精神是简化和协调贸易程序，加快要素跨境的流通。目前对于贸易便利化的具体行动和措施作出比较明确归纳的是 APEC，2002 年 10 月，APEC 部长级会议通过了《贸易便利化具体行动和措施清单》，主要涉及货物、标准一致化、商务人员流动和电子商务等四个领域，共包括 19 个方面的内容和 96 项行动措施。

（1）货物流动

货物流动在 APEC 贸易便利化领域中，所包含的内容最为广泛，主要有：各成员和工作组的行动将集中在海关和其他与贸易有关的法律和规章信息的公共使用性；恰当的、透明的和可预测的与贸易有关的程序；遵照协调关税制度，协调关税结构；在《京都公约》基础上简化和协调；与贸易有关的程序的无纸化、自动化；采取标准电子格式和一致化数据要素；采用 WTO 估价协议的原则；清晰申诉条款；风险管理；快件物品清关指南；临时进口条款，比如加入 ATA 公约或伊斯坦布尔公约等 11 个方面。

（2）标准

标准问题是 APEC 贸易便利化的另一重要领域，涉及四个方面内容。第一，使 APEC 各成员的国内标准与国际标准保持一致，为技术性规章的开发和执行实施最佳惯例。为此，各成员将在优先领域使其国内标准与国际标准相一致；以国际标准为基础，调整影响成员间货物相互认可的一系列规章制度和程序；执行 WTO 技术性贸易壁垒委员会关于开发国际标准、指南和建议原则的决定，在涉及国际标准的贸易协定、国内法律和规章的术语使用上也要与 TBT 委员会的决定相一致。第二，在受管理和自愿的部门实现一致化评估的认可。APEC 一致化评估的认可涉及较多行业，在具体行动中，电子和电气设备、食品、电话等产品的一致化评估，相互认定安排，将是各成员采取行动的重点领域。第三，技术基础设施的发展。最主要的行动是鼓励各成员参与技术基础设施中期发展计划。第四，确保 APEC 经济体标准和一致化评估的透明度。

（3）商务人员流动

商务人员流动的便利化，主要涉及程序性规定和技术性要求，各成员将围绕促进人员流动和信息、交通技术使用两方面采取措施，主要包括：旅行文件检查，专业服务，旅行文件安全性以及移民立法等方面标准的开发和制定；根据 APEC 已达成的 30 天标准简化公司内部人员的跨境流动程序，缩短时间，提高效率；继续实施和促进 APEC 商务旅行卡计划，对出于商业目的的跨境商务活动，给予签证上的便利；在技术上采用先进的旅客信息系统，实现通过网上获得签证信息和申请表等内容。

（4）电子商务

在减少电子商务壁垒方面，各成员可以通过内容广泛的范例交换，确定电子商务壁垒的种类和内容；以此为基础，找出最佳的解决方法，同时各成员将以高层次承诺的方式切实克服这些障碍。在加速电子商务的使用方面，各成员将为使用安全的电子支付方式提供便利；促进对消费者和企业的电子商务法律教育；通过提高透明度减少商业成本。

7. 贸易便利化的领域

APEC 在 1995 年发表的《大阪行动议程》中针对贸易便利化和贸易自由化列出 14 个行动领域：关税、非关税措施、服务、标准和一致化、海关程序、知识产权、竞争政策、政府采购、放松管制、原产地规则、争端解决、商务人员流动、乌拉圭回合结果的执行、信息收集与分析。其中除了关税和非关税措施以外，其他 12 个行动领域应该都属于贸易便利化的范畴。OECD 将贸易便利化领域划分为 11 个方面：

- 海关信息的公布和扩散；
- 与交易商的咨询和反馈机制；
- 审议和申诉程序；
- 货物预先申报和数据处理；

- 税费评估、征收和支付；
- 风险评估；
- 根据审计进行的管制；
- 对授权贸易商的实行的特别程序；
- 通关与清关的分离；
- 税收安全；
- 不同机构之间的合作与协调。

世界银行从解决供应链中的瓶颈和“非效率”（inefficiency）问题出发，注重研究一些具体问题，包括基础设施投资、海关现代化、跨境交易环境、文件要求、信息流动、自动化与电子数据交换、口岸效率、物流、运输服务、过境运输和运输安全等。

8. 对贸易便利化的测评

由于贸易便利化涉及如何改善管理跨境商品流动的程序和控制方法，在合理的规章目标下，减少由此带来的成本负担并使效率最高，在实证检验中，研究与测度贸易便利化的发展对贸易流量的影响并不像如关税、配额等贸易自由化指标一样对贸易流量影响那样简单且易于操作。然而，经过近年来各国与各地区之间的双边、区域以及多边谈判，各国平均关税水平已经大幅下降，大量非关税贸易壁垒被削减。虽然各国国际贸易额的快速增长得益于此，但是随之而来的越来越小的关税调整余地，使各国的目光逐步转变到贸易便利化的发展当中来。就贸易便利化方面而言，各国发展水平不尽相同，有的国家在这方面的努力刚刚起步。因此，如何衡量贸易便利化发展水平并从实证的角度研究如何通过贸易便利化的发展，使各国进出口贸易和经济发展成为各国政策制定者待解决的问题。目前在学术界，衡量贸易便利化发展水平主要分三种方法，即以 OECD 研究人员为代表从成本与收益角度研究贸易便利化，APEC 对贸易便利化行动计划的数量评估以及以世界银行研究人员为代表的用基于计分法的调研结果研究贸易便利化。

（1）OECD 对贸易便利化的测评

OECD 的研究人员认为，近年来日益增长的国际贸易意味着更多的商品穿过各国的边境。与此同时，这些商品必然要符合各国海关的规定。从政府的角度来讲，面对日益增长的贸易流量，各国要调配稀有的资源与之适应；而从公司的角度来讲，由此造成的等待成本也在做生意的考虑当中。贸易活动的交易成本不仅包括诸如合规成本和与贸易关联的服务收费等直接成本，而且包括贸易程序延时、失去的商业机会以及规章的无法预测性带来的间接成本。比如，如果一个国家海关程序的效率低的话，不仅会造成商业收入的损失，而且包括错误地判断原产地以及不精确的统计数字会造成贸易政策无法顺利贯彻实施。低效率的海关程序同时会造成本国出口竞争力的下降，进而导致无法吸引外国直接投资。有研究表明，这些直接成本和间接成本加起来约占贸易商品价值的 2% ~15%。无论对于发达国家还是发展中国家，推进贸易便利化的主要目的就表现在减少这类的成本上，而减少通关时间这样的成本能大大增加贸易流量。

（2）世界银行对贸易便利化的研究

世界银行对贸易便利化的研究可谓另辟蹊径，Wilson（2003，2004）利用记分的方法对各国的港口效率、海关环境、规章制度以及服务行业基础设施建设（电子商务环境）进行了综合得分，以测量贸易便利化程度。港口效率用来衡量海港和空港基础建设的质量。海关环境用来衡量直接海关成本及海关和跨境行政透明度。规章环境用来衡量经济体的规章是否完善。服务部门基础设施用来衡量经济体必要的国内基础设施建设的延展度（例如，电子通信、金融中介和物流公司），并利用网络化的信息提高效率，改革行为方式来提高经济活力。

很显然，这些分类与政策制定者关注的领域相匹配，同时应该看到的是，这些贸易便利化措施与一些 GATT 条款也相当匹配，并被列入多哈发展议程的新加坡议题，因此在 WTO 谈判中异军突起。港口效率根据 GATT 第 5 条（过境自由）而来。在 GATT 第 8 条中可以找到海关环境相关内容的基础。规章环境问题包含在 GATT 第 10 条中。该条款来自基本的透明度义务，该义务推动公布影响进出口的法律和规章，以便外国政府和贸易者清楚地了解。

9. 中国保税区海关需要推进贸易便利化

我国目前以自由港为核心的自由贸易区的模式的确立，其目的在于进一步有效地吸引物资流和投资者，促进国际枢纽港的建设，带动中国经济的发展，而其运营是否能取得预期的成效，则与海关监管的指导思想、基本原则、简便有效的管理方式以及现代化的管理手段密切相关。我国的保税区是在海关的重重保护中成长起来的，海关全面、系统的监管扫清了保税区发展过程中的很多障碍，但随着保税区的日渐成熟，手续繁多、程序复杂的海关监管也逐渐开始束缚保税区的发展。为了与世界经济接轨，真正实现贸易自由，充分发挥保税区的效益功能，保税区的管理模式需要与时俱进，更高程度地开放，发挥市场的作用，逐步与世界接轨。保税区向自由贸易港区转型，一个重要的方面就是放开自由贸易区的运营，使自由贸易区真正实现投资自由化和贸易自由化。为达到这一目标，海关的监管职能势必会逐渐弱化，监管方式也要改变。

海关监管模式不明确，贸易便利化就难以从本质上实现。因此在海关监管上，要参照 APEC 和 WTO 相关原则和安排，总结世界上与我国目前自由贸易港区功能定位类似的成功自由贸易港区的宝贵经验，尤其是各自由贸易港区在贸易便利化方面的创新性做法（如：备案制、电子通道、联网管理等），从根本上实现我国保税区向以自由港为核心的自由贸易区的改革与发展。

10. 国际自由贸易港区海关监管成功案例

中国在发展自由贸易港区的过程中，需要借鉴国际自由贸易港区的成功经验，而美国对外贸易区无疑是将贸易便利化机制和自由贸易港区建设相结合的成功范例。

（1）美国对外贸易区简介

美国并没有自由贸易区（free trade zone），其所引用的“对外贸易区”（foreign trade Zone，FTZ）是一个管制区，旨在促进美国对外贸易，创造美国工人就业机会及提升美国监管，将妨碍进出口贸易繁杂的海关手续降低到最低限度，使海关的行政管理效率成倍提高。如美国纽约第 1 号对外贸易区有使用者 240 多家，他们进出口报关文件都由管理公司通过计算机直接同海关联网，当天就能办完一切手续。美国迈阿密第32号对外贸易区1994年货物进出区总值达12亿美元，而办理海关手续的海关人员仅为2人。

（2）中美自由贸易港区简要对比

与美国对外贸易区相比，我国保税区的发展起步较晚，但也显示出了极大的活力和制度创新特色。但两者之间仍存在着某些差异。

1）行政管理模式不同

我国各保税港区均设有管理委员会，作为政府派出机构直接对区域进行管理。美国保税港区设立获得批准后，由代表州、市政府或公共利益的团体作为国家的授权人（申请人）将经营权转让给经营公司负责，此后不再对区域进行任何行政管理。

2）设区目的有所不同

美国设立FTZ就是要搭建一个贸易便利化的平台，区域开发和制度创新的意义不明显；而我国设立保税区突出的是其宏观和区域开发开放意义，是国家开发开放制度创新的一种战略安排，有时也表现为一种政策资源的“争夺”和“分配”的过程。

3）运作主体不同

我国保税港区的运作主体是政府或政府控股的公司，主要从事基础设施配套、土地转让等活动，并负责招商引资。美国FTZ的所有经营活动均由经营者公司进行，与政府没有关系。由于中美两国的国情不同，两国国内的自由贸易区运作机制存在差异是必然的，通过分析可知，美国FTZ主要作用在于为企业提供程度较大的贸易便利化政策，同时也为了使企业大大降低生产和经营成本，用多方面节税的方法来实现。然而，中国保税港区不仅要努力起到以上两方面的作用，更要从中国的实际出发，在发挥自由区基本物流和贸易功能的基础上，最大限度地发挥功能区的外部效应、区域开发效应和制度创新效应。货物实施现场核查。查验内容包括交易情况、库存货物分类、登记、交接手续及区内安全状况等。如发现现场清点货品与库存清单不符，海关检查人员可口头责令营运商改正，并对其进行随访，确保所发现的问题及时纠正。审计检查和现场查验为两种独立却又相互支持的海关监管方法，这一监管制度大大减少了海关的日常监管工作量，节约了海关人员编制，同时也提高了对外贸易区货物入出区域的便捷度。与区外海关对进口集装箱货物3%～5%的直接现场查验率相比，对外贸易区的物流优势相对显著。

4）海关监管模式不同

我国保税港区均设有单独的海关，常驻区内对进出区货物和区内企业货物的动向进行监管，进出区货物必须到海关报关大厅办理手续，需交纳一定费用。美国保税港区内不设专门海关，均由附近进口港海关负责监管，同时实行以保证人为基础的书面审计和抽查，FTZ经营者为保证人并按海关要求格式提供年度报告供审计，货物进出区通过电子信息系统进行管理，不收取费用。

5）行政管理和海关管理在联邦管理层次上是合二为一

在各州和市所辖的对外贸易区内是相对独立的。海关总署是隶属于对外贸易区委员会的，其作用是配合委员会的工作，行使应有的海关管辖权。地区海关关长是各对外贸易区的代表，代表海关对本地区进行监管。海关一般不在对外贸易区派驻机构。如派驻机构的，其办公室设在隔离设施外，没有特殊情况，海关人员不进入对外贸易区。目前在美国对外贸易区中未设立海关机构的有97个，占总数的49%。

6）物流便利化与周报关制度

美国对外贸易区十分重视从满足和促进现代物流发展的要求出发，改进和完善其运作管理机制，是国际上发展比较成熟的一个样板。美国海关对外贸易区企业实行了两大物流便利政策。一是直通程序。对外贸易区企业可以对以自己名义进口的货物向所在地口岸海关关长申请使用直通程序，获准直通程序的货物不论在哪个口岸抵达，都可以直接以保税方式运入对外贸易区，不需事先向抵达口岸的地方海关申报。直通程序使海外货物运入对外贸易区用户的平均运输时间缩短一到两天。由2000年修改后的“贸易发展法案”确立的周报关制度，是指对外贸易区用户可以申请对运往区外需要报关的各单货物，集中为一周一次申报。周集中报关程序，既使企业减少了大量的报关文书作业，节约了可观的报关费用（在美国这项开支的缴费率是货值的0.21%），更为国际货物的快速物流减少了不必要的延误环节。周集中报关程序，不但辅区的制造企业可以使用，在主区从事贸易分拨的企业也可以使用。

7）海关审计核查便利化制度

美国海关对对外贸易区货物监管已经从原来的逐票逐单的实际监管方式转为通过审计核查方式实施监管。目前在对外贸易区没有常驻海关人员。在审计核查制度下，海关不再保存库存记录，海关人员也无须定期到区内仓库检查，而是赋予对外贸易区的营运商必要的监管责任。对外贸易区的营运商一般是承担区域管理责任的公司，由它负责对区内货物的票据、样本、造册、生产、安全及存储情况等进行具体监管。海关则通过审计和核查方式实施监管。海关审计工作由海关监理审计师完成。审计师会对区域内当年甚至过去几年所有交易记录等进行审查。一次审计通常需要一周至几个月。海关也可以不经事先通知就对区域内产品的竞争力，根据1934年Foreign Trade Zone Act所设立，企业可在区内从事装配、制造、加工储存、测试、包装、展示与维修活动；区内享有一些区外公司无法享受的优惠措施。

美国对外贸易区的基本设计思路是，在靠近海关口岸的地方划定一块区域，进入该区域的外国商品不受美国海关法的约束，处于“境内关外”的地位，不必缴纳海关税和其他从价税，以此降低在美国从事国际贸易和生产加工企业的运作成本。美国对外贸易区的主要功能，与目前我国保税区具有的功能基本相同。企业可以在区内从事国外商品的储存、分类分级、再包装、维修、展示、分销、简单加工、加工制造、销毁等活动，免征海关税和增值税。

对外贸易区虽然有一系列的政策优惠和便利措施，但直到20世纪70年代，实际运作的数目很少。1970年，全美只有9个对外贸易区主区、7个辅区，仅2.06亿美元的商业规模，就业岗位1 400个。到80年代，对外贸易区的优势功能才被投资者广泛重视。整个80年代，是美国对外贸易区快速发展时期，进入90年代，发展相对平稳。截至2003年年底，美国有对外贸易区主区260个，辅区439个，2 400多家公司在区内运作，就业岗位35万个。近年来，美国对外贸易区正在经历从出口服务到进口为主的功能转变。

8）货物分类监管的便利化制度

作为国际化生产和全球化市场的交会点，美国对外贸易区同样面临境外货物和国内货物在区域内运作的地位和监管问题。美国对外贸易区采取了对国内货物开放的策略。海关通过对进入对外贸易区的货物设定“区域货物状态”，按货物类别分别采取不同的管理程序。ⓐ优惠的国外状态：国外货物进入对外贸易区后，且在未经任何加工处理之前，货主可以向海关申请其为“优惠的国外状态”。一旦申请为该状态，货物的海关进口税号和税率就按申请日的税则号和税率被评估确定下来。ⓑ对外贸易区受制状态：美国国内（关境内）带入对外贸易区只为出口、销毁或储存为目的的货物，可以申请为“对外贸易区受制状态”。货物一旦设定为该状态，非经特殊批准程序不可以改变此状态和返回美国内，也不得进行加工、制造或组装等处理。国外货物没有申请为优惠的国外状态的，货主可以选其为“非优惠的国外状态”。进入美国关境时，该状态的货物按进入关境时的税则号和税率向海关纳税。

9）在监管手段上实行全程计算机控制

海关可全权委托开发管理公司管理货物进出过程，开发管理公司将货物进出清单送海关存档。海关人员也只是通过电脑对货物的入区进行登记，对出区的货物进行核销。核销的方法就是通过电脑来检查其库存，将出口部分从库存中扣去。运用计算机技术对对外贸易区的货物进出及区内流动进行区域性的动态司的正常工作，要求委员会进行检查的公司必须是直接受影响的团体，并且必须有充分的理由。

10）我国海关的应对策略

对于海关部门而言，贸易便利化是一个紧密相关而又重要的课题。多年以来，通过多边、区域及双边的协作和努力，各国和各地区的贸易制度正在日趋开放，影响贸易活动的障碍也逐渐减少。随着贸易规模的扩大和贸易联系的加强，各国也开始重视各种贸易管理程序的合理化。以简化各种繁杂的审批检验程序、提高贸易政策透明度、广泛使用先进技术为主要内容的贸易便利化，无疑会有助于降低贸易商的商业成本，提高企业的经营效率，为促进全球贸易的进一步发展带来了全新的思路。贸易便利化给我国扩大对外贸易规模提供了良好的机遇。随着我国加入 WTO，承诺在各个领域大幅度削减关税的情况下，要继续保持关税收入不低于原有的水平甚至进一步增长，只能靠不断扩大对外贸易的整体规模来实现，而加快实施贸易便利化，则是达到这一目标的重要途径之一。然而，实现贸易便利化意味着要投入大量的资金，不断探索和积累经验，锐意革新并开发新的管理技术，培养高素质人才和建立行之有效的制度等等，这些工作是一项系统浩大的工程，对于目前经济处于发展阶段的中国来说，应该说也是一个不小的挑战。改革开放 30 多年来，我国的外贸事业有了长足的发展。而海关部门作为联系国内与国际商品市场的桥梁，也在一直致力于制度创新与科技创新，以争取为扩大对外贸易创造更好的通关环境。我国的贸易便利化改革始于 20 世纪 90 年代。早在 1994 年，海关总署就安排部署对部分海关、部分企业试行了 EDI 无纸报关方式，取得了积极的效果。2001 年，又在南京、杭州、上海、广州 4 个海关试行网上无纸报关。无纸报关是一种依赖于高科技信息网络系统和各通关环节高效运作的先进通关方式，它将通关过程中凡是可以实行无纸作业的环节，全部实行电子化，使得大部分的企业货物能够以最快的速度过关，完成海关的各项手续，投入生产或市场。因此，无纸报关可以提高通关效率，降低贸易成本，提高企业的国际竞争力。为了解决进出口货物跨关区转关运输通关速度慢、通关成本高等问题，2001 年 4 月，海关总署又率先在广东省内和长江沿线共 4 个直属海关采取“一次申报、一次查验、一次放行”的通关模式。快速通关模式实现了口岸快速通过、内地快速验放，水路转关手续由 8 项减至 5 项，陆路转关手续由 11 项减至 4 项。由于解决了回执反馈慢的问题，内地出口企业结汇、退税速度加快，通关成本也大大降低。目前，快速通关系统已获得了广泛的应用。在“大通关”中，电子口岸将有关部门联网，实现管理信息共享。如上海就建成了互联互通、数据共享的口岸物流信息和电子商务平台，为所有口岸部门和企业提供服务。在海关内部，通过多种科技手段的运用，使很多原来靠手工纸面单证流转的作业环节被电子信息流所代替，口岸管理部门的工作效率自然大大提高，而且也使管理更加规范化。当然，这一系列贸易便利化措施的最大受益者还是企业，不但为其节约了贸易成本，也提高了企业的国际竞争力。

2002年8月19日，海关总署和中国银行、工商银行、交通银行、招商银行4大银行签署开展联网业务合作协议，共同开发“网上税费支付”系统。企业在通过中国电子口岸收到海关税费缴纳通知后，可直接在网上向开户银行发布税费支付指令，划转成功后可径直办理相关的通关手续。网上支付税费改变了传统的税费支付方式，为企业提供了准确、方便、快捷的网上缴纳税费服务，减少了企业往返海关和银行的次数，大大缩短了企业的缴纳税款的时间。可以说，在海关部门多年的不懈努力下，我国的海关通关程序已经获得了相当的改善，海关所需的各种单证大幅减少，货物通关速度明显提高，对外贸易正朝着健康快速的方向不断发展。但同时我们不能忽视，作为一个发展中国家，中国海关的改革是付出了极大的努力与代价的。由于经济基础薄弱，资金缺乏，技术落后等原因，我们国家在实现贸易管理现代化和贸易便利化的道路上所遇到的困难要比发达国家多得多，也难得多。如果说目前在进出口环节上中国的海关所行使的职能有所改进的话，那是多年努力的结果，而且只是初步的改善，与发达国家相比，技术条件和管理效率等都还有相当大的差距。突出表现：在口岸管理中条块交叉、分兵把守、政出多门，再加上监管力度不足，基础设施落后，协调配合不力，工作效率不高的现象仍在一些口岸普遍存在；审批环节多，通关手续繁杂，港航、运输、中介代理机构缺乏市场服务意识，这些都给企业通关带来了难度，与贸易便利化的原则背道而驰，不利于为促进外贸发展创造良好的环境。

① 积极推动WTO框架下贸易便利化议题的谈判，支持多边贸易便利化进程的发展

在2003年WTO第5届部长级会议上，中国作为“21国集团”成员之一，提出在改变现有农业贸易不公平的前提下，可以灵活处理贸易便利化议题的谈判。尽管此次部长会议失败，但中国在此问题上所采取的灵活态度却令人瞩目。世贸组织总干事素帕猜在会后评价说“如果其他成员也像中国一样采取灵活态度，对此问题的最终解决是非常有帮助的。”今后，我国应该从促进贸易全球化的立场出发，借鉴在APEC中有关贸易便利化谈判的成功经验，推动在WTO多边贸易体制下该议题的谈判进程，从而为打破WTO多边谈判目前所面临的僵持局面提供新的契机，同时也为我国实施贸易便利化创造一个协调的国际环境。

② 以开放的视角，加强与发达国家的交流与合作

如上所述，作为发展中国家，我国在实施贸易便利化过程中会遇到种种现实的挑战。面对挑战，我们不能故步自封，而必须加强与具备较多的贸易便利化经验、具备较强技术能力的发达国家合作，学习他国的先进经验，培训有关人员并提高技术水平，寻求国际组织框架内的资金支持和相关技术转让，从而找到符合自身特点和要求的贸易管理程序。

海关部门应该在现有管理水平的基础上，进一步加大研究的力度和深度，从多个方面入手加快实施贸易便利化。

- 积极提供通关便利，加速出口货物验放。目前，在业务繁忙的部分海关实行24小时通关制度，保证了正常出口通关畅通无阻，这一先进制度应该予以推广。同时，针对企业出口申报效率低下的问题，海关部门还应该积极为企业提供出口归类咨询服务，认真执行出口商品归类制度，努力避免因归类问题延误出口通关。认真做好单证核查和管理工作，做好退单说明工作，避免企业多次往返，严守出口货物通关的作业时间承诺。
- 借鉴加工贸易企业分类管理的成功经验，扩大分类管理的适用范围，对大型高新技术企业实行便捷通关模式。区分不同企业的不同资信条件，实施不同的级别分类管

理。对低信用等级的企业不予实施贸易便利化措施，对高资信企业、高新技术企业应适用提前报关、联网报关、快速转关、上门验放、加急通关、担保验放、优先咨询等便捷通关措施，为其产品出口开辟“绿色通道”，为其创造更好的贸易环境，切实支持高新技术产业的发展。

◆ 积极推动“口岸电子执法系统”建设。目前已在全国正式运行的“电子口岸执法系统”运行总体平稳，广大企业参与程度很高。在此基础上，要积极研究实施“电子口岸”自理远程报关、出口退税申报等项目，彻底实现企业“网上保管”，方便企业合法进出。随着这些项目的推广应用，海关业务单证收费将随之大幅减少，企业负担也会得以减轻。

◆ 全面深化和完善无纸通关作业改革。从无纸通关作业改革的试点来看，在不影响海关监管的前提下，大大提高了通关效率。今后，应以高资信企业为切入点，逐步扩大无纸通关的适用范围。如何采取有效措施进一步完善无纸通关作业，理顺无纸通关的系统操作流程，强化实际物流监控，应当是我们海关部门今后工作研究的一个重点。

◆ 改进工作作风，提高服务水平。长期以来，我们海关致力开展“文明窗口”创建活动，加强了关务公开的力度，通过各种方式为企业提供海关法规咨询；公开办事程式，大多数海关都公布了行政执法投诉电话和业务咨询热线电话，积极为企业提供更加完善的服务。在此基础上，我们还应探索新的服务制度，比如“首问负责制”、“关长信访日”、“客户协调员”等制度，为企业通关创造一个更加舒心的环境。

第十八章
关注 HS 编码调整

1983 年 6 月海关合作理事会（现名世界海关组织）主持制定的一部供海关、统计、进出口管理及与国际贸易有关各方共同使用的商品分类编码体系，即《商品名称及编码协调制度》，简称《协调制度》（HS 编码）。《协调制度》涵盖了《海关合作理事会税则商品分类目录》（CCCN）和联合国的《国际贸易标准分类》（SITC）两大分类编码体系，是系统的、多用途的国际贸易商品分类体系。它除了用于海关税则和贸易统计外，对运输商品的计费、统计、计算机数据传递、国际贸易单证简化以及普遍优惠制税号的利用等方面，都提供了一套可使用的国际贸易商品分类体系。从 1992 年 1 月 1 日起，我国进出口税则采用世界海关组织《商品名称及编码协调制度》（简称 HS），该制度是一部科学的、系统的国际贸易商品分类体系，采用六位编码，适用于税则、统计、生产、运输、贸易管制、检验检疫等多方面，目前全球贸易量 98% 以上使用这一目录，已成为国际贸易的一种标准语言。我国进出口税则采用十位编码，前八位等效采用 HS 编码，后两位是我国子目，它是在 HS 分类原则和方法基础上，根据我国进出口商品的实际情况延伸的两位编码。

1.《商品名称及编码协调制度》概述

（1）《协调制度》的由来和发展

《商品名称及编码协调制度》（*Harmonized Commodity Description and Coding System*，简称 HS）（以下简称《协调制度》）是指原海关合作理事会（1995 年更名为世界海关组织）在《海关合作理事会商品分类目录》（CCCN）和联合国的《国际贸易标准分类》（SITC）的基础上，参照国际上主要国家的税则、统计、运输等分类目录而制订的一个多用途的国际贸易商品分类目录。经国务院批准，我国海关自 1992 年 1 月 1 日起开始采用《协调制度》，使进出口商品归类工作成为我国海关最早实现与国际接轨的执法项目之一。

（2）《协调制度》的基本结构

从总体结构上讲，《协调制度》目录与《海关合作理事会商品分类目录》基本一致，其将国际贸易涉及的各种商品按照生产部类、自然属性和不同功能用途等分为 21 类、97 章。《协调制度》主要是由税（品）目和子目构成（税（品）目号中第 1 至第 4 位称为税（品）目，第 5 位开始称为子目）。为了避免各税（品）目和子目所列商品发生交叉归类，在许多类、章下加有类注、章注和子目注释，设在类、章之首，是解释税（品）目、子目的文字说明，同时有归类总规则，作为指导整个《协调制度》商品归类的总原则。《协调制度》是一部系统的国际贸易商品分类表，所列商品名称的分类和编排是有一定规律的。从分类来看，它基本上按社会生产的分工（或称生产部类）分类的，将属于同一生产部类的产品归在同一类里。从章来看，基本上按商品的自然属性或用途（功能）来划分的。

（3）《协调制度》主要作用

HS 编码“协调”涵盖了《海关合作理事会税则商品分类目录》（CCCN）和联合国的《国际贸易标准分类》（SITC）两大分类编码体系，是系统的、多用途的国际贸易商品分类体系。它除了用于海关税则和贸易统计外，对运输商品的计费、统计、计算机数据传递、国际贸易单证简化以及普遍优惠制税号的利用等方面，都提供了一套可使用的国际贸易商品分类体系。从 1992 年 1 月 1 日起，我国进出口税则采用世界海关组织《商品名称及编码协调制度》，该制度是一部科学的、系统的国际贸易商品分类体系，采用六位编码，适用于税则、统计、生产、运输、贸易管制、检验检疫等多方面，目前全球贸易量 90% 以上使用这一目录，已成为国际贸易的一种标准语言。我国进出口税则采用十位编码，前八位等效采用 HS 编码，后两位是我国子目，它是在 HS 分类原则和方法基础上，根据我国进出口商品的实际情况延伸的两位编码。

（4）《协调制度》的主要优点

《协调制度》是各国专家长期共同努力的结晶，它综合了国际上多种商品分类目录的长处，成为国际贸易商品分类的一种“标准语言”，从而方便了国际贸易，避免了各工作环节的重新分类和重新编号。其主要优点是如下。

1）完整

《协调制度》目录将迄今世界上国际贸易的主要商品全部分类列出，同时，为了适应各国征税、统计等商品分类的要求和将来技术发展的需要，还在各类、章列有起到“兜底”作用的“其他”税（品）目或子目，使国际贸易中的任何商品，包括目前还无法预计到的新产品都能在目录的体系中归入合适的位置，以确保无论任何一种商品都不会被排斥在该目录范围之外。例如，第一章活动物，最后的税（品）目号“01.06 其他活动物”，该品目包括了除本章章注所规定的“不包括”项以及本章其他税（品）目号已有具体列名的以外的其他所有活动物。又如，第六类化学产品的最后的税（品）目号“38.24”，就包括了该类中其他税（品）目号未列名的化学工业及其相关工业的产品，这样，凡在其他地方找不到合适税（品）目号的化工产品就可放在该项“兜底”税（品）目号中。加之归类总规则四“最相类似”原则的综合运用，这就保证了目录对所有货品无所不包的特点。

2）系统

《协调制度》的分类原则遵循了一定的科学原理和规则，将商品按人们所了解的自然属性、生产部类和不同用途来分类排列，同时，还照顾了商业习惯和实际操作的可能。因此便于理解、便于归类、便于查找、便于记忆。

3）影响

该目录在国际上影响很大，目前已为 200 多个国家（地区）所采用，并且还有许多国家正积极准备，以期尽快采用。由于采用同一分类目录的国家的进出口商品相互之间具有可比性，同时，该目录既适合于做海关税则目录，又适合于做对外贸易统计目录，还可适用于做国际运输、保险、生产、贸易等部门的商品分类目录。因此，《协调制度》目录的通用性超过了以往任何一个商品分类目录，加之作为《协调制度》主体的“协调制度国际公约”规定了缔约国的权利和义务，这就保证了该目录的有效统一实施。

4）准确

《协调制度》目录所列税（品）目的概念明确，内涵和外延明了，不重复。为保证做到这一点，除了目录的税（品）目条文有非常清楚的表述外，还有作为归类总纲的归类总规则以及类注、章注、子目注释加以具体说明，各条税（品）目的范围都非常清楚。如税（品）目号12.09的条文为“种植用的种子、果实及孢子”，凡种植用的种子一般均可归入此号，但12章的章注3又特地注明了谷物等项商品即使作种子用，也不归入税（品）目号12.09，这样就把税（品）目号12.09所包括的范围规定得十分清楚了。

此外，《协调制度》目录作为《协调制度国际公约》的一个附件，在国际上有专门的机构和人员对其进行维护和管理，各国还可通过对《协调制度》目录提出修正意见，以争取本国的经济利益，统一疑难商品的归类。以上这些都不是一个国家的力量所能办到的，也是国际上采用的其他商品分类目录所无法比拟的。

2. 关于《商品名称及编码协调制度》（2012年版）

（1）《协调制度》第四审议循环（《协调制度》2012年版）主要修订原因

为适应国际贸易及商品的发展，世界海关组织（WCO）每4~6年对《协调制度》进行一次全面修订（即一个审议循环）。2009年6月召开的WCO理事会第113/114次会议上通过了第四审议循环的相关修订意见，标志着《协调制度》第四审议循环的结束。根据第四审议循环的结果，“协调制度公约”各成员国于2012年正式实施2012年版《协调制度》。

2012年版《协调制度》在2007年版基础上进行了大范围的修订，共有225组修订。修订后，《协调制度》六位子目总数将从5 052个增加到5 205个。这次修订涵盖的范围较广，涉及53个章的产品。2012年版《协调制度》修订的原因和考虑主要为以下几方面。

1）因应世界粮农组织的要求

为加强《协调制度》在国家及地区层面粮食安全及早期预警的应用，以使其更符合FAO粮食安全计划的统计需求，提升HS面向国家及地区的粮食安全分析的适用性，对《协调制度》中的1~16章的部分章注、子目注释、品目和子目进行相应的修改。

- 为在国际贸易中占重要地位，贸易量大的农产品增列子目。例如：在第三章多个子目项下为挪威海螯虾、冷水小虾及对虾增列子目；在第三章多个子目项下为主要淡水鱼品种（罗非鱼（tilapias）、鲶鱼（catfish）、鲤科鱼（carp）、鳗鱼（eels）、尼罗河鲈鱼（Nile perch）、黑鱼（snakeheads）），增列相应子目等。
- 为种植用种子增列子目。种子是农产品中最重要的产品之一，受知识产权保护法保护，其产值每年达到数十亿美元，所以需将种植用的种子与食用的种子区分开来。在第十、十二章中增列了种子的子目。
- 为在国民生产中占重要地位的产品，对发展中国家及不发达国家有重要经济意义的家禽类商品增列子目。例如，为鸭、鹅、珍珠鸡等增列。
- 为部分地区涉及粮食安全的产品增列子目。例如为蛤、鸟蛤及舟贝增列子目，在品目07.09项下为巴姆巴拉豆、木豆的产品增列子目等。希望此举能提供准确的贸易统计数据，改进对地区粮食情况、营养情况的分析，更好地评估生产及供应情况，通过统计农业及渔业获得产品，估算地区的生产是否能达到适当的营养需求。

◆ 根据贸易实际分列新的产品种类及具有潜在重要性的经济产品。例如，为除甲壳动物及软体动物的水生无脊椎动物新增品目 03.08，同时受这些产品品目结构调整的影响，又对第十六章相关注释做了相应调整和修改；为第九章部分调味香料产品分列“已磨”及“未磨”子目。

2）因应贸易便利化的需要

为贸易量大且存在归类争议的产品新增子目。如根据我国提的议案，为“登机桥”新增了子目 8479.71 和 8479.79；为“百合花”新增子目 0603.15。针对目前卫生用品根据其材料归类存在归入多个品目的可能，且容易出现归类争议的情况，为卫生巾及止血塞、婴儿尿布、尿布衬里及类似的卫生用品增列品目 96.19，并新增章注释。根据美国所提议案，为蔓越橘果及蔓越橘汁在子目 2008.90 及 2009.80 项下增列子目；根据哥伦比亚提议，在品目 17.01 项下为非离心甘蔗糖分列子目并新增或修订第 17 章子目注释。

3）因应新技术发展及新产品贸易的需要

对部分章注、子目注释、品目和子目进行相应的修改和增列。如：修订“免疫制品”的定义，对涉及品目 30.02 的相关章注进行修订；为生物柴油新增品目 38.26，并在第 27 章、第 38 章新增或修改相关的章注释。

4）因应《协调制度》规范统一的需要。

为了减少混淆、正确理解应用《协调制度》，通过类注及章注或子目的重新修订对某些品目的产品范围进一步明确。如子目 4706.93 的条文“半化学浆”修改为“用机械与化学联合制浆法制得的浆”；为英法文不一致的原因修订第 21 章“水果”的表述（对中文无影响）。新增第 42 章注释，以明确“皮革”的定义，并修订子目 4202.11、4202.21、4202.31、4202.91 条文。

5）因应贸易界和《协调制度》应用方提出简化《协调制度》的要求

对国际贸易总量较低的商品品目（年贸易总额低于 1 亿美元）和子目（年贸易总额低于 5 000 万美元）予以合并或删除。

6）因应监控易制毒化学品贸易的需要

对重要的易制毒化学品增列子目。例如，为“去甲麻黄碱及其盐”单列子目 2939.44。

（2）2012 版《协调制度》修订情况介绍（动、植物及食品部分第 1 ~ 24 章）

在此次《协调制度》的修改中，对动、植物及食品部分（第 1 ~ 24 章）的修改变化较大，主要是由于世界粮农组织出于反饥饿、反贫困及对世界范围内粮农产品精确统计的需求而做的修改，占总体修改内容的 39%。其中，类注未做修改，章注条文修改 1 条，子目注释新增 2 条、条文修改 2 条，4 位数品目新增 1 条，5、6 位数子目新增 282 条、删除 94 条、条文修改 17 条。

1）活动物及动物产品的主要变化（第一类）

◆ 由于疯牛病在部分国家爆发，为了应对该问题，世界粮农组织希望建立一个良好的追踪系统，通过生产、加工和分配的具体阶段跟踪食品动向，追踪系统是防止动物疾病蔓延并加强总体生物安保的重要工具，能够有助于公众健康、兽医公共卫生和动物卫生的干预措施。为此，世界粮农组织提出为家牛、水牛及其肉类产品单独拆分子目，但由于海关实际监管问题，世界海关组织最终只接受对活牛进行拆分，对其肉类产品不再单独拆分，即在品目 01.02 项下为家牛及水牛拆分子目，即将原子目“0102.10 改良种用”删除，重新拆分为子目“0102.2 家牛”和“0102.3 水牛”，并在子目 0102.2 项下拆分为子目“0102.21 改良种用”和“0102.29 其他”，在子目 0102.3 项下拆分为子目“0102.31 改良种用”和“0102.39 其他”。

◆ 渔业是全世界食品生产的一个重要组成部分，遗憾的是过度捕捞已经成为一个严重的问题。它给全球环境和世界的食品供应造成威胁。水产养殖或养鱼可以帮助减少世界海洋和湖泊中的过度捕捞，但是如果采用的方式不妥，水产养殖同样也会破坏环境。为了健康发展渔业，世界粮农组织对第三章进行了大幅度的调整。世界粮农组织最初提议在第三章鱼类产品中，按鱼的来源捕获或水产养殖来拆分，以及根据鱼的生存水域分为中上层鱼、淡水鱼等的内容来拆分，但由于各国认为海关具体监管操作存在困难，否定了这种拆分方式，后采用对需要重点监控的鱼类品种单独列目的方式，例如，在品目 03.02、03.03、03.04 及 03.05 项下为罗非鱼、鲶鱼、鲤科鱼、鳗鱼、尼罗河鲈鱼、黑鱼等及其产品单独拆分了子目。此次鱼类涉及 8 个品目的调整，而我国 2010 年这几个品目的进出口贸易量达 113 亿美元。

2）植物产品的主要变化（第二类）

在第十、十二章的多个商品项下增列了种子的子目。种子是农业的生命，每个作物品种都有其所适应的地区范围和耕作栽培条件，而且都只在一定历史时期起作用，随着耕作栽培条件及其他生态条件的改变，经济的发展，生活水平的提高，对品种的要求也会提高，考虑到种植用的种子与食用的种子的不同，种子又受知识产权保护法保护，世界粮农组织提出在第十、十二章的多个商品项下拆分种子。例如，在品目 10.01 项下为种用硬粒小麦及种用其他麦拆分子目，即在子目“1001.10 硬粒小麦”项下拆分为子目“1001.11 种用”和“1001.19 其他”；在子目“1001.90 其他”项下拆分为子目“1001.91 种用”和“1001.99 其他”。由于百合花贸易量大，在品目 06.03 项下拆分子目“0603.15 百合花（百合属）”；并且在品目 06.03 项下新增了玫瑰、康乃馨、兰花、菊花四个子目。近几年来，百合花成为继玫瑰、康乃馨之后贸易量较大的鲜切花之一，在国际和国内市场上受欢迎程度越来越高，发展前景乐观。目前，百合花的主要生产国为中国、荷兰和澳大利亚，消费国主要为欧盟、日本、美国。鉴于百合花在国际鲜切花贸易中所占比重日益增大，促进我国花卉产业的发展，我国海关提出了该修改建议。

3）油脂类产品的主要变化（第三类）

考虑到食品安全的因素，世界粮农组织提出在品目 15.01 项下将食用猪油及非食用的其他猪脂肪区分开，单独拆分子目，即在品目 15.01 项下拆分成子目“1501.10 猪油”、“1501.20 其他猪脂肪”和“1501.90 其他”。

4）食品类产品的主要变化（第四类）

◆ 为非离心甘蔗糖增列子目注释及拆分子目。非离心蔗糖在世界各个地区普遍存在，像在我国就有粉状的红糖，块状的片糖等。非离心蔗糖是多个发展中国家的重要产品，对其经济发展有重要意义。世界海关组织在第十七章对该商品增列了子目注释，具体为子目 1701.13 仅包括非离心甘蔗糖其按重量计干燥状态的蔗糖含量对应的旋光读数不低于 69°但低于 93°，并且在品目 17.01 项下为该子目注释所述的蔗糖新增子目 1701.13，即删除子目“1701.11 甘蔗糖”，同时新增子目“1701.13 本章子目注释二所述的甘蔗糖”和子目“1701.14 其他甘蔗糖”，这些商品均来自删除的原子目“1701.11 甘蔗糖”。

- 为水烟料增列子目注释及拆分子目。水烟是一种来自中东地区的抽烟用装置。它所使用的烟草是糖浆、烟草与任何平常可食物混合加口味。由于各国对水烟料归类不一致，为明确其归类，世界海关组织在第二十四章对该商品增列了子目注释，具体为子目 2403.11 所称“水烟料”，是指由烟草和甘油混合而成用水烟筒吸用的烟草，不论是否含有芳香油及提取物、糖蜜或糖，也不论是否用水果调味，但供在水烟筒中吸用的非烟草产品不归入该子目，并且在品目 24.03 项下为该子目注释所述的水烟料新增子目 2403.11，即在原子目“2403.10 供吸用的烟草，不论是否含有任何比例的烟草代用品”项下拆分为子目“2403.11 本章子目注释所述的水烟料”和“2403.19 其他”。

除上述修改外，动、植物及食品部分还由于贸易量小删除了一些 5、6 位数子目，例如：删除子目“0604.10 苔藓及地衣”，其商品转移至新增子目“0604.20 鲜的”和“0604.90 其他”项下；删除子目“1102.10 黑麦细粉”，其商品转移至子目“1102.90 其他”项下；删除子目“2003.20 块菌”，其商品转移至子目“2003.90 其他”项下等等。

(3) 2012 版《协调制度》修订情况介绍（矿产品、化工品及橡胶塑料部分第 25~40 章）

2012 版《协调制度》第二十五章至第四十章共计新增章注释 2 条、章注释条文修改 2 条、子目注释新增 3 条、修改子目注释条文 2 条；新增 4 位数税目 1 条（新增税目 38.26）、5 位数子目 7 条、6 位数子目 22 条；删除 5 位数子目 4 条、6 位数子目 25 条；修改 4 位数税目和 5 位数子目的税目条文各 1 条。修改的原因既有商品分类科学性的原因，又有技术上可操作性的原因；既有近年来因新商品的出现（如生物柴油）而需要重新分类的原因，又有一些特殊需要（如加强对《蒙特利尔议定书》《鹿特丹规则》所列商品的监控与管制）而新增相应新子目的原因。

1）类注释、章注释及子目注释主要变化情况

第五类至第七类的类注释未做修改，章注释及子目注释调整情况如下。

- 为明确“生物柴油”范围及增列相关商品的税目而新增的章注释及子目注释。2012 版《协调制度》为生物柴油及其制品增列了税目，因此为明确生物柴油的范围，分别在第二十七章新增子目注释“五、税目 27.10 所称‘生物柴油’，是指从动植物油脂（不论是否使用过）得到的用作燃料的脂肪酸单烷基酯。”；在第三十八章新增了章注释“七、税目 38.26 所称的‘生物柴油’，是指从动植物油脂（不论是否使用过）得到的用作燃料的脂肪酸单烷基酯。”同时，在第二十七章因增列了含生物柴油的制品，原子目 2711.11 的编码修改为 2711.12，所以子目注释四的条文中的“2710.11”相应修改为“2710.12”。
- 因进一步明确税目 30.02 的范围而修改及新增的章注释。为进一步明确税目 30.02 的商品范围，在 2012 版《协调制度》调整中，修改了第三十章的章注释二，将原章注释二条文“二、品目 30.02 所称的‘修饰免疫制品’，仅适用于单系抗体（MABs）、抗体片段、抗体及抗体片段缀合物。”修改为“二、税目 30.02 所称的‘免疫制品’是指直接参与免疫过程调节的多肽及蛋白质（税目 29.37 的货品除

外)，例如单克隆抗体（MAB）、抗体片段、抗体偶联物及抗体片段偶联物、白介素、干扰素（IFN）、趋化因子及特定的肿瘤坏死因子（TNF）、生长因子（GF）、促红细胞生成素及集落刺激因子（CSF）。”同时，在第29章章注释二的排他条款中，新增章注释二（五）“税目30.02的免疫制品”；并将第二十九章章注二中，原注释二（五）至（十）的编号顺延为二（六）至（十一）。

◆ 其他章注释的修改。在第三十章中，为明确“帮助吸烟者戒烟的制剂”不属于第三十章的药品，新增章注释“一（二）用于帮助吸烟者戒烟的制剂，例如片剂、咀嚼胶或透皮贴片（税目21.06或38.24）；”在第三十八章中，为明确“改正带”也归入税目38.24项下，修改章注三（四），原条文“（四）零售包装的蜡纸改正液及其他改正液；以及……”，修改为“（四）零售包装的蜡纸改正液，其他改正液及改正带（税目96.12的产品除外）”。

2）目录结构主要变化情况

◆ 因贸易量少而删除合并子目。例如，因子目“2528.10 天然硼砂及其精矿”贸易量少，而将其与子目“2528.90 其他”合并为新税目2528.00；因子目“2912.30 醛醇”贸易量少，而将其合并到子目“2912.49 其他”项下。

◆ 为加强对《蒙特利尔议定书》商品的监控而调整并新增子目。在第二十九章和第三十八章中增列、调整相应子目。例如第二十九章中新增子目“2903.71 一氯二氟甲烷”、子目“2903.72 二氯三氟乙烷”、子目“2903.73 二氯一氟乙烷”、子目“2903.74 一氯二氟乙烷”、子目“2903.75 二氯五氟丙烷”、子目“2903.76 溴氯二氟甲烷、溴三氟甲烷及二溴四氟乙烷”、子目“2903.77 其他，仅含氟和氯的全卤化物”、子目“2903.78 其他全卤化衍生物”。

◆ 为加强对《鹿特丹公约》商品的监控与管制而调整新增子目。在第二十九章和第三十八章中增列、调整相应子目。例如第29章中新增子目“2931.10 四甲基铅及四乙基铅”、子目“2931.20 三丁基锡化合物”。

◆ 为增列“生物柴油”而调整税目。在第三十八章增列税目“38.26 生物柴油及其混合物，不含或含有按重量计低于70%的石油或从沥青矿物提取的油类”，并对税目27.10项下的子目进行拆分和重排。

◆ 因品目条文及注释的修改而扩大税目的商品范围。税目30.02的商品范围因章注释和税目条文的修改而扩大了税目的商品范围。

◆ 因重新审定商品结构归属而变更商品税号。如将子目“2916.36 乐杀螨（ISO）”重编税号“2916.16 乐杀螨（ISO）”。

◆ 因部分商品转移使得税号所含商品范围缩小。如子目“3926.20 衣服及衣着附件（包括分指手套、连指手套及露指手套）”中的塑料制或主要由塑料制的卫生巾（护垫）及止血塞、婴儿尿布及尿布衬里和类似品转移至新增税目96.19项下，缩小了子目3926.20的商品范围。

（4）2012版《协调制度》修订情况介绍（皮革、木材、纺织及金属产品部分第41~83章）

2012版《协调制度》第四十一章至第八十三章共计新增类注释1条、章注释2条、子目注释1条；修改类注释1条、章注释11条、子目注释2条；新增5位数子目6条、6位数子目4条；删除5位数子目11条、6位数子目14条；修改4位数税目条文1条、5位数子目5条、6位数子目6条。修改主要原因是因贸易量变化导致的修改，其他原因既有因新产品的出现而引起的修改，也有因将部分商品重新列目引起的修改（如新增税目9619，引起的多处修改）。

1）类注释的修改情况

为进一步明确第十一类纺织产品“制成的”定义，尤其是明确广泛应用于化纤织物的热封边技术是否影响织物的制成状态，特意增加了类注释七（三）。该新注释内容为：“（三）裁剪成一定尺寸，至少有一边为带有可见的锥形或压平形的热封边，其余各边经本注释其他各项所述加工，但不包括为防止剪边脱纱而用热切法或其他简单方法处理的织物”，为准确把握纺织织物与纺织制品间的界限提供了可操作性较强的标准。同时由于新增类注释七（三），原类注释七（三）至七（六）的编号顺延至七（四）至七（七）。新列税目96.19导致十一类类注释一（二十）的修改。由于在2012年版《协调制度》中为卫生巾（护垫）及止血塞、婴儿尿布及尿布衬里等产品新列了税目9619，因此导致十一类类注释一（二十）修改为（二十）第九十六章的物品。

2）章注释的修改情况

①新增第四十一章所作的修改

为明确皮革定义，新增第四十一章章注释一：“一、本章所称的‘皮革’包括油鞣皮革（包括结合鞣制的油鞣皮革）、漆皮、层压漆皮和镀金属皮革。”由此导致原注释一至三的编号相应调整为二至四，同时原注释二（一）的条文由修改为“除上述注释二所规定的以外”，新增列税目9619而导致的修改如下。

- 四十八章新增章注释二（十六）：“（十六）第九十六章的物品（例如，纽扣，卫生巾（护垫）及止血塞、婴儿尿布及尿布衬里）。”，同时对章注释二（十四）和（十五）的文字进行了相应的修改：删除注释二（十四）条文后面的“或”字，删除注释二（十五）条文后面的“或第九十六章的物品（例如，纽扣）”，并在条文后面加上“或”字。
- 第六十一章章注释六（一）删除了条文后面的“也包括婴儿尿布”，修改为：“（一）所称‘婴儿服装及衣着附件’，是指用于身高不超过86厘米幼儿的服装。”
- 第六十二章章注释四（一）删除了条文后面的“也包括婴儿尿布;”，修改后条文为：“（一）所称‘婴儿服装及衣着附件’，是指用于身高不超过86厘米幼儿的服装。”

②第四十二章新增子目注释所作的修改

因四十二章新增子目注释，第七十一章章注释三（五）原条文中的“第四十二章注释二（二）”相应修改为“第四十二章注释三（二）”，修改后的条文为：“（五）第四十二章注释三（二）所述的税目42.02或42.03的物品。”关于子目注释的修改情况如下。

- 为第四十四章的“木屑棒”产品增加新的子目注释：一、子目4401.31所称‘木屑棒’是指由木材加工业、家具制造业及其他木材加工活动中产生的副产品（例如刨花、锯末及碎木片）直接压制而成或加入按重量计不超过3%的黏合剂后粘聚而成的产品。此类产品呈圆柱状，其直径不超过25 mm，长度不超过100 mm”。同时第四十四章原子目注释的编号调整为子目注释二。

3）目录结构主要变化情况

◆ 因贸易量小而删除合并子目或子目条文修改。例如，因贸易量小，删除子目“5801.24 不割绒的经起绒织物（棱纹绸）”和“5801.25 割绒的经起绒织物”，这些商品全部转移至新增子目“5801.27 经起绒织物”项下。再如因贸易量小，删除6位子目“8205.80 砧、轻便锻炉；带支架的手摇或脚踏砂轮”，该子目的商品全部转移至子目8205.90项下，同时子目8205.90的条文由“包括由本税目项下两个或多个子目所列物品组成的成套货品”修改为“其他，包括由本税目项下两个或多个子目所列物品组成的成套货品”等情况。

◆ 为新增商品增列子目而导致子目拆分。如，由联合国欧洲经济委员会（UNECE）木材贸易部提出为“木屑棒”（wood pellets）增列子目4401.31。将子目4401.30拆分为新增列子目“4401.31 木屑棒”和子目“4401.39 其他”。

◆ 因类、章注释、子目注释调整导致条文调整。如，由于新增子目注释一，原子目注释的编号调整为为子目注释二，导致税目44.03、税目44.07、税目44.08及税目44.12项下的部分子目条文进行相应的调整。

4）因部分商品转移使得税号所含商品范围缩小或删除子目

如，由于新增税目96.19，删除子目“5601.10 絮胎制的卫生巾及止血塞、婴儿尿布或尿布垫及类似卫生用品”和子目“4818.40 纸卫生巾及止血塞、婴儿纸尿布、尿布衬里及类似的卫生用品”，这些商品全部转移至税目96.19项下等情况。

5）为明确商品范围而导致的条文调整

子目4706.93的商品范围应包括除机械浆、化学浆以外的所有纤维浆，原子目条文“半化学浆”的商品范围不准确，为明确商品范围将子目4706.93的条文“半化学浆”修改为“用机械和化学联合制浆法制得的浆”，以明确该子目包括所有以机械和化学联合制浆法制得的浆。

3.《协调制度》在我国的实施情况

我国海关自1983年开始研究《协调制度》，并参与了对《协调制度》的制定工作。1987年，我国海关将《协调制度》译成了中文，并开始着手对原中国海关的税则目录和海关统计商品目录根据《协调制度》进行转换。1992年1月1日，我国海关正式采用《协调制度》，使进出口商品归类工作成为我国海关最早实现与国际接轨的执法项目之一；同年6月23日，我国海关又根据外交部授权，代表中国政府正式签字成为《协调制度公约》的缔约方。

◆ 多年来，我国海关积极使用《协调制度》实施进出口管理，参与《协调制度》的制订和修订工作，并运用《协调制度》规则在国际场合争取我国的经济利益，施加我国的影响。使得以《协调制度》为基础的商品归类工作成为我国海关执法与国际接轨最早、也是最为成功的项目之一。

◆ 在完全采用《协调制度》各个版本的基础上构建起我国的商品分类体系。我国加入《协调制度公约》后，对《协调制度》采取了直接适用的方式，分别按时实施了1992、1996、2002和2007版《协调制度》。我国海关实施《协调制度》的载体主要为《中华人民共和国进出口税则》（以下简称《税则》），其中的商品号列被称为税号，为征税需要，在每项税号后列出了该商品的税率。《税则》是以《协调制度》为基础转换而来，其内容在第一章至第九十七章完全一致，而且，我国会根据《协调制度》的修订和我国税收、海关统计工作的需要对《税则》进行修订，以适应《协调制度》的发展。此外，WCO 为使各缔约国能够统一理解、执行《协调制度》，编制了《商品名称及编码协调制度注释》，我国也将其完全翻译过来并据此制订了《海关进出口税则——统计目录商品及品目注释》；在此基础上，我国还针对本国增列的子目逐步编制《中华人民共和国海关进出口税则——统计目录本国子目注释》，二者共同构成了对《税则》的有效补充。

◆ 根据本国进出口管理的实际情况对《协调制度》予以充分扩展。《协调制度公约》第三条"缔约国的义务"第三款规定"本条规定在不影响缔约各国在本国的税则目录或统计目录中，增列比《协调制度》目录更为详细的货品分类细目，但这些细目必须在本公约附件所规定的六位数级目录项下增列和编号。"因此，我国海关采用的《协调制度》分类目录，前 6 位数是 HS 国际标准编码，第 7、8 两位是根据我国关税、统计和贸易管理的需要加列的本国子目，同时，还根据代征税、暂定税率和贸易管制的需要对部分税号增设了第 9、10 位附加代码。随着进出口贸易的不断发展和商品种类的日益繁多，我国商品编码的数量也从 1992 年采用《协调制度》之初的 6 250 个增加到了 2011 年的超过 10 000 个。

◆《税则》主要由国务院、关税税则委员会和海关三部分组成。国务院：制订《税则》，规定关税的税目、税则号列和税率。关税税则委员会：负责《税则》的税目、税则号列和税率的调整和解释，报国务院批准后执行；决定实行暂定税率的货物、税率和期限；决定关税配额税率；决定征收反倾销税、反补贴税、保障措施关税、报复性关税以及决定实施其他关税措施；决定特殊情况下税率的适用，以及履行国务院规定的其他职责。(《中华人民共和国进出口关税条例》) 海关：负责对《目录》制订、修订工作，以及对《税则》的具体执行工作。为提高商品归类管理水平，海关总署还在北京海关成立了全国海关进出口商品归类办公室，并在广州、天津、上海、大连海关成立了全国海关进出口商品归类分中心（简称"一办四中心"），负责全国海关的商品归类职能管理。同时，海关总署还借鉴世界海关组织的做法，成立归类技术委员会和科学分委会，开展归类研究，解决归类疑难问题，在归类工作体系中引入专家决策机制，积极发挥专家在归类决策中的作用。

◆《协调制度》在我国发挥作用的领域越来越得到拓展。《协调制度》最初在国内主要被用于海关税收和贸易统计，然而，随着对进出口贸易管理水平要求的不断提高，其发挥作用的领域也越来越宽广。近年来，外经贸部与海关总署合作，将许可证商品纳入 HS 目录管理，实现了联网传输海关统计数据和联网核销管理；海关总署与国际机电管理部门和机电产品进出口商会合作制定了机电产品商品目录，并根据商会对有关机电产品加强管理的要求加列了本国子目；与国家税务总局合作以 HS 编码为基础加强对出口退税商品的核销管理；与外汇管理部门合作加强了对出口结汇、进口付汇管理等。目前，我国有 19 个部、委、办、局对不同种类的进出口商品提出了监管要求，这些要求大都需要海关在进出口环节进行实际监控，而这些都必须以统一的商品分类标准为基础。此外，作为《京都公约》的缔约国，我国以《协调制度》为基础制定了协调非优惠原产地规则，并把税号改变标准作为判定"实质性改变”的基本标准，2005年1月1日起正式实施的《关于非优惠原产地规则中实质性改变标准的规定》标志了协调原产地规则在我国的正式适用，从而进一步开拓了《协调制度》在我国新的应用领域。

◆ 努力运用《协调制度》维护本国利益。由于《协调制度》已成为“国际贸易的标准语言”，因此，国家的贸易政策就会不可避免地在《协调制度》上得以体现，这也就是所谓的“《协调制度》的本国政策性倾向”，各国在WCO归类技术议题上的争议，往往都隐藏着各自的经济利益背景。我国海关自实施《协调制度》以来，参加了WCO归类技术委员会的历次会议，积极参与国际交流与合作，从最初的完全被动接受WCO的归类决议，到现在逐步掌握游戏规则，在充分尊重《协调制度》原则的基础上积极争取有利于与本国经济利益的商品归类结论，中国海关正以一个大国海关的姿态在《协调制度》的国际舞台上发挥越来越重要的作用。

◆ 中国海关实施《协调制度》以来所取得的成效。中国海关实施《协调制度》近二十年来，商品归类工作已形成了比较系统的作业模式，同国际通行惯例已基本趋于一致。回顾《协调制度》在我国的发展历程，所取得的成效显著。大大便利了进出口贸易的发展。采用《协调制度》后，中国海关的商品分类目录与世界上大多数国家形成了一致，我国政府采用的对外贸易统计数据也是以《协调制度》为基础的海关统计为准，因此极大地提高了我国国际经济活动的便利性、国际贸易统计的可比性及国际贸易谈判的可操作性。促进了进出口管理的规范统一，确保了我国税收政策和贸易管制政策的有效实施。《协调制度》已成为国家制订税收政策和贸易政策的基本工具，我国政府对进出口货物采取的关税和贸易措施大部分都是基于《协调制度》目录制订并向外公布的，如：进出口关税、进口代征税、出口退税、进出口许可证、环保证、商检证等等均已以《协调制度》商品编码形式体现，使政府管理拥有了统一规范的语言，保证了关贸政策的确定性和可预知性，有力地推动了我国进出口管理的规范化和制度化，减少了执法随意性。大大提高了海关行政执法的规范性、一致性和工作效率。以《协调制度》为基础的商品归类成为海关征税、监管、统计等各项工作的统一基础，较好地克服和避免了对政策执行的随意性；同时，也有效地消除了因海关征税、统计、监管工作应用不同的进出口商品目录所需相互转换而对工作效率造成的影响（1992年前，海关征税、统计、监管分别使用不同的进出口商品目录），并为海关的信息化管理奠定了基础。

4.《协调制度》改版对进出口企业的影响及相关建议

此次《协调制度》修订涉及商品范围较广，相应的我国《进出口税则》的调整也会较多，商品税号会发生删除、增列、合并等，部分税号的商品范围也会发生改变，影响是肯定会存在的。例如，仅农产品中的鱼类调整，涉及8个品目的调整，而我国2010年这几个品目的进出口贸易量达1126491万美元（进口245803万美元，出口880688万美元）；涉及十几个税号的婴儿尿布、尿布衬里等卫生用品的调整，2010年我国进出口贸易量达86739万美元（进口16220万美元，出口70519万美元）。

由于较多商品的税号发生了变化，除涉及企业实际的进出口利益外，海关及企业同时也需要一段适应期，可能会影响到通关的速度。为了尽快适应这次《协调制度》修订，建议企业以及报关行业等提前关注和了解 2012 年版《协调制度》的修改情况，参加海关举办的相关培训，尤其对于自身进出口商品的归类变化情况要事先了解，做到心中有数，以缩短适应期。

当然，为减少《协调制度》调整带来的影响，目前我国确定的转换原则是税号的改变与 2012 年版《协调制度》保持同步，但对于 2012 年开始实施的关税税率、进出口监管证件以及与相关国家签订的协定税率与特惠税率，仍会根据我国的承诺认真地履行，不因这次修订而做大的调整，保持进出口贸易政策的稳定性。

由于此次《协调制度》的修订是全球范围的改动，出口企业在了解《协调制度》修改的内容的基础上，应着重了解相关出口目的国家在转换过程中，商品税号及税号所包含的商品范围是否发生变化，同时也应关注到税号所承载的相关税率、监管条件等是否有发生变化；尤其对于有协定税率的商品，更应了解相关国家在税则转换过程中是否履行了原来的承诺，出口企业的自身利益是否得到保留等，如有变化应提前做好准备并及时向我国相关管理部门反映。对于一些国家或地区，由于其自身条件的限制，届时可能不会在 2012 年年初就及时实施新版《协调制度》，而仍在使用 2007 年版《协调制度》或更早的 2002 年版《协调制度》，对于出口到这些国家或地区的商品，企业应特别注意，会存在商品分类上的差异。

第十九章 探析原产地规则的作用

世界经济快速发展，经济全球化不断深入，在日益激烈的国际市场竞争中，产品的质量、品牌、功能、服务等均成为企业取得优势的保证。随着产品生产链横向纵向的不断延伸，一些在本国并不突出的因素却在全球化竞争中凸显它的价值，发挥着它的作用，因此产品原产地的确定便也成为市场竞争的重要因素，也成为消费者在购买产品时的重要考量特征，对于产品原产地的评价会影响消费者的购买意向和购买行为。因此建立一套完整的原产地制度，使原产地的判定有一个统一的标准极为必要。

1. 原产地的确定规则及税率的适用

(1) 原产地规则的含义

WTO《原产地规则协议》将原产地规则定义为：一国（地区）为确定货物的原产地而实施的普遍适用的法律、法规和行政决定。

(2) 我国原产地规则分类

我国现行的原产地规则分为两种：一种是优惠原产地规则，另一种是非优惠原产地规则。

优惠原产地规则是为了实施优惠税率政策而确定原产地时所适用的规则，是由我国与其他国家及地区的各种经贸协议、协定等所规定，所以又称协议原产地规则。

非优惠原产地规则是我国为了实施贸易措施及相关管理的目的而自行规定的，也称自主原产地规则。

(3) 原产地认定标准

原产地规则使用中，实际是由很多种原产地认定标准来组成的。最常见的有以下几种。

- 完全获得标准：即完全在一国（地区）所获得的产品。
- 从价百分比标准：是指在一国（地区）对非该国（地区）的产品进行加工、制造后的增值部分超过制成品价值的一定比例。具体公式为

$$\frac{\text{工厂交货价}-\text{非该国（地区）原产材料价值（CIF）}}{\text{工厂交货价}}\times 100\% \geqslant 30\%$$

- 税则归类标准：是指在一国（地区）对非该国（地区）的产品进行加工、制造后，

所得成品在《协调制度》中的某个数级税目发生了变化。

- ◆ 加工工序标准：是指在一国（地区）进行了某个重要的加工工序。
- ◆ 直接运输标准：是指一国（地区）到另一国（地区）的运输过程中，未经其他国家（地区），即使经过其他国家（地区），也未在经过国家（地区）进入生产加工、流通领域。

(4) 优惠原产地规则

1）我国优惠原产地规则

我国的优惠原产地规则是由三个原产地认定标准组成的，即完全获得标准、从价百分比标准、直接运输标准。根据不同的协议及协定，各自有不同的认定标准。

① 完全获得标准

- ➢ 在该国领土或领海开采的矿产品；
- ➢ 在该国领土或领海收获或采集的植物产品；
- ➢ 在该国领土出生和饲养的活动物及从其所得产品；
- ➢ 在该国领土或领海狩猎或捕捞所得的产品；
- ➢ 由该国船只在公海捕捞的水产品和其他海洋产品；
- ➢ 该国加工船上加工的前述在公海捕捞的水产品和其他海洋产品所得的产品；
- ➢ 在该国收集的仅适用于原材料回收的废旧物品；
- ➢ 该国利用上述各项所列产品加工所得的产品。

② 从价百分比标准

我国与其他国家的各种经贸协议及协定普遍认定增值部分大于或等于40%即可，以下有两种特殊情况：

- ➢ 港澳CEPA：在港澳生产或获得部分在FOB价中大于或等于30%；
- ➢《亚太贸易协定》：孟加拉国的非原产部分不超过65%，协议内其他国家非原产部分不超过55%。

③ 直接运输标准

各协议、协定的规定各有不同，一般均要求途经国未经再加工即可。

2）优惠性原产地规则的具体分类

优惠性原产地规则系指任一成员方为确定货物是否有资格根据契约或自治贸易的规定享受优惠待遇而实施的普遍适用的法律、法规和行政决定。包括发达国家给予发展中国家的普惠制、契约型单方给惠体制和区域经济集团互惠体制三种体制下的原产地规则。制订优惠性原产地规则的目的是确保优惠待遇给予符合条件的对象，防止该优惠待遇的滥用。

- ◆ 互惠性优惠原产地规则顺应经济全球化发展的新形势，中国正稳步推进自贸区层面的国际经济合作和协调。如表19－1所示目前中国已经对外签订的互惠自贸协定有七个，其中原产地规则是自贸协定的重要内容。互惠原产地规则的关税优惠是由订有区域性贸易协定的经济集团内的国家相互授予的。

表 19－1　互惠性优惠原产地规则

原产地规则名称	原产地判定标准		原产地证
	主标准	辅助标准	
《亚太贸易协定》原产地规则	增值标准（RVC）：区内55%，其中最不发达国家为65%	无	普惠制原产地证明书表格 A
中国-东盟自贸区原产地规则	增值标准（RVC）：区内40%	单一税号归类改变，加工工序，或从价百分比标准，或者混合使用这些标准	原产地证明书表格 E
中国智利自贸区原产地规则	增值标准（RVC）：区内40%	单一税类改变或者混合使用税类改变和区域价值成分50%	原产地证明书表格 F
中国-巴基斯坦自贸区原产地规则	增值标准（RVC）：区内40%	税号归类改变，特定制造或加工工序，或满足某一从价百分比标准，或者混合使用任何这些标准	中国-巴基斯坦自贸区优惠原产地证明书
中国-新西兰自贸区原产地规则	税类改变标准（CTC）	区域价值成分（RVC）和加工工序	中国-新西兰自贸区优惠原产地证明书
中国-新加坡自贸协定原产地规则	增值标准（RVC）：区内40%	暂时参照《中国-东盟自贸区原产地规则》	中国-新加坡自贸协定原产地证书
中国-秘鲁自贸区原产地规则	税类改变标准（CTC）	区域价值成分（RVC）和加工工序	中国-秘鲁自贸区原产地证明书

◆ 单向优惠原产地规则的关税优惠是通过自主方式授予或通过协议但非互惠性方式授予的。目前我国出口商品可享受的单向关税优惠待遇为普惠制待遇，进口商品可以享受的单向关税优惠待遇为内地与香港、澳门分别达成《内地与香港关于建立更紧密经贸关系的安排》和《内地与澳门关于建立更紧密经贸关系的安排》（CEPA）。单向优惠原产地规则见表 19－2。

表 19－2　单向优惠原产地规则

原产地规则名称	原产地判定标准	原产地证
普惠制原产地规则	欧盟、日本、瑞士和挪威采用加工标准，其余国家采用百分比标准（40%～50%）	普惠制原产地证明书表格 A
CEPA 原产地证规则	以制造或加工工序为主，辅之以号改变标准、从价百分比标准（30%）、其他标准或混合标准	香港 CEPA 原产地证书、澳门 CEPA 原产地证书

◆《中华人民共和国海关进出口货物优惠原产地管理规定》。为了正确确定优惠贸易协定项下进出口货物的原产地，规范海关对优惠贸易协定项下进出口货物的原产地的管理，海关总署制订了《中华人民共和国海关进出口货物优惠原产地管理规定》，该《规定》于2009年3月1日起实施。《规定》共31条，分别对立法目的和适用范围、原产地判定标准、直接运输规则、签证与核查、进出口货物申报及单证提交、原产地标记、不适用优惠税率的情况、原产地核查、保密和处罚等进行规定。《规定》是普遍适用现有和将来各优惠贸易协定的优惠原产地管理办法。随着我国自贸区战略的推进，达成的优惠贸易协定越来越多，签署的原产地规则各不相同，需要制订一个统一的原产地管理办法。该管理办法中的原产地规则应该既符合已经实施的协定，又为以后协定的签署提供基准性条款。为了满足这个要求，《规定》将我国已签署的协定和国际上优惠贸易协定的共性原产地规则引入，对原产地规则中的重要内容，包括完全获得、非完全获得、累积规则、微小加工及处理、运输容器及包装材料、中性成分等做了原则性的规定。

（5）非优惠原产地规则

我国的非优惠原产地规则是由两个原产地认定标准组成的，即完全获得标准、实质性改变标准（含税则改变标准、从价百分比标准、加工工序标准）。

① 完全获得标准

➢ 该国（地区）领土或领海内开采的矿产品；
➢ 该国（地区）领土上收获采集的植物及植物产品；
➢ 该国（地区）领土上出生或由该国饲养的活动物及从其所得产品；
➢ 该国（地区）领土上狩猎或捕捞所得的产品；
➢ 合法悬挂该国（地区）船旗的船只在海上取得的水产品及其他产品；
➢ 合法悬挂该国（地区）船旗的加工船只上加工在海上取得的水产品及其他产品；
➢ 在该国（地区）收集的只适用于做再加工制造的废碎料和废旧物品；
➢ 在该国（地区）收集的不可修复的产品及回收的零件或材料；
➢ 从该国（地区）领海外享有专有开采权的海床或底土上获得的产品；
➢ 在该国（地区）完全使用上述各项所列产品加工成的制成品。

② 实质性改变

➢ 税则归类改变标准，即指在《进出口税则》中前4位数级别税号归类已发生改变的。
➢ 从价百分比标准和加工工序标准，即指在一国（地区）加工增值部分超过该产品总值的比例大于或等于30%。

在海关总署公布的“适用制造或者加工工序及从价百分比标准的货物清单”中列明的货物，可以适用上述标准。

（6）税率适用

1）进口税率

进口税率分为六种，分别为：普通税率、最惠国税率、暂定税率、协定税率、特惠税率、关税配额税率。适用原则为“从低适用”。详见表19－3。

◆ 普通税率：适用于与我国无任何双边或多边贸易协议（协定）且非 WTO 成员国的国家所原产的货物及原产地不明的货物。
◆ 最惠国税率：适用于与我国有最惠国待遇条款的双边或多边贸易协议（协定）的国家或 WTO 成员国所原产的货物及中华人民共和国原产的货物。
◆ 暂定税率：适用于列入国家公布《进口商品暂定税率目录》中的货物且该货物本身也适用最惠国税率的货物。
◆ 协定税率：适用于与我国签订有区域性经贸协定的国家（地区）所原产的货物。
◆ 特惠税率：适用于与我国签订有特殊关税优惠条款的贸易协定的国家（地区）所原产的货物。
◆ 关税配额税率：适用于我国实行关税配额的进口货物，且关税配额以内的。

表 19－3　税率的适用

可以选用的税率	适用税率
关税配额税率、其他税率	关税配额税率
普通税率、暂定税率	普通税率
暂定税率、协定税率、特惠税率	从低适用
暂定税率、最惠国税率	暂定税率

特别注意的是，当进口货物使用最惠国税率纳税时，不应同时适用其他税率；否则，不可使用最惠国税率纳税。

国家关于出口税率规定，属于国家公布《出口商品暂定税率目录》中的货物，出口时优先适用出口暂定税率；其他货物适用出口普通税率。

2）税率时间的适用

按照《关税条例》规定，进出口货物应当按照收发货人或者其代理人申报进口之日实施的税率征税。在实际运用时应区分以下不同情况。

◆ 海关批准预先申报的货物及超期未报货物，均适用装载该货物的运输工具申报入境之日实施的税率。
◆ 转关货物，适用海关接受进出口申报之日的税率。
◆ 纳税义务人违法违规偷逃税款的，海关追征时，适用违法违规行为的发生日的税率；发生日无法确定的，适用海关发现日的税率。
◆ 下列四种情况，适用海关接受再次申办纳税手续日的税率：
  ➢ 经批准不再复运出境的保税进境货物；
  ➢ 经批准转让或者移作他用的特定减免税货物；
  ➢ 经批准不再复运进出境的暂准进出境货物；
  ➢ 经批准分期缴纳税款的租赁进口货物。

2. 不同原产地规则模式比较

原产地规则作为重要的贸易管理措施之一，对于规避区域内成员之间的货物转运，制约区域内某一成员将其适用的从某非成员区域进口产品时的低关税水平实际应用于所有区域成员之间的贸易，确保区域内成员的利益有着重要的作用，是决定区域贸易协定（RTA）能否顺利实现的一个关键性问题。

目前国际贸易领域中区域贸易协定（RTA）已经达到230多个。而确定进入国际贸易领域的产品“法定国籍”的原产地规则一直是各国争论的焦点。几乎所有国家都属于至少一个RTA，与达成协定的成员国间经济发展差异水平相对应的RTA可以分为三种类型：泛欧累计模式、北美模式和东盟模式。这三种RTA类型的原产地的规则最具示范性，货物原产地的判定模式也最具代表性。本节将对这三种原产地规则模式进行分析比较，评析其差异性。

（1）欧盟的原产地规则——泛欧累计模式（PANEURO Accumulation）

1993年11月1日，《马斯特里赫特条约》正式生效，欧盟诞生。作为一个高度一体化的关税同盟，其实行的普通原产地规则属于非优惠范畴。主要为同盟理事会第2913/92号规则的第22~26条、委员会第2454/93号规则的第35~65条以及附录9~11。欧盟的优惠性原产地规则主要包括作为发达国家实行普惠制适用的原产地规则和其与成员外国家建立自由贸易区实行的原产地规则，主要见于《欧共体海关法典》第27条和《欧共体海关法典实施细则》的相关条款，以及部长理事会一些自主立法的文件和其对外签署的各项优惠协议中。自1997年开始，欧盟推行以泛欧累计制度为基础的原产地规则，将各分离的自由贸易区合并为一个泛欧网络。因《欧洲-地中海合作协议》仅为一个统称，所以泛欧累计模式并没有一个单独的法律文本，具体的原产地规定存在于各个原产地议定书中，但各议定书中的泛欧累计模式基本上是一致的。

1）原产地认定标准

原产产品的两个基本要求：ⓐ产品在欧盟、EEA及其他合作国完全获取；ⓑ非完全获取产品，若进口原材料在参与国经历足够的加工或处理，也将获得原产资格。“实质性改变”的认定，泛欧累计模式称为“充分的加工或处理”。规定在议定书栏目3、4及附件2中，泛欧累计模式对产品分类采用HS税号分类标准，针对不同产品有3类不同认定标准：从价百分比、税号分类改变及特定规则，在判断使用非原产原材料的完成品是否达标时，可以根据产品税号查阅附录2以认定。

2）累计规则

若原材料原产于欧盟、EFTA国家、土耳其以及其他参与国，该材料无需经历充分加工或处理，产品亦被认定为原产。若最后加工处理国对非原产原材料未达到上述最小限度操作，原产地将被认定为作出最大价值增加国。原产于参与国的产品的非原产原材料未经历加工或处理而出口到其他国，该原料仍保留其原有原产身份。

3）直运规则

要求产品必须在签订协议的两国之间直接运输或在适用累计时，途经该参与国进行运输，在转运过程中，除为保持货物处于良好状态所必须的卸载、重载等操作外，不得再进行任何其他操作，并且上述操作须在转运国海关当局监督下进行，这些操作进入进口国时必须提交相关证明证据。

4）退税条款

退税条款制订的目的是防止对任何非原产产品进行退税，非原产产品须承担关税义务，以维持原产地规则的严格性。仅当原产地证书错误签发，且满足特定条件时才能获得免税或退税待遇。在欧盟与 EFTA 国家、土耳其、法罗群岛、以色列之间的贸易中，退税一直不适用，而对于欧盟与其他地中海国家的贸易，仅纯双边贸易情形才不适用。

5）原产地证书与其他行政规定

泛欧累计模式下，一般要 EUR. 1 证书，对于与地中海国家的贸易，要求 EUR-MED 证书。议定书对证书签发的基本要求、行政程序、效力、豁免及相关补充证书等有详尽规定，该证书一般要求保存 3 年。议定书亦对行政合作进行了规定，内容包括各方相互协助、原产地证书检验、争端解决（提交签订协议双方的联合委员会解决）、处罚、自由区域及议定书修订程序。

（2）美国的原产地规则——北美（NAFTA）模式

美、加、墨于 1992 年 8 月 12 日达成了《北美自由贸易协定》（NAFTA），并于 1994 年 1 月 1 日正式生效，北美自由贸易区宣告成立。南北合作和大国主导是 NAFTA 的显著特征。三成员国制订复杂而详尽的原产地规则（NAFTA 第四章，共有 15 条及 4 个附件，对一般产品和汽车等敏感产品作出了原产地标准的规定，以确保只有在北美地区生产的产品才能享受 NAFTA 所带来的优惠。同时，NAFTA 协议中第三章"商品的国民待遇和市场准入"中，针对"纺织品及服装制品"制定了严格的原产地判定标准，并且在第五章"通关手续"中对原产地证书进行了规定。在 NAFTA 协议的附件中，详细地列出了税则第 1 ~ 97 章中部分税号下产品的原产地标准。

1）原产地认定标准

原产产品分为完全在 NAFTA 地区获得或生产；完全使用 NAFTA 原产材料且在 NAFTA 进行生产；使用非 NAFTA 原产材料且符合附录 401 规定，若产品原料来自 NAFTA 外，但经区内加工后产生很大变化，且满足一定比例的地区含量（50% ~60%）亦可被视为原产产品；特殊情况，即未组装产品或不符合附录 401 规定的产品，但区域价值含量按交易价值法计算达到 60% 或按净成本法计算达到 50% 的产品可视为原产产品的四种类型。

2）累计规则

NAFTA 协定第 404 条对累计规则的规定较为晦涩，其含义是指仅允许双边累计，即若最终品中使用非 NAFTA 原产材料，生产者或出口商可将另一生产者非原产原料中包含的 NAFTA 地区产值部分列入其最终品计算区域价值含量。该条款的使用有一定条件限制，即非 NAFTA 原产材料经历了附件规定的税号分类改变，且制成品满足相应区域价值含量要求或该章规定的其他要求。

3）直接运输规则

NAFTA 协定的直运规则是对必须转运的情形直接进行规定，要求货物在转运过程中不能有除了为保护货物而必要的装卸载等操作外所进行的进一步加工或其他操作，若存在此情形，即使产品符合第 401 条规定，亦不能获得原产地资格。

4）容忍规则

若非原产原料即使未经历附件 401 规定的税号分类改变，只要原料占制成品比例基于 FOB 计算的价值不超过 7%，或不适用 FOB 计算时，非原产原料价值占产品总成本不超过 7%，该产品仍符合原产地标准。同时，容忍规则的使用有烦琐与复杂的适用规则与例外规定。

5）特殊产品的原产地规定

特殊产品的原产地规定主要包括以下两大类产品的规定。

- 纺织品和服装的原产地标准。NAFTA 对北美市场纤维、纱、纺织品和服装贸易有特殊的规定，且这些规定优于《多纤维协定》及 NAFTA 国家间有关纺织品的其他协定。对大部分纺织品实行“纱以后”规则：NAFTA 成员方生产的纱为原料制作的纺织品和服装品才可享受优惠关税。对部分产品（如棉纱和人造纤维线）实行“纤维以后”规则：用 NAFTA 成员方生产的纤维生产的产品属于优惠范围；在另一些情况下，采用经 NAFTA 国家同意，本地区短缺的进口布料（如丝绸、亚麻和特种衬衫布料等）在 NAFTA 国家之一裁剪和缝制的成衣亦有资格享受 NAFTA 优惠待遇。
- 汽车及其产品的原产地标准。在汽车及汽车配件等最终品区域价值计算中，要追溯所使用的所有取得 NAFTA 原产资格的中间品或原料中所含的 NAFTA 地区产值和非 NAFTA 地区产值。而最终品的原产累计仅计算这些中间品或原料的区域原产价值。汽车产品在过渡期结束时，只能以净成本公式计算，载人汽车、轻型卡车、引擎、运输等车辆使用的零部件有62.5%源于区内，其他机动车辆和汽车配件有60%源于本区时才能享受关税优惠待遇。

（3）东盟-中国的原产地规则——东盟（ASEAN）模式

2001 年 11 月，中国与东盟同意于 10 年内建成中国-东盟自由贸易区（CAFTA）；2002 年 11 月，双方签署了《中华人民共和国与东南亚国家联盟全面经济合作框架协议》；2003 年 10 月签订《中国-东盟自由贸易区原产地规则》，并于 2004 年 1 月 1 日开始正式实施。

该规则共 13 条，并附有《原产地规则的签证操作程序》与《产品特定原产地标准》两个附件。此外，海关总署颁布了《中华人民共和国海关关于执行〈中华人民共和国与东南亚国家联盟全面经济合作框架协议〉项下〈中国-东盟自由贸易区原产地规则〉的规定》，对我国企业执行 CAFTA 原产地规则进行了针对性的规定。

1）原产地认定标准

CAFTA 原产地规则三中明确规定 10 种视为“完全在一成员方获得或生产”的产品情况。规则四规定“非完全获得或生产”的产品分两类：ⓐ 产品中不少于 60% 的成分原产于任一成员方；ⓑ 受 ⓐ 项的约束，若所制造或加工的产品中原产于一成员方境外的材料、零件或产品的价值少于所获得或生产的产品的离岸价格的 40%，且最后生产工序在成员方境内完成，则视为原产产品。

2）累计规则

CAFTA 原产地规则五规定，当最终产品的 CAFTA 累计成分（即所有成员方成分的完全累计）至少为 60%，则该产品视为原产于制造或加工该制成品的成员方境内。

3）直接运输规则

CAFTA 原产地规则规定的从出口成员方向进口成员方的直接运输方式包括产品运输经过任何其他 CAFTA 成员方境内；产品运输未经过任何非 CAFTA 成员方境内；产品运输途中经过一个或多个非 CAFTA 成员方境内，不论是否在这些国家转换运输工具或做临时储存，如果：ⓐ 可证明过境运输是由于地理原因或仅出于运输需要的考虑；ⓑ 产品未在这些国家进入贸易或消费领域；ⓒ 除装卸或其他为使产品保持良好状态的处理外，产品在这些国家未经任何其他操作。

4）包装规则

CAFTA 原产地规则九针对产品包装的原产地问题进行了规定——一成员方若对产品及包装分别计税，亦可对从其他成员方进口的产品及包装分别确定原产地；若前一规定不适用，则包装与产品视为一个整体。运输或贮藏所需包装在确定产品原产地时应与产品一并考虑。

5）原产地证书

原产地证书应由出口成员方的政府机构签发，只有持有出口成员方政府机构签署原产地证书的产品才可享受 CAFTA 的优惠待遇，表明成员方对证书真实和权威性的重视。

(4）原产地规则三大国际模式的比较分析

将前一部分原产地规则的三种模式进行归纳对比，按照原产地认定的核心标准、附属标准和原产地规则的其他要素三个方面总结列入表 1 并且得出以下结论。三种模式的原产地规则比较如表 19-4。

表 19-4　三种模式的原产地规则比较

	泛欧累计模式	北美模式	东盟模式（以 CAFTA 为例）
原产地认定的核心标准：产品特定层面的原产地规则			
税号分类改变标准	2，4	2，4，6	无
区域价值增加值标准	基于 EXW（工厂交货）价格计算，进口价值含量不超过30% ~50%	基于净成本计算不低于 50%；基于交易价值计算不低于 60%	区域价值含量不低于 40% 且最后制造工序须在出口国
技术标准	有	有	无
原产地认定的附属标准：体制层面的原产地规则			
累计规则	双边、对等、针对 EEA 区域实行完全累计	5	双边、对等
容忍规则	10%	7%	无
吸收原则	有	有（汽车及其产品除外）	无
原产地规则的其他要素：			
退税条款	不允许退税 2	不允许退税	允许退税
直接运输规则	有	有	有
证书签发机构	私人和公共机构两步程序，限制自我认证	自我认证	公共机构或委托私人实体发放

1）关于原产地认定的核心标准

泛欧累计模式和 NAFTA 模式中对税号分类改变标准、区域价值增值标准和技术标准均有所规定，这两个模式综合运用了原产地判定的三条核心标准；而 ASEAN 模式仅对区域价值增值标准有所要求。在判定标准的规定上，ASEAN 模式的原产地规则较为简单。Estevadeordal（2000）指出在税号分类改变基础上附加区域价值增值或技术标准将增加其严格性，故泛欧累计模式和 NAFTA 模式较 ASEAN 模式更加严格。与在世界上影响较为广泛的欧盟和美国地区的原产地规则相比，东亚地区的原产地规则在原产地判定的核心标准上较为宽松。

2）关于原产地认定的附属标准

在累计规则的要求上，NAFTA 模式仅允许双边累计，这就把 NAFTA 的优惠严格地限定在了区域内部，对区域外的国家有很强排斥性；ASEAN 模式以双边累计模式为主，但在东盟成员国之间实行完全累计，这扩大了东盟区域内部的资源共享；而泛欧累计模式综合运用了双边和对等累计，尤其是对于欧盟经济区域实行完全的累计，方便了商品在欧洲区域的流通，增加了欧盟的贸易量。

3）对于原产地规则的其他要素

泛欧累计模式和 NAFTA 模式均不允许把出口商出口产品中使用的进口原材料在进口时所支付的费用退还给出口商，避免了区域内的利益给予区域外供应商，而 ASEAN 模式允许对出口商退税；三种模式均对直接运输规则有所规定；在原产地证书的签发上差别较大，NAFTA 模式最为宽松，出口商自我认证既可，而 ASEAN 模式较为注重证书的真实性与权威性，原产地证书通常需要政府机构签发。

从表 19－4 亦可发现，泛欧累计模式和 NAFTA 模式虽然均综合运用了原产地判定的三条核心标准，但这两个模式在税号分类改变标准和区域价值增值标准的具体规定上还是有所差异的。分析比较这两个模式的特定产品的原产地规则，可知 NAFTA 模式的原产地规则以税号分类改变标准为主，如在 NAFTA 中有 99.46% 的 6 位税号商品采用此标准；而泛欧累计模式有四分之一的商品未采用这一标准。在税号分类改变标准的具体要求中，NAFTA 模式更多采用章变化标准，占 6 位数税号商品总数的 31%；而泛欧累计模式中的税号分类改变标准更倾向于目变化标准，有 33% 的 6 位数税号采用此标准。

3. 原产地证的缮制与使用

国际贸易中的原产地证书包括一般原产地证书和优惠原产地证书。前者往往是出口商应进口商或进口国海关要求而提供，由公证机构、政府机构或出口商自己出具的货物原产地身份的证明，是进口商进口报关、享受配额待遇的有效凭证；后者则往往是在一些区域性优惠协议下或有关普遍优惠安排下，由出口商主动申领，证明产地，从而享受关税减免和其他优惠待遇的凭证。近年来，我国与很多国家签署了一系列贸易协定，达成了很多关税减免和优惠安排。企业在业务操作中，需充分利用，并正确制作相关原产地证书，以免错失贸易良机。

（1）充分利用各类原产地证书

出口企业应充分了解和掌握与本企业进出口货物有关的原产地信息，增强开展原产地证书签证工作的主动性，提高产地证的利用率，从而提升产品在国际市场的竞争力。对于一般原产地证书，企业要根据合同或信用证要求，了解相关进口国海关的法规政策和配额管理等，注意申领、签名印章以及发票价格的合理性等，以便在进口国顺利通关。

对于普惠制原产地证书，应注意产地证书的真实合理，相关资料完备、翔实。更重要的是，企业应注意普惠制信息的收集工作。随着欧盟、日本等发达国家普惠制方案的不断调整，中国企业产品范围不断加大，优惠程度不断受到限制。中国企业面对各给惠国政策的变化，一是应充分利用各国的普惠制方案，研究其给惠产品范围，了解其累积原产地等制度，拓展受惠出口产品范围；二是应积极开拓不同地区和市场，将企业的产品出口到非企业的其他给惠国。此外，有些国家对某些给惠产品实行限额管理，当年度内超过限额，则不享受普惠制优惠关税，企业应了解这些政策，及早出口相应产品。

近年来，随着各类自由贸易协定的签署和生效，如《亚太贸易协定》（中国、韩国、印度、孟加拉、斯里兰卡签订）《中国-东盟自由贸易协定》《中国-巴基斯坦优惠贸易安排》《中国-新加坡自由贸易协定》《中国-智利自由贸易协定》《中国-秘鲁自由贸易协定》《中国-哥斯达黎加自由贸易协定》《中国-新西兰自由贸易协定》等，各成员国之间的贸易往来凡属于协定项下的产品可享受一定的关税减免直到零关税。企业要随时关注自由贸易区协定的实施进程和关税减免的动态信息，开拓出口市场时有针对性地调整产品结构和出口国别，并充分认识到办理这些区域性优惠原产证书的重要性，以提供协定成员国之间就特定产品享受互惠减免关税待遇的官方凭证，提升出口产品在国际市场的竞争力。

（2）恰当缮制原产地证书

《国际标准银行实务》（国际商会 681 号出版物，即 ISBP681）在第 181 段到 185 段对信用证下原产地证书的制作进行了规范，各国海关对原产地证书所涉产品和制作有相应要求，在制作原产地证书时应注意以下几个方面。

1）签署、日期和原产地

ISBP681 第 181 段说明原产地证书必须经过签署、注明日期，证明货物原产地，并须经合适签署。因此要求出口商切实留意原产地证的相关签章是否与信用证等付款验查要求相符（甚至应当在来证时即检验付款要求证章是否切实可以做到）。原产地证书经签署后，是否需经认证、公证和证实，则需根据信用证要求。

如有的信用证要求：Certificate of Origin certified by consulate of Applicant's country（原产地证书由申请人国家的领事馆证实），而出口国并无该国领事馆，则可要求改为出口国商会认证。

关于产地，如信用证要求：200 bales of Sudan Raw Cotton（200 捆苏丹原棉），Certificate of Origin is required（要求原产地证书），则原产地证书上必须表明 Origin is Sudan（产地苏丹），苏丹原棉仅仅是货物名称，不能视作产地。各类原产地证书有相关原产地标准，有的还非常严格，应注意学习，并在证书上进行合适标注。

原产地证书日期可以早于、晚于甚至等于运输单据日期。普惠制和区域优惠性原产地证书的日期不可迟于提单日，因这些证书往往要求签证机构进行审核和调查，签发日期晚于提单日就不合理了；有些签证要求船名、航次，需要企业提供提单复印件，而企业往往在货物出运后才能提供提单，许多签证机构采取适当提前签证日期的做法。还须注意的是证书的出单日应早于签发日才合理。

2）出具人

ISBP681 第 182 段主要说明原产地证书的出具人，这也是签署人。

◆ 如果信用证没有规定，任何人包括受益人出具均可。

- 如信用证要求由受益人出具，商会也可出具，但要注明受益人。
- 如要求是某机构出具，例：Certificated of Origin issued by Chamber of Cemmerce（原产地证书由商会出具），Certificated of Origin issued by competent authority（原产地证书由授权机构签发），则必须由该机构签发；若无该机构，可由其他机构代签，并证明其他机构是该机构同等地位，例：CCPIT is Chamber of Commerce in China（中国国际贸易促进会是中国的商会）。这时，受益人可使用贸促会的产地证格式，自行完成后，由贸促会签署；受益人如不使用贸促会格式，则应用中性单据，说明由贸促会完成并签署。
- 优惠原产地证书必须由授权机构出具，我国授权机构是中国政府指定各地出入境检验检疫机构。

3）发货人、收货人和货物描述

ISBP681 第 183 段到 185 段主要说明原产地证书的内容。发货人或出口人可以是受益人或运输单据上托运人之外的另一人；但要注意，中国的相关机构只可能签发以中国商人为出口人的原产地证书。收货人不得与运输单据上的收货人矛盾，但如运输单据上为指示式收货人，可以是信用证的申请人或指定人（此时收货人供海关使用，而无须提单的物权控制作用），如 notify party（通知人）；如信用证要求所有单证收货人一栏留空，收货人可写成“to whom it may concern（致有关当事人）”或“to order（凭指示）”；而优惠原产地证书的收货人必须是给惠国（普惠制）或协定国（自由贸易协定）的当事人，一般不要做成指示式收货人。

货物描述须与发票中的货物描述相关联，或通过援引，如：as per Contract No. 123（依据合同号 123）表明其与要求单据中的货物相关联；货物描述可使用统称，但不能与信用证相矛盾（这意味着信用证对货物描述的详细规定，如订单号、信用证号，以及每款不同的单价，甚至生产商、原料地、原产国等并不一定都要描述），与商品名称有关的商标、品牌无须显示，但名称详细程度可以在商品编码 HS CODE 的 8 位数中准确找到。

企业在制作和申领原产地证书时，应与签证机构进行沟通，充分掌握信息，利用好各类原产地证书，明确各类原产地规则，如实提供材料，恰当制作单据，以顺利获得各项待遇和优惠，促进对外贸易的发展。

第二十章
熟悉海关估价制度

海关估价制度是指一国在实施从价征收关税时，由海关根据国家的规定，确定进口商品完税价格，并以海关估定的完税价格作为计征关税的一种制度。海关估价制度有广义和狭义之分，广义的海关估价制度是由参加海关估价的主体、海关估价活动和海关估价作业程序三部分构成的法律制度。其中包括三方面内容：ⓐ 对进出境货物的人员或纳税义务人的权利义务和海关的权利义务等的有关规范；ⓑ 估价的准则，即限定在什么情况或条件下的价格才能作为海关估价的价格或价格依据、估价的方法、海关审定价格的办法等具体业务操作规程；ⓒ 为了保证估价工作顺利进行的各种管理措施或执行程序，如价格申报、交验单证、申报时间地点等手续制度，对估价争议的解决、违章处理等一系列的规章制度。狭义海关估价制度是指海关估价准则、估价方法和海关估价的具体操作规程等规定。

关税最基本的种类是从价税（例如，进口产品价值的20%）或从量税（例如，每千克或每升2美元）。对于某些商品，还征收复合或混合税，既按从价税又按从量税征收（例如：价值的10% +2美元/kg）。除了少数例外情况，大多数国家按照从价税的方式课征关税。各国政府更倾向于征收从价税，大致有以下三方面的原因。第一，由于从价税是按照货物的价值计算的，而从量税是按照货物的体积或重量计算的，使用从价税可以较容易地估算出应得多少财政收入。第二，由于从价税对低价产品所课征的关税额，低于对高价产品的关税额，从价税比从量税更公平一些。例如，从量税为1升/2美元，对于价值2美元一瓶的廉价酒来说，税率为100%；而对于价值20美元一瓶的高价酒而言，只相当于10%的税率。10%的从价税对于较廉价的酒的税赋为0.2美元，较昂贵的酒的税赋为2美元。第三，在国际关税减让谈判当中，以从价税为基础容易比较各国的关税水平及谈判关税减让。但是，按从价税征收的关税很大程度上取决于使用何种方法确定应税的完税价格。因而，假如海关确定完税货物价值为1 000美元，那么，按照10%的从价税就得征收100美元的关税。海关如果确定完税价格为1 200美元，那么，进口商就不得不为同一商品交纳120美元的进口关税。如果海关不以发票上列明的价格作为确定价值的依据，而采取其他方式，那么，关税减让对贸易产生的好处就会大打折扣。为了确保进口商应纳关税不高于进口方关税减让表中所确定的正常关税水平，因此，确立对货物进行估价的规则，便显得至关重要。

在国际贸易中，有些国家为了限制进口，对进口货物采取任意武断的估价，成为非关税壁垒的重要形式，为了便于贸易，乌拉圭回合达成了海关估价协议。我国在入世后已按照《海关估价协议》（以下简称《协议》）的要求实施有关海关估价的规定。2002年新修订的海关法中也从原则上规定了实行以“成交价格”为基础的海关估价体系，但这并不意味着我国海关估价制度已完全与国际接轨。因此，研究《协议》可能会给我国海关估价工作带来的影响及如何积极应对是一个重要的课题。

1. WTO《海关估价协议》概况

《协议》是乌拉圭回合多边贸易谈判达成的与1994年关贸总协定配套的有关多边货物贸易协议中的一个，是多边货物贸易协议的重要组成部分。该协议由4个部分、24个条款、3个附录构成，有关海关估价的主要内容如下。

- 海关估价方法。《协议》规定了海关估价的完税价格是成交价格即货物出口到进口方时实付或应付的价值（如发票价值），另外还可视具体情况加上以下各项费用：除购货佣金以外的佣金和经纪费。
- 出口商以免费或减价形式向进口商直接或间接提供的、与进口货物的使用或销售有关的物品或劳务价格。
- 专利费、许可费和其他知识产权费用。
- 由于进口货物的转售、处理或使用而由进口商直接或间接向出口商支付的有关费用。
- 集装箱使用费以及包装费（包含劳动力和材料的费用）。
- 如以到岸价格进行海关估价，还包括运费、保险费以及装卸费等费用。在确定成交价格时，除上述费用外，不得再增加任何额外费用。另外，能够从实付价格或应付价格中区分出来的费用或成本，不得加入海关估价之中。这些费用包括：货物进入进口国关境后产生的运费；进口之后产生的建设、装配、安装、维护或技术援助等费用；进口国的关税和税收。成交价格是海关估价的基本价格。如果海关拒绝使用进口成交价格，《协议》把海关可以使用的估价限定在以下5种标准以内。而且，对这些标准的选择应当按照下列顺序加以使用：

➢ 相同货物的成交价格，与该进口货物同时或大约同时向同一进口国出口的相同货物的成交价格；
➢ 类似货物的成交价格，与该进口货物同时或大约同时向同一进口国出口的类似货物的成交价格；
➢ 扣除价格，进口商品在其国内市场的单位销售价格，或其相同或类似商品在其国内市场的单位销售价格，扣除通常要支付或议定支付的佣金、利润、关税、国内税、运费、保险费，以及在进口时产生的其他费用；
➢ 推算价格，成本加上利润及其他费用；
➢ 符合关贸总协定的其他方法。

2. 我国海关估价制度沿革及评述

1987年《海关法》确认，我国的海关估价以“正常价格”为估价准则。1989年1月30日，海关总署颁布《中华人民共和国海关审定进出口货物完税价格办法》，具体规定了海关确立进出口货物完税价格的方法。1989年颁布的《海关审定进出口货物完税价格办法》，对“正常成交价格”这一估价定义作出了明确解释，规定“海关审定的进出口货物的成交价格，应该是该项货物在公开市场上可以采购到的正常的价格。”“正常成交价格”这一规定主要是考虑到我国对外贸易存在港澳地区这两个市场的实际情况，为保证海关在当时的审价技术水平下，对有特殊关系或受特殊条件、特殊安排影响的货物拥有估价的主动权而制订的，由此可见，这一规定力求在“布鲁塞尔估价定义”和GATT估价协议之外，探索第三条道路，从而建立一套既有中国特色，又力求符合国际惯例的海关估价制度。为进一步完善海关估价法规，1991年4月26日海关总署又以19号令的形式发布了《中华人民共和国海关关于进口货物实行海关估价的规定》。

这是海关法规中第一个按照估价工作需要制订的单行规章，为海关估价工作提供了重要的法律法规依据，是保证海关估价公平、准确、提高审价水平的一项重要措施。

1992年9月1日，海关总署又重新修订了《中华人民共和国海关审定进出口货物完税价格办法》，并以海关总署第33号令发布实施。1992年实施的审价办法，是向国际海关估价规则过渡的一个估价立法，该《审价办法》初步采用了关贸总协定的成交价格作为海关估价的依据。作为WTO的成员国，海关估价必须符合国际通行规则，即必须把成交价格原则作为海关估价的根本原则。出于加入WTO前瞻性的考虑，我国在新修订《海关法》时摈弃了“正常价格”的概念，开始接受和采用WTO估价协议的成交价格准则，2000年《海关法》把海关估价准则由“正常价格”定义修改为“成交价格”定义。2001年12月11日，我国正式成为WTO成员。海关总署以95号令对外公布了依据WTO《估价协议》原则制定的《海关审定进出口货物完税价格办法》并于在2002年1月1日起实施。这标志着我国海关估价制度实质上放弃了以往的抽象价格概念，而采用了具体的价格概念，是整个中国海关估价制度的根本变革。其后，《审价办法》再次进行修订，并以海关总署第148号令发布于2006年5月1日实施，从而形成现行的《审价办法》。我国“入世”给海关带来的最直接影响之一就是WTO《估价协议》的全面实施，而现行《审价办法》将WTO《估价协议》的基本原则和主要内容比较具体、完整、准确地体现出来。并对海关估价的具体实施做了进一步明确规定，有利于统一全国海关的执法尺度；同时，进一步规范了海关估价的程序，从而在最大限度内维护了纳税义务人的合法权益。此外，我国海关制定了严密的估价工作程序。

制订并实施了《海关估价工作规程》，要求实施海关估价，必须严格履行价格审查、价格质疑、价格磋商和估价告知等一整套估价程序。同时，进一步完善价格复议程序，确保从程序上、具体操作上落实成交价格准则。与此同时，我国海关进一步提高了海关估价的信息化水平，建立了我国海关估价系统等信息化管理支持系统；积极探索价格风险管理，探索宏观监控与微观监控相结合，通过总署、价格信息机构、直属海关职能部门各层面的价格监控，形成价格管理体系。在此基础上形成海关各部门的相互配合，打击价格瞒骗和欺诈行为，以确保海关税收和公平竞争的贸易秩序。上述措施使得我国海关成功应对了“入世”挑战，成功实施了WTO估价协议及其“成交价格”准则，从而建立了新的海关估价制度，促进我国海关估价能力不断增强。

（1）禁止使用的海关估价方法

海关估价对征收关税很重要，并且它还是在一国边境缴纳各种捐税的基础，当许可证管理和进口配额依商品价值确定时，它也是很重要的基础。更为重要的是海关估价可构成重要的贸易壁垒，某一商品因海关完税价格不明确而对其贸易的影响远比关税本身严重得多。因此不准确或者有争议的估价方法将会造成不必要的麻烦，以下是禁止使用的海关估价方法：

➤ 进口方所生产的相应货物的售价；
➤ 在两个可适用的价格之间选取较高的一个价格；

- 货物在出口方境内市场上的价格；
- 不得用第三国的生产成本作为出口国货物估价的基础；
- 不得使用出口方向其他第三个国家或地区出口的价格；
- 不得规定价格下限；
- 不得使用武断的或虚构的方法进行海关估价。

（2）规定海关及进出口商的权利及义务

《协议》规定，海关当局在对申报价格的项目单据的准确性有怀疑理由时，可以要求进口商作进一步的解释。如果海关认为进口商对单据的真实性和准确性仍未提出足够的证明，海关当局应当书面与进口商联系，进口商应享有应答的合理机会。海关当局如果仍有理由保持怀疑，他们可以确定进口商品的完税价值不能以申报的价值为依据，海关将考虑按协议规定的办法确定价值。海关应将最终决定及有关根据书面通知进口商。此外，《协议》给予进口商在海关估价的全过程中获得协商的权利，确保海关客观地使用其在审查申报价格方面的权限。《协议》还要求各国有关海关估价的立法为进口商提供以下权利：

- 在确定完税价格方面有可能发生延迟时，进口商有权从海关提走进口商品，但应向海关提供足够数额的担保或押金，用以支付该货物应缴纳的海关关税。
- 有权就海关作出的决定向海关当局内部的独立机构以及司法局提出上诉，而不用担心受到惩罚。

3. 对我国海关估价工作的影响

（1）来自伪报、瞒报价格的压力

由于我国目前处在经济体制的转轨时期，法制不完善，纳税义务人守法意识薄弱，伪报、瞒报价格和低报价格等违法事情时有发生，偷逃漏税情况严重。1996 年以来连续几年全国海关通过审价手续，每年追补税款都在 20 多亿元以上。全面实行“成交价格”估价原则，使海关运用估价手段反瞒报的权力受到进一步的约束，难免出现较多纳税义务人打着“成交价格”的旗号伪报、瞒报价格。

（2）来自国家财政方面的压力

我国是发展中国家，关税是我国财政收入十分重要和主要的来源之一，关税的财政作用在我国依然发挥着重要作用。如果反瞒报的配套措施跟不上，全面施行“成交价格”估价原则，价格瞒报行为可能难以遏制，国家财政收入势必受到影响。

（3）海关估价队伍人员少

海关队伍人员的知识水平、技术手段非常有限，难以组织起一支精干的审价专家队伍。

（4）伪报、瞒报、少报取证难度大

对伪报、瞒报、少报价格等违法行为取证难度大，难以准确定性和处罚，不利于打击价格瞒骗行为。

（5）见单的不审价，审价的不见单

随着海关通关作业制度改革的深入，电子数据将代替书面资料，将会出现“见单的不审价，审价的不见单”的局面，不利于海关审价工作的开展。

(6) 综合素质跟不上

实施《协议》对海关技术力量、科技装备和审价人员的素质等各方面要求较高，而目前海关在价格监控、风险管理、价格稽查等方面的机制还不能完全适应。

(7) 海关审价工作尚未形成良性的外部执法环境

进出口申报人素质普遍不高，在价格申报规范性方面非常欠缺，法律意识薄弱，妨碍海关估价工作的正常开展。

4. 跨国公司“转移定价”估价案例

(1) 基本情况

进口商为S有限公司，供货商为S股份有限公司。S有限公司为S股份有限公司在某市的子公司。

进口商S有限公司于2004年12月24日首次向某市北仑海关申报进口台海澎湖产氯乙烯（以下简称VCM）2 700吨，申报单价为CIF680美元/吨，进口商提供了合同、发票、提单等单证。合同为2004年9月1日到2005年12月31日的长期合约，根据合约的规定，进口商每月购提2~3万吨氯乙烯。

买卖双方约定采用公式作价：CIF VCM =0.23乙烯单价 +0.83二氯乙烷单价 +115（加工费及运费）美元/吨。乙烯采用的是某石油股份有限公司出售给S有限公司的价格减去8美元。二氯乙烷由“HARRIMAN”报导杂志中CIF亚洲的平均价格计算。加工费与运费的和为固定值115美元/吨。对于计价期，合同中规定为“前一个月的价格计之”。从其作价公式分析，其价格为典型的跨国公司内部转移定价。

审价人员对比申报时期国际行情东南亚均价：CFR 720美元/吨，其他口岸进口韩国VCM的价格为CFR710~775美元/吨，认为其申报价格偏低。海关制发“价格质疑通知书”，质疑理由：买卖双方存在特殊关系，且可能对成交价格有影响。企业填写“价格申报单”证明买卖双方之间为子母公司。企业说明，该VCM作价公式仅适用于S有限公司，而其他公司与母公司订货时，价格另议。

某市海关根据《海关估价工作规程》第十六条规定，开展特殊关系影响成交价格的审核认定、价格磋商，收集相关材料，认为其申报价格将使该进口商以较低的生产成本获取较高的利润。海关遂不接受进口商的申报价格，并采用合理方法，按照CIF720美元/吨作出初步的估价决定。并对随后进口的10票报关单也按照该价格估价征税，共计补税额142万元。由于该企业长期进口氯乙烯，用于生产下游的聚氯乙烯（PVC），为了正确评估进口商的利润水平，海关将继续对原料进口后的生产销售PVC的相关成本及合理利润等开展后续价格核查及监控。

(2) 审价过程

1）就买卖双方之间的特殊关系是否影响成交价格进行认定

进口商与供货商的关系符合《中华人民共和国审定进出口货物完税价格办法》（以下简称《审价办法》）第四十二条规定的特殊关系。根据《估价协定》解释性说明第二条：对于特殊关系是否影响成交价格要审查交易双方如何组织商业关系、制定价格的方法是否与产业正常定价方法相一致，卖方售予无特殊关系的买方的价格是否一致，其价格是否已充分反映了有关货物的成本、费用和利润。海关审价人员审核了该公式是否符合行业定价惯例，公式中采用的数据是否透明，并向进口商提出了进一步补充资料的要求：包括公式中的加项“115 美元/吨”是否真实反映了货物的成本、费用和利润等；与售予无特殊关系的买方价格是否一致；公式中的乙烯和二氯乙烷的比例符合生产 VCM 的原料配比要求，关键是乙烯的价格与同期行情差距较大，（成本 + 运费）需要进一步证明。面对海关的质疑，进口商以下列理由拒绝向海关提供估价审查和测试的相关资料：ⓐ 进口 VCM 是母公司生产后售予进口商的，作为核心商业机密之一的内部成本数据不便对外提供，母公司的资料无法取得，企业拒绝向海关提供审价所必需的运营成本、利润等方面的资料；ⓑ 供货商 VCM 生产数量有限，全部供给关联企业，未向无特殊关系的买方出售过 VCM。测试价格虽然无法得到，但作价公式的数据低于公开市场较多。此外企业的说明“VCM 作价公式仅适用于台塑公司，而其他公司换货时，价格另议”，无法说明价格低的理由，而且根据海关所掌握的生产成品 PVC 行业性情况，以 CIF680 美元/吨的氯乙烯价格制造的 PVC 利润要高于行业利润的一般水准。

基于买方无法举证卖方的销售价格与销售给无特殊关系方一致或接近，反而以书证的形式证明了其价格的特殊性（“其他公司，价格另议”），且无法证明其成交价格已经充分反映了货物的成本、费用和利润；以及根据海关了解掌握的 PVC 行业利润的情况，按照该公司氯乙烯的进口价格作为成本生产的 PVC 要高出相同 PVC 生产行业的利润水准 5% ~ 10% 的情况，根据《审价办法》第三十四条，海关确认其特殊关系影响成交价格成立，海关不接受其申报价格，同时按照《审价办法》第七至第十一条估定完税价格。

2）开展价格磋商，寻找适当的估价依据

鉴于进口商不能提供有效的证明证实其成交价格未受特殊关系的影响，有书面资料证明其价格与售予无关联企业不同，且低于同期国际行情较多，海关决定对该票货物估价，与进口商磋商。

由于 S 有限公司未向除 S 有限公司之外的我国境内无特殊关系的买方出售 VCM，亦未见其他厂商生产的 VCM 的销售纪录，企业方面也未能举证，鉴于以上几点，海关排除采用相同和类似货物成交价格方法。而倒扣价格方法是被估货物、相同类似进口货物在境内销售的价格为基础估定的，S 有限公司进口 VCM 是用于生产 PVC，未进行销售，所以倒扣方法也无法使用。计算方法所需要的生产使用的原材料价值和加工费用的标准，限于条件无法收集，而 S 有限公司也拒绝进一步提供相关资料。最后海关根据估价方法的顺序确定采用合理方法估价。

（3）依法实施估价

考虑到进口货物的商业上的互换性、品质、数量和商业水平等要素，将货物产地扩展到同为亚洲地区的韩国，选取在国内其他口岸同样进口 VCM 生产 PVC，进口量在年 30 万吨左右的进口企业，大约同时（同一个月）进口的 VCM 的成交价 CIF730 美元/吨，结合商业水平及国内的行情等要素，根据进口企业实际进口的数量时间分布，按下浮 10 美元/吨以 CIF720 美元/吨作为估定价格。

（4）相关的法律依据

审价过程中使用的法律依据是《审价办法》，主要涉及的条款为：第 42 条、第 32 条、第 6 条、第 34 条。

5. 进一步规范海关估价的若干建议

加入《协议》是我国海关估价的方向，尽管目前我国海关估价正处于向《协议》转变的过渡阶段尚不具备全面实施《协议》的条件。为了进一步规范海关估价工作，结合我国的实际情况，采取灵活变通的手段，既不能将海关估价变成阻碍贸易发展的非关税壁垒，也不能使“成交价格”成为伪报、瞒报价格偷逃税款的借口。

尽快修订现行《中华人民共和国进出口关税条例》（简称《关税条例》），并与《协议》相适应。我们应看到，具体的实施细则《关税条例》及实际中的操作与《协议》的要求还有一定差距。如在估价方法的使用上，现行的《关税条例》第十一条第二项以及审价办法第七条第三项都规定：“该项进口货物的相同或类似货物在国际市场上的成交价格”。其中，“国际市场上的成交价格”其含义包括了销往进口国以外国家的货物价格，是《协议》所明令禁止采用的做法。目前我们一起将其作为我国海关估价的准则。因此有必要对现行《关税条例》进行修订。加强对“成交价格”的审查，大力开展“事前价格调研、通关环节价格监控和事后价格稽查相结合”的审价工作模式。我们应认真研究世贸组织海关估价规则，尽快建立以全面实施“成交价格”估价定义的新工作机制和管理制度。从时间和空间上将审价工作从现场通关环节向通关前和放行后延伸，逐步从目前依据参考价格的审价办法转变到 事前价格调研、通关环节价格监控和事后价格稽查相结合的审价模式，完善以税收、价格稽查为主要内容的常规稽查制度，加强与外汇、工商、税务等有关部门的联系配合，通过掌握进口商对外付汇、商品进入国内市场后的价格、国内纳税等情况做好反价格瞒骗工作。清理不符合规定的旧文件，提高海关估价工作的透明度。透明度原则是为各成员国的贸易法律、规则、政策、决定和裁决规定的一项基本原则。有关进口国应将其普遍适用的涉及海关估价方面的法律、规则、司法决定和行政裁决予以公布，以便各成员国政府和贸易经营者了解。从目前我国海关估价实践来看，离透明度原则的要求还有一定距离，应抓紧做好提高海关估价法律法规透明度的工作。要提高保护进出口商合法权益的意识，更多地从是否符合各项制度、是否符合国际惯例和我国对外的各种承诺来规范海关立法、执法行为。

第二十一章
防范通关风险

通关即结关、清关，是指进口货物、出口货物和转运货物进入一国海关关境或国境必须向海关申报，办理海关规定的各项手续，履行各项法规规定的义务；只有在履行各项义务，办理海关申报、查验、征税、放行等手续后，货物才能放行，放行完毕叫通关。货主或申报人才能提货。同样，载运进出口货物的各种运输工具进出境或转运，也均需向海关申报，办理海关手续，得到海关的许可。货物在结关期间，不论是进口、出口或转运，都是处在海关监管之下，不准自由流通。

1. 通关方式简介

(1) 基本通关方式的作业流程

基本通关作业流程是海关应用最广泛也最具代表性的通关作业流程。基本通关作业流程包括以下几个基本环节：报关单申报、电子审单、专业化审单、接单审核、征收税费、查验、放行等。具体来说，进出口货物进入海关监管区域后，收发货人按海关规范申报的要求，录入电子数据报关单，向海关进行电子申报。海关应用 H2000 业务信息化管理系统（以下简称为 H2000 系统），按照预先设定的条件或标准，对进出口货物报关单电子数据进行综合审核。对审核未通过的电子数据报关单发送退单回执，由企业进行修改。对审核通过的电子数据报关单发送接受回执，企业收到接受回执后打印纸质报关单，连同相关单据（进出口货物的提单、合同、发票、装箱单、许可证件等）送至海关通关部门进行纸面报关。海关通关部门按要求审核无误后，对纸质单证进行批注、签章，对有税费的报关单，还需打印并签发税费缴款凭证，企业付款后进行税费核销。如果海关确定需要查验进出口货物，企业必须将货物运输到海关集中查验地点，由海关查验部门实施人工查验或技检查验。审核无误或查验无误后，海关在 H2000 系统中进行放行操作，进出口货物的收发货人凭已放行提（运）单办理货物的提取或发运手续。

(2) 其他通关作业流程

区域通关是指适用于不同海关关区间货物通关的一种作业模式，通过整合口岸和内地海关的管理资源，实行跨关区“属地申报、口岸验放”，实现进出口货物在关区间的快速通关。

电子通关是指以风险管理为核心，以企业守法便利为基础，以海关通关作业无纸化为目标，为企业提供的一种便利通关方式。

特殊通关是指以企业守法管理为基础，在接受守法水平较高企业的有效担保后，采用特殊通关流程审核报关单电子数据、验核单证、验放货物的通关方式，主要包括集中申报、便捷通关等方式。经过比较可以发现，其他通关作业方式的原型和基础其实都是基本通关作业流程，只不过根据不同情况对基本通关作业流程进行了局部的、简单的变形、简化和再造，而且其他通关作业流程适用的地域范围、企业范围有限，基本通关作业流程是研究海关通关作业流程的代表和关键。

2. 海关风险管理

(1) 海关风险管理概述

“海关风险管理”的定义在《关于简化和协调海关制度的国际公约》（即《京都公约》，以下简称《公约》）中是指有系统地采用一套使海关能够收集必要信息将监管重点集中于高风险货物的作业模式和制度。这是世界海关组织第一次将在海关管理体制中引入风险管理技术作为标准条款写入了《公约》的海关监管章节，并明确为现代海关监管技术的基础。

可以看出，海关风险管理是为确保海关负责实施的法律和法规得以执行，建立在风险评估基础上的监管风险管理。海关风险管理是指通过对现代管理理念、方法和技术的运用，以信息化管理为依托，对各类海关风险发生的可能性及其损害后果进行考查、预测、收集分析，制订出包括识别风险、分析风险，评估风险、管理风险的一系列管理程序，并在此基础上用最经济合理的方法处理风险，以实现对企业和进出口货物等管理对象的分类管理，最大限度地预防、减少、控制或消除海关风险的一系列系统而科学的管理方法。在海关事务中实施风险管理，目的是将风险管理技术和方法全面引入海关的各项业务工作中，使海关监管建立在风险评估基础之上。通过建立风险分析、布控管理体系，使之成为海关监管应用的行之有效的监管技术和管理方法，以求投入有限的资源，获得最大限度的高效监管。有效的风险管理在为识别货物交易及实际物流过程中的风险创造机会的同时，也相应地使大多数贸易和旅客可以享受简化手续、以达到快速通关的目的。实现突出海关监管重点，优化海关资源配置，提高海关管理及通关作业的有效性和整体效能，有效防范和化解通关风险和廉政风险。

从基本流程来看，海关风险管理是由收集风险信息、识别风险特征、分析与评估风险、处置风险、反馈处置结果、绩效评估等步骤组成的一个循环往复的过程。根据我国海关的业务管理实际和引入风险管理的目的，海关总署最新制订的《建立海关风险管理体系框架》将海关风险管理定义为：承认风险的客观存在，而且在不能完全避免和消除的前提下，通过海关各层级、各部门、各环节在信息采集、风险识别、风险分析与评估、风险处置等方面分工负责、协调运作，立足于现有的管理资源，对海关业务管理中的各种风险进行有效防范和控制的动态管理过程。

海关风险管理客观地承认风险的存在，因此要在承认风险、勇于承担和接受一部分风险的前提下，抓大放小，通过延伸海关监管的时间和空间的限制，及时地确定高风险的监管对象，优化管理资源的配置，将海关的优势兵力放在最有可能出现问题的重点监管对象上。摒弃过去不分重点、不分主次、强调一切都要管住的思想，克服担心风险、害怕风险的情绪，提高海关管理整体效能和执法水平，采取有效措施，科学合理地控制、化解和规避风险。

(2) 中国海关风险管理实践

作为国家进出境管理机关，海关如何在有效执法和高效通关之间寻求平衡，这个问题一直是大多数国家海关所面临的一个共同课题。为此，自20世纪90年代始，美国、荷兰、澳大利业等一些发达国家海关，在制定和实施本国海关现代化发展战略时，率先将风险管理的理念、方法和技术引入海关领域，以期有效解决这一矛盾。为顺应世界海关改革与发展的潮流，中国海关也制定了建立现代海关制度的总体规划，并迅速付诸实施，力争在尽可能短的时期内，实现管理体制、管理制度和管理方法的创新。

自1994年海关开始研究并逐步开展现代海关制度建设；1996年起在全国海关范围内建立、推行综合业务数据检查分析机制；1998年初决定中国海关改革和建设采取两步走的发展战略规划，在部分海关开展通关作业改革试点工作；1999年7月在6个海关开展风险管理试点工作，在通关改革和启动风险管理制度等业务领域进行了积极探索，取得了一定的经验和成效；2001年海关总署制定了《建立海关风险管理体系框架方案》；2002年底完成了“中国海关风险管理平台”的设计和开发，并于2003年年初开始在10个直属海关试运行；2003年，中国海关全面推行风险管理工作会议在北京召开，作出了把风险管理作为实现现代海关制度第二步发展目标的中心环节并予以全面推行的重大战略决策。至此，中国海关风险管理进入了全面实践阶段。2009年海关总署提出分类通关业务改革时，明确指出要把风险管理作为改革的一个重要突破口。

3. 海关现行通关模式分析

（1）海关现行通关模式的优点

1）建立中国电子口岸

中国电子口岸是利用现代信息技术，将各部门分别管理的进出口业务信息流、资金流、货物流电子底账数据，集中存放在公共数据库中，为政府管理机关提供跨部门、跨行业的联网数据底账核查或数据交换服务，并为企业提供门户网站，联网办理各种进出口业务的信息系统。是海关联合其他涉外部委进行的一次电子通关改革。按照“电子底 账 + 联网核查 + 网上服务”的新型管理模式，建立集中式的公共数据中心，即一个数据库；集中存放电子底账，信息共享一个交换中心；优化数据采集、汇总、分发途径；一个服务窗口，提供企业EB门户网站。中国电子口岸主要优点有：监督管理更加严密有效，行政执法更加公开透明，口岸业务更加方便快捷。

2）实施多点报关、口岸验放模式

青岛海关实施的“多点报关，口岸验放”通关模式是指企业对其在口岸海关进出口的货物可以自主选择青岛关区内任一海关（简称“申报地海关”）报关，由申报地海关办理接单审核、征收税费等通关手续，口岸海关对货物进行实货验放的一种通关方式。多点报关、口岸验放的特点主要有：内陆海关负责单证审核、单证放行，口岸海关负责实货监管、实货放行；大大缩短通关时间 ；降低通关费用 ；运输方式放开 ；企业直接在当地海关申领退税、结汇等结关单证 。

3）出口无纸通关

青岛海关实施的出口无纸通关，就是企业借助中国电子口岸信息化的综合管理功能，向海关传输申报数据，海关通过对电子数据进行审核处理，实施海关监管，在办理出口放行手续后，向海关集中递交所需纸面单证的口岸通关方式。

出口货物通关相对于进口货物通关来说通关时效性高，出口无纸通关就是根据出口通关的特点对出口通关作业流程、作业方式、职能管理进行的全面系统的改革，是通关作业改革

的深化和创新。出口无纸通关的优点主要体现在以下方面。

- 通关效率大大提高。出口无纸通关可随时登陆电子口岸申报出口货物，通关过程中只需在货物验放环节到海关办理查验、放行手续，整个通关过程以信息化处理手段为主，大大提高了处理速度，使企业通关更加快捷、便利。
- 简化通关作业手续，降低通关成本。简化了出口通关作业流程，取消了海关现场接单审核环节；改变了海关凭出口单证审核、验放的作业模式，而采取电子数据审核、电子放行信息验放货物的作业模式，除海关查验外，出口通关过程中企业无须到海关办理书面单证的交验手续。
- 扩展了企业通关的空间。在时间上，准予24小时报关，不受时间限制；在地域上，采用因特网远程申报，不受地域限制。
- 带动了口岸大通关机制的建立。实施无纸通关，将有力推动已实现电子发证的口岸管理部门实施数据联网传输管理，同时也带动了场站、港区及船代公司的同步改革，使口岸整体大通关机制得以建立，大通关效率得到有效的提高。

（2）现行通关模式存在的问题

1）海关税收征管理念、征管模式和方法手段与现代经济条件下不断变革出新的商业模式、金融模式和物流模式不相适应

一方面，商品、劳务、资本、信息大规模跨国界自由流动，跨国经营、全球采购、电子商务、零库存等现代商业模式不断出现，现代物流业蓬勃兴起；另一方面，现行的征管模式仍然维持着以口岸通关为时空，以货物为监管单元，逐票审核、逐票征收的作业模式。征管方式单一，监管平均着力，单证作业和实际监管存在流于形式的倾向。海关监管的着眼点仍然停留在具体的商品和单证上，作为进出口货物的经营者和所有者没有受到充分关注和重视。随着海关监管进出口业务量不断增加与海关人力资源的矛盾日益突出，进出口企业对贸易便利化的要求越来越高，海关要想在口岸通关狭小的空间和短暂的时限内全部完成征管作业并确保应收尽收，几乎不可能，可见，现行的税收征管模式导致行政成本增高，工作效率降低，负面影响增多的现象，目前口岸通关的瓶颈压力主要与现行单一的征管模式有关。

纵观世界各国海关，海关管理的现代化有三个标志：一是单证作业由传统的手工作业转向电子作业，二是监管时空由传统的口岸验放转向前伸后移，三是征管模式由传统的货物监管转向企业管理。近年来，我国海关在前两个标志的建立上已迈出了坚实的步伐，但在第三个标志建立上始终未能更进一步。企业管理不科学，由单个部门独自管理，各部门间没有形成管理合力；企业分类要素不科学，主要以企业的进出口规模界定企业的分类，而不是以企业本身的征管风险进行评估；企业档案资料不完备，企业信息单一，没有形成海关各部门企业管理信息、风险信息的归并汇总；企业信息横向交流不足，没有和银行、税务、外管等部门形成企业信息交流机制，共同建立企业风险数据库。海关对进出口企业管理模式的停滞，是海关现代化进程中亟待解决的最重要问题。

2）审单职责定位不清

审单作业是税收征管重要环节，包括电子审单、专业审单、现场接单审核，三者之间既相互联系又各有侧重。但现行运行机制中三者之间职责定位不够明确，特别是专业审单与电子审单、专业审单与现场接单审核之间的关系没有理顺，职责不清。审单部门地位尴尬，属于现场具体操作部门还是职能管理部门一直没有得到清晰的界定，现场接单审核是否属于审单部门的定位没有明确，导致审单部门作用发挥有限，掣肘较多。审单作为税收征管及其他职能管理实现的平台，与相关职能部门的关系尚未理顺，上级管理部门较多，多头管理、重复管理现象严重，导致职责不清，管理运行机制不畅，使得审单部门成为管理矛盾的集中点。

目前审单系统缺少归类、估价、原产地、企管、风险、稽查、贸管等各类有效的信息支持，很多信息需跨网并登陆不同的信息化系统才能查询，操作烦琐，不能实现与 H2000 系统的数据对碰，缺乏全方位的技术支持。

3）风险管理未贯穿通关过程

虽然目前海关各部门风险管理意识已逐步确立，也有了相应的风险分析技术与手段，但风险管理理念和手段还没有真正深度融合到通关作业流程各个环节中，成为提高海关税收征管效能的得力工具。首先在服务职能管理方面，各部门使用各自的分析监控系统，风险信息均以部门渠道向各级领导报送，这些信息、是分散的、条块分割的，各系统之间信息不能共享，相互间缺乏配合，缺乏实现职能管理的共享平台。其次在指导现场作业方面，缺乏实时传递信息、快速识别风险的辅助系统，由于风险信息不能直接作用于一线通关现场，并不能缓解一线通关现场的执法压力，一线通关现场的监管尚无法实现“有的放矢”。

4）海关税收管理资源大量浪费

海关税收征管是各部门相互配合的结果，只有通关一线、后续稽查及缉私执法三支队伍形成综合治税的机制，海关税收才能应收尽收。但是长期以来，各业务部门之间条块分割、各自为政的局面没有改变，税收征管的整体合力没有形成。现行的通关模式中普遍存在各部门管理机制重叠交叉，业务平台重复建设，管理资源浪费严重，多头建设监控评估体系，基础数据来源不一致，监控评估结果存在差异等问题；同时，各部门信息资源没有实现充分共享，信息孤岛情况普遍；执法不统一，制约了税收征管合力的有效形成，导致税收征管的各相关部门没有形成高度协调和深度融合的机制，监控评估体系缺乏统一性。

5）现行通关信息化系统需完善

日前海关使用的 H2000 通关系统已经使用了将近 10 年时间，严重落后于海关业务发展的脚步，本身有很多不尽完善的地方。根据海关总署的调研，各直属海关提出的涉及程序修改的建议和意见，主要体现在与通关环节有关的审单、税费征管、布控及反馈，数据查询统计等方面。同时，由于 H2000 系统本身功能的缺陷，海关为更好地开展业务不得已自行开发外挂程序的程序。据统计，目前由各直属海关自行开发并在使用的税收征管、审单类外挂辅助系统共有 41 个，虽然个别系统具有一定的使用和推广价值，但整体而言，目前海关信息化系统项目繁多，功能存在严重的交叉和重叠，系统登陆及安全认证不统一的问题十分突出，尽快统一整合、清理、推广新的信息化系统迫在眉睫。

（2）机场海关分类通关试点存在的问题

1）高风险重点审核所占比重低

根据目前系统设定的分类通关风险参数，机场海关适用低风险快速放行、低风险单证审核、高风险重点审核三种通关模式。其原因一方面是机场海关的出口商品多为电子产品，不涉及税收和贸易管制，整体风险较低；但另一方面高风险重点审核的比例过于偏低，说明风险参数在设置中更多倾向于税收风险，更忽视了监管风险，对报关单电子数据相互间的逻辑检查不严密，难以发现实体监管方面的风险。

2）低风险报关单通关时间高于高风险报关单通关时间

海关在机场推行分类通关改革的同时实现了运抵报告的联网传输及在物流平台上与报关单的自动比对，并通过向H2000系统传输“已运抵报关单数据”实现自动放行，但在运行中经常出现不能及时自动放行的问题，导致延迟放行的时间计入到了通关时间中，经分析自动放行不及时的原因主要有三方面：一是运抵报告传输质量不高，关键比对项（航班号、提运单号、件数、毛重）传输错误，导致在物流平台无法找到与之对应的报关单数据，从而不能自动放行；二是运抵报告传输不及时，企业到海关交单时货物已经运抵，但运抵报告却未传输至物流平台，导致分拣后无法自动放行；三是系统不稳定，影响了运抵报告的传输和报关单的预定，导致不能自动放行。

4. 防范通关风险的必要性

（1）改革现行通关模式是全球化浪潮的客观要求

随着经济全球化步伐不断推进，全球贸易流动的规模和速度不断增大，对贸易便利化提出了更高的要求。而“9·11”事件后，贸易安全问题也成为各国关注的焦点，WCO在其《全球贸易安全与便利标准框架》I6中指出：“世界海关组织有必要制定一项战略，用以保护全球贸易安全，加快而不阻滞贸易的流动”。作为WCO的成员，中国海关工作同样面临保障贸易安全和便利的双重要求。我国目前已经成为推动世界经济增长的重要力量，但同时国际上对中国也产生了一些误解，有关技术性贸易壁垒、环保、能源、知识产权保护等方面的问题所引起的贸易争端十分突出。这些直接体现在进出口通关作业环节，给海关工作带来了更大的难度，也提出了更新的要求。对此，必须不断探索有利于加强有效监管和促进贸易便利的理念、方法和措施，以适应形势发展的需要。

（2）改革现行通关模式是企业寻求发展的客观诉求

市场经济在竞争条件下有着规范的运行环境，为获得更多的经济利益，现代企业对于时间、效率的竞争更加激烈，广大进出口企业对海关进一步提高通关效率和监管效能的需求日益增加，提出了简化海关手续的要求。此外，高新技术企业、大规模企业希望在政府管理活动中反映其独有诉求，甚至对于通关作业模式提出个性化需求，企业的这种要求对传统通关作业模式提出了挑战。

（3）改革现行通关模式是海关管理资源稀缺的客观要求

自加入WTO以来，海关监管业务呈快速增长态势。其中，全国海关监管的进出口货运量、审结报关单量、进出口货值分别以年均13.20%、20.306%、36.4%的速度快速增长。与此同时，我国海关人员和财政拨款的增幅仅为3.5%和3.6%，海关业务量快速增长和管理资源相对匮乏的矛盾十分突出。而且从经济学的角度来看，需要用最小的投入获得最大的产出，国家不可能按照海关业务量的增长比例来对海关管理资源进行投入，这个矛盾将继续长期存在。如何才能真正做到“管得住，通得快”，成为海关现场通关作业面临的突出问题，只有通过改革传统通关模式，进一步应用风险管理，建立更科学、更先进的管理模式，把有限的监管资源用到真正有风险的环节上去，才能使问题得到根本解决。

5. 可借鉴的美国海关风险防范措施

当前，风险管理的相关研究已日趋体系化和专业化，其在金融、企业、项目管理等领域都已建立了独立的研究体系。同时，在一些新兴的重要领域也已经开始了对其自身风险的研究。

随着风险管理在全球范围内的推广应用以及世界海关组织等国际组织对海关风险管理的有力推动，20 世纪 90 年代以来，美国率先将风险管理的概念、方法和技术引入海关领域，大大提高了海关管理的现代化水平，也为中国海关全面开展风险管理提供了丰富的实践经验。美国海关在风险分析中运用了自动化工具系统，有相当科技含量，也是中国海关的主要学习和借鉴对象。

（1）美国海关

美国海关自 1993 年引入风险分析管理机制，至 1998 年形成完整的风险分析管理体系，经过十多年的实践，美国海关研发了大量先进的风险管理方法和技术，形成了成熟的风险分析运作机制，风险管理水平处于世界各国海关的前列。美国海关提出的“24 小时提前申报规则”（24-hour rules/trade act）其中就大量运用了风险管理的理念和方法技术，以最大限度地确保国际贸易供应链安全和便利，保护美国社会秩序和经济秩序。这项规则规定，对于所有输往美国的海运货物，承运人必须于货物在境外港口装船前 24 小时向美国海关申报完整、准确的海运货物电子舱单信息，包括详细准确的货物描述、发货人和收货人详细地址、集装箱号等 22 类必须填报的信息。其他运输方式也同样需要提前申报舱单信息，包括提前申报旅客舱单信息。另外，企业还需向海关提前申报提（运）单信息。在集装箱装船前或运输工具抵达前，美国海关应用其风险分析管理系统对舱单和提（运）单进行风险分析，甄别高风险货物和旅客。

其运作流程大致可分为四步：收集数据和信息、风险分析与评估、确定处置措施、跟踪和报告。

1）收集数据和信息

收集与贸易守法过程中相关的数据和信息是美国海关风险管理过程的第一步。通过数据和信息的收集，海关能够从历史的角度观察企业的守法状况，并以此识别最有可能产生的不守法的风险及其原因。在进口贸易中，美国海关采用以下一系列的方法来识别风险。

① 贸易综合测量系统

美国海关通过运用贸易综合测量系统对进入美国商业领域的国际贸易的守法水平进行测量。测量的目的在于确定进入美国的低风险和高风险货物。这种测量涉及整个财政年度全部协调税目的商品。该系统由两个部分组成：守法测量和守法评估。

② 全国性标准参数

在海关的监管过程中，所有的异常情况、查获和强制性行动，其影响程度一旦超出地方范围并须在全国范围内实施的，如进行守法评估及确定企业守法风险级别的，均应提交全国选择标准办公室。所有提案均须经过综合考虑，如有必要，也可通报相关执法部门。提案的处置结果最终将反馈回原提交部门。对地方提案进行审核并设置为全国性标准，是提高海关执法统一性的有效手段。海关部门之间任何执法部一直都将被发现，并通过部门协调予以解决。

③ 客户管理

由于海关的资源是有限的，无法对所有企业进行守法评估或通过查验对其进行守法测量。因而，美国海关实行了客户管理员（account manager）制度。客户管理行动工具为客户管理人员提供所辖企业三年内的进口数据。基于这些数据，通过向口岸其他部门收集信息，客户管理人员对企业进行问卷调查或实地走访。运用这些信息，客户管理员协同其他海关专家，对企业遵守海关法规的程度、企业内控情况及守法水平作出综合判断。

2）风险分析与评估

通过收集数据资料，分析历史数据和趋势，并运用守法测量的界定方法，使海关缩小重点监管目标的范围，集中资源处置潜在的最大风险域。风险分析和评估主要包括如下关键内容。

- 美国海关通过开发应用强大的信息化工具手段，为风险分析的有效性和验密性提供了技术保障。其在庞大的“自动商务管理系统”（Automated Commercial System, ACS）基础上，开发了一系列信息管理和数据分析工具，以有效利用海关众多的业务数据库和计算机资源。
- 在守法测量过程中，通过对货物的查验和对报关单证的审核，对发现问题的显著程度进行界定。毒品、知识产权、反倾销和反补贴、配额、贸易许可、重点产业、商品税则、货值等往往是考虑的主要因素，在守法评估过程中，如果守法率低于该领域可接受的比例（如90%），则需对发现的申报不符等问题进行实质性界定，以便针对具体问题采取相应的措施。实质性守法率等于100%减去实质性错误率。其中，实质性错误率等于错误总值除以货物总值。在这里，凡是引起税收损失或影响贸易管制政策实施的税则错误等均属于实质性错误。
- 一旦完成守法评估，守法评估小组将反馈结果。根据守法评估统计结果和量化实质守法率的确定，海关对进口企业实施分类管理。各类别代表了不同的查验率。高守法率意味着较低的风险，将接受更少的查验。低守法率意味着较高的风险，将接受更多的查验。对货物保持一定的查验水平以便对进口企业采取及时的纠正行为，直到进口企业的守法率不低于95%。企业守法分类和查验分配如下。
  - 高守法率，良好的内部管理系统/低风险——最少的查验率。进口企业以95%以上的守法率通过评估检查，并证明在其业务实践中做到了“合理谨慎”。该公司成为贸易守法目标中的低风险对象。
  - 高守法率，有疑问的内部管理系统/中等风险——平均的查验率。进口企业以95%以上的守法率通过评估检查，但是，进口企业不能证明其在其进出口活动中做到了“合理谨慎”。该公司成为贸易守法目标中的中等风险对象。
  - 低守法率/高风险——最大的查验率。进口企业的守法率低于95%而不能通过评估，同时，企业在实践中未能做到“合理谨慎”。该公司为贸易守法目标中的高风险对象。不是每一个管理相对人都要接受守法评估。如果没有守法评估，可以通过收集数据和走访企业来完成评估。海关运用企业的信息资料，建立企业信息档案（account file）。客户管理员可以根据信息档案集中力量对企业守法状况进行分析。企业也可以根据信息自由法案（freedom of information act）获得用来建立信息档案的数据，以便自行开展守法分析。信息档案的内容主要包括：企业识别信息，海关自动化系统接入使用情况，贸易统计数据，涉及贸易管理方面（如归类、转运、知识产权）的情况，货物查验历史记录、守法测量历史记录，化验室报告，纳税情况和其他与企业相关的执法情况。

3）确定处置措施

针对会导致企业不守法的根本原因，合理配置管理资源，采取必要的处置措施，以减少企业违法违规的风险，增加企业的守法率。

- 美国海关将“告知守法”定义为一项海关和管理相对人的共同责任（Shared Responsibility）。其中，海关有义务将其管理要求有效地传达给管理相对人，而管理相对人则必须按照海关的要求，自行纠正和规范贸易行为，使之符合海关的法律法规。
- 对出现违法行为且多次告知守法程序，仍未能采取合理改进措施的企业，海关将采取强制性措施。守法律低于90%和现有的守法评估中未能取得进步的企业将被指定为“确定的高风险”（confirmed risk）对象，即意味着海关的风险处置措施从“告知守法”转变为“强制守法”，企业将被书面告知因其不能达到海关可接受的守法水平，将被海关采取强制执法措施。

4）跟踪和报告

- 贸易守法和强制执行计划（trade compliance and enforcement plan）。对当年的贸易守法目标实现情况进行评估，为制订5年战略规划和下一年度全国海关贸易守法方案奠定基础。
- 向国会报告贸易守法情况（report to congress on trade compliance）。对进出口贸易守法情况进行客观的评估和测量。
- 客户管理（account management）。企业管理员须对所负责的企业的进出口活动及其守法改进情况跟踪监控，以确保违法违规问题得以彻底解决。
- 后续审核（follow-up verifications）。确认企业是否采取了正确的改进措施来实施守法改进计划，矫正措施是否有效。

6. 我国海关通关风险的防范

（1）完善担保验放便利措施，探索两次申报管理模式

积极探索两次申报的管理模式，即在舱单法定提前电子传输前提下，经海关认证的高资信企业进行进出口货物申报后，海关可先办理查验放行手续，企业在规定时间内办理补充申报、复核、缴纳税费等手续。

（2）制定完善预归类、预审价、预确定（原产地）等管理制度

进一步完善预归类、预审价、预确定（原产地）等管理制度，实现监管时空前伸。密切与分类通关作业相衔接，对经海关预归类、预审价、预确定（原产地）的进出口货物，在通关过程中可作为低风险货物快速放行，让高资信企业享受到更多的优惠和便利。

（3）切实加强实际监管，夯实分类通关改革基础

一是严格落实出口货物“有货报关”制度。出口货物应在运抵海关监管场所后向海关

申报；对未能实现运抵报告电子数据联网传输的，提前申报的货物必须做到核对纸质运抵报告后接单；对确因各种客观因素制约无法做到有货报关的，应向海关总署报告，经批准后才能实行提前申报、运抵放行。

(4) 树立“由企及物”的管理理念，突出企业守法管理

- 切实转变管理观念，“由企及物”，把管理的重点放在企业上，通过管住“企业”达到管住“货物”的目的。在现有企业管理的基础上，加快企业分类标准修订完善工作，用好企业验证稽查手段，优先做好进出口量大的企业、“税收大户”的管理工作，加快企业类别评定，实时通报企业类别变化情况，为分类通关提供企业风险等级前提保障。
- 依托风险管理和贸易调查，积极开展专项稽查和常规稽查，形成与通关现场监管的有效衔接；合理配置人力资源，强化企业稽查、税收核查和保税核查，有效化解口岸监管风险，切实形成事前、事中、事后完整监管链条，确保海关整体监管的严密性和有效性。
- 完善企业信息综合管理，将分散在各业务部门的企业管理信息集中，包括企业在异地海关分类通关等综合信息，并考虑接入地方公安、工商管理、银行评价、社会保险等关于海关监管企业诚信度信息，全面掌握企业进出口活动和经营、守法、信用状况。

(5) 强化风险式管理，科学设置分类通关风险参数

一是按照“守法便利、违法惩戒”原则，以企业类别为主要因素设置风险参数，对资信高的企业给予通关便捷措施，并在各地均享受一致的通关政策；对资信差的企业采取相应严格的通关措施，促进企业守法自律。二是根据不同业务风险由有关部门分工管理的要求，健全完善分工明确、配合协调的风险参数设置工作机制。三是进一步规范随机布控。加强对随机查验布控的规范管理，探索指导各直属海关设置合理的随机布控率。

(6) 强化监控评估工作，科学评估分类通关改革整体效果

要随着分类通关改革工作的推广和深化，进一步提高分类通关改革效果评估和风险预警能力，加强对进出口货物分类通关中数据质量、价格水平、监管力度等方面的监测功能，确保通关效率和税收质量同步提高；不断强化分类通关环节的风险监控，尽快研发反映潜在风险程度、风险参数质量、企业守法状况的监测指标，不断提高识别风险和防范风险的能力；进一步发挥统计监督职能作用，优化数据审核模式，确保统计数据质量；要形成分类通关改革效果的评价体系，综合反映海关有效监管和高效运作的整体效果。

第七篇

国际结算方式选择策略及风险防范

第二十二章 传统外贸结算方式的风险比较及选择策略

由现今的国际贸易流通情况来看，每一种国际结算方式对贸易双方都有重要意义，其优缺点也各有不同。在三种结算方式中，只有汇款属于顺汇，托收和信用证均为逆汇。汇款和托收均属商业信用，风险较大，而信用证属于银行信用，可靠性比较高。但开立信用证一般需要交保证金，且费用较高。因此，对各种结算方式进行分析比较，使业务员能正确地选择和使用结算方式，以避免风险。本章通过对国际贸易中主要结算方式的特点介绍，指出了外贸企业在选择结算方式时应重点考虑的因素，并且进一步提出外贸企业可根据实际交易情况对结算方式进行理性选择。

1. 传统外贸结算方式的风险比较

(1) 汇付的特点、风险以及防范

1) 汇付的特点

汇付结算方式完全是建立在商业信用基础上的结算方式。交易双方根据合同或经济事项预付货款或货到付款，预付货款进口商有收不到商品的风险；而货到付款则出口商有收不到货款的风险。可见，汇付能否收货或收款，完全依赖对方的商业信用。由于汇付结算方式的风险较大，这种结算方式只有在进出口双方高度信任的基础上才适用。由于汇付手续简便，费用少，因此，近些年来，汇付在国际贸易中的使用率在上升。此外，结算货款尾差、支付佣金、归还垫款、索赔理赔、出售少量样品等也可以采用汇付。

2) 汇款结算的风险

第一，关于电汇或信汇方式下的风险分析。

① 预付款下卖方的风险

“预付货款”是一种对于出口商较为有利的结算品种。因为出口商在发货前就已经收到了货款，实际上等于得到了进口方的无息贷款，其出口的风险程度已经得到了控制。换言之，出口商已经接受了进口方的“购货担保”，从而掌握了出口的主动权。但是预付款对于卖方来讲也不是没有任何风险，因买方仍然可以蓄意伪造、涂改信汇或电汇凭证，谎称已支付或汇出货款，企图诱使出口商发货，以骗取其出口货物。这种欺诈行为往往有以下特征。

- 合同签订以后，留给卖方的交货期较短，买方在最迟装运期前很短时间内，瞄准卖方急于销货的心理，玩弄花样，先伪造了加盖银行印章的进账单，再传真过来，冒充电汇凭证，蒙骗卖方，卖方为了不违反交货期而迅速发货，不去核实汇款的真实性，一旦货物发运，代表货物所有权的单据已交给买方，再发现货款未到账时为时已晚。

- ◆ 买方擅自改变原来合同中的结算条款，比如原先合同以信用证签订，但出口商在信用证结算方式下迟迟收不到买方开来的信用证，使卖方处在两难的境地，等信用证收到后发货，则会违反合同规定的最迟交货期；如果卖方先发货，则得不到开证银行的付款担保；此时，买方利用卖方急于发货的心理，把信用证结算方式改为对卖方更为有利的前 T/T 方式，使用假的汇款凭证诱使卖方发运货物。
- ◆ 买方要求卖方把运输单据直接交给买方，在海运的时候，提单表示货物的所有权，在信用证和托收条件下，银行有为出口商处理和控制单据的义务，而在汇付的条件下，银行一般没有为出口商控制单据的义务，如果单据直接交给进口商，无疑会增加出口商的风险，一旦货物发出，出口商处于比较被动的地位。所以预付款条件下，出口商也要有警惕性。

② 货到付款的风险

"货到付款"即"后 T/T"，就是在签署合同后，卖方先发货，买方收到货物后，再付款的结算方式。与预付货款刚好相反，是一种有利于进口商，而不利于出口商的结算方式。货到付款条件下，出口商所面临的风险一般具有以下特征：进口商在收到货物以后对货物提出异议；在货到付款的情况下，银行不控制出口商的单据，单据由出口商先行交给进口商，出口商交单后，进口商的付款取决于进口商的商业信用。进口商在收到货物以后有可能提出质量问题、包装问题、运输问题、单证问题、交货时间等问题而拒绝付款，或要求降价处理，因为此时货物已经在进口国，出口商将处于被动的局面；出口商在发货交单之后，迟迟等不到买方的付款，再去追踪货物和要求买方付款，而此时往往货物已被提走，买方人去楼空或已宣布破产，使卖方遭受货款两空的损失。

第二，关于票汇方式下的风险分析。

票汇作为收款人凭汇出行开立的汇票到汇入行领取款项的一种汇款方式，往往会出现风险。当事人可以伪造或假证相关的结算票据达到欺诈的目的，所以票汇结算方式下，确认银行票据及相关函电的真实性尤其重要。买卖双方一方当事人采取不正当的措施变更汇票的内容或以伪造、假证实等手段，使付款人或收款人遭受经济损失欺诈行为的事件屡见不鲜。变更汇票内容的手段是付款人利用从银行购买的小额汇票，直接涂改成大额汇票，或复印变动汇票内容，并采取"一手交票、一手交货"的交易方式，诱使出口商盲目发货，以骗取其出口货物、佣金或手续费。变更汇票内容的手段有时还利用汇票上的有权签字不符合出票行印鉴册中授权签字的有关规定的办法，达到支付货款，骗取货物的目的。如汇票出票人虽在出票行印鉴册上查有其名，但均为 B 类有权签字人员，而非规定的 A 类有权签字人员。伪造和假证实汇票的手段是付款人在提供伪造汇票的基础上，再伪造某一银行的证实函电，承兑通知或担保书，以便获得收款人或付款行的信任，使收款人或付款行遭受经济损失的欺诈行为。

- ◆ 国家信用风险。国家信用风险来源于不可抗拒的国外因素，可以分为政治风险和宏观经济风险，它是由进口国的法律和法规所产生的，并不是合同条款所能免除和改变的。在国际贸易中，如果进口国经济衰退、外汇匮乏无力对外支付、国内货币大幅度贬值、战争内乱导致经济停滞等都可能使买方不能履行对外付款的责任。
- ◆ 汇率风险。结算时间往往滞后于合同签订时间，两者之间有一定的时间间隔，导致结算时的汇率可能不同于合同签订时的汇率而产生的外汇风险。在出口合同生效后，出口收汇的结算外汇汇率一旦下降，出口企业到期收回的外币则不足以买回签约时的本币金额，从而导致少收本币的风险。

3）进出口商在汇付结算方式下应该采取的防范措施

① 风险回避

风险回避是企业对付风险最彻底的方法，它可以完全避免某一种风险可能造成的损失，而其他方法只能够减少风险的损失程度。

- 搞好客户资信调查，切实了解对方身份状况。汇付属于纯商业信用，银行在汇付结算方式下，只提供服务而不提供信用，进口商到底是否付款，完全取决于进口商的信用，在这种情况下切实了解对方身份及资信状况十分重要。故应在签约前，委托专职、权威的咨询机构对客户摸底调查，知己知彼，稳操胜券，可以大大降低上当受骗的概率。
- 争取采用C组术语，也就是争取出口商联系承运人。出口商联系承运人有利于对货物的控制，如果买方拒绝付款，卖方可以通知承运人处理货物，或者可以委托承运人运回，以避免钱货两空的损失。如果是由买方承运人运输货物，那么风险较大，因为货物装上买方运输工具后，卖方很难控制货物，一旦买方拒付或买方与承运人恶意串通，指示承运人无单放货，则出口商将面临更大的风险。
- 在签订合同时，首先要选择好结算货币。若以本币结算，不存在外汇风险；若必须以外汇结算，在交易磋商中应当尽量争取选择出口用硬币、进口付汇用软币的原则。其次，企业也可以通过套期保值，进行与贸易结算外汇流向相反的远期外汇交易来消除结算风险。

② 风险控制

控制风险就是企业在损失发生前采取各种具体措施消除或减少可能引起损失的各种因素，以降低风险发生的可能性。

- 对出口商而言，要尽量争取收妥货款后发货。如果发货在前，收款在后，那卖方在收到全部货款之前需要特别注意对所有权单证的控制和对仓库的监管。既不能轻易将所有权单证交给进口商，同时如果自己享有所有权的货物已经存放在进口商所在地的仓库，那必须加强对仓库的监管，防止货物由于保管不善发生损失及可能发生的仓库擅自同意进口商提货的情况。
- 发挥银行在汇付中的作用。进出口商应该加强与银行的合作，充分发挥银行在结算业务中的优势，为企业提供服务。如进口商在预付款的业务中，可以委托银行凭单付款，进口商先委托汇出行通过信汇或票汇的方式把货款汇给出口地银行（汇入行）再委托汇入行凭出口商交付符合合同规定的单据支付货款，大大减少进口商的风险。而出口商可以借助银行的专业知识，识别结算票据的真实性，通过出口地银行对国外汇出行及进口商进行资信调查，以降低在汇付结算方式中面临的风险。
- 其他控制因素。出口企业应在平时加强对员工的思想教育，防止内部员工与国外客户勾结，损害企业的利益。

③ 风险保险

对出口企业来讲，风险保险主要涉及国际货物运输保险、信用保险等。企业可以根据实际情况，有选择地加以投保，一旦发生风险，能够获得一定的赔偿。

国际贸易常用贸易术语有六个：FOB、CFR、CIF、FCA、CPT、CIP。按照 INCOTERMS 2010，买方负责货物自装运港装上船之后或在指定的交货地点卖方将货物交付第一承运人开始货物在运输途中发生的一切风险或损失。由于自然灾害和意外事故，货物在运输途中很有可能遭受损失。一旦货物在运输途中发生损失，出口方如果采用先出后结，买方很有可能拒收单据或受损货物，产生拒付，从而将风险和损失转嫁给出口商。因此，汇付方式下的卖方应尽量争取以 CIF（或 CIP）价格条件成交。因为这两个贸易术语是由卖方负责办理货物的运输保险。如果在运输途中货物发生保险责任范围内的损失，买方可以凭保险单向保险公司索赔。卖方最好在投保货运险时选择保险责任范围比较大的险别，并在对外报价时把该因素事先考虑进去；如果采用 FOB、CFR、FCA、CPT 贸易术语，出口商最好投保卖方利益险或出口信用险。一旦货物在运输途中发生风险造成客户拒付，出口商可以获得相应的赔偿。

（2）托收的特点、风险以及防范

目前，在欧美一些先进国家和地区，付款方式日趋简单易行，信用证在贸易结算中的使用率有进一步缩小的趋势。一方面，对于进口商来说，开立信用证的手续繁杂、费用较高，而且还要在较长时间内占压买方一定的资金或授信额度，致使很多买家不愿意开证；另一方面，随着国际贸易的不断发展，世界买方市场的进一步形成，世界贸易市场的竞争日趋激烈。在国际市场普遍形成买主市场形势下，出口商要赢得买主、扩大交易、扩大市场，除了必须以商品高质量、低价格作为竞争手段外，尤其重视在付款方式上给予进口商一定的优惠，向进口商提供更有竞争力的贸易条件。因此，在付款方式上，出口商需要寻找新的解决方案，往往不得不逐渐减少甚至放弃对自己有利而对进口商不太有利的信用证方式的使用，逐渐增加使用为进口商所乐意采用的付款方式，如托收和赊账方式。

由于上述原因，目前国际贸易中越来越多采用非 L/C 方式结算。然而，托收方式毕竟属于商业信用，对出口商来说，风险较大，如果运用不当，出口商极有可能招致巨大损失，必须引起高度重视。

1）托收结算方式的特点

① 进出口商资金负担不平衡

托收条件下，出口商处于不利地位，要委托银行向客户收款的首要条件是出口商备妥托收项下的单据，这就意味着出口商必须先备妥货物装运后取得单据才能通过银行托收。进口商在做托收结算方式时，无须交付押金和提供相应的担保，签订合同以后，凭出口商通过托收行向代收行递交的单据决定是否付款或承兑，具有很大的主动权，尤其是在远期付款交单和承兑交单的条件下，进口商可以通过信托收据借单，或承兑出口商出具的汇票获得单据的所有权先行提货，转售后偿还出口商或银行的货款。

② 银行不承担审单和付款责任

URC522 第四款第一条 B 项明确表示托收银行不会为取得指示而审核单据。第十三款又明确银行对任何单据的格式、完整性、准确性、真实性、虚假性或其法律效力，或对在单据中载明或在其上附加的一般性或特殊性的条款不承担责任或对其负责；一般情况下，在托收条件下进口商付款或承兑的条件是单据和合同的一致，单据和单据的一致，银行没有审单的义务，会增加因为单据问题而产生的拒付风险。此外，银行在托收业务中不承担付款责任，托收结算方式下，付款与否全凭进口商的信誉，如果货物到达目的地，进口商拒不赎单，银行有义务通知委托人，但没有付款和照管货物的义务，所以银行在托收业务中只提供服务，而不提供付款担保，属于商业信用。

③ 法律关系尚待明确

托收中有关委托人、托收行和代收行的法律关系不明确，在实际业务中，代收行有时会按照进口商的要求不以托收行的指示交单，有时是按照其国内法的规定作出与惯例不一致的操作方法，如有些国家根据国内法的“对价”原则，把远期付款交单按承兑交单操作。在委托人的利益受损时，委托人如何主张权利，是否有权利追究代收银行的责任，此问题还有争论。而根据托收统一规则第十一款的规定：“为使委托人的指示得以实现，银行使用另一银行或其他银行的服务是代该委托人办理的，因此，其风险由委托人承担”，“即使银行主动地选择了其他银行办理业务，如该行所转递的指示未被执行，该行不承担责任或对其负责”。所以实践中，委托人很难通过托收行获得救济，由于委托人与代收行没有委托代理关系，代收行往往可以逃脱应该承担的法律责任。

2）托收方式对出口商的风险

在托收业务中，无论是委托人和托收行之间，还是托收行和代收行之间，都是委托代理关系。卖方货款的收取，虽然是通过银行办理，但是银行只是作为委托人（出口人）的代理人身份按照委托指示办事，既无检查货运单据是否完整或正确的义务，也无承担付款人必然付款或承兑的责任。如果付款人借故拒绝付款赎单，除非事先约定，银行也无义务代为提货、存仓和保管货物。因此，出口人须关心货物的安全，直到对方付清货款为止。至于货款能否收到，完全取决于进口人的信用。因此，托收属商业信用性质。

采用托收方式收取货款，对出口人来说，有相当大的风险。其主要风险存在于以下方面。

① 买方的信用风险

- 买方破产或丧失偿还能力，这主要是指进口商的企业因经营不善而破产，或其企业虽然继续存在，但没有足够的财力向出口商支付货款，造成出口商的货款不能收回；
- 买方因市场发生对自己不利的变化而借故毁约、拒付。

② 政治、法律风险

进口国政府班子的更替、国内政治局势的变化、甚至是政府的某种行为，都可能妨碍买方履行支付协议。比如，进口许可制度、进口外汇支付的冻结等，都可能使买方的支付协议难以履行，导致进口商拒付货款。

上述风险导致买方拒付（包括 D/A 条件下买方拒绝对远期汇票承兑）时，卖方将面临收不回有关款项的风险，但由于进口人在未付货款时以及采用 D/A 但尚未承兑时，取不到货运单据，提不走货物，货物的所有权属出口人，单据仍由卖方控制，货物一般不会发生损失，但须付为保全货物不得不支出的提货、存仓、保险、交纳进口关税、支付运回国内的运费等额外费用，或承担降价损失的风险。

但须引起重视的是，上述情况下，货物一般不会发生损失，并不意味着可以排除货物有招致损失的可能性，即使在 D/P 条件下也不例外。

③ 采用 T/R 的风险

在远期 D/P 条件下，交易双方事先商定并由出口人办理托收时主动授权银行凭信托收据先行放货，那么，进口人只要在承兑汇票后提供信托收据，即可取得货运单据，等到汇票到期才付款。这种付款交单凭信托收据借单的做法是出口人向进口人提供的信用便利，与代收银行无任何关系，其风险与 D/A 相同。如果进口人提取货物后，在汇票到期时不付款，货款两空的损失只能由出口人自己承担。

④ 不及时对货物采取保全措施的风险

- 对易腐变质的货物、如蔬菜、水果类货物，不及时处理而招致损失。
- 有人错误认为，只要持有提单，货物到达目的港后可随时提货，却不知进口国对进口货物在港口仓库存放时间都有限制，进口国的有关当局往往对超过三个月甚至超过一个月仍无人提货的进口货物作“拍卖”或充公处理。

⑤ 货物到达目的地时被禁止进口或被可能没收处罚的风险

由于进口商事先没有领取进口许可证，因而货物到达目的地时被禁止进口或可能被没收处罚。此外，对于进口食品、饮料、药品等与人体健康有关的货物，世界上大多数国家都规定有卫生检验标准，如果违反进口国所规定的标准，就会被拒绝进口或者没收，甚至被销毁。

⑥ 地区“特殊做法”的风险

国际上处理托收业务的主要根据是 1979 年 1 月 1 日生效的国际商会《托收统一规则》。但是，某些地区、某些国家的银行仍有一些特殊的规定和做法，如某些欧洲和拉美国家的银行基于当地的法律和习惯，对来自他国银行按远期付款交单方式的委托收款业务，习惯上均在付款人（进口人）承兑汇票后立即把单据交给进口人，将远期付款交单（远期 D/P）一律按承兑交单（D/A）处理。这给出口商带来很大的风险，使得不法商人可凭承兑汇票提取货物，以后又借口推卸责任，造成出口商货款两空。

又如叙利亚海关有规定：退运商品必须由原进口商出具退运声明，并经叙银行书面证实，海关才能放行。这样便将卖方本可因买方无理拒付而将货物运回的权利交由违约的买方支配。如果买方不予配合，后果可想而知。更有甚者，进口商利用出口商对进口地法令和商业习惯不熟悉的弱点，提出出口商的做法违反了某项法令或商业习惯，串通当地官员，由政府机关出面将货物没收，然后将该货物低价出售给原进口商。

⑦ 贸易术语选用不当的风险

按 CFR、CPT 或 F 组术语成交的合同，卖方没有办理货运保险的义务，而由买方根据情况自行办理。如果履约时行情对买方不利，买方无意履约，就有可能不办保险，这样一旦货物在途中出险，买方更不愿付款赎单，卖方将钱货两空。

即使买方投了保，倘若货物在运输途中遇到不测而致损，而遭受的货损又是承保险别责任范围以外的风险所致的，买方知道无法凭保险单向保险公司索赔，便不排除他拒付的可能性，这样，卖方同样可能遭货款两空的损失。可见，当进口商拒付受损货物的货款而出口商又不持有保险单时，自然无法从保险公司获得赔偿。

⑧ 承兑交单（D/A）的风险

在承兑交单条件下，进口人只要在汇票上办理承兑手续，即可取得货运单据，凭此提取货物，出口人收款的保障只是进口人的信用。如果进口商只是拒绝承兑汇票，其风险相当于 D/P，即如上所述的前 6 种的风险，不排除会出现货款两空的可能性。但如果进口人承兑汇票、提货后到期不付款，出口人便肯定而不仅仅是可能遭到货款全部落空的损失。虽然出口人可向法院起诉，但在这种情况下，进口人多半已陷于无力付款的境地，甚至破产倒闭，可见，承兑交单比付款交单的风险更大。国际贸易中强调的 D/A 风险，主要是指买方承兑后拒付的风险。

3）风险防范措施

跟单托收方式虽然对出口人有一定的风险，但是对进口人较为有利，较之预付货款和信用证方式有利得多，不必占用资金，省去开证手续，不必预付押金，减少费用支出，必要时还有可预借货物的便利。在我国出口业务中，如果我们事先作好防范措施，就能增强我国出口商品的竞销能力，促进成交，扩大出口。

根据上述提及的八点风险，我方出口可采取的主要防范措施如下。

① 加强对进口商的资信调查

出口商交易前必须选择好可靠的交易伙伴，即使是多次打过交道的客户尤其是中间商，也应经常调查和考察其资信情况和经营作风，对不同进口人按其具体情况确定不同的授信额度，并根据情况的变化，及时调整授信额度。对客户的调查主要应包括：政治背景、资信情况、经营范围和经营能力等内容。调查途径可以通过国内外银行、国外的工商团体或征信机构、我国驻外商务机构等渠道进行，国外出版的厂商年鉴等刊物也有一定的参考价值。对收集得来的客户资料，同样必须经过分析研究。此外，出口商在出口实务操作中，还应重视在日常业务往来中了解和考察客户。对进行过交易的主要客户应建立信用档案，以期据以评估客户的资信，从而将买方信用风险控制在业务发生之前，这对掌握客户资信作风和经营能力的实际情况，具有很重要的作用。

② 了解进口国家的贸易管制和外汇管制条例

熟悉进口国的贸易管制和外汇管制条例，以免货到目的地后，由于收不到外汇或不准进口甚至可能被没收处罚而造成损失的风险。与贸易管制和外汇管制较严的国家和客商交易时，使用托收结算方式应格外小心谨慎，详细了解相关国家的各种有关法规，避免实际业务操作中出现难以应付的情况。特别是对于进口需要领取许可证或批准配额的商品，为防范因货物被拒绝进口而不得不在当地处理或需运回而支出额外费用，在成交时应约定进口商必须将领得的许可证、配额批准证明或已获准进口外汇的证明在标的货物发运前寄达，否则不予发货，以保安全。此外，宜力争由外商预付部分货款或者一定金额的押金，这样既可减少风险，也可达到约束对方的目的。

③ 必须了解有关国家的银行对托收的规定和习惯做法

了解进口国家的商业惯例和海关及卫生当局的各种有关规定，以免违反进口地习惯或规定，影响安全迅速收汇，甚至使货物遭没收、罚款或销毁。对一些采用与托收惯例相悖的地区性惯例的进口商，应采用即期付款交单成交，不接受远期 D/P，以防止进口地银行将远期付款交单做成承兑交单的风险。由于远期 D/P 的安全性在理论与实务中有偏差，这应引起出口商的高度重视。若出口商自认货权在握，不做相应的风险防范，进口商信誉又欠佳，则极易造成钱货两空的被动局面。

④ 贸易术语尽量选用 CIF 或 CIP 贸易术语成交

这样做的原因有两个。首先，如果选用由进口方负责订船的贸易术语如 FOB 条件，进口商有可能与其指定的承运人或货运代理联合，利用与货运代理之间的密切关系来取得货物的实际控制权。而在 CIF 条件下，由于由出口商安排货物的运输，指定运输公司，买方与船方或货运代理勾结的可能性较小。其次，因为 CIF 价格条件是由出口商投保并掌握保险单据，这样货物运输途中一旦发生损失，他可利用索赔权从保险公司获得货款赔偿。如果他报价用了 FOB（离岸价）或 CFR（成本加运费）价格条件，则由进口商来办理货物保险，那么出口商掌握的货物权益将是不完整的。采用 CIF 成交，出口商交货后，如果货物在运输途中发生损失，因为出口商办理保险，万一买方不能信守合同，拒绝接受单据、拒绝付款，则运输途中的损失出口商可以从保险公司得到赔偿。投保的险别宜选一切险和战争险，必要时加保拒收险。拒收险的保险责任是：货物在进口时，由于各种原因，被进口国的有关当局拒绝进口或没收所造成的损失，保险公司负赔偿责任。投保拒收险的货物主要是食品、饮料、药品等与人体健康有关的货物。保险公司在承保该险别时，要求被保险人必须保证做到：被保险货物的生产、质量、包装和商品检验必须符合产地国和进口国的有关规定；对被保险货物必须备有一切必要的有效的进口特许证或许可证。在这种情况下，确保提供符合品质要求的货物便是我们防范风险的有力措施之一。

⑤ 及时采取保全货物的措施

在托收出口业务中，卖方须关心货物的安全，直到对方付清货款为止。当买方拒绝赎单付款时，必须尽快委托目的港方面的代理人、客户或代收行代为提货、存仓、保管或处理货物，对易腐变质的货物尤须如此。根据托收的国际惯例，如果付款人拒绝付款赎单，除非事先约定，银行无义务代为提货、存仓和保管货物。为便于及时处理货物，出口商可预先在委托书中指定代收行作为"需要时的代理"，即在托收委托书中除了列明付款人及其相关人的名称和地址、交单条件、拒付证书以及利息与费用处理等内容外，还提请代收行对拒付后的货物的处理作出适当的安排，以便拒付发生后，及时将货物存仓或妥善处理。据此，出口商届时如无法自行处理货物时，便可委托代收行代为提货、存仓和保管货物，以免遭受货、款两空的损失。

⑥ 注意操作托收业务中的各种细节

打铁还需自身硬。出口商在操作以托收为结算方式的出口业务时，必须注意各种细节，严格按程序谨慎操作业务，以免给他人以可乘之机。

- 首先，国外代收行尽量不要由进口商指定。如确有必要，则应事先征得托收行的同意，以防进口商指定的代收行不可靠，或往来渠道不畅，造成托收申请的被动局面，也可能由于代收行信用不佳或产生意外而导致货款落空。
- 其次，力争取得买方一定金额的押金。并在合同中规定装运货物是以进口商押金到达出口商账户为条件。这样，出口商在收到押金后发运货物，若进口商正常付款或承兑，则押金抵作部分货款，其余部分委托银行托收；若进口商拒绝付款或承兑，则出口商可将货物就地转售或运回，而从押金中弥补所发生的损失费用。
- 另外，出口商应严格按合同规定组织商品、装运货物、缮制各种单据，以防进口商找到拒付货款或拒绝承兑的借口。特别是在缮制运输单据时，一般要做成空白抬头并加以背书，如需要做成代收行抬头时，应与银行联系并经认可后办理。被通知人一栏，必须详列进口商的名称和地址，以便货到时承运人能及时通知。

⑦ 投保卖方利益险

若争取不到 CIF 或 CIP，而采用 CFR、CPT 或 F 组术语成交时，为防范风险，出口商应为自己利益另行投保"卖方利益险"，以避免风险。卖方利益险（contingency insurance clause—cover seller's Interest only）是中国人民保险公司设立的一种特殊险别，它可以单独投保。它负责赔偿保险货物遭受保险单载明的承保险别的条款责任范围内的卖方损失，但该险别仅在买方不付款赎单而且货物也在运输途中发生损失时才予赔偿。这种险别只适用于托收或赊销的交易。且又常用于以 FOB 或 CFR 贸易术语成交并采用托收作为结算方式的出口贸易中。投保这种险别，主要是为了在以上贸易条件下，货物一旦在运输途中受损而进口商又不付款赎单时，出口商不致遭受太大损失而采取的保护措施。如果出口商事先投保这一险别的保险，便可弥补因上述风险带来的损失。投保这种险别的保险，出口商只需在有关货运发票上注明“投保卖方利益险”，并送保险公司加盖公章、注明日期，一份留保险公司存档，另一份出口商收执作为保险凭证。费率按一切险的四分之一，再加上战争险的费率合并计收。

相对于出口信用保险而言，卖方利益险具有手续简便、易于操作等优点，建议出口商根据实际情况酌情采用。

⑧ 投保出口信用险，以转嫁出口收汇风险

出口信用保险（export credit insurance），又称出口保险。这种保险是一国政府为鼓励和扩大出口而以财政资金作后盾，由专门保险机构向出口商提供的保证其收汇安全的一种政策性风险保障制度。它不以营利为目的，不同于一般的商业保险。它是以出口商的收汇风险作为保险标的一种保险险别。承保买卖合同或服务贸易合同中出口方或提供服务方在货物出口或提供服务后不能按照合同规定收回货款或不能及时收回货款所致损失的风险。凡是以信用证、托收和赊销作为结算方式的出口合同，出口方均可投保此项保险。

出口商在操作以托收为结算方式的出口业务时，可能会因为进口商破产或拒付，或因进口国家外汇管制、进口限制以及内战等政治性、行政性及商业上的原因不能收回或及时收回货款，如出口商事先投保该险，就可以得到保险公司的赔偿、保证业务活动的正常开展。因此，其在托收业务中面临的收汇风险可以安全有效地转移给出口信用保险机构，由其负责并承担安全收汇的风险。对出口商而言，出口信用保险是一种有效的风险转嫁制度，可以起到防范风险的作用。

为解决出口商的后顾之忧，促进出口，许多国家都设立这一险别。目前中国人民保险公司等国内保险公司业已设立这一险别，并成立了出口信用保险部，以促进出口贸易的发展。国内出口商应充分利用这种有利的条件，依照具体的保险法规和程序，合理地利用出口信用保险，降低托收结算方式下出口贸易的风险。

⑨ 办理国际保理业务

国际保理业务（International Factoring），即国际保付代理业务，是指以出口商业信用形式出卖商品。在货物装船后立即将发票、汇票、提单等有关单据卖断给承购应收账款的财务公司或专门组织，收进全部或一部分货款，从而融通资金或规避风险的一种业务。

只要出口商的商品品质和交货条件符合合同的规定，在保付代理组织无追索权地购买票据后，出口商就可以将信贷风险和汇价风险转移给承购组织。这一点对于以托收作为结算方式的出口商来说就显得格外重要。

对于以托收作为结算方式的出口商来说。国际保理业务不同于出口信用保险业务，从某种意义上讲前者要比后者对出口更为有利。首先，前者对出口商贷款的最高限额为100%，即保理组织承担出口货款100%的赔偿义务；而后者最高保障金额为出口货款的70%～90%。其次，如进口商拒不付款或倒闭，前者的赔偿期限一般在90天内（从货款到期日计算）；而后者的赔偿期一般在120～150天。最后，前者的内容综合多样，向客户提供的服务内容有：进口商的资信调查和评估、财务信用风险担保、财务管理和账款追收、账目记录管理、提供融资；而后者则只提供前两项服务内容，缺少后三项服务内容。

鉴于国际保理业务的诸多优点及托收结算的风险，各出口商在操作以托收为结算方式的出口业务时考虑采用。

(3) 信用证结算方式的利弊及风险综述

信用证（Letter of Credit，L/C），是指开证银行应申请人的要求并按其指示向第三方开立的载有一定金额的、在一定的期限内凭符合规定的单据付款的书面保证文件。信用证是国际贸易中的一种主要支付方式。

1）信用证结算的好处

信用证与其他结算方式（汇付、托收）相比，最大的好处就在于：它将本由进口商履行的支付货款的义务转到银行身上，由银行来履行此项义务，从而保证了出口商能迅速安全地收回货款，进口商也能按时收到货运单据并及时提取货物。因其以银行信誉向出口商提供付款保证，所以比一般的商业信用更为可靠，从事国际贸易的买卖双方以及作为付款人的银行也都由此获得方便。信用证具有的作用如下。

① 银行的保证作用

- 主要表现在两个方面：对进口方，信用证可以保证进口方在支付货款时即可取得代表货权的单据，可以通过信用证条款来制约出口方发货的时间、货物的质量和数量，如果单据不合格还可以拒绝付款赎单；
- 对出口方，信用证可以保证出口方在向银行提交符合信用证条款规定的单据就可以取得货款的权利，即使在进口国遇有外汇管制或市场等风险，也可保证收取到货款。

② 融通资金的作用

信用证可以作为一种融资工具，为进出口双方提供资金融通的便利，如信用证打包贷款、议付等。

2）信用证结算的弊端

当然，利用 L/C 也可能出一些问题。对于卖家而言，唯一担心的就是 L/C 出毛病，主要是单据差错（discrepancy）。尤其有时银行故意找麻烦，查单证查得很严，打错一个字母也非得叫你修改不可。根据 ICC 的调查，L/C 文件首次结汇（First tender）时出毛病，银行打回头的占40%左右。不过，一般不会构成太大的问题，因为卖家只需将文件略作修改，在信用证有效期内，在第二次结汇（second tender）时就能过关结汇。另外，信用证付款方式的可靠与否，最主要还是看文件的繁简，如果一个文件只要自己签个字就可结汇的话，那么这个 L/C 肯定可靠；反之，如果它要求的文件很多，而且其中不少文件又不完全在你操纵之下，而是受制于他人，就要冒一定的风险。投保的话，货主只要付了保费就会有保单，万一有什么东西要改，货主叫人去改也容易。对于发票而言，银行挑出什么毛病，货主都可以回去自己随意修改。较为担心的单证，就是需要出于第三者之手的 B/L、验货报告或其他官方文件等的可靠程度，因为到时候不管怎样，对方都可以不出。或 B/L 要加批注、改格式等，货主根本没办法，结果结不了汇。因此，对卖家而言，L/C 里的文件越少、越简单，就越可靠。

3）信用证结算风险综述

在信用证业务中，进口国开证银行承担了第一性付款责任，只要出口商按信用证的规定备货装船，提供合格单据，便能够从银行取得货款。对进口商来说，信用证规定了进口商所要求的货物内容，数量和标准以及装船期限等。只要进口商支付货款，就能取得代表货物所有权的货运单据。因此，信用证结算方式的使用对进出口双方都是相对安全的。但是这并不意味着使用信用证方式结算就没有风险。信用证方式有三个特点。一是信用证不依附于买卖合同，银行在审单时强调的是信用证与基础贸易相分离的书面形式上的认证。二是信用证是凭单付款，不以货物为准。只要单据相符，开证行就应无条件付款。三是信用证是一种银行信用，它是银行的一种担保文件。由于信用证交易具有的独立抽象原则，使得不法商人有机可乘，大行欺诈之能，造成外贸企业在信用证结算方式下面临的风险也层出不穷。

①“软条款”的风险

- 国际贸易术语选择中软条款的设置；
- 对信用证生效附条件软条款的设置。

②“客检条款”的设置

在信用证单据条款中，不法商人往往规定受益人在议付时必须提交由开证人出具的检验合格的检验证书。设置此条款在交易中，一旦进口方不开具检验证书或迟开此类证书，出口方就不能及时拿到证书去议付行交单，开证行就因迟交单而拒付，或者进口方对货物百般挑剔不出具检验合格的检验证书，导致单证不符而被开证行拒付。

③ 信用证欺诈风险

- 伪造信用证；
- 假货真单；
- 假单据欺诈；
- 不法商人与开证行的不法职员串通行骗；
- 买卖双方串通诈骗。

④ 对外贸易企业本身的业务问题造成的风险

由于对外贸易企业的出口业务涉及的方面比较多，而且在日常业务办理中极易出现操作风险。因此，企业需要一整套比较完整的业务管理制度，来确保对外贸易本身业务的质量。完善进出口贸易的合同，在对外贸易的合同中应该包括证、货、船、款，并且涉及工厂订货、商检、订舱及报关各个方面，确保对外贸易企业本身的业务问题在面对复杂的环节监测时，不出现质量问题。

⑤ 不符点风险

虽然信用证中的开证行以自身的信用承担独立的付款责任，但正是由于信用证运作的独立性，使一些进口商有机可乘，利用信用证只处理单据而不涉及货物的特点，当货物市场价格变化对自身不利时，在单据中挑毛病，以达到降价、减价、迟付、少付的目的。资信欠佳的开证行也往往站在其客户的立场，挑剔单据，以非实质性问题拒付，帮助客户达到目的。这时，出口商就会面临不能安全及时收汇的风险。

⑥ 转让信用证风险

当货物的卖方不是实际的供货人或制造商时，可以利用可转让信用证将该证项下的权益全部或部分转让供货商（受让方）。转让信用证的特点是转让行不承担独立验单付款责任（除非它又是保兑行），只有在得到开证行付款后才对受让方付款。如果供货商在转让信用证下交单时做到了单证相符，但中间商换单时造成单证不符而被原始开证行拒付。基于以上特点，这一收汇风险实际上由供货商承担了。从资金占用角度讲，由于转让行不承担独立验单付款责任，中间商与买方之间在合同执行过程中所产生的商品资金占用实际上也由供货商承担了。因此，转让信用证对供货方十分不利，它承担着收汇和资金占用双重风险。

2. 传统外贸结算方式的选择策略

（1）基本结算方式的运用

1）汇付的运用

“预付货款”是一种对于出口商较为有利的结算品种。而“货到付款”则刚刚好相反，是一种有利于进口商，而不利于出口商的结算方式。当前，在进出口贸易中，还有一种沿用“国内贸易”的结算办法（在浙江省的义乌、柯桥等地使用得最为广泛），即买、卖双方在签订合同以后，由买方先付50%～60%的订金。工厂先开工生产，等到货物出运后，再以交付提单为凭据（即象征性交货），支付余下的40%～50%的货款。一般而言，这种贸易结算办法，所付“定金”数额的多寡，要视买卖双方的信任程度而定，有相当的伸缩余地。如果双方是老客户，对方所付订金也可在30%～40%之间。不少出口商甚至允许进口商在收货、检货之后，再支付余下的货款。

2）托收的运用

国际贸易中“托收结算方式”的优点是显而易见的，手续迅捷、简单。在一般的情况下，“即期付款交单”的托收结算，出口商是有一定保障的，即不会受到财货两空的损失。托收方式下进口商只要付了款或者进行了承兑，就可以得到代表货权的单据。此做法，相对于“汇款结算方式”要安全得多。但是，“托收结算方式”对于出口商来说风险还是比较大。因为卖方能否按时收回货款，完全取决于进口商的信用。假如进口商因商情变化，到时拒不付款或者拒不承兑，卖方就有可能遭受迟收货款、收不到货款的危险。如果遇到这种情况，托收银行和代收银行，对此是不承担任何责任的，所谓“商业信用”的风险性也就在这里。特别是当采用“空运交货”方式时，“托收结算方式”更应谨慎从事。

但是，从某种意义上来说，选择做“D\P即期”比选择做“D\A远期”较为安全。从理论上来说，只要买方未付款，货运单据仍在银行，那么，货权仍归卖方，卖方仍可将货物转卖给他人或者运回。相对来说，“D\A远期”风险就比较大，因为进口商有可能不来承兑，或者签署了承兑书，取走了单据，提了货之后，到期日不来付款或者少付款，银行和卖方是无可奈何的。由此可见，“托收结算方式”对于出口商而言有“潜在风险”。

3）信用证的运用

信用证结算的优点是不言而喻的。其主要缺点如下。

- 由于信用证结算方式是一种纯粹的单据买卖行为，只要单证相符，开证银行就一定要付款，进口商也一定要付款赎单。因而，进口商有可能得到与信用证规定完全相符的单据，可是并不一定能得到与单据条款完全相符的货物。
- 信用证业务中有可能存在欺诈。无良商人利用信用证的上述特点，进行不法活动。如提供无货单据、假冒单据等。
- 出口商在履行信用证条款时，由于种种原因，造成单证不符，导致开证行的拒付。
- 开证行和进口商可能无理拒付或无力支付。
- 开证行在开立信用证时，通常向进口商收取一定数目的押金，由于信用证结算的周期较长，该资金被银行占用。
- 信用证的手续过繁、费用过高。
- 开证行可能在信用证中列出一些软条款，使信用证失去了其保证付款的功能等等。但是，由于信用证结算方式中银行承担了第一性的付款责任，实际上已经成为现代国际结算影响最大的结汇方式。

（2）基本结算方式之间的组合运用

合理选择和运用各种不同的结算方式，应从保障外汇资金的安全、加速资金周转、扩大贸易往来等多方面来考虑。在外贸实践中，外贸企业常根据交易的实际情况，有针对性地采用一种或综合运用多种支付方式和信用工具。

1）汇付与托收相结合

在出口贸易中，此种组合结算方式运用较多，汇付方式的用途主要是预付货款或订金，基本做法是：出口商与进口商约定采用付款交单托收货款，要求进口商在货物出运前以汇付方式预付一定比例的货款或订金，然后在出口商发运货物后委托银行办理托收时，在托收货款中扣除已付款项或订金部分。这种组合方式一方面可以保证出口方及时按合同履行发货的义务，又在一定程度上减少了货款收不回来的风险，同时也能约束进口方及时付款，节省了银行费用的开支。

2）汇付与信用证相结合

出口贸易中信用证与汇付结合使用，是指一笔出口合同金额的一部分由信用证支付，另一部分通过汇付（一般采用电汇，即T/T）支付。汇付部分通常用做订金或预付款，在装运货物前支付。如延期付款方式中，预付部分以汇付方式支付，剩余部分可采用信用证方式分期支付，有时也可根据交易商品的特点，在交货后以汇付方式结算余额。

3）光票托收与跟单信用证相结合

光票托收与跟单信用证要结合即部分货款采用跟单信用证支付，部分采用光票托收支付。信用证受益人开立两张汇票，属于信用证项下的部分货款凭光票支付，而其余额则将货运单据附在托收的汇票项下，按即期或远期付款交单方式托收，并将全套单据连同光票一并交由信用证指定的代理银行向开证行寄单索偿。同时卖方还可以要求买方在信用证中加注特殊指示，规定开证行必须在托收光票的款项收妥后才能向申请人进口商交单，从而保证安全收汇。信用证与托收方式的结合使用，对进口商来说，能够减少开证金额与开证保证金，少垫资金；对出口商来说，因其有严格的交单条件规定，能够保证收汇的安全。

（3）基本结算方式和附属结算方式的组合运用

1）托收与国际保理相结合

基本做法是出口商在货物装船后，将发票、汇票、提单等有关单据无追索权地卖断给保理商，如遇进口商破产或违约拒不付款的情况，进口保理商负责赔偿信用额度内的全部款项。当国内出口商进口商资信状况不了解的情况下，为保证收汇安全，可以申请做国际保理，将收汇风险转移给相关机构，专心从事生产和收购等商业活动。

2）汇付与银行保函（备用信用证）相结合

无论是买方的预付汇款，还是卖方的货到后汇款，均可要求对方出具银行保函（备用证）作为汇款支付方式的补充手段来减轻对方的违约风险。汇付与银行保函的结合使用主要用于分期付款与延期付款的交易中。这种形式常用于成套设备、大型机械和大型交通运输工具（飞机、船舶等）等货款的结算。这类产品，交易金额大、生产周期长，往往要求买方以汇付方式预付部分货款或定金，其余大部分货款则由买方按信用证规定或加开保函分期付款或延期付款。

3）信用证与银行保函（备用信用证）相结合

银行保函与信用证方式的结合使用主要用于一些期限较长的大型交易中，如成套设备的交易以及工程承包等业务。如，合同签订后进口商先支付相当于合同金额10%的预付款，出口商开立相应金额的预付款保函；进口商同时开出相当于合同金额的80%的进口信用证；

设备装运前，进口商开立相当于合同金额10%的尾款保函。在这些业务中，除了正常的支付货款外，还会有预付款或保留款的收取。这时，可以用信用证方式支付货款，保留款的支付及预付款的归还可以用银行保函来担保。

4）托收与银行保函（备用信用证）相结合

基本做法是先由进口商申请开出保证托收付款的银行保函或开出备用信用证，以确保出口企业的及时收汇。这种方式偶见于以承兑交单的托收方式作为出口货款的结算时，出口方为保障收汇安全，要求进口商通过其银行开出以出口商为受益人、与托收单据金额相等、期限长于托收付款期限的付款保函。这种支付方式能够使跟单托收项下的货款遭到进口商拒付时，出口商可利用备用信用证的功能追回货款。

综上所述，一笔贸易究竟采用哪一种结算方式，在业务实践中，往往取决于贸易双方的自身收益衡量与风险偏好基础上的谈判。此外，贸易双方应从交易货物的销售情况，客户的资信状况，合同金额大小及交易条件、有无融资条件、运输单据的性质等各方面进行考虑，合理运用各种结算方式，实现风险最小，结算费用最低，力争达到双赢的结果。

3. 国际贸易结算方式的发展现状及趋势

（1）信用证使用率下降及其原因

信用证这种结算方式基本上覆盖了国际贸易的全过程，涉及的各种参与者也较全，跟单信用证基本上拥有一个完整的业务操作程序，兼顾双方的利益，融通资金便利，它的出现解决了国际贸易中的预付和到付的矛盾。但自20世纪90年代起，这种传统工具的使用率却迅速下降，非信用证结算已成为国际贸易结算的新趋势。那么是什么原因使得信用证的使用有如此的天壤之别呢？其中的原因是非常复杂的，如使用信用证费用成本高、拒付风险大、信用证欺诈的盛行等，另外还有信用证使用外部环境的剧烈变化，如买方市场的形成，使出口商将结算作为提高出口竞争力的手段之一，重新考虑选择结算方式；跨国公司的迅猛发展，将交易内部化，也在一定程度上减少信用证的使用率。

1）信用证本身存在局限性

① 信用证费用高且占用企业资金和信用额度

信用证相关费用过高、种类繁杂，并且占用了相当的信用额度，所需费用是所有结算方式中最高的，这是不少企业弃用信用证的一个理由。

- 出口商相关费用。对出口商来说，采用信用证结算需支付各种费用，如手续费（议付费、转议付费、通知费、款项转移费、转让费、保兑费等），邮费（挂号费、快递费、电报费等），利息和其他相关费用等，这是一笔不小的费用支出。这对出口商，尤其是中小出口商而言，直接加重了其资金运转压力，甚至会削弱其产品的在国际市场上的市场竞争力。
- 进口商相关费用。对进口商来说，要支付开证费、通知费、议付费、修改费等各种费用。为降低开证风险，开证行通常还要求开证申请人交付一定比例的开证保证金或提供其他的抵押担保手段。另外，如果出口商对开证银行的资信状况有所担忧时，往往会提出对信用证加以保兑，由此产生的额外保兑费用，使进口商承担的费用进一步增加。因为保兑的费用通常先由进口商承担，且在保兑信用证时进口商还需要提供一定的抵押或担保，从而更多地占压进口商的资金或财产。信用证在开证时进口商就得将全部货款交给银行或者在开证银行有足够的信用额度，这不仅占用了进口商的资金，而且占压时间较长，不利于资金流转。

信用证的相关费用比较高，出口企业需要负担更多在信用证的抵押上。一笔 10 万美元的信用证业务，保守估算，买卖双方费用总计 800 ~1 000 美元。

另外，随着目前不符点费存在上涨的趋势，且受益人首次交单时存在大量的不符点，在相对其他结算方式的结算成本高居不下的基础上又进一步增加了进出口商的交易成本，延误了贸易进程，这就迫使进出口商在签约时不得不考虑是否应放弃信用证这种结算方式。

② 信用证操作程序烦琐，周期长

信用证经过长时间的应用和发展，已经形成了一套完整的业务操作程序。信用证类型很多，其各自的业务流程也各有特点，但都要经过进口商申请开立信用证、开证行开证、通知行通知信用证、出口商向银行交单、银行付款、进口商付款赎单这几个环节。信用证的基本具体业务操作流程如图 22 -1。

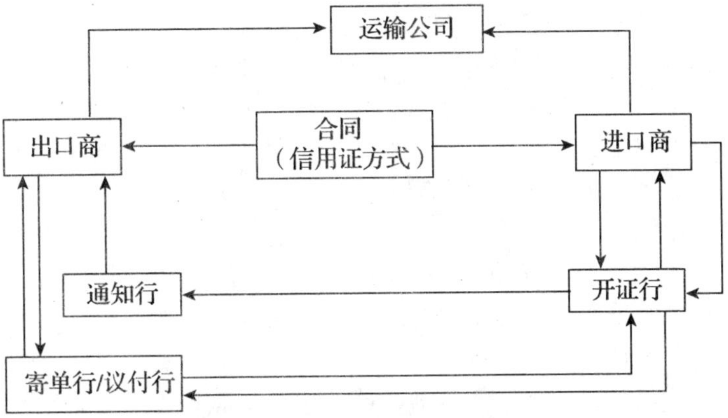

图 22 -1　信用证业务程序

从信用证的流程可以看出，信用证有着烦琐的程序，一个完整的信用证交易要经过 12 个程序，如开立信用证、通知信用证、修改信用证、出口商制单交单、银行五个工作日内审单等复杂手续，尤其是特殊信用证，如转让信用证、背对背信用证的操作程序更为烦琐。信用证作为一种结算方式已经落伍了，主要体现在信用证烦琐的手续上，要花费 5 ~6 个工作日。

另外，跟单信用证单据处理和程序复杂、周期长。信用证业务以出口商提交符合信用证条款的单据为银行付款的前提条件，但是单据在银行进行审核，在受益人与指定银行之间、指定银行与开证行之间、开证行与申请人之间传递，信用证在开证行与通知行之间、通知行与受益人之间传递，耗费的时间很长。买方开出信用证，通过银行转给卖方，一般最少需要一星期，也就是说卖方最少要等一星期才能确切知道买方的信用证条款。除此之外，单据在邮寄过程中有时耗时较长，对短途交易来说平添了许多麻烦。

信用证烦琐的程序产生了大量的单据，平均每做成一笔信用证结算，大约需要 20 份纸面贸易单据。在大量的贸易单据的流通过程中，买方和卖方之间的贸易数据和纸面文件的处理工作往往产生大量的时间延误，并且每次重复输入数据都可能产生错漏等方面的问题，尤其对短途交易和近洋贸易增添了很多麻烦。

③ 信用证法律关系复杂

从以上对信用证的特征和程序的介绍中可以看出，信用证结算程序涉及的合同、当事人是极其复杂的，由此产生的法律关系也盘根错节，不易辨清，由此，使一些不是非常了解信用证结算方式的企业畏惧使用信用证。

◆ 信用证涉及合同关系多。一个信用证就是一组合同，其数量取决于基础合同涉及的各方所做的安排。一个信用证至少有3个合同：基础合同、买方即信用证的开证申请人也是银行的客户与开证行之间的资金补偿合同、开证行与受益人之间的合同。有人说信用证涉及的合同至少有6个之多：基础合同、开证申请人与开证行之间的资金补偿合同、开证行与受益人之间的支付合同、保兑行与开证行之间委托偿付合同或资金补偿合同、议付行与开证行之间的资金补偿合同或委托合同、议付行与受益人之间的支付合同。如果将信用证下的票据关系加上去，则信用证涉及的合同还要多，因为各个票据关系也是一组合同。如果将和信用证交易牵连的基础交易合同也算在内，则有时会涉及十几个合同关系。

◆ 信用证涉及主体多。信用证之所以复杂，其原因是因为信用证涉及的法律上主体较一般的合同要多得多。一张信用证至少涉及三个主体：开证申请人、开证行、受益人；如果是一张保兑信用证，则加上保兑行；如果是一张议付信用证，则加上议付行；如果该信用证是可以转让的，则涉及第二受益人；如果该信用证涉及受益人自愿或依法转让则涉及受让人。如果将涉及的其他交易算在内，则各方的关系更复杂，有时会涉及十几方之多。

◆ 信用证当事人法律关系复杂。信用证涉及的既有基础合同关系，又有信用证关系，更有信用证关系下的票据关系，这三种关系相互交织在一起，形成复杂的关系链和关系网。开证申请人与开证行、受益人与开证行、受益人与议付行、议付行与开证行之间的关系，这些关系不仅复杂，而且也存在着较大争议。以开证申请人与开证行之间的法律关系为例，开证申请人向银行申请开立信用证，开证行在开证申请人提出开证申请后表示同意开证的承诺生效之后，两者之间便形成一种合同关系。这种合同关系的性质，学界有至少5种不同观点，如借贷关系说、委托代理关系说、保证关系说、特殊承揽关系说等。

总之，信用证结算方式不仅涉及复杂的当事人之间的法律关系，它还涉及货物买卖、票据、航运、保险等多种法律关系，致使在实践中因法律关系不明而引起的纠纷屡见不鲜。

④ 信用证结算方式制单复杂、严格、单据流转时间长

跟单信用证是一种较为完善的国际结算方式，但是它给进出口双方的保障只是相对的。信用证业务处理的是单据而不是单据所代表的货物。信用证一般规定有较为复杂的单据及条款，如汇票、发票、提单、装箱单、保险单、产地证、数量证、重量证、检疫证、受益人证明等等，并对各类单据的措辞、出具的时间、单据的格式等均具有较为严格的规定。

在UCP600公布之前，信用证强调的是“严格一致”的原则，而在UCP600的规则之下，放宽了银行审单的标准。虽然UCP600体现的国际标准银行实务是确定信用证所规定的单据与信用证条款相符的依据，但国际贸易商品与服务方式错综复杂、单据描述各有差异，再加上银行对审单标准的认知程度不一，加大了信用证正确使用的难度，使得信用证在首次交单时因不符点而拒付的比例高达60%～70%，企业要承担不符点费用，增加了交易成本。

严格相符的审单标准无疑应该是确定信用证所规定的单据表面与信用证条款相符的依

据，但在实务中非实质性不符点像潜规则一样在银行单证流转的过程中时时存在。一般信用证中规定出现不符点时受益人需要缴纳不符点费。不符点费已经成为银行一项重要的中间业务收入来源，利益驱动促使部分银行对于非实质性不符点乐此不疲，这种情况下，因开证行信用风险而造成因非实质性不符点而被无理拒付的风险，企业难以避免。

此外，信用证结算方式单据流转时间较长，整个交易过程需诸多手续，如信用证的开立与修改：缮制单据、对单据的审核及修改、交单结汇等等，和其他结算方式相比，效率较低。但信用证结算对进出口商仍具有较大风险。

根据部分机构的不完全统计，欧美企业贸易额中80% ~90%采用非信用证交易，坏账率仅为0.25% ~0.5%。与此相比，我国企业采用信用证交易比例高达50%以上，坏账率却达到5%。由此可见，信用证不能与规避风险画等号。信用证下存在着国家风险、信用风险、单据风险、汇率风险、操作风险等。这里按照信用证当事人分类，分析出口商、进口商、银行各自所面临的常见的主要的风险。

⑤ **出口商所面临风险**

◆ 出口商被拒付的风险。单证不符是最常见的出口商被拒付的情形。据调查，大约有70%的信用证项下的单据在首次交单时由于不符而遭到拒付。在具体业务操作过程中，常常发生出口商未按信用证条款规定交货的情况，如品质不符，数量与信用证规定有异，逾期交货等，任何一个不符点都可能使信用证失去其保证作用，导致出口商收不到货款；即使出口商完全按信用证规定出货，但由于疏忽而造成单证不符，也会遭到开证行拒付。此外，由于出口商对UCP了解不够深入，制单水平参差不齐，且银行审单尺度宽严不一，经常会导致拒付。这就严重影响了信用证作为一种主要的付款工具的地位，而事实上成为一种拒付的工具。

◆ 软条款风险。信用证中的软条款，在我国有时也称为“陷阱条款”（Pitfall Clause），是指在不可撤销的信用证加列一种条款，使出口商不能如期发货，据此条款，开证申请人（买方）或开证行具有单方面随时解除付款责任的主动权，即买方完全控制整笔交易，受益人处于受制人的地位，是否付款完全取决于买方的意愿。具体来看，信用证软条款一般有三种类型：第一种是开证申请人存心诈骗。这种情况往往是开证申请人要求受益人预付履约保证金、开证押金、佣金或质保金给买方指定代表或中介人。买方收到预付款项，即可利用信用证中规定的软条款逃避付款责任，使出口企业遭受损失；第二种是开证申请人并非存心诈骗，而是想掌握信用证主动权，在市场对自己不利时，利用软条款免除信用证项下的付款责任；第三种是开证申请人为了更好地控制货物，掌握装运来维护自身利益，在信用证中规定了一些限制受益人行为的条款。如今，金融危机的爆发使国际贸易保护主义抬头，直接导致软条款对出口商的风险加剧，一旦进口商的贸易环境发生变化，进口商就会利用软条款来设置障碍，这样势必会损害出口商的利益。

◆ 开证行资信、倒闭风险。信用证支付方式是一种银行信用，开证行是第一性付款人，因此，信用证开证行的风险也不能小视。在中东欧和南美等国家，注册一个银行的条件低得惊人，根本不具有承担风险的资金，且开证行资信不佳。如果开证行的资信较差，极有可能使出口商在提交了与信用证要求相一致的单据后，遭到开证行的无理拒付。另外，受金融危机影响，发达国家具有相当实力的银行等金融机构相继破产或倒闭。银行破产倒闭频率创下了近14年之最。截至2008年6月30日，在美国大约8 500家银行中，列入“有问题名单”的银行数量已经达到117家，达到2003年以来的最高值。在这样不利的外部因素作用下，开证行出具信用证后无理拒付，以及承兑汇票无法偿付的现象也就屡见不鲜了，而最终受损的还是出口商。

⑥ 进口商所面临的风险

◆ 出口货物品质难以保证。采用信用证结算，对于进口商而言，存在的风险主要是提货风险较大。由于信用证结算是一种纯粹的单据买卖业务，只要单据相符，开证行就要对外付款，进口商也要付款赎单。进口商得到合格单据后并不一定能得到单据记载的货物，因为出口商可能提供无货单据或与实际货物不一致的单据，如果是这样，进口商就受到了欺诈。虽然进口商可凭合同向出口商索赔，但是费时费力，成本也较高，而且蓄意行骗的出口商可能早就逃之夭夭了，进口商损失将非常严重。

◆ 出口商伪造单据骗取货款。UCP600第34条规定：“银行对任何单据的形式、充分性、准确性、内容真实性、虚假性或法律效力，或对单据中规定或添加的一般或特殊条件，概不负责；银行对任何单据所代表的货物、服务或其他履约行为的描述、数量、重量、品质、状况、包装、交付、价值或其存在与否，或对发货人、承运人、货运代理人、收货人、货物的保险人或其他任何人的诚信与否，作为或不作为、清偿能力、履约或资信状况，也概不负责”。第35条规定：“银行对技术术语的翻译或解释上的错误，不负责任，并可不加翻译地传送信用证条款”。这些规定为不法商人伪造单据骗取货款提供了方便。

◆ 出口商可能勾结承运人。出口商可能勾结承运人出具预借提单或倒签提单，抑或勾结其他当事人如船长等将货物中途卖掉。预借提单指因信用证规定装运期和结汇期到期，而货物因故未能及时装船，但已在承运人掌握之下或已开始装船，由托运人出具保函要求承运人预借的提单。倒签提单指承运人应托运人的要求在货物装船后，提单签发的日期早于实际装船完毕日期的提单。

⑦ 银行所面临的风险

◆ 进口商无理拒付合格单据或因进口商破产给银行带来风险。信用证是开证行以自己的信用作出付款保证，即在信用证方式下，开证行承担第一性的付款责任。当进口商破产，无力偿付或因市场情况发生变化，进口商拒绝付款赎单时，只要出口商提交的单据做到单单相符、单证相符，开证行必须承担付款责任。

◆ 信用证打包贷款给银行带来风险。打包贷款是指受益人以信用证做抵押，从银行处得到相应额度的短期贷款，用以备货。货物出运后，受益人将单据交议付行办理议付、付款或承兑，议付行在向受益人议付或付款时扣除贷款本息，或在承兑后的款项中扣除贷款本息，将余额付给受益人。

近年来打包贷款盛行，给进出口商带来了许多便利，但如果进出口商串通起来，合谋欺骗银行，则这种融资方式也给银行带来许多麻烦。如某外商向其在国内投资的中外合资企业购货，开出一张约50万美元的即期信用证，中外合资企业凭信用证向议付银行申请打包贷款，用以购买原料后投产。信用证到期时供货方却未出货，原来外商并不要货，只是由于该企业资金紧张，贷款无门，假借信用证内外勾结来获取贷款。像这类进出口商串通一气，骗取银行借款，到期不还的情况也把银行拖入大量债务纠纷之中。

⑧ 信用证欺诈的风险

信用证诈骗已经成为当今世界金融与贸易领域中的一大公害，特别是亚洲金融危机后尤为猖獗。信用证诈骗的特点是成功率极高，涉案金额巨大，动辄数千万美元的涉案金额，一旦诈骗得逞，损失往往难以追回。就信用证主要当事人来分，信用证的欺诈有买方欺诈和卖方欺诈。

- 买方欺诈。欺诈者假冒买方的身份，使用伪造的信用证或“软条款”信用证，使卖方及开户银行相信其假冒的买方的合法身份和交易的真实性，从而非法获取卖方的货物；买方与开证行相互串通，故意制造信用证条款障碍，诈骗通知行和卖方；买方和卖方互相串通，申请开立不存在任何真实交易关系的虚假信用证，卖方凭此骗取银行的出口打包贷款，从而使银行遭受巨大损失。
- 卖方欺诈。卖方欺诈主要是卖方在装运货物时装上不符合合同规定的货物，但却向银行出具符合信用证要求的单据。卖方为了掩盖货物不清洁的真相，凭保函要求将本应签发的不清洁提单作为清洁提单签发，使单证相符，顺利结算，并逃避本应承担的违约责任。还有些不法分子，为骗取银行贷款，预先编造虚假的事实，谎称自己有进口商需要的货物，骗取进口商与其订立货物买卖合同后为其开具信用证，受益人在得到信用证，向自己所在地银行出示信用证，证明其在国外有一笔生意，要求银行为其贷款以筹货物，在其骗得银行贷款后，将此款挪作他用或卷款潜逃。

信用证欺诈的盛行使结算审单变得复杂，充满危机。信用证欺诈削弱了信用证的可信度，破坏了正常的国际贸易秩序，对世界各国的对外贸易造成了严重的损害，短期内信用证结算方式也不再具有原来的信用程度。

2）外部环境的深刻变化

① 全球买方市场形成，出口竞争的方式日益多元化

跟单方式之所以能在国际贸易结算领域独占鳌头长达一个多世纪之久，主要是因为世界经济尚未充分一体化，各国经济尚未走向全球化，这使得在国际贸易领域内主要仍是卖方市场。信用证的业务相对于进口商来说，对出口方提供与信用证要求相符单据的约束力相对来说是比较小，在卖方市场这样的大环境下，出口商更有选择权，则更倾向于使用信用证来结算。

但几十年来，随着经济全球化进程的加快，全球资源配置表现出高度流动性、一体化和市场化，大多数商品和服务在全球很多国家都能自由配置，买方市场逐步形成。买方市场的形成必然导致结算方式的有利条件向买方偏移。在以买方市场为特征的国际贸易环境下，买方有较多贸易主动权，必然选择对他有利的支付方式，自然就会选择信用证之外的其他支付方式以降低支付的费用成本。交易沟通效率的提高，贸易伙伴的资信水平比以前容易获得，如果对方的信用状况良好，那么可以采用托收、汇付等其他以商业信用为基础的结算方式。另外，现代企业整体利润下降、出口竞争方式多元化，使得除价格竞争之外结算方式也成为一种竞争手段，出口企业为了抓住商机，不得不将就买方。所以注重出口方利益为主，要求买方出具信用证的方式逐渐落伍。

② 跨国公司的迅猛发展

随着世界经济一体化和全球化的发展，作为世界经济一体化实现形式的跨国公司的生产经营活动，在全球经济中的地位越来越重要。当前全球约 6 万多家跨国公司创造的 GDP 占

全世界的50%以上，创造的国际贸易占全世界的70%以上，对外直接投资占全世界的90%以上。当今世界国际贸易的特点：跨国公司内部贸易占全部国际贸易的比重越来越高。公司内部贸易的发展，降低了贸易双方的信用风险，造成了国际贸易结算中对单证要求的下降。国际经济交往的经常化和贸易双方之间的日益熟悉，双方之间的信任度上升，作为对贸易真实性担保和付款前提的商业单据票证的重要性日益降低。为降低跟单要求所造成的国际结算成本和费用的上升，国际贸易结算中跟单结算安排自然减少，而以电汇为主的其他付款方式使用比率却在不断地增加。

③ 金融交易技术的进步

全球金融交易技术的进步，使得国际贸易交易结算电子平台发生了根本性的变革。虽然单证传递要求在国际贸易中还是必不可少的，但是网络信息技术的发展，通过网络镜像技术提供的实体影像，使得单证传递形式更多地由纸质文件转移到了电子信息媒体形式。特别是电子认证技术的发展，各交易主体之间建立起了广泛的明示信用（expressed trust）。电子信息传播可以大大减少交易时间和节约管理费用，据世界银行的有关资料显示，单证传播形式的改变，出口商在单证准备和传播方面节省的时间就可达到10天左右，从而可以更快地回收货款，更加便利地融资，减少和贸易有关的流动资金需求。借助网络信息交易技术，贸易商、银行和运输公司等涉及国际贸易过程的所有行为主体，都被纳入了一个无缝自动终端对接的商业过程，国际贸易中资金流、货物流和信息流的传播形式发生了前所未有的变化，越来越表现出高度的一致性和同步性。

中立、可信任的、专门从事提供国际贸易交易结算平台服务的第三方组织的兴起，电子交易全球统一标准的建立和充替，有效减少了全球企业间的商务障碍，使得全球各地的买方、卖方、物流、银行、代理商和政府机构之间的交易过程电子化，更高速、更准确、透明、易于掌握和安全。基于信息交易平台，实物供应链和金融供应链结合应用系统的开发，使贸易各参与方得以重新调整商务形式并充分利用电子贸易的优势，降低贸易运作成本和商业投资，缩小供应链成本。电子交易的上升，使得商业单据传递要求下降，结算安排中跟单要求下降，国际贸易结算安排中跟单结算形式也随之降低。

同时，随着电子商务的不断普及，越来越多的国际货物买卖可以通过国际互联网来实现，网上的电子数据交换取代了实际的单证交换，电子通关和银行间网上结算的推广和普及，都使得传统信用证结算方式逐渐失去了作用。因为信用证结算方式结算速度较慢，无法适应高效快速的电子商务交易方式。

④ 商业信用体系的建立

“买卖”就是一方买、一方卖，本身就是商业活动，应该由商业活动的双方来完成。在订立买卖合同中的支付条款时，选用何种支付方式是买卖双方磋商的重点问题。买卖双方一般都要对各种因素进行全面考虑，如对方资信状况与经营作风的好坏、货物本身是否畅销、市场竞争是否激烈、交易金额是否较大、企业本身的流动状况等，并在此基础上确定采用一种对交易双方都比较安全的支付方式。如果进出口双方合作已久，交易稳定，对对方的资信和经营状况十分了解，那么随着双方之间相互信任程度的增强，建立了互信机制，商业信用当然就会替代银行信用。采用非信用证结算的方式会随之增多。

另外，随着第三方评级机构的发展，企业的资信调查越来越方便了。企业现在可以通过银行征信系统、信用评级机构等对商家进行资信调查，然后选择信用等级好的商家合作来降低风险。信用证交易成本高，风险较高的时候，选择信用证是企业不错的选择，但是风险较低的时候，企业就会考虑选择非信用证结算方式了。

⑤ 出口信用保险的迅速发展

出口信用保险，也叫出口信贷保险，是各国政府为提高本国产品的国际竞争力，推动本国的出口贸易，保障出口商的收汇安全和银行的信贷安全，促进经济发展，以国家财政为后盾，为企业在出口贸易、对外投资和对外工程承包等经济活动中提供风险保障的一项政策性支持措施，属于非营利性的保险业务，是政府对市场经济的一种间接调控手段和补充。出口信用保险是国际贸易发展的产物。1919 年，英国政府为了对外经济扩张的需要，成立了世界上第一家出口信用保险机构——出口信用担保局，也是第一家政府支持下的官方出口信用保险机构。第二次世界大战以后，随着世界经济贸易全球化进程的逐渐加快，出口信用保险也获得了巨大的发展。国际上的发达国家和许多发展中国家先后以不同的模式纷纷建立了自己的出口信用保险体制。迄今为止，全世界已有 60 多个国家和地区拥有专门的出口信用保险机构。

近年出口信用保险业的发展，提供了新的高效结算工具，它除承保进口商的商业风险之外，还承保政治风险。具体通过短期出口信用保险为企业提供服务，承保企业出口中面临的买方破产或无力偿付债务，买方拖欠货款，买方拒绝接受货物，开证行破产，开证行拖欠，开证行拒绝承兑，停业或被接管，单单相符时开证行或远期信用证项下拒绝承兑等商业风险，以及买方或开证行所在国家、地区禁止或限制买方或开证行向出口企业支付货款或信用证款项，禁止买方购买的货物进口或撤销已颁发给买方的进口许可证，发生战争、内战或者暴动导致买方无法履行合同或开证行不能履行信用证项下的付款义务，买方支付货款须经过的第三国颁布延期付款令等政治风险。

目前，世界贸易额的 12% ~15% 是在出口信用保险的支持下实现的，发达国家的出口信用保险覆盖率更是高达 20% ~30%，覆盖率最高的达到 37%。出口信用保险公司与政府有同样的信用评级。出口信用保险公司的偿付能力绝不亚于大型的银行集团，其整体费用水平与信用证相仿或更优。因此，出口信用保险的迅速发展，在一定程度上抑制了信用证的使用。

⑥ 信用证业务的法律环境不完善

- 国际惯例中没有信用证欺诈的预防性规定。有关信用证的规定主要是国际商会制定的《跟单信用证统一惯例》，而该惯例中并没有有关欺诈预防性的规定，各国国内与之配套的法律也很少，更缺少关于惩治信用证欺诈的专门法规，这使得不法分子的风险成本较低，也就必然助长了信用证欺诈行为。信用证欺诈的发生还源于相关法律法规制度的不健全及对信用证欺诈的惩治不力。不法分子利用信用证条件独立付款责任的特征及其具有银行信用保障的特点进行欺诈，尽管信用证结算方式有追索权但行使困难，而且还需要通过法律手段进行事前干预，事后救济措施难以实施。很多国家认为信用证欺诈是一般的经济纠纷而非恶性犯罪，没有给予足够的重视，这种认识上的偏差导致各国有关方面的立法滞后及打击措施不力。
- 国际上无专门强制性机构和相配套的措施。由于国际货物买卖的跨国性，没有任何国际组织能够实施完全有效的控制和管辖。而且各有关国家由于立场不同，所做的努力也不同，受害人所在国和案犯的所在国以及任何其他第三国的观点不可能完全一致。受欺诈者的当事国为了维护本国受害人的利益，尽其所能对案犯采取适当的打击措施，同时希望各方采取必要的行动配合。而案犯所在国和其他第三国由于不关系到本国利益，经常听之任之，甚至给予庇护。这样也助长了信用证欺诈行为的发生。

⑦ 现代商业银行的发展使结算方式多元化

银行自身实力的增强使得国际结算方式多元化成为可能。传统上，银行国际业务部的主要功能是外币的贸易和非贸易清算，近年来，随着银行自身能力的增强，现代商业银行可在国际结算中提供多层次中介服务，其对国际贸易结算的影响在逐步扩大，从而使结算方式多元化成为可能。银行可以充分利用自身优势，如网点多、资金实力雄厚、联系面广、经验丰富等，为进出口商提供资信调查、资金融通、风险担保、销售账户管理等多功能服务，从而帮助贸易双方简化手续，减少资金占用，节省非生产性费用甚至转嫁一些风险。另外，随着对外经济活动的发展，商品交易规模的不断扩大，银行的国际业务部在职能上逐渐发生变化，结算功能与融资功能越来越多地融合在一起。企业已经不能满足银行仅仅提供的结算服务，而是需要银行同时提供结算、资信调查、信用担保、贸易融资以及避险和理财等全面贸易金融服务，这使结算方式多元化成为可能。

⑧ 国际贸易竞争激烈促进其他结算方式的发展

近年来，国际贸易竞争激烈，竞争手段不断增加，在这种市场环境下，信用证结算方式就显得有些“死板”，信用证结算方式比重不断下降，国际贸易结算方式多元化已成为新的发展趋势。

◆ 生产经营的专业化。随着国际贸易项下生产经营的专业化，一些新的结算方式应运而生，比如国际保理。国际保理是一种集贸易融资、销售账户管理、债款催收和坏账、风险担保于一体的国际贸易结算新方式，它给贸易双方都会带来好处。对于出口商而言，采用国际保理结算方式，一是有利于出口商尽快收回资金，提高资金的使用效率。因为出口商将货物装运完毕后，即可立即获得不超过80%发票金额的有追索权贸易融资，缩短了资金回收的周期，保证了较为充足的营运资金。二是有利于出口商转移风险。只要出口商的商品品质和交货条件符合贸易合同的规定，在保理商无追索权购买其出口债权后，出口商就可以将信用风险和汇价风险转嫁给保理商，潜在的风险大大减少，债款回收率明显提高。三是有利于出口商节省非生产性费用。出口商把售后管理交给保理商代管后，可以节省大量的账务管理费用。四是有利于出口商发展新客户和扩展市场。保理商为出口商提供一揽子综合性服务，从而为出口商开发国际市场，节省了时间和费用。对于进口商而言，采用国际保理结算方式，也有很多好处。一是可以简化进口手续、免去信用证项下的资产抵押或交付押金的要求，减少流动资金或信用额度的占用，降低进口成本。二是可以在一定程度上消除其他国际结算方式下的各种风险。由于进口商是收到货后再付款，再加上有保理的约束作用，交货期及货物的质量、数量等都可得到保证，可以在很大程度上消除其他国际结算方式下的各种风险。

◆ 国际贸易商品结构的变化。国际贸易商品结构的变化使包买票据及银行保函等业务被普遍采用。包买票据业务是通过无追索权地购买出口商应收债权的方式，为其融通资金，转嫁风险，但是包买票据业务期限略长，金额更大。银行保函项下，大银行仅凭自身良好的资信作担保，就能促成一笔国际经济交易，可以避免信用证方式手续繁多、费用高的缺点，因而受到交易双方的欢迎。

(2) 商业信用及新兴外贸结算方式的广泛应用

随着世界经济全球化的发展，国际市场竞争日益激烈，贸易支付方式的选择已成为常用的竞争手段。在经历金融危机之后，国际贸易深受重创，为促进贸易的发展，在贸易中获取更佳的经济效益，贸易支付方式的选择显得尤为重要。随着信用证在欧美发达国家及我国的使用比率下降，而托收、预付、赊销、汇付等传统结算方式变得非常普遍。在实践中，如最为常见的30%前T/T（作定金），70%后T/T。它是指出口商先收到来自进口商的30%的货款，然后发货，将提单的副本传真给进口商，要求其付余款。收齐货款后出口商才寄出全套正本单据。此外，CAD支付方式也是近年来才逐渐流行的一种国际贸易结算实务做法，CAD是Cash Against Document的缩写，是指出口商发货后将单据交予进口商后，进口商付款的一种支付方式。CAD属汇付范畴，具有商业信用性质。买方付款是卖方交单的前提条件，因此在卖方对买方资信不了解的情况下采用此种支付方式，对卖方具有保护作用。CAD是介于预付货款和见单付款之间的一种支付方式，对出口商和进口商来说比较公平，为我国很多进出口企业接受和使用。

在实践中，进出口双方还会根据交易的实际情况选择结算方式，比如同时采用两种或两种以上的结算方式，这样便出现了多种结算方式，如部分货款采用信用证结算，部分货款采用验货（特别大型设备货物）后电汇付款，或部分货款采用信用证结算，部分货款（尤其指超出信用证金额部分）采用托收结算；或部分货款采用T/T预先付款结算，部分货款采用信用证结算等等。采用混合国际结算方式的优点在于使买卖双方分摊一些结算风险和成本，以有利于达成双方均可接受的结算方式合约。因此，混合国际结算方式日趋受到青睐。如根据对2007年参加广交会企业之一，即江苏某进出口（集团）公司的调查，发现该公司与墨西哥一家公司的进口业务就采取了10%预付定金，40%发货后电汇付款，50%即期付款交单托收等混合方式。这样的选择会使双方得利，既能保证供货方及时履行发货的义务，又能约束进口方及时付款，同时节省了更多银行费用的支出，也节约了宝贵的贸易时间。

随着国际贸易的深入发展，除了汇款、托收、信用证外，国际保理、福费廷以及备用信用证等新兴的国际结算方式也随之出现，并以其运用范围广泛、针对性强等特点而越来越多地被引入贸易、劳务和经济活动中。全球化进程的推进使国际贸易得到了极大的发展，国际市场竞争也愈演愈烈。金融危机的爆发为国际贸易的发展带来了新的挑战，也为新兴国际结算的发展迎来了新的机遇。目前，仅仅凭借传统的国际结算方式将无法满足国际贸易的需求，贸易支付方式在不断地发展创新，而国际保理、福费廷等新兴的国际结算方式的出现和发展，顺应了国际贸易发展趋势，进而促进了国际经济的发展。

(3) 支付方式组合使用增多

随着我国经济越来越多地融入世界经济版图，我国的出口市场触及世界各国的范围也越来越广，与各国商人都有贸易上的往来。作为跨国货币支付的国际贸易结算方式，各国根据其实务惯例也不尽相同。而其各国通常使用的结算方式对我国出口商来说不一定是最适合的，然而为促进贸易的顺利进行又不得不接受贸易伙伴提出的支付方式，使出口方对安全收汇失去主动权。因此，在实务中，将各种结算方式拆分、组合，灵活应用，巧妙地将各类结汇方式有机组合在一起，这样对进出口双方都有利。支付方式的组合使用在当今的国际贸易结算中也逐渐地盛行起来。本节主要从贸易地域的角度分析支付方式的组合使用。

1）欧洲、北美地区的支付方式组合

欧洲、北美地区一些发达国家和地区进口企业逐渐采用以商业信用为付款保证的支付方式。赊销（open account，OA）已成为欧洲和北美地区对外贸易的主要支付方式，有超过70%以上的贸易是通过赊销完成的。

赊销，是纯粹的商业信用形式，所蕴含的收汇风险非常大。在我国出口商与国外客户签订以赊销为支付方式之前，应对贸易伙伴做全方位的调查，如果未对贸易伙伴做充分调查，而贸然接受赊销作为支付方式，那么后果是不堪设想的。因此，在与其进行磋商时，可选用赊销与其他支付方式结合使用，以降低出口商的收汇风险，同时又能满足进口商的需求。随着卖方市场转化为买方市场，进口商采用赊销贸易支付方式。为了弥补出口商的风险。出口商可以选择如下方式。

① 赊销与国际保理业务的组合使用

国际保理作为一种包含短期融资、信用保险、坏账担保及账款管理的综合性金融服务业务与托收、汇付结算方式综合使用，使出口商能安全、及时地收回货款，减少出口商对进口商进行资信调查和账户管理的费用开支，同时免去进口商开立信用证的费用，降低了进口商的成本。

贸易货款支付按照赊销方式，出口商将赊销下的短期应收账款卖断给保理商，不仅获得短期融资，还将货款的催收，账款的管理，进口商的信用调查以及坏账担保都转给保理商负责承担。保理业务的使用使出口商只管按期交货，进口商只负责到期付款，保理商承担结算的一切风险。在一定程度上，可以说贸易结算的非信用证化促进了国际保理服务的发展，保理服务则保障了手续简便、资金周转快的赊销等方式的发展。发达国家的实践证明，赊销与保理业务的综合运用促进了发达国家之间贸易的增长。

② 与进口保函的组合使用

进口保函是银行应进口商的要求向出口商开具的一种书面保证文书，担保申请人会正常履行合同义务，是为满足进口商进口商品的需要而开立的。保函实际上是银行有条件承担一定经济责任的契约文书或银行有条件付款的书面承诺。如今是买方市场，出口商为了扩大贸易，吸引客户，也会同意接受赊销方式。但为了防范风险，出口商可以要求进口商提供银行保函（如付款保函），保证进口商在提货后的规定时间内按合同付款，若发生进口商拒付，担保行则负责保函规定价款的支付或赔偿，尤其是程序比较简单、花费时间少的见索即偿保函的应用。

③ 与备用信用证的组合使用

备用信用证是指开证行对受益人承担一项义务的凭证，在此凭证中开证行保证在开证申请人未能履行其应尽的义务时，受益人即可按照备用信用证的规定向开证行开具汇票，并随附开证申请人未履行义务的声明或证明文件要求开证行偿付。可见，备用信用证与信用证不同，信用证用于履约收款，而备用信用证的作用却与银行保函相似，用于违约赔偿，是在开证申请人违约时取得补偿的一种方式。它的产生在一定程度上是因为有些国家限制银行保函的开立，银行就以开立备用信用证的办法来满足客户对担保业务的需求。

另外，30%预付货款和70% OA是与欧洲外贸结算中较为常见的支付方式组合。

2）南美、中东、亚洲地区的支付方式组合

南美、中东和亚洲地区对外贸易所采用的支付方式多为信用证。中东地区有52%以上的贸易采用信用证作为支付方式。前文所述，软条款信用证在信用证使用过程中呈逐步递增的形式出现。软条款的出现，会给出口商的安全收汇带来风险。众所周知，中东地区开来的信用证中，带有软条款的信用证非常繁多。其软条款信用证通常出现在商检环节、装运环节和付款环节，其中装运环节软条款尤为严重。由此，所引起的信用证拒付现象也屡见不鲜。那么出口商应该如何规避信用证软条款所带来的银行拒付呢？可以采取以下方式。

① 与托收方式组合使用

这是指一笔交易的货款，部分用信用证方式支付，余额用托收方式结算。这种结合形式的具体做法通常是：信用证规定受益人（出口人）开立两张汇票，属于信用证项下的部分货款凭光票支付，而其余额则将货运单据附在托收的汇票项下，按即期或远期付款交单方式托收。这种做法，对出口人收汇较为安全，对进口人可减少垫金，易为双方接受。但信用证必须规定明确信用证的种类和支付金额以及托收方式的种类，也必须规定明确“在全部付清发票金额后方可交单”的条款。

② 与出口信用保险组合使用

出口信用保险是各国政府为提高本国产品的国际竞争力，推动本国的出口贸易，保障出口商的收汇安全和银行的信贷安全，促进经济发展，以国家财政为后盾，为企业在出口贸易、对外投资和对外工程承包等经济活动中提供风险保障的一项政策性支持措施。

出口商在投保时可根据开证行所在国家及保险人提供的银行、买家的资信状况权衡各种风险发生的可能性，决定究竟是投保银行风险还是投保买家风险，或是两者都保。出口信用保险可以帮助出口商了解银行、买家的状况，更能补偿因买家或银行信用问题导致出口商无法收汇所造成的损失。

③ 与福费廷组合使用

福费廷是一种为远期信用证支付方式下（收款时间一般超过 180 天）的出口商提供付款保证和融资服务的业务，即包买商向出口商无追索权地购买已经由债务人所在地银行承兑或担保的远期汇票或本票。大宗货物贸易中，如做包买票据业务，可以获得包买商的中长期融资，并且包买商无追索权买断债权凭证，意味着承担票据到期索偿的全部责任和风险，免去了出口商远期收汇的风险。

进出口双方达成资本贸易，按远期信用证方式支付货款，同时征询包买商意见要求做包买票据业务，包买商进行资信与贸易核实后，签订包买合同，进出口双方签订贸易合同。当出口商发货后，签发汇票，便可向包买商交割规定单据，此时出口商已经完成了发货、收汇的义务与权利。包买商将代替出口商成为新的债务人，继续与进口商和担保行之间的结算业务——包买商寄单予担保行申请担保，进口商借出单据并寄交担保债权凭证，待到远期信用证下汇票到期日，包买商提示到期汇票，进口商支付票款。可见，在远期付款信用证下，出口商通过做包买票据业务避免了在延期付款期间可能遇到的汇率风险、利率风险、信用风险和资金转移风险。

④ 与汇付组合使用

在信用证结算下，定金或余款常以汇付的方式支付。在大笔交易中，要求进口商支付一定金额作为定金，便于出口商备货，减少出口商部分资金负担。定金常以迅速、便捷的方式支付，如汇付，其余主要货款日后按照信用证结算。另外，对某些货物数量不易控制，且允许有较大幅度增减的商品出口中，往往先开立信用证，凭装运单据支付货款，待货到目的地后再核实实际数量，检验或设备安装调试、运行合格后将余款以汇付方式支付。

3）其他常见的支付方式组合

① 备用信用证和托收方式的组合使用

同汇付方式相比，托收方式相对来讲风险较小，但是基于托收先发货后收款的特点，卖方将承担买方不提货的风险，尤其是在承兑交单的情况下，卖方很容易遭受钱货两空的风险。如果仅仅出于安全的考虑，选取付款交单的风险要相对小一些，但是在买方处于决定地位的国际市场上，支付方式的优惠与否直接关系到交易的成功与失败。如果承兑交单支付方式同备用信用证组合使用，既可以使买方得到资金融通，为卖方争取到更多的客户，又可以使卖方在买方违约时得到赔偿。

② 出口保函与预付货款的综合

国际贸易货款支付若采用了预付货款，对出口商来说最为有利，但进口商风险较大，会担心出口商能否按期交货或交符合规定的货物，若出口商违约，则应该退回预付款。为了减少预付货款结算的风险，进口商可以要求出口商提供银行保函（有履约保函、预付金退还保函或质量保函），当出口商不按期交货、交货不符、拒退预付款时，担保行则给予进口商保函规定金额内的赔偿。

③ 汇付与银行保函或信用证结合

汇付与银行保函或信用证结合使用的形式常用于成套设备、大型机械和大型交通运输工具（飞机、船舶等）等货款的结算。这类产品，交易金额大，生产周期长，往往要求买方以汇付方式预付部分货款或定金，其余大部分货款则由买方按信用证规定或开具保函分期付款或迟期付款。分期付款（payment by installments，progressive payment）是指在产品投产前，卖方提供出口许可证影印本和银行保函的情况下，买方用汇付方式先向卖方交付部分货款或订金；其余货款可按生产（或工程）进度和交货进度分期偿付，买方开立不可撤销信用证，即期付款。在分期付款条件下，最后一笔货款，一般在卖方完成全部交货责任或承担质量保证期满，经检验合格后再予付清。

总之，随着世界经济一体化程度的日益加深，国际结算方式也在向多样化、个性化发展，新兴国际结算方式的出现也使得国际结算手段更灵活，资金划拨更快捷，安全更有保障。所以，无论是出口商、进口商以及国内银行，都应该认真研究国际结算方式的发展趋势，充分了解各种新兴国际结算方式的特点。只有这样，才能选择有利于自己的结算方式，甚至根据实际情况创造新的方式，从而减少风险，以便获取更多的利益。

第二十三章 信用证业务的风险及防范策略

信用证是国际贸易不断发展的产物，随着世界经济一体化的发展，信用证已成为国际贸易中的一种重要的支付方式。但是，信用证自身的复杂性和其游离于基础合同的独立抽象性加重了风险防范和金融监管的难度。目前，信用证欺诈已逐渐成为严重影响当代国际贸易的一种非暴力犯罪，世界各国也不时有信用证欺诈的发生，其数额巨大，危害严重，而且信用证的使用率在近些年来也有所下降。因此，对出口贸易中的信用证涉及的出口商、进口商和银行的风险进行深入的探讨，尤其是对信用证欺诈的研究，并提出相应的防范措施，这对出口商的安全迅速收汇和提高信用证的使用率都具有重要的实际意义。

1. 信用证诈骗的识别及防范策略

(1) 常见的信用证欺诈

在国际贸易活动中，信用证欺诈形式多种多样，按欺诈实施的主体不同可分为受益人实施的欺诈、申请人实施的欺诈以及受益人与申请人共同欺诈。按欺诈手段的不同可分为假冒信用证、软条款信用证、伪造信用证单据等。

1）开证申请人欺诈

由买方作出的欺诈主要是对受益人的欺诈，由进口商（买方）对出口商（卖方）的欺诈，主要采用以下几个手段。

① 假冒信用证欺诈

该种欺诈主要表现为欺诈人以开证申请人名义用伪造的信用证欺骗议付行和受益人，使受益人和议付行相信欺诈者的开证申请人的合法身份，骗取货物，此种欺诈称假冒信用证欺诈。在国际贸易中，有关合约列有出口商预付佣金、质押金、履约金等条款，规定出口商收到信用证立即支付，进口商以假冒信用证骗取佣金、履约金、质押金或骗取出口商货物。假冒信用证有两类：一类是以根本不存在的银行为名开立假信用证；另一类是冒用其他银行名义开立伪造的信用证，如假冒保兑信用证等。

这种利用假证的诈骗一般有如下的特征。

- 信用证不经通知行通知，直接寄到受益人手中，且信封无寄件人详细地址，邮戳模糊。
- 所用信用证格式为陈旧或过时格式。
- 信用证签字笔画不流畅，或采用印刷体签名。
- 信用证条款自相矛盾，或违背常规。

➢ 信用证要求货物空运，或提单做成申请人（进口商）为收货人。
➢ 以电信传递方式开立电开信用证时，无密押；或声称使用第三家银行密押，而所谓的第三家银行的确认电文没有加押；或电开信用证首部没有收报行电传真号，结尾无回执等。
➢ 以信函方式开立信用证时，银行签字无从核对；或开证行名称、地址不明等。
➢ 信用证随付印鉴式样而该式样也是假冒的；单据要求寄往第三家银行，而第三家收单行是不存在的。

【案例1】

某中行收到印尼雅加达亚欧美银行（ASIA UERO - AMERICAN BANK, JAKARTA, INDONESIA）发出的要求纽约瑞士联合银行保兑的信用证，金额为600万美元，受益人为B外贸公司，出口货物是200万条干蛇皮。但查银行年鉴，没有该开证行的资料，稍后，又收到苏黎世瑞士联合银行的保兑函，但其两个签字中，仅一个相似，另一个无法核对。此时，受益人称货已备妥，亟待发运，以免耽误船期。为慎重起见，该中行一方面劝阻受益人暂不出运，另一方面抓紧与纽约瑞士联合银行和苏黎世联合银行联系查询，先后得到的答复"从未听说过开征行的情况，也从未保兑过这一信用证，请提供更详细资料以查此事。"至此，可以确定，该证为伪造保兑信用证，诈骗分子企图用伪造保兑信用证骗取我方出口货物。

此案是利用伪造保兑信用证诈骗的案例，所谓"伪造保兑信用证诈骗"，是指诈骗分子在提供假信用证的基础上，为获得出口方的信任，蓄意伪造国际大银行的保兑函，以达到骗取我方大宗出口货物的目的。这种诈骗常有如下特征：信用证的开证行为假冒或根本无法查实之银行；保兑行为国际著名银行，以增加欺骗性；保兑函另行寄来，其签名为伪冒签字；贸易双方事先并不了解，仅通过中介人相识；来证金额较大，且装运期有效期较短。

【案例2】

某外贸公司曾受到一份由香港客商面交的信开信用证，金额为127 318万美元。当地中行审核后，发觉该证金额、装船期及受益人名称均有明显涂改痕迹，于是提醒受益人注意，并立即向开证行查询。最后，查明此证是经客商涂改，交给外贸公司，企图以此要求我方银行向其开出630万美元的转让信用证，以便在国外招摇撞骗。事实上，这是一份早已过期失效的旧信用证。幸亏我方银行的警惕性高，才及时制止了这一起巨额信用证诈骗案。

此案例是典型的"涂改信用证诈骗案"。所谓"涂改信用证诈骗"是指诈骗分子将过期失效的信用证特意涂改，变更原证的金额、装效期和受益人名称，并直接邮寄或面交受益人，以骗取出口货物，或诱使进口方向其开立信用证骗取银行融资。这种诈骗的特点包括：原信用证为信开方式，以便于涂改；涂改内容为信用证金额、装效期和受益人名称；信用证涂改之处无开证行签章证实；信用证不经通知行通知直接交受益人，金额巨大以榨取暴利。

【案例3】

河南某外贸公司曾收到一份以英国标准麦加利银行伯明翰分行（STANDARD CHARTERED BANK LTD. BIRMINGHAM BRANCH, ENGLAND）名义开立的跟单信用证，金额为USD37 200.00元，通知行为伦敦国民西敏寺银行（NATIONAL WESTMINSTER BANK LTD. LONDON）。因该证没有像往常一样经受益人当地银行通知，真实性未能确定，故该公司在发货前拿该证到某中行要求鉴别真伪。经银行专业人员审核，发现以下几点可疑之处：

- 信用证的格式很陈旧，信封无寄件人地址，且邮戳模糊不清，没法辨认从何地寄出；
- 信用证限制通知行——伦敦国民西敏寺银行议付，有违常规；
- 收单行的详细地址在银行年鉴上查无；
- 信用证的签名为印刷体，而非手签，且没法核对；
- 信用证要求货物空运至尼日利亚，而该国为诈骗案多发地。

根据以上几点，银行初步判定该证为伪造信用证，后经与开证行总行联系查实，确是如此。从而避免了一起伪造信用证诈骗。

这种诈骗方式是使用伪造、变造的信用证诈骗，意思是开证申请人以根本不存在的银行为名或冒用其他银行名义开立假的信用证。这些假冒信用证通常具有以下的特征：电开信用证无密押；电开信用证声称使用第三家银行密押，而所谓“第三家银行的确认电文”没有加押；信开信用证的签字无从核对；信开信用证随附印鉴式样，而该印鉴却系假冒；开证银行行名、地点不明；单据要求寄往的第三家收单行不存在；信用证金额大而有效期短。

② 软条款信用证欺诈

详见“信用证软条款的识别及应对策略和技巧”。

③ 可转让信用证欺诈

详见“可转让信用证的使用技巧和风险防范措施”。

可转让信用证（Transferable L/C）是指根据信用证，受益人（第一受益人）可以要求授权进行支付、延期付款、承兑或议付的银行（转让行）或者是在自由议付信用证的情况下，在信用证中特别授权的转让行将该跟单信用证全部或部分转让给一个或多个其他受益人（第二受益人）使用。可转让信用证生效后，第二受益人装运货物并向转让行交单，转让行收到单据后通知第一受益人换单，第一受益人以自己的发票和汇票替换第二证受益人的发票和汇票（包括其他需替换的单据）。之后，转让行将替换后的单据寄送开证行，开证行审核单据无误后，对转让行进行偿付。最后转让行依据第一受益人的指示付款给第二受益人。

可转让信用证容易造成逾期交单，国内出口公司较难控制效期；出口公司容易使国内出口商除负担国内银行费用外，额外负担银行费用；中间商容易将风险转嫁给国内公司。

④ 远期信用证欺诈

由于采用远期信用证支付时，买方是先取货后付款，在信用证到期付款前存有一段时间，不法分子就利用这段时间，制造付款障碍，以达到骗取货物的目的。有的是取得货物以后，将财产转移，宣布破产；有的则是与银行勾结，在信用证到期付款前，将银行资金转移，宣布破产。信用证是独立于合同之外的一种自足文件，信用证项下付款是一种单据的买卖，因而不法分子利用信用证本身的这些特点进行欺诈。

⑤ 提单欺诈

提单作为进出口业务中极其重要的单证，是一种物权凭证，谁掌握了提单谁就拥有了货物的控制权。在近海贸易中，航期大约在 5 天之内，而单据传运大约需要 10 天，因而常会发生货到单据未到的情况，买方可能因无法及时提货而支付一定的额外费用。进口商为了提前提货，往往要求开证行在信用证条款中注明 1/3 正本提单随船走，2/3 提单（正本）送银行议付，由船长签发一张收据来代替这 1/3 正本提单。这种做法使出口商面临的风险很大，因为只要信用证规定的 3 份正本提单中任何一份生效提货，其他两份自动失效。进口商可以不去银行支付货款就获得了货物的所有权，若进口商与船运公司勾结，将货物提前提走，或者如果以后他以银行收到的单据不符合他们的要求为由拒付货款，银行对此也不会承担责任，出口商就要承担货款两空的风险。

2）**受益人欺诈**

由卖方作出的欺诈又叫受益人欺诈是指受益人或他人以受益人身份，用伪造的单据或具有欺骗性陈述的单据欺骗开证行和开证申请人，以获取信用证项下的银行付款。受益人实施的欺诈是国际贸易中案发率最高、最容易得逞的一类信用证欺诈，被认为是信用证欺诈的最主要的情形。

① 伪造单据

欺诈者不履行交货义务，通过伪造信用证项下所要求的全套单据，骗取贷款。信用证通常要求受益人提交商业发票、保险单和提单等运输单据。其中商业发票由卖方制作，因而最容易伪造。虽然保险单由保险公司制作，运输单据由运输方制作，但是由于单据的保管不善以及格式上的不规范，使得伪造成为可能。根据信用证业务的国际惯例，银行只处理表面合格的单据，不对货物负责。有时出口方就利用信用证凭单付款独立于合同的特性，将根本不存在的货物假造提单和其他有关单据，迫使开证行在单证相符的情况下无条件付款。进口方发现上当后要求赔偿时，由于开证行和议付行均不负有赔偿责任，保险公司也不承担货物未上船的索赔，因此，进口方的损失很难挽回。

【案例1】

美国的A公司只是一个皮包公司向中国内地出口商品，但装扮得非常气派且出手大方，宴请体面。在与大陆公司的交往中，每次必送珍贵的礼物，双方关系搞得火热，有种相见恨晚的感觉。开始的几笔生意，金额不大，外商都是一手交货一手收钱，再后来，外商订货连定金都不用付，照样没问题。但是到最后一笔交易时，A公司伪造了一张2 000吨货物的提单向银行结汇，拿到款走人。而中国的公司还在耐心地等着2 000吨货物的到来。但当船抵港后才发现只有200吨，中国公司因此迁怒于货船，并将该船扣留。此举引起了很大的风波，最后甚至惊动了国家外交部门出面才得以平息。但因此给中国公司造成了巨大的经济损失并最终导致其破产。

该案例中美国A公司用了空头提单的方式进行欺诈，这是国际贸易中最常见一种欺诈方式。所谓的空头提单欺诈就是指货物根本不存在或者货物的装船数量远远不足信用证规定的量，而诈骗者用假造的足量提单会同其他单据一起先向银行结汇，待收到款后便逃之夭夭。而开证申请人只能落个货财两空的境地，即付了款但收不到或收不足货。许多国际骗子经常利用这一方法进行诈骗勾当，他们惯用的伎俩就是先与对方进行几次小额成交，建立“信用”，慢慢培养“信任”，等到时机差不多的时候就来一次大的欺诈。利用“空头提单”的诈骗虽然受损失的大多是买方，但有时会决及船方（特别是在货量严重不足的情况下）。

【案例2】

某中行曾收到香港BD公司开出的以某公司为受益人的信用证，金额为USD992 000，出口货物为20万台照相机，信用证要求发货前，由申请人指定代表出具货物检验证书，其签字必须由开证行证实，且规定1/2的正本提单在装运后交与申请人代表。在装运时，申请人代表来到出货地，提供检验证书，并以数张大额支票为抵押从受益人手中拿走了其中一份正本提单。后来受益人将有关支票委托给当地银行议付，但结果被告知“托收支票为空头支票，而申请人代表出具的检验证书签字不符，纯属伪造。”更不幸的是货物已被全部提走，下落不明。受益人蒙受巨大损失有苦难言。

此案例是典型的"假客检验书诈骗"，所谓"假客检验书诈骗"是指诈骗分子以申请人代表名义在受益人出货地签发检验证书，但其签名与开证行留底印鉴不符，致使受益人单据遭到拒付而货物却被骗走。这种诈骗通常有如下特征：来证含有检验证书由申请人代表签署的"软条款"；来证规定申请人代表签名必须与开证行留底印鉴相符；来证要求一份正本提单交给申请人代表；申请人将大额支票给受益人作抵押或担保；申请人通过指定代表操纵整个交易过程。

② 欺诈者在单据中作欺骗性陈述

商业发票由卖方制作，作欺诈性陈述也是极其容易的。保险单据虽然由保险公司签发，但是保险公司签发保险单完全依赖于投保方的诚实告知，保险公司不可能实地了解。因此，如果卖方不做诚实说明，保险单中的内容也会不真实。运输单据同样也存在这一问题，因为对于包装物，承运人只能根据包装物上的说明和外表签发运输单据，托运人的不诚实陈述会导致运输单据内容不真实。

③ 与船东共谋欺诈

◆ 用保函换取清洁提单。在国际贸易中，银行不接受不清洁提单，为达到欺诈目的，卖方勾结船东，出具货物的"良好状态"下装船提单，隐瞒货物装船前的瑕疵，通常由卖方（有时通过一家银行）出具保函，保证银行抵偿船东因签发了清洁提单所造成的损失，这类保函构成了对收货人或提单持有人的欺诈，一般不具有法律效力。

◆ 倒签提单和预借提单。卖方勾结船东把装船或未装船的提单做成符合信用证装船有效期的提单，即预借提单或倒签提单。信用证通常规定装船期限，当货物因故未能及时装船时，出口商往往会在提供保函后要求承运人倒签提单或先行签发已装船提单，以便取得符合信用证规定的装船日期的提单结汇。

某些海上货物运输方式下，提单的签发的日期即为交货日期，卖方有时未能按时交货，却要求承运人签发按时交货的提单，这导致收货时间与提单日期差异很大，而货款早已为卖方支取。预借提单，托运人对其未装船的货物要求承运人签发已装船提单，以达到顺利收汇的日的。保函换取清洁提单，是指卖方发的货有重大缺陷而要求承运人签发信用证要求的清洁提单，而承运人出于自身利益要求卖方对此出具保函。由于提单具有物权凭证以及交货凭证性质，伪造或欺骗性陈述多集中于提单这种单据。

【案例1】

2005年，中国A贸易公司与美国B贸易公司签订了一项出口货物的合同，合同中，双方约定货物的装船日期为该年11月，以信用证方式结算货款。合同签订后，中国A贸易公司委托中国C运输公司运送货物到目的港美国纽约。但是，由于A公司没有能够很好地组织货源，直到第二年2月才将货物全部备妥，于第二年2月15日装船。中国A公司为了能够如期结汇取得货款，要求C海上运输公司按2005年11月的日期签发提单，并凭借提单和其他单据向银行办理了议付手续，收清了全部货款。但是，当货物运抵纽约港时，收货人B公司对装船日期发生了怀疑，遂要求查阅航海日志，C运输公司的船方被迫交出航海日表。B公司在审查航海日志之后，发现了该批货物真正的装船日期是2006年2月15日，比合同约定的装船日期要迟延达3个多月，于是，B公司向当地法院起诉，控告中国A公司和C海上运输公司串谋伪造提单，进行欺诈，既违背了双方合同约定，也违反法律规定，要求法院扣留该C运输公司的运货船只。美国当地法院受理了B贸易公司的起诉，并扣留了该运货船舶。在法院的审理过程中，A 公司承认了其违约行为，C 公司亦意识到其失理之处，遂经多方努力，争取庭外和解，最后，终于与美国 B 公司达成了协议，由 A 公司和 C 公司支付美方 B 公司赔偿金，B 公司方撤销了起诉。

在此案例中，中国 A 公司要求船公司出具了早于实际装船日的提单，属于倒签提单欺诈。所谓的倒签提单是指实际的装运日期比提单签发日期晚。倒签提单行为是伪造单据的行为，属于托运人和轮船公司合谋以欺骗收货人的欺诈行为。收货人一旦有证据证明提单的装船日期是伪造的，就有权拒绝接受单据和拒收货物。收货方不仅可以追究卖方（托运方）的法律责任，而还可以追究轮船公司的责任。

【案例 2】

某中行曾收到一份由香港 KP 银行开出的金额为 USD117 000 000 的信用证，受益人为我国 A 进口公司，出口货物为木箱，该证有如下“软条款”：“本证尚未生效，除非运输船名已被申请人认可并由开证行以修证书形式通知受益人”（THIS CREDIT IS NON－OPERATIVE UNLESS THE NAME OF CARRYING VESSEL HAS BEEN APPROVED BY APPLICATION AND TO BE ADVISED BY L/C OPENING BANK INFORMING OF AN L/C AMENDMENT TO BENEFICIARY）。

中行在通知受益人时，提醒其注意软条款，并让受益人要求申请人修改信用证，避免可能出现的风险。后来，经磋商，申请人撤销该证，另有香港 IB 银行开出同一金额、同一货物、同一受益人的信用证，但证中仍有这样的软条款：“装运只有在收到本证的修改书，指定运输船名和装运日期时，才能实施”（SHIPMENT CAN ONLY BE EFFECTED UPON RECEIPT OF AN AMENDMENT OF THIS CREDIT ADVSING NAME OF CARRYING VESSEL AND SHIPMENT DATE）。可谓“换汤不换药”，主动权仍然掌握在申请人手里，而受益人却面临若申请人拒发装运通知，则无法提交全套单据给银行议付的风险。此时，该行了解到与该进出口公司联营的某工贸公司已将 40 万元人民币质保金汇往申请人在深圳的代表，而且该进出口公司正计划向其申请人民币打包贷款 600 万元作订货之用。于是，中行果断采取措施，一方面暂停向该司贷款，另一方面敦促其设法帮工贸公司追回质保金，后经多方配合，才免遭损失。

◆ 倒填议付和兑付日期。信用证须规定付款、承兑或议付的到期日，并视为提交单据的有效期限。如果受益人未能在此期限内提示跟单汇票和单证，则无法获取信用证项下的货款。在此情况下，受益人可能要求出口地银行倒填付款、承兑或议付日期，以便顺利结汇。

◆ 可转让信用证和背对背信用证下的欺诈。可转让信用证和背对背信用证都适用于中间贸易，一些不法中间商和供货商便利用进口商对信用证下真正供货商的情况不知悉的特点，从中行骗，以无充有，以劣充好，特别是这些中间商往往以自然人的身份出现，而且一旦得手，即逃之夭夭。

【案例 3】

A 市 J 进出口公司接到从台湾 S 银行开出的经香港某银行转通知的对背信用证，开证申请人为台湾的 Q 公司。通知行在审核该证后发现一些不正常条款：第一，可以凭副本提单议付；第二，开证行的付款以收到美国 B 银行即主信用证的开证行的款项为前提。通知行 B 行经向公司了解才知道，这是一宗转口贸易。由于关税的原因，该批货物需在台湾卸货重新包装后再运往美国。台湾 Q 公司要用公司直接邮寄给他的正本提单向船公司交换提单，再用新提单向S银行交单议付。通知行随即向J公司讲明其中的潜在风险，并指出其对该证项下的单据将不予议付，而只作为交单行进行单据处理。但J公司不听通知行的建议，强行出货。单据提交通知行审核无误后，经香港寄往开证行。数日后，B行收到开证行从香港转来的电文，称买卖双方已达成协议，货款在证外解决，要求B行授权退单。B行随即向J公司澄清此事，得到否定答复后回电告知受益人从未与申请人达成任何协议，并要求开证行按信用证条款付款。稍后B行再次收到开证行来电，称因为港口拥挤，货物滞留海关，造成主信用证效期已过，故难以收到主信用证开证行的款项，只得退单。不日，B行收到开证行的退单。此时受益人经向船公司查询，发现货物已被开证人悉数提走。至此，B行所做的一切努力都已落空，受益人蒙受了巨大的损失。

在此案例中，J公司由于出口交易心切，对于对背信用证中的有问题条款不加理会，对银行的建议不慎重考虑，导致了不必要的损失。其实此案例中的诈骗方式是利用了软条款作为陷阱，陈述的是背对背信用证的诈骗。对背信用证是银行应客户要求以客户收到的买方通过另一家银行开出的信用证（主证或原证）为基础，另开一张内容相似的新信用证。这种信用证在国际三角贸易中应用很普遍。在正常情况下，主信用证与对背信用证是两个独立的信用证，对背信用证的开证行承担的为一般开证行的责任，与主证无关，因而对背对背信用证受益人来讲有充足的理由收到货款。但是它有一个前提，就是信用证条款正常。于是一些不法商人便钻空子，以此诈骗出口商。由于我国的国际三角贸易的出口商比较多，因此出口商对背对背信用绝不能掉以轻心，给不法商人有机可乘。

- 利用提货担保欺诈。提货担保是信用证方式下对进口商的一种融资。开证行应申请人要求，根据出口商发来的提单传真件签发提货担保时，开证行则会要求进口商提供书面保证，保证不论对方银行寄来的单据是否与信用证相符，都得对外付款，甚至要求进口商提供书面保证，甚至要求进口方存入百分之百的保证金。这也就是说，即使进口商提货后发现货物有问题也不能拒付。而根据习惯的制单方法，提单上的货物栏上可以只填写货物统称，无具体规格，只审提单传真件，知道大概货价和笼统的货名，不知道货物的详细情况，诸如货物的件数，及提单的编号等。也有些不法出口商利用运输航程较短，货物交单据提前到达出口地或有意延迟交单，迫使进口商为避免压港费用而做提货担保。

【案例】

1990年，香港某银行根据其客户A有限公司的指示开立一张金额为20 000美元的信用证。货物是从日本海运到香港的一批手表，允许分运。由于日本到香港的航程很短，在第一批货物的单据到开证行之前，申请人要求开证行出具提取这第一批货物的提货担保，并附上相应的金额为10 000美元的赔款保证，申请人在开证行有30 000美元的信用额度，所以该行经办合签了一张给船公司的提货担保，允许申请人提货。一星期后，第一批货物的单据尚未收到，申请人又要求出具提取价值为10 000美元的第二批货物的提货担保。由于近洋贸易中，邮寄单据往往需要一星期以后才能到达开证行，再则申请人的信用额度也未突破，因此开证行开出了第二个提货担保。几天后，开证行获悉A有限公司倒闭了，该公司董事们都不知去向。之后开证行收到了第二批单据，但金额是20 000美金，然而信用证下只能有这一批货物，根本没有第二批。一个月以后，凭开证行担保而提走二批货物的船公司，声称开证行侵占了价值为20 000美元的宝石手表的第二批货物。原来该客户少报了第一批货物的金额，再冒领了不是它的第二批货物。

此案例中是开证方通过提货担保对开证行实施的欺诈。在国际贸易中银行出具提货担保给客户提货是常有的事，尤其是在近洋贸易中更为常见，因为货物常常先于提单抵达目的地。银行通常要保证对船公司赔偿因没有提单而提货所产生的一切损失及费用。在客户信用不好时就可能发生冒领货物的情况，那么出担保的银行可能遭受很大的损失。此案例反映的正是这一点，由于客户利用信用证欺诈给银行带来的损失。

3）开证申请人和受益人共同欺诈

开证申请人与受益人利用假合同、假提单骗取开证银行的资金，首先虚构一笔交易，由进口方申请开证，出口提供假单据，待开证行对出口商付款后，进口方借口拒付。此外，还有开证申请人利用担保提货向开证银行行骗。因为开证行担保提货的做法具有不可撤销性，意味着开证行放弃了对货物的控制权，视同放单。这时开证申请人能否付款，给开证行带来了风险。

此种欺诈表现为开证申请人与受益人相勾结，编造虚假或根本不存在的买卖方关系，由所谓的买方申请开立信用证，所谓的卖方向开证行提交伪造的单据骗取开证行的贷款。这种欺诈在中国出现比较频繁，尤其是开证申请人借此进行非法融资。开证申请人和受益人显然利用了开证行业务上的漏洞，因为我国大陆的开证行在开展信用证业务时，往往在受益人或中间行提交单据时，并不进行独立的审单，而是将受益人提交的单据直接交给开证申请人审单，询问开证申请人是否存在不符点以及是否接受单据或对外付款，这样受益人提交的伪造的单据很容易就被开证行接受。

这种欺诈在我国比较多地表现为利用远期信用证进行欺诈。远期信用证（Usance L/C）是指开证行或付款行收到合格单据和汇票（或只有单据）后，不立即付款，而是等到信用证规定的日期才付款的信用证。其业务的运作程序为：进口商委托开证行对外开立信用证；受进口商的委托，开证行对外开立信用证；通知行在收到信用证后，通知出口商；出口商组织货物，装运出口并取得信用证需要的单据；出口商将信用证需要的单据提交议付行；议付行审单无误后，将单据寄交开证行；开证行审单无误后，对外承兑，并在到期日付款；在开证行承兑后，议付行对出口商办理票据贴现手续；开证行通知进口商承兑赎单；进口商承兑到期付款。在正常的信用证结算方式下，进口商可以顺利地收到货物而不必担心付款后无法收到货物，而出口商可以顺利地收到货款而不必担心发货后无法收款。信用证欺诈实施者利用的是远期信用证可以先承兑，然后在承兑到期日付款。以承兑后180天付款远期信用证为例，欺诈者可以在银行承兑后，将银行承兑汇票在国际市场上贴现，使用贴现资金将近180天（扣除收到承兑通知和贴现的日期），在需要付款时使用贴现资金付款。欺诈者通常不只是开立一个信用证，而是开立一系列远期信用证，例如每月各开立一个承兑后180天付款的信用证，然后用7月开立的远期信用证贴现资金偿还1月到期的信用证付款，用8月开立的远期信用证贴现资金偿还2月到期的信用证付款，如此循环使用，既不会发生信用证垫款，又可以使用贴现资金。一旦这种循环被制止或被打破，马上就会出现巨额的信用证垫款。在这个过程中，开证申请人需要在境外找一个合作伙伴作为受益人，同时还需要境内机构的"配合"，伪造一些虚假的贸易合同。

4）开证申请人与开证行共同欺诈

这类诈骗表现为开证申请人与开证行勾结，签发"软条款"信用证，欺诈受益人，或者开证申请人与开证行经办人相勾结，以假合同诈取开证行信用证下款项的信用证欺诈。因为有开证行的参与，其欺诈成功的可能性较大，对受益人的欺诈极大，其常表现为"软条款”信用证欺诈。由于有开证行的参与，通知行和受益人对对方的合法身份更加坚信无疑。

(2) 信用证欺诈的防范与改进措施

由于产生信用证欺诈的根源是独立抽象性原则，而这一原则恰恰是信用证制度的核心所在。所以要分析防范信用证欺诈的措施不可能去更改信用证制度的核心，要有效地减少信用证欺诈的发生，必须做好事前的防范而不是一味地事后补救。事前防范信用证欺诈风险是最重要的，开证申请人、受益人和银行可以通过不同的措施来预防和减少信用证欺诈的发生。

1）对信用证欺诈进行防范的措施分析

① 开证申请人的防范措施

◆ 做好事前的资信调查，慎重选择贸易伙伴。对于买方来说，贸易伙伴资信可靠，是防止信用证欺诈的关键。在实践中，国际贸易中的进口商应通过出口商所在国的资信评估机构、商业银行协会等组织机构对其资信进行调查，并建立完整的档案以供日后查询。总之，在交易前的谨慎选择贸易伙伴能有效地防范和减少信用证欺诈的发生。

◆ 加强对单据附加特别条件的关注。在信用证中规定卖方提供各种检验证明或其他证明性质的单据或在信用证中附加特别条件。买方申请开立信用证的应特别谨慎小心，在规定卖方提交单据时，除要求提供商业发票、提单、保险单等一般性单据外，视卖方信用的好坏、往来关系，可要求卖方提交公证报告，或规定在检验结果符合买卖合同规定的规格时，才能够予以承兑、付款。

◆ 及时了解船舶、货物信息。买方可通过船东去查询是否有提单上注明的货物。买方还可向装运港海关了解船货情况。一旦发现卖方有欺诈行为，可在取得确切证据的情况下争取银行的支持。

◆ 选择适当的价格术语。力争自己对船公司、银行和保险公司的选择权。对于进口商来说，选择 FOB 价格术语能将租船订舱，货物保险控制在自己手中，一方面进口商可以选择自己熟悉的信誉良好的船公司送货，另一方面进口商还可以派人到装货港口检查和核对货物是否符合合同的要求，杜绝卖方在货物方面的欺诈。

◆ 提高业务人员素质，增强风险防范意识。从事国际贸易的人员应具备相当程度的经贸、法律、航运知识以及丰富的实践经验，才能避免受骗。

◆ 严格审查单据。这对于进口商来说尤为重要，不仅仅是在发现单证不符合时可以拒付，更重要的是在出口商恶意欺诈的情况下，以单据的不符点拒付货款，减少或避免损失的发生。

◆ 进行合同担保，促使卖方履行交货义务。在对对方的资信情况不了解或进行的交易额较大的情况下，应尽可能地要求一家或数家双方都信赖的资信状况良好的银行或大公司作为保证人提供担保，买方还可要求卖方提供抵押财产以保证履行义务，这样，当卖方不能履约时，买方可就抵押财产取得补偿。

◆ 建立“信用证欺诈例外”及其类似规则。所谓信用证欺诈例外制度，是指在肯定信用证独立抽象性原则的前提下，承认“欺诈例外”，即使受益人交付的单据表面上严格与信用证相符，一旦银行或者开证申请人具有确切的证据证明受益人在交易中欺诈或者提供了伪造的单据，银行有权不对欺诈性单据付款，开证申请人有权请求法院颁发禁止令或其他措施禁止银行对受益人付款。这是保护买方减少损失的有利途径。这样实施，既维护了独立抽象性原则，又允许其例外的存在并给予限定，比较好地适应了交易的需要。但我国的法律还缺少针对性的措施。

② 受益人的防范措施

由于对卖方的欺诈方式较隐蔽，所以更需有关业务人员提高素质，在订立合同时，严格把关，尽量不接受买方的软条款，而对可转让信用证则要仔细考虑其可执行性，避免落入陷阱，杜绝买方利用虚假信用证实现欺诈的可能性。

◆ 严格审核信用证，认真制作单据。出口商在收到银行交来的信用证之后，应当比照买卖合同全面审核，以防假冒信用证或信用证条款与合同规定不符，或者有“软条款”。同时，对信用证所要求的一系列单据应当认真制作，保证单证之间以及单单之间的严格相符，以免给对方造成拒付的机会。

◆ 单据的标准化问题。各国贸易商所使用的各种单据迄今尚无统一、固定的格式，极易伪造，使骗子们有机可乘。实现单据标准化要靠国际社会的合作，使用统一的、标准的、难以伪造的单据，并建立起行之有效的单据管理制度，将会大大增强骗子们进行欺诈活动的难度。

◆ 建立发达的信息查询网络。应及时通告本国信用证欺诈发展动态，贸易商和银行的资信状况等材料，为诚实信用的贸易商和银行提供可靠信息，必然有利于他们在从事国际贸易业务过程中保持高度警惕，使利用某些贸易商和银行信息闭塞、不了解行情的弱点进行信用证欺诈活动的骗子们无机可乘。

◆ 慎重订立货物买卖合同中的信用证条款。买卖合同是约束买卖双方贸易行为的契约性文件，任何一方违约，对方都有权要求索赔。出口商为了防止进口商利用信用证“软条款”对其进行欺诈，在订立信用证条款时候应当慎重，仔细推敲，尽量不接受“软条款”，在实际业务操作中应当克服急于出口创汇而忽视风险防范的心态。

③ 银行的防范措施

◆ 银行应当建立健全内部各项规章制度和自律机制，加强风险防范意识，加强内部员工的法律意识和提高他们的业务素质。

◆ 银行在办理信用证业务时，除了严格执行国家外汇管理政策外，同时还要加强对开证环节的审核，加强对企业客户资信的调查。

◆ 积极扩大国际业务网络，选择资信良好的银行作为业务伙伴，有利于信息的及时传递与交流，便利银行之间的合作，以打击与控制信用证欺诈行为。

◆ 银行作为信用证的开证行或通知行，都应明确自身的责任和义务，为客户提供有效、周到的服务。

◆ 努力提高银行业务人员的素质。银行应坚持不懈地加强对从业人员的业务知识和技能的培养，努力提高他们的素质。

2）为防止信用证欺诈要改进的措施

① 政府应改进的措施

◆ 建立专门对付国际经济欺诈活动的国际合作组织。应尽快通过有关国际会议的召开或制定相关的国际公约，确认一个带有政府间合作性质、能够与国际经济贸易相关国际组织密切联系，并且能够行使司法管辖权的专门用于对付包括国际信用证在内的国际经济欺诈活动的国际合作组织，是防范和打击国际经济欺诈活动的重要对策之一。

◆ 完善防范信用证欺诈的立法。我国应制定专门的反信用证欺诈法。我国应从立法的角度严格规定公司的设立程序，对于不合格的一律不予审批承认，不发给营业执照。对擅自开业的公司予以查封，没收其所有的财产，并严格追究其有关责任人的经济、行政和刑事责任。

◆ 制定反欺诈的国际公约，从法律上谋求对人类社会共同利益的保护。就目前情况而言，尚无一部针对国际经济贸易欺诈活动具有强制性，普遍遵守的国际公约，而有必要制定一部反欺诈的国际公约，以求得世界各国达成在反国际经济欺诈活动种种问题上的共识，从法律上谋求对人类社会共同利益的保护。

◆ 召开反经济欺诈的国际会议。召开反经济欺诈的国际会议，探讨国际成员之间反欺诈的互助合作问题，建立一个反欺诈联盟。

② 企业应提高自我防范的能力

◆ 增强风险防范意识。贸易商应进行业务人员的素质培训，增强其风险防范意识，并制定完整的内部信用和风险管理制度，这是预防和减少信用证欺诈的根本所在。

◆ 加强与政府和银行等金融机构的合作。企业在独立应对信用证欺诈方面往往势单力薄，若加强与政府和银行间的合作，不但能够在风险发生时，合力应对，还可以通过政府和银行的推荐与其他企业沟通与交流，丰富他们应对风险的方法和途径，从其他企业防范风险的经验中得到很好的启示。

◆ 认真签订国际货物买卖合同。主要包括慎重订立信用证条款，合理选择信用证的有效期。另外应正确选择国际贸易术语，为了防止信用证欺诈，作为出口商应尽量使用 C 组贸易术语，作为进口商应尽量使用 F 组贸易术语。

◆ 严格审核单证。出口商在收到银行交来的信用证时，应按照买卖合同全面审核，以防范信用证条款和合同的规定不符，或有“陷阱”条款或假冒信用证。除此之外，进口商应向有经验的外贸人员咨询和调查。

（3）救济

1）银行拒付

在信用证欺诈中，银行是否享有拒付权，尚有争议。“英美法有‘动机不良，无权起诉’的原则，剥夺了参与欺诈的受益人的诉讼权，从而在事实上肯定了开证行的拒付权”。美国法院率先在 The Sztejn 诉 Henry Schroder Corp 案中提出了“欺诈例外”（fraud exception）原则。买方指控卖方（受益人）欺诈，付运的是“废物”，而非买卖合同下的货物，这已超出一般货物质量纠纷范围，法官支持买方向银行发出止付令。美国《统一商法典》以成文法的形式将开证行的拒付权规定下来，规定当表面符合信用证条款的单据带有欺诈性时，开证银行可根据善意的原则决定是否向受益人付款，但有管辖权的法院可以禁止此项支付。

现在，“欺诈例外”原则已为一些国家所接受并用于实践，但其实施起来仍有一定困难。例如：银行收到开证申请人提供的受益人欺诈的证据后，需要仔细权衡，若仅凭一点证据或怀疑就拒付，会使得受益人去查明并证实单据的真实性，不符合信用证独立抽象原则，也使卖主在信用证下收款的保障遭到破坏。若将来受益人向银行提起诉讼，则银行会有败诉风险。但银行也不能对欺诈通知完全置之不理，否则一旦付款后，若卖方确为欺诈，买方或许会以已通知为由来拒绝赎单。对此，银行必须考虑欺诈证据的充分性和可靠性后作出自己的选择。

建议银行应小心谨慎，并规定严格的拒付条件行使拒付权：

- 欺诈须来自于受益人，即受益人对单据中的不真实性的且实质性的事实描述是知情的，或是亲自制造的；
- 欺诈的目的在于获取信用证项下款项；
- 欺诈必须是真实存在的。

关于这种欺诈情况的通知必须在银行付款承兑之前。如果受益人没有参与欺诈或毫不知情，或者即使存在欺诈，而开证行所面对的是汇票正当持有人（善意第三人），银行是不能以欺诈为由拒绝付款的。

2）法院禁付令

在存在信用证欺诈情形时，申请人可以申请银行拒付，但如果银行错误地拒收受益人提交的单据，银行就有可能面临一场注定要失败的诉讼，使其经济、信誉上蒙损。并且让买方的救济完全取决于银行的意志对买方也不公平。因此，在申请人确知或有相当程度怀疑存在信用证欺诈时，较有效的办法是诉诸司法救济，请求法院来发布禁付令强制银行不向欺诈人付款。禁付令是英国衡平法上的救济方法，指有管辖权的法院可根据当事人的请求，通过发布禁令阻止有欺诈行为的被告正在或可能将要给当事人造成损失的行为。“在信用证业务中，当事人可自愿采用 UCP，依据各国冲突法普遍规定的公共秩序保留原则，当事人选择的外国法或国际惯例违反本国公序良俗或法律，法院可以排除其适应，因此，法院发布禁付令的法律依据便是援引公共程序保留”。

中国虽深受信用证欺诈之苦，但目前除了《刑法》第 195 条明文规定了信用证诈骗罪之外，无其他民商事立法专门对此作出规定。有人认为当事人可申请诉讼保全，要求法院暂时冻结、扣押、留置对方财产财物，但这一制度仅能适用于国内，而国际贸易中当事人多分布于世界各地，欺诈者本身并无多少财产，在中国境内更无多少财产可给法院扣押。因此，我国法院在实务中多采取冻结令阻止银行向欺诈人付款。相关规定主要见于最高人民法院 1989 年发布的《全国沿海地区涉外港澳工作座谈会纪要》，《纪要》在肯定独立抽象性原则绝对性的基础上，确定了下列适用欺诈例外原则的框架性条件：

- 法院冻结令仅适用于经充分证明的信用证欺诈；
- 冻结令不应限制证下正当持票人的受款权利；
- 颁布冻结令不能仅仅考虑欺诈受害人的利益，更要注重冻结令对银行信用的不利影响。

总体说来，该文件所确立的原则基本与相应的国际惯例接轨，可我国相应的司法实践却与国际惯例相去较远，其中法院滥发冻结令的情况屡禁不止。

资深国际贸易仲裁员杨良宜先生就警告说：“中国公司在外贸活动中不审慎地选择交易对方，一旦有信用证欺诈发生，即将本应由自己承担的商业风险转移给银行，中国法官不顾信用证的独立抽象原则，甚至无视外国银行已承兑票据或已议付货款的事实，滥发禁令（冻结令），其弊大于利，最终损害本国长远利益。”首先，银行是否一定能逃避付款责任，值得商榷。中国几家国有银行均在国外设有分行，根据英美法律规定，只要外国银行在本国设有分支机构，本国即对其拥有诉讼管辖权。中国本土的银行即使能根据法院冻结令逃避付款，但其在外国的分行难逃被起诉的风险。其次，中国银行国际信誉将会降低。外国银行不愿接受中国的银行的委托作为议付银行，外国公司不愿接受中国银行开出的信用证或要求外国银行保兑信用证，交易成本因而大大增加。

信用证欺诈有其复杂的社会、经济原因，对其防范既需当事人谨慎从事外贸活动，防患于未然，也需要国内不断完善立法执法工作。因此，我国法院在签发禁付令时可以借鉴英美法院的做法，对签发禁令采取严格的条件。

- 坚持信用证的独立性。法院不能因与信用证无关的事件干预信用证的运作。
- 信用证交易侵权之诉讼应当是和欺诈有关的，必须证明明显确实存在欺诈成分，而且银行知情。
- 禁令必须在银行付款之前或承兑之前发出。
- 禁令的发布不损及善意第三人的利益。

2. 信用证软条款的识别及应对策略与技巧

(1) 信用证软条款的介绍

作为一种重要的国际结算和资金融通工具，信用证以其较高的安全性和迅捷性在国际贸易领域得到了广泛的应用。据国际商会统计，以信用证结算方式完成的贸易约占日常世界贸易的70%以上，我国国际贸易结算的80% ~90%也采用信用证方式结算。正因为如此，信用证又被称为“国际贸易的生命血液”。所谓的软条款是相对于“硬”条款而言的。信用证是银行承诺凭一定的条件付款的文件。在信用证交易中，银行仅处理单据所涉及的货物/服务，因此只要出口商（受益人）提交的单据符合信用证要求，银行就付款。银行是否付款取决于出口商提交的单据是否符合信用证规定，因此对于出口商能够控制其行为符合信用证规定的条款，可以称之为“硬条款”。对于信用证软条款，国际上并没有公认的定义，UCP500及修改后的UCP600都没有提及，所谓的信用证软条款是相对于正常条款而言的，又被称为“陷阱条款”。国内外从事贸易的实务者和学者一般将其表述为：信用证软条款是申请人或开证行在信用证中所列的使受益人处于极端被动的地位，而主动权始终控制在申请人或开证行手中的条款，申请人或开证行可以随时引用该条款，其直接法律后果是开证行可以单方面解除其保证付款的责任而使受益人难以收汇。

软条款的产生是信用证本身存在的缺陷造成的。信用证“独立抽象”和“严格相符”的基本原则使得信用证一旦开立便独立于合同，不受合同约束。同时，银行在审单时仅仅要求单证相符、单单相符，只要单据表面相符，银行就必须付款，银行对单据的真实性、准确性等概不负责。这样，进口商就可以在信用证中规定一下难以实现或者不能实现的条款，使得受益人交单处于不利地位。“嫁接”在信用证上的软条款通常具有以下几个特征：一是隐蔽性；二是申请人掌握着主动权，这些“陷阱”条款使出口商完全处于被动境地的同时，却赋予了申请人单方面变不可撤销信用证为可撤销信用证的主动权，这是“软条款”最基本的特征；三是多样性，“软条款”的隐蔽性很大，形式多样，没有固定的模式，甚至还故意加上一些专业性的表述，很难引起受益人的警觉。

(2) 信用证软条款的识别及对受益人的危害和不利因素

1) 信用证暂不生效软条款

这一条款形式多样，但究其本质，就是对信用证的生效时间、能否生效作出一些规定，这类条款使不可撤销信用证变成可撤销信用证。例如“待到货样经开证申请人确认后再通知生效”、“待进口许可证签发后再通知生效”、“由开证行签发通知后生效”、“由开证申请人检验货物样品合格后才通知信用证生效”。这些条款的本质就是：信用证必须在满足开证申请人提出的某些条件后才生效。这样，开证申请人完全掌握了信用证的主动权。如果开证申请人由于市场变化而拒绝发送生效通知，受益人手中的信用证将变成一张废纸。

2）装运软条款

装运软条款是指开证申请人利用信用证中规定的装运港、目的港、装运时间、可否分批装运或转运、船公司、船级、船龄等方面的内容，规定各种限制受益人的软条款。第一种情况是在单据上规定目的港由开证申请人通知指定，如“目的港和装运日将以修改证的形式通知”，这类条款使装运处于不确定状态。这种将风险转移至受益人的软条款同样在市场和国际形势不利的情况下成为开证申请人和开证行拒付的理由和借口。第二种情况是指定船只和限制装运船龄。在这种情形下，由于船只在海上航行的不确定因素很多，很难确定能否在特定日期内租到指定船只。对于船龄的限制也是如此。第三种情况是指定转船船名。在海运实务中，转船时有发生，但是否可以转移到指定的船只也是十分不确定的事。第四种情况是规定货物必须在取得开证申请人的指定人签发的装船通知并以修改书形式发出后才能装船。在这种情况下，开证申请人完全掌握了货物是否装船、何时装船的主动权，从而导致延迟装运或其他不符点的产生，给开证行拒付提供了理由。

3）限制付款的软条款

信用证中如果对付款附加额外条件，可以随时解除银行的第一付款责任，这种规定也属于软条款。例如，货到目的港需通过进口商品检验后再付款。这一类型的条款，实际上对开证行的责任进行了改变，通常只要出口方提交全套合格的单据，开证行就必须保证付款。若信用证中包含上述条款，就改变了开证行第一性付款责任，出口方发货之后能否收回货款，取决于进口方，信用证便由银行信用转化为商业信用，使得出口方收汇风险大大增加。在美国的来证中，若出口产品系食品时常见到这类条款。“PAYMENT WILL BE EFFECTIVE UPON RECEIPT OF U. S. FOOD AND DRUG ADMINISTRATION NOTICE OF ACTION STATING THE PRODUCT HAS BEEN RELEASED。”这往往出现在“致银行指示”中，出口商难以注意到其隐患。

4）无法操作的条款

信用证中存在这种软条款，使条款与实际操作的可行性之间相互矛盾，受益人不能做到两全其美，不可能做到单单相符或者单证相符。

- 要求提单发货人为信用证的申请人并且空白抬头、空白背书的条款，如“bill of lading made out to order and blankly endorsed, showing the applicant as the shipper”。空白背书应由实际发货人作出，而如果提单发货人做成信用证的申请人，那么这样的规定是相互矛盾的，实施起来也会很困难，并且提单发货人做成申请人的话，受益人将失去提单下的发货人应有的权利。
- 要求除发票外的所有单据不得显示发票编号的条款，“except the commercial invoice, documents presented cannot show the invoice number”。实际业务中，有些官方或半官方单据要求必须显示有关发票的编号及出具日期，比如原产地证或出口许可证等。因此，如果涉及这类单据，就根本无法操作。

◆ 非普惠制下的产品却要求提交普惠制产地证（GSP FormA）的条款。目前已有36个国家给予中国GSP待遇，对这些国家出口货物，必须申请提供普惠制产地证，作为进口国海关减免关税的依据；但是如果未实施或未给予中国GSP待遇的国家，却要求提交GSP FormA时，则本条款根本无法操作，相反却会导致单证不符的情况。
◆ 与国际贸易惯例不符的条款。如采用FOB术语，但却要求提单上标明“运费已付”以及要求受益人提供保险单等条款。按惯例，FOB与freight to collect（运费到付）相对应，而CFR和CIF与freight prepaid相对应。另外，FOB项下的保险由买方办理，显然，要求受益人提供保险单是不可能的事情。

5）商检中的软条款

这类软条款一般规定：品质证书由开证申请人出具，或须由开证行核实，或须与开证行存档的样本相符。这样，只有由开证申请人出具或经过其同意的品质证书才能作为议付单据，因此这同样是把是否接受货物的主动权交给了开证申请人，违背了正常的国际贸易程序。这样的软条款又往往与开证申请人企图诈骗受益人预付的履约保证金或开证押金有关。开证申请人一旦收到这些预付款项，便对货物品质百般挑剔，拒绝签发品质证书，或声称受益人出具的品质证书不符合开证行存档的样本，而受益人根本无法核实，以致遭受严重的损失。

软条款的特点使其成为不法分子进行欺诈的有效工具之一，软条款在正常的贸易中屡见不鲜，而其危险性和危害性不容置疑。正因为如此，卖方在核对开来的信用证时，一定要仔细分辨，消除软条款对交易的不利影响。

（3）应对信用证软条款的策略和技巧

1）应对信用证软条款的常规措施

① 改善信用证制度

◆ 统一信用证的格式和条款。信用证软条款产生的原因之一，就是信用证中的条款约定随意性太大，关于信用证的格式、内容及措辞，世界各地都没有统一标准。国际商会自成立以来，一直致力于信用证格式的标准化，相信随着国际社会的不断努力，将来在国际信用证业务中采取统一的信用证格式和条款是可行的。届时，不但能节省信用证当事人制订每一个信用证所花费的时间和精力，而且将大大减少软条款现象。
◆ 平衡买卖双方的权利义务。信用证制度和相关条款应该给予买方一个公平的机会，使其在付款之前能够知道货物的真实情况，平衡信用证当事人的权利和义务。
◆ 明确信用证软条款的法律界定。迄今为止，国际商会和相关法律未对信用证软条款作出禁止的书面文件和资料，这也是软条款比较常出现的原因之一。作为制订UCP600的国际商会，应对此问题进行深入的探讨和研究，然后，对软条款问题进行全面的界定，并设计出适合信用证机制的相应运行方法。

② 出口商对信用证软条款的应对措施

◆ 深入调查贸易伙伴的资信状况。做好贸易伙伴和开证行资信调查工作是防范信用证软条款最有效的方法。只有对贸易伙伴的资信情况进行深入、细致的调查，才能及早防范。选择与资信良好的贸易商交易，即使在信用证中出现软条款也不会被利用；

而资信不好的贸易商对待软条款往往是根据国际贸易的行情随心所欲，最终会导致受益人被拒付。实践中对贸易伙伴资信情况的调查有多种渠道，既可向该贸易伙伴的交易伙伴了解或向其竞争对手调查有关信息，也可以委托资信调查机构进行调查。

◆ 慎重选择开证行。尽管开证行不是直接由受益人来选择，但是，受益人可以事先与进口商商定好，由那些世界一流、信誉较好的银行作为开证行。因为这些银行很注意自身的声誉、操作很规范、服务质量高，对于受益人来说，风险概率会大大降低。为了使信用证有更高的安全性，我国出口企业可要求进口商到信誉较好的大银行，如汇丰、花旗、大通、渣达、三和、三井、德意志、巴黎国民银行等开立信用证。由于这些银行一般很注意自身的声誉，会很严肃认真对待“软条款”问题。

◆ 重视合同条款的商定。信用证是以交易合同为基础而开立的，谨慎设计合同条款是防范信用证软条款的有效手段之一。只有把合同的条款约定得严谨、公平，今后在对信用证的条款进行审查时才会有参照，即使出现了与合同要求不符的信用证条款，出口方也可以合同为依据要求修改。如果进口商拒绝修改，也容易引起注意。反之，如果合同本身的条款规定就不明确，在出现了信用证软条款时就无法有理有据地要求修改，甚至还可能被进口商指责为拒不履行合同。同时，在信用证中须审查的单据不宜过多，单据过多既增加了受益人的负担，也很可能造成单证不符及矛盾。因此，应牢牢把握合同中信用证条款的一个基本原则：约定应明确——不用约定的不约定、可约定可不约定的不约定、可以不通过银行审查的条款也不约定。

◆ 仔细审核信用证条款。完全相符的单据是开证行付款的前提条件，单据不符是开证行凭以拒付的唯一正当依据，所以要对信用证中的单据进行严格审核，以免被银行拒付。受益人收到信用证后，应与合同仔细核对，按照本文已经探讨过的识别方法，对信用证中的各种单据条款进行详细的审查，对每一单据的出单人、单据内容及出单日期作出明确具体的规定。对任何不符合规定的要求应及时与开证申请人联系、提出书面申请并要求开证行修正，排除一切可能产生的不符点隐患。

◆ 提高外贸人员的业务素质。加大对企业内部业务人员的培养，是长期防范信用证风险的一个重要措施。外贸业务人员既要有高度的责任感，又要有熟练的业务技能。这就需要外贸企业加大对培训的投入。同时，外贸业务员也应加强学习，了解和熟悉国际贸易惯例及国际商会的相关解释、相关法律和复杂的专业知识，不断积累实践经验，提高自身业务水平。

2）有限接受信用证条款

在国际贸易中，要具体分析信用证中的软条款，对于一些严重的欺诈条款，应及时予以拒绝；对于一些可以避免的，经仔细考量之后，那些利大于弊的条款是可以考虑接受的。下面列举贸易实务当中的一些条款，可以分门别类地对待。

◆ 开证申请人通知船公司、船名、装船日期、目的港、验货人等，受益人才能装船。此条款中买方完全控制卖方装船。可以考虑接受。

◆ 信用证开出后暂不生效，等到进口许可证签发后通知生效，或待货样经申请人确认后生效。此类条款使出口货物能否装运完全取决于进口商，出口商处于被动地位。如果出口商生产期和装运期和进口商达成一致的话，可以考虑接受。

◆ 信用证的到期地点在开证行所在国，有效期在开证行所在国，这会使卖方延误寄单。

若能保证不会延误交单的情况下可以考虑接受。

- 信用证限制运输船只、船龄或航线等条款。这种条款我们可以考虑接受。
- 品质检验证书须由开证申请人或其授权人签发，由开证行核实，并与开证行印签相符。此条款的条件下，在备货过程中，我们可以与客户进行沟通，尽量达到它的标准，所以也可以考虑接受。

3. 可转让信用证的使用技巧及风险防范措施

（1）UCP600 中的可转让信用证及特征

1）UCP600 中的可转让信用证

根据国际商会《跟单信用证统一惯例》（UCP600）的定义，可转让信用证系指特别注明“可转让（transferable）”字样的信用证，其中新增加了一个对可转让信用证的简洁而精确的定义，即可转让信用证意指经转让银行办理转让后可供第二受益人使用的信用证。就可转让信用证的有关规定，新惯例 UCP600 已对老惯例 UCP500 做了三大部分的修改。一是明确开证行可以作为转让行转让信用证；二是明确了第二受益人的交单必须经过转让行；三是规定第二受益人提交的单据与转让后的信用证一致。

UCP600 规定开证行也可担任转让行，有利于第二受益人顺利收款，使得信用证的转让更具灵活性。信用证转让的目的在于既能免除第一受益人向实际供货商开证的麻烦，又能方便其赚取差价获得利益，同时还能切断供货商与进口商的直接联系。通过开证行自身转让信用证，使得交单过程减少了转让环节，加快了业务进程，也减少了换单造成的不符。

UCP600 明确了第二受益人的交单必须经过转让行，从而避免了第二受益人绕过第一受益人直接交单给开证行，保护了第一受益人的利益。

UCP600 规定当第二受益人提交的单据与转让后的信用证一致，而第一受益人因换单导致单据与原证出现不符，又在第一次要求时不能作出修改，转让行有权将第二受益人提交的单据直接寄给开证行，由此保护了第二受益人的利益。

2）可转让信用证的特征

- 为买卖双方提供融资便利。买方向银行申请开立信用证，银行一般只收取一笔押金，由买方的资信和买方与银行的业务关系来决定具体数额，通常不会要求买方支付该信用证的全部金额。此外，卖方可以通过打包放款、信用证抵押贷款、出口押汇和票据贴现等方式得到货款。信用证缓解了进、出口商互不信任的矛盾，便于银行对进出口双方的资金融通。
- 独立性和严格相符原则。独立性原则是指信用证独立于其他相关的任何合同。由于信用证交易的独立性，开证行对受益人的付款义务独立于受益人在买卖合同项下的履行，即使受益人违反了与开证申请人之间的买卖合同项下的义务，只要受益人提交了符合信用证规定条件的单据，开证行就必须付款。根据严格相符原则，银行有义务合理小心地审核一切单据，以确认单据表面是否符合信用证条款，而对于任何单据的真实性，则不承担相应责任。
- 灵活多样性和阻断性。除了上述普通信用证两大特征外，可转让信用证还具有灵活多样性和阻断性。其一，信用证的转让方式可以是部分转让或全部转让，可转让信用证可以将信用证的权利和义务转让给任何第三方使用；其二，隔断了买方和卖方的直接联系，方便了中间商保留商业秘密和提取差价。

（2）可转让信用证各方业务风险分析

可转让信用证涉及的当事人主要有开证行、第一受益人、转让行、第二受益人等，下面就可转让信用证各方业务风险予以分析。

1）开证行的风险分析

可转让信用证在使用过程中，可转让信用证的开证行为第二受益人担保付款但对其资信却并不了解，因此面临一定的风险。另外，可转让信用证业务环节较多，这也增加了开证行单据丢失和出错的风险，使信用证业务的风险管理愈加困难，欺诈风险也随之增加。

① 资信风险

◆ 第一受益人的资信风险。从合同关系来看，中间商是业务链的关键环节，购货商和供货商没有直接的合同关系，他们分别与中间商订立合约，所以，购货商和供货商之间是一种间接关系。而在整个结算过程中 它又是代表物权的货物单据的持有人和银行的付款保证的第一受益人 这使实际供货方的利益很大程度上依赖于中间商的作风和信誉，因此，中间商在整个贸易中起着至关重要的作用，中间商的资信状况关系到各方当事人的切身利益。

➢ 贸易合同欺诈。即进口商与第一受益人伪造虚拟的贸易合同骗取开证行资金。第一受益人单独或与承运人勾结伪造运输单据骗取开证行付款。第一受益人与议付行或通知行勾结，利用假的单据骗取开证行付款等等。

➢ 转证诈欺。可转让信用证中，转让证在原证的基础上开立，根据 UCP600 的规定，除少数条款外，转让证应与原证条款保持一致。但由于 UCP600 允许对原证条款进行修改，而且修改的内容可以不通知第二受益人。如果转证时未能严格按原证转载或修改，新证极有可能改变开证行在原证中的权利和责任，造成对开证行权利的侵害。如第一受益人为了更多地赚取中间价差，有可能采用一些不正当手段，故意对转让证的条款模糊规定或对原证条款有意增减，再通过替换单据把风险转嫁到开证行身上，给开证行造成经济损失。

➢ 换单欺诈。按照 UCP600 的规定，第一受益人有权以自己的发票和汇票替换第二受益人的发票和汇票，如果替换后的单据符合原证的规定，开证行必须对相符单据付款。在可转让信用证的实际业务中，第一受益人为了隐藏实际供货商的身份，用自己的发票和汇票对实际供货商的发票和汇票进行了替换，但中间商对实际供货商单据的替换是否仅限于发票和汇票，开证行事实上并不能控制。

◆ 第二受益人的资信风险。由于开证行与第二受益人没有直接联系，对第二受益人的资信等情况并不了解，还会出现第二受益人以次充好、以假充真或伪造单据直接诈骗的情况发生。例如国内某公司进口一笔价值 500 万美元的钢材，进口公司依约对外开出可转让信用证后，在装运期内，第一受益称货物已如期装运。不久开证行即收到转证行转来的全套单据。单据经审核无不符点，开证行对外承兑。一个多月后，货物依然未到。经调查这是一起典型的第一、二受益人联手伪造单据进行的信用证诈骗。但此时信用证项下单据已经开证行承兑，且据转证行的信息，该行同时作为议付行已买断票据，将融资款支付给了受益人。开证行被迫在承兑到期日对外付款。

② 审单的风险

可转让信用证下开证行的审单与其他类型信用证相似，承担审慎审单责任，确定单据在表面上是否与信用证相符。一种情况是对第一受益人提交单据的审核，开证行虽然只审核单据本身，但不能避免因工作人员疏忽，造成付款后又发现单据不符，导致款项无法索回。另一种情况是在可转让信用证的实际业务中，开证行与第二受益人没有实际接触，原证在转让后，转证行无义务向开证行汇报转让证的情况。第二受益人提交的单据按照转让证作出，所以转让证的条款是否符合原证规定以及第二受益人所提交的单据是否符合转让证条款的规定，开证行根本无从得知，单证不符或单货不符的概率增加。

③ 接受不符单据的风险

UCP600 规定，当第一受益人不能及时提交自己的单据，或提交的单据导致了不符点的存在，转证行可直接将第二受益人提交的单据照交开证行，开证行不能以第二受益人的名称不同于原信用证规定的第一受益人的名称而拒付，应当将第二受益人的名称视同第一受益人的名称而付款。开证行不容易辨别清楚单据中的不符点是属于可转让信用证特点而产生的与生俱来的不符点，还是第二受益人在发货时因货物和操作违规而产生的不符点，但是由于可转让信用证的特殊性，开证行有义务接受来自于第二受益人的不符单据。如果没有转让证从旁对照，开证行就有可能错误付款或拒付，造成银行信誉与经济的损失。

2）第一受益人的风险分析

第一受益人往往是货物实际供应商即第二受益人和最终买家即开证申请人的中间商，它之所以要采用可转让信用证，目的在于在不占用自身资金的同时切断开证申请人和第二受益人之间的联系，赚取中间差价。可转让信用证下中间商面临以下风险。

- 合同履行的风险。尽管可转让信用证的权利可以转让，但并没有减少中间商与买卖双方签订的贸易合同所规定的任何权利和义务。中间商通过转让信用证从实际供货方处取得了货物凭证，并得到银行的付款保证，同时中间商也在贸易中承担了向买方交付货物和向卖方付款的双重责任，因此不管是买方拒付货款，还是卖方没有交货，中间商都须对受害方承担违约责任。
- 开证行担任转正行的风险。根据 UCP600 规定，允许开证行担任转让行。第一受益人一旦选择开证行作为转让行，它将面临商业秘密泄露的风险，同时可能无法获取中间差价。当指定转让行拒绝办理转让，第一受益人转而申请由开证行办理转让时，第一受益人必须将第二受益人、转让后信用证金额、货物单价等信息全部告知开证行，而开证行往往是与开证申请人即最终买主关系密切的往来银行，相关信息很容易泄露给最终买主，从而使第一受益人遭受重大损失。
- 延迟换单的风险。UCP600 第 38 条 i 款规定：“如果第一受益人应提交其自己的发票和汇票（如果有的话），但未能第一次要求时照办，或第一受益人提交的发票导致了第二受益人的交单中本不存在的不符点，而其未能在第一次要求时修正，转让行有权将从第二受益人处收到的单据照交开证行，并不再对第一受益人承担责任。”因此，若第二受益人直接取得货款，很可能泄露商业机密，使中间商遭受损失。所以，第一受益人在申请开立可转让信用证时通常将其空白的发票和汇票一并交给转让行，请转让行在收到第二受益人相符交单时代为替换，以免发生延误。

3）转让行的风险分析

根据UCP600第38条a款的规定，银行无办理信用证转让的义务，除非其明确同意。信用证注明可转让并非给第一受益人坚持转让信用证给另一受益人的权利，而是授予转让行自行决定是否按第一受益人请求转让信用证的权利。也就是说，在决定转让与否方面赋予转让行完全的控制权。而且，在可转让信用证项下，它是由原开证行而不是办理转让手续的转让行对第二受益人负责付款，因此，这降低了转让行的风险。然而，虽然转让行只是经开证行授权进行信用证的转让，并不承担付款责任，但由于信用证的转让行通常也是议付行，因此也要承担受益人伪造单据骗取议付款等方面的风险。

◆ 资格确认的风险。任何银行在接到客户可转让信用证下的转让申请时，应首先确认自己是否具备转让行的资格。不少客户甚至某些银行操作员认为，只要是可转让信用证的通知行就可以做转让，实际上这是一种误解。UCP600第38条b款规定：可转让信用证系指特别注明"可转让（transferable）"字样的信用证。可转让信用证可应受益人（第一受益人）的要求转为全部或部分由另一受益人（第二受益人）兑用。转让银行意指办理信用证转让的被指定银行，或者在适用于任何银行的信用证中，转让银行是由开证行特别授权并办理转让信用证的银行。开证行也可担任转让银行。具备转让行资格的银行包括：被授权付款、承担延期付款责任、承兑或议付的银行以及自由议付信用证项下被特别授权的银行。

◆ 缮制转让条款的风险。UCP600第38条g款规定："已转让信用证需准确转载原证条款，包括保兑（如果有的话），但下列项目除外：信用证金额、规定的任何单价、截止日、交单期限、最迟发运日或发运期间。以上任何一项或全部均可减少或缩短。必须投保的保险比例可以增加，以达到原信用证或本惯例规定的保额。"这一条款的制订明确了转让行在进行信用证转让时可以进行改变的内容。在实务当中，第一受益人可能会提出一些貌似合理但却超出UCP600规定的要求，对此，转让行一定要慎重处理，不能随意接受客户的要求，否则转让行可能面临处理不当的风险。

◆ 通知换单的风险。UCP600第38条i款规定："如果第一受益人应提交其自己的发票和汇票（如果有的话），但未能在第一次要求时照办，或第一受益人提交的发票导致了第二受益人的交单中本不存在的不符点，而其未能在第一次要求时修正，转让行有权将从第二受益人处收到的单据照交开证行，并不再对第一受益人承担责任。"转让行开立转让信用证，虽不承担付款责任，但要承担在第二受益人议付单据后，及时通知第一受益人替换发票和汇票的责任。如果转让行没有及时通知到第一受益人或第一受益人在规定的期限内已把汇票和发票交给了转让行，但由于转让行疏忽而未能替换汇票和发票，而把第二受益人的发票交给了开证行，使第一受益人遭受到损失，则转让行都将承担相应的责任。若确信第一受益人不准备替换单据，可以将第二受益人单据直接寄交开证行；若第一受益人对于自己换单造成的不符点不再修改，转让行也应该谨慎衡量寄交第一受益人不符点单据和寄交第二受益人单据两种情况所带来的后果，以求自己的风险最小化。

◆ 融资的风险。如今普遍存在两种观点。观点一认为，可转让信用证中开证行授权办理付款、承兑或议付的银行只可能是向第一受益人办理付款、承兑或议付的银行，并不包括向第二受益人办理付款、承兑或议付的银行，因为信用证只可能办理一次付款、承兑或议付，而不可能存在两次性质相同的行为。观点二认为，根据UCP600

第38条h款，第一受益人可在原信用证项下支取自己发票与第二受益人之间的差价，以及j款规定："在要求转让时，第一受益人可以要求在信用证转让后的兑用地点，在原信用证的截止日之前（包括截止日），对第二受益人承付或议付。本规定并不损害第一受益人在第38条h款下的权利。"充分表明转让行经开证行授权、在第一受益人明确指示且自己愿意的条件下有权向第二受益人办理付款或议付。这种观点认为经过授权的转让行可以对有权凭符合可转让信用证要求的全套单据（经过替换发票、汇票）向第一受益人支付应得的差价部分，并对第二受益人办理付款或议付。

从以上两种情况可以看出，转让行对第一受益人或第二受益人融资存在巨大风险，应谨慎办理。在存在差额的转让证项下，由于第一受益人最多只对转让的差额部分享有权益，因此，假如第一受益人要求对全部发票金额进行押汇是不能接受的。如果只针对差额部分，则在确认第一受益人已换单议付且更换后的单证相符，同时在开证行资信良好的情况下，则转让行可以考虑对第一受益人就转让的差额部分进行押汇。如果第一受益人与第二受益人都是转让行的客户，这种情况下，转让行应该等到确认第一受益人已换单议付且更换后的单证相符、开证行资信良好的情况下，可以考虑在转让给第二受益人的那部分出口货款价值内对第二受益人办理出口押汇。但一般情况下，不宜对第二受益人办理付款、承兑或议付。

4）第二受益人（实际供货商）的风险分析

在可转让信用证支付方式下，第二受益人的承担的风险往往最大。正常情况下，向开证行交单索偿的直接当事人是第一受益人而不是第二受益人，银行的付款承诺在金额和时间上都受到银行对第一受益人履行付款的约束。对于第二受益人来说，其风险主要有以下几种情况。

① 单据不符的风险。

根据UCP600第38条款规定，在可转让信用证下，若第一受益人未及时换单或改单，转让行可将第二受益人提交的单据直接寄往开证行。但是在实际操作中，转让行为维护其与第一受益人之间的关系，降低风险，往往不会轻易将第二受益人单据直接寄交开证行，即使第一受益人换单产生了不符点。虽然UCP600规定："如果第一收益人应当提交其自己的发票和汇票（如有），但却未能在收到第一次要求时照办；或第一受益人提交的发票导致了第二受益人提示的单据中本不存在的不符点，而其未能在收到第一次要求时予以修正，则转让银行有权将第二受益人收到的单据向开证行提示，并不再对第一受益人负责。"但实际业务中，由于转让行为了维护和第一受益人的关系往往不会径直寄单至开证行。在UCP600第14条规定受益人提示单据的日期，受益人须按规定提示单据，如没有规定则必须由受益人或其代表按照相关条款在不迟于装运日后的二十一个公历日内提交，但无论如何不得迟于信用证的到期日。根据UCP600第38条e款的规定，第一受益人可以保留拒绝转让行将原可转让信用证的修改内容通知给第二受益人的权利。因此，如果第一受益人出于维护商业秘密或其他目的拒绝通知第二受益人对原证的修改，第二受益人有可能在不知情的情况下，继续按原信用证规定办理单据，从而造成单证不符无法结汇。

② 收款的风险

- 中间商诈骗。在可转让信用证支付方式下，作为第一受益人的中间商既不需垫付资金也不具备货物，只是通过接洽买卖双方从中取利。同时，在整个结算过程中，它又是代表物权的货物单据的持有人和银行的付款保证的第一受益人。这使实际供货方的利益很大程度上依赖于中间商的作风和信誉。一旦中间商有意欺诈，将使第二受益人面临钱货两空的巨大风险。

- 中间商与开证申请人联合欺诈。在货物出口后，中间商即第一受益人可能与最终买主即开证申请人联合欺诈，故意不正确换单，造成单证不符，从而导致开证行拒付。在这种情况下，最终买主借机威胁供货商即第二受益人对产品进行降价处理，否则退货，往往会使第二受益人遭受经济损失。
- 逾期交单的风险。为保证按时交单，第一受益人往往把第二受益人的交单时间、有效期规定得很短。这样会使第二受益人在向银行交单时，容易出现不能按时交单的不符点，从而遭到拒付。
- 转让行拒付。转让行与第二受益人通常没有账户关系，为了防范自身可能遇到的风险，转让行在转让信用证时通常加列此类条款："Payment will be effected only after our receipt of payment from the issuing bank."（只有收妥开证行的偿付款项方才付款）。即转让行在转让信用证时往往加列在收妥开证行的款项后才向第二受益人付款的条款，除非转让行保兑了信用证，否则第二受益人不能得到转让行付款的保障。

③ 融资的风险

因为在可转让信用证项下出口地银行不能以"单证一致"为由主动向转让行或开证行催收货款在收款时间和金额上均存在不确定性比其他类型信用证项下对受益人做资金融通的风险大得多，所以转让行和出口地银行通常不愿为第二受益人融资。国内一些银行明文规定，原则上不对可转让信用证的第二受益人进行资金融通，从而使第二受益人增加资金占用造成经营上的困难。可以看出，UCP600 框架下，第二受益人面临的风险仍然很大。尽管 UCP600 有加强对第二受益人权益保障的意旨，但它没有从根本上改变第二受益人的被动地位，在 UCP600 框架下，第二受益人想从转让行或出口地银行获得融资仍将十分困难。

(3) 可转让信用证的风险防范

国际贸易中，大量的中间商活跃在供货商和进口商之间，扮演着不可或缺的角色，可转让信用证也随之成为越来越重要的甚至是不可替代的支付工具。可转让信用证从诞生到现在为时不长，尚在不断完善之中，UCP600 已经对可转让信用证的规范化应用做了重要的修正，但是尚有许多不足之处，不同的当事人仍然面临诸多不同的利益平衡点，故惯例的调整和完善将会是个漫长的过程。针对目前实际应用中常见的风险，有以下防范措施。

1）从出口方（第二受益人）看如何防范风险

- 严格把关信用证条款。一旦发现不易做到或不能接受的条款，第二受益人应立即与第一受益人协商修改；一旦接受转让的信用证，第二受益人就必须按照信用证条款履行，递交符合信用证要求的单据，做到按时交单，相符交单。
- 通过买卖合同来约束责任。在签订买卖合同时，第二受益人可要求第一受益人在申请开具可转让信用证时除必要的更改条款外，要严格按照原证内容转载，不得遗漏或删减；要按时按要求换单（主要指发票和汇票），并在合同中明确。因转开信用证不当或换单不当导致开证行拒付时，责任应由买方或第一受益人承担。
- 通过运输合同和保险合同主张权利。要求信用证项下的海运提单采用指示提单，托运人在转让信用证业务中由第一受益人身份转为第二受益人，使得提单在未背书向银行结汇前，货物所有权仍归出口商，便于出口商在收到货款前行使货物留置权。保险单据中被保险人最好是出口商，或者尽量采取背书转让方式使出口商成为保险受益人。

◆ 约束转让行严格履行转开信用证的行为。根据 UCP600 第 38 条 G 款，已转让信用证必须转载原证条款，除了金额、单价、截止期、交单期、最迟发运日等内容可以变更以外。上海高级人民法院曾有过判例：转让行因换单不当，擅自删改原证条款，造成不符点，遭到开证行拒付。法院判令该转让行承担偿付第二受益人的责任，并支付利息。原因是转让行的行为侵犯了第二受益人对信用证项下收款的合法权益。

◆ 在信用证中要求转让行承担议付和保证责任。根据 UCP600 第 38 条 J 款，经过授权的转让行有权凭符合信用证要求的全套单据（已替换发票和汇票）向第一受益人和第二受益人办理相应的差价付款和议付。必要时，可要求转让行在转让信用证时，向第二受益人出具保函或加具保兑。

2）从进口方看如何防范风险

◆ 审慎选择开证银行和转证银行。信用证结算以银行信用为根本前提，信誉良好的银行有利于安全顺利结汇和预防中间商与银行串通进行欺诈。进口商应充分了解开证行和转证行的业务进展情况，随时掌握有关款项和单证的处理。

◆ 尽可能要求在信用证中列明第二受益人。现在有些业务中买卖双方并不忌讳商品的原供货商被亮相，尤其是一些品牌商品或知名企业。卖方只是忌讳联系渠道或联系方式以及中间差价被买方知晓。假如买方无从了解第二受益人，就要力图事先预防上述进口案例情况的出现：一是选择有实力有信誉的中间商，以便一旦发生诉讼，损失能得到补偿；二是信用证议付文本中（DOCUMENTS REQUIRED FOR PAYMENT）尽可能列明要有到港的商检报告。

3）从转让银行看如何防范风险

① 审慎接受转让条件

UCP600 规定："银行无办理信用证转让的义务，除非其明确同意。"很显然，新惯例授予了转让行自行决定是否按第一受益人请求转让信用证的权利。但由于转让行通常也是议付行，也承担受益人伪造单据骗取议付款等方面的风险。所以，银行应视受益人的资信状况来决定是否接受转让而成为转让行。

② 从严审核可转让信用证内容

转让银行在接受转让申请时，有责任同时对第二受益人提交的原始单据和第一受益人替换后的单据进行认真的审核。这不仅可减少银行对受益人议付的风险，也在时间上为受益人改单和换单提供了条件。

③ 明确职责和义务，审慎换单和放单。

◆ 作为可转让信用证重要当事人的转让行扮演着承上启下的角色，若已接受作为转让行的身份，在发现单据不符时，就要在第一时间通知第二受益人改单。

◆ 若改单不成或不及时，要及时通知第一受益人换单；若换单不成或仍有不符点，就要决定退单或凭担保出单，以起到转让行既是原证的议付行（或审单行），同时又是开证行之角色。这样，即便因货物被长时间置留或损失严重需要放单时，也需经受益人的授权或认可方可操作。

（4）合理应用可转让信用证

可转让信用证是一种特殊的信用证，与一般信用证相比，涉及的当事人众多且法律关系复杂。虽然这种结算方式在实际操作中存在很多问题，但国际贸易实践中却经常应用。使用可转让信用证，主要是中间商为赚取差价同时又防止买家与卖家直接成交订约泄露商业秘密，同时，中间商可以减少另外开证的程序。

可转让信用证发生纠纷时，一般都比较棘手，就连信用证专家也看法不一，国际商会银行委员会对可转让信用证规定也不够明确，这使其留下很多争议与疑惑。

1）可转让信用证中第二受益人的风险

在可转让信用证中，第二受益人的收汇权利不能得到充分的保护。转让信用证中的"第二程"（原开证行将信用证款项汇到转让行的过程）几乎不是银行信用，经常发生在第二受益人的制单与信用证相符的情况下仍得不到原开证行付款的情况，更糟糕的是，这时第二受益人试图运用现有信用证规则救济已不起作用（在没有保兑情形之下），有时只能进行一场费用昂贵的跨国国际贸易仲裁或诉讼。可以这样说，在可转让信用证实际操作中，对第二受益人的法律保障只是理论上的，在国际银行界有着自己一套可转让信用证习惯做法，对可转让信用证应用，现在适用的 UCP600 虽然比 UCP500 有所改进，加强了对第二受益人利益的保护，但实践中仍然存在很多问题。

2）转让行能否提不符点并拒付

转让行提出不符点，拒付并要第二受益人授权。在一般可转让信用证中转让行是没有付款义务的，它完全可以通知第一受益人换单并寄往原开证行。转让行提出不符点，是因其负有注意义务，但在实践中，有些转让行出于各种目的，按普通信用证 M T734 格式习惯作法"拒付"。目前，我们无法找出该类做法的依据，实践中仍然存在，这是目前可转让信用证实际操作规则中的盲点。我们的观点是，如果转让行没有保兑或存在本案中的情形，只能提出不符点，提醒第二受益人注意，并要其授权而不能"拒付"。

3）转让行如何处理第一、第二受益人提交的不符点单据

即使转让行认为第二受益人提交的单据存在不符点（实际上不成立），在第二受益人坚持自己的观点时，转让行只要通知第一受益人换单并将单据提交原开证行，即使后来发生开证行拒付的情况，转让行也可摆脱自己的责任。根据 UCP600 新规则的规定，当第一受益人替换的单据有不符点而又不更换时，可以将第二受益人的相符单据直接寄往开证行，第二受益人凭此单据可以获得开证行的付款保障。

4）转让行是否存在付款责任

一般可转让信用证都在信用证中加列："待收到开证行的付款后再付款给第二受益人"。这也说明转让行在一般可转让信用证中的地位和身份，即如果没有保兑或特别约定，转让行是不承担付款责任的。

第二受益人在一般情况下是看不到原证的，如转让行未在转让信用证中表明是引用原证的条款，那么只能理解为转让行是对第二受益人承诺。对该条款的认识，是转让行应承担独立付款责任，或该条款是一种超出可转让信用证法律关系之外的明确付款承诺。在此情形下，转让行应承担付款责任，而不论其是否收到原开证行的款项。

5）原开证行与第二受益人的关系

如果转让行将第二受益人的单据提交到原开证行，原开证行提出不符点并拒付，第二受益人是否可以对原开证行直接交涉甚至提起诉讼呢？答案是否定的。在可转让信用证中，原开证行与第二受益人之间没有直接法律关系，第二受益人要为许多自己不能控制的风险及并不是自己的失误引起的风险负责。

6）应对的措施

对国内出口企业来说，在收到可转让信用证时应认真审核，了解客户的信用、资信，如果存在疑虑，就应考虑让其申请转让行在可转让信用证中删去“待收到开证行的付款后再付款给第二受益人”，加列“收到与信用证相符的单据，我们将按议付行的指示付款”，或者建议客户使用背对背信用证。如果上述方法客户不同意的话，一定要随时观察货物的国际行情及第一受益人的动向，与其保持紧密联系，同时注意与第一受益人签订明确的合同，约定仲裁地点及适用的法律。另外，出口企业委托银行对外开出可转让信用证时要注意，指定的转让行一定要是信用卓著的银行，充分考核第一受益人的资信，并与第一受益人签订一份完善的国际贸易合同。

（5）背对背信用证和可转让信用证的区别

可转让信用证是指信用证上注有“transferable”，受益人有权将信用证的全部或部分转让给一个或数个第三者（第二受益人）使用。可转让信用证的受益人一般是中间商，第二受益人则是实际供货商。受益人可以要求信用证中的授权银行（转让行），向第二受益人开出新证，新证由原开证行承担付款责任。

背对背信用证（Back to Back Credit）是指受益人以原证为抵押，要求银行以原证为基础，另开立一张内容相似的信用证。背对背信用证通常由中间商申请开上给实际供货商。背对背信用证的使用方式与可转让信用证相似，所不同的是原证开证行并未授权受益人转让，因而也不对新证负责。

可转让信用证与背对背信用证通常用于中间商在实际买主和实际供货商之间的转手交易。两种信用证在形式上，都是由中间商在进口商申请开来的原信用证基础上通过新开证行向实际供货人开立，都同各自原证一起共同完成一笔业务在三个交易商（进口商、中间商和实际供货人）之间两次连续交易的结算。因此，不管是从涉及两种信用证的当事人来看，还是从信用证的内容上来看都有许多相似之处，加之这两种信用证所涉及的环节、程序比一般信用证复杂得多，所以在实务中时常被混淆。而实际上，可转让信用证和背对背信用证从业务流程和本身性质上都有区别。只有了解了两者的区别之后，才能在国际贸易实务当中进行正确的选择和使用。

1）业务流程不同

可转让信用证是指中间商收到进口商通过原开证行开来的以自身为受益人（第一受益人）的可转让信用证（原证）后，向指定的转证行（通常为原证通知行）申请转让；转证行通常另开一份以实际供货人为受益人（第二受益人）的新证（可转让信用证），新证仍以原开证行为开证行，其条款除金额、单价、装期、有效期及交单期可能缩减，投保比例可能提高外，其余与原证一致；实际供货人按转让信用证履约后，直接或通过另一银行向转证行交单议付，转证行通知中间商更换发票、汇票并向中间商支付第一、第二受益人发票差额，再向原证开证行索偿，后者偿付后通知进口商付款赎单。

背对背信用证是指中间商将收到的进口商通过原证开证行开出的以自身为受益人的信用证（原证）后，交某一银行（背对背信用证开证行通常为原证通知行）作为抵押，申请开立以实际供货人为受益人的独立新证（背对背信用证），新证条款除申请人、受益人、开证行、金额、单价、装效期、交单期变动外，其余与原证基本一致；实际供货人按背对背信用证履约后，向议付行（通常是背对背信用证通知行）交单议付，后者向背对背信用证开证行索偿；背对背信用证开证行偿付后，通知中间商换单，直接或通过另一银行（当背对背信用证开证行为非原证议付行时）向原证开证行索偿，后者偿付并通知进口商付款赎单。

2）信用证形式不同

◆ 从信用证数量和当事人来看。根据 UCP600 第 48 条 B 款规定：可转让信用证必须注明"可转让"，而且只能使用"transferable"一词，诸如"可分割（divisible）"、"可分开（fractionable）"、"可过户（assignable）"、"可转移（transmissible）"这类词语，不能使信用证成为可转让，即使有记载，也视为不可转让信用证。可转让信用证只有一张信用证，一个开证申请人和一个开证行，所以开证行在开出信用证后应同时对第一受益人和第二受益人负责，并且开证行只有在可转让的授权下才能转让。背对背信用证涉及两张信用证，两个开证申请人，两个开证行和第一、第二受益人，并且原证的受益人即为新证的开证申请人。两张信用证彼此是独立存在的，两家开证行分别对各自的受益人负责。同时只要银行同意，在任何情况下，背对背信用证都可以以一证为基础开出另一张信用证。

◆ 从信用证的内容来看。可转让信用证在转让时，除了允许修改的项目外，其他条款均应与原证完全相同。转让行只能对原证中的七项内容进行改变，即五减（单价、到期日、交单期限、最迟发运日、发运期间），一加（投保比例），一变（申请人名称），除此之外，原证其他内容仍对第二受益人（实际供货商）具有约束力。所以在使用可转让信用证时常因为自身之外的原因导致实际供货人交单不符。背对背信用证中第二证（新证）的内容并不受第一证（原证）内容的约束，而且可以不出现原证申请人的名称。通常，只要实际供货人提交符合背对背信用证要求的全套单据就可以完成交单任务，其交单不符的风险不会是自身之外的原因导致。背对背信用证开证行不会同意信用证金额、规定的任何单价、到期日、交单日、装运期等外的条款与原证不符，且会严格依照原证审核递交的单证，因而要引起第一受益人及第二受益人的往意。在以下情况下，背对背信用证（新证）的条款与原证可有变动：原证的开证申请人是进口商，新证的开证申请人是原证受益人（中间商）；原证的开证行是进口地的一家银行，新证的开证行是出口地的通知行或者其他银行；原证的受益人是中间商，新证的受益人是实际供货人；新证相比较原证，金额单价减少，装运期缩短。

3）性质不同

◆ 从付款的性质来看。因为可转让信用证的开证行同时要对第一、第二受益人负责，所以只有一次交单付款。转让信用证与原证关系不独立，其开证行表面上是转证行，实际上仍由原证开证行保证付款，信用证可否转让以及由谁转让也须由原证开证行授权，因此转让信用证从属于原证，可以视为原证项下的一种特殊单据。背对背信用证中两证的开证行分别各自独立对其受益人负责，因此有两次独立的交单和付款。背对背信用证的开证行与新受益人完全是一笔新的单独的业务关系，原证开证行和原进口商与新证无关，新受益人与原证也不发生关系。另外，背对背信用证受益人与其原证受益人得到的是不同开证行的付款保证，所以所处的地位和拥有的安全性、保障性是不一样的。

◆ 从信用证的受益人与原证开证行的关系来看。两类信用证的受益人都是实际供货人，但转让信用证受益人同原证受益人居于同等地位，均可得到原证开证行的付款保证，其单据可直接寄向原证开证行索偿；而背对背信用证的受益人只能得到背对背信用证开证行的付款保证，不能获得原证开证行保证，其单据不可直接用来向原证开证行索偿。

◆ 从对实际供货商的保障来看。可转让信用证对实际供货商，即第二受益人的保障性不够充分；而背对背信用证的实际供货商是新证的直接受益人，并且独立于原证，所以对供货商的保障比较充分。在国际贸易实务当中，具体选择哪一种信用证来作为结算方式，需要根据各方当事人所承担的风险，进口商、中间商、实际供货商的资信及业务往来程度，甚至是偏好等来选择最适合于该笔业务的信用证种类。

4. 信用证中的非单据化条款剖析及处理技巧

对比分析 UCP500 和 UCP600 对非单据化条款的判定依据和处理方式的规定，并总结出国际法律和惯例对信用证中非单据化条款问题的态度。

（1）信用证中常见的一些非单据化条款

目前信用证主要是以 SWIFT 电文的形式开立，SWIFT 信用证具有标准化、固定化的特征。在 SWIFT 信用证中，46A 是单据条款，规定了受益人向开证行议付时所要提交的单据，而非单据化条款则通常出现在 46A 以外，它们涉及交易过程的方方面面，表现形式各不相同，也没有固定的统一模式。以下列出的是各交易环节中常见的一些非单据化条款，与这些条款要求相关的单据没有出现在 46A 中。

1）关于货物状况的非单据化条款

关于货物状况的非单据化条款多是在信用证中对货物的品质、数量、重量或原产地提出要求，但是没有规定证明货物足以满足这些要求的证明文件或单据。

例 1：QUALITY AND QUANTITY OF THE FABRICS CONFORMS TO THE ONE APPROVED BY THE APPLICANT. 纺织品的质量和数量符合开证申请人的要求。

例 2：GOVERNMENT AUTHORITY'S INSPECTION OF QUALITY（WEIGHT）TO BE FINAL. 货物的品质（重量）以政府授权部门的检验为准。

例 3：COUNTRY OF ORIGIN AND MANUFACTURE OF THE GOODS IS CHINESE. 货物的原产地和制造商为中国。

在信用证这一单据化交易下，应尽量使要求或条件单据化，例 1 和例 2 对货物的品质、数量或质量提出了相关要求，而这一要求的背后还应该有单据的跟进，例 1 应加上要求提交受益人关于货物质量和数量符合规定的声明，例 2 应加上要求提交政府授权部门的检验证书。例 3 应加上要求提交货物的原产地证书。

2）关于包装的非单据化条款

关于包装的非单据化条款多是在信用证中规定包装的细节问题，此类条款通常会针对货物的包装材料和容器等对受益人提出具体要求，但是没有规定可以证明受益人按此要求照办应出具的证明性文件或单据。

例 1：EXPORT STANDARD PACKING DOUBLE POLYBAG WITH SHIPING MARK. 按出口标准双层塑料袋包装并标注唛头。

例2：GOODS MUST BE PACKED IN NON-WOODEN PACKAGE. 货物不得使用木箱包装。

例3：ALL ITEMS WITH BARCODES，INNER PACKING. 货物应刷有条形码，内包装。

例1、例2和例3对包装材料和包装方式提出了相关要求。在信用证交易下，这些要求应该单据化，即应跟进证明满足此类要求的单据。例1、例2和例3还应规定将要求的相关内容显示在装箱单上。

3）关于运输的非单据化条款

关于运输的非单据化条款是指信用证中规定运输环节的具体内容，此类条款通常会针对受益人安排货物运输时所使用的运输工具提出要求，但是没有规定可以证明满足这些条件的证明性文件或单据。

例1：SHIPPMENT MUST BE MADE IN A REGULAR LINER VESSEL AND SHIPMENT/TRANSHIPMENT BY FLAG VESSEL OF ISRAEL AND/OR ANY UN SANCTIONED COUNTRY IS STRICTLY PROHIBITED. 使用固定班轮外轮装运。不允许使用以色列船籍的船，不得在以色列及或受联合国制裁的国家转运。

例2：THE VESSEL SHOULD BE SEAWORTHY AND NOT MORE THAN 25 YEARS OLD. 船只应能适合海上运输条件并且船龄不得超过25年。

例3：SHIPMENT/TRANSHIPMENT MUST BE EFFECTED ACCORDING TO THE VESSEL RULE APPLICABLE IN PAKISTAN. 货物运输或转运必须按照巴基斯坦适用的船舶规定办理。

信用证中关于货物的运输环节，最容易出现非单据化条款，尤其是像孟加拉国等一些中东国家开立的信用证中，经常会加列关于船龄、船籍的非单据化条款，在信用证交易中，例1、例2之类的条款若提出对船舶的相关要求，还应加上要求提交船公司证明，证明船舶的船龄和船籍。

4）关于寄送单据的非单据化条款

关于寄单的非单据化条款多是在信用证中规定受益人应该向申请人或开证行寄送或者电传的某些通知或单据，但是并未规定证明受益人照此类条件办理应出具的证明性文件或单据。

例1：4 SETS OF NON-NEGOTIABLE DOCUMENTS TO BE SENT TO THE OPENER DIRECTLY AT THEIR ADDRESS TO PLACE 四套非议付单据必须直接寄给开证人。

例2：SHIPMENT PATICULARS TO BE EMILED/ FAXED IMMEDIATELY DIRECT TO APPLICANT AFTER THE SHIPMENT IS EFFECTED. 货物装运以后，受益人必须立即将装运明细直接邮寄或电传给开证申请人。

要求受益人寄送单据的条款最具有迷惑性，这类条款里规定了要求受益人寄送的单据，条款里包含单据，乍一看来像是单据化条款，但是其实这类条款强调的是对受益人寄送单据这一行为的要求，在信用证交易下，应跟进证明受益人照此要求办理的单据，比如例2应加上要求提交一份受益人证明，证实装运明细已经寄送申请人。

5）关于其他要求的非单据化条款

还有一类特殊的非单据化条款，这类条款涉及的不是对受益人的具体要求，而多是描述性的内容。比如信用证在47A附加条件中有这样一个条款：BENEFICIARY'S CONTACT PERSON：JESS PHONE：3845999 FAX：8944455. 受益人联系方式：联系人：JESS 电话：3845999 传真：8944455。该条款规定了受益人详细的联系方式。受益人提交的单据中，若出现受益人的抬头，抬头的内容里不显示该条款也不算作不符单据。如果申请人非要让受益人的联系方式出现在单据中，则应该将该条款写进46A的单据条款中。

(2)《跟单信用证统一惯例》对非单据化条款的解释

1）关于非单据化条款的判定依据

① UCP500 对非单据化条款的判定依据

国际商会对非单据化条款的规定始于 UCP500，UCP500 第 13 条 c 款规定银行对非单据化条款不予置理，第 13 条 a 款规定信用证上没有规定的单据，银行不予审核。UCP500 没有对非单据化条款给出明确的定义和判定标准，但可以看出 UCP500 以条款中是否列明单据要求作为判断非单据化条款的依据。那么，是不是可以一概而论，所有的没有反映单据要求的条款都是非单据条款呢？UCP500 的附属文件，国际商会银行委员会 3 号意见书对 UCP500 第 13 条 c 款又做了进一步的解释。该意见书认为如果信用证中的某个条款与该信用证中规定的某项单据看起来有明显的关联，这样的条款不能被视为非单据化条款，例如：在信用证 47A 附加条款中规定："ORIGIN OF GOODS GERMANY"，如果信用证 46A 应具备单据中没有要求提交原产地证书，那么该条款就应被视为非单据化条款，并按照 UCP500 第 13 条 c 款的要求不予置理。如果信用证 46A 要求提交原产地证书，则该项条款不能被视为非单据化条款，因为原产地可以通过原产地证书来说明，两者有一定的关联性。

由此可以看出，3 号意见书以条款和单据之间是否具有明显的关联性作为非单据化条款的判定依据。即在 UCP500 下，信用证中如果某一条款未规定要求提交的单据，但是该条款却与信用证规定的单据条款有明显的关联时，该条款不能简单地被判定为非单据化条款，受益人在交单时还应该出具与此条款相符合的单据，否则将会构成不符交单。

② UCP600 对非单据化条款的判断依据

UCP600 对非单据化条款的有关表述出现在第 14 条 g 款和 h 款。除了表述略有不同外，UCP600 第 14 条 g 款和 h 款与 UCP500 第 13 条 a 款和 c 对非单据化条款的判定标准基本上是一致的。UCP600 出台后，作为 UCP500 附属文件的国际商会银行委员会在 3 号意见书里确立的关于非单据化条款的关联性判断依据在 UCP600 下不再继续适用。UCP600 没有吸纳国际商会 3 号意见书中的关联性判断依据。UCP600 下对非单据化条款的判定更加果断，只要某一条款没有单据要求，无论该条款与信用证 46A 中规定的应提交单据是否有关联，该条款都是非单据化条款。

2）非单据条件的判定标准

- "关联度"标准。国际商会于 1994 年 9 月 1 日发布的《阐明见解书》中第 3 号文件对 UCP500 第 13 条 c 款的"非单据条件"做了解释，确定了"linkage 关联度"的认定标准，即："若跟单信用证出现一个条件明确地连接着该证规定的单据，此项条件不能视为非单据条件。"该"关联度"与现行的 UCP600 第 14 条 f 款的"所提交单据的内容看来满足其功能需要"相应。以原产地为例，如信用证中规定"德国产"且要求原产地证，此时"德国产"不能根据 14 条 h 款视为非单据条件，因为信用证需要提交原产地证书，"德国产"与原产地证书有着必然的联系，且据 f 款有关规定该证书的功能要显示所装运货物的原产地。因此"德国产"需显示在原产地证书上来满足其基本功能。
- "不矛盾"标准。ICC TA644 意见（official opinion TA644 revision）中提到多份收到的信用证规定了运输的细节和最迟装运日期，但没有要求提交与之相符的单据。ICC 的答复引用了 UCP600 第 14 条 h 款的规定，即可以对非单据条件置之不理。但又引用了第十四条 d 款，即"单据中的内容，无须与该单据本身中的内容，其他要求的单据或信用证中的内容等同一致，但不得矛盾"。最后给出的结论是：受益人无义务提供单据来证明与非单据条件相符。同时指出："如果受益人要在其他规定单据中引用这些内容，它必须确保这些内容与信用证中的不矛盾。银行委员会的观点是：第14条h款并非绝对化，取决于14条d款的内容。"这是截至目前唯一的一个在UCP600下处理"非单据条件"的咨询。而ICC不仅仅引用了UCP600的14条h款，而且还引用了14条d款，其结论使得"非单据条件"问题又变得错综复杂了。

(3) 各国法律和惯例对信用证中非单据化条款的态度

1）国际商会对非单据化条款的态度

总结上文中对非单据化条款的判断依据和处理方式，UCP60第14条h款和g款与UCP500第13条a款和c款中关于非单据化条款的说辞几乎一致，仅是表述略有不同，可以看出国际商会对非单据化条款的否定态度是一贯明确的，但是其对非单据化条款的认定标准却稍显模糊。即便是在UCP500下，国际商会银行委员会3号意见书里确定的"关联性"的判断依据也有些过于主观。信用证中的条款与信用证规定的单据怎样才能算做有关联呢？这恐怕就得由银行审单人员根据业务经验主观来判断了。

2）《美国统一商法典》对非单据化条款的态度

《美国统一商法典》第五编（*Uniform Commercial Code Article* 5，简称UCC5）是关于信用证的一部成文法。其5-108条（g）款规定开证行对信用证中的非单据化条款不予理会。但是5-108条（g）款的官方评论也同时指出：当非单据化条款对开证行履行义务具有根本意义时，比如信用证中包含关于时间、地点和提示方式的非单据化条款时，受益人或者开证行则不应该不理会。可见，UCC5对非单据化条款做了分类处理，一类是牵涉到开证行的义务的，另一类是与开证行的义务无关的。对于前一类非单据化条款开证行不能置之不理，而对于后一类则应该按照5-108（g）款的规定不予置理。至于分类的依据，似乎给开证行留了广泛的空间。

3）判例法对非单据化条款的态度

在一些对信用证没有立法的国家，非单据化条款的效力认定多依据判例法。其中较为有影响力的是英国的判例法。英国关于非单据化条款的判例最早出现在1983年东方汇理银行案。在此案中具有争议的信用证条款是："运输应该由属于国际航运公会的运输公司承运"。受益人认为信用证中没有规定提交证明相关运输事实的单据，这一条款应视为非单据化条款，他们已经提交了与信用证规定相符的单据，所以银行理应付款。初审法院和上诉法院都认为该条件要求的是一个事实存在的状态。在信用证中应该做的是要求提交一份特定的单据，该单据能够证明船舶属于某一航运公会成员这样的事实存在，并且被买方（信用证申请人）和开证行接受。随后在1985年浮船坞有限公司诉香港上海汇丰银行案和1988年Astro Exito Navegacion SA诉大通曼哈顿银行案中，英国法院也表现了同样的态度。认为非单据化条款是有效力的，受益人应该提交合理的单据化证明。

4）我国相关法律的态度

我国关于信用证的成文法是最高法院《关于审理信用证纠纷案件若干问题的规定》，该司法解释于2005年12月9日公布，2006年1月1日生效，用以规范国内法院信用证案件的审理。该司法解释的说明认为："实践中，信用证当事人多约定适用国际惯例，且《跟单信用证统一惯例》是当前被世界各国司法界和银行界普遍接受的国际惯例，因此，在确定调整信用证法律关系的法律时，如果当事人明确约定了应适用的法律，即应当充分尊重当事人的选择，适用当事人约定的法律；在当事人之间没有约定的情况下，人民法院则可以适用相关国际惯例，确定信用证法律关系各方当事人的权利义务。必须注意的是，以《跟单信用证统一惯例》为代表的国际惯例并不能解决信用证法律关系中的全部问题，因此，有些问题的法律依据还要回到国内法中去寻找。”追溯到我国国内法，信用证纠纷案件属于民商事案件，《民法通则》《合同法》《担保法》《民事诉讼法》等可以算是调整信用证纠纷案件的国内基本法律，但是都没有对非单据化条款的相关规定。所以，我国法律对于非单据化条款的态度与国际惯例保持一致。

（4）关于非单据化条款的处理方式和技巧

1）非单据化条款的处理方式

当信用证中的某项条款被判定为非单据化条款时，审单行该如何处理呢？UCP500 和 UCP600 又给了我们不一样的答案。

UCP500 第 13 条 a 款和 c 款明确规定了银行将非单据化条款视为未列明，不予置理。也就是说在 UCP500 下，如果信用证中的某项条款被判定为非单据化条款，则该条款就不再具有效力，受益人不需要遵照该条款采取具体行动，银行对该条款可以置之不理。

UCP600 中第 14 条 g 款和 h 款与 UCP500 第 13 条 a 款和 c 款有相似的规定，即对非单据化条款不予置理。但是在 UCP600 下，对非单据化条款的处理方式并不像 UCP500 中规定的那样，可以完全不予置理。虽然非单据化条款不合理，但是不表示没效力。因为非单据化条款，抛开其特殊性不讲，首先它是存在于信用证中的一个条款，它构成了信用证中的内容，是信用证中的一个部分。UCP600 第 14 条 d 款规定提交单据的内容不得与信用证内容相冲突。所以在 UCP600 下，某个条款即使被判定为非单据化条款，也不可以简单地“不予置理”，应该将其视为信用证中的一个部分认真对待，要求提交的单据上不得出现与其相矛盾的内容，否则就会构成不符交单。举个例子来讲，如果信用证的 47A 中规定“货物必须装集装箱”。在 UCP600 下，因为该条款未规定需要提交的单据，所以被判定为非单据化条款。假如受益人交单议付时存在以下三种情况：ⓐ 某单据中声明货物装于集装箱内；ⓑ 某单据中声明货物以其他方式包装，如桶装；ⓒ 所有单据都未声明货物如何包装的。则ⓐ和ⓒ两种交单方式可以算作相符交单，而ⓑ中交单方式根据 UCP600 第 14 条 d 款的规定是不符的。因为ⓑ交单方式中提交的单据内容与该非单据化条款内容相冲突，也即与信用证的内容相冲突。

2）非单据化条款的处理技巧

◆ 谨慎制单。首先，制单须与信用证条款、UCP600 的相关适用条款以及国际标准银行实务保持一致。因为 UCP600 的“相符交单”，指“要与信用证条款、本惯例的相关适用条款与国际银行标准实务相符合的交单”。其次，制单时注意单据中数据的一致性的新规定。UCP600 的 14 条 d 款要求出口商制作单据时要注意单据中各项内容的一致性，不能相互矛盾。如上述例子中某单据引用包装条件时应该与信用证“每板条箱装三件”的规定一致，而不能显示其他包装方式。又如原产地证引用产地时要保证不与“德国产”的规定矛盾。此外若“德国产”在其他单据（如发票）中提及，还应做到产地证与发票不矛盾，单据本身中的内容不矛盾。最后，“单据必须满足其功能”。由以上分析可知 Position Paper No. 3 中“联系”的观点在 UCP600 下仍是判断“非单据条件”的重要参考。

因此需要出口方应首先判断某项非单据条件是否与信用证中要求的单据相关联，根据 UCP600 的 14 条 f 款，受益人应了解各类单据的作用和功能，如在原产地的例子中虽已判断出“德国产”为非单据条件，但同时要求提供原产地证，为满足其功能产地证应表明生产国别，此时就不能对“德国产”这一非单据条件置之不理了。此外，装箱单应表明装箱细节，检验证书应有具体的检验结果和检验日期等。应注意分析非单据条件是否联系着单据的这些基本功能，使单据既符合有关信用证和UCP的规定，又符合合格单据的标准，并方便开证申请人使用，避免遗漏某些内容而不能满足其功能或将不必要的内容强加于单据而导致单证不符。总之要仔细制单，力求准确无误。

◆ 尽量使信用证单据化。一般来讲，如果信用证中的某一条件未要求提交具体的单据来满足，最好不要将该条件视为非单据条件。因为信用证条款的效力优于UCP本身，很难想象实务中置信用证条件于不顾而能合理公正地处理每一个案件。如本文开头的案例，出口方未将非单据条件单据化而是草率忽略了，致使公司受损。因此应尽量使非单据条件单据化，在方便出单的情况下也尽量出具。如可将本文开头的非单据条件在提单中注明“THIS IS TO CRETIFY THAT THE SHIIPMENT IS CONTAINERIZED AND UNDER FCL BASE”（兹证明货物由集装箱装箱装运），或者将其体现在单独的单据中。从实务角度讲单证毕竟还是为贸易服务的，在相符交单的前提下，要巧做单据，既让客人得到周到的服务，又可顺利和快速收回货款，两全其美。若出单实在有困难，则应及时与开证申请人联系要求其修改此条件或者干脆删除。

◆ 提高外贸人员的专业水平。从文章开始的案例可以看出出口方的外贸业务人员因不具备丰富的单据经验而致使公司利益受损，因此出口企业应加强对员工专业水平的培训，使其掌握有关国际贸易的惯例，熟悉各种单据制作要求。另外，非单据条件形式多样，业务员还要注意搜集并整理案例，提高对非单据条件的分析和识别能力。

非单据条件具有隐蔽性，一般散落在信用证SWIFT格式下46A以外的地方，没有统一模式，表现形式也不一。但是，无论如何不可以用栏位来判断某条件是否为非单据条件，有些单据性的要求也会出现在47A当中，应综合利用“关联度”和“不矛盾”两个标准进行判断，同时出口商要想顺利结汇、必须综合考虑各种防范措施，对“非单据条件”谨慎，尽量使信用证单据化，力求单据“完美无瑕”、“万无一失”。

总之，正如前国际商会银行委员会主席Bernard Wheble曾经指出：UCP不是也不能给实务中产生的每个问题提供答案，与国际贸易有关的人士，无论是银行的、商业界的、实业界的、运输或保险界的，都不能像机器人那样机械，他们应充分利用UCP这一总体指南的同时，充分运用自己的智慧和经验，去解决那些偶然出现但又十分关键的单个问题。单据的审核是一门艺术而不是一门技术。

5. 信用证下不符点的产生及处理方法

（1）信用证不符点的产生

受益人提交的单据与信用证条款要求不一致的地方叫做“不符点”，即未达到“单证一致（提交的单据在表面上与信用证规定的条款一致）”和“单单一致（提交的各种单据之间在表面上一致）”的要求。这种“不一致”主要有两方面：一是单据本身与信用证要求不一致，二是受益人的行为与信用证的要求不一致。判别单证是否一致是以单据表面所出现的文字或符号的表示形式为依据，即使单据出现的文字或符号与信用证要求的文字或符号所表达的意思完全一样，但若表示形式不一致，那么“不一致”的地方就是“不符点”。如果单据有不符点，付款银行可以不承担付款责任，此时就看买方的信用，如果买方愿意接受单据，那么付款银行会扣罚卖方30～100美元（视各银行具体规定而定）之后进行付款；如果进口商不接受单据，卖方就会遭到拒付。

信用证操作过程内容纷繁复杂，环节颇多，出现的不符点多种多样。英国著名贸易咨询服务机构 SITPRO 通过长期的追踪调查，列出了近年来出现频率最高的 10 类信用证不符点及其原因及责任方。见表 23－1。

表 23－1　最容易导致信用证遭拒的 10 类原因

不符点（Discrepancy）	原因（Reason）	责任方（Responsibility）
资料不一致 inconsistent data	各单据之间信息不一致 different information between the different documents	出口方 exporter
单据漏缺 absence of documents	信用证要求单据缺失 required by the letter of credit are missing	出口方 exporter
其他 other	其他未标明的制单原因 other documentation reasons not specifically noted	出口方，任何第三方 exporter; any third party e. g. PSI company, carrier
过期交单 late presentation	交单时间晚于发货后 21 天或晚于信用证所规定的最迟交单时间 documents presented later than 21 days after shipment or after the number of days stipulated in the letter of credit	出口方 exporter
承运人签署不当 carrier not named and signing capacity	提单上无承运人名称或未注明代表承运人签字 the name of the carrier on the airway bill is missing or not signed on behalf of the carrier	运输承办方 the transport provider
资料不正确 incorrect data	单据中信息与信用证要求不符 information on the set of documents is not in conformity with the letter of credit	出口方 exporter
信用证过期 letter of credit expired	在信用证到期日后交单 documents presented after the letter of credit has expired	出口方 exporter
货物描述不正确 incorrect goods description	单据中货物描述与信用证中货物描述不一致 the goods description on the documents differs from that on the letter of credit	出口方 exporter
背书错误或遗漏 incorrect or absence of endorsement	提单、保单或汇票未经出口人或其他相关方背书 the bills of lading, insurance certificate or bill of exchange not endorsed by the exporter or other party	出口方或保险公司 exporter or insurance company
过期交运 late shipment	交运时间晚于信用证规定时间 goods shipped after the last date given for shipment	出口方或承运人 exporter / carrier

资料来源：SITPRO's Letter of Credit Report, 11 April 2003.

尽管到目前为止，对于什么是不符点，国际上没有统一的标准，但是判订单据是否符合信用证的依据，首先的或基本的仍然是信用证条款本身及其所适用的国际惯例，其次是人们公认的常理和常识。实际工作中常见的不符点大多是由于以下原因造成的。

1）制单员业务知识局限

很多出口公司的客户比较稳定，信用证条款相同或相似，单据制作基本也一成不变，这就导致制单员业务知识的局限，随着公司业务范围的扩大，市场领域逐渐广泛，可能会遇到到来自多个国家和地区的信用证，而每个国家和地区的信用证特点不同，如来自欧美的信用证较为规范，而来自中东的信用证大多条款较为复杂，要求提交的单据种类也比较多，有些单据的缮制要求还较为独特。由于业务知识的局限，制单员短期内很难熟悉所有类型的信用证，因此，在单据制作过程中往往就会出现各种各样的问题。

2）过分信赖银行及客户

许多出口公司因自身素质问题，往往在业务中尤其是单据制作和审核方面不做深入管理，而是完全依赖银行，银行从为客户提供优质服务角度考虑也是往往迁就客户，长久下来的后果是公司单证人员素质得不到提高。其实有的银行在审核单据的过程中存在许多不良做法。当信用证有必要进行修改时，又完全相信买方口头或书面的付款承诺或担保，而不进行改正。殊不知信用证具有极强的独立性，客户的承诺或担保对开证行并无任何的约束力，银行仅凭审核单据来决定是否进行付款。如此一来，不知不觉中就将信用证结算方式改成托收了，在支付了不菲的银行费用之后，能否收到货款还完全受制于买方。

3）缺乏内部管理及协调

一些具有一定规模的出口企业机构设置及内部分工较细，比如由外销员与客户联系并订立合同，收到信用证后由财务部门负责审核并提出改正意见，货物由储运部门发运，单据由单证部门缮制或申领，出现问题则由法律部门负责解决。问题就是，在缺乏内部管理及协调的情况下，分工越细，情况越糟。

4）信用证本身的缺陷

- ◆ 信用证含有软条款。软条款使出口商无法执行信用证，或不能获得信用证项下要求的单据，例如，信用证规定交单基于开证申请人或其代表签字的验证，而申请人既不验货又不出具相关证书，则出口商无法提交此单据，不符点因而产生，即使出口商根据银行对单据真实性免责的国际惯例，而自行提供这样一份检验证书（即伪造证书），又往往遭进口商以欺诈为由向法院申请下达对货款的止付令。
- ◆ 信用证本身不规范。信用证在全球范围内广泛使用，由于为数众多的进口商及开证行的相关业务人员的业务水平包括对语言的驾驭能力参差不齐，导致开立的信用证本身就不规范，比如拼写错误、前后矛盾、语义不清、指示不明等。有统计数据表明，在出口商收到的信用证当中有48%的信用证存在不规范或无法操作的情形。
- ◆ 制单粗糙。由于业务能力及经验问题，制单员未能正确理解信用证的要求，在单据的整体结构、前后逻辑、措辞等细节处理方面，粗制滥造，当然也就会有不符点了。

5）信用证修改不当

有些不符点的产生是由于开证行疏漏和受益人忽略对修改内容以外条款的审查引起的。例如，信用证修改要求将提单改成空运单，而受益人证明未将相关的邮寄提单改换成邮寄空运单；改 CIF 价格条款为 FOB 时，未将提单运费条款由 freight prepaid 改成 freight collect；改最迟装运期而未延展信用证有效期；改 CIF 价格条款为 CFR 或 FOB 时未删除信用证所要求的保险单等。

(2) 信用证项下的不符点问题的预防

在所有信用证纠纷中，单证不符占了绝大多数。信用证交易发生拒付和贸易纠纷时，受益人轻则迟延收回货款，损失利息，重则损失部分或全部货款。因此，单据质量直接关系到能否顺利、安全收汇。所以，受益人出单前做好防范单据不符点工作非常重要。关于防范单据不符点有以下几点值得注意。

1）了解信用证的游戏规则

首先要掌握信用证的操作流程及其相关规则，熟悉信用证的游戏规则，特别是 UCP600 以及国际商会颁布的《关于审核跟单信用证项下单据的国际标准银行实务》（ISBP）。只有成竹在胸，方可做到对信用证运用自如、处变不惊。

2）做好资信的调查和交易条款的签订工作

◆ 开证行及客户的资信状况。国际商会早就提醒有关当事人："know-who is even more important than know-how"（认识人往往比专业技巧更为重要），也就是充分了解你的交易往来对象。

◆ 完善的交易条款。应对开证行、信用证金额、开证最迟时间等事项作出明确的规定，而且最好同时规定卖方应该提交的单据种类及相关要求，以避免日后买方在申请开证时随意地加列一些出乎卖方意料的单据或要求。

◆ 要求客户提供开证申请书的副本。要求客户提供开证申请书副本的目的在于让卖方事先确认信用证条款，这是为避免日后改证的一种办法。受益人审证的目的在于确定信用证规定的付款条件是否超出买卖合同的约定。受益人能否满足这些条件，否则就应要求予以改证。

3）做好制单、审单、交单工作

◆ 精心制单并严格审单。在缮制单据时，要做到正确、完整、及时、简明、整洁，并在交单前仔细审核全套单据，以确保单货相符、单证相符、单单一致。

◆ 及时交单。及时交单的好处在于：如果单证相符，则受益人早日收款，加速货物及资金的流转；如果单证万一不符，还有充裕的时间更正单据，即使单据已经寄到了开证行，开证行发现不符点并提出拒付的情况下，若时间允许，受益人都还有可能补交更正后的单据。

4）选择好银行

一家好的银行会在对方银行无力拒付时，为了维护你的权力据理力争，这比通过其他途径解决这类纠纷的成本小得多。

(3) 信用证不符点的处理方式

轻微的不符点比如某个字母或标点符号的错误，不造成歧义，对交易性质无实质影响的，一般开证行也会接受，仅对每一个不符点扣罚几十美元就算了。可是较大的错误，特别是数量、金额、交货期方面的错误，开证行就有权向提交单据的一方提出不符点而解除自己的付款责任。当发生单据不符情况时，企业内的相关人员按各自职责，可采取以下办法灵活应对。

1）外贸业务员方面

◆ 积极与开证申请人洽谈。开证行拒付并不意味着开证申请人拒付，如果开证申请人最终放弃不符点，尽管开证行并不受开证申请人决定的约束，但一般会配合开证申请人付款。

◆ 降价或另寻买主。如果不符点确实是成立的，且货物质量有缺陷，因市场不佳或客户信誉不好，申请人有时会拒绝付款，或为转嫁市场价格波动的风险，而提出降价的要求，遇到这种情况，一般可采取三个步骤：一是从合作角度考虑，尽量争取开证申请人的让步，并在日后的贸易往来中给以其他优惠，而避免当笔业务的经济损失；二是在交涉不力的前提下，可答应客户降价的请求；三是可权衡利弊，根据市场情况，积极联系新的买主。

2）跟单员方面

◆ 密切关注货物下落。在信用证业务中，相关各方处理的是单据，而不是与货物有关的货物及/或服务，之所以如此，最主要的原因是信用证所涉及的单据尤其是作为货权单据的提单，使得信用证的当事人能够控制货权，对单据的买卖，就意味着对货权的买卖，所以UCP600规定，银行拒付后必须要么持单听候指示，要么将单据径退交单者，也即是说开证行拒付后不经受益人或议付行同意，不得擅自向开证申请人放单，否则其必须付款。

◆ 退单退货。在开证行提出实质性不符点、拒付行为也很规范、与客户交涉不力、寻找新买主而不得的情况下，就只有退单退货了，但是在作出此决定之前，一定要仔细核算运回货物所需的费用和成本。

3）单证员方面

◆ 认真审核不符点。认真审核出口信用证条款是必不可少的，审核不符点内容也很重要。一则银行信誉良莠不齐，一些信誉欠佳的开证行往往会极力配合开证申请人，对单据无端挑剔，以存在不符点拒付甚至无理拒付；二则银行素质参差不齐，对国际惯例理解也不一样，有时所提出的不符点经不起推敲，这就给我们反驳不符点创造了机会，留下了许多余地。审核不符点是否成立，要求审核者要通晓国际惯例，并有丰富的国际结算经验和熟练的技巧，对此公司可以咨询银行。

◆ 研究是否可以换单或者改证。如果时间充裕，或货物尚未出运，应尽快修改单据。如必须修改信用证，单证员则应立即联系开证人改证。根据国际惯例，如果单据确实存在不符点，开证行并已就此提出拒付，只要受益人改正的单据在信用证规定的有效期和议付期内提交到指定银行，且新提交的单据没有新的不符点，则视为单据不存在不符点，开证行必须付款。为此，一旦获知开证行提出不符点，公司的反应一定要快，看是否可以来得及改单，如有可能，应迅速改单并及时将单据交到指定银行手中。

◆ 研究是否可以通过提交互补单据解决问题。如果受益人提交的单据只是存在轻微的不符点，那么可以研究能否通过提交互补单据处理不符单据问题，但是提交的时间应该重新作为银行审单的时间起算点。尽管目前大部分国家的银行还不接受提交互补单据来弥补不符点的做法，但对于一些轻微的不符点，一些国家的判例已表明支持这种做法，需要注意的是，如果信用证项下要求的单据数量很少，审单人审查单据之间是否不一致以及是否能互相补救不是一个大的问题，但是如果一个信用证交易涉及数百份单据，那么单据之间的补救就很困难。所以，此法能否实行依赖于各国银行的经营思想和习惯以及单据的简繁，虽然未必可行，但不妨将其作为一种救济方法来尝试。

第八篇

国际贸易实战中的单证策略

第二十四章 信用证的审核与修改实战策略与技巧

在信用证方式下，对信用证的审核与修改是出口合同履行的一个重要环节。它关系到出口商在交货后能否提供全套合格单据，并进而影响到出口商能否顺利交单结汇。因此，准确理解和掌握 UCP600 对单证相符的规定，熟悉审证和改证的关键风险点和注意事项，灵活运用审证和制单的策略与技巧，对出口企业的安全迅速收汇具有重要意义。

1. UCP600 下的单证相符辨析

在实际的信用证交易中，很多时候即使受益人提交的单据符合“相符交单”的规定，也不能保证这样的单据就一定能获得开证行的付款。按 UCP600 规定要真正实现“相符交单”需要满足以下原则。

1）单据符合 L/C 、UCP600、ISBP 的有关规定

首先，单据须与信用证条款保持一致。信用证是根据买卖双方的贸易合同而开立的，它一旦为各有关当事人所接受，即成为各有关当事人必须遵循的契约性文件。在信用证结算业务中，各有关当事人必须受其约束，按照信用证所规定的条件、条款，逐条对照，以确认单据是否满足信用证的要求。当信用证中规定的条款与 UCP600 制定的条款出现冲突时，信用证条款具有优先权，单据制作应以信用证条款为准。例如：信用证相关条款规定需按 130% 的比例向保险公司投保，而不是参照 UCP600 第 28 条的按 110% 投保。

其次，单据须符合 UCP600 的相关适用条款。信用证的背后存在着销售合同，但信用证与其所依据的销售合同在法律上是完全独立的两份法律文件。因此，信用证不可能也没有必要完完整整地把基础合同中的条款全部反映到信用证条款中来，开证申请人通常只是有选择性地在信用证中规定那些证明受益人履行其各项义务的单据。当受益人遇到信用证对某些事项未作出明确要求时，可参照 UCP600 中的“相关适用条款”规定。比如，当信用证规定了受益人需提交正本运输单据，却未明确规定受益人装运后提交单据的期限，这时受益人或其代表就要按照 UCP600 第 14 条（单据审核标准）中 c 款的规定，在不迟于装运后的 21 个日历日内交单，但无论如何都不得迟于信用证的到期日。

再次，单据要与国际标准银行实务相符。需要注意的是：UCP600 中提到的国际标准银行实务是一广义的范畴，并不局限于《关于审核跟单信用证项下单据的国际银行标准实务》（*International Standard Banking Practice for the Examination of Documents under Documentary Credits*, ICC Publication No. 681）这一国际惯例，还应当包括银行界中的实际做法。当信用证和 UCP 都未对某些事项作出明确规定时，国际标准银行实务就开始产生效力。比如：当信用证要求提交 Form A 产地证，同时要求提单必须做成 to order of shipper 或 to order of issuing bank 这类指示性抬头，在这种情况下，Form A 产地证上的第二栏收货人信息应如何显示？ISBP 对此作出了明确的规定：如果信用证要求运输单据做成“凭指示”、“凭托运人指示”、“凭开证行指示”或“货发开证行”式抬头，则原产地证可以显示信用证的申请人或信用证中具名的另外一人作为收货人。

2）单据必须合情、合理、合法

所谓合情、合理、合法是指审单员应根据自己所掌握的国际贸易结算知识，对各种单据的完整性和准确性，作出合乎情理的判断。例如，普惠制产地证是给惠国赋予受惠国出口货物减征关税的一种优惠凭证，其“收货人”一栏，应填写最终买主。如信用证未作明确规定，应根据提单的收货人、通知人及货至目的地对最终买主作出合理的选择。再如，UCP 与一般的信用证中都没有汇票必须由出票人签字的规定。但是一张没有出票人签字的汇票肯定是不合格的，根据票据法，没有这项要式内容，票据不成立。所以，合格的单据还必须符合法规（legally acceptable）以及常规（common sense），比如毛重应大于净重（除非是“以毛作净”），否则进口商或开证行有权拒付。

3）相关要求须前后一致

信用证是一个与商务合同分离的独立文件，其内容是完整的，互为联系的，其中要求的条件、单据等必须是相辅相成、前后一致的，否则即构成不符。例如：一份来证规定货物采用海运，CIF 贸易术语，货物自天津新港运到维也纳（奥地利）“from xingang of Tianjin to Vienna”。这种规定显然不对，因为奥地利的维也纳在内陆，不能用 CIF 这个纯海运的贸易术语。如果货物确实要求运到维也纳，应该改用 CIP 贸易术语为宜。因为一般情况下，要先用海运方式从天津新港将货物运到德国的港口，如汉堡，再由汉堡用陆运方式将货物运至维也纳。CIF 和 CIP 的单价也不同，后者的承运人由于负责将货物运到目的地，付出的运输等费用比前者相对要高，因而转向托运人收取的费用也就相应提高。此外，由于这笔业务的整个运输过程不仅只是一种运输方式，所以使用的海运单据，就不应使用直达转船提单，而应该使用联运提单。

4）要符合银行的经营思想、操作规程

国际贸易结算作为银行经营的一项重要业务，在操作过程中，必须按照银行的有关操作规程行事。尤其是在向客户融资时，更应明确银行的观点和看法，更有权对单据有关条目的处理作出自己的选择和判断，以体现银行的经营方针和经营作风。由于银行不审核信用证没有规定的单据，因此，银行收到此类单据，应退还交单人或将其照转，并对此不负责任。UCP600 规定，如果信用证中包含某项条件而未规定需提交与之相符的单据，银行将认为未列明此条件，并对此不予置理。如果信用证要求提示运输单据、保险单据和商业发票以外的单据，但未规定该单据由何人出具或单据的内容。如信用证对此未做规定，只要所提交的单据内容与其他规定单据不矛盾，银行将对提示的单据予以接受。

5）单据须满足其功能

在信用证未对出单人或单据内容作出规定的单据的审核问题上，针对 UCP500 第 21 条的明显不足，UCP600 在第 14 条（f）项增加了更加符合实务的规定：“如果信用证要求提交运输单据、保险单据或者商业发票之外的单据，却未规定出单人或其数据内容，则只要提交的单据内容看似满足所要求单据的功能，且其他方面符合第 14 条 d 款，银行将接受该单据。”所谓“单据必须看似满足其功能”，是指单据表面看起来必须为合格单据，符合法规及常规，能实现其功能。因此“单据必须看似满足其功能”的审单标准也称为“合格单据”的新审单标准。

也就是说，在UCP600新规定下，无须拘泥于单据如何称谓，只要其内容在表面上满足了信用证所要求单据的功能即可。例如信用证要求“装箱单”，而无论该单据冠名为“装箱说明”或是“装箱或重量单”，抑或没有名称，只要单据包含了装箱细节，即为满足要求。这比UCP500要求的“内容与其他单据没有不一致”更为宽松。再如，当信用证要求提交汇票，但未对出票人和内容作出规定时，银行除了要审核该汇票是否与信用证以及要求提交的其他单据一致外，还需审核该汇票是否为合格单据，能否“看似满足其功能”，即是否全部具备了汇票的7个要式项目、是否存在导致汇票无效的其他情况。只有在单单一致、单证相符且汇票看似满足其功能的情况下，该交单才为相符交单，银行才负有付款义务。

2. 审证和改证的关键风险点和注意事项

(1) 审单热点问题

审单中常遇到的热点问题应当看到，UCP600尚未解决目前信用证实务中遇到的所有问题，它与URC522、ISBP、ISP98、EUCP并行，操作难度加大，这就需要我们在实务中不断进行研究和探索，来灵活地解决信用证实务中的各种问题。以下为经常遇到的审单热点问题。

1) 如何处理拼写错误

业务人员收到信用证后，首先要认真审查信用证条款，尤其要审核货物的名称、规格描述、启运和目的港、单据名称等，还要注意前后是否一致，有无矛盾和冲突。发现拼写错误后，先分析错误的性质，该错误是否引起严重的误解？“术业有专攻”，及时请教银行专业人士往往能事半功倍。特别指出的是，对于重要的错误，要联系客户及时修改。不要认为客户会反感，须知之所以开信用证，本身就意味着不信任。真正的客户应该赞赏受益人的严谨，往往只有蓄意行骗的客户才会找出种种借口而不修改信用证。客户执意不改，才应该倍加小心。即便如此，在业务实务中，难免会产生拼写错误或者打字错误，哪些可以拒付，哪些可以视为不符点，往往很难掌握，基本原则就是：如果拼写或者打字错误并不影响所在句子的含义，就不构成单据不符。难点是如何判断该错误没有影响单词或者句子的含义，却是人的主管判断，主要靠常识、经验和权威先例的支持，要结合具体的语境并联系其他提及的单据做综合判断。一般地讲，对于日期和数字等打错，往往被视为不符点；而对于典型的由于制单人的不小心造成的，构不成歧义的，一般不构成不符点。但是，应该特别指出的是，对任何不符点的最终认可权在当地法院。

2) 如何处理货物描述

首先，发票上的货物描述要严格依据信用证；其他单据包括提单中的货物描述则不需要照搬发票上的文字，只要和信用证的描述不矛盾即可。UCP600第14条e款规定：“除商业发票外，其他单据中的货物、服务或履约行为的描述，如果有的话，可使用与信用证中的描述不矛盾的概括性用语。”添加了“如果有的话”，就是说不是所有的单据都必须显示货物描述之意，其他单据可以不显示货物描述，但是要通过发票号或数量或款式编号等显示其关联；如果显示了，可以使用概括性用语，只要与信用证中规定的货物描述不矛盾即可。

3）如何处理非规定单据

UCP500 对此的规定是：银行将不审核非规定单据，如果收到了，应退回交单人或者将其照转，并对此不承担任何责任。UCP600 第 14 条 g 款的规定是：提交的非信用证要求的单据将不理会，并可退回交单人。就是说，相关银行不应审核额外单据，不能照转这些单据，只能退还交单人，也不能因为额外单据中的不符点为由来拒付。实务中因为额外单据发生的问题层出不穷，比如要求提供 5 份发票，受益人提供了 6 份，正好一份出现了差错，受益人只要提供信用证里规定的单据，额外的单据不应混同在信用证要求的单据中一并提交给银行，以免发生意外。

4）如何处理非单据化条件

很多信用证有类似现象：含有一项条件，但是没有规定以何种单据满足该条件，则该条件被称为非单据化条件。对此，UCP600 第 14 条 h 款清楚地规定：对于非单据化条件，银行将按规定而不予理会。然而，问题的难处是如何判断 L/C 中的某个条件是否是非单据化条件。一般来讲，如果信用证中的某一条件未要求提交具体的单据来满足，但是明显的和某一条件建立关联，将不被视为非单据条件。开证行要尽量劝阻申请人显示条件而不明示应提交的相应单据的做法；受益人一旦发现信用证的某个条件未明确哪个单据来满足时，要及时联系相关业务银行，听取专业人士的建议和分析，切记不要轻易地视为非单据条件而置之不理，要及时联系申请人和开证行修改。特别是中东国家的信用证往往有很多非单据化的条件，有些条件前后矛盾，有些条件看似简单，却难以满足，此时坚持改证往往是明智之举。

5）如何处理地址问题

受益人和申请人在处理地址问题时，首先，单据中的受益人和申请人的地址不需要和信用证及其他规定单据相同，但是必须和信用证中规定的地址同一国。例外是如果信用证明确规定了某一单据必须显示信用证中规定的受益人和申请人的地址，则必须首先适用。其次，明确了受益人和申请人的联络细节（比如电话、传真、邮件地址等等）作为其地址的一部分时，如果在信用证里出现，将不予理会。最后，申请人的地址和联络细节作为 UCP600 所规定的运输单据的收货人或者被通知方细节的一部分时，必须和信用证规定的相同。

（2）收到信用证后检查和审核的要点

① 检查信用证的付款保证是否有效

应注意有下列情况之一的，不是一项有效的付款保证或该项付款保证是存在缺陷问题的：

- 应该保兑的信用证未按要求由有关银行进行保兑；
- 信用证未生效；
- 有条件的生效的信用证，如："待获得进口许可证后才能生效"；
- 信用证密押不符；
- 信用证简电或预先通知；
- 由开证人直接寄送的信用证；
- 由开证人提供的开立信用证申请书。

② 应特别注意下列情况

- 信用证中规定有关款项须在向银行交单后若干天内或见票后若干天内付款等情况。对此，应检查此类付款时间是否符合合同规定或贵公司的要求。

- 信用证在国外到期。规定信用证国外到期，有关单据必须寄送国外，由于我们无法掌握单据到达国外银行所需的时间且容易延误或丢失，有一定的风险。通常我们要求在国内交单付款。在来不及修改的情况下，必须应提前一个邮程（邮程的长短应根据地区远近而定）以最快方式寄送。
- 如信用证中的装船期和有效期是同一天即通常所称的“双到期”，在实际业务操作中，应将装船期提前一定的时间（一般在效期前10天），以便有合理的时间来制单结汇。

③ 检查信用证受益人和开证人的名称和地址是否完整和准确

受益人应特别注意信用证上的受益人名称和地址应与其印就好的文件上的名称和地址内容相一致。买方的公司名称和地址写法是不是也完全正确，在填写发票时照抄信用证上写错了的买方公司名号和地址是有可能的。如果受益人的名称不正确，将会给今后的收汇带来不便。

④ 检查装期的有关规定是否符合要求。逾信用证规定装期的运输单据将构成不符点，银行有权不付款

检查信用证规定的装期应注意以下几点。

- 能否在信用证规定的装期内备妥有关货物并按期出运；如来证收到时装期太近，无法按期装运，应及时与客户联系修改。
- 实际装期与交单期时间相距时间是否太短。
- 信用证中规定了分批出运的时间和数量，应注意能否办到，否则，任何一批未按期出运，以后各期即告失效。

⑤ 检查能否在信用证规定的交单期交单

如来证中规定向银行交单的日期不得迟于提单日期后若干天，如果过了限期或单据不齐有错漏，银行有权不付款。

交单期通常按下列原则处理：

- 信用证有规定的，应按信用证规定的交单期向银行交单；
- 信用证没有规定的，UCP600则严格限定单据要在发运后21天内交单。

应充分考虑办理下列事宜对交单期的影响：

- 生产及包装所需的时间；
- 内陆运输或集港运输所需时间；
- 进行必要的检验如法定商检或客检所需的时间；
- 申领出口许可证，产地证所需的时间（如果需要）；
- 报关查验所需的时间；
- 船期安排情况；
- 到商会或领事馆办理认证或出具有关证明所需的时间（如果需要）；
- 申领检验证明书如SGS验货报告或其他验货报告如客检证等所需的时间；
- 制造、整理、审核信用证规定的文件所需的时间；
- 单据送交银行所需的时间，包括单据送交银行后经审核发现有误退回更正的时间。

⑥ 检查信用证的通知方式是否安全、可靠

信用证一般是通过受益人所在国家或地区的通知行或保兑行通知给受益人的。这种方式的信用证通知比较安全，因为根据《跟单信用证统一惯例解释通则》的有关规定，通知行应对所通知的信用证的真实性负责。

如果不是这样寄交的，遇到下列情况之一的应特别注意：

- 信用证是直接从海外寄给您单位的，那么您单位应该小心查明它的来历；
- 信用证是从本地某个地址寄出，要求您单位把货运单据寄往海外，而您单位并不了解他们指定的那家银行。

对于上述情况，应该首先通过银行调查核实。

⑦ 检查信用证的金额、币制是否符合合同规定

主要检查内容有：

- 信用证金额是否正确；
- 信用证的金额应该与事先协商的相一致；
- 信用证中的单价与总值要准确，大小写并用内容要一致；
- 如数量上可以有一定幅度的伸缩，那么，信用证也应相应规定在支付金额时允许有一定幅度；
- 如果在金额前使用了“大约”一词，其意思是允许金额有10%的伸缩；
- 检查币制是否正确。如合同中规定的币制是“英镑”，则信用证中不应使用“英镑”以外的币制。

⑧ 检查信用证的数量是否与合同规定相一致

除非信用证规定数量不得有增减，那么，在付款金额不超过信用证金额的情况下，货物数量可以容许有5%的增减。

特别注意的是以上提到的货物数量可以有5%增减的规定一般适用于大宗货物，对于以包装单位或以个体为计算单位的货物不适用。如：5000PCS 100% COTTON SHIRTS（5 000件全棉衬衫）由于数量单位是“件”，实际交货时只能是5 000件，而不能有5%的增减。

⑨ 检查价格条款是否符合合同规定

不同的价格条款涉及到具体的费用如运费、保险费由谁分担。如：合同中规定是：FOB SHANGHAI AT USD50/PC，根据此价格条款有关的运费和保险费由买方即开证人承担；如果信用证中的价格条款没有按合同的规定做上述表示，而是做了如下规定：CIF NEW YORK AT USD50/PC 对此条款如不及时修改，那么受益人将承担有关的运费和保险费。

⑩ 检查货物是否允许分批出运

除信用证另有规定外，货物是允许分批付运的。特别注意：如信用证中规定了每一批货物出运的确切时间，则必须按此照办，如不能办到，必须修改。

⑪ 检查货物是否允许转运

除信用证另有规定外，货物是允许转运的。

⑫ 检查有关的费用条款

主要内容有：

- 信用证中规定的有关费用如运费或检验费等应事先协商一致，否则，对于额外的费用原则上不应承担；

➢ 银行费用如事先未商定，应由双方共同承担。

3. 信用证的修改规则及注意事项

通过对信用证的全面审核，如发现问题，应分别情况及时处理。对于影响安全收汇，难以接受或做到的信用证条款，必须要求国外客户进行修改。

1）至于单据有不符点，可以有两种方式处理

◆ 在议付行交单时发现有不符点，凡是来得及并可以修改，就直接修改这些不符点，使之与信用证相符，从而保证正常议付货款。

◆ 在议付行交单时发现有不符点，但已来不及修改，或单据到开证行被发现有不符点，此时已无法修改，则可以通知开证申请人（进口商），说明单据出现的不符点，请他来电确认接受不符点，同时找开证行表示接受单据的不符点，则仍可以收回货款。

但这有一个前提，即只是单据上不符合信用证的规定，而无货物质量的问题或不符，否则进口商是有可能不接受货物质量的不符点。

上述这种交单收汇，实际上已经是由信用证性质变成了托收性质，即由原来信用证的银行承诺的第一付款责任的地位，退为托收银行的地位。这种变化是因为单证不符而引起的，所以风险加大了。

因此，信用证结算的首要问题就是一定要做到“单证相符”和“单单相符”，这样才能保证安全收汇。

2）信用证修改的规则

◆ 只有买方（开证人）有权决定是否接受修改信用证；

◆ 只有卖方（受益人）有权决定是否接受信用证修改。

3）修改信用证应注意的问题

◆ 一份信用证如有多处需要修改，应集中一次通知开证人办理修改，避免一改再改，既增加双方的费用又浪费时间，而且还会引起不良影响。

◆ 对于不可撤销信用证中任何条款的修改，都必须取得当事人的同意后才能生效。

对信用证修改内容的接受或拒绝有两种表示形式：

➢ 受益人作出接受或拒绝该信用证修改的通知；

➢ 受益人以行动按照信用证的内容办事。

◆ 收到信用证修改后，应及时检查修改内容是否符合要求，并根据修改情况表示接受或重新提出修改。

◆ 根据 UCP600 第 10 条 e 款的规定，一份信用证的修改通知书的内容要么全部接受，要么全部拒绝，不能接受其中一部分而拒绝另一部分。

◆ 根据 UCP600 第 9 条 d 款的规定，银行经由通知行或第二通知行向受益人通知信用证的，则必须利用同一家银行的服务通知其后的任何修改。

◆ 有关信用证修改必须通过原信用证通知行才具真实有效；通过客户直接寄送的修改申请书或修改书复印件不是有效的修改。

◆ 明确修改费用由谁承担，一般按照责任归属来确定修改费用由谁承担。

4）信用证哪些错误不用修改

① 小写金额的写法各国习惯不同

信用证金额一般同时用大写与小写两种方式来表达，在实际工作中，出口企业收到不少信用证，金额的小写的确与他们的习惯不同，但都没有因小写习惯不同而发生金额方面的争执。何况信用证金额还有大写，只要大写金额正确、清楚，即使小写金额写法与卖方的习惯不同，也是完全可以接受的，不必要求进口方修改信用证。

② 未显示允许分批装运

如果合同条款规定允许分批装运，而信用证却没有显示“允许分批装运”，但也没有显示“禁止分批装运”，在这种情况下，也不必修改信用证。因为按照 UCP600 第 31 条对分批装运的规定：“除非信用证另有规定，允许分批付款/或分批装运”，这就是说，只要信用证没有明确表示“禁止分批装运”，就是允许分批装运。

③ 禁止转运与多式联运

当信用证在规定接受多式联运单据的同时，又规定了禁止分批装运，这显然是矛盾的。当信用证出现接受多式联运单据，而又禁止分批装运的矛盾规定时，也是可以不用修改的，只要出口方在发货时注意：一定要取得包括全程运输的多式联运单据才可正常议付。

因此，在修改信用证时需要看清楚其中的细节，并不是任何信用证都能够修改，有些信用证可以修改，但有些又是不需要修改的。因此，需要用户明确相关的事宜，做到合理地开展贸易活动。

第二十五章 单据制作及审核原则与技巧

随着国际贸易形势的日趋复杂化以及银行、运输、保险等行业的发展，信用证的各当事人在信用证的使用过程中不断遇到新的问题。加上 UCP500 的条款设置和措辞晦涩难懂，条款排列缺乏逻辑等原因，导致 UCP500 执行难度大，并且复杂烦琐，加大了贸易成本。因此，2007 年国际商会出台了 UCP600。与 UCP500 相比，UCP600 在单据的制作和审核上出现了较大的变动。因此熟悉 UCP600 下单据制作的有关规定，掌握单据审核技巧，对出口企业的顺利交单尤其重要。

1. UCP600 下单据制作技巧

UCP500 对单据的制作并没有给出非常详细的规定，UCP600 则在第 17～28 条的 12 个条款中对单据的制作进行了非常详细的规定。归纳起来，外贸企业业务人员制单时应严格遵循如下基本要求：正确、完整、及时、简洁、严谨。同时，在单据相符方面 UCP600 中作出了明显的规定。UCP600 第 2 条规定：“相符交单（complying presentation）意指与信用证中的条款及条件、本惯例中所适用的规定及国际标准银行实务相一致的交单。”这些条款确立了单据一致性的新标准，即“单内相符、单单相符、单证相符”。因此受益人必须在制单环节把好关，所制作的单据必须“单内相符、单单相符、单证相符、单据与惯例相符”，才能达到相符交单的要求，才能顺利地交单收汇。

（1）相符交单

1）单内相符

外贸单据根据性质可分类为商业单据、金融单据、官方单据、其他附属单据和国家外汇管理需要的单据。在 UCP600 下，“单内相符”是指各种单据里的内容必须一致，不得相互矛盾。制单时要避免以下单内不符的错误。

- 金额。ⓐ 注意单据上大小写的对应：如将汇票上的小写金额 USD3032000.00 写成 USD DOLLARS THREE THOUSAND THIRTY-TWO THOUSAND ONLY。ⓑ 单据上货物品种较多时，在累计各种货物的金额时要核对准确：有时一张商业发票上会有几种商品或者是买方为了清楚地了解各项费用，在信用证里要求发票上分别显示 CIF 价、运费、保险费、FOB 价。在这时，制单就应当特别地注意金额的合计，以免出现错误。
- 数量。ⓐ 货物数量的大小写要保持一致：如装箱单、产地证和海运提单中的货物包装数量的大小写要保持一致。ⓑ 单据上的出现多种货物时，货物的数量合计要计算准确。

◆ 日期。如海运提单上的装船日期（Load on board Date）为：march 8th，2011，而提单上的“签发日期（date of issue）”是 march 5th，2011，这就造成了单内日期的不一致，因为正确的提单的“签发日期”不能早于装船日期，即 march 8th，2011，否则就是倒签提单；如保险单上显示的船舶的“开航日期早于“投保日期”，银行审单发现后就不会接受“投保日期”迟于“开航日期”的保险单。

2）**单单相符**

“单单相符”是指单据之间的内容一致。UCP600 第 14 条 d 款规定，单据之间的内容“不相冲突”，与 UCP500 的规定基本一致，只是在“货物的描述”的规定有所差别，增加了“服务或行为描述”的说明。“单单相符”具体包括：单与单之间货物描述、金额、数量、日期、当事人的一致相符，不得相互矛盾或冲突。

◆ 货物的描述。UCP600 第 14 条 e 款则规定：“除商业发票外，其他单据中的货物、服务或行为描述若须规定，可使用统称，但不得与信用证规定的描述相矛盾。”与 UCP500 规定相比，UCP600 条款相对宽松，并增加了“服务或行为描述”。因此，UCP600 下在描述提单、保险单、产地证的货物名称时，只打印货物的统称即可，而无须打印货物的规格、颜色、型号等。

◆ 金额与数量。单据之间的货物的金额和数量要相同。同时要注意，在商业发票上出现多种商品时，在填制汇票时要填商品的总额，而在填保险单时要注意应填入加成后的金额；在发票上出现多种商品时，发票上会出现各种商品的数量，而在填制海运提单、保险单和产地证时上面的数量应是几种商品的合计数量。

◆ 当事人的名称、地址。单据上的相关当事人必须一致，如发票的出票人（issuer）为出口商，那么汇票上的出票人（drawer）、装箱单上的出货人（exporter）和提单上发货人（shipper）、CIF 条件成交下的保险单上的被保险人（issued）、产地证上的出口人（exporter）都应与发票上的出票人相同。UCP600 第 14 条 J 款规定：“当受益人和申请人的地址出现在任何规定的单据中时，无须与信用证或其他规定单据中所载相同，但必须与信用证中规定的相应地址在同一国内。联系资料（传真、电话、电子邮箱等）如作为受益人和申请人地址的一部分将不予理会。”

◆ 单据日期。单据制作的日期应按以下顺序，发票是中心单据，应最先缮制，日期最早，其他单据的日期在发票后，最早是与发票同一天。其他单据的日期在制单需要注意的情况有：保险单的投保日期必须早于提单的日期或与提单日期同一天；提单的日期不能早于装箱单的日期，不能迟于信用证的最迟装船日期；产地证上的申明日期需在发票日期之后等。在这里再总结一下各种单据的日期顺序：发票日期应在各单据日期之首；提单日不能超过 L/C 规定的装运期也不得早于 L/C 的最早装运期；保单的签发日应早于或等于提单日期（一般早于提单 2 天），不能早于发票；装箱单应等于或迟于发票日期，但必须在提单日之前；产地证日期不早于发票日期，不迟于提单日；商检证日期不晚于提单日期，尤其是鲜货、容易变质的商品；受益人证明日期等于或晚于提单日；装船通知日期等于或晚于提单日后三天内；船公司证明日期等于或早于提单日。

3）**单证相符**

“单证相符”是指受益人所提交议付的单据的内容要与信用证的相关条款的规定相符，

是银行付款的前提条件，也是单据制作的基本要求。UCP600 第 14 条 d 款、e 款规定："单据中的内容的描述不必与信用证、信用证对该项单据的描述以及国际标准银行实务完全一致，但不得与该项单据中的内容，其他规定的单据或信用证相冲突。""除商业发票外，其他单据中的货物，服务或行为描述若须规定，可使用统称，但不得与信用证规定的描述相矛盾。"这一新规定体现了对受益人利益的维护。

根据上述描述，单证相符对单据制作的要求如下。

◆ 单据上的申请人和受益人的地址可以不与信用证上的地址完全一致，单据上的币种必须与信用证相符。
◆ 发票上货物的单价、数量、金额与信用证相符；发票、汇票的金额可超出信用证规定的金额。
◆ 除发票外，其他单据上货物的描述不必与信用证完全一致，可用统称。
◆ 提单上的到货港可不填写信用证上具体的港口名称，可以填写大致的范围。提单上的签发日期早于信用证规定的最迟的装船日期或同一天。
◆ 装箱单、提单的装货数量可以多于信用证规定数量。
◆ 单据上的服务或行为的描述须与信用证上规定的相符。
◆ 产地证类别与信用证的要求相符，如信用证要求普惠制产地证，而受益人不可制作一般原产地证。
◆ 保险单的投保险别与信用证规定的相同，如信用证规定一切险，保险单上不能显示为平安险或水渍险。

4）单据与惯例相符

相关国际惯例主要指 ICC 颁布的 UCP、ISBP、URR725 等，不仅规定了信用证项下单据制作和审核所应该遵循的一般原则，还规定了当前信用证中常见条款和单据的具体要求。当信用证未做明确要求时，即可参照 UCP600 中的"相关适用条款"规定。例如，当 L/C 规定了受益人需提交正本运输单据，却未明确规定交单期，这时受益人就要按照 UCP600 第 14 条 c 款的规定，在不迟于装运后的 21 个日历日内交单，但不得迟于信用证的到期日。

◆ 发票。ⓐ UCP600 第 18 条 b 款规定："按照指定行事的被指定银行、保兑行（如有）或开证行可以接受金额超过信用证所允许金额的商业发票，倘若有关银行已兑付或已议付的金额没有超过信用证所允许的金额，则该银行的决定对各有关方均具有约束力"，即放宽了对发票金额的限制；ⓑ UCP600 第 30 条 a 款规定："'约'或'大约'用于信用证金额或信用证规定的数量或单价时，应解释为允许有关金额或数量或单价有不超过 10% 的增减幅度"；第 30 条 b 款又规定："在信用证未以包装单位件数或货物自身件数的方式规定货物数量时，货物数量允许有 5% 的增减幅度，只要总支取金额不超过信用证金额。"因此，在制作发票时，单证人员先要查看信用证的金额、数量及单价的增减幅度条款。需要注意的是，信用证中"约"（about）放在那一项，只适用于那一项，不能以此类推。
◆ 运输单据。ⓐ UCP600 比 UCP500 的明显的变动还有第 22 条关于租船合同提单增加了"可以由租船人或代表租船人的具名代理签署提单"这一规定。ⓑ 第 22 条 iii 中规定"注明货物由信用证中规定的装货港运输至卸货港。卸货港可以按信用证中的规定显示为一组港口或某个地理区域"，这对出口商有利，在卸货港未确定的情况下，可在提单上不填写具体的港口名称，只填写大致的范围即可。ⓒ 按新规则，运输单据上可以以印戳或其他方式提及运费之外的费用。而在 UCP500 实践中通常缮打"as arranged"，收货方和承运人易对除装卸费以外的费用例如燃油附加费，绕航费等产生纠纷；ⓓ 当"含有一套或数套运输单据的交单，如果表明在同一种运输方式下经由数件运输工具运输，即使运输工具在同一天出发运往同一目的地"，UCP600 仍将其视为部分发运。所以货物运输方式如果使用多式联运，出口商应该注意来证须"允许分批装运（partial shipment allowed）"。ⓔ UCP600 第 27 条强调银行只接受清洁运输单据，但 UCP500 指出，当"信用证明确规定可以接受明确宣称货物或包装有缺陷的条款或批注的运输单据"，银行将接受不清洁运输单据，UCP600 措辞更加严谨。按 UCP600 的规定出口商只能提交清洁运输单据。

◆ 保险单据。UCP600 对保险单据条款的变化主要有：ⓐ 保险单的签署人除了保险公司或承保人或其代理人外，还可以是其代表（proxies）；ⓑ 是把 UCP500 表述中的"货物装船日、发运日、接受监管日"统称为"装运日"（date of shipment）；ⓒ 投保比例按信用证要求，如"按发票金额 115%"，必须照办。信用证无规定时以 UCP600 为准："如果信用证对投保金额未做规定，投保金额须至少为货物的 CIF 或 CIP 价格的 110%。如果从单据中不能确定 CIF 或者 CIP 价格，投保金额必须基于要求承付或议付的金额，或者基于发票上显示的货物总值来计算，两者之中取金额较高者。"必须留意在发票只显示了部分货物价值情况下保险金额的确定问题。

◆ 服务或行为的描述：UCP600 第 18 条 c 款规定："商业发票中货物、服务或行为的描述必须与信用证中显示的内容相符。"与 UCP500 不同的是，增加了在发票中描述服务或行为的词语。

（2）缮制单据的依据和方法

1）缮制单据的依据

缮制和审核单证的主要依据是买卖合同、信用证、有关商品的原始材料、相关国际惯例、相关国际管理规定、相关国外客户要求等。而不同种类的商品、不同形式的机构设置和不同的工作流转程序，使得制单要求也随之不同。一般而言，制单主要遵循以下几点。

◆ 当进出口商在贸易磋商时约定使用信用证结算时，合同条款应缜密签订，在结算条款写明并标注适用版本，明确指定："subject to UCP publication NO. 600 ICC"。按信用证条款制单，信用证没有明确规定时从 UCP 和 ISBP 找制单依据。UCP600 第 2 条规定："相符提示意指与信用证中的条款及条件、惯例中所适用的规定及国际标准银行实务相一致的提示。"

◆ 根据合同和货物原始资料制单。在信用证业务中，虽然信用证取代买卖合同成为主要的制单依据，信用证依据合同而开立，但是如果发现信用证条款与合同条款相冲突，进口商仍可能拒付。例如，有关货物原始资料主要是指生产制造厂商提供的一些资料，如货物出厂装箱单中显示的货物规格、数量、重量、尺码等往往是缮制装箱单的主要依据。

◆ 依据相关国际惯例制单。相关国际惯例主要指 ICC 颁布的 UCP、ISBP 等，首先，单据应与信用证条款保持一致，而且当信用证中规定的条款与 UCP600 制定的条款相冲突时，单据制作应以信用证条款为准。其次，单据要符合 UCP600 的相关条款。

信用证没有必要完完整整地把基础合同中的条款反映到信用证条款中，因此，当受益人遇到信用证对某些事项不做明确要求时，可参照 UCP600 中的相关规定。当信用证和 UCP600 对某些事项均未作出明确规定时，国际标准银行实务（ISBP）就开始生效了。

◆ 按照单据的功能及特性制作。新规则中银行审单的标准趋向宽松，UCP600 第 14 条规定：“如果信用证要求提示运输单据、保险单据和商业发票以外的单据，但未规定该单据由何人出具或单据的内容。如信用证对此未做规定，只要所提交单据的内容看来满足其功能需要且其他方面与十四条（d）款相符，银行将对提示的单据予以接受。”但实务中不得滥用。受益人应按照各种单据自身的功能用途制作，包装单应有包装材料件数的填写，检验证书应有检验结果和日期，原产地证书应有生产国别等等，单据必须满足其功能。例如，信用证条款中一般规定提单的“收货人”一栏填写“TO ORDER”（凭指示），但不会提及产地证的填写。而实际制单时产地证此栏内应填写信用证的开证申请人，即进口商，与提单此栏的填写不同。

◆ 按照单据的作用制单。制单时应该了解各类单据的作用及功能，按照各类单据自身的功能及用途制单，避免将重要信息遗漏而又将不必要的内容强加于单据。制单员应按照各类单据的用途制单。例如，商业发票是载明货物详情的单据，主要作用是收付货款和记账的凭证。因此货描一栏应尽量详细，货物价格需要填写有单价与总金额，并对金额有大写描述，且不能忘记贸易术语。而装箱单主要是对货物装箱情况的说明，因此，常常标明货物的重量、体积等数据，而关于货物金额，信用证没做特别说明时，可不必强加在装箱单上，以体现单据的简洁性。

◆ 按照满足各行业、部门的特殊要求制单。有些进口商对制单会提出特殊要求。例如，出口到信仰伊斯兰教国家的禽类产品，进口商有时会提出由出口地伊斯兰教协会出具有关证明；AMS 舱单由美国开始，现已扩展到加拿大、澳大利亚、欧洲等许多国家；农药产品出口到美国、欧盟等国时，进口商通常会要求出口方提供所出口的农药产品的 MSDS（危险数据资料卡）等，出口企业应按规定的格式和要求将相关数据填写完整后予以提交。

2）缮制单据的方法

◆ 将货物的原始资料（出仓单或提货单）与信用证、合同核对，弄清楚信用证与实际货物是否相符，信用证的内容是否与合同的内容相一致。

◆ 制单前，要认真核算单据中的数字，如货物的尺码、毛重、净重、发票的单价、总值、海关发票的 FOB 价、中间商的佣金等等。

◆ 根据信用证条款要求把本批出口货物所需各种空白单证，按需要的份数逐一配妥备用，防止某一单证漏制。

◆ 制单一般先从商业发票和装箱单开始，因为商业发票记载的货物信息与交易内容比较全面，是中心单据。发票制好后，就可参照发票的内容缮制其他单据。

（3）制单业务的灵活处理问题

1）“单据不相符”的例外情况

制单业务应遵循严格相符原则，但严格相符并不是机械地理解为一字不差、完全照搬照抄，应根据实际情况加以灵活处理。在实际外贸业务中，会导致单据不符的几种情况现归纳如下。ⓐ 符合惯例的不一致不会导致单据不符。如，信用证条款要求单证填写必须使用英语，但出口国有关机构出具的品质证书或检疫证书是使用受益人本国语言（非英语）以固定格式事先印制，受益人提供的单据只能是 L/C 项下要求的内容用英语填制，证书背面或正文文字的下面有英文翻译。此种情况不构成不符。ⓑ 不引起歧义的表述不一致不会导致单据不符。例如，两份单据显示的装运日期出现“日/月/年”和“月/ 日/ 年”不同的表达形式。ⓒ 除商业发票外，其他单据中的货物、服务或履约行为的描述，可使用与信用证中的描述不矛盾的概括性用语。

2）单据灵活处理的技巧

◆ 信用证下的单据制作以信用证为准。即便在信用证中出现错别字或明显的语法错法，如果问题不严重并不会影响信用证中的实质性内容如对货物描述、货物品质、数量、信用证金额等重要信息的正确理解，不产生歧义，在无法修改信用证的情况下，也只好把信用证条款中所显示的内容照样搬到所有单证中去。

◆ 向银行上交的单据应完全与信用证一致。在同一笔业务中，按照需要，商检部门、海关和银行可能都要求受益人提交一套单据。这几套单据可能在某些方面存在出入，但这些机构相互之间并不影响，银行独立地审核受益人提交给自己的那套单证并付款。因此，其他单据可以根据需要有所差异，但提交给银行的这份单据要完全与信用证一致，这是“单证不一致”事故处理的最大原则。

◆ 要及时与进口商沟通。在实务中，有些出口商履行合同时出现实际情况与信用证规定出现细微的差别，或因意外而导致失误的，与进口商多次沟通请求进口商谅解，这样如果与进口商沟通得到同意，进口商没有实质性损失，出口商则能避免银行扣款等风险。

◆ 对于信用证中出现的一些具有软条款性质的条款，如 L/C 要求发票上显示“货物质量符合某某标准”及“进口国驻香港领事的盖章”。出口商极有可能因发票得不到进口国驻香港领事的盖章而导致单证不符。因此如果对国家机构出具的单据在信用证条款中有特别要求的，应事先与相关机构沟通咨询，及时确认能否满足客户要求。如无法满足则坚决要求修改信用证条款。

2. UCP600 下单据审核原则与技巧

UCP500 条文中的一些错误的解释和应用，使得在银行实务中出现大量争议。为此，国际商会对 UCP500 进行修订，出版了国际商会的第 600 号出版物《跟单信用证统一惯例》，简称 UCP600，并于 2007 年 7 月 1 日正式生效。UCP600 对银行的审单标准作出新的规定。由于银行审单是信用证流转中最为重要的一个环节，而审单标准是银行审单必须遵循的规范，因此，熟练掌握 UCP600 审单标准对国际贸易实务的具体操作有很大的帮助。

（1）相比 UCP500，UCP600 下审单标准的变化

1）对银行审单标准“相符”与“一致”的修改

UCP500 第 13 条 a 款规定：“银行必须合理谨慎地审核信用证规定的一切单据，以便确定这些单据表面是否与信用证条款相符合”。“单据之间表面不一致，即视为表面与信用证条款不符。”根据该规定，相符交单应符合两方面的要求：一是受益人或单证合法持有人交

付的单据必须在表面上与信用证的要求完全相符；二是受益人或单证合法持有人交付的单据之间在表面上必须互相一致，即相符交单包括单证表面相符和单单表面一致。鉴于UCP500对单证相符、单单相符程度规定的空白以及司法实践中“相符”把握程度的不确定，实践中不同的法院对严格的程度把握不一，导致了相互冲突的判决。

而针对上述UCP500条款，UCP600做了修订。UCP600第二条“定义”中规定：“相符交单指与信用证条款、本惯例的相关适用条款以及国际标准银行实务一致的交单。”第十四条（d）项规定：“单据中的内容的描述不必与信用证及信用证对该项单据的描述以及国际标准银行实务完全一致，但不得与该项单据中的内容及其他规定的单据或信用证相冲突。”可见，UCP600确立相符交单是单内相符、单单相符、单证相符，并明确相符的程度是“无须等同一致，但不得矛盾”。

UCP600的“无须等同一致，但不得矛盾”标准，显然是对相符程度放宽要求，降低了不符点的出现，维护了受益人的利益，保障了信用证下单据的顺利交付。其中，“不矛盾”标准是受到限制的审单标准，客体对象、实施细则等相关规定的存在，使信用证在顺利支付的同时也满足申请人信用证条款的要求，确保了进口商的利益；同时，“不矛盾”标准的存在，使得银行在面对“不一致”但“不矛盾”的单据时，可以凭借一个理性审单人的标准作出是否相符的判断，而不需要担心恶意申请人的拒付。“不矛盾”标准本意是减少实务中不符点的存在，降低拒付率，但同时也体现着公正原则，力求平衡当事人之间的关系。然而，UCP 600并没有对“不相符”标准作出缜密的规定，如何把握好它的发展方向，还是需要相关机构在今后的实务中加强规范。

2）UCP600确立了“单据必须满足其功能”的新审单标准

UCP600在第14条（f）项规定：“如果信用证要求提交运输单据、保险单据或者商业发票之外的单据，却未规定出单人或其数据内容，则只要提交的单据内容看起来满足所要求单据的功能，且其他方面符合第十四条d款，银行将接受该单据。”

在信用证未对出单人或单据内容作出规定的单据的审核问题上，针对UCP500第21条的明显不足，UCP600增加了更加符合实务的规定——“单据必须看起来满足其功能”。所谓“单据必须看起来满足其功能”，是指单据表面看起来必须为合格单据，符合法规及常规，能实现其功能。这一条标准保证了开证申请人收到合格单据，避免开证申请人收到没有原产地的产地证、没有检验结果的检验证明等极不合理情况的发生，极大地维护了开证申请人的利益。但是，在“单据必须满足其功能”的审单标准下，银行需要了解各类单据的作用及功能，按照各类单据自身的功能及用途审单，审单任务会极大地增加。银行需提升相关工作人员的审单水平，降低接受不合格单据的风险。另外，在信用证对出单人和单据内容未规定的情况下，受益人需要本着诚实信用的原则，制订合格单据，否则将遭到银行的拒付。

但是，UCP600所确立的“单据必须看起来满足其功能”的审单标准的认定依据却是不明确。信用证涉及的单据数量多、种类繁多，对各类单据“满足其功能”的标准各国规定也不同，UCP600未对“单据必须看起来满足其功能”的认定依据作出规定，这在实践中可能会引发纠纷。

譬如汇票，要求汇票要看似有效，汇票要具备我国《票据法》所规定的七个要式项目，并且不违反会导致汇票无效的其他强制性的规定，如汇票金额的大小写要一致。满足了这些条件，汇票才能成为有效的汇票，才能成为合格单据。此外，对商业单据而言，“看似满足其功能”就是要求单据要有效地将它所代表的信息体现出来，如原产地证明书的功能就是要证明货物系在某地制造或生产。其内容应包括出口商、收货人、运输方式和路线、唛头和包装编号、货描、数量重量以及发票日期和号码等。只有全部具备了这些内容才能判断该产品的原产地，即一份原产地证明书只有全部具备上述内容才能成为合格单据。

3）UCP600 对银行审单期限的确定

UCP500 对审单期限规定：银行必须在“不得超过收单翌日起 7 个银行工作日的合理时间”内审单完毕并将接受或拒绝该单据的决定通知寄单方；如果银行审单后发现单证不符，其必须“不延误”地发出拒付通知，并在该通知中列出全部不符点，告知单据处理方式。何谓“合理时间”，UCP500 以及随后 ICC 的相关出版物都没有给出明确的界定方法。制订 UCP500 的国际商会意图将“合理时间”留给各国的银行实务和司法实践去确定，但是很多国家还没有形成自己确定的一致看法。其次，UCP500 规定拒付通知必须“不迟延”发出，何谓“不迟延”，UCP500 同样没有给出明确的答复。

UCP600 摒弃 UCP500 中“合理时间”、“不迟延”等含义模糊的规定，将审单及发出拒付通知的时间都明确地界定。UCP600 第 14 条 b 款规定“按照指定行事的被指定银行、保兑行（如有）以及开证行，自其收到提示单据的翌日起算，应各自拥有最多不超过五个银行工作日的时间以决定提示是否相符。该期限不因单据提示日适逢信用证有效期或最迟提示期或在其之后而被缩减或受到其他影响。”第 16 条 d 款规定“第十六条（c）款中要求的通知必须以电信方式发出，或者，如果不可能以电信方式通知时，则以其他快捷方式通知，但不得迟于提示单据日期翌日起第五个银行工作日终了。”这意味着银行只要在五个银行工作日内审核完单据，作出决定，发出通知就符合所有对银行的时间限制，而不论其所用时间是否合理、是否延误。

UCP600 的“至多五个银行工作日”的规定使得信用证付款时间确定，可以减少实践中关于审单时间是否合理的纠纷；审单时限的总体缩短，意味着银行对外付款更为迅捷，符合信用证迅捷付款的基本原则。

另外，UCP600 也明确了单据的出单日期不得迟于信用证规定的交单日期。第 14 条 i 款规定：“单据的出单日期可以早于信用证开立日期，但不得迟于信用证规定的交单日期。”这一规定虽与 UCP500 第 22 条的内容在实质上并无差异，但在措辞上更清晰、更明确，它将其中出单日期早于信用证开立日期的单据须在信用证和本惯例规定的时限内提交改为单据的签发日期不得迟于信用证规定的交单日期。由于实践中，买卖合同的卖方通常根据合同的规定在信用证开立前就已开始备货并完成相关的检验工作，检验证书和产地证书的签发日期常有早于信用证开立日期的情况，UCP600 一方面对于这种实际情况予以再次确认，另一方面对于签发日期迟于信用证规定的交单日期的单据予以明确否认。这一规定既尊重事实，又符合时间顺序与单据实际操作程序的要求。

4）赋予了当事人放弃或寻求放弃单据不符点的权利

UCP600 第 16 条关于不符单据与不符点的放弃的规定与 UCP500 第 14 条的相关规定并无实质区别，均赋予了开证申请人和银行放弃或寻求放弃单据不符点的权利。显然，在 UCP600 第 14 条的新审单标准下，银行再不得以任何不足为要的不符点为由拒收单据和拒付款项，因为单单相符、单内相符并不要求单据之间与单据内部信息完全一致，而只要不冲突即可。这一新审单标准极大放宽了相符程序的要求，原本根据 UCP500 的审单标准被判断为单据存有不符点的情形，在 UCP600 的新审单标准下可能被开证行和申请人放弃而付款赎单。

（2）审单的原则及技巧

审单是指审核并确定已经缮制完成的各种单证是否符合买卖合同、信用证、有关商品的原始资料、相关国际惯例、相关国内管理规定、相关国外客户要求等，如发现不符，应进一步采取修改、重新缮制或更换等措施。

1）审单的原则

出口商审单以正确、完整、及时、简明、整洁的“十字方针”为标准，以“六相符”为原则，即单据与信用证相符、单据与单据相符、单据与有关国际惯例相符、单据与贸易合同相符、单据与实际货物相符、单据与进口国有关规定相符。

2）审单的依据

银行审单要依据《跟单信用证统一惯例》（UCP600）、《审核跟单信用证项下单据的国际标准银行实务》（ISBP）、《跟单信用证项下银行间偿付统一规则》（URR725）、《2010年国际贸易术语解释通则》（INCOTERMS 2010）。出口商对单据进行审核时不仅要依据以上规则惯例，同时还要依据买卖合同、出口国相关法律法规、进口国相关法律法规及商业习惯、出口货物的实际情况。

3）审单的方法

① 自审与互审相结合

单证员在填制好单据后或拿到单据时要先自己认真审核单据，然后再交给其他的单证员或业务员互审，以防出现纰漏，确保单据准确无误。

② 横审与纵审相结合

纵向审单法是指以信用证条款为基础，对规定的各项单据进行逐字逐句的审核，要求有关单据的内容严格符合信用证的规定，做到“单证相符”。横向审核法是在纵向审核的基础上，以商业发票为中心审核其他规定的单据，使单据与单据之间所有的项目相互一致，做到“单单相符”。这种方法可归纳成以下几句话：“先修改，再开始；证在左，单在右；逐条来，莫急躁；单证符，顺利过；若不符，写下来；单据间，亦相符；如不符，要记住；审单毕，洽前道，改单据，或担保”。步骤如下。

◆ 拿到信用证和单据后，应先查看有无信用证修改书，而且这些修改书中是否有受益人“不能接受”的批注。
◆ 如果信用证有修改书，而且受益人都接受，那么将修改内容在信用证原条款上做好相应记录，确保信用证条款是有效完整的。
◆ 接着，按信用证条款先后顺序对单据逐一审核，条款中涉及哪种单据，就将这种单据找出来进行审核。审毕，将这种单据放在固定和便于翻阅的位置。
◆ 确保单据中的内容与信用证条款相一致，如有不一致的，应随手记录在工作联系单上。
◆ 除了将单据内容与信用证条款相核对外，还要注意单据中某些内容在信用证中虽然没有规定，但与其他单据有联系。在进行单单相审时要注意以发票为中心，将其他单据与发票的相同资料（如发票、装箱单和运输单据上共有的货物的标记、包装、件数等）及有关的项目（如发票的金额与保险单的保险金额）予以核对，以确保“单单相符”。

◆ 审单完毕后，将所发现的“不符点”一并与前道业务环节沟通，落实解决办法。

③ 必要时送银行预审

如果条件允许，可以将信用证项下制作完成的全套单据送到银行，请银行有经验的审单专家进行预审，如果发现问题及时修正，确认单据正确无误后再正式向银行提交全套单据。

④ 审单常用的具体方法

◆ “先数字/后文字”审单法。在单据数量比较集中时，可以先将各种单据的所有数字，如单价、数量、毛净重、尺码、包装件数等，进行全面的复核，然后，再采用纵横审单法对其他内容进行审核。

◆ “先简后繁”法。在审单业务中，往往可能一次送来众多单据，在先后顺序的安排上可以先做“简单/容易的单据”，后做“较为繁复的单据”。实务中，先将“容易”、页数少的单据审完，对于那些数量浩大，内容繁复的单据就可以静下心来，有条不紊地做，这样不容易出差错。审单，往往要赶时间。虽然 UCP500 规定，银行的审单时间为“七个银行工作日”，但是多数银行要求职员在“一个工作日”内完成审单任务。如果先做复杂的单据，前面拖的时间过长，后面还有大量未做的单据，心情烦躁，很可能引起失误。

◆ 按“装运日期”审单法。出口业务量大，批次又多的企业。为了保证及时收汇，可以按照货物装运日期的先后依次进行审核，争取在提单签发前完成预审工作，及时改正差错，以便在取得正本提单后可以立即向银行交单。

◆ 分地区客户审单法。不同国别，不同进口商对出口单证的要求各异，但同一国别地区或同一客户对出口单证的要求则基本相同。审单员对世界各地区或进口商的单证特点往往不能全面掌握，因此，对某一地区客户的特殊要求往往会有所疏漏。为了提高效率和质量，业务量较大的单位，可采用分地区客户审单的工作方法。过去，省级外贸公司在处理出口业务时，常分“欧洲科、日本科、北美科或中东非洲科”等等，这些业务人员对某一地区的交易习惯了如指掌。

◆ 先读后审法。即在处理前，先将信用证从头到尾通读一遍，然后再按信用证条款依次审核。即“读全文，阅修改，抓要点，做记号；通读后，再审单，证在左，单在右；单证符，顺利过；若不符，写下来；单据间，须相符；如不符，切记牢；审单毕，洽客户”。

◆ 先审后读法。即按信用证条款依次审核各种单据后，再通读信用证全文，确保每一条款未被遗漏。

4）审单的主要内容

① 商业发票的审核要点

◆ 确保商业发票的签发人是信用证的受益人；除非信用证另有规定，确保发票的抬头为信用证的申请人；在托收和汇付下，商业发票的出具人一般是合同卖方，抬头一般为合同的买方。

◆ 信用证要求制作商业发票时，不能冠名为“形式发票”或“临时发票”。

◆ 商品的描述必须完全符合信用证的要求；确保没有将会对货物状况或价值引起怀疑的任何附加的、不利的对货物的描述；信用证中提及的货物、价格和条款等细节必须包含在发票中。

- ◆ 未被信用证准许时，银行不接受发票上对货物是“用过的”“旧的”“重新改造的”“修整”的批注。
- ◆ 确保发票上提供的其他资料，如唛头、号码、运输资料等与其他单据相一致。
- ◆ 确保发票上的货币与信用证货币相一致；发票的金额必须与汇票金额相一致；如不允许分批装运，确保发票必须包括信用证要求的整批装运货物价值。
- ◆ 确保按信用证要求，发票已被签字、公证人证实、合法化、证明等。
- ◆ 提交正确的正本和副本份数。
- ◆ 货物数量、发票金额及单价是否与信用证一致或在信用证允许的增减幅度之内。

② 运输单据的审核要点

- ◆ 除非信用证另有规定，提交全套的正本单据。
- ◆ 除非信用证另有规定，确保它不是“租船合约”的运输单据。
- ◆ 应符合 UCP600 相关运输条款的一切其他条件。
- ◆ 运输单据的收货人名称必须符合信用证的要求。
- ◆ 在运输单据需要背书时正确背书。
- ◆ 运输单据的种类必须与信用证的规定相符并由运输公司或其代理人签名。
- ◆ 运输单据有通知人时，其名称、地址按信用证要求填写，除非信用证另有规定。
- ◆ 货物的描述与信用证上内容总体一致；如果出现唛头、数量以及其他规格，则必须与其在其他单据上的内容相一致。
- ◆ 运输单据上的“运费预付”或“运费到付”要与信用证内容相符。
- ◆ 运输单据不出现使其成为“瑕疵”或“不清洁”的条款。

③ 保险单的审核要点

- ◆ 确保按照信用证规定提交全套正本保险单、保险凭证和保险声明书。
- ◆ 保险单的签发人必须是保险公司、保险商或其代理人，除非信用证另有规定。
- ◆ 保险单的签发日期或保险责任生效日期最迟在已装船或已发运或接受监管之日。
- ◆ 货物投保金额要符合信用证要求或符合 UCP600 第 28 条 f 款规定；除非信用证另有要求，保险单据必须使用与信用证相同的货币表示。
- ◆ 保险单据上的货物描述与发票上的描述相一致。
- ◆ 承保的风险区间至少涵盖从信用证规定的货物接管地或发运地开始到卸货地或最终目的地为止。
- ◆ 保险单据上的所有其他资料与其他单据内容相符；确保保险投保险别是否与其他单据相一致。
- ◆ 如果单据内容有修改，应被适当地证实。

④ 汇票的审核要点

- ◆ 汇票有正确的信用证参考号和出票日期。
- ◆ 汇票的出票人签字和/或名称应与受益人的名称一致。
- ◆ 汇票做成正确的付款人，不应以申请人作为汇票付款人。
- ◆ 汇票上金额的大、小写必须一致；汇票金额不得超出信用证金额；汇票金额应与发票金额相符。

◆ 付款期限要符合信用证或合同（非信用证付款条件下）规定。
◆ 确保收款人的名称已被验明。
◆ 是否已按需要正确地背书。
◆ 确保其包含信用证要求所必需的条款。
◆ 除非信用证授权，否则不开立“无追索权”的汇票。

⑤ 装箱单/重量单的审核

◆ 单据的名称和份数必须和信用证要求相符。
◆ 货物的名称、数量及唛头等，必须与其他单据相符，可以相互补充，不可互相矛盾。
◆ 数量、重量及尺码的小计必须吻合，并与信用证、提单、发票等单据相符。

⑥ 产地证的审核

◆ 原产地证明书必须由信用证规定的人出具，且必须经过出单人签署、注明日期。如果信用证要求由受益人、出口商或厂商来出具，则由商会出具的单据是可以接受的，只要该单据相应地注明受益人、出口商或厂商；如果信用证没有规定由谁来出具，则由任何人包括受益人出具的单据都可接受。
◆ 原产地证明书的产品描述必须在表面上与发票的货物相关联。
◆ 收货人的信息如果显示，则不得与运输单据中的收货人信息相矛盾。而出口方可以不同于受益人或运输单据的发货人。
◆ 含有检验意义的产地证的日期不得迟于提单日期；特殊的产地证的格式必须符合进口国管理的要求。
◆ 产地的份数要与信用证的规定相一致。

⑦ 检验检疫证书的审核

◆ 必须由信用证指定的检验检疫机构出具，若信用证无此规定，可以由包括受益人在内的任何人出具。
◆ 按照信用证的要求，该证已被签字、公证人证实、合法化、签证等。
◆ 检验项目及内容必须与信用证要求相符，检验结论不能为“不符合合同要求”或类似表明货物有瑕疵的叙述。
◆ 除非信用证授权，检验证书不能有关于货物、规格、品质、包装等的不利声明。
◆ 检验检疫日期一般不迟于提单日期。
◆ 份数要与信用证里规定的份数相一致。

（3）单据中常见不符点总结

不符点是指受益人提交的单据表面有和信用证条款不符的部分。由于缺乏对信用证及UCP500、UCP600的充分了解，对信用证本身的前后矛盾、词义不清、拼写错误等不规范的错误未及时纠正。加上有的企业缺乏内部管理及协调，业务员水平低下，制单粗糙，交单前未能仔细审单而造成交单时出现不符点，比如单证不一致、单单不一致，最明显的表现就是单据中的描述与信用证的描述不一致或未按国际惯例填写，没有在信用证有效期内及时将单据送交议付银行，各单据所反映的交易内容和表达形式，包括货物名称、金额、数量、信用证号码等不相一致等等。

1）实质性不符点

一般是指制单前已经形成的不符点，或者是由于出口企业违约造成的，如货物出运错过规定的装船期等情况。条款中对货物描述的错误，受益人无法接受的信用证条款，信用证规定的货物装运期、交单期、到期日之间的矛盾等。而信用证中的“软条款”所形成的不符点也属于实质性不符点，信用证中有条款规定“检验证书必须由开证人派员检验合格，出具证书”，由于主动权掌握在对方手中，若遇市场行情有所变化，则开证人完全可以人为制造检验证书中的不符点而拒绝付款。

2）非实质性不符点

一般指在制单过程中人为造成的单证不一致、单单不一致的不符点，对出口商履约无任何实质性影响。如有的单据的确存在一些细微的不符，但是这些不符点不会引起理解上的歧义，不会影响开证行或其他当事人的利益。又如单据的种类、份数和单据本身的项目不符合信用证要求，没有在信用证有效期内及时将单据送交议付银行，或单据的文字内容未按信用证的要求和国际惯例填写，例如英文大小写的问题，或明显的笔误和印刷错误等，银行不能依据这种纯粹文字上的严格相符来判定单据是否表面相符等等，以上表现均为非实质性不符点。

3）审单时常见的不符点

开证行在审核单据与信用证完全相符后，才承担付款的责任。开证行对提交的单据如发现任何不符点，均有拒付货款的可能。所谓不符点单据，是指信用证受益人向银行提交的结汇单据存在着不符合信用证条款规定的内容。

① 时间方面常见的不符点

◆ 常见的单证期限问题。信用证过期；装运日期过期（装运日期晚于信用证规定）；受益人交单过期；提早装运；汇票付款期限与合同不符。

◆ 常见的出单日期错误。汇票日期早于发票日期；汇票日期早于提单日期；发票日期晚于交单日；保险单据的签发日期迟于运输单据的签发日期；箱单日期早于发票日期；产地证日期晚于提单日期；检验证书日期晚于提单日期；出口许可证日期晚于提单日期；受益人证明或声明日期早于提单日期。

② 各种单据常见的不符点

◆ 各种单据上面的唛头和号码互不一致或与信用证要求不符（如发票上的参考号码与信用证上不一致）。
◆ 各种单据上的货物描述等，如商品名称、数量、件数、毛重不一致，或与信用证要求不符。
◆ 各种单据的类别（如发票、运输单据、保险单据类别）或份数与信用证的要求不符。
◆ 有关单据没有必要的签字或有效印章。
◆ 有关单据，如汇票、运输单据、保险单据上未按要求进行背书。
◆ 有关单据如发票、产地证等未按信用证要求进行认证。
◆ 有关单据，如汇票、发票、保险单等的币制名称不一致或不符合信用证的规定，或金额大小写不一致。
◆ 有关单据，如汇票、发票、运输单据等的抬头人的名称、地址等与信用证不符。

【案例】

某年6月我国A贸易公司与美国VAT公司签订一份合同，约定：A公司向VAT公司购买 1 000 吨苯乙烯，溢短装 5%；CFR 价格 1 200 美元/吨；装运期同年 7 月；以信用证方式付款，货物装运前一个月通过银行 B 开立以 VAT 公司为受益人的不可撤销信用证。合同订立后，我国某银行 B 受 A 公司委托开出金额为 120 万美元的信用证，同时信用证上加注根据 UCP500 办理。同年 8 月 9 日我国某银行 B 收到该信用证的议付行美国某银行 C 寄来的相关单据，我国某银行 B 在审单后认为单证存在不符点，即于同年 8 月 11 日通知了 A 公司和美国银行 C，通知文本如下：We are contacting that applicant for acceptance of the relative discrepancy. Holding documents at your risk and disposal。同年 8 月 16 日美国某银行 C 针对我国某银行 B 提出的单证不符点进行反驳并且坚持认为单据是相符的，8 月 19 日我国某银行 B 在答复中指出：Now the discrepant documents may have us refuse to take up the documents according to Article14（B）UCP500（根据 UCP500 第 14 条 B 款，我们拒绝接受不一致的单据）。8 月 23 日我国 A 贸易公司要求我国某银行 A 拒付信用证下的所有货款，次日我国某银行 B 通知美国某银行 C 并退回全套单据。美国某银行 C 诉诸美国法庭来审理与我国某银行 B 的信用证争议案。受理此案的美国法庭检查所有单据在表面上是否显然与交易相关联以及单据之间是否具有明显的关联，并且据此认为不存在单证不符问题。

根据 UCP500 第 14D 款，若开证行拒绝接受单据，其必须于接到单据后 7 个工作日内发出明确的拒付指示，而我国某银行 A 在 8 月 11 日的电报中并未写明“拒付”字样，并且该行通知中“Contacting the applicant for acceptance”表明了该行有接受单据的可能性。据此美国法官认为，该行第一次提出拒付的时间是在 8 月 19 日“ Now… Refuse to take up the documents”，而此时已超过了 7 个工作日该拒付无效。

【分析】

上述案例体现了 UCP500 下有关单证相符审核以及拒付的有效性等相关规则的不明确性。由于在 UCP500 没有提供检查单证相符的遵守标准，法院审理有关基于单证不符而拒付的信用证案件中通常采用四类标准：严格相符、灵活的严格相符、大体上相符以及合理相符。

鉴于法院在实际审理案件中未能对审核标准达成一致，UCP600 修改了原来 UCP500 下的相关规定，拒绝使用严格相符的标准并且支持理性关联检验下的相符原则。而且，根据 UCP600 第 2 条“相符交单”的定义，“相符”是指交单与信用证条款、统一惯例的使用条款和国际标准银行实务相一致。由于国际商会对于审核单据的国际标准银行实务已经存在专门规定，UCP600 比 UCP500 为银行审单提供了更为明确的参考标准。同时，UCP600 第 14 条 d 款则明确拒绝单据中的内容必须与单据本身、其他信用证要求的单据或者信用证内容完全相同的要求，但是要求上述内容之间“不得相互抵触”。UCP600 也针对有效拒绝进行了澄清。例如，UCP600 的第 16 条 c 款指出银行在决定拒绝兑付或议付时必须一次性通知提示人。UCP600 比 UCP500 更明确地指出拒付通知必须包括以下内容：银行拒绝兑付或议付；银行凭以拒绝兑付或议付的各个不符点。同时，该通知也必须包括下述指示：银行持有单据等候提示人进一步指示；或者开证行持有单据直至收到申请人通知弃权并同意接受该弃权，或在同意接受弃权前从提示人处收到进一步指示；或者银行退回单据；或者银行按照先前从提示人处收到的指示行事。

第九篇

进口策略、技巧及风险防范

第二十六章
贸易政策变化趋势

目前，全球性的金融危机已冲击到实体经济，影响越来越大。由于各个国家内部需求疲软，国际市场也萎靡不振，各国企业都在面临争夺国际、国内市场的双重压力。为了保护和扶持国内产业、防范国际市场萎缩导致的贸易转移，许多国家出台了各种各样的贸易保护措施。全球范围的新贸易保护主义威胁正在加大，预计我国将会面临更多的贸易摩擦。

1. 我国外贸发展特点及趋势

近年来，我国对外贸易发展主要呈现出以下特点和趋势。

(1) 加大对外贸易结构调整，我国对外贸易加快转型升级

2011年是“十二五”规划的第一年，在国家大力调整产业结构、加紧淘汰落后产能、鼓励战略性新兴产业发展的背景下，我国机电产品和高新技术产品的出口呈现出良好的增长趋势，大宗农产品和资源性产品出口稳定增长，出口商品结构进一步优化。

根据海关统计，按SITC（国际贸易标准）分类，2011年我国初级产品出口同比增长超过了25%，工业制成品出口同比增长超过了20%。这些产品出口规模的扩大有力地缓解了国内供需矛盾，扩大了就业，带动了工业结构的升级换代，有力地促进了国内节能环保产业和新兴战略产业的发展，为国民经济的快速、健康增长奠定了基础。

(2) 国际贸易环境日益严峻，我国对外贸易额增幅逐渐走低

受国际金融危机的影响，我国外贸进出口从2010年1月复苏达到顶峰以来，增速呈现出逐渐走低的趋势，贸易顺差有较大的下降，个别月份甚至出现了逆差。

从发展趋势来看，由于欧洲债务危机的不断升级和恶化，为了规避来自国际市场的经营风险，我国外贸可能将长期面临增长放缓的问题。

首先，由于欧洲债务危机和中东地区政局不稳定的影响，导致国际市场需求急剧下降，使我国外部环境逐渐恶化。作为我国市场多元化的重点发展地区的非洲和中东，因国家政局动荡严重破坏了当地和周边地区的经济发展，同时也影响了我国在该地区的投资贸易，致使承包工程损失惨重，外贸订单和客户大量流失，在这些地区的商业风险、汇兑风险、战争风险和运输风险也随之上升。

其次，尽管我国出口产品工业门类和品种齐全，具有较强的国际竞争力，我国出口企业的议价能力也有所提高，但受央行加息，人民币升值，劳动力价格，原料和能源价格上涨的影响，企业的经营利润不断下降，这大大影响了企业发展外贸的积极性。

(3) 加强对进口管理，扩大进口政策效果显著

近年来，我国政府坚持一方面稳定出口，另一方面同时积极扩大进口的政策措施，采用多种方式如进口贴息、降低进口关税、取消进口配额管理、简化进口程序等积极鼓励进口，以促进对外贸易的平衡发展。2011 年商务部还下发《鼓励进口技术和产品目录》，以进一步加强对进口的管理，加快促进进口结构优化。

根据海关统计，按 SITC 分类，2011 年我国初级产品进口同比增长超过了 40%，工业制成品进口额同比增长超过 20%，这些产品的进口对我国调剂余缺、弥补国内资源不足、引进先进技术、提高经济效率、改变居民的消费选择和行为起到了重要的促进作用。

(4) 加快实施自由贸易区战略，市场进一步多元化发展

近年来，我国积极参与多边贸易体制，进一步加快了区域经济一体化进程。到目前为止我国已经与中国香港、中国台湾、东盟等多个国家和地区签订了 10 个自由贸易协定。

为了推动中非经贸关系的发展，我国将逐步给予所有与中国建交的最不发达非洲国家 95% 的产品免关税待遇。在这种背景下，尽管国际贸易形势较为严峻，但是我国对亚洲、拉丁美洲和非洲等一些签订了自由贸易协定的国家和地区的贸易投资和承包工程仍有较大增长。

自贸区和市场多元化战略的加快实施，有力推动了我国对外互利共赢的经济合作，提高了我国出口产品的竞争力，进一步加强了我国同拉丁美洲、非洲、大洋洲和亚洲国家/地区的经贸合作关系，加快了市场多元化进程，在当前金融危机的背景下有效地分散了风险，在一定程度上扭转了我国对发达国家市场过于依赖的局面，为我国对外贸易持续、快速发展提供了有力支持。

(5) 促进贸易平衡发展，我国对主要贸易伙伴国贸易额稳定增长

虽然欧洲债务危机和中东地区的政局动荡以及日本的大地震给我国对外贸易带来一定程度的负面影响，但在以“稳增长、调结构、促平衡”为重点的一系列对外经贸和外交政策的支持下，我国对各大洲进出口持续稳步增长。

根据海关统计，2011 年我国对亚洲出口同比增长超过了 25%，进口增长超过了 20%。作为我国亚洲第一大贸易国的日本，由于地震后恢复经济的需要，我国对其日用消费品和建筑材料的出口出现了大幅增长。而对大部分欧洲国家的进出口虽然受到了欧洲债务危机的影响，也还是基本上实现了稳定增长。此外，虽然美国经济复苏仍然乏力，消费需求不振，但在中美两国政府和企业的共同努力下，我方贸易顺差继续下降，贸易平衡状况有所好转。

可见，2011 年国家关于促进进出口的平衡发展政策措施已见成效，对外贸易更加趋于平衡，不仅促进经济增长方式的转变，还加快了进口增长，带动了主要贸易伙伴国/地区的经济增长，进一步改善了我国的国际贸易环境。

2. 战略性鼓励进口行业发展

为进一步扩大进口，我国已经采取了包括降低进口关税等多项外贸政策措施，鼓励进口的具体政策正在推动阶段。考虑到中国目前经济发展方式转变，结构调整的大背景，我国将采取战略性刺激进口，并将支持重点放在节能环保、清洁能源及高端机械设备等方面。

进口的发展对于中国经济结构的调整以及下一步节能环保可持续的发展具有着重要意义。目前中国近一半左右的进口都来自于代工再出口企业的需求，进口更多高科技高效率设备，节能环保设备对于提高加工出口行业的附加值非常有利，而且可间接拉动出口，带动中国经济发展。但中国大部分企业也反映，发达国家的高端机械设备通常不愿出口，会有很多限制，外国技术贸易壁垒等外贸政策不容忽视。

随着资源环境约束日益强化和人民生活水平不断提高，我国对外贸易需要在保持出口稳定增长的同时，更加重视进口，适当扩大进口规模。要坚持进口与出口协调发展的原则，优化进口结构，稳定和引导大宗商品进口，积极扩大先进技术设备、关键零部件和能源原材料进口，适度扩大消费品进口。

2012 年 3 月 28 日国务院总理温家宝主持召开国务院常务会议，对加强进口促进对外贸易平衡发展的问题进行了重点研究，并确定了以下几项加强进口的政策措施。

(1) 调整部分商品进口关税

以暂定税率的方式，降低部分能源原材料的进口关税，降低部分与人民群众生活密切相关生活用品的进口关税，降低初级能源原材料及战略性新兴产业所需的国内不能生产或性能不能满足需要的关键零部件的进口关税。继续落实对最不发达国家部分商品进口零关税待遇，加快降税进程，进一步扩大零关税商品范围。

(2) 提供多元化融资便利

鼓励商业银行开展进口信贷业务，支持先进技术设备、关键零部件和能源原材料的进口。鼓励政策性银行对高新技术产品和资源类商品进口提供政策性金融支持。拓宽进口企业融资渠道。

(3) 提高贸易便利化水平

口岸及海关特殊监管区域所在地的海关和出入境检验检疫机构实行工作日 24 小时预约通关和报检。清理进口环节不合理收费，规范收费行为。继续推进“大通关”建设，加快电子口岸的建设。

(4) 完善管理措施

清理进口环节的不合理限制与措施，降低进口环节交易成本。支持企业通过海关特殊监管区域和保税监管场所扩大相关商品进口。加强产业损害预警机制建设，完善进口商品质量安全风险预警与快速反应监管体系。

此外，央行、财政部、商务部、海关总署、国家税务总局和银监会已联合发布通知，明确了参与出口货物贸易人民币结算的主体不再限于列入试点名单的企业，所有具有进出口经营资格的企业均可开展出口货物贸易人民币结算业务。至此，跨境贸易人民币结算推广至所有进出口企业，我国从事进出口货物贸易、服务贸易、其他经常项目的企业均可选择以人民币进行计价、结算和收付。

第二十七章
国际采购策略、技巧与风险防范

国际采购是指利用全球的资源，在全世界范围内去寻找供应商，寻找质量最好、价格合理的产品（货物与服务）。经济的全球化，使企业在一个快速变化的新世界和新经济秩序中生存与发展，采购行为已成为企业的重大战略。采购商、供应商不再是单纯的一种买卖关系，而成了一种战略伙伴关系。

1. 国际采购发展趋势

国际采购发展的趋势主要体现在以下几个方面。

(1) 为库存而采购到为订单而采购

在商品短缺的状态下，为了保证生产，必然形成为库存而采购，但在如今供大于求的状态下，为订单而采购则成了一条铁的规律。在市场经济条件下，大库存是企业的万恶之源，零库存或少库存成了企业的必然选择。制造订单的产生是在用户需求订单的驱动下产生的。然后，制造订单驱动采购订单，采购订单再驱动供应商。这种准时化的订单驱动模式可以准时响应用户的需求，从而降低了库存成本，提高了物流的速度和库存周转率。

(2) 对采购商品的管理到对供应商外部资源的管理

由于供需双方建立起了一种长期的、互利的战略伙伴关系，因此供需双方可以及时把生产、质量、服务、交易期的信息实现共享，使供方严格按要求提供产品与服务，并根据生产需求协调供应商的计划，以实现准时化采购。最终使供应商进入生产过程与销售过程，实现双赢。

零缺陷供应商战略是目前跨国公司采购与供应链管理中的共同战略，是指追求尽量完美的供应商，这个供应商可以是生产商，也可以是分销商。在选择供应商时也要考核这个供应商所在地的环境，即我们常说的跨国采购的四个基本要素，即价值流、服务流、信息流与资金流。

(3) 采购方式单元化到多元化

传统的采购方式与渠道比较单一，但现在迅速向多元化方向发展。

- ◆ 表现在全球化采购与本土化采购相结合。跨国公司生产活动的区域布局更加符合各个国家的区位比较优势，而其采购活动也表现为全球化的采购，即企业以全球市场为选择范围，寻找最合适的供货商，而不是局限于某一地区。
- ◆ 表现在集中采购与分散采购相结合。采用集中采购还是分散采购，要看实际情况，不能一概而论，目前总的趋势是：采购职能倾向于更大程度的集中化；服务性企业采用集中采购比制造业企业要多；小企业采用集中采购的要比大企业多；随着公司大规模的跨国并购，更多的公司采用的是集中化分散采购的办法；组织结构扁平化必然导致企业控制权的分散，所以本土化的市场采购权在一定程度上向下分散；对于相同的常规需求和服务采用集中采购的办法。

◆ 多供应商与单一供应商相结合。在一般情况下，跨国公司均采用多源供应即多供应商战略，在一个供应商那里的采购订单不会超过总需求量的25%，主要是为了防止风险，但也不是供应商越多越好。

(4) 传统采购到电子商务采购

传统的采购模式的重点放在如何和供应商进行商业交易的活动上，特点是比较重视交易过程中供应商的价格比较，通过供应商的多头竞争，从中选择价格最低的作为合作者。传统的采购模式采购过程是典型的非信息对称博弈过程。而电子商务采购迅捷准确，信息具有开放性。除了能够提高采购效率外，还可以加强同供应商的交流合作，及时了解供应商信息，调整采购活动。电子商务采购系统目前主要包括网上市场信息发布与采购系统、电子银行结算与支付系统、进出口贸易大通关系统以及现代物流系统。

2. 企业节约采购成本技巧

(1) 节约采购成本的策略

就企业采购来说，节约成本的方法有很多，归纳起来主要有以下几种。

1) 价值分析法与价值工程法

此方法适用于新产品，针对产品或服务的功能加以研究，以最低的生命周期成本，通过简化、变更、替代等方法，达到降低成本的目的。

2) 谈判

谈判是买卖双方为了争取各自的利益，通过洽谈以达成一致的最终协议的过程。谈判并不只局限于价格方面，也适用于其他一些特定需求。

3) 早期供应商参与设计

在产品设计初期，选择伙伴关系的供应商参与新产品开发小组。通过让供应商早期参与到新产品开发及持续改进中，使新产品开发小组依据供应商提出的性能规格要求，及时调整战略，借助供应商的专业知识来达到降低成本的目的。

4) 杠杆采购

杠杆采购是企业中各部门之间的采购协作活动，是指针对各事业单位或不同部门的需求量，以集中扩大采购量而增加议价空间的方式。避免各自采购，造成组织内不同单位，向同一个供应商采购相同零件，价格却不同，且彼此并不知的情形，无故丧失节省采购成本的机会。

5) 联合采购

联合采购能将多个不同企业的分散订单集合起来，形成一个统一体向外界采购产品，积小单为大单，使采购方拥有更大发言权。此方式主要发生于非营利事业的采购，如医院、学校等，通过统计不同采购组织的需求量，以获得较好的折扣价格。这种方式在欧美等国已被广泛采用。

6）价格与成本分析

这是专业采购的基本工具，若采购者不了解所买物品的成本结构，就不能确定所采购物品的价格是否公平合理，导致失去许多降低采购成本的机会。因此，了解成本结构的基本要素，对采购者而言是非常重要的。

7）标准化采购

对不同的产品项目或零件采取统一的设计和检验标准，实施规格的标准化，或降低订制项目的数目，以达到降低制造成本的目的。

（2）企业选择采购成本策略所需考虑的因素

以上所说的几种降低采购成本的策略只是理论上的方法，在现实实践中，企业拟定采购策略的时候，还应同时考虑下列几项因素。

1）所采购产品的型态

所采购产品的型态，是属于一次性的采购，或者是持续性的采购。持续性采购对成本分析的要求远高于一次性采购的要求，但一次性采购的金额如果相当庞大，也不可忽视节省成本的效能。针对不同的采购型态应采取不同的节约成本策略，当采购的型态有所变动，相应所采取的策略也应有所调整。

2）年需求量与年采购总额

年需求量与年采购额关系到在与供应商议价时，是否能获得较好的议价优势。因此，应在年需求量的基础上，结合产品所处的生命周期阶段，多方面考虑以确定最佳的年采购总额。

3）与供应商之间的关系

与供应商关系的亲疏不同，关系到是否能够得到详细的成本资料。从传统的供应商、认可的供应商，到与供应商维持伙伴关系，进而结为策略联盟，对成本的分享方式各不相同。如果与供应商的关系一般，则肯定不容易得到详细的成本资料，只有与供应商维持较密切的关系，彼此合作时，才有办法做到。

4）产品所处的生命周期阶段

采购量与产品的生命周期所处的阶段有直接的关系，产品由导入期、成长期到成熟期，采购量会逐渐扩大，直到进入衰退期，采购量才会开始减少。

3. 买方向供应商询价技巧

询价是采购人员在采购作业流程中的一个必要阶段。询价的目的是从中获得最准确的价格信息，以便在报价过程中能及时、正确地定价，从而节省投资、降低成本。在接到请购单、了解目前库存状况及采购预算后，采购员通常会马上联络供应商。对于标准零件的常态性采购，一般不会有问题。需要特别注意的是，在新产品开发过程中，对于不属于标准品的部分，询价时应向供应商提供足够的资料，以方便其完成报价作业。完整及正确的询价文件将有助于供应商尽可能快地提出正确、有效的报价。

(1) 一个完整的询价文件至少应该包括以下几项主要内容

1)“品名”与“料号”

首先，供应商必须知道报价产品的名称，因此询价项目的“品名”以及“料号”是询价单所必备的最基本的资料。同时，这也是买卖双方在日后进行后续追踪时的一个快速查办以及检索的依据。“品名”的书写以尽量能从其字面可以看出产品的特性与种类为佳。而“料号”在使用过程中要特别注意其正确性，因为“料号”在每一客户中都具有独特的代表性。一些大型公司的“料号”动辄多达十多个位数，其中更包括有数字及英文字母在内。其中一个位数的不同可能就会造成版本的不同，甚至可能变成另一个产品的“料号”。

2)“数量”

由于采购量会影响到价格的计算，因此供应商在报价时需要确切知道买方的需求量。在询价过程中，买方往往容易因为担心量少而无法得到好价格，而把需求量或采购量予以扩大。此时，虽然能够得到优惠的价格，但如果在真正进行采购后，无法达到报价的预期数量，供应商往往会采取提高价格，或者在其他方面减少对客户的服务等措施。因此，为了保持长期配合、持续供货的长远利益，针对需求量的资讯应结合实际情况与供应商进行沟通。

3)“规格书”

规格书是描述采购产品品质的工具，其内容应当包括最新版本的工程图面、测试规格、材料规格、样品、色板等一切有助于供应商报价的相关资讯。在国际采购中，如果原始工程图面为英文之外的语言如德文、法文、日文等，为利于沟通，应附上国际通用语言英文的译名，以双语形式呈现。如果工程图面可以以电子档案的方式提供，为便于供应商转换图档，在提供时应注意采用国际共通的档案格式，如DWG、IGES、DXF等。

4)“品质”要求

表达询价项目品质规范要求的方式有很多种，采购人员可以根据产品或服务的不同特性，综合使用多种方式来进行，只采用一种方式往往很难完整地表达清楚对产品或服务的品质要求。采购人员经常采用的方式主要有以下几种。

- 品牌。通常来说，最简易的方式就是使用品牌的产品，对于采购而言，不仅能够节省采购时间、降低采购花费，同时还能降低品质检验的手续，因为只需确认产品的标识即可。不过，相对而言品牌产品其价格往往也会比较高，在购买数量不多的情况下使用品牌方式采购比较有利。
- 同级品。同级品是指具有能达到相同使用功能的产品。在询价时应注明是否允许使用可替代的同级品报价，此外，同级品的确认使用必须要得到使用单位的许可。
- 商业标准。商业标准对于产品的尺寸、材料、化学成分、制造工艺等等，都有一个共通的完整描述。对于一般标准零件如螺丝、螺帽、电子零组件，使用商业标准可以免除对品质上的误解。
- 材料与制造方法规格。当对材料或制造方法有特定的要求时，必须注明其适用的标准。如果要求注明为DIN时，其相对应的CNS或JIS规格也最好能予以注明。
- 性能或功能规格。供应商只被告知产品所需要达到的性能或功能，至于如何去制作才能达到要求的细节部分，则留给供应商来解决。此类型规格较常用于采购高科技产品以及供应商先期参与的情况中。

- ◆ 工程蓝图。工程蓝图最能够用来准确地描述所需要产品的品质，其内容必须要保证清晰明确，此外还要保证各种尺寸公差单位的精确性。
- ◆ 样品。样品在用于有市场等级要求的产品上比较普遍，样品的提供有助于供应商直观地了解买方的需求，尤其是对颜色、规格、工艺、材料等方面。
- ◆ 操作说明书。一份完整的操作说明书应在保证内容简单明了的前提下，对所应达到的工作品质尽量以量化的方式来规范，其内容必须能够保障买方可获得满意的服务，同时还要保留足够的弹性，让供应商来发挥创造工作上的附加价值。操作说明书主要使用于采购服务项目类如机器设备的维护、安装操作等等。

5）"报价基础"要求

"报价基础"通常包括报价的"币值"与"贸易条件"，国内买卖比较简单，通常都是以人民币（CHY）交易，贸易条件以"出厂价"或者"到厂价"来计算。相比之下，国际贸易比较复杂，报价币值方面供应商多以美元（USD）为计价基础，至于是否以采购当地币值计价，则视汇率的稳定与否而定。

国际贸易通常的贸易条件有 Ex-Work（工厂交货）、FOB（船上交货）、FAS（船边交货）或 CIF（运保费在内交货）等，在不同条件下，买卖双方所负担的责任风险各不相同。在 FOB 条件下，卖方责任的承担时限是直到货物装上船为止。因此，卖方必须负担装船的风险，而买方则需负责船运、海险等费用。在 CIF 条件下，卖方除了必须负担装船的风险以外，还要负担货物运至指定目的港口所需的运费以及保险费。因此，在相同货物的交易下，以 CIF 条件的报价要比以 FOB 条件的报价高，买方在询价时必须详加注明。

6）买方的"付款条件"

关于付款条件，买卖双方都有各自的公司政策，买方有义务让卖方了解其公司内部的标准付款条件，卖方也可以在报价的时候提出不同的要求，而最后的付款条件需要买卖双方经过协商达成一致后确定。作为买方，自然希望付款时间越晚越好，而作为卖方，自然是认为越早越好。在买方市场的情况下，竞争性市场中供给超过需求，产品和服务可以很容易地被取得，往往会导致价格更接近于采购的预估价值，使买方通常能够以较优的付款条件来要求卖方配合，如"记账方式"，T/T60 天或 90 天。但在卖方市场的情况下，由于需求要远超过于供给，情况则正好相反。卖方往往会选择较短的付款期来要求买方，比如选择"货到付款"或"预付货款"。

7）"交期"要求

交期的要求包括买方对采购产品所需要的时间，卖方准备样品所需要的时间，第一批小量生产所需要的时间以及正常时间下单生产所需要的时间。由于交期的长短会关系到采购产品的价格，因此，买方在提出要求的时候应多方面考虑实际需要，而不宜一味地追求"及时供货"。

8）"包装"要求

供应商对于包装有其使用的标准纸盒、纸箱以及纸板等包装材料，除了形状特殊或体积庞大的客户订制品外。因此，如果没有特别提出特殊的包装要求，供应商往往会按其标准的包装方式来进行估价。供应商有时并不会在报价单上详细注明其标准的包装方式，因此采购人员应对包装要求稍作注意，以免一时疏忽给日后的作业带来不必要的麻烦。包装方式在供应商估算价格时占有很大的比重，供应商在了解采购一方的包装要求后，也可提出建议是否能考虑采用标准包装，或以拼货拼柜的方式来降低出货成本。

9）“运送地点”与“交货方式”

采购一方应清楚明确地将运送地点所在的国家、城市、地址以及联系方式等信息提供给供应商。在国际采购中，运送地点与交货方式往往决定了价格的计算，运输距离的远近不同会直接影响到所应采取的计费方式。由于海运是相对最经济的交货方式，因此除非买方特别指定了必须空运，否则供应商一般都会以海运为基础进行报价。如果要求卖方来以 CIF 报价，则无论海运或空运，运输费与保险费都要由卖方来承担。

10）“售后服务”与“保证期限”要求

一般来说，在采购一些大型生产机器设备的时候，供应商往往都会提供基本的售后服务与保证期限。

11）供应商的“报价到期日”

为了方便采购比价作业的安排，应该让供应商对报价的到期日有所了解，对于相对复杂的产品，应该给予供应商充分的时间来进行估价。

12）“保密协定”的签署文件

在一些有关新产品开发的询价问题上，由于会涉及业务机密，因此，在对外询价的时候为了避免信息泄露而错失商机，会进一步要供应商签署一份“保密协定”的文件，该协定要求供应商在规定的年限内不能将新产品计划的名称、采购数量预测、询价的技术要求、规格、蓝图等等资料向外界作出任何透露。

13）“采购人员”与“技术人员”的姓名及联络电话

如果采购的项目复杂且具技术性，则最好附上技术人员的姓名及公司联络电话以供其咨询，以澄清规格要求上的任何问题。联络电话号码以公司的电话为宜，尽量避免给予采购人员或技术人员家里或私人的电话号码，以防止供应商可能在私底下互相授受。

（2）采购人员应建立的新观念

企业采购国际化程度直接关系到企业获利的水准。为此，采购人员有必要建立以下的新观念。

1）改变询价的价格限制

一般采购人员在许多国际采购查询时，总是以产品的价格为询价重点。殊不知产品的单价仅是其中之一项目，尚须具体地载明所需要产品的品质、规格、数量、交货、付款条件等；必要时应索取样品、测试报告、目录或说明书、产地证明等；公共关系优良的采购人员总会附加令人感受到温馨的问候语。通常比较专业的询价重点包括：商品名称、项目、材料规格、品质、单价、数量、付款条件、样品、目录、包装、装运、客套词语以及其他。

2）熟练国际贸易实务

企业为提升国际竞争力，欲掌握生产资源的优势，需仰赖采购人员来完成使命，所以对于采购人员应针对“如何提升国际贸易水准”所需要的才能予以培训，方能与国际先进国家并驾齐驱。

国际采购中应特别注意的事项主要包括以下几点：

- 要充分了解输出国度的风俗民情与文化以及我国和输出国度的相关法律章程；
- 要保证贸易契约内容及书面文件的完整性，以电子商务方式发展采购和行销业务；

- 要多关注国际间政治与经济的形势变化，及时掌握市场资讯及有效征信；
- 要遵循国际贸易协定以及知识产权，配合财务专家加强外汇风险管理。

3）有效地掌握国际间询价、议价模式

询价模式分为两种，一种是“限定询价模式”，也即非正式的询价，是指完全以个人探询的方式请求对方按采购方所提出的内容作价；另一种是“扩大询价模式”，为比较正式的询价，须在供应商拟出售货物的报价单，内容按卖方所希望成交的价格与条件，并表示在此条件下愿意与买方达成交易契约时，采购方才可进一步提出数量较为完整、品质也较为具体、规格定义清楚又符合成本考量下的询价单，并做成正式的文件提交供应商，同时可要求供应商以正式文件答复，并进入采购控制程序。

当采购人员收到供应商提交的正式文件（也即销货报价单）时，可通过成本定价分析模式，进一步了解价格是否最低，交货期是否恰如其时，必要时可再度采取限定询价模式，如此一拉一放地讨价还价过程，即为“议价”。过程中如有两家以上的供应商在符合买方那个相同需求的询价条件之下，仅限于价格做议，就是一种“比价”的模式，具有系统化的比价又可称为招标的比价方式。实际上比价与议价可循环性地操作，直至符合采购需求为止。

当供需双方所议条件已然接近采购一方时，买方也可以主动地向卖方出价，按买方所希望成交的价格与条件给卖方，表示愿意与卖方议定契约，称为采购出价单。如果卖方可接受此出价单时，则双方可进入签订买卖契约或由卖方给买方正式的报价单，同时买方给卖方正式的订购单。

4）充分了解国际供应商的报价单内容

依照国际贸易惯例，产品价格通常无法单独做成报价单，须附带其他条件，如产品单价、数量限制、品质标准、商品规格、有效期间、交货条件、付款方式等等。一般国际贸易厂商会按照自己产品的属性以及以往交易习惯印制有利己方的报价单格式，作为采购人员应准确了解对方的报价单格式，以免遭受如卖方拒绝延期交货罚款、卖方拒给履约保证金、卖方不履行索赔期限、卖方属地仲裁等情形而造成严重损失。

因此，采购人员必须特别注意报价单是否符合以下原则：

- 基于双方利益考量契约条款的公平性，采购一方是否具有优势；
- 报价单是否符合产销部门的规格与成本，是否能够提升商品的竞争力；
- 衡量供应商的诚信等级，若市场价格波动是否会影响其履行报价单的约定；
- 随后再进一步地深入分析报价单的内容是否符合我方的请购单内容。

4. 买方询价风险与防范

买方作为进口方，在询价过程中可通过采取以下方式来有效防范可能存在的风险。

（1）对大路货应该广泛询价

对于大多数普通商品而言，也即对所谓的“大路货”而言，往往都有市场公认的时价，如果询价作业不充分，往往很容易被个别供货商的报价所迷惑。因此，对大多数大路货商品而言，采购方应当同时向不同的国家地区以及厂商分别进行询盘，以充分了解当前国际市场的行情，在满足要求的前提下，尽可能地争取到最佳贸易条件。

(2) 对非大路货应该细询价

对于垄断性较强的商品而言，常常很少会有相同商品的供应商竞争，也很难寻找到公认的市场时价，因此很容易被卖方趁机抬价，造成采购一方的损失。通常对此类商品进行交易比较难以取得理想的买进价，但可以考虑向卖方提出多种品种，要求买方一一报价，然后寻找相对合适的品种，再与卖方协商定价。

(3) 对规格复杂的商品应该要求详细报盘

在进出口贸易中，有些商品规格精细且项目丰富，不同规格或项目又有不同的功能和价格，这种情况下，如果卖方报盘时对商品情况叙述不够详细，往往会造成买卖双方往返磋商，还可能产生不应有的误会，延误甚至损害交易。因此对于规格复杂或项目繁多的商品，不仅要询问价格，还应要求对方告知详细的规格、数量等，以免造成往返磋商、浪费时间的不良后果。

(4) 诚意询盘

有些外贸工作人员在做询盘作业时，由于认为这是一种无法律约束力的行为，于是在询盘中疏于认真而比较随意，造成对方时间和精力上的浪费，结果使自己所代表的进口方丧失信誉，从而损害今后的对外贸易合作关系。为此，询盘发出人虽然并无法律上的约束力，但是发出人仍应该尽量避免无购买诚意的做法，以维护自己诚实信用的商业形象。

5. 进口货物风险防范

(1) 我国企业在进口商品时，应当特别注意以下可能产生的风险

1）对商品质量标准约定不明确导致无法索赔

由于对于同一商品，各国所定的品质标准可能并不完全一致，而且每个国家的标准又会因各年的版本不同，而在内容也有所差异。为此，我国企业在进口商品时应对商品质量标准进行明确的约定，以免在日后的作业中陷入被动。

2）不了解我国进口商品的法律规定导致的风险

由于产品的进口会涉及商品的检验和报关，因此进口企业如果不了解我国有关进口商品的相关法律规定，很容易造成不必要的损失。

另外，产品的包装也是进口商品时需要要特别注意的问题。产品的包装往往涉及商品的检验检疫问题，如果不了解国家有关商品检验检疫的相关法规，也会产生一定的风险。

(2) 进口货物风险的防范

对于进口货物过程中可能发生的风险，可以通过以下途径进行防范。

1）认真考察国际环境，谨慎制订进口合同的各种条款

为了防范可能发生的风险，在进口商品之前，企业应认真考察国际环境，谨慎制订进口合同的各种相关条款。进口商品质量的优劣，会直接关系到国内用户和消费者的切身利益。因此，应从我国现阶段的实际需要出发，分别不同情况，实事求是地对进口商品品质的要求予以确定。

对于商品品质条款，如需要用标准来说明商品品质时，为了便于安排生产和组织货源，

通常以采用我国有关部门所规定的标准成交为宜。此外，也可根据需要和可能，酌情采用国际标准化组织或出口国规定的品质标准。但要密切注意各种标准修改和变动的情况，以免引起争议，造成不必要的损失。同时在签合同时如按标准确定商品品质，不仅要明确是按哪个国家的标准，还需要明确不同年限版本的标准的内容。

对进口商品数量的掌握，需要考虑以下三个因素：

- 国内的实际需要，应根据实际需要确定成交量，避免盲目成交；
- 国内的支付能力，当外汇充裕而国内又有需要时，可以适当的扩大进口商品数量，而当外汇短缺时，应适当地控制进口，以免造成外汇浪费和出现不合理的贸易逆差；
- 市场行情的变化，当市场行情对我有利时，可以适当地扩大成交数量，反之则应适当地控制成交数量。

2）及时了解我国有关货物进口方面的法律法规

对于可能影响货物进口的各个环节，进口企业应当及时确切地了解相关的法律法规。

6. 货物进口许可证的风险防范

（1）货物进口许可证中存在的风险

1）由于政府政策调整所导致的风险

进口许可证制度是国际上普遍采用的对进口贸易实施管理的措施。国家通过进口许可证制度合理利用外汇，保证国内需要，因此出于国内经济环境的考虑，政府会对进口许可证的范围进行相关调整，而这些调整将导致进口企业面临一定的政策风险。

2）由于不能及时申请许可证导致的风险

申请进口许可证是货物入关的必要程序，如果进口企业不能及时申请到许可证，很可能导致货物无法入关，继而产生违约等一系列风险。

（2）货物进口许可证相关风险的防范

对于与货物进口许可证相关的风险，可以通过以下途径进行有效防范。

1）了解我国有关进口许可证的相关法律规定

进口许可证是国家管理货物进口的法律凭证。凡疏于进口许可证管理的货物，除国家另有规定外，各类进出口企业应在进口前按照规定向指定的发证机构申领进口许可证，海关凭进口许可证接收申报和验放。根据世界贸易组织《进口许可程序协议》和我国《对外贸易法》及《货物进出口管理条例》的规定，我国进口许可证管理实行非自动进口许可证与自动进口许可证分类管理办法。

2）在合同中对进口许可证的风险加以防范

凡实行进口管制的商品，企业在签约前，应事先向有关审批机关办理进口许可证的申领手续，缴纳手续费用，在许可证的有效期内报关进口，否则，即使货物按照合同从出口国装运到达进口国，如果得不到进口许可证，货物在进口地也是不能报关的。

进口许可证在对外贸易中是非常重要的，所以进口合同本身也应该做充分的规定。如关于万一得不到进口许可证的情况下取消合同等措施，或在买卖合同中订入所谓“以领到进口许可证为条件”，规定进口许可证得不到批准的情况下无条件地解除合同等措施。

7. 进口信用证业务中的风险防范

对于进口商在信用证业务中的风险可以采取以下具体措施进行防范。

（1）核实提单的真实性

无论是在签订合同还是开立信用证时，均要求客户在装船之后一定时间如 24 小时内发送装船通知，列明提单号码、装卸港、装船日期、货名、装运数量等内容，以便通过相应的机构的核实，确定提单内容的真实性，当然这要花费一定费用，但花小钱避免大风险是值得的。一旦查得提单有诈，即可决定认真审单以合理拒付。即使单据不存在不符点，也可寻求司法救济，应用信用证欺诈例外原则，在开证行付款或承兑之前由法院止付信用证项下货款。

（2）规范好商品检验条款

开证申请人在信用证项下付款赎单的特点要求，在合同签订和申请出具信用证时要规范好进口货物的检验条款，如在信用证中要求客户提交独立机构出具的检验证书。一些检验公司通常提供装船检验，如此可避免货物未装船或装船货物的质量问题。如有必要，进口商可派人到国外现场检验或监装货物。

（3）选择好开证行

选择开证行最主要有两条经验：一是尽量是大银行，国际业务多、国际分支机构多的银行为首选；二是必须同国外的议付行有较多的业务往来。因为相互间业务往来较多的，合作起来比较默契，也不会有过多的挑剔。

（4）进行装船前检验

必须将装船前检验的条款在贸易合同中定明，明确规定该批货物要实施装船前检验，装船前检验是交货结汇的依据。由出入境检验检疫机构会同外贸、收用货单位研究制定检验方案，根据不同货物的不同质量要求，确定在国外实施装船前检验的内容、检验的项目和方法、实施检验的时间和地点等。可由出入境检验检疫机构与收货单位共同执行，也可由出入境检验检疫机构单独进行。

（5）认真审单

在签订合同和开立信用证时，明确要求客户在装船之后一定时间如 24 小时内发送装船通知，列明提单号码、装船日期、货名、装卸港、装运数量等内容，以便通过船舶公司或船舶代理公司查询船踪，确定提单内容的真实性。一旦发提单有诈，可尝试通过认真审单以合理拒付。即使单据不存在不符点，也可寻求司法救济。

（6）选择有诚信的出口商

在我国进口贸易结算实际中，许多诈骗案件都是由于对国外供应商的资信了解不够所致，因此进口商谨慎审核国外供应商的资信尤为重要。首先，要深入了解供应商所在国家或地区的政治、经济、金融状况。其次，全面了解供应商基本情况包括关联企业的详细情况，做好事前的资信调查，重点关注对方是否具有良好的履约能力以及是否具有诚实守信的履约纪录，建立完备的供应商档案并时时更新，以供今后参考、查询，这是进口风险防范的关键。

8. 信用证欺诈的风险防范

我国进口企业可以通过以下方式在一定程度上对信用证欺诈的风险进行防范：

- 对出口商进行资信调差，切记要慎重地选择客户；
- 交易线路清晰，尽量减少中间商介入，以减少不必要的风险；
- 卖方亲自验货并进行监督装船；
- 学会鉴别单据的真伪；
- 进口业务中尽量使用 FOB 术语，由我方自己办理运输和保险；
- 尽量采用远期支付方式，及时调查货物航程与行踪，作为银行应当加强开证环节的审核，明确自身的义务，选择资信良好的银行作为业务伙伴；
- 最后，如若企业遇到类似上述列举的信用证欺诈的情形，可以向法院申请冻结信用证，通过相关专业人士或部门共同将犯罪分子绳之以法，将企业的损失降至最低。

信用证风险产生的原因是多种多样的，其中市场行情的变化、进出口国政策的约束等属客观原因，在某种程度上是无法避免的，只能采取一定的措施予以预防和应对；而进出口商的自信问题及是否带有欺诈目的等属主观原因，是完全可以通过努力加以预防、避免和克服的。我国外贸企业必须加强业务知识的学习，掌握有关国际贸易、国际金融、国际商法等各方面的法规及惯例，提高自身的业务素质，增强风险及防范意识。只有这样我国外贸企业才能在实际业务中从容应对风险。

9. 采购谈判技巧

采购谈判是指企业为采购商品作为买方，与卖方厂商对购销业务有关事项，如商品的品种、规格、技术标准、质量保证、订购数量、包装要求、售后服务、价格、交货日期与地点、运输方式、付款条件等进行反复磋商，谋求达成协议，建立双方都满意的购销关系。采购谈判的程序可分为计划和准备阶段、开局阶段、正式洽谈阶段和成交阶段。谈判过程中可以采取以下策略。

（1） 避免争论策略

在谈判的过程中双方出现意见分歧是很正常的现象，这时，应防止感情冲动，全力保持冷静，尽可能地避免争论。

1） 冷静倾听对方的意见

当对方说出对你方不利的言辞时，不要生气或者冲动地立即打断或反驳对方，应耐心地听完对方的表述，必要时还可策略性地示弱，承认你方确实存在某些方面的疏忽，会作出相应改进，进而再提出自己一些不同的想法。

2） 婉转提出不同的想法

要避免直截了当地否定对方的意见，使其在心理上产生抵触情绪；在提出自己不同的意见之前，应首先在一定程度上肯定对方的观点，然后再进一步作出探索性的提议。这样更易于令对方接受。

3）谈判无法继续时应马上休会

当某个问题使双方谈判陷入瓶颈，无法进一步发展时，应在双方对立起来之前及时地马上休会，以避免造成进一步的僵持和争论。双方可以借机调整思绪，利于问题在心平气和的友好氛围中得以圆满解决，此外，休会也为谈判人员提供了请示上级的机会。

（2）抛砖引玉策略

在谈判的过程中，一方可以主动地提出一些问题，但并不提供解决的办法，让对方来解决。这一策略不仅能显示出对对方的尊重，而且又可借机摸清对方的底细，获取谈判的主动权。

但要特别注意，这种策略在以下两种情况下并不适用：

- 当谈判出现分歧时，对方可能会误认为你是故意在给他出难题；
- 若对方是一个自私自利、寸利必争的人，很可能会乘机抓住对其有利的因素，使你方处于被动地位。

（3）留有余地策略

在实际的谈判过程中，往往会出现这样的情况，不论你是否有为自己留有余地，对方总会认为你是为自己留有余地的。因此，适当地在谈判方最看重的方面作出让步，可能有利于在其他条款上争取最大利益。例如你的报价即使分文不赚，对方却还是觉得你方利润不薄，不做让步，他便不会签约。这种情况下，在价格上适当作出策略性的让步，往往有助于为自己争取到最好的付款条件。

特别注意，在以下两种情况下尤其需要使用这种策略：

- 当谈判方表现出寸利必争的态势；
- 在对谈判方还不够了解的情况下。

（4）避实就虚策略

在谈判过程中，为达到某种目的和需要，不一定需要直截了当地提出来，而可以有意识地先将洽谈的议题引向一个相对次要的问题上，以此来混淆对方的关注点，进而实现你方真正的谈判目标。例如，若对方最关心的是价格问题，而你方最关心的是交货问题。这时，谈判的焦点不宜直接放到价格和交货时间上，以免失去主动权陷入被动，可以先就运输方式的问题进行洽谈。在讨价还价时，你方可以在运输方式上作出让步，而作为双方让步的交换条件，要求对方在交货时间上也作出较大的让步。这样，对方感到满意，你方的目的也达到了。

（5）保持沉默策略

保持沉默主要是为了给对方造成一种心理压力，同时也在一定程度上起到了缓冲的作用，此策略是处于被动地位的谈判一方经常会采取的一种策略。但是如果运用不当，很可能会适得其反。例如，在对方咄咄逼人时，适当地运用保持沉默策略有利于缩小双方的差距。但在还价中沉默常常会被认为是一种默认；沉默时间太短也常常意味着你被慑服。此外，沉默的时候行为语言是唯一的反应信号，也是谈判对方非常关注的细节，所以应特别加以运用（倒茶等），以达到保持沉默的真正目的。

(6) 忍气吞声策略

谈判中占主动地位的一方有时可能会表现得咄咄逼人，此时可采取忍耐的策略，暂时对对方的态度不做任何回应，采取以柔克刚的方式，慢慢地消磨对方的棱角，挫其锐气，变弱为强。此时不宜立即表示坚决反对或不满，以免激化矛盾。暂时忍耐，一旦对方得到满足之后，反而有可能会因此而通情达理，公平合理地继续进行谈判。

(7) 多听少讲策略

在谈判过程中，在对谈判方还不够了解的情况下，可以先多听少讲，让对方尽可能地多发言，以充分表明他的观点。这样做既可以表现出对谈判方的尊重，也有利于你根据对方的要求，确定对付对方的具体策略。

(8) 情感沟通策略

在实际谈判中，为促成协议达成，还可利用空闲时间，主动与谈判对方一起聊天、娱乐等等，也可馈赠小礼品，请客吃饭，提供食宿的方便，从而达到增进了解、联系感情、建立友谊的目的，从侧面促进谈判的顺利进行。在谈判中巧妙恰当地利用感情因素以影响对方，不失为一种可取的策略。

(9) 先苦后甜策略

这一策略只有在谈判中处于主动地位的一方才有资格使用。举个例子，若供应商想要在价格上有多些的余地，你方可先在包装、运输、交货、付款方式等多方面提出较为苛刻的方案来作为交换条件。在讨价还价过程中，再逐步地作出让步。供应商鉴于你方的慷慨表现，往往也会适当地作出一些妥协。而事实上这些“让步”是你方本来就打算给供应商的。

(10) 最后期限策略

在实际谈判中，处于主动地位的谈判一方可以利用处于被动地位的谈判一方更希望谈判成功的心理弱点，在双方各执已见、争执不下的时候选择恰当的时机，给对方以时间通牒，提出解决问题的最后期限和解决条件，从而给对方造成一种心理压力，使对方感到如不迅速作出决定就会失去达成协议的机会。

在使用该策略的时候应特别注意以下几点：

- 切记要语气委婉，措辞恰当，事出有因，不可激怒对方；
- 给对方一定的时间考虑，由他自己来决定具体时间，表现出自己只是向其提供了一个解决问题的方案，而并非强迫；
- 为利于达成协议，在提出最后期限时最好能对原有条件也有所让步，给人以安慰。

第二十八章

进口报关策略、技巧与风险防范

随着经济实力的不断增强和进出口产业的不断发展，我国已经真正地融入世界经济潮流，其中进口贸易对国民经济的影响力不断增强。改革开放30多年来，我国对外贸易的进口额呈现出快速增长的态势，但在中国的进口业务中，由于市场行情的变化和业务员自身思想和业务素质的问题，使进口商遭受了巨大的经济损失。因此，熟悉进口报关流程、技巧及注意事项，掌握进口报关的风险防范措施，对保证进口交易的顺利进行、避免和减少损失具有重要意义。

1. 进口报关流程及注意事项

进口报关的基本流程包括以下几项：接受申报、审核单证、查验货物、办理征税和结关放行。下面对各项操作流程以及相关注意事项作出说明。

◆ 首先用换来的提货单（1、3）联并附上报关单据前去报关。提货单（1、3）联海关放行后，在白联上加盖放行章，发还给进口方作为提货的凭证。正本箱单、正本发票、合同、进口报关单一式两份、正本报关委托协议书、海关监管条件所涉及的各类证件。

此操作过程中应注意以下事项：

- 接到客户全真单据后，应确认货物的商品编码，然后查阅海关税则，确认进口税率，确认货物需要什么监管条件，如需做各种检验，则应在报关前向有关机构报验，报验所需单据为报验申请单，正本箱单发票，合同、进口报关单两份；
- 换单时应催促船舶代理部门及时给海关传舱单，如有问题应与海关舱单室取得联系，确认舱单是否转到海关；
- 当海关要求开箱查验货物，应提前与场站取得联系，调配机力将所查箱子调至海关指定的场站。

◆ 若是法检商品应办理验货手续。如需商检，应在报关前，拿进口商检申请单（带公章）和两份报单办理登记手续，并在报关单上盖商检登记在案章以便通关。验货手续在最终目的地办理。如需动植检，应在报关前拿箱单发票合同报关单去代报验机构申请报验，在报关单上盖放行章以便通关，验货手续可在通关后堆场进行。

◆ 海关通关放行后去三检大厅办理三检。向大厅内的代理报验机构提供箱单、发票、合同报关单，由他们代理报验。报验后，可在大厅内统一窗口交费，并在白色提货单上盖三检放行章。

◆ 三检手续办理后去港池大厅交港杂费。港杂费用结清后，港方将提货联退给提货人供提货用。
◆ 所有提货手续办妥后通知事先联系好的堆场提货。此操作过程中应注意以下事项：
 ➢ 首先应与港池调度室取得联系安排计划；
 ➢ 根据提箱的多少与堆场联系足够的车辆，尽可能在港方的要求时间内提清，以免产生转栈堆存费用；
 提箱过程中应与堆场有关人员共同检查箱体是否有重大残破，如有，要求港方在设备交接单上签残。
◆ 重箱由堆场提到场地后在免费期内及时掏箱以免产生滞箱。
◆ 货物提清后，从场站取回设备交接单证明箱体无残损，去船公司或船舶代理部门取回押箱费。

在进口报关过程中一定要认真审核单据，以保证单货相符、单证相符、单单相符。

2. 进口报关操作技巧

进口报关应该分为一般贸易进口和进料加工企业的进口两种方式。

一般贸易进口，首先要确定付款方式是 T/T 还是 L/C。如果是 L/C，应先开证，在开完信用证后，确定进口的船期，等到船到以后，方可开始进行进口的操作。

◆ 首先要得到国外客户的提单、发票和箱单，如果是从韩国和日本进口货物，还必须有非木质包装证明。
◆ 然后拿提单到船公司去换单，也就是拿提单去从船公司换回该批货物的提货单，即舱单。舱单上有公司进口货物的详细的船务信息。
◆ 需要提前做商检的进口货物，应当到商检局做商检，实际上换单和商检应该提前进行。如果进口的货物不需要商检，则不必了。关于进口的货物究竟是否需要商检这个问题，既可以请货物代理帮忙查询一下，也可以自己通过查找商品编码书进行查询。
◆ 换完单以后，如果需要商检的货物也已进行过商检，则可将已填好的进口报关单交给货物代理进行报关，报关所要用的资料包括：发票、箱单、从船公司换回的提货单、报关委托书、进口货物报关单，对于需要商检的还需要有商检证。
◆ 一般贸易进口货物需要交进口关税，因此，为了加快进口通关的力度，最好是开一张空头的支票（不过这种方式一般企业的财务不会答应的），等海关打出缴款书以后，就要开支票。一般进口货物的关税都需要用支票交付，一般是到中国银行交关税，等到交完关税以后，银行会在缴款书上面加盖银行公章。
◆ 把缴款书交给货物代理，然后由货物代理给海关通关放行。这也就是一般所说的一次放行。
◆ 海关在收到关税以后会在提货单上加盖海关的放行章，凭借该提货单到船公司所在的码头提货。这也就是一般所说的二次放行。

进料加工贸易的进口，其大体的程序差不多。唯一不同的是要先办手册，分为进料加工手册和来料加工手册。报关时需要用到加工贸易手册，再加上一般贸易进口所需的资料进行报关。

对于缴纳关税，因为有手册，所以如果进口的货物是免税的，只需缴纳保证金，有一些需要缴全额的也即100%的保证金，有一些只需缴纳100元的保证金。这些保证金待手册上面的所有进口料件和出口成品都出完，会进行核销，核销以后之前缴纳的保证金会一分不少地退还。与一般贸易所交的关税的操作程序一样。只不过一个是关税，一个是保证金。

3. 进口报关的风险防范

进口商在货物进口报关时应注意避免以下几种风险：

- 未按时申报，导致企业向海关缴纳滞报金；
- 未如实申报，或提供虚假资料，遭到海关处罚；
- 未能备齐进口报关单证，延误货物进境；
- 报关单填写不规范、不准确，增加了通关时间；
- 逾期缴纳进口税费，导致企业滞纳金损失。

针对以上几种风险可以采取以下方式进行防范与补救。

（1）按时申报

进口货物的收货人在货物进境前就要做好申报的准备，以备在收到提货单证后按时向进口地海关办理申报手续。

（2）如实申报

除了要做到在指定地点按时申报外，进口企业还必须做到如实申报。企业是否申报以及申报是否属实，是海关区别走私与非走私的重要标准之一。进口货物的收货人或其代理人应该保证其所报内容的真实性和准确性，以避免承担相应的法律责任。

（3）备齐进口报关单证

在进口通关过程中，准备全套完整而正确的报关单据时非常重要的。任何进口货物通关，在向海关递交已填好的进口货物报关单的同时，还必须交验有关的货运、商业单据和批准进口的证件，接收海关审核诸种单证是否一致，并由海关审核后加盖印章，作为提取货物的凭证。在进口通关时，一般贸易方式下，随进口货物报关单交验的其他单证还有：商业发票、装箱单、海运、空运提单、海运进口提货单、进口许可证、进境货物通关单。如海关认为有必要，报关单位还应交验贸易合同、订货卡片、产地证明等。另外，按规定享受减、免税或免验的货物，应在向海关申请并已办妥手续后，随报关单交验有关证明文件。

（4）准确规范填制报关单并及时缴纳税费

进口报关单的填报要求与出口报关单相同。报关人员在向海关递交报关单后如发现有填报错误或因其他情况需要变更填报内容时，应主动及时地向海关递交更改单。进口企业还应按时缴纳进口税费。海关规定，逾期缴纳进口税费的，海关征收滞纳金。超过三个月仍未缴纳的，海关可以责令担保人缴纳税款或者将货物变价抵缴。

参考文献

[1] 刘娟. 电子商务对中小企业国际化的影响 [J]. 学术交流, 2010 (11): 107 - 110.

[2] 刘娟, 王荣艳, 王学成. 中国东亚区域合作战略调整——基于后金融危机时代的思考 [J]. 国际贸易, 2011 (2): 49 - 53.

[3] 刘娟. 小额跨境外贸电子商务的兴起与发展问题探讨——后金融危机时代的电子商务及物流服务创新 [J]. 对外经贸实务, 2012 (2): 89 - 92.

[4] 李秀芳, 刘娟. 基于 BSC 思想的企业 E - CRM 应用绩效评价探讨 [J]. 现代财经, 2012 (6): 119 -129.

[5] 李秀芳, 刘娟. 人民币国际化进程: 问题与方向 [J]. 理论探索, 2012 (3): 81 - 84

[6] 博斌, 袁晓娜. 国际贸易实务与案例 [M]. 北京: 清华大学出版社, 2007.

[7] 汪华林. 商务谈判 [M]. 北京: 经济管理出版社, 2010.

[8] 吕彦云. 国际商务礼仪 [M]. 北京: 清华大学出版社, 2012.

[9] 白远. 国际商务谈判——理论案例分析与实践 [M]. 北京: 中国人民大学出版社, 2008.

[10] 陈念祥, 张思羽. 金牌外贸业务员找客户 [M]. 北京: 中国海关出版社, 2008.

[11] 陈念祥, 张思羽. 金牌外贸业务员找客户: 16 种方法·案例·评析 [M]. 北京: 中国海关出版社, 2006.

[12] 张立玉. 实用商务涉外礼仪 [M]. 北京: 北京理工大学出版社, 2009.

[13] 刘娟. 中小企业国际化进程中电子商务应用理论与实践研究 [D]. 北京: 对外经济贸易大学, 2011.

[14] 姜栽植. 如何取得国际商务谈判的成功 [J]. 知识经济, 2010 (3): 105 - 106.

[15] 惠章银. 企业商务谈判中讨价还价的运用 [J]. 才智, 2012 (11): 21.

[16] 费伟. 我国国际贸易融资风险研究 [J]. 时代金融, 2011 (1): 110 - 111.

[17] 张珂维. 我国国际贸易融资风险现状及成因分析 [J]. 企业导报, 2011 (8): 71.

[18] 张洁, 边芳, 李广强. 多角度防范进出口贸易融资风险 [J]. 中国外汇, 2011 (11): 56 - 57.

[19] 盖超. 国际贸易中的风险防范探究 [J]. 现代经济信息, 2011 (18): 99.

[20] 李汶奚. 国际贸易中合同风险及违约责任的承担 [J]. 中国商贸, 2011 (24): 226 - 227.

[21] 刘彝三. 国际贸易中合同风险研究 [J]. 现代经济信息, 2012 (1): 78.

[22] 白琳, 高春华. 积极运用出口信用保险防范外贸风险 [J]. 经济研究导刊, 2009 (29): 186 - 187.

[23] 罗秉鑫. 内陆中小企业外贸风险与防范 [J]. 企业研究, 2010 (12): 32 - 33.

[24] 王盛恩. 外贸企业的信用风险防范措施研究 [J]. 海峡科学, 2008 (9): 43 - 44.

[25] 张浩. 人民币国际化的利弊分析 [J]. 经济纵横, 2010 (3): 16 - 17.

[26] 林小晶. 浅析外贸企业如何规避汇率风险 [J]. 中国高新技术企业, 2009 (5): 96 - 97.

[27] 李秀芳. 进出口实战 2 [M]. 天津: 天津大学出版社, 2009.

[28] 汪忠华. "鹿特丹规则"下托运人义务变化的初探 [J]. 对外经贸实务, 2010 (2): 59.

[29] 卢小青. "鹿特丹规则"规制无单放货之新动向 [J]. 世界海运, 2010 (10): 70 - 75.

[30] 陶然, 高廷亮. 无单放货的形式、成因和风险防范 [J]. 科技创业月刊, 2009 (9): 46 - 48.

[31] 马得懿. FOB 条件下卖方风险问题研究: 以托运人制度为视角 [J]. 法商研究, 2008 (4): 104 -133.

[32] 柴洁琼．浅析“电放”提单的应用与风险防范［J］．中国水运，2007（1）：25－27.
[33] 邹岿，孟丽梅．出口海运中承运人无单放货的应对策略［J］．对外经贸实务，2008（8）：61－63.
[34] 对外经济贸易大学国际经贸学院运输系．国际货物运输实务［M］．对外经济贸易大学出版社，2006.
[35] 夏庆生．出口商防范和应对无单放货及其相近风险［M］．北京：中国商务出版社，2008.
[36] 王品．国际贸易中的提单风险及防范［J］．时代金融，2009（3）：62－63.
[37] 吴联选．FOB贸易术语下欺诈的风险及防范［J］．中国商界，2009（1）：52－53.
[38] 王小娟．浅析无单放货责任的识别［J］．武汉航海，2008，3（1）：18－20.
[39] 薛敬孝，李坤望．WTO新议题对APEC贸易投资自由化、便利化的影响［M］．天津：南开大学出版社，2009.
[40] 刘雅楠，张马俊．贸易便利化：发展中国家的机遇与挑战［J］．国际经济合作，2004（7）.
[41] 容静文．中国优惠性原产地规则分析与政策协调［J］．广西社会科学，2011（7）：55－59.
[42] 赵静平，方晋．区域贸易安排中原产地规则的国际比较［J］．对外经贸实务，2008（6）：4－8.
[43] 周芳文．欧盟、北美优惠性原产地规则对我国的借鉴［J］．国际贸易问题，2011（8）：81－88.
[44] 薛奕曦．自由贸易区原产地规则的影响效应分析［J］．商业时代，2010（22）：42－43.
[45] 曾炜．UCP600框架下信用证业务风险研究［J］．现代商贸工业，2010（11）：112.
[46] 宋洁．对外贸易中信用证软条款的表征及其风险防范［J］．商业时代，2010（10）：33－38.
[47] 傅龙海．信用证与UCP600［M］．北京：对外经济贸易大学出版社，2010.
[48] 袁永友，柏望生．进出口单证实务案例评析［M］．北京：中国海关出版社，2007.
[49] 苏宗祥，景乃权，张林森．国际结算［M］．北京：中国金融出版社，2004：434－435.
[50] 国际商会．ICC跟单信用证统一惯例（UCP600）［M］．北京：中国民主法制出版社，2007.
[51] 胡德胜．信用证审单标准：严格相符原则的软化［J］．河南财政税务高等专科学校学报，2012（4）：43－47.
[52] 张天戈．试析UCP600对审单标准的改变［J］．市场周刊·理论研究，2011（3）：110－111.
[53] 刘长才．UCP600对信用证审单标准的“硬化”与“软化”［J］．经济论坛，2010（3）：207－209.
[54] 陈璨，贡方超．刍议国际支付视野下的信用证审单标准：对严格相符原则的理论阐释与实践掌握［J］．金融财税，2010（10）：60－62.
[55] 梁焕磊．贸易便利化背景下中小企业出口采用EXW的优势［J］．黑龙江对外经贸，2010（3）：63－65.
[56] 匡增杰．浅析“Incoterms 2010”的新变化及使用中应注意的问题［J］．对外经贸实务，2011（8）：62－64.
[57] 李卓群．内陆企业以“FOB HONGKONG”术语报价出口的性质探讨［J］．对外经贸实务，2009（12）：61－63.
[58] 金赛波．跟单信用证严格相符原则［D］．北京：对外经济贸易大学，2006：114.
[59] 韩英，韩渝．国际采购实务风险控制［J］．贵阳学院学报：社会科学版，2012（1）：27－29.
[60] 李青，刘洋．浅谈设备采购过程中的谈判技巧［J］．中国现代教育装备，2012（15）：14－15.
[61] 周英，刘树林．企业国际采购的战略选择研究［J］．商业时代，2011（11）：55－57.
[62] 姜学军．国际贸易融资的发展趋势及启示［J］．国际金融研究，2009（11）：91－96.
[63] 黄海成．报关单填制应注意的几个问题［J］．对外经贸实务，2012（3）：62－64.
[64] 祝丽杰．论进口跟单的要素及风险防范［J］．对外经贸实务，2012（8）：70－72.
[65] 李志刚．分类通关中未知风险防控问题之探析［J］．上海海关学院学报，2012（3）：48－56.

[66] APEC Economic Committee. Assessing APEC Trade Liberalization and Facilitation: 1999 Update [M]. Singapore: APEC Secretariat, 1999.

[67] APEC Economic Committee. Trade Facilitation and Trade Liberalization: From Shanghai to Bogor [M]. Singapore: APEC Secretariat, 2004.

[68] Carol Cosgrove-Sacks, Mario Apostolov. Trade Facilitation: the Challenges for Growth and Development [M]. Geneva: United Nations, 2003.

[69] J. Michael Finger, Philip Schuler. Implementation of Uruguay Round Commitments: The Development Challenge [J]. The World Economy, 2000, 4 (23): 511-525.

[70] Guasch, J. L. and Kogan, J. Inventories in Developing Countries: Levels and Determinants-A Red Flag for Competitiveness and Growth [R]. Washington D. C.: The World Bank, 2001.

[71] Wilson J. S., C. L. Mann, T. Otsuki. Trade Facilitation and Economic Development: A New Approach to Measuring the Impact [J]. World Bank Economic Review, 17 (3): 367-389.

[72] Takayoshi Kusago, Zafiris Tzannatos. Export Processing Zones: A Review in Need of Update [R]. Washington D. C.: The World Bank, 1998.